叢書・ウニベルシタス 836

ソクラテスの宗教

マーク・L．マックフェラン
米澤 茂／脇條靖弘 訳

法政大学出版局

Mark L. McPherran
THE RELIGION OF SOCRATES

Copyright © 1996 The Pennsylvania State University.
All rights reserved.

Japanese Translation rights arranged with
The Pennsylvania State University Press in PA
through The Asano Agency, Inc. in Tokyo.

ケイトリンとイアンへ

アルキビアデスに抱いた愛を通じて、私はバッカスの霊感のようなものを経験した。バッカスの信者たちが神の力に満たされるとき、彼らは他の者たちには水すら生じさせない井戸からミルクや蜂蜜を汲み出す。私は誰かを教えたり、その人をその方向で助ける知識をもっていない。しかし、ただ彼とともにいることだけで、私の彼への愛は、彼をより優れた者にするかもしれないと思った。

アイスキネス著『アルキビアデス』中のソクラテスの言葉（断片 11, H. Dittmar）

目次

謝辞

第一章 序 1

- 1・1 予備的な事柄と難問 1
- 1・2 前提条件 14
- 1・3 宗教的眺望 23

第二章 『エウテュフロン』におけるソクラテスの敬虔概念 33

- 2・1 エウテュフロンの敬虔概念（『エウテュフロン』2a-11e） 33
  - 2・1・1 『エウテュフロン』(2a-5c) 34
  - 2・1・2 『エウテュフロン』(5c-11d) 39

2・2	ソクラテスの敬虔概念（『エウテュフロン』11e-16a）	54
2・2・1	敬虔な正義	55
2・2・2	敬虔は世話か奉仕か	60
2・2・3	追加的証拠	63
2・2・4	反積極論者の四つの批判	68
2・2・5	敬虔と神々の作品	75
2・2・6	積極論者の最後の挑戦	78
2・2・7	エウテュフロンの告発	80
2・2・8	ソクラテス的敬虔と哲学	82

第三章　ソクラテスと彼の告発者たち　97

3・1	「最初の告発者たち」（『ソクラテスの弁明』17a-24b）	97
3・1・1	告発	99
3・1・2	最初の告発者アリストファネス	106
3・2	「最初の告発者たち」と『雲』のソクラテス	108
3・2・1	ソクラテスと『雲』のソクラテス	110

- 3・2・2 自然哲学とギリシア宗教 ……………………………………………… 116
- 3・2・3 ソクラテス以前の科学とソクラテス ……………………………… 124
- 3・2・4 ソクラテス的改革 …………………………………………………… 129
- 3・3 「最近の告発者たち」(『ソクラテスの弁明』24b–35d) ………… 139
  - 3・3・1 ソクラテスの正式の弁明 ………………………………………… 140
  - 3・3・2 正式の告発 ………………………………………………………… 142
  - 3・3・3 メレトスの選択肢 ………………………………………………… 151
- 3・4 ソクラテスは有罪であったか ……………………………………… 158
  - 3・4・1 新しい神格の導入 ………………………………………………… 159
  - 3・4・2 ダイモニオンと新しい神格 ……………………………………… 162
  - 3・4・3 ソクラテスの神々を認めること ………………………………… 169
  - 3・4・4 ソクラテスの道徳的な神々 ……………………………………… 172
  - 3・4・5 ソクラテスと儀式宗教 …………………………………………… 175
  - 3・4・6 ソクラテスと国家の神々 ………………………………………… 195
  - 3・4・7 若者を堕落させること …………………………………………… 205

3・4・8 ソクラテスはなぜ有罪になったのか 208

第四章　ソクラテス的理性とソクラテス的啓示　215

4・1　夢、予言、そして、ダイモニオン 215
4・1・1　理性、啓示、『エウテュフロン』 218
4・1・2　ソクラテス的理性とダイモニオン 228
4・1・3　いくつかの反論 234
4・1・4　いくつかの応答 239
4・1・5　さらにいくつかの懸念と返答 250
4・2　デルフォイの神託と哲学する義務 258
4・2・1　敬虔、思慮、デルフォイの神託 261
4・2・2　理性、啓示、デルフォイの神託 280
4・2・3　哲学する義務の範囲 285
4・2・4　哲学する義務 295
4・2・5　ソクラテスの哲学する義務 300

第五章　ソクラテスの宗教　303

5・1　魂とその運命............303
5・1・1　ソクラテスにとっての魂............304
5・1・2　『ソクラテスの弁明』における死と不死性............308
5・1・3　いくつかの反論と答え............314
5・2　宇宙論、道徳的神学、そして、ソクラテスの神々............327
5・2・1　ソクラテスの神の存在証明............329
5・2・2　いくつかの反論の考察............336
5・2・3　いくつかの外的証拠............344
5・3　アポロン的節度とプラトン的驕慢............351
5・3・1　ソクラテスの敬虔とプラトンの敬虔............352
5・3・2　プラトンと哲学の新しい「神の顔」............360

訳者あとがき　367
註　巻末
参考文献　巻末
索引　巻末

謝辞

本書の構想を練っている長い期間、私は数えきれないほど多くの友人たちや同僚たちによって助けられた。その筆頭が、トマス・ブリックハウス、ニコラス・スミス、そして、グレゴリー・ヴラストスである。ヴラストスの一九八七年におけるソクラテスにかんするNEH（米国人文科学基金）セミナーは、多くの意味で私の経歴の転回点となった。そして、ヴラストスと、長らく行方不明のきわめて親しかった友人の思い出の両方によって促され、私の研究課題が最初に形を取ったのはそこにおいてであった。それ以後のヴラストスとの手紙のやりとり、彼の頑強な、しかし、つねに対等の批判、私の経歴への彼の支援、そして、ソクラテス研究に対する彼の多くの重要な貢献のゆえに、私は彼に多大なる恩がある。彼のセミナーが私にもたらした多くの善きことのうち、もっとも善きものの一つは、すぐにはぐくまれたブリックハウスやスミスとの友情である。彼らはそのとき、Thomas C. Brickhouse and Nicholas D. Smith, *Socrates on Trial*, Oxford and Princeton, 1989（『裁かれたソクラテス』米澤・三嶋訳、東海大学出版会、一九九四年）として結実することになった研究を執筆する初期段階にあった。本書は彼らとの議論、彼らの研究、そして、私自身の研究への彼らの洞察ある論評——その多くが本書に見出されるのであるが——に多くを負っている。草稿全体への補足的な価値ある意見はヒュー・ベンソンとニコラス・スミスからきている。また、他の多くの人々も本書の様々な部分に対して有益な論評を与えてくれた。とりわけ、ジュリア・アナス、マリー・ウィットロック・ブルンデル、リンダ・ブリット、ジョン・バズニック、チャールズ・チアソン、ジョナサン・コーエン、イブ・ブラウニング・コール、オーエン・ゴルディン、ダニエル・ガン、ディヴ

イッド・ハルペリン、ウェスリー・マクネア、ミッチェル・ミラー、ロナルド・ポランスキー、グレン・ローソン、ジェニファー・ライト、ジョージ・ルードブッシュ、ラズリン・ワイス、そして、過去の匿名の査読者の方々である。私はまた、米国人文科学基金に対して資料収集旅費援助（一九八八）と特別研究員助成金（一九八九—九〇）の授与の件で、また、ペンシルヴァニア州立大学出版局とその有能な編集者であるサンディー・サッチャーに対して、さらに、メイン州立大学ファーミントン校に対して一九九二年秋のサバティカルの件で、謝意を表する。最後に、索引の製作についてはデイル・クークのお世話になった。

さらに、本書のいかなるものも私の両親、妻スーザン、娘キャトリン、そして、息子イアンの援助、愛、そして、忍耐なくしては存在しえなかったであろう。私の感謝と愛は、彼らに、そして、その影響が本書に行き渡っている無名の他の人々に向けられている。

本書の様々の部分は以前に公刊された学術論文を改稿したものである。私は以下の学術誌の編集者たちや発行者たちに、（必要な場合に）これらの素材を使用する許可を与えてくれたがゆえに、謝意を表する。

- 本書1・2の一部分は、'Kahn on the Pre-Middle Platonic Dialogues,' *Oxford Studies in Ancient Philosophy* 8 (1990), 211–241 の改稿抄録である。
- 本書2・2は、'Socratic Piety in the Euthyphro,' *Journal of the History of Philosophy* 23 (1985), 281–309, (reprinted in *Essays on the Philosophy of Socrates*, ed. H. Benson, Oxford: Oxford University Press, 1992, 220–241) を改稿したものである。

- 本書4・1は、'Socratic Reason and Socratic Revelation,' *Journal of the History of Philosophy* 29 (1991), 345–374 を改稿したものである。
- 本書4・2は、'Socrates and the Duty to Philosophize,' *Southern Journal of Philosophy* 24 (1986), 541–560 を改稿したものである。
- 本書5・1は、'Socrates on the Immortality of the Soul,' *Journal of the History of Philosophy* 32 (1994), 1–22 を改稿したものである。
- 本書5・2は、'Socrates on Teleological and Moral Theology,' *Ancient Philosophy* 14 (1994), 245–66 を改稿したものである。
- 本書5・3の一部分は、'Commentary on Morgan' (invited comments on M. Morgan's 'Philosophy in Plato's Sophist'), *Proceedings of the Boston Area Colloquium in Ancient Philosophy* 9 (1993), 112–129 からの改稿抄録である。

第一章　序

1・1　予備的な事柄と難問

ソクラテスに関しては、ある種の宗教的局面が——それが批判的で脅威を与えるようなものにすぎないにせよ——彼に存在していたということは、今やごく普通に認められている。それが何であれ、その宗教的側面が、不敬虔のかどで彼を審判にかけ、処刑することをさもありなんとするものであった。もちろん彼は、よく知られている法廷でのあの裁判の日よりもかなり以前から、人々の想像の中では、論争的対決と巧妙な知的非協調主義の世評をもつ名士となっていた[*1]。かくして、これらの長年の挑発的行動のためにも——また、民衆のソクラテス像の裏にひそむ真の哲学的才能のためにも——、これらに追加されたソクラテス殉教劇は、一つの文芸上の企て全体が寄りかかる格好の留め金を彼の時代に提供した。それらのうちでもっとも重要な実例は、劇的で創意に富んだプラトンの『ソクラテスの弁明』である[*2]。ここでソクラテスは、アテネの若者たちの伝統的宗教観をそこなったとして、彼を有罪にしようと決意した軽率な若い告発者と対決する。そして、彼自身の弁明において、彼は、当時並ぶ者なしと言えないまでも、少なくとも凌ぐ者がなかったくらいに、効果的かつ巧妙に、自在な言語能力を駆使して語っている。

『ソクラテスの弁明』が今日まで受け継がれることを確実にしたのは、まさにこれらの劇としての特色である。しかし、これらはまた、「ソクラテスの弁明」を――そして、それが描くソクラテスを――学者たちの事件簿において永遠の被告人として残した。というのは、近代の注釈者たちは、プラトンが彼の師匠に与えている大胆な態度の背後に、別のソクラテスがひそんでいるのを、しばしば見いだすからである。そのソクラテスは、よりいっそう皮肉で、傲慢で、よこしまであり、たぶんよりいっそう混乱していて、自己破壊的でもある。このソクラテスは最初、法廷弁論のパロディをおこなってソフィストたちをからかい (17a-18a)、その後、巧妙な個人攻撃的陽動作戦によって告発者を巧みに罠におとしいれ、アテネの神々を認めていないと言う告発をはぐらかす (26e-28a)。『ソクラテスの弁明』のこのような読み方は、ソクラテスが国家公認の宗教の破壊的な批判者であり、明らかに、告発されたとおりに有罪であるとする。[*3]

この解釈は、プラトンの手練手管の入りくんだ文学的戦略（と、たぶん、宗教的迷信に対して彼の師ソクラテスがもっていた敵意）を強調したい読者には魅力的である。しかし、現在、一般に受け入れられている説は、『ソクラテスの弁明』は――『エウテュフロン』やプラトンの他の初期作品とともに――たんに第一級の理性的哲学者であるばかりか、おおいに宗教的な人物でもある一人のソクラテスを描いているというものである。その彼は、力と知恵において、われわれ自身よりはるかに優れている神々を信じ、彼の同胞市民たちと共に、この種の数多くの伝統的な宗教的信念を分けもっている。[*4]しかしながら、ソクラテスが、宗教的信仰を哲学的信念から切り離して保護するような田舎くさい多神論者ではなかったことも、かなり明白であると思われる。むしろ、人々を道徳的に吟味し矯正するという彼の哲学的使命のために、彼の宗教的信念が不可欠であることを彼は理解していた。そして、逆に、彼はこの使命の基礎をなしている合理的に導き出された確信を、彼の時代の宗教的因習を革新するために用いた。結果として、ソクラテ

スはギリシア宗教の合理的改革に重要な貢献をなした。その貢献とは、彼の聡明な弟子にして、彼の「伝記作者」であるプラトンのきわめて影響力の強い神学に刺激を与え、形成したことである。いずれにせよ、それこそが私の論題である。以下において、私はそれがありそうなことであると証明するつもりである。

われわれの知的歴史の大部分にとって、「宗教的なソクラテス」という一般的な想定は、何かあたりまえのことであった。しかし、古代にも近代にも、それに対する批判者がいた。古代の批判者たちは、ソクラテスのうちに、無神論的自然哲学者の刻印と、職業的弁論術教師のねじ曲がった不道徳な論争的議論を、認めたようである。つまり、彼らは宗教的なソクラテスではなく、神々やアテネの宗教的慣習に対する不敬虔な批判者を見出した(『ソクラテスの弁明』18a-19d 参照)。しかし、『ソクラテスの弁明』の中で、ソクラテスは雄弁にかつ強硬にこれらの告発を否定している。そして、これらの否認は、他の初期対話篇のソクラテス像によって強化されていると私は主張する。これらの文芸作品中に復元されたソクラテスは、大変に魅力的で真に迫っているので、他のソクラテスの弁護者たち(第一番にクセノフォン)の補強証言を考え合わせると、彼を無神論の疑惑から死後においても無罪とする。*5

しかしながら、ソクラテスは、いろんな意味において、彼の時代のもっとも敬虔なギリシア人であったと思われる。しかし、この論争に勝つことで、これらの古代の弁護者たちは、意識することなく、これに続く初期キリスト教の多くの護教家や教父たちによる、ソクラテスの英雄化への道を準備した。*6

ソクラテスの敬虔についてのプラトンとクセノフォンの断固たる描写は、キリスト教徒たちに、ソクラテスとキリストを比較させざるをえなかった。すなわち、ソクラテスに対する無神論者としての不正な告訴とキリスト教徒たちに対する告発を、また、ソクラテスの「人間なみの知恵」とキリストの*7神的知恵を、

ソクラテスの三〇ムナの罰金刑の申し出とユダの銀三〇枚を、牢獄のソクラテスとゲッセマネの庭のキリストを、毒人参によるソクラテスの処刑とキリストの十字架を。多くの者たちにとって、その比較は、ソクラテスを原始キリスト教徒にしてキリストの預言者として、知的異教徒の徳とキリスト教の啓示された真理との間の価値あるつなぎ役として示した。ここから、不正に処刑された宗教的なソクラテスの伝説は、ペトラルカやフィキーヌス、エラスムスに至る思想家たちにとって、つねに精神を鼓舞するものであり、理想化文学の主題となった。*9

しかし、聖なるソクラテス像はイタリア・ルネッサンスの始まりと共にほころび始めた。まず第一に、研究者たちは、アリストファネスとプラトンほどにまったく異なる作家たちの説明を用いることについて、その解釈上の困難を十分に認識し始めた。このことは、ソクラテスについて伝承されてきた観念に対する以前からの信頼を弱める結果になった。そして、それゆえ、知的自由と宗教的寛容をめぐって争う者たちに、彼ら自身の政治的・宗教的感情にとって好ましいやり方で、彼らの解釈的想像力に従う自由を新たに与えた。したがって、ある者たちは、不正に断罪された「敬虔な神の召使い」というソクラテスの「神話」を否定し、あるいは、修正し、その代わりに、自由思想家ソクラテス、伝統的な国家宗教の転覆者というソクラテス像を展開した。*10 この発展と連動して、研究者たちの続く世代の関心は――神学に対立するという意味で――ますます哲学的となった。そして、合理的で科学的な文化の勝利に対するソクラテスの貢献に、いっそうの焦点があてられる結果となり、その結果、彼の思想の伝統的・宗教的要素が無視されることとなった。かくして、非宗教的な神聖化の過程が始まり、今もある方面では、ソクラテスは啓蒙の申し子として描かれている。*11 これは、私や哲学者にかかわる他の多くの者たちが、大学院で教えられたソクラテスで ある。すなわち、この上ない知性主義者で、論争的議論にすっかり没頭し、「徳は知である」という彼の

「逆説的」な見解は（たとえば、『プロタゴラス』349e-350d, 360d, 『ソクラテスの思い出』3, 9, 5)、推論的合理性を人生の唯一の信頼できる導きであるとする道徳説を根拠づけている。

このようにして、ソクラテスと彼の見解についてのかなり正確な、あるいは、少なくとも、適度にバランスのとれた評価に代わって、先入見をもった一つの読み方にもう一つ別の先入見をもった読み方が追加された。ある者がソクラテスを前五世紀の洗礼者ヨハネとして見たところに、他の者たちは今日、正反対のものを見る。つまり、われわれ自身の現代的な自画像、文化的価値、教育的営為と密接に結びついた哲学上の人物を見るのである。*12 このことは、大衆と学者の文化に、一人のソクラテスを与えた。彼は、彼自身の同時代者というよりは、現代の「理性的に吟味された生」の典型的な実例であり、「誠実さと自己実現という進歩的な理想の、初期の使徒」である。*13

ソクラテスに対するこのような考え方によると――私がよりいっそう正確で、謎を含み、興味深いと主張する見解と対立するのであるが――彼は対話相手を尋問することにより信念の整合性を「エレンコス」的に吟味するという、本質的にただ一つの方法によって、道徳性と価値の根本的な問を追求していることになる。*14 標準的な非宗教的ソクラテス像によると、対話によって信念を吟味するこの手続きは、論理法則に厳格に従っており、彼の哲学的探求の基本的な方法や、道徳的意志決定、および、彼の教育法を形成している。この見方によれば、ソクラテスが、「吟味なき人生は生きるに値しない」(『ソクラテスの弁明』38a 5-6) と主張するとき、すべての人たちが、適切な哲学的対話の理性的な諸原理に従い、毎日の一部分を、彼ら自身と他の者たちを、エレンコス的に吟味して過ごすよう彼は助言していると理解されるべきである*15。このソクラテスにとって、理性を越えた宗教的経験は、それら自体は、哲学の実践に貢献しない。むしろ、それらはまさにわれわれの哲学的吟味を必要とするような類のものである。ここから、この

ソクラテス像の主唱者たちが、折々ソクラテスを一種の無神論者、ないし、不可知論者として理解するのは驚きではない。彼らは、神的な存在と「合図」*16 についてのソクラテスの肯定的な言及を、彼の悪名高いアイロニーと言われるものの実例として解釈する。あたかも彼は、「神的な声」(『ソクラテスの弁明』31d1) を聞いているかのように語るが、しかし実際には——とこの解釈は言うのだが——これは語り方の一種にすぎない。というのは、このような言葉遣いにより、彼は「大衆」の言葉を借りて、彼のまったく非宗教的な、完全に人間的な論証の力がなす「神的な」内的ささやきに、こっそりと言及しているに過ぎない。*17 また、もや、このような読解においては、『ソクラテスの弁明』のソクラテスは、告発されたとおりに有罪である。*18 *18

私の判断では、このソクラテス像は、われわれの原典が与える証拠——ソクラテスが生まれてからずっと彼に作用している文化的影響力はむろんのこと——を無視し、誤解した結果である。この種の見解の主唱者は、少なくとも、次のような有無を言わさぬ証拠があることを説明しなければならない。すなわち、ソクラテスは当時も今も認められている意味で、つまり、本来的な意味で、真に宗教的であった。つまり、知性と力をもつ神的で、他界的存在(つまり、神々)が存在するという見解を、彼は知的に心から信じていた。さらに、ソクラテスが、哲学をなせという神から命ぜられた特異な使命をもっていると真剣に信じていたと考える多くのよき理由がわれわれにはある。このことの主要な典拠は、以下の彼の大胆な宣言である。すなわち、「このことをなすこと〔哲学をなすこと〕は、神託や夢を通じて、また、神が誰かに何かをなすよう命じたあらゆる仕方で、神によって私に命ぜられたのです」(『ソクラテスの弁明』33c4-7; cf. 30a)。*19

ソクラテスが彼の哲学的使命を遂行するにあたって、明らかに真剣だったことを前提すると、重大な

とや小さなことにおける彼の常なる導きとして、超自然的な声のささやき、つまり、ダイモニオン（たとえば、『ソクラテスの弁明』40a2-c3, 31c4-d6 を見よ）をもっていたという彼の主張を、われわれが疑う理由は存在しない。プラトンとクセノフォンのソクラテスに関する原典は、そのような直接的であからさまな宗教的言及に満ちている。[20] それらを原典から除外することは、それらを骨抜きにすることである。それは「患者を殺す手術」である。そして、それらすべてを、ずるくて皮肉な言葉上の弱みにつけこむ策略であるとか、単に寓意的な意図のものであると読み替えることは、受け入れられない一つの解釈原理を採用することである。そのような原理は、ひとたび原典上で展開されるや、すべてのソクラテスの発言を致命的なほどに不確かなものにし、尽きるところがない。それゆえ、私が理解するように、最近の研究者たちの研究は——哲学者のうちでも、もっとも影響力があり、奇妙で、やっかいなこの者と折り合いをつけようとするわれわれの世代による試みは、他のすべての世代のそれと同様に——ソクラテスの宗教的な局面に、もっと真剣で細やかな注意をさらに捧げる必要がある。というのは、現代哲学の主流派の方法や立場に対する彼の否定しがたい貢献に、可能な限りぴったりと焦点を合わせたために、われわれは西洋の宗教思想に対する、彼の特異で開拓者的貢献をいまだに十分に理解し、評価していないからである。

それゆえ、本書の根本的前提は、ソクラテスの宗教的側面を証拠立てる原典の証拠を、真剣に受け取らねばならないということである。プラトンの初期対話篇や他の箇所において、宗教的なソクラテスのものとされる宗教的な言葉が、広範に、そして、哲学と融合して使用されていることは、宗教的なソクラテスを歴史上のソクラテスの像として最有力の候補にすると私は確信する。つまり、ソクラテスを描いたプラトンや他の作家たちが意図した文筆上の人物は——そして、私は論ずるつもりだが、現実の人物も同様に——超自然的なものに関するかぎり、まったく彼自身の時代の子として見られるべきである。[21] しかしながら、彼は

第一章　序

また、彼が受け継いだ宗教的伝統と、前五世紀のアテネに流行し、彼が出会った、新しい神学や新興宗教の侵入に対して、鋭敏な批判者であり理性的な改革者であった。それゆえ、このソクラテス的改革の方法と結果を詳細に述べるのは、本書における私のもう一つの任務である。

私は、とりわけ、ソクラテスの哲学的使命が、(部分的に)以下のような主張によって構成されている神学といかにして結びついているのかを、いくらか詳しく論じる。すなわち、(1)神々が存在する(あるいは、ことによると、一つの神の多くの局面が存在する)、(2)われわれはこれらの神々からあらゆる善きものを、そして、それらのみを得る。それらの中には、神から与えられた「夢」のような超理性的な源泉を通じて明かされた情報も含まれる。(3)これらの神々は完全に賢明で道徳的である。それゆえ、「詩人たちの言う嘘」(たとえば、ホメロス)とは正反対であり、(4)神々は悪意をもたず完全に正しい。(5)われわれ人間は彼らの性質を改善することはできない。(6)彼らに対するわれわれの奉仕はそれは敬虔であるがゆえに正しくもある)を愛する。そして、(7)敬虔な行動は、神々に対するわれわれの奉仕を含み、(僕が主人にするように)彼らの仕事を手助け(ὑπηρετική/hupēretikē)する。神々の不道徳性と争いについての彼の全面的拒絶は別として、このソクラテスの見解が含意している興味深いことの一つは、伝統的ギリシア宗教の中核にある独特のご機嫌取り的、厄払い的動機の矯正である。われわれは見るであろうが、ソクラテスの宗教概念は、因習的なカルト的儀式の要求と効力を徹底的に破壊し、その代わりに、ずっと意欲的な宗教的義務を主張する。それは、人間の魂をより良くする一種の哲学的探求に携わることによって、人間の幸福を増進させようとする神の意志に奉仕するという義務である。

しかしながら、もしこの説明がある程度まで正確なら、ソクラテスの哲学はやっかいな難問を抱え込んでいることになる。というのは、ソクラテスが理性主義的な哲学者であるだけでなく、宗教的志向の強い

ギリシア宗教の改革者でもあったなら、一人の人間のこれら二つの認識論的方向性が内在しているように見える。さらにまた、彼の純粋に理性主義的外観において、ソクラテスは(言葉と行動において)、われわれの推論によって(λογιζόμενοι/logizomenōi,『クリトン』46b3-6)もっとも良く支持される命題にのみ説得されるべきであると、われわれに告げる。そして、もっとも現代的なソクラテス解釈の背景のもとに、このことが意味するのは「非宗教的推論」であると受け取るのが自然である。そこでは、議論と信念を吟味するソクラテスの唯一の方法は、エレンコスとエパゴーゲー(帰納的類推。たとえば、『形而上学』1078b27-29、『トピカ』105a13を見よ)である*23。しかし、史的ソクラテスの見解を証拠立てていると普通考えられているプラトンの対話篇において、エレンコスは一般的に、何らかの信頼できる道徳知の主張に達することなく終わっている。ソクラテス自身、徳の哲学的な知に関してはまったく無知であり、「大にも小にも、知者ではないことをそのとおりに自覚している」(『ソクラテスの弁明』21b2-5)と主張することによって、これらの否定的な帰結をいつも承認している。理性的懐疑主義のこの態度は、ここでもまた、神託や夢、予言を通じて神から与えられる命令に従い、生命を犠牲にしてすら哲学を行わなければならない、という先に見たソクラテスの確信に潜む宗教的信念と著しい対比をなしている。そしてまた、彼がダイモニオンによって与えられた導きにしばしば依存していることも明らかに相容れない。ソクラテスは何故、いかにして、自分が宗教的錯乱の被害者ではないと確信できるのかをまったく説明していない。そして、一見したところでは、宗教に基づいた彼の主張に対する、理性による根拠付けはほとんど見あたらない。さらに、彼が超自然的な事柄を受容していることは、他の者たちの宗教に基づく主張に対する彼の哲学的尋問と、拒絶にまったく反するように見える。たとえば、『エウテュフロン』において、ソクラテスはエウテュフロンの主張にまったく満足していない。エウテュフロンは、殺人の罪で

第一章 序

彼自身の父を告発するとき、「敬虔」の要求するところに従って行動していると主張する (3e-4e)。もしエウテュフロンが、夜の夢や、ダイモン的な合図から生ずる神的な命令を引き合いに出して、父に対する告発は神意にかなう仕方で是認されたということを、「ソクラテスにならって」知っていると主張し、ソクラテス自身の導きに従ったとしても、ソクラテスはほんの少しも満足しなかっただろうことは、やはり明らかである。

従って、われわれにはいっそう強力な難問が残ることになる。つまり、もし、ソクラテスは有神論者であり、かつ、不可知論者であるようだ。彼は宗教から生じた確信を、受け入れもし、拒絶もしている。この明白な矛盾を解くために——そして、われわれの原典によって実証された彼の主知主義的、懐疑主義的、宗教的傾向を調停するために——本書の以下の章は、ソクラテスの神学における理性を超えた信念の源泉と他の要素が、ソクラテスの全体としての道徳的意志決定とソクラテスの使命に、いかに貢献するかを吟味する。そこでは、ソクラテスは、明確に理論づけはしていないにせよ、論証的理性が超合理的啓示を——妨げるものではなく——支持するものとして取り扱った、事実上、最初の者たちに属することをわれわれは見るであろう。*25 たしかに、ソクラテスはダイモニオンに対する信頼を帰納的・演繹的考慮の両方に基づかせたように思われる。

これから取り組むべき、このような多くの難問や解決がある。これらが本書の後の諸章を構成するのに役立つのは、彼の倫理教説と前五世紀アテネの宗教的概観に照らして、私がソクラテスの宗教的信念についての解釈の概要と分析を与えるときである。私の意図は、とりわけ、理性的なエレンコスの哲学の価値に対するソクラテスの強調を忘れることなく、他方また、これに対するソクラテスの確信が、いかにして神的に導かれた神々の僕としてのソクラテスの自己把握により、決定的に形づくられたのか——そしてま

10

た、相互に形づくるのか——を十分に認識することである。

この種の研究において、研究主題の相対的重要性や、著者と読者の動機が関連しているのは通常当然のこととされている。それにもかかわらず、(そしてまた、われわれの時代の知的潮流を前提とすると)、私の論題のために少しばかり弁護することは、たぶん、無駄ではない。第一に、この数年ばかり、ソクラテス研究はその長い歴史において、ほとんど例がないほどに活発な活動の時代を経験している。*26 ソクラテスの宗教的志向の重要な位置を確立し、詳述する本書のような試みは、他の研究者たちの業績に対して有益で時宜を得た軌道修正を与え、かくして、われわれの古代の歴史に対する（そしてそれゆえ、結局はわれわれ自身に対する）理解に、有益な修正を与えてくれる。ソクラテスはまた、人文科学と大衆文化の両方にとって、知的な（それどころか宗教的な）生の模範としてなおも役立っている。彼は大学案内にいかめしく引用され、また、映画や他のいろいろのところで、混乱した専門知の見本として現れる。そして、様々の種類の知性の歴史にかかわる科目（学生たちはそこで、ソクラテスが悪評高く不愉快な「ソクラテス的方法」の創始者であることを教えられる）において、学部学生の前で彼は名場面を演じてくれる。従って、ソクラテスの哲学を学ぶことは、われわれの知的生活をどのようなものと考えるべきかについての、われわれ自身の見方を生産的に熟考するために重要である。そして、私が明らかにするように、ソクラテスの哲学的ならびに宗教的見解は一つの継ぎ目のない全体の部分なので、彼の思想の宗教的要素を発見し、吟味することは同様に重要である。

最後に、そして、次のような命題をここで直接的に論じようとする試みを少しもなすことなく、私ははっきりとこう主張したい。——つまり、ソクラテス思想の研究から拾い集めることのできる、道徳性と人

間の条件についての多くの真理があり、そして、それゆえ、その宗教的局面を無視することは、有益な真理を無視することである。宗教という一般的な論題は、知的な意味で困難にみちており、宗教の本性、長所と短所（そして、その悲痛にみちた歴史）についての、読者各人の考えを刺激せざるをえない。それを無視することはわれわれ自身を無視することである。他者との関係や、われわれ自身の内的経験の世界は、われわれ自身の宗教的態度やその背後にある歴史的、宗教的諸力により、否応なく形づくられる（また、それらを形づくる）。さらに、定義を与えようとするわけではないが、宗教はその本質において、人生の未知の領域に対する、（不可解なことや恐れを理解しようとする）認識的で情緒的なこの応答のいっそう一般的な側面の表現である。そして、その広い意味で、われわれはすべて宗教的であり、同じ宗教を信じる者たちにとり囲まれている。*27 哲学、科学、詩、そして芸術はすべて、人類の傑出したこの一人の試みに対し、細心の注意を払うことにより、われわれはより大きな感受性と知性をもって、われわれ自身の類似の苦闘をいかになすべきかを、より良く学ぶであろう。存在の知られざる領域と折り合おうとする、人間の共通の応答の一部分にすぎない。

しかしながら、このようなソクラテスの押し売りにもかかわらず、この書で描かれたソクラテスは、すべての読者に親しい者とはならないかもしれない。たとえば、古代哲学の一人の卓越した研究者は、次のような感慨を表明している。もし彼が、ソクラテスについての私の説明を、歴史的に正確なものであると考えるようなことにでもなったなら、ソクラテスに対して彼が以前もっていた敬意は——それは、非宗教的で理性的な探求のソクラテスの貢献への彼の賛嘆に基づいていたのであるが——急落するであろうと。ギリシア宗教の主要な構成要素の多くに対するソクラテスの抵抗にもかかわらず、彼はギリシア宗教の多くの見解を保持していたという考えを受け入れる者たちですら、私のソクラテス像を受け入れがた

いと考えるかもしれない。というのは、ここで、ソクラテスの宗教的行為のいくつかの重要な側面は——、とりわけ、ダイモニオンという神的な導きに対する信頼は——、理性的な神学と相容れず、まことに、「迷信的で宗教的に病んだソクラテス」の知的後遺症でわれわれを脅かすものである、と人は考えるかもしれない。

これらの反応に対する答は明白である。古代哲学の誠実な研究者たちは、彼らを当惑させるような真理を発見する（再発見する）覚悟がなければならない。それらは、哲学や宗教、ギリシア文化、そして、原典解釈の性質にかかわる事柄のみならず、ソクラテスについての彼ら自身の心からの、合理的に支持された、長年の確信に逆らうような発見である。*28 本書のページに輪郭を表したソクラテスの宗教的要素のいくつかは、私は告白するが、私自身の哲学的・神学的傾向と抵触する。それにもかかわらず、私のソクラテス像は、最悪の類の迷信家としてのソクラテスや、単なる不快な狂信家としてのソクラテスを、われわれに強いたりはしないと思う。というのは、私は以下で論ずるが、われわれはここで、内省的理性よりも衝動的、主観的暗示をよりいっそう信頼するソクラテスと、それよりも非宗教的推論の砦に彼の運命を委ねる別のソクラテスとの、単純な選択に直面しているのではない。むしろ、私の説明が与える彼の傾向をもつ一人の男で、彼は、単に宗教的傾向があるばかりではなく、完全に理性的（そして、道徳的）な傾向をもつ一人の男で、彼の対話相手が生きている限り、彼はよろこんで話を聞き、再考し、議論するような男である。また、このソクラテスは、神から与えられた警告であると彼が最終的に考えるようになった特異な体験にしばしばさらされたということも、まったくそのとおりなのである。そして、この考えを支持する内省的で、論理的に十分な理由と考えるものを彼はもっている。さらに、私が ここで描くソクラテスは、超理性的なものは、それが可能な場合には、非宗教的推論の裁きに付されねば

ならないと主張する。

もちろん、われわれが以上のような解釈のソクラテスに完全に満足するためには、彼が実際に神々との専用回線をもっていたと信じなければならないであろう。そして、そのことを確証するために必要とされる証拠の性格を考慮するなら、この特異な信念を強固に支持する者はほとんどいないであろう。それにもかかわらず、彼の哲学的使命の時代と場所、そして、彼が創始し、成し遂げることに尽力した重要な概念の変更を考慮に入れると、ソクラテスに対するわれわれの深い敬意は、彼の思想の多くが彼自身の時代の宗教的伝統と依然としてきわめて密接に関連していることを発見することにより——減少するのではなく——ただ深められるだけであるにちがいない。実際、私の研究から生じるソクラテスは、彼の時代とわれわれの時代のどちらにも、何か謎めいたものであり、彼の時代には奇妙に理性的であり、われわれの時代には奇妙に宗教的である。私は、このことを、私の研究の美点と考えるのである。

1・2　前提条件

本研究の性質と目的を考慮するなら、私は「ソクラテス問題」について少しばかり触れることによって、私の方法論的もくろみを明らかにしなければならない。その問題*29とは、つまり、もっとも一般的で明白な事柄以上の何らかの見解を、史的ソクラテスに帰する問題である。ソクラテスは何も書かなかった。少なくとも、彼に正当に帰することのできる文書はない。*30 したがって、ソクラテスと呼ばれた現実のアテネ人が抱いていた哲学的主張（あるいは、単なる「ことば」）をわれわれが確認しようとするとき、われわれは他の人々の証言に依拠しなければならない。しかし、この場合、他者の証言は問題だらけである。われ

われの別々の情報源は、この者について別々のことを言い、折々、一見したところ、矛盾することを語る。そして著作家たちも、たぶん、彼らの説明の中に、かなりの虚構をもち込む様々の動機をもっていたであろう。特に、この種の研究にとって、あらゆることのうちでもっとも厄介なのは、これらの文書の多くが、弁明的な意図をもつジャンルに——つまり、たぶん見方の偏った——「ソクラテス文書」に属することである。この顕著な代表は、もちろん、プラトンの文学的名文家のうちでもっとも輝かしい者の一人であり、対話形式の最初の唱道者である（ディオゲネス・ラエルティオス『ギリシア哲学者列伝』2.123)、独特で、斬新な、哲学的重要課題をもった、まぎれもなく偉大な哲学者である。ここから、そしてまたプラトンの原典のそれぞれに固有の内的な他の理由のゆえに、彼の対話篇の多くに登場するソクラテスは、事実というよりは、かなり虚構のものであることはまず疑えない。書物自体は、その作者たちに代わって質問に答えることはできない（『パイドロス』274c ff.）という、書かれた言葉に対する彼自身の批判を思い起こすなら、読者たちが区別できるよう彼が生きている間は、対話篇の虚構的な脈絡と、真に伝記的・教義的な脈絡を、疑いもなく、プラトンが助けることができた。

プラトンは、彼の同時代の困惑した読者たちに、たとえば、『国家』第七巻のソクラテスと、これに対立するものとしての『エウテュフロン』のソクラテスが、方法と信念において、彼の年老いた師匠に似ていたか否か、また、どの程度までそうなのかを教えることができたであろう。しかし、続く諸世代には生きたプラトンはいなかったし、また、彼らの歴史学的推論と解釈を導く完璧なロゼッタ・ストーンはなかった。それどころか、われわれがもっているのは、あるソクラテスを描いたプラトンの対話篇であり、その数も議論の余地がある。整合性の理由だけから見ても、そのソクラテスが、すべての対話篇の中で、実際のソクラテスによって問われた問や、抱かれた見解を語っているということはありえない。そして、われ

15 第一章 序

われには、ソクラテスをよく知っていたと思われる他の二人の同時代者(アリストファネスとクセノフォン)の証言があり、また、ソクラテスの生と思想に関するいくつかの正確な思い出を(おそらく)聞いたことのある一人の者(アリストテレス)の証言がある。しかし、史的ソクラテスの思想を再現するために、これらの情報源を使用することは、ソクラテス研究をなおも苦しめている諸々の困難で一杯である。*32

私はここで、これらの解釈上の基本的な問題を詳細に述べたり、あるいは、私の解釈上の前提と方法を十分に根拠づけることはできない。私は私が採用する共通の学問上の立場を詳述することができるだけである。その立場は、他のところで論じられてきたものであり、私や他の多くの者たちが、実り豊かな成果であるとみなすものによって、いっそう正当化されるものである。当然、実り豊かであることの判断基準は、個人的なものである。たとえば、われわれのある者は、論争の的となっているある文章の解釈を、プラトンの初期対話篇のソクラテスによって示されている才能にふさわしい議論を生じさせているがゆえに、実り豊かであるとみなす。しかし、他の者たちは、そうではなく、そのような解釈はソクラテスの意図的な詭弁の使用を保存していないと見る。それがどうであれ、私の望みは、読者たちがたとえ私の研究方法に共感を抱かなくとも、次のような私の確信を共有してくれることである。すなわち、(われわれすべてが気がつかないうちに)私の研究成果が、われわれを、史的ソクラテスの正確な理解に近づけるよりは遠ざけるとしても、それはなお、ソクラテスという古代の様々の対話篇に共通の文芸上の人物についての、有益な理解に少なくとも貢献するであろう。そして、結局のところ、その文芸上の人物こそが、後続世代の多くの思想家たちに影響力を行使したのであり、本人自身ではない。

私がここで採用する「共通の学問上の立場」は、グレゴリー・ヴラストスの著書『ソクラテス──アイロニストそして道徳哲学者』に見出されるような、ソクラテス問題に対する本質的に発展論的な解決であ

16

る*33。彼の説明においては、まず第一に、本来的に非対話篇的性格の『ソクラテスの弁明』は、ソクラテスが法廷で実際に語ったことの論調と内容を想定され、かくして、およその歴史学上の試金石として役立つとされる*34。プラトンの他の初期作品は、歴史的ソクラテスの方法と教説の、対話形式によ
る創意に富んだ再創作——だから、必ずしも復元ではない——であると理解される*35。実際、初期対話篇に描かれている場面は（『ソクラテスの弁明』をのぞき）基本的には虚構のものである。だが、いく人かの批評家たちの折々の非難にもかかわらず、かならずしも常に、完全に虚構であるとは限らない*36。むしろ、ヴラストスが言うように、初期対話篇はプラトンの産物であり、彼は哲学の経歴の初期の段階で、心服したソクラテス主義者であり、彼は自らのものとしたソクラテス的見識を執筆することを通じて探求（そして、公刊）しつつ、彼の師匠のやり方で哲学した、という合理的な仮定のもとにわれわれは進む。
この仮定は、史的ソクラテスの教説と方法に対するアリストテレスの（そして、ある程度まではクセノフォンの）独立的証言により、正当化された仮定である。それゆえ、この見解によると、初期対話篇は、ソクラテスの教説と方法を正確に復元しようという意識的な試みを、必ずしも、あるいは、つねに、伴うことなく、それらを提示している。この立場は、プラトンの芸術的技量と彼の独立した哲学的意図の影響を排除するものではなく、それゆえ、原典中の文字通りすべての主張と立場が、ソクラテス（あるいはプラトン）の信じたものであるとは考えない*37。対話篇は混乱に終わるかもしれない。しかし、対話篇執筆についてのこの解釈を前提すると、あの表面的な混惑は、発展論者にとっては、プラトン自身が当の問題について何の見解ももっていなかったとか、あるいは、当の問題に関して史的ソクラテスの見解がいかなるものであったかについて、プラトンは何の立場もとっていなかった——そして、いかなる立場も示さなかった*38、ということを意味する必要はない。それゆえ、「真のソクラテスの思想は、プラトンの復元の中

に生き残っている」という仮説を、初期対話篇の解釈に採用することは、合理的な歴史叙述の手続きの範囲を逸脱しないのである。*39

次に、初期対話篇のソクラテス（SE）と中期対話篇のソクラテス（SM）の相違を明確にするために、われわれはアリストテレスの証言を使用することができる。それは発展論者の作業仮説──すなわち、史的ソクラテスの思想がプラトンの初期対話篇のソクラテスの名の下に保存されている──を十分にありそうなものにする。*40 しかしながら、史的ソクラテスは初期対話篇の証言の知識から生じていると考える。それゆえ、この見解においては、アリストテレスはプラトンについての証が（あるいは、ほとんどすべてが）プラトンの対話篇や、あるいは、たぶん他のソクラテスについての証たちは、証人としての、また、哲学史家としてのアリストテレスに感心しない。そして、彼の証言はすべて言の知識から生じていると考える。それゆえ、この見解においては、アリストテレスはプラトンの巧妙な虚構が作った錯覚によって欺かれた、（ヴラストスを含む）歴代の読者たちの最初の者にすぎない。*41

しかしながら、アリストテレスの証言の一般的な信頼性と独立性を否定するためには、われわれにはまだ十分な理由が与えられていないように思う。特に、クセノフォンによる類似の証言がある場合はそうである。というのは、歴史家としてのアリストテレスの今までの一般的な評価がどのような所感を導き出すにせよ、それはソクラテスという特定の場合にはおそらく的はずれである。そして、アリストテレスは彼の先行者たちの考えを、完全に彼自身の用語ではっきりと要約している点で、現代の歴史学研究の基準を犯しているかもしれないが、われわれはしばしばそれに対する理のかなった処置をほどこすことのできる立場にある。*42 たとえば、チャールズ・カーンはアリストテレスを「最初の歴史主義者」として描いている。しかし、彼によると、アリストテレスは対話篇の単なる素朴で、無批判な読者であり、従って、アリストテレスが史的ソクラテスに帰しているすべてを、彼はこれらの対話篇から学んだとされる。しかし、これらの主張

を両方とも否定する理由がある。(1) アリストテレスは対話篇のもっとも明敏で識別力ある読者である。というのは、彼はかなり明白に、SE（初期対話篇のソクラテス）とSM（中期対話篇のソクラテス）を区別することに有利な証言をしているし、たとえば、SMではなく、SMの道徳的心理学のみを批判しようとしている（『ニコマコス倫理学』1145b23、『エウデモス倫理学』1216b2 ff.）。他方で、はっきりとプラトンのそれを誉めさえしており（『大道徳学』1182a15 ff., 1078b12 ff., 1086a37 ff.）。そして、(2) アリストテレスの証言には、彼がプラトンの劇作上の手品の無邪気な犠牲者であったとしたら考えられないようなものが多くある。というのは、そのようなことを示唆するものは原典中には何もない（少なくとも、Th・ドゥマンの証言の第三のものはこの種のものに思える）。次に、この種の見解は、アリストテレス自身が「ソクラテス文書」(Sokratikoi Logoi) を特殊な種類の模倣 (mimêsis) ——これは純粋な文学的虚構からは区別されるべきものである（『詩学』1447a1 ff.）——として分類していることを見過ごしている。歴史上の人物を模倣しているソクラテス的対話篇の場合、創作的模倣は——アリストテレス自身の説明 (1454a24-25) では——ソクラテスの性格と哲学の営みのかなり忠実な再現でなければならない。最後に、アリストテレスは、他の「ソクラテス文書」もよく知っていたのであり、また、若い頃にソクラテスを知っていた人々と絶えず接触をもつことのできる批判的な読者であった。この事実は、彼が一般的に信頼することができるという立場に有利である。かくして、アリストテレスが初期対話篇に依拠しているということは、プラトンの初期対話篇の歴史的価値を掘り崩すどころか、アリストテレスのために語り、ソクラテスの探求を再現している」[*44]——信頼していることを証明する。

したがって、本研究の基本的な原典は、プラトンの『ソクラテスの弁明』と彼の初期対話篇である。私はまた、真のソクラテスの思想とその性格は、クセノフォンのソクラテス回想録と、あまり直接的な仕方ではないが、アリストファネスの『雲』の中に捉えられていると推定する。不幸にして、どちらの情報源も、それらの著者たちの全く異なる意図によって、ひどく色づけられているというのは、ありそうなことである。クセノフォンは、ソクラテスに対してなされた様々の非難（特に不敬神のそれ）に対して、ソクラテスの名声を傷つけないようにしようと望み、アリストファネスは、とりわけ、当時の自然哲学者やソフィストたちのパロディを作るための土台として、ソクラテスを用いようともくろんでいる。それゆえ、私はクセノフォンを主にソクラテスの宗教性という主題に関するクセノフォンの証言の豊かさのゆえに、教説をソクラテスに帰属させることの信頼性を高めるための証拠に、いく分かを付け加えると考えるからである。彼とプラトン（そして、可能な場合にはアリストテレス）との一致が、教説をソクラテスに帰属させることの信頼性を高めるための証拠に、いく分かを付け加えると考えるからである。しかしながら、ソクラテスの宗教性という主題に関するクセノフォンの証言の豊かさのゆえに、私は折々このやり方から離れる。しかし、その場合、読者は通常、本文や註の中で、いくらかの正当化の試みを見つけるであろう。私の極めて限定されたアリストファネスの使用も同じやり方に従う。

　私がこの解釈的方法を用いるにあたり、読者たちは折々読解の恣意性（それだけであってくれたらいいのだが）を感じるかもしれない。これは、私の思うに、あらゆる解釈者たちが犯すにちがいない不幸であり、避けられない罪である。たとえば、ヴラストスはわれわれに初期対話篇のもっともらしい時順表を提供し、それを用いて興味深い首尾一貫したソクラテス哲学の説明を与えている。*46 しかし、他の者たちも、色々の、同等にもっともらしい時順表を与えており、ヴラストスの説明とは異なりはするが、それにもかかわらず、実りの多い説明を導き出している。「実り多い」というのは、「実り豊かであるとは何である

か」についての、いくぶん不安定な基準に常に基づいているのではあるが。そのような複数の説明が、結局は、この度もなおも成立するということは驚きではない。まことに、プラトンの文学的・哲学的作品に極めて類似したものは――古代においても近代も――まったく何も存在せず、それらを正当に比較する対象もない。われわれはプラトンの時代の「文芸のジャンルの基準」について、まったく無知なままであり、対話篇が想定している読者を確実に確認できる立場にはない。たとえば、対話篇は洗練された一般大衆に向けられたアカデメイア学園の宣伝のためのものであったのか、それとも哲学的に進んだ学園内の構成員のためのものであったのか。そのようなことを知ることなく、たとえば、プラトンのある省略三段論法は不注意の結果なのか、それとも、産婆術的な哲学的挑戦なのかを知ることは困難である。*47 そのことを前提し、また、すべてのテキストに本来的に伴う不透明さを前提すると、対話篇の解釈は永遠の課題であり続けざるをえない。

以上の見解や、現在の解釈状況は、確実性のわずかばかりを把握するときのみ幸福であるような固い魂のもち主には失望となろう。しかし、もしわれわれが、限られた数の、異なりはするが、ありそうな解釈上の想定から、ソクラテスの資料について、限られた数の、ありそうな解釈を作る事ができるなら、十分な達成と言うべきである。疑いもなく、これらの解釈の花々の多くは、確実性への渇望の結果として花咲くであろう。しかし、そのような渇望は、「捕捉しがたい白鳥」というプラトンについてのよく知られた夢の意味するところのいっそう深い熟考により、和らげられ、活気が与えられるなら、たぶん、より効果的に水路が開かれ、そして、たぶん彼自身の作品に対するプラトンの産婆術的希望と、よりいっそう調和しているであろう。少なくとも、ソクラテス学徒シミアスはその夢を次の意味に解釈した。すなわち、「すべての者はプラトンの意味するところを理解しようと努力するであろう。しかし、誰一人成功せず、*48

各人は各人の見解に従って解釈するであろう」(オリュンピオドロス『アルキビアデス註解』2.156-162)。

それゆえ、こう想像してみよう。プラトンは彼の作品がさまざまな解釈を受けいれることによく気づいていた、と。もしこれが正しいなら、次のことも真と思われる。すなわち、プラトンの意図の一つは、哲学の初学者としてのわれわれが、また、われわれがほとんど常にそうであるように、対話劇の芸術に魅せられた者、としてのわれわれが、史的ソクラテスの見解を──その見解は、対話篇中に生きた形でわれわれのために保存されていると信じることができる──発見することを模索するようわれわれを駆り立てるという目的のために、彼の対話篇を用いることであった。結局のところ、プラトンの初期対話篇のいくつかは、とりわけ彼の師匠の性格や活動、そして、見解を弁明するよう(かくして、実質的に正確に再現するよう)意図されているようである。もちろん、われわれがこのソクラテスを追求するにつれ、たぶん、次のことも、プラトンのさらなる希望であったということを、われわれは認めねばならない。すなわち、われわれ自身の中にこれらの要素を発見し、そして、はるか昔に立ち去った、われわれの白鳥(と彼の師匠)を十分に捉えようとするわれわれの試みを妨げる世界(彼のテキストに投影されたものとしての)を発見することを、われわれが開始するということ。さらに、そのような発見がなされた後も、これらの原典は、たとえば、ソクラテスとエウテュフロンの議論に参加することを勧める誘いとして役立つであろう。それらの原典はいつも、いまだ論証されていない想定と不完全な理論──それらは、プラトンがわれわれの努力と願望のすべての目的として設定している哲学的解明(『第七書簡』341c-d)への途上で、更なる思考を必要とする──を探すよう読者たちに求める。とにかく、以上述べてきた解釈上の戦略こそが私がここで用いようとするわれわれの白鳥を入れるための鳥かごである。

22

1・3　宗教的眺望

ソクラテス思想の宗教的側面をよく理解するためには、いかにしてソクラテスがギリシア宗教の伝統の中にとどまり、いかにしてそこから離れたかを把握する必要がある。それゆえ、前五世紀の前五世紀アテネの宗教をいくらか理解することから始めるのが重要である。しかし、その目的のために、私はここで前五世紀アテネの宗教的眺望の基本的な概略を盛り込むことにする。しかし、その概略は多くの問題を回避し、多くの詳細を後の議論に回す。*50

この主題についてほんの短い序を述べることでさえ、そう見えるほどには、けっして単純なことではない。まず初めに注意すべきは、ギリシア語には「宗教」（レリジョン）という言葉が存在しないということである（元のレリギオという言葉はラテン語である）。そのことが示すのは、この言葉がわれわれにさし示す独特の現象が、ギリシア人たちにとっては、日常生活に、とりわけ、公的・共同体的生に、いかに継ぎ目なく統合されていたかということである。ギリシア宗教は、われわれが「世俗的」と名づける社会的、政治的、商業的側面から距離を置いた、信念と儀式の統一的・有機的体系を備えてはいなかった。むしろ、それはすべてのポリス構成員の生活に、様々な仕方で浸透している行動と態度の入り組んだ紛合体であった。国の援助を受けたアテネ市の儀式のようなギリシア宗教の個別的な構成部分でさえ、それ自体は表面的にはつながりのない、あるいは、不整合な諸要素からなっている。それらの多くは、宗教の近代的概念に対して、容易に類同化されるような関係にはない。むしろ、われわれ自身の概念的境界の区別立てを越えるものである。*51 かくして、ある主題についてのソクラテス自身の宗教的表現や思想は、それら

の主題についての彼の合理的考察に対して独立的に付加されたものの中には見いだされないのであり、単にそれらの合理的考察のうちに散在し統合されているということを発見するのは驚きではないことがわかるはずである。

たぶんわれわれは、まず最初にギリシア宗教が何でなかったかを知ることに努めるべきである。第一に、それは根本的なものとしての、特定の啓示された一組の宗教的教典をもってはいなかった。ホメロスの『イリアス』やヘシオドスの『神統記』*53もそうだが、聖書の地位に相当するような教典は何もなかった。組織化された教会、訓練された聖職者、あるいは、そのような聖職者によって強いられた一組の体系的な教義もなかった。かくして、国や個人を敬虔 (εὐσεβής/eusebēs) なものとして、つまり、人間と神の関係を支配している規範に一致しているものとして定めるのは、第一義には、教義に対する、あるいは、敬虔についての私的な考えに対する、信念の一致ではない。むしろ、多数の活動を持続し、それらに参加することにより先祖伝来の伝統 (τὰ πάτρια/ta patria) を正しく、時宜を得て遵守することである。たとえば、聖域を維持したり、祭礼の暦に従って様々の神々に供犠を捧げることに対して、財政的に、あるいは他の仕方で貢献することなどである。それらの慣習そのものの確立は、かく崇拝された神々に帰されるのであり、国家ないし個人が実直にこれらの慣習を守る限り、これらの神々から一定の物理的加護 (他の人間たちからの略奪行為に対する、また、他の神々の敵意の表れである自然的な力に対する) を期待できた。これらの儀式は数多くあり、人生のあらゆる日とあらゆる段階を、神々と女神たちの神的な劇的事件と結びつけた。

すべてのギリシア宗教の儀式は、様々の形式の供犠を中心とするが、主に祈り (εὐχή/euchē) と他の形式の表現を含んでいた。*54 そのような供犠は、食事の開始に当たり個人がワインを捧げる——つまり、少

しばかりを祭壇あるいは大地に注ぎ、神の加護を求め、祈りを吟唱する間に残りを飲む——ことから、宗教的祭典のおりに国家が家畜を生け贄に捧げることに至るまで、広い範囲のものがある。この宗教的祭典は、食事を分かち合うことにより（神々に対する焼かれた捧げ物として取り分けられた肉の分け前については、たとえば、『オデュッセイア』3.417-472 を見よ）、国を加護する神と市民との絆を新たにするための、共同の正餐式で頂点に達する。[55] 通常、そのような儀式は、たとえば、新生児の家（οἶκος/oikos）への編入、出産後の浄め、胞族への登録、市民団への加入、結婚、死のような「通過儀礼」を含み、あるいは、国家により援助された宗教的祭礼（ἑορταί/heortai）——それは、聖暦により定められており、行列、生け贄、正餐、そして、競技を含む。たとえば、毎年のパンアテナイア祭などの中心を構成した。[56] しかしながら、われわれが以上のような「白」魔術として考える実例に加えて、「黒」魔術に属する他の儀式を考えねばならない。それは、他の者たちを助けるのではなく、害することを目的とする。特に、呪い（ἀραί/καταραι, arai/katarai）や他の呪詛の類である（たとえば、ピンダロス『オリュンピア祝勝歌』1.75 ff.『イリアス』3.299-301, 9.456『オデュッセイア』2.134 ff. ソフォクレス『トラキアの女たち』1239 プラトン『国家』394a,『クリティアス』119e,『法律』854b, 876e, 930e-932a, 949b を見よ）。[57]

供犠や他の仕方での儀式がいかなるものであれ、儀式を構成する行為は、ふつう特定の神格に向けられ、共同体と密接に結びついていた。その範囲は、個々人の祭壇、家の守り神、家庭のかまどがその座であるヘスティアに対する日常の崇拝を伴う——彼ら自身の祭壇、区（デーモス δῆμος/dêmos）、族（φυλή/phulē）、そして、任意の宗派の集まり（英雄や神々、あるいは、アスクレピオスに対する礼賛のようないっそう複雑な集団にまで及ぶ）。[58] しかしながら、もっとも明白な組織化原理はすべてを包括する国家の信仰であり、そこからこれらの小集団がそれらの組織を導き出している。

25　第一章　序

国家こそ、すべての宗教的機能に対して最終的な権威を――宗教にかかわる役人や司祭の形で[59]――行使する。そして、国家の数多くの祭礼により与えられた公の場での「敬虔さ」のもっとも重要な表現を監督するのは、国家であった。たとえば、アテネのアゴラに見られるように、国の中で神殿や聖域、英雄たちの墓が、国家行政にあてられた建物と、混在するのがふつうであった。このことは、宗教と政治がギリシア人にとっていかに相互に深く結びついていたかの物理的証拠を与えている。

この「国家」宗教の一般的性格は、守護神の保護を要請することである。それは、あの共同体の正餐と、(供犠についての国の暦により保存された)伝統によって指示された供犠の儀式によってである。加えて、アテネにはアテナ・ポリアス(国家の守護神アテナ女神)と、アテネの民会と法廷は宗教的な事柄に関与することなどである。そして、両機関の役人は彼らの家の儀式を維持することを期待されていた。最後に、政府、法廷、そして、他の市民生活の諸制度(たとえば、遺言の保全)の運営に必要な秩序と誠意を確保するための公的な宗教的宣誓(ὅρκοι/horkoi)と祈りは、生け贄の獣にかけて誓ったり、証人として神を呼んだり、契約違反者や偽証者への罰を求めたりすることを含んでいた(たとえば、アテネの民会が開かれるたびに、それは収賄とか欺瞞の意図を無遠慮に語る者に対して、徹底的な破滅を求める呪いを含んでいた)[61]。

家と国家の宗教に加えて、聖域、神託、デルフォイやドドナの神聖な競技に見られるような、いっそう広範な、全ギリシア的制度があった。ここでは、通常の宗教的儀式以外に、アポロン神の神官であるピュ

ティアの口を通じて、質問に答える形で、人は神の予言や助言を得ることができた（4・2節を見よ）。この種の他の重要な制度はエレウシスの密儀で、その秘儀は、アテネの役人に管理されていたが、犯罪で その手が汚されていないかぎり、ギリシア語を話す者なら誰にでも開かれていた。そして、それは（含まれている）「秘密性」にもかかわらず宗教的表現の民衆的形式としての役を果たした。秘儀への参加者（μύσται/mustai）の長い準備の期間は、断食、静養、身代わりの豚を生け贄にして汚れを払うことを含み、密儀堂（τελεστήριον/telestḗrion）の内部での聖物の開示において頂点に至る。多くの者には、この ことは明らかに、神的なものに接触する感動的な経験と、秘儀を受けない者たちよりも優れた死後の状態への、漠然とした約束を含んでいた。*62

古代ギリシア宗教の「体系」は、キリスト教的、ユダヤ教的、イスラム教的神性概念とはかなり異なるそれを前提していた。以上の叙述はこのことを明らかにするのに役立つはずである。これらの伝統において、神的なものは、世界と人間を創造した、永遠で、超越的な、全能で、全知の神の形をとる。この神は、ある意味で世界の外に存在するのであるが、われわれの内に、また、われわれに対して、現れることもできる。そしてまた、神は、神的なものとの内的で親密な関係（積極的な道徳的、心理学的変容の鍵を握る関係）をもっていることの印の役目を果たす外面に現れた敬虔を伴って、心から祈る者に答えてくれるかもしれない。しかしながら、ソクラテスの同時代人は、ホメロスやヘシオドスの作品の中に描かれている神々の起源や本性についての描写で育ったのであり、その神々は宇宙や人間を創造したりしないで、むしろ、彼ら自身が創造された者である。彼らの力はしばしば欺瞞と暴力によって得られた。彼らはいつでも人間でも、全能でも、永遠でもない。彼らは単に不死にすぎず、運命に服する。そして、彼らは全知の事柄に干渉することで忙しい。彼らは、独特の名前、徳性、冒険談をもち、人間の姿をとるかもしれな

いが、異なった現れをなすことのできる力でもあり、自然現象として出現しさえした（たとえば、ゼウス・ケラウノス、つまり、雷としてのゼウス）*63。かくして、ここ地上では、聖と俗、宗教的と非宗教のはっきりした区分はない。そして、すべての人間の行為、自然のあらゆる局面は、われわれが宗教と呼ぶ側面をもっていた*64。

ギリシア人にとって、世界は神的なものによって浸透されていたが、彼らはまた、可滅的、可死的存在とは明白に異なる諸存在の内に、神的なもののもっとも強力な現れの場を据えた。すなわち、彼らは神々、ダイモンたち、そして、英雄たちという神的なものの三つの主要形態を認めた。先に見たように、神々は通常、様々の姿をとって顕現し、様々の形容辞で呼ばれた。たとえば、ゼウス・ポリエウス（国家の守護神ゼウス）はディポレイア祭の主神であり、ディアシア祭の間に栄誉を受けるのはゼウス・メイリキオス（寛大な神ゼウス）であった（アテナ女神は少なくとも五〇のそのような形容辞をもっていた）。もっとも活動的な神々の様々の複合的関係があった。しかし、アテネの国家では主として以下の十二の神々が挙げられる。ゼウス、ポセイドン、デーメーテール、ヘーラー、アレース、アフロディテー、アルテミス、アポロン、アテナ、ヘルメス、ディオニュソス、そして、ヘパイストス。（ヘスティアとハデスはしばしばアレースとデュオニュソスと入れ替わる）*65。十二神は「他の神々との多様な力の集合どころか、諸関係の入り組んだ体系であった。そこにおいて、各神格は「他の神々との多様な力の補い合う本性、すなわち、不動のかまどの女神と、動的移行の神を示しているだけでなく」*66、諸制度の働きを体系づける知的範疇をも示している（たとえば、ヘルメスとヘスティアのカップルは、二つの神的な力の補い合う本性、すなわち、不動のかまどの女神と、動的移行の神を示しているだけでなく」*66、諸制度の働きを体系づける知的範疇をも示している（たとえ

これらの古代の神性観念は、神にかかわる公的な組織により仕上げられたり、強要されることはなかっ

た。しかし、宗教教育は偶然や想像に（たとえば、おとぎ話や国家宗教の儀式に偶然に触れることを通じて）委ねられはしなかった。ホメロスとヘシオドスは一般に、よく聞かれ、読まれた作家である。彼らは――ずっと古い口承に依存していたが――ギリシア人のために、「超越的なものの諸力についての標準的な物語の一種の貯蔵庫」を設立した。この貯蔵庫をもとにして、「哀傷歌、叙情詩、悲劇詩人たちは、それを無制限に用い、また、同時に伝統的な神話に新しい機能と意味を付与した」。したがって、たとえば、アイスキュロスやソフォクレスの劇は、ホメロスの宗教的神話で描かれている出来事に対して、何らかの現在の状況を並置している。それは、神話を拡張したり、また他方で、人間の条件のある側面や、それに対する当時の社会の応答に重大な疑いをさしはさむことによってである（たとえば、ソフォクレスの『アンティゴネー』）。ソクラテスの時代までに、従来の物語に対する分析と探求のいくらかは、タレスによって「開始された」新しい知的伝統のなかで活動した思想家たちの思索と発見によって影響され、また、影響を与えもした。これらの者たちの中には、アナクサゴラスのような「自然哲学者たち」（彼らは雷のような神的な現象を合理的に再解釈することに興味を抱いた）や、プロタゴラスのような弁論術の職業的教師たち（ソフィストたち）――ある者たちは神学的懐疑主義に、いくかの場合は無神論に傾いた――が含まれている。結果として、エウリピデスやトゥキュディデスのような作家たちの作品においては、供犠や祈りの効力についての民衆宗教の根本的な考え方ですら、批判の対象になった。

この節を結論づけるにあたり、ソクラテスの裁判に表れた特別の宗教的緊張に触れるのがたぶん有益である。というのは、私の主張では、彼の告発者たちによる不敬神の告発が、よりいっそう個人的な、あるいは、政治的な関心のためのカモフラージュであることが明らかとなったとしても、告発者たちが彼らの

告発のもっともらしさと効果のいくらかを、当時の、表面上は広く広まった宗教的関心から借用した、と考えるもっともな理由がある。それゆえ——そして、後に論ぜられる原典上の、および、論証的な議論の際に、私が活用することを必要とする詳細事に先んじることなく——これらの「緊張の糸」を、先に述べられた前五世紀の脈絡のいくつかを解きほどくことにより簡潔に描くのがよいだろう。

私が、前五世紀アテネの宗教的眺望を描いたところでは、（１）国家内の、儀式に集中した家と国家の宗教と、（２）ホメロスのような伝統的詩人たちの物語に集中した宗教の間には、正式のものではないにせよ、顕著な区別が存在した。加えて、民衆が触れていたのは（３）エレウシスのそれのような民間の秘儀宗教や、（４）オルフィック教のような集団の宗派的活動や信仰、（５）哲学と宗教のピュタゴラス派的混合、（６）ソフォクレスのような劇作家の宗教的考察であり、また、（７）エウリピデス劇の登場人物のいくかにより具体化された、文学によるいっそう批判的な探求で、それは、（８）自然哲学者やソフィストたちの新しい主知主義から影響を受けていた。

合理的に導き出されたソクラテスの道徳的理論は——そして、それが決定する道徳的神学は——様々な点で、（３）から（８）の要素の影響を受けている。最終結果は、ソクラテスは、（１）の国家内の家と国家の宗教（そのうち特に、神託の機能のように哲学的再解釈に開かれている諸局面）を是認する傾向を保持したが、彼は（２）の詩人たちの宗教——これは（１）における実際の実践を活気づけ、動機づけることを助けた——の諸局面を拒否し、再解釈した。ここから帰結するのは、合理主義的心理学と神学に基づく特異な哲学的宗教であり、昔からの公的に観察できる敬虔の外的な基準を価値なきものにする。その外的基準とは、気まぐれで極めて人間くさい神々を、犠牲獣を火あぶりにする順序だった手続きを通じて、人間たちに結びつけるものである。それに代えてソクラテスが提唱したのは、徳や、人間の幸福の内的基

準であり、それは、エレンコス的議論を通じての魂の理性的純化を強調する。そしてまた、慈悲深く理性的な神々の存在を前提する見解を提唱した。彼らは正義を愛するが、供犠には、どちらかと言えば無関心である。祖先伝来の宗教についてのこの合理主義的な再解釈が、いかにして彼の死へ至る裁判に登場するかを、われわれは見るであろう。

第二章において、私はソクラテス「神学」にかかわる様々の断片を『エウテュフロン』から引用し、『エウテュフロン』の後半から、ソクラテスが受け入れることのできる敬虔という徳の部分的説明を、われわれがいかにして導きだすことができるかを示す。その後、ソクラテスの宗教についての最初の全体的素描を与えることにする。私は、第三章を、ソクラテスに対する告発を理解すること、「ソクラテスの弁明」のテキストからソクラテスの神学の細目を復元すること、いかにしてソクラテスの宗教的革新がギリシアの民衆宗教と国家宗教を脅かし、あるいは、脅かさなかったかを述べ、彼の実際の「罪」を評定することに充てる。第四章において、私はダイモニオン、及び、予言をもたらす他の情報源、とりわけ、デルフォイの神託に焦点を合わせる。その第一節で私は、ソクラテスがエレンコス的に哲学することを信奉していながら、いかにして理性を越えた警告に頼ることができたのか、という認識論的難問に対する一つの解決をめざして論じる。次に、私はソクラテスの哲学的「使命」の源泉について叙述し、ソクラテス以上の知者はいないという神託の託宣から、彼が哲学をなすべしという義務をいかにして導き出したのかを説明し、その義務の内容を探る。私は、第五章において、魂の不死性に関するソクラテスの立場や、(クセノフォンが神の存在証明を彼に帰しているが、われわれはそれを受け入れるべきであると論じたうえで)、ソクラテスによる神の存在証明、そして、ソクラテスの宗教と、彼の弟子プラトンの強い影響力をもった宗教的見解との関係を説明し、話を結ぶことにしたい。

われわれはいま、ソクラテスとの二つの出会いに向かうことができる。第一に、『エウテュフロン』における、宗教の専門家を自称するエウテュフロンに対する彼の尋問であり、次に、『ソクラテスの弁明』における、彼の告発者たちによってなされた不敬神に対する彼の応答である。それぞれが多大なる文学的労苦による熟達した表現であるこれら二作品を、プラトンは国家的不敬神の非難からソクラテスの汚名を晴らすために捧げた（そして、間違いなく、真の普遍的な敬虔の本性を明らかにすることに捧げた）。このことは、プラトンと彼の同時代者たちが、ソクラテスと宗教の関係の問題を中心的なものと見ていた、ということを明らかにするのに役立つ。彼らすべては、彼らの教師が議論の方法と徳についての新しい主知主義的探求の先頭にいることを理解していた。ちょうどそれだけ彼らは、このことの益とその使用の動機が、人生における永遠の、神秘的で、「宗教的」な局面として彼らすべてが認めたものに、決定的な仕方で結びついていることを、明瞭に理解していたと私は論じたい。

第二章 『エウテュフロン』におけるソクラテスの敬虔概念

2・1 エウテュフロンの敬虔概念(『エウテュフロン』2a-11e)

　われわれの研究を、プラトンの『エウテュフロン』から始めるのは自然であり、有益である。その表面上の主題は、敬虔 (εὐσέβεια/eusebeia) の徳と敬虔な行為である。これらは伝統的なギリシア宗教の中心的関心事であり、(われわれがこれから見るように) 諸徳の本性についてのソクラテスの探求の焦点となっているものである。[*1] したがって、この対話篇によって照明を当てられた諸問題は、この対話篇の議論に対するソクラテス自身の積極的な貢献や、手の込んだ劇構造をともなうこれらの議論の巧妙な相互作用とともに、『エウテュフロン』をソクラテス哲学の宗教的局面を解明するための主要な情報源にしている。[*2]

　すべての者がこの評価に同意するわけではないであろう。『エウテュフロン』はソクラテスの積極的教説の情報源なのか、それとも、単なる試論的な探求なのか。これは、この分野で絶えず、また、大いに論じられてきた問題である。[*3] 多くの注釈者たちは前者の見解を好み、したがって、彼らは敬虔についてのソクラテスの積極的な見解 (それを彼らは困惑的幕間劇 [11b6-e1][*4] に続くテキストのうちに暗示されていると考える) の様々の再構成を行ったけれども、少数の卓越した研究者たちは、この積極的な研究方法

に反対している。私は反積極論者は誤っており、そしてしかし、積極論者が与えているほとんどの解釈は、原典引用文の誤った使用を含んでいると主張する。そのような原典引用文は、たぶん史的ソクラテスの見解と関係がなく、そして／あるいは、ソクラテスの無知の告白についての適切な理解や、神に命ぜられた奉仕に従事しているという彼の主張、そして、いくぶん伝統的な彼の宗教的行為と信念についての証拠に対して公正な取り扱いをしていない。私はここで、これらの説明を矯正するものとして、『エウテュフロン』から生じるソクラテスの敬虔概念についての慎重な積極的見解を提出する。それは史的ソクラテスと彼の時代のアテネについての適切な一般的考え方と調和している見解である。

2・1・1 『エウテュフロン』(2a-5c)

この対話篇は、プラトンの『テアイテトス』が不吉な仕方で終わるところから、始まっている。ソクラテスはバシレウスの長官 (ἄρχων βασιλεύς/archōn basileus) の役所の門のところで、取り決められた会合を待っている。不敬虔のかどで彼に対して提出された起訴状 (γραφή/graphē) の訴因に関して、彼はそこで予審 (ἀνάκρισις/anakrisis) を受けることになっている。しかし、このことが行われる前に、彼はあるエウテュフロンという人物との対話に引き込まれる。その対話はすぐにソクラテスのエレンコス的尋問の模範的な演示となる。通常、これらの尋問理由は、正義のような何らかの徳についての専門知を有していると主張する対話相手によって与えられる(『国家』331c ff. および『ソクラテスの弁明』21e-22c 参照)。その主張は、今度は、その徳の定義を問うことにより、この主張を調べることへとソクラテスを駆り立てる。今の場合、問題の徳は敬虔であることが明らかになる。しかし、他と同様に、ここでも、

34

敬虔の定義に対するソクラテス的探求の導入と追求のきっかけとなっている話は、われわれの関心にとって偶然のものではない。

ソクラテスがエウテュフロンと出会う五年前のことだが、エウテュフロンの小作の一人が、酔ったいきおいで家の下僕を殺した。エウテュフロンの父は殺した者を縛り、溝に放り込んだ。この件の正しい処置についてアテネの聖法解釈者からの言葉が届く前に、この小作は寒気にさらされて死んでしまった。これに応じて、エウテュフロンは今、非常に高齢の (4a) 彼の父を、殺人のかどで提訴（δίκη φόνου/dikê phonou）しようとする。それは、この種の不正な殺害につきまとう宗教的汚れ（μίασμα/miasma）から、彼の父と彼自身を浄化するためである*10 (4b-e)。

当然のことながら、ソクラテスはこの話に驚く。エウテュフロンは彼自身の父を訴え、彼の小作の傷ついた親族であるかのように行動することにより、すべての法的慣習に対立して訴訟をおこしている。さらに、父に対するこのような攻撃は、子としての敬虔さについての不文の規範に対する、道にはずれた侵犯である (4d9-e1)。そしてさらに、彼はこのことによって家族全体を辱めている。*11 したがって、エウテュフロンが宗教的な理由で、このような慣習に対立する、そして、もしかしたら有害であるかもしれない行動を、確信をもって実行することができたのは、彼が一般に受け入れられた伝統的な敬虔概念よりも、より優れた敬虔概念をもっていること以外にはありえない、とソクラテスはほのめかす。「ゼウスにかけて、エウテュフロンよ、あなたは父親に対して訴訟を起こすことにより、ひょっとして不敬虔なことをしているかもしれないと恐れないくらいにまで、敬虔な、そして、不敬虔な事柄について、大変に正確な (ἀ-κριβῶς/akribôs) 知識をもっていると思っているのだろうか」(4e. また 4a-b, 15d-e 参照)。エウテュフロンはそのような神的な事柄すべての「正確な知識」をもっていると堂々と主張し、ソクラテスの示唆に同

意することにより、何のためらいもなくおとりの餌を飲み込む。ソクラテスの対話相手をいつものように設定することが、このようにして手際よく演出される。もしエウテュフロンが神的な事柄を精密かつ正確に理解しているなら、きっと彼は「まさに敬虔とは何であるか」をはっきりと説明できるはずである。ソクラテスはこのように示唆する。

この話の初めからプラトンは暗黙の類比関係を作り上げることをもくろんでいる。ソクラテスとエウテュフロンの父は両人とも老人である。そして今、両者とも法訴訟の被告人の立場にいる。その各人とも、彼らの若い告訴人たちが、敬虔と「神的な事柄」の知識をもっていることを前提している。しかし、ソクラテスとエウテュフロンの父、メレトスとエウテュフロンの間の対応関係は、ここで意図されている唯一の事柄ではない。エウテュフロンはまた、彼とソクラテスが両者ともに、「大衆」よりはるかに優れた神学的な事柄への関心と理解をもっているというかぎりで、共通の立場を分かちもっているのであり、アテネ人たちを彼ら両者に敵対させる結果を招いたのはこのことである、という趣旨の多くの発言をしている(3b-c)。エウテュフロンはソクラテスを気心の合う者と見ている。それは、彼らが国の中でかき立てた嘲笑と妬みのためだけでなく、ソクラテスが彼自身と同様、相当の「予言者」(μάντις/mantis, 3e3)であるからである。エウテュフロンの方は、民会の利益になるよう未来の出来事を予言するが、ソクラテスは彼自身が予言的な「神の合図」(δαιμόνιον/daimonion)の特権的な受け手である。この合図は益とならない行動をしないよう彼に警告するものである(4・1節を参照)。

プラトンは、これらの類比関係の概略を仕上げるとともに、ソクラテスを自由にしゃべらせる前に、からかうような、しかし、教訓的な一撃を放っている。エウテュフロンが神事についてそのような正確で広い知識をもち、また、ソクラテス自身はつねに神事に関心をもっているが、それらに関して不敬虔のゆえ

にいま告訴されているので、ソクラテスは彼が直ちにエウテュフロンの弟子になるべきであると申し出ることができる(5a-c。また15e-16aを参照)。このことによりソクラテスはメレトスに対して形勢を逆転することができるであろう。つまり、腐敗した宗教を教えているというメレトスの非難をそらし、その代わりにそれを彼自身の先生であるエウテュフロンに向けるのである。もしソクラテスが神的な事柄に関して若者たちを堕落させているなら、それはまったく彼の先生のエウテュフロンにはまったく通じない。ここに見られる痛烈なユーモアは、しかしながら、エウテュフロンにはまったく通じないに関して、同輩ではあるがより優れた専門家として、ソクラテスの先生の役割をとてもうまく引き受けることができるとのんきに思っている。現に彼は、もしソクラテスの代わりにメレトス自身でさえうち破ってみせると得意げに話している(5b-c)。

しかしもちろん、このすべてにおいて、ソクラテスのからかうような皮肉は、エウテュフロンの自分自身に対する評価の高さに応じて大きくなる。われわれはエウテュフロンに対する仮定上の告訴と裁判の光景を想像して楽しんでもよいが(われわれは同時にこの置き換えに喝采するかもしれないが)、すぐに宗教的な思想やエレンコス的反駁の教訓を受けるのは、ソクラテスでもメレトスでもなく、エウテュフロンである。このすべては、後に続く、宗教的知識をもっているというエウテュフロンのうぬぼれた自己欺瞞的主張に対する、絶え間のない反駁によって強調される。これに続く『エウテュフロン』における「エレンコス的裁判」が、「よりいっそう」関わってくることになるのは、メレトスによるソクラテスに対する告発ではない。*17 そしてそれゆえに、このソクラテスによるエウテュフロンに対する告発である。つまり、真に敬虔な者であり、神的な事柄に関して現在のところ所有されている最高度の知恵を所有しているのは、アポすべてによって打電されるメッセージの一つは、きわめて明らかであるように思われる。

ロン神への哲学的奉仕のゆえに告発された（『ソクラテスの弁明』20e以下）、ソクラテスその人である。それゆえ、エウテュフロンはソクラテスと同輩の宗教家ではない。というのは、彼は、ソクラテスの告発者たちや他の敵対者と同様に、神的な事柄に関して無知であり、混乱していることがすぐに明らかにされるからである。それゆえ、私はこの作品を以前にしばしば解釈されてきたように読むことを提案する。つまり、この作品はプラトンによるソクラテスの弁明の一つであり、『ソクラテスの弁明』の姉妹篇である。この作品は、直接的な法廷弁明の輪郭を示す代わりに、よくありがちの、傲慢で危険なエウテュフロンの思いこみを背景にして、ソクラテス的敬虔の真実を提示している。当然、この対話篇は純粋にアポリア的であると確信している者たちは、この解釈上の協議事項に関して懐疑的であろう。しかし、私は先に進むにつれて彼らの懐疑主義に対処するであろう。

別の伝統的見解があり、私はそれも切り崩すことを始めなければならない。『エウテュフロン』の弁明的解釈に同意する者たちのいく人かは、エウテュフロンを伝統的なアテネ宗教の代弁者であると見なすことにより、この解釈を意味づける。[18] しかしながら、この読解は大変に誤っている。[19] われわれが見るように、むしろ、この役割はメレトスと彼の仲間のアテネ人たちによって背後で演じられていると考えるべきである。そう考えるべき多くの理由を、プラトンはわれわれに与えている（2b-3e）。[20] 私見では、エウテュフロンはアテネのもっとも重要な宗教関係の役所の玄関に場面を設定していることである。[21] 彼の主たる文学上の働きは、ソクラテスの治療的エレンコスに対して、妙な種類のホメロス教徒である。（しかし、註23を見よ）というのは、彼は明らかに多くの点で伝統的なギリシア宗教を是認しているが、他のいかなる種類の宗教的に傲慢な患者としての役割を果たすことである。[22] また、彼は（「新しい神格を作る」と自身の父をすすんで伝統的な告訴しようとする（『雲』1303-1453を参照）。

いう告発を含めて）ソクラテスに対する告発において、ソクラテスの側に立ち、「異端者」仲間としてソクラテスに潜在的な共感をもっている。また、彼はソクラテスのダイモニオンを（宗教的な革新を含むものとしてその潜在的な脅威を認めているが）何ら不敬虔なものとは見ていない (3b-c)。さらに、ソクラテスが彼に知恵を帰属させるのを——まったく非伝統的な厚かましさとともに——彼は喜んで受け入れている (4b)。実際、もし人が（たとえば、彼の自己欺瞞的無知、哲学的能力の欠如、彼のいまわしい訴訟などにより）エウテュフロンをソクラテスと対立させるという方向でのプラトンの弁論術的意図を無視するなら、特筆すべきは、プラトンが示唆しているソクラテスとエウテュフロンの間の類似性が、何と多いことかということである。ここから、エウテュフロンの文学上の働きは二つあると思われる。(1) 彼はエレンコスの非伝統的患者の役目を果たしているだけでなく、(2) ソクラテスの暗い分身、ソクラテスが何でないかの教訓としての役目も果たしている[*23]。

『エウテュフロン』についての以上のような読解に基づいて、私は今、ソクラテスの宗教的見解を同定するのに役立つ諸要素を、この対話篇の議論的展開の一つ一つから導き出したい。

2・1・2　『エウテュフロン』(5c-11d)

「敬虔とは何であるか」(5c-d) を教えてほしいというソクラテスの要求に対し、エウテュフロンが最初に申し出た解答は、諸徳の定義の追求に捧げられた他の初期対話篇に見られる形式を踏襲している（たとえば、『ラケス』190e-191e, 192b、『メノン』71e-77a を見よ）。すべての敬虔な行為において、それが敬虔であることの原因となるただ一つの、自己同一的な普遍的性格がある (5d1-6, [cf. 6d9-11]). あるいは、不

第二章　『エウテュフロン』におけるソクラテスの敬虔概念

敬虔な行為の場合にはこのような不敬虔がある)。このことをソクラテスに同意した後、エウテュフロンはこう宣言する。

P1 「敬虔とはまさに私がいまやっていることである。つまり、誰であれ殺人や聖物の窃盗などの不正をなす者、あるいは、他のそのようなことで悪をなす者に対しては、それがたまたま父であれ母であれ、他の誰であれ、告訴しないことは不敬虔である。そして、告訴することである。」(5d-e)

エウテュフロンは、このことが敬虔についての書かれざる法 (νόμος/nomos) を正しく理解していることである、ということの「大きな証拠」(μέγα τεκμήριον/mega tekmērion, 5e2-3) を提供しさえする。ゼウスがすべての神々のうちでもっとも善くもっとも正しい者である、と誰もが同意している。しかし、ゼウスはまた、彼の父のクロノスが、その父(ウラノス)とゼウスの兄弟姉妹に対して犯した不正のゆえに、クロノスを幽閉した、ということにも誰もが同意している。それゆえ、エウテュフロンは結論するのだが、彼が父を告訴することで不正をなしていると批判する者たちは自己矛盾している。なぜなら、ゼウスは家族のきずなとは無関係に不正な者を罪に問うて正しいが、エウテュフロンは同様に行動したがゆえに不正である、と彼らは考えることはできないのである。*25 (6a5)。

エウテュフロンの議論(と敬虔にはただ一つの種類のみあるという彼の同意)は、彼が偏狭な伝統主義者ではないことを確実にする。エウテュフロンが彼の「証拠」でそうしているように、神々と人間たちの両方にとって、徳のただ一つの規範があると困難なく前提することができるのは、正統でない神学をもっ

ている者のみであろう。というのは、一般的な見方によると、行動には二つの基準、一つは人間にとっての、他は神々にとっての基準があると広く考えられていたからである。ソクラテスがこのはっきりとした前提を、まったくの沈黙のうちに無視していることとともに、彼もまた敬虔を普遍的で、単一で、単義的な概念／性格であるという考えを彼が導入していることを示している。

これとは違い、エウテュフロンの「証拠」に対するソクラテスの返答は、もっぱらエウテュフロンの伝統的な主張、すなわち、神々の間にはクロノスとゼウスによって経験されたのと類似の、多くの意見の不一致と争いがある (6b5-6, 6ce-7)[*27]という主張によって誘発されている。そして、これに対してソクラテスは直ちに懐疑的な反応をしている (6a-c)。実際、彼が述べているところでは、誰かが神々についてそのようなことを言ったら、彼はあからさまな不信を示したので、人々が神々についてのこの不信に気づいたことが、彼を不敬神の罪で告訴することを促したものであるかもしれないと彼は推測する[*28] (6a6-c4)。私はソクラテスに対する正式の告発に関するこの推測について、3・3節でより詳しく語らねばならないであろう。われわれは今、ソクラテスの宗教の最初の二つの前提条件を取り出すことができると、私はここで単純に主張する。彼の定義探求において、敬虔の定義はすべての敬虔な行為に当てはまらなければならないと無限定に前提することにより (5d)。そして、ゼウスの正義の範囲に関するエウテュフロンの論点を彼が暗黙のうちに受け入れたことにより——そして、神の敵意と蛮行に対する彼の明白な否定を前提するなら——、ソクラテスは次の主張に関与している。(1) 神々であれ人間であれ、すべての存在にとって、正義と敬虔の唯一の普遍的な基準がある。そして (かくして)、(2a) 神々は完全に正しく、善き者であり、それゆえ、(2b) 彼らは彼ら自身の間で道徳的不一致を経験することはない。ソクラテスが実際にこれ

41 第二章 『エウテュフロン』におけるソクラテスの敬虔概念

らの命題に関与していることの確認——そして、それらが含意していることの吟味——は、後の諸節に見られるであろう。さしあたり重要なことは、それらが議論の場で存在していることを認めることである。なぜなら、この小さな幕間劇 (6a-c) のすぐ後に続く議論において、両者が重要な役割を果たしているからである。

ソクラテスは 6c8 において、エウテュフロンの吟味を元の軌道に戻し始める。それは、定義の探求のために、(2 b) を否定する考えをエウテュフロンがもつことを認めることによってである。それから彼は、エウテュフロンによる最初の定義の試みである P1 への応答として、P1 のごとき定義に対して彼がよくやるような異議申し立てを行う(たとえば、『メノン』69e-77a を参照)。ソクラテスの主張では、エウテュフロンは敬虔とは何であるかを彼に「十分に」教えていない、なぜなら、エウテュフロンの答えは形式的に正しくないからである。というのは、この種の答えは敬虔な行為の他の明白な事例を考慮に入れていない (6d6-7)。ソクラテスはエウテュフロンに、彼が敬虔の実例 (つまり、エウテュフロンの告訴のような個々の行動の具体例や、「宗教的に不正な者を告訴すること」というような行動の型) の単なる一つ二つを引き合いに出すことを求めていたのではなかったことを思い出させる (6d9-11)。そうではなく、彼は敬虔の単一のエイドス (εἶδος/eidos) の説明を求めているのである。それは、それによってすべての敬虔な行為が敬虔であることを、それが彼らの探求の対象であることを(『ラケス』191d.*30『メノン』72 c 参照)エウテュフロンが以前に同意した、あの固有の、自己同一的で普遍的な性格である。エイドスは範型 (παράδειγμα/paradeigma) であり、そして、それの完全な説明を所有することは、(他の要因とともに)、現実に敬虔である行為を確実に認識し、それらをそうでないものから区別することを可能にする

立場に、その所有者である彼ないし彼女を置くであろう。そのような説明は、どんな行為についてもその敬虔、不敬虔を決定することのできる完全に正確な尺度を人に与えるであろう[*31]。他のソクラテス的対話篇になれ親しんでいる読者は、このことの明確化とともに、敬虔という徳概念のソクラテス的定義探求が、いま本式に始まったことを認識するであろう。そのような定義の形式的な条件が何であるか——定義が完全であるためには、形式的な条件が、正確には何を説明しなければならないか——は、いくぶん厄介な問題である[*32]。しかしながら、ソクラテスは一般的に「Fは（＝）Dである」という形式の定義を（理想的には）求めているように思われる。そして、そこには、定義対象Fと定義Dの間に相互含意と外延の同一性があり、また、任意の個々の行為あるいは事物xが、なぜFであるかについての完全な説明を与える。そのような説明は、(すべてでないにせよ) 少なくとも大部分のFの実例を認識できる立場に人を置くのであろう。そのような説明は、任意のFの実例xがFの実例であることの敬虔についての知恵を——それを彼は冗談でエウテュフロンに帰属させ、また、その教えを彼はいま求めている——ソクラテスに与えるであろう。ソクラテスが実際に何を求めているかについてのこの入念な説明は、もちろん、エウテュフロンにとっては初耳であったであろう。しかしそれにもかかわらず、彼は次の定義の試みにおいて、必要な形式を備えた答えをなんとかソクラテスに与えている。

P2　「敬虔とは（＝）神々に愛されること [προσφιλὲς τοῖς θεοῖς/prosphiles tois theois] である。（そして、不敬虔とは彼らが憎むことである）」(6e10-7a1)

ソクラテスは、「私がそう答えるようあなたに求めていたまさにそのとおりに」(7a2-4) エウテュフロ

ンが答えてくれたとして、エウテュフロンに喜んで見せる。しかし、この定義に対するエレンコス的反駁がこの直後に続くことを考慮すると、われわれはソクラテスが賛成しているのはその形式であって、内容ではないと結論させてもよい。*34 ソクラテス的定義は、定義的同一性を示す「である」によって、その定義対象を定義に普遍的に関連させるであろう。その定義は、敬虔のすべての事例を対象としつつ、その適用範囲において完全に普遍的であると称する。エウテュフロンは少なくともこのことを多少は理解した。

P2に対するエレンコス的吟味が始まるのは、敬虔と不敬虔は同じではなく反対 (ἐναντία/enantia) である、という同意をソクラテスが獲得し、そして、エウテュフロンが認めるオリンポスの神々は、反目し、意見が一致しない傾向にあることを彼に思い出させることによってである (7a-b)。次にソクラテスは彼らの意見の不一致の性質を尋ねる。彼らは正確には何について争うのか。この問に答えるようエウテュフロンを助ける彼の迂回戦術は、人間が争うものは何であるかを最初に考察する。数的な量や、ものの大きさ、重さについての意見の不一致がその候補として与えられるが、これらはきわめて示唆に富む理由で退けられる。われわれ人間はこれらの各々においては決定手続きを所有しており、それによってわれわれは紛争を迅速かつ容易に解決することができる。それはつまり、数計算、大きさの測量、重量測定である (7b-d)。それゆえ、ソクラテスはエウテュフロンを導き、われわれを実際の、解決不可能な、長期にわたる争いに導くのは、これら以外の主題であるにちがいないと同意させる。そして、その最善の候補は道徳的・価値的判断の分野であるように思われる。したがって、そのような判断は、行為の敬虔さに関する判断を含めて、われわれの間に見られる意見の不一致のもっとも共通の原因なので、そのことはエウテュフロンの争い合う神々についてもたぶん同じである (7d-e)。

この議論には、エウテュフロンの注意をたぶん逃れているが、われわれが気づくことをプラトンがたしかに目

44

論んでいるに違いない、一つの暗示的な部分がある。それは、われわれ人間が道徳的争いに陥る主たる理由は、われわれが道徳知と概念的明晰さを欠いているからであり、道徳的不一致を解決するための完全に信頼できる、合意された手続きをもっていないためである。ここから、テキストの伝える一つのメッセージは、ソクラテスはエウテュフロンに敬虔のエイドスの知識を求めているが、それを欠いていると告白しなければならない者は、知的節度をもっているソクラテスだけではなく、すべての人間たちであり、従って、見せかけの知の主張と大胆な訴訟にもかかわらず、エウテュフロンもそうなのである、ということである。それに加えて、人間にとっての好ましい行為をゼウスの行為から推測し、また、神々が争い合う対象を人間が争い合う対象から推測することに対するエウテュフロンの意欲は、再び彼が道徳性についての神と人間に共通の単一論者的概念をソクラテスとともに分けもっていることを示している。だが、神々の争いの性質についての彼とソクラテスとの同意は、まさしく彼自身の立場の一貫性を脅かすものである。*35 というのは、エウテュフロンは、道徳的不一致が道徳知と十分な決定手続きの欠如から生じることを認めるので、彼は暗黙のうちに、彼の争い合う神々が、かくして、道徳的争いを解決する十分な方法をもっていないに違いないということ、つまり、神々でさえ敬虔と正義の基準(エイデー)*36 と、それをいかに適用するかについての完全な知識を明らかに欠いているということを肯定していることになる。そして、神々でさえ道徳的知識を欠いていることが明らかになるとしたら、またも、エウテュフロンも同様に確実にそれを欠いていなければならない(だから、再び彼の法訴訟の根拠を切り崩す)。さらに、彼自身の定義であるP2も成立しないにちがいない。なぜなら、もし彼の神々全員が、事物の敬虔さについて、信頼するに足る仕方で同意し合う能力をもっていないなら、彼らの愛と憎しみは、敬虔と不敬虔が本当は何であるかについての指針をまったく与えることはできないからである。*37

しかし、ソクラテスはこの最後の結論をここでは正式に導き出してはいない。というのは、これに続く議論が示すように、ソクラテスは神々の不一致のエイドスに関しての同意を完全に欠いているという（先の）含意を、エウテュフロンの不一致のエイドスに関しての敬虔さを個々の行為の敬虔さに限定することによって逃れることができるのであり、ソクラテスはそれを知っているからである。悪人が「罰を受ける」べきか否か、あるいは、敬虔が何であるかについては、神々は意見を異にしないが、彼らはある行為が敬虔か否かについてのみ、意見を異にするとするとわれわれは想定してもよい（8b-e. だがそれでもなお、エウテュフロンの神々は完全な知識と実践的な知恵を欠いていることを意味する）。さらに、この際に、ソクラテスはP2に関してずっと簡単なエレンコスを行える立場にある。彼は、エウテュフロンのP2への同意、神々が互いに意見を異にし争い合うことの同意、敬虔は不敬虔と同じでないという命題への同意が、相互に不整合であると指摘する。もしP2が真であったなら、ある行為は一群の神々によって正しいとされ（従い、好まれる）であろうが、他の一群の神々により不正である（従い、憎まれる）と見られるであろう、同じ行為が敬虔でもあり不敬虔でもあろう。しかし、このことは、敬虔が一つの固有の性格である（そして、その反対のものが不敬虔である）（5d, 7a）という彼らの同意により、以前に暗黙のうちに除外されたことである。いずれにせよ、エウテュフロンの告訴は、彼自身の説明ではゼウスやヘパイストスに好まれるかもしれないが、その同じ事柄がまた、ヘーラーや他の神々には憎まれるかもしれないのであり、そういう出来事においては、彼は彼の行動に対する神の是認があるなどと容易には主張できないとソクラテスは注意している。ここから、彼のこの告訴は、彼自身の敬虔概念（P2）によれば、それが敬虔であるのとまったく同様に、不敬虔であるかもしれない*38（7d-8b）。

しかしこの時点で（8b）、われわれが先に見たごとく、少なくとも不正な殺人者は彼らの不正の罰を受

46

けねばならないということについては神々は全員が一致する、と示唆することによってエウテュフロンは対抗することができる。しかし、エウテュフロンのこの返答は、いくぶん混乱していることがすぐに明らかになる。ソクラテスの最後の反論の文脈において——そこではエウテュフロンの父の事例という個別的なことに注意が集中している——エウテュフロンが必要とすることは、神々が少なくとも彼の件に関しては意見を異にしないということを、どうにかして示すことである。これに代わり、エウテュフロンに明らかにされるのは、不正な者たちは彼らの罪のゆえに罰を受けねばならない、という一般的な見解を人間も神々ももっていることで一致しているが、エウテュフロンの神々が、彼らの過去の不一致の歴史を前提すると、個々の事例の事実、とりわけ、個々の行為が正しいか否かに関して、（人間たちと同様）なおも意見を異にするかもしれないということである。それゆえ再度、ソクラテスはエウテュフロンに、すべての神々が彼の告訴を好み是認することを示し、彼の個別的な告訴がP2に従って敬虔であることを、明らかにするよう要求する (9a-b)。

エウテュフロンの応答はまったくの虚勢である。すべての神々が彼の申したてた法訴訟を愛することを証明するのは「小さなことではない」(9b4-5) が、それにもかかわらず、それは十分に彼の能力の範囲内にある課題であると、こう彼は主張する。しかし、この問題に関してエウテュフロンをさらなる混乱に陥れる代わりに、ソクラテスはいっそう哲学的な道を追求する。すなわち、たとえ、なんとか（奇跡的に）エウテュフロンの企てが神々に一致して是認されることを彼が明らかにしえたとしても、彼は敬虔を定義するという課題（あるいは、彼の訴訟の敬虔性を明らかにするという課題が含意されているようだが）になおも答えてはいない、とソクラテスは注意する。というのは、またしても、神々の一致はまったく偶然のことであり、たぶん、この事例の事実や、「実際の敬虔さ」とはまったく無関係かもしれない。それ以

47　第二章　『エウテュフロン』におけるソクラテスの敬虔概念

外の行為がある神々には愛され、それ以外の神々には憎まれるので、敬虔でありかつ不敬虔であるということが、P2には(そして、なおも改革されない、なおも争い合うエウテュフロンの神々には)なおも可能であり続ける。それはエウテュフロンの同意と矛盾するということをソクラテスはすでに明らかにした(9c2-8)。この際、エウテュフロンの先の譲歩は、神々が個々の事例の正しさに関して不一致でありうるので、神々が十分に賢明で知識があるとは言えないことを彼に背負わせることになる、ということをソクラテスは指摘することもできたであろう。それは他の仕方で(たとえば、ホメロス『オデュッセイア』4. 379, 20. 75-76、ヘシオドス『仕事と日』267、『神統記』886-900)信じられた伝統的な見解のその局面とまったく一致しない事柄である。さらに、彼らが賢明に愛したり憎んだりしているとは考えがたい。そしてそれゆえ、彼らの愛憎は、本当に敬虔である事を決定するためには、有益ではありえない。それにもかかわらず、ソクラテスはエウテュフロンの試みた定義を、先の困難を考慮に入れたうえで言い直し、エウテュフロンの見解に基づいて、すべての神々は彼の告発を愛すると一般化しようとする。

P3 敬虔とは(＝)すべての神々が愛することである(そして、不敬虔とはすべての神々が憎むことである)。[41]

ソクラテスはエウテュフロンに、この第三の試みについて探求することを準備させる。それは、彼らが単にこのように主張するだけで満足すべきか否か、それとも、そのような主張についての慎重な吟味を要求するべきか否かを問うことによってである(9e)。エウテュフロンはなおも彼の知識に確信をもっているので、それゆえ、後者を肯定する(そして、勧める)。ソクラテスは次に、エウテュフロンのP3の答

えについて彼の有名な問を問う。

Q (a) 敬虔なものは、敬虔であるがゆえに、[すべての]神々によって愛されるのか、それとも、
(b) 敬虔なものは、[すべての神々に]愛されるがゆえに、敬虔であるのか。(10a2-3)

Qに含まれる複雑さと、それが活気づけるP3に対するエレンコス的反駁（10a-11b）は、多くの研究者に注目され、そして正当にそうされている。とりわけ、（P3の否定へと導く）[*42] 後続の深い洞察力のある議論は、道徳の「神命説」に対する批判の大部分の原型となっている。しかしながら、われわれがその議論の複雑な様相に深入りすることを、私はここでは必要としない。その代わりに、私はソクラテスの議論の戦略と諸想定についての要約的な解釈に依拠する。[*43]

Qの選択肢について、いくらか明確にするように依拠するエウテュフロンの要求に応えて、ソクラテスは受動的属性が、行為者に依存する本性のものであることを示している一連の実例（「見られる」と「見る」、「愛される」と「愛する」）を、「神に愛される」への類推として与える。後者もまた、行為者に依存する受動的属性であることをこの類推は明確に含意している。すなわち、あるものは神（々）によって愛されることによって初めて、「神に愛される」という属性を所有するようになる。ひとたびエウテュフロンがこのことを認めるや、彼は以下のことを理解できる。すなわち、そのような属性を所有していることの適切な説明は、問題の属性の行為者原因に言及しなければならない。そして結局は、行為者の注目する対象において、行為者の反応を引き起こすのはどんな初期属性であるかに言及しなければならない（10c）。たとえば、xが「愛される」という属性をもつのは、何かがxを愛するからである。しかるに、xが何かに

49　第二章 『エウテュフロン』におけるソクラテスの敬虔概念

愛されるのは、それが「愛される」という属性をもつからではなく、xが何か別の（愛される）属性yをもっているということが知覚されるからである。この説明が与えられると、エウテュフロンは、Qの中の選択肢（a）こそ正しい答えであることに快く同意する。すべての神々に愛されるあらゆる行為xは、それらが敬虔であるがゆえに、神々に愛される。ここから、それらが愛されることを説明する初期属性はそれらの敬虔性である。

しかしながら、この選択とともに、ソクラテスはP3が拒否されねばならないことをすばやく証明しようとする。それは、P3がエウテュフロンの選択肢（a）への同意と、本質的に矛盾するという根拠に基づいてである。もしP3が真であったなら、「敬虔なものは愛されるがゆえに敬虔である」という（b）が、ソクラテスの問Qへの正しい答えであろう。というのは、（b）はP3によって含意されていることを正確に語っているからである（その試み［P3］がソクラテス的定義の企てを表しているかぎりにおいてであるが）。つまり、あの「神々に愛される」は、何かが敬虔であることの説明的属性である。しかし、エウテュフロンは（b）を否定した。そして、正しく（a）を選んだ。選択肢（b）は拒否されねばならない。なぜなら、「愛される」ことは何かが敬虔であることの説明的属性であると、それが「見られることの説明として、それが「見られるものである」と主張することと、類似のことであろう。だが、それは何も説明しない。*44 それゆえ同様に、「神々に愛される」という、行為者に依存する受動的属性は、xが敬虔であることを説明できない。さらなる考察のもとで、敬虔な行為の敬虔性がどのような種類の属性として明らかになるにせよ、それのソクラテス的定義は、それに対する神々の反応がなぜ愛のそれであるのか、それに関してこのような反応を呼び起こすものが何であるのか、を説明しなければならない。かくして、選択肢（a）を選ぶことは正しい選択である。

というのは、なぜ何かが、〈愛する者Pによる愛するという反応〉を、あるxに対して引き起こし、その結果、xに「Pによって愛される」という属性を与えるかを説明するために、われわれはxに内在するある説明的属性y——愛する者はそれに対して反応する——に訴える必要がある。*45 今の場合、神々の側に愛するという反応を呼び起こすものは、エウテュフロンが考えるに、それがどのような単一の性格のものであるにせよ、敬虔な行為を敬虔にするものであり、つねに、唯一、それのみである。そして、もしそうなら、P3は受け入れることのできるソクラテス的定義ではない。なぜなら、それは神々の反応を説明する代わりに、ただ単に神々の反応に言及しているだけである。ソクラテスはこの最後の論点を明らかにして、エウテュフロンがP3を——これは敬虔の本質的性質と説明的属性は、それが神々に愛されることであると主張する——以下のP′3から区別していないと指摘する。

P′3　敬虔なものすべてが、そしてそれらのみが、すべての神々によって愛される。(11a-b)

P′3が真理であると想定すると、「敬虔とはすべての神々が愛するものである」は真である。だがそれは、繋辞「である」がここで述語のそれであり、「本質を述べる」定義的な「である」ではないことを、われわれが認めるかぎりにおいてである。「すべての神々によって愛される」は、敬虔な行為につねに存在する一つの属性（それがもつ一つの $\pi\acute{\alpha}\theta o\varsigma$/pathos, 11a8）であることは同意されるかもしれないが、敬虔がその本質（$o\mathring{v}\sigma\acute{\iota}\alpha$/ousia, 11a7）において何であるかを示すものではない。*46 では、ソクラテスの宗教的信念がその本質を探求するにあたって、われわれは彼にP′3を帰すことはできるだろうか。私はそう考える。

というのは、第一に、ソクラテスはエウテュフロンがP'3に暗黙のうちに関与していることをどこにおいても問題にしていないし、また、彼はこの対話篇全体を通じてこの主張をその場にそのままにしている（註54を見よ）。第二に、ソクラテスは「それ［敬虔なもの］が神々に愛されるにせよ、あるいは、それがどのように作用を受けるにせよ——というのはわれわれはこの点については意見を異にしないであろう」(11b3-4)と述べているからである。最後に、P'3はクセノフォンの作品の数多くの文章によって支持される。そこでは、ソクラテスは神々を敬い、喜ばせることの適切さを強調している（たとえば、『ソクラテスの思い出』4.3.17）。したがって、エウテュフロンとのこの明らかな同意を前提すると、われわれはソクラテスにP'3を帰してもよい。*47 このことへのさらなる立証が後に続く。そして、私は後に、目下のところソクラテス神学のどれほど多くのものがP'3から拾い集められるかを正確に示すであろう。しかし、目下のところ知ることができるのは、神々の存在への信念をソクラテスに帰すことがP'3が可能にすることである。その神々は、伝統が彼らに付与している性格の、少なくとも、いくつかをもっている神々でもある。たとえば、P'3を前提すると、ソクラテスの神々は、死すべき者たちの行動を考慮に入れた態度をとるであろう。

それにもかかわらず、ここには、まったく非伝統的な含みがあることに注意するべきである。つまり、敬虔は、神々の愛へ言及することによって定義されるという素朴な見解は却下され、選好されるのは、敬虔は、それが敬虔であるがゆえに神々によって愛されるという見解であり、したがって、神々の愛がそれ［敬虔なもの］に反応して呼び起こされるような、神から独立した属性によって、敬虔なものは構成されるという見解である。この見解は神的立法者としての神々の権威を、したがって、その権威により保証された法習（νόμοι/nomoi）を、巧妙に崩壊させる。というのは、伝統的な神々の観

52

念は、ホメロスの世界の貴族的支配者たちをモデルにしているが、そのもとでは、正義と敬虔はある意味で、これらの支配者たちが何であれ、恣意的な非合理的な仕方で、彼ら自身の利己的動機から、あるいは、単純に定義される。P3の弁明においてエウテュフロンをつまずかせたのは、むら気で、同意し合わない支配者としての伝統的な神観念を保持したいとする彼の欲求と、彼らが一貫した、合理的な、規範を設定する仕方で行動するという彼の思想を、両方とも保持したいという彼の欲求のゆえである。後者については、たとえば、ゼウスは、われわれが採用し模倣するべき正義の基準を示しており (5e-6a)、そして、神々は彼らのすべてが同じものへの合理的な愛をもっているということである。しかしその場合、ひとたびエウテュフロンがこの後者の考えを主張し、それによって、行為の敬虔は、神から独立した徳の基準への言及によって結局は正当化される、ということを認めるよう強いられるならば、神々の権威と彼らの掟は、派生的なものとして認識されねばならない。人は神々の命令に従う。それは、それらの命令が恐れられ、なだめられるべき、いっそう力ある存在（神々）から来ているからではない。むしろ、いかなる人間よりいっそう完全で、善く、有徳な存在としての神々が、彼ら自身、徳の普遍的な命令と一致した仕方で、行動し（そして、語ら）なければならないからである（参照『ソクラテスの弁明』28b, 28d）。しかし、われわれが後に見るように、ソクラテスにとって、これらの命令は（その大部分が）哲学的探求を通じて明らかにされ、確立されるのである。ソクラテスにとっては、合理的で、実践的に健全な法習ですら、ソクラテス的エレンコスの試験に合格できなければならない。したがって、ソクラテスにとっては、（啓示や権威への訴えではなく）理性こそ有徳な人生の基盤を形成する（4・1節を見よ）。このことは、ソクラテスが神々の敵対関係を否定したこととともに、アテネ人の文化の道徳的権威に対する直接的な挑戦となり、そして、われわれが見るように、人々の宗教的営みの根底に

ある動機の多くに対し、深刻な脅威をもたらす*49。

エウテュフロンの三度目の定義の試みが放棄されるとともに、われわれは「困惑的幕間劇」(11b-e) に至る。エウテュフロンはこれまでの定義の失敗にいらだち、少しの間、ソクラテスのエレンコスのひき臼に、これ以上穀物を供給することをいやがる。というのは、ソクラテスは他人の言説を「動き回らせる」ことができるように思われるからである（つまり、エウテュフロンは次々と命題をたずね放棄している。『ラケス』187e を参照）。彼はこのことをすることができる「らしい」(11d5) ことを認める。しかし、彼は残念に思いながら、このようなことをしているのである。というのは、彼は何よりも、「動かない」ような主張、つまり、真理に根ざし、すべてのエレンコスの強打に耐えるような主張を見つけたいのである。この目的のために、ソクラテスは今、エウテュフロンが彼に敬虔の本性について教えるのを助けてくれるよう、「一肌脱ぐ」ことを申し出る (11e)。

2・2 ソクラテスの敬虔概念（『エウテュフロン』11e-16a）

困惑的幕間劇に続き、彼の敬虔の定義の探求において、ソクラテスは新たな実質的な助力をエウテュフロンに与える (11e3-5)。ソクラテスは次の問を問いつつ始める。正義 (δικαιοσύνη/dikaiosunē) と敬虔 (εὐσέβεια/eusebeia) は同じ広がり（同じ外延）をもつ概念なのか（つまり、正しい行為はすべて、してそれらのみが敬虔な行為である）、それとも、正義は敬虔よりより広い概念であり、敬虔な行為は正しい行為の下位集合である「部分」なのか（その場合、敬虔な行為は正しい行為の下位集合である）(11e4-12d5)。これらの選択肢に

ついての注意深い説明をエウテュフロンに与えた後に、ソクラテスは、敬虔は正義の一部であるという第二の選択肢に対するエウテュフロンの自由な同意を確保する。これらの選択肢に対するソクラテスの説明と、彼が奇数と偶数の関係を説明として用いていること (12c6-8) が、かなりはっきりと明らかにしているのは、彼とエウテュフロンの両者が、結果として、敬虔でも不敬虔でもない正しい行為が存在するかもしれない、ということを受け入れていることである。[*50]

2・2・1 敬虔な正義

このことが確立されるとともに、敬虔な正義を非宗教的正義から区別する特徴の探求が始まる。敬虔は、神々に対するわれわれの世話 (θεραπεία θεῶν/therapeia theōn, 12e5-8) と関係する正義の部分である、というエウテュフロンの主張は、すぐに反駁される (12e1-13d4)。ソクラテスの見解において、この命題が成り立たない主たる (あるいは、唯一の) 理由は、「世話」(θεραπεία/therapeia) という用語についてのエウテュフロンの用法と解釈に対しソクラテスが提起する問題 (「一つの小さな点」(13a1)) のうちにある。たとえば、もしエウテュフロンが敬虔であるような正義の部分を彼のために特定してくれるなら、敬虔が何であるかを十分に (ἱκανῶς/hikanōs) 理解することができるであろう、とソクラテスは言う[*51] (12e3-4)。そして、この試みをした後、彼は「立派に語った」(καλῶς φαίνῃ λέγειν/kalōs phainēi legein, 12e9) としてエウテュフロンを祝福する。[*52] それゆえ、以下の程度までは、敬虔について (完全に定義的なものとは言えないが) ソクラテスが受け入れうる主張であると思われる。

敬虔とは人間と神々の関係に関わる正義の部分である。(12e5-8) P4中に表現されている信念をソクラテスに帰すべき多くの追加的理由がある。敬虔は正義の一部分であるという見解を導入し、そうするのは定義探求の助けとしてであると主張しているのはソクラテス自身である。(11e3)。また、同様に重要なのは、P4は、ソクラテスにとって受け入れうるP2の形式を保持しており、それは明らかに非主意主義的であり、先のP3の却下と同じ線に沿っており、対話篇の残りの部分でソクラテスはつねにP4の答えの形式をエウテュフロンの前で保ち続け、対話篇を通じてそれは反駁されないままである（特に、15d6-8を見よ）ことである。*54 ソクラテスは、ソフィストたちならともかく、エウテュフロンのような混乱した精神をこれほど長く誤った方向に導こうとは望まなかったであろう、と人は考えるであろう。エウテュフロンが自分自身を単なる争論術の生け贄であると感じるようになるなら、なんらかの害（つまり、エウテュフロンの父に対する）が後に生じる可能性が実際に存在する場合、このことは特に真であると思われるであろう。いずれにせよ、対話篇のこの一節がエウテュフロンを困惑状態に陥れる試みであると見るのは奇妙であろう。というのは、エウテュフロンはすでに自分の混乱を、困惑的幕間劇において表明しているからである。*55 ソクラテスはふつう単なる楽しみのために策略をもちいたりはしない。そして、対話篇を通じてソクラテスが偽善的にP4に関与することが、なんらかの教育的価値をもっているのかを知ることは困難である。最後に、困惑的幕間劇の後にP4が続くことはさらに重大である。プラトンの劇作形式のおなじみの特徴は、提案されるべき積極的な教説が、議論におけるそのような中断に続くことである（たとえば、『プロタゴラス』、『パイドン』、『パイドロス』、『テアイテトス』）。*56 *57 このすべてを考慮すると、ソクラテスがP4を真であると考えていたことの説得的な内的証拠をわれわれはもつことになる。

しかしながら、スコット・カレフの反論によると、「敬虔は正義の一部分である」ということは、定義の助けとして導入されているかもしれないが、エウテュフロンには「正しいものはすべて敬虔である」(11e7)という選択肢も、同様に受け入れうる選択肢として与えられているとされる。彼の説明では、ソクラテスはエウテュフロンに二つの可能な選択肢を実際に与えていることになる。すなわち、（1）「正しいものはすべて敬虔である」、あるいは、「正義と敬虔は同じ意味の広がりをもっている」。そして、（1）は敬虔と正義が同一であるというソクラテスの見解への「よき第一歩」を印づけているとされる。*59 この読解はありそうもないと私は思う。なぜなら、「敬虔なものはすべて正しい」(11e4-6) というソクラテスの「熱心な」提案にエウテュフロンが即座に同意したことは、「正義は敬虔の一部分である」という見解を彼が受け入れていることを排除する、という単純な理由からである。ここから、（1）はそれ自身では、真の選択肢として与えられていない。むしろ、「そして、正しいものはすべて敬虔なのか」(11e7) という問は、〔正義と敬虔が〕同じ意味の広がりを〔もっかを問うことを〕意図しうるだけである。ソクラテスが「正しいものはすべて敬虔である」か否か問うているのは——この見解を「敬虔なものはすべて正しい、しかるに、正しいものはすべてが敬虔ではなく、正しいものの一部分は敬虔であるが、一部分は何か他のものである」(11e7-12a2) という見解と対比させながらであるが——、「敬虔なものはすべて正しい」というエウテュフロンの同意が、「正しいものはすべて敬虔である」という見解か、あるいは、「敬虔は正義の一部（この場合、敬虔と正義は同じ意味の広がりをもっている）という見解かのいずれかと両立可能であるからである。さて今、これが問題となっている部分にすぎない」という見解、つまり、同じ意味の広がりをもつか、あるいは、敬虔は正義の部分であるか分にすぎない」という見解、つまり、同じ意味の広がりをもつか、あるいは、敬虔は正義の部分であるか選択であるとするなら、

第二章 『エウテュフロン』におけるソクラテスの敬虔概念

（2）であるが、ソクラテスは後に続く説明の文章（12a:d）の中で、エウテュフロンに「敬虔は正義の部分である」という命題を採用するよう勧めているのは明らかと思われる。カレフの主張では、ソクラテスは説明のための文章の中で、「提出された問に答えることができるようエウテュフロンの混乱を解決すること」（註26）を試みているとされる。しかし、「提出された問」とは、敬虔が正義と同じ意味の広がりをもつものなのか、それとも、その一部分なのかというものなので、もしソクラテスがこの問題に完全に中立的な態度であれば、ソクラテスが与えている説明のための色々の種類の例えは、同様に中立的なものとして提出されていると考えるべきである。しかしながら、われわれが見いだすのは、恐れの部分としての廉恥心や、数の部分としての奇数のごとく、正義の部分としての敬虔、という関係をソクラテスが強調していることである。そこでは、ソクラテスは、恐れがあるところ廉恥心もあるとか、数があるところ必ず奇数もあると考えるのは正しくないと主張している。（彼はそれによって、両者が同じ意味の広がりをもつという選択肢と、正義が敬虔の部分であるというすでに否定された考えの両方を、考慮から除外している。）次に、ソクラテスがこれに続いて、選択肢の当初の提示を振り返るとき（12c10-d3）、両者が同じ意味の広がりをもつことについての言及と、正義の部分としての敬虔については二つの言及で結論づけ、「正義があるところ敬虔もある」）が一つあるが、それとも、あなたには別のように思われるだろうか」と続けている。したがって、ソクラテスの提示は、敬虔は正義の部分である（12d4）というソクラテスの最後の提案に同意する方向へ、エウテュフロンを導くよう修辞的（弁論術的）に意図されている、と理解するのが最上である。

格別に説得力があると私に思われるのは、［敬虔は］正義の部分説に対するエウテュフロンの同意の後

*60

に、「あなたは私には正しく語っているように思われる」(12d4) というエウテュフロンの主張が続くことである。この主張は、ソクラテスがたった今提案した「敬虔は正義の部分」に対してなされた互いの同意に対する言及である。私が思うに、このことが意味するのは、エウテュフロンは明らかに、ソクラテスが実例を通じて「敬虔は正義の部分」説を肯定するために論じてきたと理解しているということである。なぜなら、彼はその見解をソクラテスの見解とみなしているからである。もしソクラテスが本当に、先に述べたような、われわれと対立する解釈が要求するような種類のエレンコス的中立性を保つことに、関心があったとするなら、ソクラテスの「われわれはそう言うだろうか」という言葉を、「敬虔は正義の部分」説の修辞的是認としてエウテュフロンが解釈していることに対しソクラテスが異議を提出することを、われわれは期待したであろう。

最後に、P4をソクラテスに帰すことについては、『エウテュフロン』以外の追加的支持がある。P4と12e5-8の両方が示すところでは、敬虔は人間と神々の関係にかかわる正義の一形態であるが、正義には別の明確な部分があり、それは人間と他の人間の関係にかかわる部分である。二つの異なる関係対象への言及することにより、正義を二種類の正しい関係に分けることは、『ソクラテスの弁明』(32d3「不正行為も不敬虔な行為もしたことがない」)、『クリトン』(54b-c)、『ラケス』(199d-e)、そして、特に『ゴルギアス』(507a-b) によっても示唆されている。そこでは、他の人々に対してふさわしいことをなす人は敬虔に行為しているとソクラテスは主張している。
さらにまた、ソクラテスが徳の知を人間と神の二種類の関わる領域へ分割したことは、正義のような他の徳をも、人間対人間、人間対神というそれらのそれぞれの関わる領域に基づいて、二つの部分に分割するであろうことを示唆している (『ソクラテスの弁明』20e, 23a-b)。最後に、クセノフォン (『ソクラテスの思い出』4.6.

2-5)は、ソクラテスが法的行為を二つの下位の類に分析しているものとして描いている。そこでは、敬虔な人々は、(人間たちに対する)「法に適ったこと」との対比で)神々に対する「法に適ったこと」を知っている者として定義されている。*62 このこともまた、ソクラテスが正義を二つの下位の類、つまり、人間の世俗的正義と神的正義(敬虔)に分割することを、自然なことであると見ていたという見解を支持している。このことに関してクセノフォンを信頼すべきか否かは、未解決の問題である。しかし、すでに提示された他の証拠を考慮すると、それが信頼性をもたないとしたら奇妙であろう。たとえ明白でないにせよ、正しくあることと敬虔であることの、広く知られている伝統的関連を前提するなら、特にそうである。*63

2・2・2 敬虔は世話か奉仕か

われわれが見たように、人間と神々の関係は、正義に含まれる関係の構成要素となっているが、言明P4はその性質を明確化しようとするエウテュフロンの最初の試み(12e5-8)から生じた。最初のその試みは次のように表すことができる。

P5 敬虔とは神々に対するわれわれの世話(θεραπεία/therapeia)であるような正義の部分である。

ソクラテスは、神々を世話する者たちを、馬や犬、家畜の群を世話する者たちになぞらえる(13a-d)「技術知との類比」(クラフト・アナロジー)によって、「世話」(θεραπεία)*64 という言葉を明確にしようとする。「世話」(θεραπεία)は一種の専門的技術知を意味することができ、それを行うことは世話され

る対象の実質的向上を目ざすことが示される。次に、このことが含意するのは、世話される主体は自己充足性と卓越性を欠いているということである。そして、世話の実行者はその力なり知識なり、世話される主体より優っているということである。しかし、これらの含意は、神々と人間たちの相対的な力についてのエウテュフロンの観念と両立しない。それは、一般の信念が一致しているものであり、神々を知識、力、自己充足性、喜びの点で、はるかに人間たちに優っているものとして表す。エウテュフロンがP5を拒否するのはこれらの理由からである。*65 加えて、ソクラテスもまた同じ理由で、P5に対して反対すべきであると考えていることの示唆を与えている*66 (13c-d)。この研究の後の箇所で、ソクラテスが神々の力に関して、実際にこの程度までは、一般の神学に同意していたことを示す追加的証拠を見ることにしたい。異論のある「世話」（θεραπεία）という言葉を、「対象を向上させる技術知の所有」を含意しない「奉仕」（ὑπηρετική/hupēretikē）という言葉に置き換えることにより (13a1-2で、ソクラテスは「小さな」事柄と語っている)、エウテュフロンは敬虔の定義の候補を提出する (13d3-8)。それは（私は論じるであろうが）、伝統的な信念とソクラテス的信念の両方に、よりいっそう合致している。

P′5　敬虔とは、神々に対する人間たちの奉仕（ὑπηρετική/hupēretikē: 召使いが主人に対する、あるいは、助手が職人に対するような奉仕）であるような正義の部分である。

それに続く一連の技術知との類比において、ソクラテスとエウテュフロンの両方が、（十分に自然な仕方で）アナロジーの多くが、何らかの仕事を手助けして何かの成果（ἔργον/ergon）を産むという事実から出発し

て、人間の奉仕すべては、奉仕される者が成果を達成することを手助けすることを目ざす、という暗示された結論に至る。その成果は、手助けされる者たちの専門的活動を規定する。たとえば、船作りに対する召使いの奉仕は、彼の主人が船を作ることを手助けする奉仕である。この一般原則を前にして、エウテュフロンは次に、神々がわれわれの助けを用いて作る「極めて見事な作品」(πάγκαλον ἔργον/pankalon ergon) の性質を、正確に特定するよう求められる「極めて見事な作品」(13e-14a)。しかし、エウテュフロンはこの質問に答えることを執拗に避ける (この問いが三度も問われるのは注目に値する*67)。代わりに、彼はこう宣言する。

「ソクラテスよ、少し前に私が語ったように、これらのことのすべての真相がどうなっているかを正確に学ぶことは相当に大変な仕事なのだ。しかし、私は単純にこう言おう。もし人が祈ったり供犠を捧げたりして、神々を喜ばせることを言ったり、行ったりする知識をもっているなら、これらが敬虔な事柄なのだ。そして、そのようなことが、個人の家や国の共通の利益を守るのである。神々を喜ばせることと反対のことが不敬虔であり、それらはすべてを転覆させ、破壊するのである。」(14a1l-b7)

エウテュフロンはこの回答とともに、(彼が与えたこの答えよりも) 短い答えを与えようとするまさにその瞬間に、いま彼は「わきへ逸れた」、とソクラテスははっきりと強調をこめて、応じている。その答えとは、ソクラテスが敬虔について必要としたすべての情報を、彼に与えたであろうような答えである (14b8-c6)。多くの研究者たちは、このことをソクラテスに何か以下のような信念を帰すための有力な証拠と考えた。

P6 敬虔とは、神々に対する人間たちの奉仕（ὑπηρετική/hupéretikē）であるような正義の部分であり、何かよき成果を生じさせる神々の仕事（ἔργον）において神々を手助けするのである。

　われわれはこれに加えて、ソクラテスはまた、敬虔な行為は神々によって愛される（また喜ばせる）と信じていた、と主張するべきである。というのは、われわれが見たように、P'3 の主張は、9e の箇所でそのまま放置され、11a では明らかに敬虔の性質（pathos）を捉えているものとして受け入れられたのであり、それゆえ、反駁されないままである。*68 厳密に調べられないまま、討議を通過することを許された命題は、彼らの両者によって受け入れられた命題である――とソクラテスは 9e4-7 で示唆しているように見えることにも注意するべきである。最後に、エウテュフロンが敬虔の一つの性質を（実際に）特定した、と示唆している（11a6-b1）のはソクラテスである。*69 反積極論者は、このことと P6 とをソクラテスに認めようとしない。かくて彼らは、人々が本当に信じていることを述べるべきであると主張するソクラテスと、議論のこの時点で、彼らの反積極論が彼らに強いる欺瞞的ソクラテスとを、調停する課題を抱えたままであることになる。さらに、われわれがソクラテスに P6 を帰すことを支持する、他のいくつかの検討材料がある。

2・2・3　追加的証拠

　先ず初めに、P4 を支持するすべての証拠は P6（これは P4 の形式を保ち、P4 から生じている）を支持するものとして役立つ。たとえば、P4 と同様、P6 は対話篇の最後まで反駁されないままである

（註54・68を見よ）。P4と違い、また、P4に対するP6の改良点を構成するものとして、P6は、何か善きものを産出する仕事を手助けする「奉仕」という概念を用いる。このようなモチーフは、ソクラテスがよく用いる方法論的モデルであり、彼の目的論的見地と技術知の類比の使用に特徴的なものである。神々に対する奉仕のこの問題は、彼にとって最重要なものであり (14d4-7)、13e6 から対話篇の終わりまでに、神々に対するわれわれの奉仕の性質を特定するようにと、彼は六回以上も意味ありげにエウテュフロンを促している。*73 プラトンはまた、神々に対するわれわれの関係を、主人と奴隷の関係の一種と考えることをソクラテスに帰している（『イオン』53e。また、『パイドン』62d-63d、『パルメニデス』134d-e を参照）。これはクセノフォンもそうである（『ソクラテスの思い出』1.4.9-12）。このことは、ギリシア人たちが神々の世話 (θεραπεία θεῶν/therapeia theôn) について議論するとき、彼らがふつう心の中にもっていたものを表している。*74 それにもかかわらず、われわれが『ソクラテスの弁明』という試金石によってそれを確認するまでは、この証拠はいくら良く見ても示唆的なものにすぎない。

『エウテュフロン』と『ソクラテスの弁明』の間に多くの関連が見られるが、そのうちのいくつかは先に注意された（註2）。そして、この種のよりいっそう多くの観察がこれからなされるであろう。ここで私が単純に指摘するように、両者の劇としての場面設定とその内部の言葉が結びついて、ソクラテスについての歴史的に連続的な性格描写を与えている。『ソクラテスの弁明』は一人のソクラテスを、注意深く詳細に、力強く描いている。そのソクラテスは、多くの仕方で伝統的な宗教的慣習と信念に従っていると同時に、神からの様々の命令のために哲学的使命を遂行する義務があると考えている。従って、この使命は神々への奉仕であり (τὴν ἐμὴν τῷ θεῷ ὑπηρεσίαν/tén emén tôi theôi hupéresian, [『ソクラテスの弁明』30a6-7, 23b-c 参照])、善き成果を産む（『ソクラテスの弁明』30a5-7）。それは、たとえば、魂を配慮

し、正しいことをなすようにとソクラテスによって説得された者たちの向上である（『ソクラテスの弁明』30a-b, 36c-d。『クリトン』47d-48d。また『エウテュフロン』14e11-15a2を比較せよ*76）。最後に、ソクラテスあるいはプラトン（そして『エウテュフロン』のクセノフォン）は、（不敬虔の告発に対する哲学的使命の、宗教的側面を強調している。従って、ソクラテスが実際にP6を真であると信じていたということに対して、これ以上強い証拠を提出するのは困難であろう。それにもかかわらず、ソクラテス自身が気づいているように、神々の成果を特定することができないので、P6はまだ敬虔を定義するものではなく、議論の結論によって不完全なまま残されている。

P6の欠陥を補おうと試みる解釈が数多く出されてきた。それは神々の仕事と所産を性格づけることによってであり、それにより、神々に対するわれわれの奉仕の性質についての推測を可能にする（註4を見よ）。不幸にも、これらの試みは、ソクラテスにプラトンの教義を押しつけているか、あるいは、神々の正確な仕事と性質についてのソクラテスのためらいを無視しているか、あるいは、P4とP6において言及されている敬虔は、正義の一部分にすぎないという主張を軽視しているかである（あるいは、これらの組み合わせである）。次の節で、私はソクラテスが是認すると思われるような仕方でP6を完成させる仮説を提案し、それを弁護するであろう。

テキストに戻るなら、エウテュフロンの「逸脱」について論じることが残っている。この逸脱は、神々への適切な贈与（これはまたしても、一種の奉仕 [ὑπηρεσία/hupéresia] である）の要求（つまり、一種の交易 ἐμπορία/emporia 14b2-7, 14c4-15b5）の知識、ないし、技術の一種としての敬虔概念を導入している。私の考えでは、われわれはこの節を主として、ソクラテスがエレンコス的対話の規則により——彼が

示唆しているように(14c3-4)——追求することを強いられている、いくぶん異なる事柄への移行として見るべきである。しかし、彼はそれへの道筋をP6の未解決の問題（つまり、神々に対するわれわれの奉仕の性質と、われわれが手助けして彼らが作る主たる所産）を追求することで形づくっている。ここで、その奉仕は、神々に信心深い賛美と供儀を「与えること」とされており、その見返りに、われわれが要求する善き物が授かることを期待するのである。必要としないものを人に与えることは、何ら技術的ではないことをエウテュフロンは認めている。それにもかかわらず、彼は以前の立場(13b13-c2)を（かなり不整合な仕方で）保持している。つまり、われわれの贈り物は神々を益することはできないが、それらはなおも、彼らを喜ばせる（それらは彼らにとって必要なものとは思われないが）。この答えと共に、ソクラテスは、対話篇の最初の部分で否定された敬虔の定義、つまり、「敬虔は神々が愛することをなすことである」(10e9-11b5)に彼らが戻ってしまったと結論する。

この節の詳細な論理は、注意深い取り扱いを要するが、ここでは、私はそれが議論中の脱線を描いているにすぎないと主張する。このことの証拠として、ソクラテスがエウテュフロンの新しい定義を追求することに乗り気でないこと、および、先に述べたエウテュフロン自身の明らかな不整合を挙げることができる。加えて、ソクラテスは、P6を完成するための彼の探求に対するエウテュフロン自身の当初の答えを明確化するために、エウテュフロンが定義を提出することを助けているだけである。エウテュフロンは哲学的洞察力をもつ者としては描かれていないので、したがって、この対話篇は敬虔の同定へ向けてのエウテュフロンの試みを論じているとは思われない。さらにまた、この節は——敬虔な人々がもつであろう実際的知識の見地で、エウテュフロンが彼の「逸脱した」答えを提出することにより——対話篇の中心的関心である敬虔な行為の本性の考察から、敬虔な人々がもつであろう知識の考察へと動く。このことは、真

の敬虔は知識の観点で性格づけられないとか、あるいは、その知識のいくらかは適切な宗教的慣行の知識を含まないであろう、ということを含意するわけではない。ソクラテスはこれらの主張の両方を肯定するであろう。そして、この対話篇が明らかにしているのは、エウテュフロンの試みた定義は、それが定義として見られた場合、同じ種類の主張（つまり、敬虔は本質的に神々を喜ばせることを含んでいる）が以前に却下されたことと不整合である、という理由でのみ否定されているということである。

この節において、敬虔な行為は、人間と神々との有徳な関係を含み、崇拝者に生ずる益（14e11-15a2を参照）と神々に生じる快をともなうことを、ソクラテスが全く疑っていないことは興味深い。たしかに、14e11-15a2におけるソクラテスの発言は、（後に触れられるはずの）ソクラテス的宗教についての難問にもう一つの解決を付け加える。われわれは、彼がそこで、「神々が与えるのでないような善はわれわれには存在しない」ということを積極的に肯定しているのを見いだす。この時点では、ソクラテスが以下のことを主張することも許されている。すなわち、(後に触れられるはずの) ソクラテス的宗教についての難問にもう一つの解決を付け加える。われわれは、十分にして確実な敬虔の知識は、われわれの神々に対する奉仕である捧げる行為、祈り、そして、神々の欲望に忠実であることが、いかにしてこれらの神々に貢献するのか（それらに関する何が喜ばしいのか、いかにしてそれらが神々の仕事に貢献するのか）の知識を必要とする。けれども、いかなる人間もそれほど包括的で確かな知識をもってはいない──という主張である。

にもかかわらず、敬虔な行為の実行と認識において、われわれを導く実際的な基盤があると彼は主張するかもしれない。P6は、われわれに一般的な認識の基盤を与えるのであり、それは、毎日の生活の敬虔な行動のために、われわれがどんな実際的な知識を（それは、われわれが満足できるもの [14c2-3] である）必要とするかを、われわれが合理的に導き出すことを可能にするであろう。彼はこのように主張できるであろう。私は主張するのだが、P6をめぐる議論がほのめかし、エウテュフロンが──彼の常軌を逸した

*80 14e11-15a2

*81

67　第二章『エウテュフロン』におけるソクラテスの敬虔概念

宗教的独断主義に覆われて――理解することができないのは、この見解である。エウテュフロンが父を告訴することを、それが敬虔であるという理由で (3e-6a) 正当化することに対して、この見解がいかに関係するのかということも私は明らかにするであろう。そして後に、伝統的信仰に潜んでいる共通の動機に対するソクラテスの否定とそれとの関連をも、私は明らかにするであろう。その前に、しかし、反積極論者の四つの批判に対して、P6を弁護することは有益であろう。

2・2・4 反積極論者の四つの批判

1 J・バーネット、R・E・アレン、そして、L・ヴァーセンイーの各人は、対話篇の文脈の中で敬虔が奉仕するべき神の仕事（そして、所産）*82を特定することは不可能であるから、P6のようなものをソクラテスに帰すことはできないと論じている。完全な神々が何かの仕事をもっていると考えることはできないことがその理由となると主張することにより、ヴァーセンイーは議論のこの線をさらに押し進める。「もし神々がすでに可能な限り善き者たちであり、彼らにとっての善きものをすべてもっていたなら、…彼らはいまだ実現していないような目的をもつことはできず、…そして、行動への合理的動機をもちえないのである」*83。

この主張は的はずれである。ヴァーセンイーの完全な神々は、疑いもなくP6と両立しない。だが、ソクラテス、あるいは、彼の同胞の大多数のギリシア人たちが、神々をこのエピクロス的種類の神と類似の完全な存在として理解していた証拠はない。しかし、反対に人はプラトンの原典（たとえば、『国家』381b-c、『饗宴』202c-d）を、神々が完全なものであることを意味している、として取り込むことができる

68

（驚くべきことにヴァーセンイーがそうしているように）。しかし、そのような戦略は、プラトンの見解を最終的に確定するためでさえ有用ではない。たとえば、『パイドロス』(247a) で、各々の神は彼自身の仕事をもっと力を込めて非難している。ともかく、プラトンは神々が「人間たちの仕事に無関心である」と考える者たちを、力を込めて非難している。ともかく、ソクラテスが神の活動性を信じていた、ということには良き証拠がある（たとえば、彼らがわれわれの言うことを聞き、われわれに命令や贈り物をする『ソクラテスの弁明』(33c, 41d)、『エウテュフロン』(9c1)、『ソクラテスの思い出』(1.4. 10-16)]）。[85]

これらすべてを別にしても、ヴァーセンイーの議論は混乱している。完全な神々は、彼ら自身の性質において、進歩することはできないかもしれない。だが、このことから、そのような神々が活動しないということが帰結してくるのは、彼らが合理的な自己利益のためのみ行動し、すでに彼らの欲望のすべてを満足させた、とわれわれが想定する場合のみである。しかし、彼らが目的のいくつかを仕残したということが、神々の（利己的な、あるいは、他の仕方での）合理的関心のうちにあった、ということは可能である。これらの完成（進歩）については、彼らの性質の進歩とは違い、神々がそれを仕上げるさいに、われわれが手助けできる立場にあることができるであろう（たとえば、彼らは世界、および／あるいは、われわれの魂を未完成なままに残し、そして、改良する必要がある状態のままに残した）。[86]

2　ヴァーセンイーはまた、先と同様の線に沿って、（P6におけるように）われわれが神々に「奉仕」(ὑπηρετική/hupēretikē) することは矛盾していると反論している。[87] 彼によると、そのような奉仕は、われわれによって手助けされる者が益を受けることを含意する。だが、エウテュフロンが、「神々の世話」

(θεραπεία θεῶν/therapeia theōn) としての敬虔、という先の定義を拒否したのは、まさしく神々が益を受けたり、その結果、改善させられることは、ありえないという理由であった。「奉仕」(ὑπηρετική/hupēretikē) の観念はかくして、ちょうど「神々の世話」(θεραπεία θεῶν/therapeia theōn) の観念がそうであったように、神々の自己充足性と両立しないとされる。

もしこの説が正しければ、非常に奇妙なことがある。すなわち、ソクラテスが（実際そうしているように）ステファノス版の一頁一杯を使って、はるかに曖昧な論点（つまり、神々の仕事を特定すること）を追求するようなことをするよりは、以前の「逸脱」のこの繰り返しを攻撃しようとするであるが、彼はそうしていない。あるいは、少なくとも、ヴァーセンイーの解釈では、大変に単純なエレンコスであるものを彼は理解させることに戻っていない。*88 このような怠慢は（この解釈においては）神々の仕事に関する問の追求によって、エウテュフロンが満足のいく答えのすぐ近くにいた、というソクラテスの発言によって、ますます悪意あるものにされる。従って、ヴァーセンイーの議論はソクラテスを無能で欺瞞的な教師として描く結果となる。より悪いことには、それはソクラテスに不敬虔の罪をきせることになる。というのは、『ソクラテスの弁明』の中でソクラテスは、（不敬虔な偽証罪を犯す恐れがあるのに）実際に神々への奉仕を行っていると主張しているからである（たとえば、22a, 23b, 30a）。*89 これとは無関係に、ヴァーセンイーの反論は、先の論点で述べた理由と類似の理由で、成り立たない。

「世話」(θεραπεία/therapeia) に対するソクラテスの拒否は、この言葉が含む二つの含意に依存していると思われた。つまり、神々はその本性において自己充足性と卓越性を欠いている、そして、人間たちはある点で（つまり、人間たちが神々を進歩させるという点で）彼らより優れている、という含意である。

「奉仕」(ὑπηρετική/hupēretikē) という概念は、明らかに第二の含意をもっていない。そしてそれゆえ、

70

ヴァーセンイーはどうやら、われわれが神々のためになすことのできる唯一の奉仕は、神々の性質を（あり得ないことだが）進歩させるような奉仕である、と主張しているようであるが、しかし、「奉仕術」(ὑπηρετική/hupēretikē) という概念からは、神々の仕事（彼らが機能を果たすこと）を手助けすることにより、われわれが、(θεραπεία/therapeia)*90 が含意しているということは帰結しない。神々が自分たち能力を進歩させ、「そして、彼らの在り方自体を」進歩させるという有益で神を喜ばせる奉仕がありうる。自身で十分になすことができるが、なすことを控えるような何らかの神々がその奉仕を、われわれが遂行するようわれわれに任せるという考えは、完全にギリシアの宗教的観念の範囲内にある（ちょうど、親が色々の理由で子供に芝を刈ることを許すように。たとえば、ヘラクレスの苦行を考えよ）。

3 ヴァーセンイーは「奉仕」(ὑπηρετική/hupēretikē) というものが、「奴隷的で、知を欠き、まったく服従的な」種類の奉仕を含意すると解釈する。それゆえ、彼はP6のようなものを受け入れることは、それにより、敬虔な行動を「知っている」——そして、指図する——というエウテュフロンとアテネの主張を崩壊させると論じる。*91 それはまた、もしわれわれがなんらかの敬虔の知識を多少なりとももつことを不可能にすると彼はほのめかす。他方で、もしわれわれが神々の仕事の知識をもつことができるなら、そして、その仕事は（たとえば、哲学的活動を通じて）人間の生活のうちに善を促進することであるとされる。その理由は、ヴァーセンイーの定義の中で（P6のように）神々へ何らかの言及をすることは余計であるとされる。つまり、敬虔とは何であるかを知ることは、対話篇の前半の教訓のゆえであり、それをわれわれが学んだと想定されている。つまり、敬虔とは何であるかを知ることは、人間生活において正義とは何であるかを知ることであり、そし

て、人はその知識を神々や彼らの愛と独立して、それらに言及することなく、もつことができるとされる。この見解においては、敬虔は（P6のように）道徳的徳の一部ではなく、全体である。それを行うために、われわれすべては必然的な固有の動機をもち、そして、敬虔は、神々が存在するか否かにかかわらず、それがあるとおりのものである。*92 この非宗教的な敬虔の説明は、さらにまた、（ヴァーセンイーによると）「奉仕」（ὑπηρετική/hupēretikē）というような、服従的な仕方で神々に奉仕するという観念とも不整合である。人間的正義に奉仕することにより、われわれはわれわれ自身に奉仕する。そして、これは同等の者たちの間での関係である（実際、もし神々の仕事が人間生活に善を実現することであるなら、そのことは神々をわれわれの召使いにすることであると思われる、と彼は主張する）。

このねじ曲がった推論の方向に対して、ソクラテスはこう答えることができる（そして、私が後に論じるように、そうするであろう）。すなわち、彼が切り崩したのは、まさしく敬虔な行為が何であるかを確実に知っているというエウテュフロンや彼の国の主張であり、もしP6の「奉仕」（ὑπηρετική/hupēretikē）がこの切り崩しの効果をもつなら、なおさら結構であると。実際、そのような切り崩しを行うことは対話篇全体の主目的である。それはまた、ソクラテスが神的な知恵を欠いており、人間なみの（過謬的）知恵のみを合理的に望むことができるという彼のいつもの告白と完全に一致する。神的な事柄の知識と比較するなら、われわれは敬虔についてはなるほど無知であるが（参照『ソクラテスの弁明』23a-c）、このことはヴァーセンイーが示唆しているような、全くの無知を意味する必要はない。というのは、われわれがP6をその通りに理解し、そして、それが真なら、われわれは敬虔について何かを理解しているからである。*94

ヴァーセンイーの議論の残りの部分が基づいている想定は、もし神々が仕事をもつとすれば、彼らの仕

事は人間の生活において善を成し遂げることであろうというものである。ヴァーセンイーはこの重大な想定に対して何の論拠も与えていない。この想定は神々の善き行為の分野を、単に人間的正義の全体と同一視することにより、行為に、恣意的に限定している。さらに、この想定は、敬虔を人間的正義の全体と同一視し、P4とP6に対するすべての証拠とも対立する。なぜなら、P4とP6はともに、ある正しい行為が必ずしも敬虔であるわけではないということを含意しているからである。そして、もちろん、もし神々の仕事がただ単に宇宙の中で善を確立することであったり、神々を助力することに含まれる職務のいくつかは、理由を知ることなく、単に「神々の命令に従う事」であるかもしれない、という可能性である。そのような場合、わずかでも明晰な敬虔の概念は、どんなものも神々への言及を含まねばならない。

次に、神々の仕事は単に人間の生活に善を確立することであるとわれわれが想定することができるとしても（したがって、神々への言及を含まない徳の知により、神々の目的に奉仕することを試みられた敬虔の定義がこれらの神々を無視してもよい、ということは帰結しない。たとえば、私の父は私の善以外の何も望まず、また、彼が是認する子としての敬虔な行為はそのような行為のみであるにしても、そのことから、「子としての敬虔」は「息子が彼自身の善を追求すること」を意味する、と必然的に帰結するわけではない。むしろ、子としての敬虔な行為は、「父の望みを満たすという意図」を決定的に含んでいるように思われる。同様に、敬虔な仕方での正しい行為と、ただ単に非宗教的に正しい行為の違いは、前者において人は神々を喜ばせ、崇拝する意図をもって行為する、ということに過ぎないと思われる。最後に、私はヴァーセンイーの最後の論点は、彼自身の立場に対する背理であると考える。ヴァーセンイーの説明に従い敬虔を徳の全体とすることは、神々に対して対等ないし優越の関係を示唆す*95

る、であろうから、われわれはそのような同一視をなすべきではない。[*96]

4 この対話篇の最初の部分の結論は、「神に愛される」ことは敬虔を定義するものではない、というものである。この結論は、「神に愛される」すべての行為、ただそれのみが敬虔な行為である（P.3）、という可能性をなお残している。このことをヴァーセンイーは認める。私は先に論じたが、この主張はたぶんソクラテスにとって受け入れられるものであろう。敬虔についてのこの主張はほんの少し積極的な主張であるが、それをすらソクラテスに帰すことを避けるために、ヴァーセンイーは一つの議論を提出する。そして、もしそれが一般化されるなら、人間と神々との関係に関する『エウテュフロン』中の事実上すべての発言は、虚偽となるであろう。

彼の説明によると、初期・中期対話篇の両方が、[*97]そして、とりわけ『リュシス』が明らかにしているのは、欠けているものへの欲求としての愛は、完全であることと両立せず、そしてそれゆえ、（完全な）神々が何かを愛することはできないということである。さらにまた、もし神々が何かを愛することができず、そして、すべての合理的行為は合理的な愛に根ざしているなら、彼らはまったく行為することができないし、何かによって喜ばされたり（というのは、このことは欠如を含意する）、何かを気にかけたりすることもできず、したがって、われわれ人間に善きものを与えることもできないとされる。[*98]

しかしながら、ソクラテスは明らかに、神々が行為し、人間たちに多くの善きものを与えていることを信じている（たとえば、『ソクラテスの弁明』21b, 28e, 31a, 33c、『エウテュフロン』14e-15a を参照）。ヴァーセンイーはまた、以下のことを立証していない。すなわち、（再び）ソクラテスの神々は完全である、ということ、あるいは、ソクラテスはこのことを含意する信念をもっていたこと、あるいは、（そのような信念

をもっていたとして）彼がそのような含意に気づいていたということ、あるいは、（そのように気づいていたとして）彼がヴァーセンイーの推論を了解していたであろうかもまた疑わしい。ヴァーセンイーがこのような主張を中期対話篇のテキストに基づいて確立できるかどうかもまた疑わしい。それらは、全体として、ソクラテスの信念に関する問題とは直接的には無関係である。それゆえ、『リュシス』に関して言えば、この作品はふつう初期対話篇のうちでも後期のものと見られており、それが含んでいる積極的な教説は、『ソクラテスの弁明』（そこでは神々は欲求をもつ）の題材よりは、はるかにより多く、プラトンの教説をソクラテス描写に取り込んでいるようである。『リュシス』はまた困惑的であり、完全性と行為が両立不可能であるとソクラテスが信じているか否かを明らかにするのを拒んでいる。実際、対話篇の終わり頃までに、ソクラテスは意識的にリュシスとメネクセノスを自在に引き回し、「すでに善き者は、もはや善き者と友人ではない」(214e-215b。これはヴァーセンイーの証拠の一つ）と結論づけているだけでなく、その反対の「善き者をのぞいては誰も善き者と友人ではない」(222d) ということも結論づけている。

2・2・5　敬虔と神々の作品

したがって、前述のことが認められた場合、P6がソクラテスの信念を表しているという主張は、そのまま無傷のままである。残っているのは、神々の作品とそれへのわれわれの奉仕について、ソクラテス自身が、そのあり方を特徴づけているのか否か、そして、[もし特徴づけているなら]どのように特徴づけているかを見ることである。これに取り組むために、ソクラテスがエウテュフロンに神々の「極めて見事

な作品 (πάγκαλον ἔργον/pankalon ergon) を明らかにするよう尋ねたときに、どんな答えがソクラテスを満足させたであろうかを問うことにしよう。この時点での原典 (13e-14c) の綿密な検討は、ソクラテスがエウテュフロンを誤った方向に導くために、虚偽の類比を用いていると示唆するかもしれない。人間の異なる専門的職業が、一つの主たる (κεφάλαιον/kephalaion) 成果をもっていることは真であるが、神々もまた神々として一つの固有の所産をもつにちがいない、ということは帰結しない。たしかに、エウテュフロンはいくぶんひねくれた類のホメロス原理主義者として、神々は多くの立派な事柄を生じさせる（結局のところ、多くの異なる神々がいるので）という彼の当初の答え (13e12) を固持するべきである。

しかしながら、ソクラテスに強要されて、彼はこれにこだわることなく、人間と神々の関係についての、まったく別の伝統的な概念に移る。それは、「あなたが与えてくれるために私は与える」(do ut des) というものであり、つまり、「交易」——ἐμπορία/emporia [14a·b]. これについては3・3・4節を見よ——である。*[10] それでは、ソクラテスはなぜこの点を強要し、そして、エウテュフロンはなぜ彼の以前の答えを繰り返さないのか。なぜなら、以前 (6d-10a) の議論が示すように、ソクラテスは、「もし敬虔が単一の道徳的基準によって測ることのできる一つの客観的な行動の特徴であるべきなら、敬虔は神々すべてがそれについて同意しなければならない一つのものである」と信じており、そしてまた、今エウテュフロンに対しても、そう信じるよう説得した。従って、もし敬虔が (P6におけるごとく) [神々を] 手助けする奉仕であるなら、少なくとも、敬虔な行為がそれを促進するのに役立つなんらかの事業——それは神々によって共通に認められている——が存在しなければならない。

それでは、この「主たる」極めて見事な作品 (πάγκαλον ἔργον) 14b9の κεφάλαιον/kephalaion しているように) ソクラテスの見解では、(彼がごろ合わせ [14a1 と P6の際だった「主たる

(κεφάλαιον)部分」とは何なのか。この問への答えは、私の提案では、われわれはそれについての完全で確実な知識はもち得ない、というものであるべきである（それが何であれ、それは善きものであるということをわれわれは認めなければならないけれども）。手の込んだ積極論者的思弁ではなく、この答えこそが、神々のみがもつ『ソクラテスの弁明』23a)「人間なみ以上の」(『エウテュフロン』6a-b、『ソクラテスの弁明』20e)知恵をいかなるものも、もっていないと主張し、この知恵の欠如について極めて自覚的である（たとえば、『ソクラテスの弁明』20d)一人の男を満足させるような答えである。私の解釈では、そのような人間のものではない「神的知恵」によりソクラテスが意味しているのは、一種の不可謬の、完全な技術知であり、それにより、その所有者はあらゆる敬虔な行為を信頼しうる仕方で行い、判断し、そして、正しく説明することができるようになる。敬虔についての、そのような確実で完全な理解は、敬虔の定義の確実な知識を含むであろう。そのような定義とは、なぜ敬虔の事例が敬虔であるかの完全な説明に役立つような定義である。そのような定義は、神々の作品の明確化を要求するであろう。それにもかかわらず、その作品の完全な明確化は、神々の特権であると思われる。

そして、確実に知ることができる。

この無知の告白は、ソクラテスがエウテュフロンのような人物から引き出そうと試みるのを、われわれが期待することでもある。人間なみ以上の事柄を知っているというエウテュフロンの主張や、重大な行動の遂行においてそのような知によって導かれているという彼の主張は、ソクラテスを「恐れ」(『エウテュフロン』4a-5d)のうちに残す。エウテュフロンは厚かましくも、ゼウス——彼のいくらかの見解によると、完全な道徳知を実際に所有している行為が、そのまま彼にも許されると考えている。しかし、エウテュフロンは敬虔について無知なので、したがって、彼がソクラテス自身と同様

に、神々の作品についての不可謬な知識も、また可謬的知識さえ欠いていることを認めさせるのは、ソクラテスの使命の一部分である。[106] 次に、この解答はソクラテスの主張——満足のいく答えは、エウテュフロンが与えた答えよりもずっと簡潔であったはずである——とも合致している (14b8-c1)。最後に、エウテュフロン自身が無知であるという証拠を用いることによって、ソクラテスは敬虔は完全には知られない（あるいは、知り得ない）という見解のための洗練された仮言三段論法の否定式 (modus tollens) を提出している。つまり、もし誰かが敬虔とは何であるかを知っているなら、それはエウテュフロンであると彼は言う (15d2-3)。したがって、エウテュフロンの無知を繰り返し証明する事によって、(完全に、そして、不可謬な仕方で) 敬虔とは何であるかを知っている者は誰一人いないということを、ここでソクラテスはわれわれに告げているのである。[107]

2・2・6 積極論者の最後の挑戦

しかしながら、この段階で対処しておくべき積極論者の挑戦がある。C・C・W・テイラーとG・ヴラストスはともに、「人間の助けなしに彼ら〔神々〕が作ることのできない一つの善き作品、つまり、人間の善き魂がある」のだから、神々の仕事はまさにこれを産み出すことである、と考える（強調は筆者のもの）。[108] ここから、われわれが真に神々に奉仕することのできるただ一つのやり方は、ソクラテス的自己吟味を通じて、われわれの魂の道徳的状態を向上させるよう努めることである。さて、テイラーもヴラストスも、この主張をソクラテスに帰すいかなる証拠も与えていない。けれども、いかにして人が他の人間を——正しい道徳的信念を彼らに植え付け——道徳的に善くすることができるかを知ることは困難であり、

そして、したがって、もし神々が望んだならば、彼らがこのことをなすことができると想像することは、想像を越えた奇跡的な力を神々に帰することになる、という理由で彼らの見解は成り立つと考えられるかもしれない。さらに、もし神々が人間の魂を向上させることができるとソクラテスが考えたなら、彼は「悪の問題」の古代版に直面していることになる。つまり、もし神々が、人間をこのような悪しき（道徳的）形姿のまま放置している善の与え手であるなら、なぜ完全に善き神々が、人間をこのような悪しき（道徳的）形姿のまま放置しているのか、という問題である。

私の答えは以下のとおりである。もし神々がわれわれの魂を作り、植え付けたとソクラテスが考えていたなら、彼らはわれわれの魂の構造と内容に根本的な影響を与える力をもつ、と彼はたぶん考えていたであろう。では、彼はこの条件文の前件を信じているだろうか。もし以前に見たような神々の存在についての彼の是認が、神々はヴァーセンイーの完全で、人間に干渉しない、エピクロス式の神々であるというありそうもない信念に基づいているのは自然であろう。しかし、（これまでの吟味を前提すると）、よりいっそうありそうなのは、神々が活動のいかなる領域においてもそれほど無力であるとソクラテスは考えなかったであろう。むしろ、（彼は考えるであろうが）人間たちのそのような善き魂を作ることは、やはり神々の力の範囲内にあるけれども、神々はわれわれの魂を（彼らがもつどんな理由からにせよ）未完成のまま残したということである。いずれにせよ、クセノフォンは彼に先の条件文の前件を帰している（たとえば、『ソクラテスの思い出』1.4.13-14）。そして、『エウテュフロン』の「神々が与えないような善きものはわれわれには存在しない」（15a1-2）という言葉は、そのことを強く示唆している。クセノフォンはまた、彼らがどんな方法でこれを成し遂げるにせよ、神々は人々「の中に」信念を植え付けることができる、とソクラテスに考えることを許している

第二章　『エウテュフロン』におけるソクラテスの敬虔概念

(『ソクラテスの思い出』1.4.16)。そして、『メノン』(99b-100c) の結論において、徳が人間に備わることができる唯一の仕方は神的な配分によるのである、とソクラテスが（あまり根拠も無く）示唆しているのをわれわれは知っている。最後に、ソクラテスの頻繁な知の否認を前提すると、いかにして神々がこれらのどれかをなすことができるのか、そして、なぜ彼らはわれわれのこれほど多くの者を「未完成」のまま残したのかについて、彼が一つの理論をもっているなどということをわれわれは期待するべきではない。したがって、神々が――もし望むなら――正しい道徳的信念を誰かに植え付けたり、他の者たちから取り去ることができ、それにより、彼や彼女の魂を向上させる、ということを彼が未決定のままにしているのはありそうなことだと思われる。ソクラテスにとっては、なぜ神々がわれわれの魂を向上させることを控えるのか（彼らがわれわれの魂をすでに向上させたよりも以上に。たとえば、『ソクラテスの弁明』20e-23c) の理解を越えているだけである。そして、ソクラテスがあらゆる神学的問題に関して、よく展開され、また、エレンコスによって吟味された見解をもっていることをわれわれが期待できないように、われわれの未完成の状態がある仕方で吟味された最善の結果となるということを除いては、彼がここで一つの意見を思い切って言うことを期待することはできない。*[110]

2・2・7　エウテュフロンの告発

テキストに戻り、われわれが今知ることができるのは、敬虔についての完全な理解をもっているというエウテュフロンの主張に対してソクラテスが不信を突きつけたことに加えて、父を告発する行為のエウテ

ュフロンによる正当化の試みをソクラテスが崩したことである。つまり、エウテュフロンは敬虔とは何であるのか、敬虔と神々との関係、あるいは、神々の正確な本性を理解していないので、彼は行為の自明な敬虔性や、彼が申し立てる神々の行為へただ単に訴えることによっては、彼の行為を正当化できないのである(5d-6a)。さらにまた、(P6におけるように)敬虔は神々とわれわれの関係にかかわる正義の部分にすぎないということを認めることにより、エウテュフロンは、他の人間にかかわる彼の父を告発することは、その敬虔性と宗教的汚れの危険(4b-5a)の理由では、これを正しいと単純に主張することはもはやできない。むしろ、この件はいま、その是非が非宗教的正義に基づいてのみ決定することができる事柄であるように見える。*111 したがって、プラトンが、エウテュフロンとソクラテスの両者を、(ソクラテス的、プラトン的見地から)その重大な関心が敬虔な行為であるような裁判沙汰に巻き込まれたものとして提示しているのは、たぶん単なる皮肉な対比の試み以上のものである。これら二つの事例を結びつけることにより意図された暗黙のメッセージ(特に15c-16aを見よ)は、以下のようなものであると思われる。単なる人間として、われわれはP6の不備を完成させることはできず、したがって、どんな行為が神々に奉仕するか敬虔か不敬虔かを判断することにおいて極めて慎重でなければならない(また、誰かの意図の正確な評価も)もっていないので、われわれは人の行為が敬虔か不敬虔かを判断する場合は特にそうである。*112 したがって、エウテュフロンは宗教的汚れ(miasma)への懸念から、あるいは、彼の告発は敬虔である(あるいは、告発しないことは不敬虔の危険を冒す)という前提のもとで、自分の父を他人に対する犯罪の故に告発するべきではない。*113 神々についてのわれわれの極めて過ちがちで不完全な理解を前提とするなら、そのような告発が正しいという保証はない。そして、とりわけ、不敬虔な行為

をしているよりもむしろ、（P6に従って）実際に神の命令のもとで活動している（第四章を見よ）というソクラテスの他の箇所での主張を考えるなら、特にそうである。

しかしながら、この教訓を『エウテュフロン』が含意しているか否かにかかわらず、私の当初の主張はそのままである。つまり、対話篇の暗黙の答えは、P6は真であるが、人間たちには十分にその不備を完成させることができないというものであることを前提すると、積極論者も反積極論者も正しくはなかったのである。私はいま私の見解を支持するさらなる証拠を提示し、P6が保証する（とソクラテスが理解する）敬虔な行為の実践的な指針について簡潔な説明を与えよう。このことは、ソクラテスの宗教のいっそう詳細な、より良く根拠づけられた叙述をその上に描くためのキャンバスを与えるであろう。

2・2・8　ソクラテス的敬虔と哲学

ソクラテスがP6に関与していることと、今までの議論を前提すると、われわれは彼に以下のような信念を帰してもよいであろう。（1）敬虔な行為は正しい行為の一種である、（2）敬虔な行為の遂行は神々への奉仕である（それらは神々を喜ばせる）、（3）敬虔な行為は、善き成果を生じさせる神々の仕事を手助けする、（4）これらすべての要件は、それらの詳細を明確に述べることを妨げる、一つの限定された不可知論の文脈のうちに存する。（3）を通じて（1）を入念に叙述し、ソクラテスの不可知論の範囲を位置づけるために、われわれのさらなる探求をまたねばならない。しかし、以下はこれまでに拾い集められた証拠から得られるもっともありそうな説明である。われわれはソクラテスにおいて一種の有神論者と呼んでよいかもしれない者を見いだす。彼は神々の存在を信じているが、神々の性質や、神々とわれわれ

との関係についてのわれわれの理解は、極めて限定されていると信じている。神々についての完全な知識は、(目下のところそうなっているように) 有限な人間の理解力が到達する範囲の中には絶対に存在しない。それにもかかわらず、われわれは神々の偉大な道徳性、知識、そして、力を認めることができ、また、認めるべきである。そして、そうすることが、部分的に敬虔な知恵を構成する、あの適切な知的謙虚さの印であり、つまり、神々とわれわれの関係は、偉大で不可視の主人/技術者に対する召使い/助手の関係と実際に類比的なものであることの認識の印である。彼らの卓越性のゆえに、伝統的な記述のすべてが神々に――彼らはソクラテスにとって彼らの伝統的な名前で呼ばれてもよいが(『エウテュフロン』4e4,『ソクラテスの弁明』35c-d)――あてはまるわけではない。たとえば、彼らは完全に道徳的であり――伝統的なギリシアの神々とは違い――争い合うことはない(『エウテュフロン』6b-d, 7c10-9e3,『国家』379 b,『パイドン』62c-dを見よ)。ソクラテスが考えるには、正しい意図をもってなされた伝統的な供儀を捧げる行為は敬虔であるが、彼の考えているような適切な宗教的行為の全体を構成するわけではない。なぜなら、敬虔は何よりもわれわれが哲学の営みに携わることを要求するからである。したがって、ソクラテスにとっては、哲学の生と、真の宗教的生との間に深い溝はない。両者ともが、厳格なエレンコスによる自己吟味のみが与えうる有徳な行為と、魂に対する配慮と世話を要求する (これについては、3・2・3節と4・2節を見よ)。

ソクラテスはまた、信念においては、いくぶん伝統的である。彼の考えでは、われわれは神々から善きものを受け取り、それゆえ、彼らはわれわれの感謝と崇拝に値する。また、われわれは彼らの命令に服従しなければならない。そして、敬虔な行為は善きものごとを生じさせる。さらにまた、神々から得られる重要な実際的な善として伝統が提供するように、夢や、予言、神の声 (たとえば、ダイモニオン) のよう

な神的で非論証的な情報の源泉によって、われわれの人間なみの知恵が補われる場合がある。[114] しかしながら、これらの情報源は、哲学的探求の標準的方法を与えていると見られるべきではない（4・1節を見よ）。最後に、以上のすべての要件は、ソクラテスの思想と行動に、諸徳が一つであるという彼の信念に、完全に統合されていると私は想定したい。たとえば、人間と神々の敬虔な関係のあり方をわれわれが理解するのと同程度に、われわれは人間と神の知恵の正しい関係のあり方を理解する。[115]

ソクラテスの不可知論は、人間なみの知恵と神の知恵の区別のうえに築かれており、われわれが正当に所有権を主張してよいのは前者のみである（『ソクラテスの弁明』23a）。人知の領域には、われわれが神の知恵を欠いているという知識も含まれており（23b3-4）、また、われわれの部分的で可謬的な徳の知識が含まれているかもしれない。それは、神々のような神的対象についての、十全で不可謬的な理解にまでは至らない。あるいはそれは、死ぬことがたしかに善きことか否か（『ソクラテスの弁明』20e）、哲学の生はたしかに何かを成し遂げるか否か（『パイドン』69d）、神々はどんな名を自分たちに使っているか（『クラテュロス』400d）、というような事実には至らない。むしろ、ソクラテスは、「人間の中でもっとも知恵のある者といえども、神に較べれば、知恵、美しさ、他のすべての点で、猿のようなものである」（『ヒッピアス（大）』289b3-6）というヘラクレイトスの主張を支持する。[116] したがって、人間なみの知恵も、神々の作品についての完全で不可謬の理解には至らない。なぜなら、そのことは神々の作品についての完全で不可謬の知識を要求するからである。ソクラテスは、たとえば、ソフィストや自然学者が「人間以上の知恵において追求するのは無益である。実際にそれを獲得する希望をもって、そのような知識を真剣に追求するのは無益である。実際にそれを獲得する希望をもって、そのような知識を真剣に追求するのは無益である。そして、そのような試みを彼は放棄した（『ソクラテスの弁明』20e、『パイドン』97b-101a、『ソクラテスの思い出』1.

1. 11-16. 『パイドロス』229e を見よ*[117]。そのような知（たとえば、未来の出来事の知）を欠いているので、われわれは特定のことのために祈るべきではない。なぜなら、われわれの祈りの成就が、われわれにとって善であるか否かを、信頼できる仕方で知ることはできないからである（『ソクラテスの思い出』1.3.2）。その理由は、神的な知恵が神々の所有であるからである（『ソクラテスの弁明』23a-b、『ソクラテスの思い出』1.1.6-8, 1.1.9, 1.1.13）。したがって、われわれは人間の事柄の探求に満足しなければならない（『ソクラテスの思い出』1.1.9, 1.1.16）。というのは、他のやり方をすることは滑稽であり、不合理であるからである（『パイドロス』229e-230a、『ソクラテスの思い出』1.1.8-10）*[118]。デルフォイの神託が証言したように、ソクラテスはそのような人間なみの知恵をもっている（『ソクラテスの弁明』21a）。そして、彼はそのことを、神の知恵と対立するものとしての人間なみの知恵の無価値——つまり、説明する力の不完全性と欠如——を認めることによって証明する（『ソクラテスの弁明』23b）。実際に獲得可能な、この人間なみの知恵の追求は蔑まれるべきではない。というのは、それは過ちがちの人間にふさわしい知恵であるからである。もちろん、ある場合には、人間なみの知恵の追求は、神的な事柄についての、人間に可能なもっとも完全で、もっとも十分に正当化された知識（人間なみの完全な知恵）を獲得する努力を意味する。しかし、この努力は、われわれにとってはこれらの不完全な知識は、ソクラテスがエレンコスによって獲得することを追求している、人間なみの知恵と知識を構成するものである*[119]。

これまでのところ、ソクラテスの神学についての説明は否定的なものであった。典拠についての当初の評価は、神々に関するソクラテスの主張のほとんどが、当時のギリシアの宗教的伝統と両立していたことを示している。ソクラテスは明

らかに、真の神が存在し（『ソクラテスの弁明』35c-d, 42a,『クリトン』54e,『パイドン』62b）、彼らは国の神々と同じ名前で呼ばれてよい（『ソクラテスの弁明』26b-c,『エウテュデモス』302c,『ソクラテスの思い出』1.1.10-11）、ということを信じている。これらの神々は十分に賢く、それゆえ、完全に有徳であり（それゆえ、けっして嘘をつかない［『ソクラテスの弁明』21b6-7,『国家』379a ff., 389b-c,『パイドン』62d-63c］*[121]）、知性があり（『クラテュロス』54c,『ソクラテスの思い出』1.1.19, 1.4.18）、そして、互いに完全に調和しており（『エウテュフロン』7c10-9e3）、それゆえ、彼らが通常理解されていたような民衆的・市民的宗教の神々と同一であると語るべきではない（3・3・4節を見よ）。しかしながら、ソクラテスは人間なみの知恵と神的知恵を対立させる二元的認識論に加担しており、それはわれわれの認識力の弱さを強調するので、神々について確信をもって詳しく語るべきではない。また、神々は行為をなし、喜び、愛する存在なので、彼らは自然哲学者たちの神格化された形而上学的原理と同一視されるべきでもない（『ソクラテスの思い出』1.1.11-13、本書5・2節）*[122]。ここから、ソクラテスは当時の混乱した伝統主義と、ソフィストたちや自然哲学者たちの自信過剰な主知主義の間の道を行くことを企てていると言われるべきである。ソクラテスは、神々への信仰を否定するのではなく、神々をよりいっそう信じることのできるものにしていると思われる。それは、われわれの共同の道徳的生活において、理性が果たす役割を強調しつつ、神々のばかげた抗争を取り除くことによってである。また、ソクラテスの目標の一部は、エウテュフロンのような人々が、彼らの行為を正当化するために伝統的な神々の行為を引き合いに出してはならないということを示すことである。その理由は、神々が善良であるという信念は別にして、（彼らの主たる作品を含む）神々の行為の細目と彼らの本性は、われわれに十分に接近できるものではないからである。むしろ、われわれは、神の知恵を獲得する能力がないことを認め、人間と

人間の間の正しい行為を構成するものについて、人間なみの知恵を探求しなければならない。

しかしながら、ソクラテスは単なる純化された伝統主義者ではない。たとえば、ソクラテスが「新しいダイモン的なもの」（『ソクラテスの弁明』24b、『エウテュフロン』3b-dを参照）を導入したという正式の告発が指し示しているのは、ソクラテスの宗教が独特の、よく知られた神的な合図であるダイモニオンを是認しているということである。この合図はその助言において否定的なものであり（指示するより、思い止まらせる）[124]、そして、主として個人的であり、実践的で、個別的な助言を与える（『ソクラテスの弁明』41c-d, 40a、『エウテュデモス』272e、『パイドロス』242b-d、『テアイテトス』151a、『ソクラテスの思い出』1.1.4-5)。したがって、ソクラテスはP6にエウテュフロンとの同意を付け加えてもよい。つまり、少なくとも彼は、神々から多くの善きもの、つまり、折々の助言を受け取っているということを付け加えてもよい。ソクラテスはこの助言を、有益であり（『ソクラテスの弁明』31d）善きものであり（『ソクラテスの弁明』40c-d）、そして、合理的説明によって確証される必要があると考えているのは明らかである。たとえば、それがソクラテスに政治的生活に入らないよう助言し（『ソクラテスの弁明』31c-33b）、ソクラテスが人間の中でもっとも知恵があると主張するとき（『ソクラテスの弁明』21a）、それは、そのような仕方で確証されることができる。全体としてそれは、ソクラテスが行動の進路を追求するに際し、個人的な確信の源泉として彼の役にたち、哲学的省察により補われることができる。

そのような情報は、予言や詩的霊感によって得られるものを含むが（『ソクラテスの弁明』20e ff., 33c、『イオン』534e、『メノン』99c、『ソクラテスの思い出』1.1.2, 1.1.6-10, 1.4.16）、人間なみの知恵の一種として考えられるべきである。[125]というのは、それは非人間的源泉からやって来るが、しばしばそれは経験的に確証できるからである。さらにまた、もしソクラテスが、それを単なる推測や予感と考え、知識の

源泉と考えていなかったら、彼は決してそのような情報を、彼がそうしているように、有益であるとか、励ますものとは見なかったであろう。また、ソクラテスは神々をわれわれの主(その者は、また、決して嘘をつかない。『ソクラテスの弁明』21b を見よ)であると考えている。それゆえ、これらの神々が、彼らに奉仕する者たちに対して——彼自身と他の者たちに対して(『ソクラテスの思い出』1.4.15-19)——彼らの知識を分け与え、善き助言を与え、助けてくれると彼が期待するのは合理的である。逆に、この善き助言が、われわれの主要な善、つまり、われわれの魂の向上の達成に貢献することが期待されるかもしれない。それはわれわれに、善き道徳的判断をなすことに関係する情報と励ましを与えることによってである(『ソクラテスの思い出』1.4.18-19)。(さらなる議論については 4・1 節を見よ。)

ソクラテスは、われわれが神々から知識の贈り物以上のものを受け取っている、と信じている。彼はまた、神々はわれわれに関心を抱き、すべての善きものを、そして、それのみを、われわれに与えることによって(『エウテュフロン』14e11-15a2、『ソクラテスの弁明』41c-d、『国家』335b2-e6, 379b1-c7、『ソクラテスの思い出』1.4.5-19) その関心を明らかにしていると信じている。その善きものとは、良く設計された身体、および、われわれの道徳的卓越性と幸福の前提条件、つまり、もっとも優れた型の魂を含んでいる(『ソクラテスの思い出』1.4.13-14)。しかしながらまた、そのような関心を神々の主要な仕事と同一視してはならない。というのは、われわれが見たように、それを正確に特定することは、人間の認識能力を越える課題である。

ソクラテスは、神々が存在し、彼らの作品は善きものであり、彼らはわれわれに多くの善きものを与えてくれると考える。このことを見た上で、われわれは神々に対する奉仕(ὑπηρετική/hupēretikē)の性

格と、それに必要な要件を特定する課題に取りかかりたい。奉仕のこの意味――つまり、われわれはまったく別の位階にある主に対する召使いであり、彼らの作品を特定することはできない――に応じて、われわれの奉仕が手助けし、神々が達成するはずの最終目的が、どのようなものであるかを（それが善であるという事実を越えては）、われわれは確実さをもって語ることはできない。それにもかかわらず、その奉仕の実際的な指針は何であり、それらに従うことからどんな善がわれわれに生ずるかを、ソクラテスは述べることができる。原典の示唆するところでは、彼はこの奉仕が伝統的な供儀と祈りを捧げる行為、とりわけ神々の命令に従うことを含み、そして、それらすべては、われわれが見たように、それらを遂行することで彼らを喜ばせると理解している（『ソクラテスの思い出』4. 3. 17 を見よ）。たとえば、ソクラテスは他に優先して、哲学せよという神の命令に従う（『ソクラテスの弁明』28d-e, 23b, 29b）。そして、それは神の大義を助ける（『ソクラテスの弁明』23b-c. しかし、それが成し遂げるものは、神々の成し遂げる力をいくぶんかでも越えているというような含みはない）。

ソクラテスは伝統的な供儀と祈りを敬虔な奉仕であると考えた。このことの証拠については、『パイドン』118a に供儀の明らかな実例が見られる（これは雄鶏をアスクレピオスに捧げて欲しいという要求である。また、『饗宴』176a における献酒と賛歌にも注意。220d 参照）。他方で、『パイドン』61b には神々への賛歌が見られる（『エウテュデモス』275d も見よ）。それにもかかわらず、証言がこのように相対的に不足しているので、われわれはソクラテスが供儀や祈りを日常的に捧げなかった、と結論することはできない。たしかに、われわれはソクラテスの質素な生活様式とクセノフォンのはっきりした主張から、ソクラテスの供儀はつつましいものであったと推測してよい（『ソクラテスの思い出』1. 3. 3）。もしそうなら、われわれはプラトンがこの問題に深入りすることを期待するべきではない。とにかく、『エウテュデ

モス』(302c-303a、『ソクラテスの弁明』35d を参照)、『メネクセノス』(243e-244b)、『パイドロス』(229e)、そして、クセノフォンの『ソクラテスの思い出』(1.1.2, 1.1.19, 1.3.64, 4.3.16-17, 4.6.4-6、『ソクラテスの弁明』11-12 参照)*131 の中の数多くの言及は、そのすべてがソクラテスの正統的宗教行為をある程度までは証言している。ソクラテスを弁明しようとする熱意から、クセノフォンの主張がソクラテスの正統性の度合いを誇張していても当然ではあるが、それにもかかわらず、プラトンにおいて独立に証言された一定程度の伝統的な行為を、彼は確証するように思われる。(たとえば、『国家』篇の冒頭の場面設定[327a]に注意せよ。)*132 そこで、ソクラテスは女神ベンディスに祈り、彼女の祭礼を見るためにピレウスに下って行った。

最後に、敬意を表すために供犠を行うことと、神の命令に従うことに対する哲学的正当化は、P6 に含意されている。ソクラテスは(贈り物と賞賛を含む)子としての敬虔性の道徳的規範を是認したであろう。そして、それを人間的正義の一種と考えたであろう。したがって、類比により、われわれは天にいる祖先と主に対して尊敬と感謝、そして、服従的行動をなす義務がある[喜びは別として]。このことのほかに、われわれは知ることはできないが。われわれの神々に対する服従を、彼らが得るのかをわれわれは知ることはできないが。このことのほかに、われわれの神々に対する服従を、P6 による正義の問題にするのは何だろうか。初期対話篇はこの問題に取り組んでいない。しかし、クセノフォンのソクラテスが論じているところでは、われわれは正しい相互主義の原理に立って、敬虔であるべきである。すなわち、われわれは多くの贈り物を受け取るので、われわれは逆に、われわれが彼らに与えることがふさわしいものを、彼らに負っている(たとえば、供犠と服従。『ソクラテスの思い出』4.3. 15-17)。これもクセノフォンから採られたものであるが、これはまさにソクラテスが与えるような種類の議論であると思われる。というのは、類似の議論が『クリトン』(48d-54d)に見られるからである。こ

こでソクラテスは、われわれの市民生活上の「主人」である国法への義務を確立しようと試みている。ソクラテスはそのような線に沿って、こう論じるかもしれない。すなわち、われわれは生まれて以来、神々から多くの至福を受けてきたので、それによりわれわれは彼らの命令に従うという暗黙の契約のうちにあると。さらにまた、われわれは召使いとして神々の所有物である（『パイドン』62a-63a）。それゆえ、神々は、所有物を所有する所有者の権利として、われわれの奉仕を要求する権利がある（『ソクラテスの弁明』29b参照）。最後に、神々は道徳的であり、*133、かつ、全知であることを前提とすると、われわれは義務を履行することに対して分別に由来する根拠をもつ。*134

この分析はまた、敬虔がいかにして徳であるかを明らかにし、ソクラテスがなぜ哲学を敬虔な義務と考えているかを明らかにする根拠を与える。われわれが神々と暗黙の契約関係に入っていることを前提すると、われわれが契約を守るのは徳にかなっているので、敬虔であることは徳にかなっている。徳として、敬虔な行為は良き結果を与える。つまり、敬虔に応えてまさしく神々がわれわれに与えてくれる事柄と、何であれわれわれの奉仕によって手助けされる目的である。それ以外に、正しい哲学の行為によってわれ神々に対する彼の奉仕はアテネに与えられた最大の贈り物の一つであり（『ソクラテスの弁明』30d-31c）、哲学的自己吟味が促進する道徳的知恵以上に善きことは存在しないということである（『クリトン』47e-48a、『エウテュデモス』281d-e、『ゴルギアス』512a）。

ソクラテスは哲学の行為を、神の命令によって彼の特殊な場合に課された、普遍的でない特殊な義務と見ている、という印象を『ソクラテスの弁明』の読者は受けるかもしれない。しかしながら、たしかに彼は自分自身を特殊な、神的命令の下にあると見ているが、他の文章が明らかにしているのは、彼は哲学を

すべての人が携わるべき課題であるということである。というのは、哲学はわれわれを向上させ、人生を生きるに値するようにするからである（『ソクラテスの弁明』29e-30b, 36c, 38a）。では、ソクラテスは、哲学を彼自身にとってのみ敬虔な行為であるが、他の人々にとっては敬虔とは無関係の分別の問題であると考えているのか。私はそうは考えない。哲学を敬虔な義務として示すために、『エウテュフロン』からよく導き出される理由とは、いくぶん異なる理由のゆえにである。そのような議論は普通、神々の仕事を、単純に世界に善を実現する試みと考え、次に、哲学はこのことをなす奉仕であると考え、このようにして、P6と整合的に、敬虔とは哲学に他ならないと結論する。

いま私が考えるに、「神々の一つの仕事は世界に善を実現することを促進することであり、哲学はこのことを助ける活動として、たしかに敬虔な行為である」ということを前提する（先の議論のような）これらの議論に反対するであろう。私がすでに論じたように、ソクラテスは、神々の主要な仕事の性質を特定することを不遜であると考えたであろう。それにもかかわらず、彼は、（1）不可謬の知識の一項目として、（2）世界における善の実現は神々の（唯一の、あるいは、主要な）仕事である、ということに繰り返し耐え、これからも耐えるであろう信念——それはエレンコスによるテストに繰り返し耐え、これからも耐えるであろう信念——と考えたる信念——それはエレンコスによるテストに反対するであろう。私がすでに論じたように、以上の議論のやり方でそのようにすることは、P6を切り崩す。というのは、もしわれわれの敬虔な奉仕が、ただ単に世界に善を実現することを助けることであるなら、（P6に反して）敬虔でないような正義の行為はいかなるものも存在しえないと思われるであろう。そして、ヴァーセンイーが論じるように、P6における神々へのいかなる言及も、余分なものと見えるようになる。*135

したがって、神々の仕事の仮定的特定を含むような理由に加えて、以下のような追加的理由のゆえに、

ソクラテスはたぶん哲学的活動を敬虔な行為の（唯一のではないにせよ）第一義的な形であると考えたと私には思われる。そのような理由の一つは、「神々は完全に善き者なので、彼らがわれわれの徳にかなった幸福（εὐδαιμονία/eudaimonia）を望む」ということは説得力のある仮定である、というものである。つまり、哲学的活動は積極的あり方（つまり、エレンコス的、不整合な信念を明らかにすること）の両方において、われわれの徳にかなった幸福を作ることを目ざしており、そしてまた、神々への奉仕は、彼らの望みを満足させることをわれわれに要求するので、哲学的活動は敬虔であるというものである。さらにまた、敬虔な人間であることは敬虔についての、可謬的な人間なみの知識をもつことによってのみ可能である。つまりそれは、可謬性が認められた知識に対する、非独断的に抱かれた主張——人はそれゆえ、つねにすすんでそれをエレンコスに付すであろう——である。敬虔についてのこの知識は、P6は真であり、かつ、この死すべき生においては完成しえないという信念、なぜそれがそうなのかの暫定的な主張、そして、敬虔な行為のどの規則が是認されるべきかに関するエレンコス的にテストされた信念を含んでいる。それらの実際的な諸規則（指針）が何であり、P6にあってそれらを理由づけるものが何であるかを私は手短に説明した。しかし、この道徳的生においてはP6は完成されえないことをわれわれが理解するという先の要求を前提すると、このことを知るのに必要な行為は、派生的な理由で、それ自体敬虔であるということが帰結する。この行為は、ほとんどの人間たちがもっている認識論的な自負心を哲学（破壊的なあり方における）を通じて除去することにすぎない。それはつまり、神的な事柄（たとえば、神々の主要な作品）の確実な知識（それはP6を完成するであろう）を、われわれ死すべきものどもが所有しているかもしれないという自負心である。しかるに、われわれに与えられているすべては、可謬的にのみ保証された知識にすぎない。

積極的なあり方における哲学的行為は、今度は、これらの人間なみの知恵を構成する信念——P6は真であり、完成不可能というような信念——のエレンコスによる正当化である。*138 これは、私が示唆したように、敬虔な活動である。というのは、善なる神々がわれわれのために望む、徳にかなった幸福を、生じさせるからである。このことが神々にとって関心事であるという可能性は高い。その限りで、敬虔な哲学的活動のこの積極的な面は、エレンコスにより厳格にテストされた信念を信じることにより、われわれが神々に奉仕することを要求する。加えて、われわれはいくばくかの人間なみの知恵を、つねに謙虚さと慎重さをもって見なければならない。それはつねにエレンコスの手続きによる再テストに応じなければならない。*139 この活動的な謙虚さと慎重さが要求されるのは、エレンコスの破壊的なあり方を示すソクラテスの営みが繰り返し立証したように（『ソクラテスの弁明』21b-23b）、人間はつねに、神的および人間的事柄について確実な知識をもっており、向上する必要はないと考える危険にあるからである。エウテュフロンは、このような危険の見本となっている。そのような態度は不敬虔であり、それゆえ、警戒しなければならない。なぜなら、（再び）それは敬虔についての真理（つまり、P6は人間には完成することはできないということ）に関する知識の欠如を表しているからであり、また、それは人間たちを神々の（ありそうな）望み——つまり、われわれが魂を向上させ、徳にかなった幸福を生みだすこと——に奉仕することを妨げるからである。

したがって、敬虔の正しい理解に反して、われわれ死すべき者たちが、神的な知識をもちうると考えるのは不敬虔である、ということは先の説明の一部分である。ここから、『エウテュフロン』において、確実な知識の可能な対象であり、道徳的正当化のための依拠するに足る源泉であるとする——エウテュフロンの思い上がった主張——つまり、神的な事柄が、死すべき者たちにとって、確実な知識の可能な対象であり、道徳的正当化のための依拠するに足る源泉であるとする——に潜む不敬虔性を攻撃する

ことは、まさしくソクラテスの敬虔な活動である。かくして、ソクラテス型の哲学は、神と人間の間の真の知的状況を明らかにすることを意図した敬虔な活動の最上の事例である。ヒュブリス（驕慢）に抗するこの活動は、われわれを人間なみの知恵の状態に、そして、その活動が認識論的に何に値するかの正しい評価に連れ戻す。敬虔はまた、哲学によって、他の諸徳と結びついている。つまり、ソクラテス的哲学によって追求される諸徳の人間による理解は、敬虔な活動——それは、もし正しくなされるなら、敬虔の適切な理解に至る——をなすことによってのみ可能である。ソクラテスは、懐疑主義的に和らげられた神学的信念に仕えて、われわれに神学的に和らげられた懐疑主義を与えているように思われる。

ソクラテスの方法的懐疑は、神々についての広範な知識を素朴に前提するギリシアの慣習的敬虔の大部分の表現よりも、いっそう人間の認識論的欠陥の「事実に、忠実な」敬虔の表現として、以上述べたことから出現する。人間なみの知恵のいくらかを、われわれのために獲得することは、人間なみの知識の可謬的価値がそれによって認められるあの神的な確実さへの信頼に基づくと同様に、エレンコスの力への信頼に基づく活動でもある。『エウテュフロン』から浮かび出るソクラテスは、それゆえ、ただ単に批判的理性の英雄であるだけでなく、一種の宗教的信念の英雄でもある。われわれは、彼がほとんどのアテネ人以上に拒否することによって、彼は彼らすべてよりも、信仰心において上回るとさえ言って良いかもしれない。

もちろん、宗教的革新者と彼らの革新が、その所属する共同体によって大手を広げて受け入れられるのははまれであり、そして、ソクラテスの運命は、それにぴったりと当てはまる周知の実例である。ソクラテスの「信仰」の性質、そのギリシア宗教への関係、そして、彼の哲学との関連を突きとめるために、われわれが次に向かうべきは、宗教的、哲学的使命についてソクラテスがアテネ人たちに向けて行った弁明で

あるのは明らかである。

第三章 ソクラテスと彼の告発者たち

3・1 「最初の告発者たち」(『ソクラテスの弁明』17a-24b)

私は第二章で、ソクラテスを敬虔と正義についての、きわめて厳格な基準の主唱者であり、そのお手本として特徴づけた。このことの自然な結果は、そのような男が不敬虔と無神論の罪で法廷に召喚されたということに、疑問を投げかける。ソクラテスの仲間の一人は、「ソクラテスが神々に関して節度ある者ではなかったと、アテネ人たちがいかにして説得されることができたのか、私は驚く」(クセノフォン『ソクラテスの思い出』1.1.20)と言っている。このような特徴づけはまた、彼の弁明演説の雄弁さと、弁論の力強さを考慮するとそうである。(これは、『ソクラテスの弁明』[*1]が、史実からその説得力と力強さの多くを引き出している、と想定する場合のことであるが)。では、なぜソクラテスは告訴されたのか、なぜ彼は無罪放免の罪で告訴されたのか。そして、なぜもっと以前に告訴されなかったのか。[*2]そして、ひとたび告訴されるや、なぜ彼は有罪とされたのか。

これらの問いに対する答えは、数も種類も多い。しかし、それらの多くは共通の戦略をもっている。すなわち、それらはソクラテスの敬虔性の非伝統的な側面と、それゆえ、正式の告発について彼が有罪であることを強調することにより、ソクラテスの敬虔性と彼の有罪判決との間の皮肉な緊張を減じようとする。*3 この見解では、ソクラテスは実際にアテネの神々を十分に認めて (νομίζειν/nomizein) いなかった。そして／あるいは、宗教的「革新」を実際に行った。*4 したがって、彼は伝統的市民的信仰にとって、まさしく告発者たちが言ったような種類の脅威であった。この見解の提唱者たちは、しばしば、ソクラテス自身の弁明に欠点を見つけることによってこの見解に至る。彼のすばらしい知的、弁論術的能力を前提すると、彼の弁明弁論に見られる多くの外見上の論理的誤謬は、彼の最終的有罪判決とともに、彼が実際に有罪であったことのはっきりとした標識である、と言われる。他の者たちは、同様に、われわれに対する神が与えた使命をもっているとすら語るかもしれない (たとえば、『ソクラテスの弁明』29d-31d)。*6 しかし、その的で効果的な弁明ですら、不誠実さが混じっていると考える。ソクラテスは、アテネ人たちに対する直接ような話こそ、まさしく、あまりにもソクラテスに典型的な不誠実な偽りである。

ここで私は、以上のような解釈に抵抗する。これらに代わり、私の主張では、ソクラテスは『ソクラテスの弁明』の中で、彼に対してなされた正式の（また正式でない）告発に対して十分な弁明をなし、陪審員たちに彼の無罪を説得することを試みている、ということをわれわれは見ることができる。しかしそれは、アテネの裁判手続きによって課された制約と、ソクラテス自身の道徳的諸原理、とりわけ、真理を語るという彼の信条（たとえば、『ソクラテスの弁明』18a5-6, 20d5-6）の範囲内においてである。そうするためには、私はまた、いかにしてソクラテスが厳密な意味で実際に無実であるかを明らかにするであろう。告発と、それに対する彼の応答、そして、彼の告発の背後にある動機に対する彼自身の説明についての、

98

3・1・1　告　発

ソクラテスの法廷への登場は、メレトスが彼に対してなした告訴（γραφή/graphē）によって引き起こされた。[*7] ディオゲネス・ラエルティオス（『ギリシア哲学者列伝』2.40）とクセノフォンの報告（『ソクラテスの思い出』1.1.1）によると、そしてまた、ソクラテス自身が『ソクラテスの弁明』（24b8-c3）において詳述するところによると（『エウテュフロン』3b-d 参照）、不敬虔の告訴状（γραφὴ ἀσεβείας/graphē asebeias）は三つの別個の告発からなっていた。

1　ソクラテスは国家が認める神々を認めて（νομίζειν/nomizein）いない。
2　ソクラテスは新しいダイモン的なもの（καινὰ δαιμόνια/kaina daimonia）を導入している。

緻密な吟味を必要とする。その結果は、特に、ソクラテスの敬虔性についての『エウテュフロン』から引き出された先の概観を拡張し、強化するであろう。それにもかかわらず、ソクラテスの告発と有罪判決において働いている要因があり——あるものはただ間接的にのみ不敬虔の告発に関係するが——、それらはほとんど確実に、彼の有罪判決に貢献したのであり（あるいは、少なくとも、そうすることの可能性をもっていた）、そして、それらは彼が伝統的な「敬虔」に対して、真の脅威であることを明らかにする（それゆえ、ある意味で、彼は正式の告訴について有罪である）ということを、われわれは見いだすであろう。どの程度までソクラテスがこれらの要因に気づいていたのか、そして、どの程度まで彼がそれらに応答して彼の弁明を行ったかは、われわれが先に進むにつれて取り上げる問題である。

3 ソクラテスは若者たちを堕落させている (διαφθείρων/diaphtheirōn)。[*8]

しかしながら、これらの正式の告発に対してすぐに答え始める代わりに、ソクラテスは、いろいろの有害な活動にたずさわったという積年のさまざまの申し立て――「最初の虚偽の告発」――に答える必要を感じる。それらは、彼が「最初の告発者たち」(18a7-b1) と呼ぶ一群の人々によって、流布されてきた。陪審員の多くは、これらのもっともらしい話を聞いたことがあり、その結果、彼に対して強い偏見を抱いていることを、ソクラテスは確信している (18a8-e4, 24a1-4, 28a4-b2)。実際、ソクラテスはこれらの「告発」を、非常に脅威を与える正式の告発よりも、いっそう危険なものと見なしている (18b3-4)。というのは、それらは大変に入念に仕上げられていて、何度も繰り返され、ずっと長い期間にわたり広められ、陪審員たちのある者たちがまだ若くて、生長中の年頃に彼らに影響を与え、彼の側の何らかの応答によって妨げられることなく広がった。そしてそれらに対して、特定の個人を提出して (アリストファネスの例外はあるが [18d1-2])、きびしく尋問することにより、弁明することはできない。さらに、メレトスが正式の告発を提出したこと自体が、これらの告発に影響されてのことであった (19b1-2, 23e3-24a1)。そして、これらの告発とその有害な影響は、結局のところ、彼に有罪判決が下された主な原因であろう (28a 2-4)。[*9]

これらの「最初の告発」は三度報告されている。そして、第二番目の定式化は法の要求する告訴状の形式で述べられている。

(1) 「なにやらソクラテスという知者 (σοφὸς ἀνήρ/sophos anēr) がいる。彼は天体に関する思索者

(2)「ソクラテスは不正をなし (ἀδικεῖ/adikei)、余計なことをしている。彼は大地の下の事物と天空の事柄を探求し、弱い議論 (λόγος/logos) を強くし、そして、他の者たちに同じこれらの事柄を教えている。」(19b4-c1)

(3)「私に付き従う若者たちは……私をまねるのです。そして、ここから、同じ様に他の者たちを吟味する (ἐξετάζειν/exetazein) ことを試みるのです。……私に腹を立て、彼らによって吟味された者たちは、自分たち自身にではなく、私に腹を立て、ソクラテスはけしからん奴であり、若者たちを堕落させていると言う。そして、誰かが彼らに何をして、何を教えてと問うと、彼らは何も言えず、わからないのです。それで、迷っていると思われないために、哲学するすべての者たちに対してよく言われるようなこと、つまり、天体や地下の事柄とか、神々を信じないとか、弱い議論を強くするなどと言うのです。」(23c2-d7)

これらの告発の内実は明らかである。人々の間で普及しているソクラテスの戯画によれば、彼は自然現象、たとえば、太陽の探求者であり (26d4)、詭弁的議論の狡猾な実行者であり、他の者たちに彼の成果と方法を教える。これらの申し立てられた──そして、一見合法的に見える──活動によって引き起こされる危険はどこにあるのか。その答えは、これらの告発の文の第一番目のものに続いて述べられている。

101　第三章　ソクラテスと彼の告発者たち

すなわち、ソクラテスはこれらの噂を極めて危険なものと見なしている。なぜなら、人々の信念によれば、「これらのことの探求者 (φροντιστὴς/phrontistés) たちは」、また、「神々が存在することを認めない」(οὐδὲ θεοὺς νομίζειν/oude theous nomizein) からである (18c2-3)。この結合（自然研究と無神論）は次に、最初の告発についての第三番目の説明において、正式でない告発の明確な一部になっている。この第三番目の文の同じ節で、ソクラテスはわれわれに、さらに重要な「最初の告発」について知らせている。すなわち、暇とお金のある若者たちが、様々のアテネ人に対するソクラテスのエレンコス的吟味の行いをまねるのを好むようになり、これらのエレンコスの的となった者たちの怒りが、ソクラテスが彼らを堕落させているという告発を通じて、今これらの若者たちの明白な教師たちに向けられている。それはどのような形の堕落なのか。ソクラテスは、「天体や地下の事柄」（つまり、新しい自然学的見解）や、いかにして「弱い議論を強くするか」（つまり、ソフィスト的議論）、そして、「神々を信じない」（つまり、無神論）を教えることによって、彼らを堕落させていると申し立てられている。

正式でない申し立て〔最初の告発〕によって引き起こされた危険に関するソクラテスの評価は、明らかに正当なものである。われわれが見るように、民衆の考えは、アナクサゴラスのような自然学者たちの活動を、直接的に無神論に結びつけた。そして、ソフィスト的な議論のテクニックの教授は、前三九九年には明らかに、もはや刑法上起訴できるものではなかったようだが（『ソクラテスの思い出』1. 2. 31）*10――、それにもかかわらず、このような告発は先入見を抱かせる大きな負荷をもっていたであろう。特に、ソクラテスの未来の告発者アニュトスが、『メノン』89e-95aにおいて、ソフィストたちに見せている敵意に注意するべきである。アニュトスの主張では、いかにすれば「有徳な」（つまり、私的・公的生活で成功する）者となることができるかを他の人々に教えると

主張して、あちこち歩き回るこれらの人々は、彼らと知り合いになる者にとっての「破滅であり堕落」である (91c)。そして、彼らに行動の自由を与える国々に悪影響を及ぼす (92a-b、『プロタゴラス』316c-d を参照)。*11 もっと悪いことには、ソフィスト的推論と法的非難に値する無神論を関連づけることは自然なことであった。というのは、ソクラテスが明らかにしているように、彼が念頭に置いている「天空の事柄の探求者たち」は、主として、自然現象を研究する知識人であったが、この者たちはまた、「問題のどちら側に立っても、いかにすれば等しい成功をもって議論できるか」を教える者たち (つまり、ソフィストたち) を含んでいる。*12 それゆえ、含意されているのはこうである。つまり、ソクラテスはアナクサゴラスのような人々の流儀の、ある種の自然哲学者 (phusiologoi) であるとか (とりわけ、たとえば、メロスのディアゴラス、キオスのプロディコス『ソクラテスの弁明』19e3]、あるいは、プロタゴラスのような無神論の悪名をもつ者たちの流儀の)、あるいは、その両方であると最初の告発者たちによって説得された者は誰でも、ソクラテスは無神論の主唱者であり教師であり、それゆえ、正式の告発の少なくとも第一と第三のものについては有罪であると説得されもするであろう。したがって、無神論は民衆のもつソクラテスについての戯画を、正式の法的な有罪宣告と結びつける黒糸である。*13

しかし、最初の告発者たちの噂がもたらした厄介が、これで終わるわけではない。ソクラテスが天空と大地の事柄について (単に探求しているのではなく) 教えているという非難は、彼をディオペイテスの法令 (ψήφισμα/pséphisma) の条項に直接的に対立させる。プルタルコスの語るところによると、ペロポネソス戦争の初期に、「アナクサゴラスとの交友のゆえに、ペリクレスに嫌疑を向けたディオペイテスは、神々を認め (νομίζειν/nomizein) ないで、天体についての教説を教えた者たちに対する弾劾を規定した

103　第三章　ソクラテスと彼の告発者たち

法令を提出した」(『ペリクレス』32.1)。この先例のない法令は、とりわけアナクサゴラスに向けられていたかもしれず、また、法令の他のものは前四〇三/二年のアムネスティ(和解協約)により廃棄されたけれども、それが禁止する内容は、不敬虔を取り扱う新しい憲法のもとで(これはわれわれが見るように、大ざっぱで融通の利く法であった)、なおも法的に告訴可能なものであったであろう。この法令に見られる考え方、つまり、自然探求と無神論との暗黙の結合、この法令の言葉(条項)に基づく法訴訟がアナクサゴラスやプロタゴラスのような一連の哲学者たちに向けられていたという強い可能性は、彼に集中した「標準的告発」の効果についての、ソクラテスの不安を再び裏づけるものである。

したがって、不敬虔と青年堕落の罪があることを示唆している。ソクラテスがある種のアナクサゴラス的科学者であり教育者のごとき者であったら、彼は無神論的教師であるテスのある種のアナクサゴラス的科学者であり教育者のごとき者であったら、彼は無神論的教師であることを示唆している。

これらの長年月にわたる中傷に対するソクラテスの防御の第一線は、伝統的な——そして、伝統的に効果のない——対応である。彼は繰り返しそれらがまったくの虚偽であり、たんなる中傷 (διαβολή/diabolē) であるとして、頭から否定している (18a-b, 18d2, 19a1, 19b1-3, 19c8-e1, 20c5, 20d4, 23a2, 23c-24b; また 17b-c も参照)。しかしながら、彼はまた無罪を証するために、それらの起源 (αἰτία/aitia, 24a7-b1) について説明を与えることにより、陪審員たちに対するこれらの申し立ての影響力を弱めようと試みている。それによると、それらは誰にでもお馴染みのあまりにも人間的な動機と誤解から生じた。この説明はしかし、以下の理由で妨げられる。すなわち、ソクラテスには時間の余裕が無く (19a1-2, 37a6-7) また、これらの最初の告発者たちのうちでただ一人、「ある喜劇詩人」(つまり、アリストファネス [18c-d])の名前のみしか名指することができない、という事実があるためである。ここから、ソクラテスは「影との戦い、答えない者に反論する」(18d6-7) という困難な立場に置かれている。それにもかかわらず、最初

の告発者たちの申し立てを動機づける、一般的な憤りと誤解に言及するだけでなく、それを越えて、ソクラテスは弁明の進行とともに、彼の活動に対する様々の誤った、そして、しばしば悪意ある反応に基づいて、彼に敵対する者たちを性格づけることができる。ある者たちは、他者に対するソクラテスのエレンコス的吟味を、対話の主題に関して彼が専門知をもっていることの証拠と誤解し、妬みによって駆り立てられ（22e-23a）。また、ある者たちは、ソクラテス自身や、彼のエレンコスの方法をまねる他の者たちにより、彼らの知の偽装が偽装にすぎないことを暴かれた時に、彼らが受けた屈辱に対する怒りによって駆り立てられた（21b-22a, 22e-23a）。そしてまた、ある者たちは、名誉心によって彼に敵対した（23d）。この原因説明はまた、彼の正式の告発者たちにもあからさまに言及している（23d-24a）[17]。正式でない告発についてのソクラテスと彼のまねをする弟子たちは、エレンコス的哲学の追求により、彼らが吟味した知ったかぶりする者たちのプライドを傷つけ、彼らの怒りと妬みの炎にたえず燃料を補給した。この説明の過程においてもっとも重要な事は、ソクラテスが正式でない告発の危険な含意を——つまり、彼は神々を信じていない——、いかにして彼がアテネ人に対するエレンコス的使命に携わるようになったかを描くことにより、直接かつ明確に否定できることである。彼が言うには、彼はデルフォイの「神」（これは、デルフォイのアポロン神へのかなり明確な言及である）[18]からの神的な命令により、哲学を追求するよう駆り立てられているとされる（20e-23c, 28e, 29a, 29d, 30a-b, 30d-31b, 33c で再び主張されている）。そして、これは、まったく神々を認めない完全な無神論者という彼に対する申し立ての明白な否定である。

3・1・2　最初の告発者アリストファネス

正式でない告発に対するソクラテスの最初の直接的応答は、法廷で用いられるような仕方に定式化された告発の第二番目の論述 (19b4-c1) に続く。そしてそれは、「いかなる仕方であれ、神の気に入るように行われるように」(19a6) という願いによって、前置きされている。これは、彼がこれらの告発に潜んでいると解釈する無神論攻撃を最初に巧妙に思い出させ——そしてそれに対し防御する——ものである。ソクラテスとほとんどのアテネ人が、偶然にも、それが誰であるかについて確信をもっている一人の最初の告発者（つまり喜劇作家のアリストファネス）が、『雲』の中で、ソクラテスという名の一人の登場人物を描いているが、彼は正式でない告発のすべてと、それらの無神論的含意について、有罪であるように見える (19c3-5)。この「ソクラテス」は一見したところでは、前五世紀の科学者でありソフィストである者——つまり、自然現象と天空の事柄の探求者 (171-173)——の一般的な類型描写であるように思われる。その者は、ゼウスと他の伝統的な神々を信じず、彼らを「新しい神格」(kaina daimonia. たとえば、「雲」) で置き換えようとしている (360-430)。彼はまた、「思索所」(φροντιστήριον/phrontistērion, 94) という正規の学校を運営している。そこで彼は学生たちを、これらの冒瀆行為だけでなく、いかにして「弱論を強弁」するかの「不道徳な弁論」においても訓練している (112-118)。『ソクラテスの弁明』の中のソクラテスは、彼に対する正式でないあらゆる告発を合体させたものとしての、『雲』的ソクラテスを思い浮かべるように陪審員たちに勧めさえしている (19c)。したがって、このアリストファネス的ソクラテスが最初の告発者たちの戸口に据えられているかをわれわれは正確に知ることはできないが、悪意ある他のどんな噂話が最初の告発者たちの戸口に据えられているかをわれわれは正確に知ることはできないが、悪意ある他のどんな噂話が最初の告発者たちの戸口に据えられているかをわれわれは正確に知ることはできないが、悪意ある他のどんな噂話が『雲』

は彼らの申し立てのうちのもっとも懸念すべき内容を含んでいると、われわれは確信することができる。『雲』が促進した（とソクラテスが考える）人々の偏見に対する最初の応答として、彼は以下のように断言する。すなわち、「そのような事柄」、つまり、自然現象の知識とソフィスト的教育の主題は、まったく彼の関心のうちにはなかったのであり、彼はそのような知識を（もし誰かがそれをもつなら [19c5-7]）評価するが、彼が少しでもそれに「関与した」ことを否定し（οὐδὲν μέτεστιν/ouden metestin, 19c8）、そのような事柄について今までに多少なりとも議論した（διαλεγομενου/dialegomenou）ことがあるとか否認する（19c7-d7）、あるいは、特に金銭を稼ぐ職業人としてそれを教えたことがある、ということを断固として否認する（19d-20c）。われわれは、これらの否認が大いに信頼できるものであるということについての、健全な理由を見つけるであろうと思う。しかし、このことを見るために——われわれがまず第一に問う必要があるのは、ソクラテスの否認が保証する信念の度合いを決定するために——そして、ソクラテスについてのこのような混乱が、いかにして生じることができたのかということである。アリストファネスがソクラテスについてまったく無知だったので、彼はもっともあからさまで重大な虚偽以外の何ものでもないものを、ソクラテスに押しつけることができた、と信じるのは結局のところ困難であると思われる。彼の叙述が純粋の悪意ある創作であると信じることも困難である。なぜなら、彼が提示した舞台上の人物が、聴衆が市場で知っているソクラテスとはっきりとした実質的な類似性をもっていなかったとしたら、彼のパロディが聴衆に対して成功することを、彼は合理的に期待できなかったであろう。*[19] しかし、『雲』がパロディであり、まったくの創作ではない、と考えることをありそうなものにするのは何なのか。舞台上のソクラテスと市場のソクラテスのはっきりした哲学的類似性を引き出すという解釈上の仕事は次節に取っておくが、私の思うに、われわれは以下のことを解釈上の有望な最善の道として想定することができる。つ

107　第三章　ソクラテスと彼の告発者たち

まり、『雲』に見られるソクラテスの戯画は、『ソクラテスの弁明』や他の初期対話篇で想起されている史的人物への間違いようのない、意図的な言及をなしているが——それは本来的にソフィストの代役ではない——それは、ただ単に、両者が多くの身体的類似性と個人的特異性を共有しているという理由からである。[20] さらに、『雲』についての固定観念的見方は、クセノフォンとプラトンが、アリストファネスの叙述とその含意する申し立てを反駁することに捧げている労力の量と、つり合わない。当然、戯画化された人物は、前五世紀に根づいた新しい主知主義を表すためにも使われている。そして、ソクラテスが『ソクラテスの弁明』で否定しているのは、まさにこの固定観念である。[21] われわれが彼の全面的な否定を評価できるようになる前に、しかしながら、陪審員たちが想起した舞台上のソクラテスをわれわれは詳細に調べてみる必要がある。この架空の人物をよく観察することにより、私が思うに、われわれはこの人物の背後に潜んでいる真実のいくらかを認めることもできる。

3・2 「最初の告発者たち」と『雲』のソクラテス

『雲』は、戦争によりアテネに住むことを強いられた老農夫ストレプシアデスが、貴族出身の妻や遊び人の息子が、彼に負わせた経済的重荷を嘆く場面から始まる。[22] ストレプシアデスは「保守派」に属する人物で、素朴に伝統的宗教と道徳の見解を信じている。しかし、たぶん時代の徴候として(以下の3・4・8節を見よ)彼の利己主義的動機は、他者を尊重する伝統的な徳によっては、もはや完全には抑制されない。彼は借金の重圧のもと、債権者たちの請求を逃れようと計画する。それは、息子のフェイディッピデスにソフィスト的な「流行中の邪悪な議論」を勉強させ、債権者たちをごまかし、彼らの借金を逃れよ

うというのである (112-118, 239-246, 882-885)。偶然にも、まさにこの学科は近くの「思索所」、つまりある「ソクラテス」という人物により主宰されている学校で教えられる、特別の教育的出し物の一部である。この教師と彼の学生たちはまた、新しい自然科学を追求することに深く関わっている。ソクラテスは「新しいタレス」(180) として描かれ、蚤の跳躍 (145)、ブヨの生理機能 (156-65)、月の運動 (171-72) を探求し、他方で彼の学生たちは「大地の下の事柄」(188)、天文学 (193-195, cf. 201)、幾何学 (177-179, 202-203)、地質学 (187-188)、そして、地理学 (202-216) に従事している。

フェイディッピデス自身、堕落の機が熟していた。彼は若い貴族主義的な遊び人で、古い形式の教育や、家族的あるいは市民的な敬虔の価値によっては、ほとんど人格を形成されていず、それよりも、主に快楽への欲望により動かされている。[23] 彼が思索所でソフィスト的弁論術と、新しい神々による古い神々の置き換えに出会ったことは、かくして、ノモス（人間の法、習慣、慣習）の伝統的価値が以前に強いていた抑制の最後の痕跡を容易に彼から奪ってしまう。確立されたノモスよりも、重箱の隅をつっつくような新しいソフィスト的論理によって明らかにされたフュシス (φύσις / phusis　自然本来のもの) と彼が見なすものを選び好むので、彼は慣習的正義や (887-888, 1336-1339) ゼウスの存在、伝統的美的判断、父の権威を、「論駁し」、ついには父母を殴ることになる (1325-1475)。[24] 喜劇は、ストレプシアデスが古い価値観に戻り、ゼウスを奉じ、ソクラテスの新しい神格（雲と渦巻き）を拒否するところで終わる。そして、息子を堕落させられたことへの正当な怒りのうちに、彼は思索所に火を放つ (1472-1510)。最後の場面で、われわれはストレプシアデス（ソクラテスの仲間のカイレフォンを殴りながら）こう叫ぶのを聞く。

「では、なぜあなた方は神々を冒瀆するのか。あなた方に天の月を探索させたのは何なのか。だが、何よりも、彼らの罪のゆえに、彼らが天空の神々に大胆にも非道を働いたがゆえに、彼らを打ち据えよ、彼ら

を殴れ、彼らをむち打て」(1506-1509)。

したがって、アリストファネスの風刺の標的にされた新しい主知主義の真の危険は、人々の見解が最初の告発者たちの告発と結合させた危険と、同じものであると思われる。つまり、どちらの例においても主張されているのは、合理主義的な自然探求と論争が、伝統的ノモスの破壊、奇妙な新しい「神々」の導入、その結果生じる社会の堕落と連動しているということである（『ギリシア哲学者列伝』2. 20 参照）。特に、そのような探求は、あからさまな無神論を促進すると言ってよいほどまでに、伝統的な神々の観念を崩壊させ、そのことにより、すべてのうちで最大の危険を与える。というのは、人々の見解にあるように、これらの自然哲学者たちは物質的機械論者であり、太陽や月（そして、他の天体現象）の神々を、たんなる石や土で置き換えたからである（『ソクラテスの弁明』26d）。

3・2・1 ソクラテスと『雲』のソクラテス

少なくとも、われわれが初期対話篇から知るソクラテスが、いかにしてアリストファネスの劇場版のソクラテスへのありそうな基準点として、役に立つことができたのかを知る事は、一見したところでは、困難であろう。第一に、ストレプシアデスは論争の訓練を受けさせようとして彼の息子をソクラテスに送るが、ソクラテスがそのような類の論争の訓練の教師でないことは、実質的にすべての初期対話篇（そして、アリストテレスの『形而上学』987b1-6）によって明らかにされている。*25 われわれが代わりに見いだすのは、ソクラテスの形式張らないエレンコスの行いであり、それは主に道徳的問題に焦点をあて、幸福論的道徳説に基づき、実例によってのみ、そして、無料で教えられている。論争や弁論の正規の専門的訓練は、

ソクラテスではなく、ゴルギアス(『ソクラテスの弁明』19e)[*26]やエウエノス(『ソクラテスの弁明』20b-c)のようなソフィストたちの仕事である。同様に、学生が新しい自然学やその方法にいくらか触れようと望むなら、彼(女)はソクラテスではなく、アナクサゴラス(あるいは彼の書物。たとえば、『ソクラテスの弁明』26dを見よ)のような「探求者」に向かうべきである。

非ソクラテス的要素にもかかわらず、アリストファネスの描写が示唆するのは、ソクラテスの方法に見られる、道徳的価値と宗教的伝統に対する多くの脅威を、彼の描写がなんとか把握し、批判していることである。[*27] たとえば、ソクラテスが伝統的教育とその方法に対する主知主義的敵対者であることに疑いはない。われわれが目下考察している『ソクラテスの弁明』の一節においてさえ(また、後の24c-25cの箇所においても)、彼は慣習的ノモスのやり方に通じている無知な多数者への任務として、伝統的にそうしているように子供たちを放任するよりは馬の場合と同様に訓練のために専門家のところへ送るべきである、と示唆するためにいつもの技術知の類比の一つを用いている。[*28] そして、ソクラテスは、彼が前者のうちに発見するような矛盾に陥ることなく、哲学的に吟味された道徳説のうちに根拠づけることによって、民衆道徳の内容の大部分を保存することを願ってはいるが、彼の方法はまさにその目的を脅かす。

道徳的専門家に対するソクラテスのエレンコス的吟味は、たとえば、そのような探求は道徳知を産み出し、そして、そのような知識は正しい行動を保証するであろう、という見解に基づいているように見えるかもしれない。しかし、プラトンはこの探求を非常に多義的な光のもとで描いている。彼は、「専門家」に対するエレンコス的吟味の実例を提出する。それらの実例は、たいてい、知識に導くのではなく、彼らに対する反駁(そして、しばしば、『エウテュフロン』の場合のようにエレンコスからの逃走)[*29]に導くだけである。そして、この手続きがその実行者に要求すると思われる知的洞察力は、人間を越えたもの

ではないにせよ、少なくともソクラテスによって哲学をするよう命ぜられた市民たちの大多数の力を越えている（これについては4・2節を見よ）。より悪いことには、ソクラテス的哲学が積極的な道徳的改革を生じさせる時、その結末は、ソクラテス的哲学についての「弱論を強弁している」という主張を確認するだけのように見える。結局、既存の確立された道徳に関連して、「誰も悪に対して悪の仕返しをしてはならない」（『クリトン』49c-d）という彼の見解以上に逆転しているものが、何かありえようか。*30 したがって、ソフィスト的論理を実行し、それらが実際には虚偽であるにもかかわらず、ソクラテスが恐れると言うのは理解できる。彼は、人を欺く詭弁的推論に携わっていないかもしれないし、あるいは、そのような学科を教えて金銭を受け取っていないかもしれない。つまり、彼は『雲』(889-1114) の登場人物の「邪論」と友人ではないかもしれない。しかし、彼の方法とその効果は、容易にソフィスト的論理の実行・教授と恐ろしいほど親近なものであると見られるであろう。*31 ソクラテスが『ソクラテスの弁明』(23c-d) の中で実に大っぴらに告白しているように、彼には、当時の不十分な道徳的概念を転倒させることのできる若い模倣者たちがいる。しかし、そのようなことをしたとしても、彼らが伝統的なノモス（慣習、法）を、専門的道徳知のなんらかの永続するフュシス（自然本来のあり方）に置き換えることに着手したとは思われない。それゆえ、このことがいかにして堕落でないことがあろうか。*32 プラトンの後半生における、プラトン自身の教育改革は——それは哲学を、資格ある少数者に限っているが——エレンコスの純粋に下剤的用法によって引き起こされた、道徳的危険についての認識に基づいているように見える、ということにも注意するべきである（特に、『国家』538c6-539a3を見よ。また、本書5・3節も比較せよ）。しかしながら、特に脅威となるのは、新しい論争術を実践し「教える」者たちと、無神論を公言する者たちとの間に人々の見解が作ったつながりである。それは、「ソフィスト」と呼ばれ

た何人かの人々が（たとえば、プロタゴラス）、市民宗教の神々について懐疑的であると考えられたからである。*33 もしソクラテスがそのような人々ともっとも関連づけられることができたなら、ソクラテスを彼らから区別する概念的な機微にもかかわらず、ソクラテスを神々を認めない「知者」（σοφὸς ἀνήρ/sophos anēr, 18b8）であるとアリストファネスが性格づけたのは、まったくの間違いではなかったことになろう。これについては、すぐ後にいっそう詳しく触れるであろう。

ソフィスト的詭弁を実践し、教えるという二つの論点において、ソクラテスの陪審員たちが、目の前にいる男をアリストファネスの戯画から区別するさいに直面したかもしれない困難とは違い、ソクラテスの科学的興味に対する否認は、先にも述べたように、比較的容易に確立することができたはずである。たとえば、初期対話篇は、彼の後半生における、科学的探求への彼の側の何らかの興味を証言するものではない。そして、そのことの不在は、『パイドロス』229c6-230a6 を比較せよ。『ソクラテスの弁明』の中で、強調されている（19c1-d5, 20c, 23d2-9, 24a, 26d1-e2）も見よ。*34 ——彼らのいく人かは、彼と同輩か年長である——彼がこのような主題で議論しているのを聞いたことがないという事実に対する証人の役を果たすであろう、というソクラテスの主張によってである。また、ソクラテスは自然研究家たちの探求とは無関係であったのであり、そのような研究の他のすべての部門を無視して、彼のすべての精力を倫理的探求に注いだ。このことについてのかなり積極的な証拠は、われわれの情報源のうちでもっとも信頼できるものによって十分に確信をもって与えられる。アリストテレスはこのことに、挿入句的な仕方で次のように言う。

「しかし、ソクラテスは倫理学的問題のみに携わり、そして、全自然（τῆς ὅλης φύσεως/tēs holēs phuseōs）にはまったく携わらず……」（『形而上学』987b1-2）。クセノフォンもまた（たぶん過度に熱狂

的ではあるが)、ソクラテスの自然学に対する軽蔑について証言し、彼が他の多くの知者たち (σοφισ-τῶν/sophistōn) のように、宇宙の本性について (περὶ τῆς τῶν πάντων φύσεως/peri tēs tōn panton phuseōs) 思索をめぐらしたことはなかったと述べている。むしろ、ソクラテスは彼の同胞たちに、天体の秘密の必然的な原因 (τίσιν ἀνάγκαις/tisin anankais) に興味を抱くことについて、警告したと言われている。その理由は、人が自然学説の主唱者となることにより、狂気じみた高慢さに陥る危険があることの実例として、アナクサゴラスを同胞たちの前に提示し、そのような事柄は人間には発見不可能であるからというものである(『ソクラテスの思い出』1.1.11-15, 4.7.6-7, 1.1.14)。ソクラテスの会話は、そのような高慢な教授たちのそれとは違い、「つねに人間の事柄に関わっていた」。(つまり、ソクラテスに典型的な「正義とは何か」、「敬虔とは何か」の問を探求していた[『ソクラテスの思い出』4.1.16])。

以上すべてと比較すると、『雲』のソクラテスは、雑多な隠れ自然科学者にしてソフィストであり、あらゆる種類の自然的、超自然的現象の博識家の長にして、経験主義的探求者であり、部分的にタレスで (180)、部分的にプロディコスであり (361)、「馬鹿話の至高なる神官」 (358-361, 833-839) である。思索所の科学的、実験的側面を紹介することにより、アリストファネスがわれわれに語るのは、ストレプシアデスが (学校の門外不出の秘密として) 発見するものである。それは、ソクラテスと彼の学生たちが蜜ロウ製のペルシアの長靴を用いて蚤の跳躍の高さを測り、ブヨがぶんぶんいう音を出す開口部を決定し、月の回転を定め、地質学的・地理学的研究に携わり、そして、いっそう不穏なことには、幾何学を方便にして一種の窃盗を行っていることである (143-218)。そのような興味が示唆するのは、このソクラテスが、少なくとも、エレンコスによってうち倒された大衆のノモス (慣習) に取って代わるべき、フュシス (自然本来) についての積極的教説をもっているということである。だが、それらの教説がどのようなもので

*35

あれ、それらは関係する無神論の告発にソクラテスが有罪であろうことはすぐに明らかとなる。また、『ソクラテスの弁明』の中でソクラテスにより立証された、人々が抱く自然科学と神に対する冒瀆の関連は、ここでまったく明白である。[*36]

ストレプシアデスがソクラテスに出会う始めに、このソクラテスはオリンポスの神々の存在を認めない、という論点が銘記されている。まことに、彼は彼らを冷笑し (226-228, 423)、彼らに対して、からっぽの、単なる言葉上の作り物という言及をなしている (247-248)。そして、伝統的供儀と祈りに対するストレプシアデスの拒否を、即座に受け入れている (425-426)。そして、ゼウスの存在を、にべもなく否定している (367, 1232-1241)。伝統主義者ソクラテスに代わって、禁欲主義的な至高なる神官にしてコリュバンテスの密儀に新会者を導く神格に奉仕する僕がわれわれに与えられる。その神格とは、あたかもコリュバンテスの密儀に新会者を導く神格である (250-292. また 140, 143, 198-199 を参照)。[*37] かくして、これらのみが真の神格である (250, 264, 365)。つまり、「混沌」、「雲」、「弁舌」、そして、「渦巻き」である (424, 364, 380)。[*38]「弁舌」は「雲」と較べて比較的重要でない神格である。「雲」の一つの局面にすぎないからである (316-318)。[*39] われわれはまた、万物は一種の巨大な宇宙炉 (95-96) であると語られる。そして、(アリストファネスがソクラテスに整合的な宇宙論に近いものを帰することを試みている限りにおいて) それが「混沌」(空間) を取り囲んでいると想像すべきであるかのようである。そして、その「混沌」の中で、「雲」は「渦巻き」の機械的な指令に従って旋回している (379-381)。[*40]

したがって、反対の立場に有利な先のすべての証拠にもかかわらず、われわれはアリストファネスの示唆する告発――つまり、(1) ソクラテスはある意味で自然学者兼ソフィストであり、(2) かくして、伝

統的な神々の存在を否定している――に信頼できる根拠があるのかどうか、また、いかにしてか、そして、なぜ人々の見解は、（1）と（2）をこのように結びつけたかを問う必要がある。

3・2・2 自然哲学とギリシア宗教

ソクラテス以前の科学とギリシア宗教の関係は、はなはだ複雑である。しかし、以下のように単純化することができる。（およそ）タレスから始まる一連の「自然探求者たち」（phusiologoi）は、受け継がれた概念世界を静かに変化させ始めた。それは、とりわけ、自然の合理的な説明と「万物の始源（アルケー）」（ἀρχή/arche）の機能を探求することによってであった。（たとえば、タレスはアルケーは水であると主張した。）むろん、これはごく少数の洗練された者たちに限られた活動であった。タレスのような人物は、どこか知恵があり、賢いということは広く認められていたが、大部分のギリシア人たちは、これらの発展についてあまり知らなかった。むしろ、ほとんどの者たちは、せいぜいが少しばかり読み書きできる程度であり、彼らの考え、とりわけ宗教的な考えの大部分は、儀式的行為によって支えられた昔からの言い伝えから得られたものであり、その起源は時間と空想に覆い隠されている。自然学者たちの研究に先立って（そしてまた、その後も長い間）宗教に対するこの伝統的な態度は、神々についての一つの観念をはぐくんだ。それは、その利点にもかかわらず、根本的にそれ自身と矛盾している。それは「伝承された複合体*41」と名付けられた、民衆の宗教的観念の寄せ木細工である。

以前のわれわれの予備的素描（1・3節）と2・2節の最初の結果を思い起こすと、この見解は、その本質として、神々の領域と人間のそれとの間に根本的な溝が存在するという考えを採っていると言うこと

116

ができる。人間の世界はわれわれの感覚を通じて表れるので、経験の世界である。それは、有限な知性と能力しかもたない、可死的生物としてのわれわれが閉じこめられている世界であり、われわれの欲望や他の心理的態度に対して、根本的に冷淡な自然のリズムに応じて盛衰する。他の神的な領域は、神々や他の神格などの神秘的な存在が居住する個別の領域であり、完全により良い生活状態をもつ。彼らはわれわれと同様に、様々の性格ときまぐれさをもつ個別の者であるが、知識と能力においてわれわれをはるかに凌駕している。[*42] この能力は非常に大きいので、彼らは不滅であり、したがって、「神的」である。そして、彼らは一般に、われわれを束縛する因果的制約の枠を、他のあらゆる仕方で、越えている。ここから、われわれは思いのままに彼らの領域に入ることはできないが、彼らは望むなら、良きにつけ悪しきにつけ、われわれが自然の規則性と呼ぶものに対するある程度の無視とともに、われわれの領域に根本的な変化を及ぼすことができる。普通のギリシア人が理解することを望まないやり方と理由で、これらの超自然的な人格はどんな種類の災害をも引き起こす。たとえば、日照り、不毛、財政破綻、流行病、軍事的敗北、難破である（ヘシオドス『仕事と日』242 ff.『イリアス』1.5, 9. 456）。よりいっそう一般的には、彼らはわれわれの心を渇望や妬みで満たし、あるいは、夜にわれわれの頭を夢で満たし、われわれの事柄に内面的に介入することができる（たとえば、『イリアス』19. 86 ff. 9. 376, 12. 254 ff.[*43]。かくして、これらの神々は、われわれの世界のほとんどの局面を直接的に操作することができ、以下のような主張を含んでいた。人間の領域への神々の内密の関与を認めるので、ギリシアの民衆宗教は主義として、現にそうしている。人間の領域すなわち、神々は人間たちを気にかけているのであり、彼らはご機嫌取りの供犠、祈り、そして、呪いに[*44]より（そして、折々人間の道徳的規則に対する厳格な注意なしに）なだめられたり、影響されたりする。

最後に、ホメロスやヘシオドスのような詩人たちの権威を通じて、人間の間では不道徳、ないし、不法と

第三章　ソクラテスと彼の告発者たち

見られる行為がこれらの神々にしばしば帰された。たとえば、ゼウスの密通、ヘーラーの嫉妬、そして、他の神々の一見したところ悪意ある、執念深い感情の激発である。神々についての民衆のこの見解は、部分的には、以下のように仮定することによって発生論的に説明できるかもしれない。すなわち、ギリシア宗教の「始めに」ゼウスとオリンポス神族は、この世界の主たる可視的な力である王や宮廷の貴族たちとの類比的、人間心理的比較を通じて概念化された。*45 地上の王と同様、ゼウスは彼の目的をいかにして達成するかについての、全般的な計画を持っていた。そして、神的な独裁者としての彼の地位を前提とすると、これは、彼の配下の神々に、最後には服従することを強いる一つの計画であると考えられた。*46 ゼウスの目的のうちで主要なものは、すべてのホメロス的善のうちで第一のものである名誉（αυή/timê）を、より下位の地位にあるすべての存在から確保しようとする彼の欲望である。人間は、一種の契約農民階級と考えられており、したがって、彼らの支配者の司法的機能の逸脱に対して、それに訴える。（それはホメロス的贈与の実行の延長としての宗教によってである。）*47 しかしながら、この同じ図式において、ゼウスと彼の仲間の神々は、人間の利益のためにではなく、彼ら自身の利益のために宇宙を支配するのである。そして、それゆえ「ゼウスの正義」は有限の死すべき者たちによって、いつも理解されるわけではなく、彼ら自身の道徳的前提や評価と一致していることは期待されえない。*48 たとえば、神々は一見したところ不正な呪詛と見えるものを実現するであろう。あるいは、正しい呪詛に応えて、彼らは古代の応報的正義の法（lex talionis）が要求するよりも、はるかに度を超えた災難で悪人に仕返しするであろう（たとえば、家族の一員が墓を汚損したので、家族の構成員の全員を絶滅するなどである［『ギリシア碑

文』3.1423.7-13)。エウリピデス『フェニキアの女』66 ff.*49。

この図式は、宇宙の統治に拡張された時、矛盾を引き起こさざるを得なかった*50。一方で、神々を「人間化された優越者」と考えることは、彼らの行為を、この世界の身近な自然的、道徳的秩序へのわがままな介入として描くことである。そして、これらの行為は、人間の優越者に適用される道徳規範に当てはめられるなら、しばしば、行き当たりばったりで不正であると見えたであろう。そのようなものとして、これらの神々の行為は、能力と知識の欠如から生じると説明されることすらできた(たとえば、必然的な、ゼウスから独立の、「運命」(moirai)の働きから生じるといった具合に。『イリアス』16.431-461, 22.167-185, 23. 115-119. アーウィン [1]. 16-17 を見よ)。たとえば、ヘシオドスはある箇所で、ゼウスをプロメテウスによって欺かれるものとして描き(『仕事と日』48.『イリアス』6.『ソクラテスの思い出』1.1.19 を参照)、そして『エウテュフロン』で同意されていたように、ある神々はある行為の正しさについて判断を誤るかもしれない。さらに、呪詛をなすさいに、神々の正義を求めるという行為はまさしく、神々がわれわれの世界を完全には認識していない、ということを前提している(つまり、ある状況は、是正されるために、彼らの助けを必要とする)。

しかしながら、このことの別の一面においては、神々(特に、ゼウス)についての民衆的考えの一部が強調するのは、(ちょうど下位の者からの善きものの流れを維持するのに関心のある、いかなる一組の上位者の場合とまったく同様に)、神々は彼らの奴隷のごく限られた不品行しか我慢しないであろうという ことである。たとえば、誓いは、人生の大きな契約(たとえば、結婚、盟約)を拘束する力のない本質的なものであった。そのような契約なしには国家も、国家宗教も存在しないであろう。ここから、ゼウスに付けられた一つの一般的な形容辞は、「誓いの成就者ゼウス」、つまり、誓いを監視する役割を果たす

119 第三章 ソクラテスと彼の告発者たち

ゼウスであった（彼は誓いを破る者やその子孫が、ひどい罰を蒙ることを保証する存在である）[*51]。あの「複合体」のもつ神の予知不可能性、超然性、非道徳性という概念と平行して、一つの希望が存在し、それは以下のような弱い信念に発展する。すなわち、見たところわがままで、表面上混乱している神々のあらゆる行為の最初から、宇宙的正義の構想をもっている神格である。この素描の背後においては、全知のゼウスが存在し、彼は物事の最初からわがままで、表面上混乱している神々のあらゆる行為や一時停止ではなく、より大きな整合的計画——それはある意味で正義の一つの包括的体系の必然的法に従う——の一部分である。

タレスや後に続く他の自然学者たちの探求に対し、概念的基盤を提供するのを助けたのはこの考えであった[*52]。これらの人々の一般的な達成の一つは、神々についてのあの「複合体」の観念の人間心理的、二元的な局面を静かに無視する（そして抑える）ことであった。そして、それに代えて、法により支配された統一的宇宙を監督する、完全に理性的なゼウスの至高の力を強調する。したがって、たとえば、アナクシマンドロスが、（天を含め）存在するものどもの一つの原理（ἀρχή/arché）は、「無限定のもの」（τὸ ἄπειρον/to apeiron）であると告げた時、彼は一つの説明を与えたのであり、その説明は、すべてのもどもを一つの継ぎ目のない全体——必然という非人格的原理により支配された全体——の諸部分として取り扱う[*53]。同時に、しかしながら、彼は事物の第一原理を「不死、不滅なので神的である」（アリストテレス『自然学』203b7）と性格づけ、それをホメロスのゼウスの正義（ディケー）と結びつけることができた[*54]。ここから、たとえ伝統的な宗教の人間心理的、宇宙的正義（ディケー）と無関係ではない、概念的混乱に対する明確な批判がなくとも、自然学者たちは「神性」をすら含む、存在すべてを包括する自然の観念を強調するために、伝統の諸局面を活用し、かくして、「その外には何もないので、その外にある干渉

的存在によりその規則性が破られることのない、すべてを包括する必然的秩序、つまり、コスモスとしての新しい宇宙観」を創造した*55。それゆえ、自然学者たちの静かな革命は、生け贄となった神々についてほとんど語ることなく達成された。もし、理性的で必然的な自然法の指図（そして、恐らく偶然）により、すべてが支配されるなら、気まぐれな奇跡や、われわれの行為に対して意志をもち、人間に配慮する相互的応答的作用の入る余地はない。これに代わって、人が遭遇するのは、ゼウスの自然化された、必然的行為、あるいは、渦巻きの動き——伝統的な者にはよりいっそう不吉なことに——だけである（『雲』379 ff.『法律』886d-e, 889ac）。

この図式において、「ゼウス」はいまや、ただ単に自然法をあらわす決まり文句として役立つだけであると考える傾向があるが、それにもかかわらず、ほとんどの自然学者たちが、まったくの無神論者であったとは考えられない。むしろ、彼らの説明には、なおも秩序正しい理性的な神性が入る余地があった。たとえば、クセノファネスが考えるには、彼が全幅の確信をもって神と呼ぶ、一つの存在の全知の思考によって、すべてのものは労苦なく動かされる。*56 実際、自然学者たちの残存断片の中には、「神」という言葉以上に頻出する言葉はない。*57 それにもかかわらず、クセノファネスの一なる神や、ヘラクレイトスの一つのロゴスのような非人格的、順法的神格は、神話と市民宗教両方の伝統的な多神論や、人間心理主義と深刻に矛盾した。そして、それらはゼウスと呼ばれるべき、あるいは、供犠を捧げる宗教儀式の対象として奉仕されるべき、伝統的な神性の観念とは、もはや十分に類似していなかった。この発展は、当然、科学の発展のための前提条件である。というのは、「神の計画」や宇宙の機構は、隠された人格の働きや、遠くから神秘的な行為をなす意志をその計画が含む限り、それらを理解する希望はほとんどないからである。

しかしながら、ひとたびそのような人間心理的性格を剥がされるなら、もはや、「ゼウス」もまた人間的

動機や意志をもつ存在を指し示すことはない。そのような存在なら、供犠と祈りにより、その心を動かす試みをなすだけの価値があるのだが。むしろ、人は重力の法則を差し止めてもらうことを望んで、生け贄を焼いて捧げてもよいくらいである。*58 このことの確認として、われわれが見いだすのは、いかなる自然学者も彼の神についての考えを公的宗教と結びつけようとしていないことである。ひとたびこの発展を知らされたら、いかなる伝統主義者も、そのような思想家たちが無神論の一つの形式を是認している、と疑わねばならなかったであろう。というのは、適切な敬虔を構成する多くの宗教儀式は、名誉に飢えた、呪いをかける古い神々を排除した説明と両立するかもしれない。けれども、ギリシア宗教の実際的な根幹をなすそのような伝統的な活動は、たしかにそのような神々が存在しないなら、余分であると思われ始めるであろう（たとえば、『国家』364b-365aや『法律』889 ff. 908c-d, 909b で前提された「大衆」の態度を考察せよ）。アリストファネスは、普通の人がこのことに感づいていた証拠を与えている。というのは、ストレプシアデスが「ソクラテス」の新しい神格に回心する時、彼は「私はたとえ路上で出会っても、絶対に他の神々に話しかけないだろう。私は彼らに供犠を捧げないし、御神酒も注がないし、乳香も与えないであろう」(425-426) と叫ぶ。

以上すべてから考えれば、「無神論」と「自然学者たちの二義的な宗教的立場の背後にある、浄化された有神論」の間に明確な区別は存在しない。そしてそのことは、ソクラテスが 18a-d でそうしているように、なぜ、（1）自然学者・ソフィストであることと、（2）ある種の無神論者であることへの推論をほのめかしているかの理由を、いま説明しているものと見ることができる。つまり、そこでは、彼自身が自然哲学の神学的含意を何であると理解しているかではなく、たんに他の人々が国家の神々が何であると信じているかを語っているだけである。ソクラテスは、自然学者・ソフィストたちが国家の神々を信じていないと述べる

122

ことによって、(民衆が国家の神々であるとみなすものが存在することを、ソクラテスが認めていないという)正式の告発を駆り立てている懸念をはっきりさせるよりは、彼はたんに、自然学者・ソフィストたちが神々をまったく認めていないと「人々が」信じていると主張する。このことは、「神々を信じない」という正式でない告発の供述を、「いかなる神々をも信じない」(この論点については、人々の意見は、多くの自然学者やソフィストたちについては間違っている)と、「ホメロス的そして/あるいは国家の神々を信じない」との間で、二義的なままに残す。われわれは、このゆるい定式化が、後のソクラテスに対する正式の告発の扱いにおいて、類似しているのを見いだすであろう。そして、いまここで、われわれはたぶんソクラテスの動機を探ることができる。つまり、ソクラテスは、いかなるものをも「神的」であると呼ばないような、完全な無神論については、有罪でないのは明らかである。それについては、彼は大部分の自然学者たちと同様に、ヘシオドス的な人間心理的性格の全体をもっていない、たぶんソクラテスは彼らと同様に、神々がホメロス的、ヘシオドス的な人間心理的性格の全体をもっていない、非標準的な神格を認めている。それらは、正式の告発の第二番目の「新しいダイモン的なもの」($καινὰ\ δαιμόνια$/kaina daimonia)という句によって、漠然と指示されている)。それゆえ、彼のもっとも思慮のある、しかし、虚偽でない弁明は、まさに彼がなしていることをなすことである。つまり、「神々を信じない」という最悪の解釈を陪審員たちに委ねることである。彼らはたいがい、この言葉の最初の意味に向かい、最悪の種類の自然学者やソフィストたちが抱くような、宗教を完全に否認する無神論的立場に言及していると解する。そのことは、かくして、彼がそのような種類の完全な無神論者であることを否認することを彼に許すであろう。これ以上のことをなすためには、彼のいつものエレンコスの方法を長々と用いることを彼に要求する。しかし、彼にはそれをする

時間がない (18e5-19a2)。そして、それは、彼がある意味で、保守的伝統のある局面——まもなく取り扱われる局面——にとっていかにして真に危険であるかを、不必要に明らかにするかもしれない。

3・2・3 ソクラテス以前の科学とソクラテス

それゆえ、ソクラテスが自然哲学に携わったという最初の告発が、真実であることが明らかになったなら、ソクラテスの陪審員たちは、ソクラテスが無神論的な傾向、あるいは、少なくとも、まったく非慣習的な傾向、つまり、伝統的な宗教によって前提された人間と神の相互主義に対する脅威となるような一つの傾向をもっていた、ということについての一見したところ強力な証拠をもつことになりそうだと思われる。

なぜアリストファネスが、ソクラテスを自然学者という戯画的非難のもっともらしい標的にすることができると考えたかについては、いくつかの理由がある。よく引用される一つの情報源は、ソクラテスが『パイドン』(96a6-99d2) で、今や過去のものとなった若い頃の自然哲学への興味について語る物語である。*60「私は若い頃、……人々が自然の研究と呼ぶあの知恵に驚くほど熱中した。天と地で何が起こるのか……といった問を調べながら個々のものの理由を知ることはすばらしいと思われた」(96a6-c2)。したがって、一つの仮定としては、この興味がもはや現在のものではないストファネスが知らないか、関心がないかであり、ソクラテスの若い頃の罪を彼の成年期にまで拡大適用している、というものである。*61 しかし、この推測には困難がある。若い頃の物語を語るソクラテスは、これらの若い頃の自然科学的探求を、プラトンの中期対話篇中のイデア論と結びつけているのと同じソクラ

テスである。そして、これは『パイドン』の証言をソクラテスの証言としては無価値にするように思われる。

しかしながら、この反応は単純であり極端である。『パイドン』の関心は、どう見ても、プラトン的なイデアのみならず、同様にソクラテスの地上での最期の日を描くことである。それはどう見ても、プラトン的なイデアのみならず、ソクラテスの思い出とプラトン的形而上学のつぎはぎ細工であり、その形而上学はソクラテスの殉教劇という動力に結びつけられている*62。それゆえ問題は、ソクラテス的より糸と、プラトン的より糸を別々に保つことである。私は、ここで次のように想定することが正しいと思う。すなわち、99a でのイデア論導入までの物語は、ソクラテスの知的生における、若い頃の関心と失望についての真実の核心を保存している。核心の前半はこうである。ソクラテスは若い頃に多くの自然学者たちの仕事に関心を抱いた。その関心は彼らの見解を読み、批判的に吟味することを含んでいた（たとえば、アナクサゴラスの見解『パイドン』97c）など*63）。自然学者たちの教説を「共有し」、あるいは、それらを議論したことをソクラテスが否認するさいの証拠の大半は、単に、彼が成人後も自然科学への関心をもち続けたことや、あるいは、自己自身の独自のそのような見解をもったことに対する否認を構成するだけである（これは『ソクラテスの弁明』20e と 26d-e の論点である）。さらに、『パイドン』中のいかなるものも、ソクラテスが自然界の事実について何らかの知識をもっていると主張したとか、彼の探求について他の者たちと論じたとは語ってはいない*64。最後に、『パイドン』は、ソクラテスが自然学者たちが取り組んだのと同じ種類の問題を探求したと証言するが、文章の直接的な意味はこうである。すなわち、典型的な自然学者たちの探求は、ある機械論的な想定への関与に基づいていたが、それとは違い、ソクラテスは彼の探求をそのような一定の関与なしに行い、後になって彼のすべての労力を倫理学的探求に向けたというものである（さらなる議論

125　第三章　ソクラテスと彼の告発者たち

については本書5・2節を見よ)。

それで、われわれはこう想定してもよい。正式でない告発についてのソクラテスによる報告が申し立てるごとく、ソクラテスは他の者たちが始めた自然学研究の道を最後まで進んだという——もっともらしく見える——噂話があった。そして、もし彼がある時点で、彼らの教義を知るようにならなかったとしたら、どうして彼は、『ソクラテスの弁明』の中で(特に、26d6-e2で)、自然学者たちの見解を共有したことを、合理的に否定できたであろうか。そして、人はこのことの証拠にどんな信頼を与えようと、彼の活発な知性が、これらの思想家たちの説明に精通するように彼を導いたということは、極めてありそうなことであると思われる。しかしながら、このことは、彼についての告発の背後に潜む噂話と、字義通りのまっすぐのやり方で受け止められたこれらの告発については、彼の無実を説明することに役立つであろうが、彼が幾人かの自然学者たちと同様に、古い神々を新しいものに取り替えたという告発の嫌疑を晴らすわけではない。人は神学的思索を推進するために、自然学的思索に従事する必要はない。そして、天文学あるいは宇宙論と、この時期に存在した神学との間に、厳格な区別があったわけではないので、ソクラテスの陪審員たちにも)、ソクラテスが隠された科学的見解を抱いていた証拠として用いられることができたであろう。

この問題に関して、『パイドン』の「自伝的」部分を再び考察しよう。ここで、われわれは、ソクラテスが若い頃に抱いた最初の関心をアナクサゴラスの見解(と自然学者たちへの彼の最終的な失望)へと導いたものについての、ソクラテスによる開示の「核心」の後半を見いだす。人がアナクサゴラスの書物を読んでいたとき、ソクラテスは次のようなことを聞いた。

126

「すべてのものを秩序づけ、その理由（αἰτία/aitia）となっているのはヌース（知性 Νοῦς/nous）である。さて、……私は考えた。もしそれがそうなら、知性は……個々のものを、できるかぎり善い仕方で秩序づけるにちがいない。……この説からは、人間は彼自身や他の事に関して最善、至高の善以外のいかなることも考察するのはふさわしくない。……このように考えて、私はアナクサゴラスのうちに、存在するものの理由について、私自身の知性にかなった教師を発見したと考えて喜んだ……そして、個々のもの各々と、すべてに共通の理由を割り当てるに当たり、彼はすべてに共通の善を詳しく説明してくれるだろうと思った」(97c1-b3)。*65

しかし、ソクラテスの希望は裏切られた。彼は、発見することができると信じた種類の説明を発見できず、むしろ、純粋に機械論的な説明のみに出会った。たとえば、脱獄しないでアテネに留まるという彼の決定を道徳的に正当化する理由となるような道徳的、政治的理由について聞く代わりに、彼が発見したのは、留まることの理由として、彼の腱や骨の生理的惰性を詳細に述べる見解であった (98b-99b)。彼が発見することを期待したものに関して、これらすべては何を示唆するのか。一つの普遍的な、すべてを包含する道徳的規準のもとで、すべての現象を含め完全に一般的な説明を発見したいと彼が望んだことは明らかと思われる。その道徳的基準とは、個々のものの存在と役割を説明するその特異性のゆえに、他の仕方では局所的に悪として見られるかもしれない行為の善性をすら説明するソクラテスは若い頃でさえ、われわれが『エウテュフロン』で立証されていたのを見たような、すべてを包括する道徳という想定をもっていたと思われる。彼にとっては、すべてのものは、われわれが神的なものと呼ばねばならないものでさえ、一つの道徳法の必然性により包

囲されている。したがって、最高に賢明で、知識をもっているがゆえに(『ソクラテスの弁明』23a、『ソクラテスの思い出』1.4.17-18)、神々には道徳的な意見の不一致はなく、彼らはつねに道徳的に正しいことをなす。それゆえ、彼らは神的なものであるかぎり、嘘を言ったり、他の悪をなすことはなく、また、そのようなことはできない。しかし、このことはアリストファネスのパロディがもつ意図とどんな関連をもつのか。

それはただ単に以下のごとくである。ソクラテスは、自然学者たちの普遍主義的想定と根本的に類似した想定をもって、若い頃の探求にも、晩年のエレンコス的議論にも取り組んだ。人間の領域において真であるものは、神の領域においても同様に真でなければならないという、全てを包括するまさに同じ見解をもって、彼と彼らの両者とも が——自然学者にとって自然現象、ソクラテスにとって道徳的現象という——彼らのまったく共通点のない探求に取り組んだ。オリンポス[十二神の神話的説明]の土台を崩壊させたように、(私が思うに)ソクラテスは神々と人間の両者に同様の束縛を置くことにより、道徳的次元において、類似の変革者と見なされるべきである。そして、もし正義が神々と人間の両方を束縛し、正義がソクラテス的に理解されるべきなら、当然明らかとなるのは、人はもはや以前のように簡単には(つまり、たとえば、生け贄を捧げ、宥めることによっては)道徳性や真の敬虔の要求を満足させたり回避したりることはできないということである。それゆえ、このようなことを見て、そして、まさにこれらの理由のゆえに、アリストファネスがソクラテスを自然学者として描いた、と推測することは容易である。

3・2・4 ソクラテス的改革

ソクラテスの宗教的改革の主要な動きは、以下のとおりであると思われる。イオニア人と彼らの仲間たちは、神々をコスモスと呼ばれる統一された領域の中で合理化することにより、自然科学的に馴化することに完全に一致させることにより、理性の支配下に置いた[*67]。その要求とは、人間にも神々にも、どちらにも適用できる規範の中で、彼らを束縛するような要求である。しかし、このことを特に改革的なものにするのは、ソクラテスの統一的な道徳的構想が、単に一般に受け入れられた慣習(ノモス)から、そのすべての見解を引き出しているのではなく、ソクラテス的な道徳説の革新によって構成された見解を、主要なものと見なしている点である。これらのうちもっとも重要なものは、彼が報復の掟を否定したことである。

ホメロス以来、ギリシアの民衆思想はその根本原理として、正義とは応報、つまり、同種のものでの返済にあると考えた。つまり、贈り物に対しては贈り物で、損失には損失で、悪には悪[*68]と。神々の間でさえ、この応報の法の原則は基本的なものと考えられている(たとえば、『イリアス』4.40-43で、ゼウスがトロイを捨てるお返しに、ヘーラーはゼウスに彼女のお気に入りの街を提供する。ソフォクレス『アイアス』79[*69]を参照せよ)。もっとも重要な帰結としてこの考えと結合しているのは、道徳命法「あなたの友を助け、あなたの敵を害せよ」である[*70]。ここで、われわれが明瞭である必要があるのは、われわれが直面しているのは、(道徳的治療として、あるいは、彼らや他の者たちを将来の悪行から抑止するために)「悪をなす者たちは罰せられるべきである」、という見解ではないということである。むしろ、この考えは、恨

みの感情を晴らしたいという欲求や憎しみによって動機づけられた復讐を、個人的な敵に対してなすことは当然である、ということを支持する（たとえば、『イリアス』21.423、トゥキュディデス『歴史』7.68.1f、アリストテレス『弁論術』1370b30）。たしかに、応報 (talio) はある意味で正義の規範である。というのは、同種のものでの返済の観念なくしては、人が憎らしい敵に加えるべき害悪の方法と量に対する道徳的束縛はまったく存在しないであろう（エウリピデス『イオン』1046-1047、デモステネス『冠について』23.69 参照）。しかしながら、それは実際には、友人が不正な訴訟に勝つように助けることを、正当化するために用いることができた（たとえば、『イサイオス』1.7、ヒュペリデス『断片』1.10）。あるいは、国家の野蛮な行為を是認するために用いられた。たとえば、ミティレーネーのすべての男たちを処刑し、彼らの妻子を奴隷に売る提案である（トゥキュディデス『戦史』3.40.7、また、3.38.1 も参照）*71。

この伝統的な原理に関して、ソクラテスが意識的な道徳的革新者として評価されなければならないことは、明らかと思われる（『クリトン』49b-d）*72。というのは、彼が考えるところでは、われわれは決して悪をなすべきではないので、われわれは決して不正をなすべきですら、悪の仕返しをなすべきでないということが帰結する（『クリトン』48b-49d、54c、『国家』335a-d 参照）*73。プラトンが明確にしているように、通常のアテネ人はこの革新に直面して、びっくり仰天し、困惑したであろう。正しいことをなすという知的快楽のために、自分の敵を存分に蹂躙する快楽（たとえば、敵の罪のない縁者に身体的害を加えることを含むような快楽）を放棄することは、たぶんありそうもない転倒した見方で物事を見るようなことと思われた。たとえば、クリトンが驚くように（『クリトン』45c-46a）、敵に害を加えないことにより、われわれは敵がわれわれにしようと望んでいるまさに当のこと（つまり、「不正に」われわれ自身から善きものを奪うこと）を、われわれ自身にしているのではな

いのか。したがって、われわれが以下で、神々に対するソクラテスの道徳的浄化（そして、とりわけ、その帰結）を考察するように、ソクラテスの神々は、単に普遍的な基準に従って活動するだけでなく——われわれが見たように、結局、エウテュフロンでさえ、ゼウスが「父を非難する者」である限り、それを受け入れることができる——、ソクラテス化されてもいることを覚えておくのは重要であろう。ソクラテスにとって、ゼウスでさえ（むしろ、誰よりもゼウスは）加害に対して、加害の仕返しをすることはできない。

ソクラテスがゼウスのような存在に対して、道徳的束縛を課することに、いかにして取り組んだのか、その詳細は不明である（しかし、5・2節を見よ）。そのような存在はなお も——彼のいくぶん非科学的視点を前提とすると——いくつかの仕方で人間的な心理をもっている。（たとえば、彼はなおも意識をもつ知恵の貯蔵庫であり、なおもわれわれの行為により喜ばせられることができる。）しかしながら、とりわけ、人間との比較でそうであるのは、単に前提とされていることである（『ソクラテスの弁明』23a5-b4。『ソクラテスの思い出』1.1.19。『ヒッピアス（大）』289bを比較せよ）。しかし、諸徳の一性のゆえに（たとえば、『プロタゴラス』361b, 329e ff. 本書2・2節註63を見よ）、知は徳の所有を必然的に伴う（ただ一つの道徳領域しかないので、人間と同様、神においてもそうである）。ここから、神々はこの上なく有徳である（『ソクラテスの思い出』4.4.25）。しかし、もっとも有徳な人間は——実際に善を知っているので——善のみをなすことができ、誰にも悪を引き起こすことはできない。そして、再び、道徳的領域はただ一つしかないので、神々もまた善のみの原因でなければならず、決して悪の原因ではない（『エウテュフロン』15a1-2。『国家』379b-c。また379c2-7を参照せよ）[74]。したがって、明らかなのは、ソクラテス

の神々は自然学者たちが課した少なくともいくつかの束縛から自由である、と彼は考えたかもしれないが（たとえば、ソクラテスは彼らが愛することができるということを認める）、彼の神々は必然の掟のもとに服するということである。必然の掟は、一般の人々の民衆的宗教にとって、ヌース*75（知性）と渦巻きの信奉者たちにより是認されたそれらが脅威であったのとまったく同様に、脅威であった。というのは、再び、人は自分の問題、とりわけ怪しげな問題について、いかにしてこのような神々の助力を求めることができるであろうか。ソクラテスの完全に正しいゼウスは、アナクサゴラスのヌース以上に、友に善を、敵に災悪をたくさん与えて、焼かれた捧げ物に応えてくれるだろうか。

しかしながら、アリストファネスが実際にこの種の危険をソクラテス自身の見解に認めたか否かにかかわらず、彼は自然学者たちやソフィストたちの見解にそれを見てしまったであろう。そして、もし彼らのうちの一人以上の者がソクラテスと強い類似を示していると考えられたなら、アリストファネスと他の者たちは、当然のことながら、ソクラテスを一人の自然学者でありソフィストとして型にはめ、類比により推論するであろう。これは誰にとっても役立つことであろう。しかし、それは強い印象を与える劇や、法廷での破壊的なほのめかしに役立つことができた。

それでは、クセノファネスという人物について考えてみよう。彼のもっともよく知られた断片の一つの中で、彼は「ホメロスとヘシオドスは、人間の間で恥であり、非難の的であるすべてを神々に帰している。盗むこと、姦通をなすこと、そして、互いをだますこと」（セクストス『学者論駁』11. 193）と証言している。

アリストファネス——そして、彼の聴衆のうちでいっそう教育のある者たち——*76は、極めてありそうなことだが、クセノファネスと彼の民衆神話の諸局面に対する攻撃をよく知っていた。しかし、もしそうな

ら、ソクラテスが神々をわれわれ自身と同じ道徳的くびきにかけ、そして、かれらに敵意や欺瞞を否定することを通じて、彼が『エウテュフロン』6a-c で行っているような、反人間心理主義的発言を前提するとは、クセノファネスの思想や、彼と類似の改革の方向をたどったソフィストたちの思想と、直接に結びついていたであろう*77。さらに、神話の不道徳性に対するこのような拒否を、ソフィストたちによってなされたフュシスとノモスの議論と結びつけるのは、よくあることであった。そして、これらの議論は、今度は、自然学者たちによって追求されたフュシスの探求と結びつけられた。したがって、民衆宗教の神話に対する道徳的理由での批判は、無神論に対する非難の連座制的根拠として用いられることができた。エレンコス的議論のような他の疑わしい活動と結びついていた時には特にそうである*78。

『雲』のテキストの中で、聴衆が実際にこのような種類の結合をするはずである、ということを示す一つの表れが見られる。それは、ソクラテスがストレプシアデスに対して、雷鳴を送っているのはゼウスではなく、「雲」であることを説得するために用いている道徳に基づいた議論のうちに見られる。それによると、もしゼウスが雷の源なら、彼は誓いを破ったとして木を処罰しているとわれわれは考えなければならない。だが、そのような考えは馬鹿げているので、ゼウスは雷鳴の原因ではないとされる (395-405)。この関連についての別のいっそう直接的な暗示が見られるのは、アリストファネスがソクラテスに、「雲」はわれわれが経験する雲のようなものであることを説明させる時である。それらは、それらを見る者たちが投影する姿を、呈示することができる。つまり、オオカミのような性格の者と出会えばオオカミに見える (346 ff.)。神々についての民衆の理解に見られる擬人化に対して、そのような考えは自然 (phusis) によってではなく、単に慣習 (nomos) によって真であると考えて、クセノファネスや他の者たちがそれに

133 第三章 ソクラテスと彼の告発者たち

対して反論するために用いたのは、この種の論点であった。すなわち、ライオンたちに神々が存在するなら、その神々はライオンに似ていたであろうというわけである。*79 最後に、神々の間の道徳に反する物語を、くどくど考える者たちは、神々の権威や民衆道徳を、あるいは、両者をともに崩壊させる、と一般に考えられた。そして、『雲』(904-906) の中で、ソクラテスの思索所の「邪論」が、正義の存在を論駁するために神の不道徳性を引き合いにだす時、われわれは「正論」にまさにこの種類の反応を見る。*80

次に、われわれが見たように、ソクラテスは少なくともアナクサゴラスの一神論的「神格」にも興味があったという噂があった。そのような傾向は、再びクセノファネスに直接的に遡るかもしれない。クセノファネスの積極的な神学は、根本的な革新として、アナクサゴラスのヌースのように、「労苦なく彼の心の思いによりすべてを揺り動かす」ような、単一の非擬人的神格を主役にしている。*81 最後に、クセノファネスにおいて、われわれはソクラテス自身のそれを思い出させるような懐疑主義を見いだす。それは、人知の限界と対置された、神の全知という伝統的教義を、ソクラテスと同じように用いる。そして、再び、人知の否認が、ソクラテスのアテネ人に対する使命の通常の主題であったことを前提すると、アリストファネスがソクラテスを第二のクセノファネス（あるいは、同様に、プロタゴラスのように二律背反を提出し、神を疑うソフィスト）と考えたであろうことは、きわめてありそうである（本書5・2・3節、特に、註120も見よ）。

アリストファネスは、ソクラテスと彼のエレンコスの方法の懐疑主義的、不可知論的局面をも認識している。その一つの印は、彼が伝統的神々に代えてソクラテスに崇拝させている、主神「雲」に見られる。ソクラテスのような知識人は、つねに彼らの「頭を雲の中に」突っ込んでいる (331-334, 219-234)。しかし、これらは、くつがえされたノモス（慣習）に代わる新しい道徳性のフュシス（自然本来のあり方）を

引き受けるべき、恒常的で永遠の存在を提供するどころか、霧のかかったような、常に変化する、霞がかった少量の空気であり (285-300)、それらは、ソフィストたちの移り変わる議論のように (331, 316-318) を参照)、何であれそれらに接近するものの形姿を呈示する (340-355)。それゆえ、マーサ・ヌスバウムが述べているように、「雲がソクラテスの教説を象徴している限りで、それらは、ソクラテスの教説をエレンコス的で否定的なものとして提示している。それらは対話相手自身の欠陥以外のいかなるものにも洞察を分け与えず、エレンコスの構造のほかは、形のない霞を残すだけである」。*82 *83

したがって、以上すべてを前提すると、アリストファネスがソクラテスに自然学的、非正統的宗教的傾向を帰していることは、自然なことと見られるべきである。ソクラテスは、道徳的・神学的改革者であるクセノファネスと「類似の者」と見られて当然であろう。そのような者として、ソクラテスは自然学者、つまり、天と、大地の根元と、「生成するすべて」の物質的源泉に関する理論をもった者であると信じられたであろう。*84 アリストファネスは、いろいろのソフィストによってなされた伝統的な神々に対する知識人の批判を、ソクラテスと関連させて、よりいっそう当を得ている。実際、『ソクラテスの弁明』(18c) で、ソクラテスが結びつけられることを恐れている知識人は、この種の者たちに違いないということはまず確実と思われる。というのは、これらの教師たちのいく人かは、国家の擬人的神々のみならず、すべての神々を否定していると思われる。そして、少なくとも、ソフィストたちの一人であるプロディコス (19c) は、ソクラテスが名指しして自分との関係を否定しているのであるが、ほとんど確実にまったくの無神論者であった。*85

以上のことは、詩人たちの伝統的な神々の姿に対する、道徳的な理由からのソクラテスの批判が、完全に彼独自のものではなかったことをも明らかにしている。クセノファネスの批判以外にも、ピンダロス

(『断片』201B)やヘラクレイトス(DK 5, アリストクリトス『神知学』68)による類似の攻撃があった。*86
さらに、当時、エウリピデスの悲劇で描かれた登場人物たちは、神の窃盗、姦通、そして、欺瞞といった古い物語に憤慨することにおいて、ソクラテスの仲間となった。たとえば、ヘラクレスは、「私は神々が不法な交わりにより快楽を得るとか、互いを足枷につけるとかを信じない。神がもし本当に神であるなら、何も欠いていない。これらは詩人たちのあさましい物語である」(『ヘラクレス』1340-1346)と宣言させられている。*87

この種の批判が、アテネの国家宗教の文脈において、正式に不敬虔の告発を引き起こすのに十分であったか否かは、次節における調査を待たねばならない。しかし、ソクラテスが、彼に対する正式でない告発を詳述することにより、正確に指摘している真の憂慮は次のとおりである。同種の問題をかき立て、それらを反擬人神的な議論に結びつけた他の者たちは、不可知論、あるいは、無神論の是認にしばしば導かれた。それゆえ、もし神学的改革がそのような結果に導くなら(あるいは、それ自身がそのような結果を構成するなら)、普通のアテネ人は、なぜソクラテスもそうではないのかと思うであろう。ソクラテスは、プロタゴラスのように、すべての知を欠いていると告白した。それゆえ、彼が同様の不可知論的結論(そのゆえにプロタゴラスは告訴された*88)を導き出さなかったことは、不思議に思われて当然であろう。プロタゴラスの結論によると、「神々については、彼らが存在するのかしないのか、あるいは、いかにしてそうなのか、あるいは、彼らがどんな姿をしているのか、私は知る立場にない」(『ギリシア哲学者列伝』9. 51-52. D. K. 80B4)。別の思想家、メロス島のディアゴラスは、ソクラテスのように道徳的関心から出発し、不正をなして罰を受けない現象に焦点を当てることにより、瀆神の悪名を得るに至った。*90 実際に、アリストファネスがソクラテスを「メロス人」(830)と呼ぶときに、この両者を関連させることが意図され

ていたに違いない。[*91]最後に、われわれは、プロディコスがアリストファネスによって、はっきりとソクラテスと結びつけられており(361)、そして、(それゆえ)ソクラテスが『ソクラテスの弁明』(19e)の中で、さかんに自分自身をプロディコスから引き離そうとしているのを発見する。ここでアリストファネスは単なる過度の知性偏重を、無神論と結びつけることのもっともらしさに依存しているように思われる。ソフィストでありかつ自然学者であるプロディコスは、彼の無神論のゆえに悪名が高かった。彼は神への信仰を、自然からの贈り物に対する、われわれの自然な感謝の気持ちに根ざしていると説明している。[*92]

ソクラテスに対する正式でない申し立ては、まことに信じがたいものであるにもかかわらず、なぜアリストファネスがまったく悪意ある歪曲をしたとして断罪される必要がないのかを、われわれはいま理解することができる。ソクラテスが、彼の壮年期の後期に、活発で、熱心な自然探求やその理論づけに携わったり、教えたりしかなかったことはほとんど確実である。彼は蚤や、地図(アナクシマンドロス)、あるいは、磁石(タレス)と遊ぶことはなく、また、新しい詭弁を教えたりすることもなく、無神論を魅力的だと考えたりはしなかった。それにもかかわらず、彼は新しい科学に十分な興味を示し、この分野の一人の(あるいはたぶん二人の)有名な人物(クセノファネスとディオゲネス)と、また、ソフィストの(神についての)反人間心理主義者のいく人かと関係があったと思われた。それらのことから、もちろん、新しい知識人たちに対する連座制による罪の嫌疑は、完全に不当なものとはならないであろう。そして、アリストファネスの喜劇の目的ではない。この注意深く区別することにいくらかの時間を費することが、アリストファネスの立場を完全な正確さで表すことにあまり関心をもたないとしても、アリストファネスにとっては自然なことである。ソクラテス自身が示唆するように、彼はすべての哲学者たちに対して向けられた、よくある批判の単なる標的に過ぎない(『ソクラテスの弁明』23d)。彼の弁明は、

『雲』の最初の制作から二三年ばかりの年月の間に彼について彼らが得た実際の知識を、これらの偏見と突き合わせることを陪審員たちに要求することにある。*93 しかし、ソクラテスとアリストファネスの両者が認識しているように、一般の宗教的見解に対してもっとも脅威となるのは、イオニアの自然学的実験や思索それ自体ではなく、それらが引き起こす異教的結論である。そして、このゆえに、ソクラテスの神々(あるいは、神)と彼の不可知論は、「渦巻き」とほぼ同様に問題である。というのは、ソクラテスは、神々と人間という古くからの二分法のいくらかを保持しているかもしれない。そのことが、彼の神々に(たとえば、ダイモニオンのように)介入的役割を演じさせ、また、認識論的ヒュブリス(驕慢)に対する警告の役割を果たすことを可能にしている。それにもかかわらず、それらは非伝統的で道徳化された革新であると見える。このような革新は、たぶん、伝統的信念と宗教に代えて、エレンコスという超主知主義的で、拠り所のない探求のみを与えるので、それらを脅かすであろう。

したがって、ソクラテスが正式でない告発を取り上げ、否定することを考えてはいない。『雲』が上演されるのを見た者たちや、それが流布させた噂話によって影響された者たちは、思索所の蚤やブヨの探求者を考慮の対象外にするかもしれないが、宗教的革新者を、同様にそうするわけではない。ソクラテスは、新しい知識人であるという非難がその標的を幅広い筆致で描いていること、また、彼をクセノファネスの伝統のうちに置く限り、それはまったくの誤りではないことに十分に気づいていた。彼は無神論者であることを、容易に否定できるかもしれない。しかし、彼の完全に道徳化された神々がアテネ国家の神々ではなく、彼にとってはこれらの国家の神々は時代遅れの貨幣 (nomisma, 『雲』248)のように、事物の真のフュシスに対するノモスにすぎないという告発に、彼はいかにして答えるであろうか。これに対する解答を見つけるために、われわれは正式の告発状に対するソクラテスの弁明に向

かわねばならない。

3・3 「最近の告発者たち」（『ソクラテスの弁明』24b-35d）

色々の噂話が——あるものは中傷的で、あるものは危険なまでに真理に近く、したがって、もっともらしく、説得的である（πιθανῶς λέγοντες/pithanós legontes, 23e1-2）——流布し始めるにつれて (18c8-d2)、ソクラテスの告発と有罪判決の裏に潜んでいる諸力が、何年も前にいかにして形成され始めたかをわれわれは見てきた。また、それらに油を注いだのは、アテネのエレンコス的アブとしての、彼の中断無き経歴であった。ソクラテスはそのようにわれわれに語る。彼の「吟味」という継続的営みと、専門家と思われる者たちに対する彼の多くの反駁は（そして、彼の若い追随者たちによってなされた反駁は）、彼が「知恵」を所有しており、教えているという評判を育てた。そして、このすべては憤りや怒り、そして、妬みを促進した。このような影響をうけたアテネ人たちは、かくして、自然と、彼の活動に対する中傷的な、誤った解釈を行い、信じることになった (20b-24b を参照)。

かくして、ソクラテスは正式でない告発が生み出した偏見と恐怖によって深く影響された陪審員たちの前に出廷する。そして、この事に関しての彼ら自身の意見が何であれ、メレトスと他の正式の告発者たちは、これらの偏見を利用するのにおあつらえ向きの告発を提出した。*94 というのは、続く尋問が明らかにしているように、メレトスは彼の「若者たちを堕落させた」という告発を、同種の告発に基づいて行っているからである。ソクラテスの見るところ、その同種の告発は、民衆の考えにおいては、自然科学とソフィスト的詭弁に携わったという正式でない告発と結びつけられているものであり、因習的宗教を切り崩す新

しい宗教的見解を抱き、また、教えてもいる（そして、そのことによって堕落させている）という告発である。ソクラテスの以前の弟子で、悪評高いアルキビアデスとクリティアスのもつ無神論者としての評判とともに（そして、彼らの道徳的、政治的評判の他の局面を考慮の外に置いても）、われわれがこれまでに見てきたすべてを考慮するなら、そのような告発は一見したところ大いに真実らしさをもったであろう。

3・3・1 ソクラテスの正式の弁明

ソクラテスは新しい告発者たちよりも、最初の告発者たちをいっそう恐れる。ソクラテスが与えるその理由の一つは、最初の告発者たちは匿名なので、彼らを吟味する ($\dot{\varepsilon}\lambda\dot{\varepsilon}\gamma\chi\alpha\iota$/elenxai) ために彼のいつもの探求の方法を使うことができなかったということである (18d5)。しかし、この困難は新しい告発者については除かれている。かくして、ソクラテスは正式の告発の公的な起草者であるメレトスを尋問することにより、正式の告発に対する彼の弁明の多くを行うことを選ぶ。われわれが見るように、メレトスはソクラテスのエレンコス的精査に直面して、哀れにも、彼の申し立ての首尾一貫性をつらぬこうとする試みに失敗する。ソクラテスの戦略とメレトスの失敗は、告発の正当性、メレトスの動機の真剣さ、そして、『ソクラテスの弁明』の史的正確さ、そしてまた、ソクラテスの弁明の適切さについて、研究者間にかなりの論争を引き起こした。たとえば、ある者たちには、ソクラテスはメレトスに対し、個人的言い逃れを試みているだけであり、彼に対する告発に直接的には反論していないと思われた。[95]私は、『ソクラテスの弁明』を取り扱った最近の二つの研究は、そのような懸念に効果的に対処しているところでは、私の目的のために、そのように想定するつもりである。[96]これらの研究が明らかにしたところでは、こ

の告発は真剣で思慮深い返答をソクラテスに要求するような、重大な、法的に起訴可能な犯罪を指示している。証拠の重みは、この件に関するすべての関係者たちが、このことを理解していたことを示している。というのは、とりわけ、正式の告発を構成する項目は、最初の告発者たちのほのめかし（ソクラテスが明らかに真剣に受けとめている）とそのまま類似している。それらは保守的な宗教的伝統の感性を取り込んでおり、バシレウスの長官（$\check{\alpha}\rho\chi o\nu$ $\beta\alpha\sigma\iota\lambda\varepsilon\acute{u}\varsigma$/archôn basileus）を説得し、彼がこの案件を雇われ陪審員たち――彼らの過半数が十分に確信をもって有罪投票をした――の大集団に送付するほどまでに十分にもっともらしく、そして、不敬虔を禁止している法の正当な適用であるというあらゆる体裁を呈示している。[*97][*98]

ソクラテスは、そのような告発を行うことについて、その一般的な合法性や道徳性に対して理論的に反論する試みをまったく行っていない（それらを彼自身の場合に適用することについてのみ反論している）。このことは、とりわけ多くのことを語っている。もし彼がこのことで疑いを抱いたなら、特に、十将軍の裁判の際に彼が適切な法的手続きに几帳面にこだわったことを考慮すると（32a-c）、われわれはこのような反論の試みを期待するであろう。[*99]ソクラテスは、正式の告発は正式でない告発と同様に、まったく虚偽であることを固く信じており（17a-b, 23b, 28a2-4）、また、メレトスが少なくとも彼の訴訟の遂行において実際に（意識的ではないにせよ）不誠実であることを確信している（24c-d）。それにもかかわらず、彼[*100]はそのような告発が他の人々に対して適切な仕方で提出されうるかのように弁明を行い、彼の有罪判決の不正を、アテネの法や制度による不正ではなく、人間による過ちとして説明している（『クリトン』54c.50a-52を参照）。最後に、ソクラテスは彼自身の道徳的原理と、それを公言することにより、メレトスを単に弁論術的にはぐらかせたり、「罠にはめる」こと以上のことをするよう義務づけられている。むしろ、彼は（19a-4で彼が示唆しているように）彼に対する実際の告発に対し、誠実で十分な答えを与えるため

に、最善のことをしなければならない[101]。そして、このことは、彼が 8a2-4 で結論しているように、まさに彼が行ったことである。これ以外の他の仕方で弁明することは、真理のみを語るという多くの箇所での彼の約束 (18a5-6, 20d5-6, 22b5-6, 28a, 31e1, 32a8, 33c1-2) に違反するであろう。つまり、もし彼が裁判にかけられているまさにその告発で、自分を有罪にすることであろう。もし、ソフィスト的詭弁のゆえに自分を有罪にするし、もし陪審員たちを混乱させるだけなら、彼が裁判前の予備審問 (ἀνάκρισις/anakrisis)[102] で行った宣誓に背くような何かを言ったり (35c-d) あるいは、不敬虔のゆえに自分を有罪にするであろう。

3・3・2 正式の告発

ソクラテスは三つの正式の告発を、逆の順序で取り上げる。彼はまず、若者堕落の告発を考察する。すなわち、「(ソクラテスはまた) καὶ τοὺς νέους διαφθείρων/adikei de kai tous neous diaphtheirōn) 若者たちを堕落させることによって彼らに害悪を加えている」 (ἀδικεῖ δὲ καὶ τοὺς νέους διαφθείρων/adikei de kai tous neous diaphtheirōn)。この告発に対するソクラテスの当初の答えは、二つの議論を提供するものである。それらの趣旨は、若者を堕落させる試みは、彼が行っていないことである、あるいは、少なくとも、決して自らすすんで行おうとはしないことである (24c-26a. 37a を参照) というものである。これらの議論はそれら自体で重要であり、意味深いものである。私は後にそれらに触れたい。しかし、民衆の宗教的観念に対するソクラテスの関係を見定めるために、私は他の告発に対する彼の弁明に直ちに向かいたい。この第三番目の告発の考察を後回しにする別の理由は、それが他の二つの告発に基づいているからである。というのは、ソクラテスは若者を堕落させていると申し立て

られているが、メレトスはその正確なやり方を明らかにするよう求められて (26b2-6)、若者堕落の告発を構成するのは、他の二つの告発により明白に述べられた考えであるからである (26b7)。(これは『エウテュフロン』3b1-4 と類似の還元である)[103] と力を込めて主張しているからである。それゆえ、メレトスによると、もしソクラテスが宗教的告発を虚偽であると示すことができるなら、彼はそれにより若者堕落の告発の偽りを立証できるであろう。[104]

われわれがこれらの二つの告発に向かう前に、アテネの法体系においては、「法の条文」はなく、不敬虔のような犯罪についての一組の正式の定義はなかったということに注意することは重要である。むしろ、犯罪についての法的に有効な定義は、単に「特定の案件について特定の日に、たまたま座っている五〇〇人くらいの陪審員たちを通じて明らかになった、共同体の集合意識に本来的に備わっているもの」にすぎない。[105][106]

ここから、正式の告発と、ソクラテスの「罪」についてのわれわれの評価において極めて重要なのは、告発者たちと（彼らの導きに従う）陪審員たち、とりわけ、有罪に投票した陪審員たちが、各々の告発をいかに解釈したかについての判断であろう。弁明の弁論を行うにあたり、われわれが言い逃れや無関係なことを見るかもしれないところに、アテネ人たちは関連性を認めたかもしれない、ということにも注意するべきである。というのは、そのような訴訟に証拠法則はなかったし、また、どんな裁判も古い不満を述べる機会を与えたので（それらが実際の告発といかに無関係であるにせよ）人の人生全体における行為が争点になるのは当然と受け止められていたからである。それでは、われわれは正式の告発の各々をどのように理解すべきなのか、ソクラテスの答えの本質とその妥当性はどうか、そして、彼に対する起訴状の訴因の各々に対して、どのような仕方で彼は有罪・無罪を判断されるのか。

第一の告発によると、「(ソクラテスは) 国家が認める神々を認めていない」(οὓς μὲν ἡ πόλις νομίζει θεοὺς οὐ νομίζων/hous men hē polis nomizei theous ou nomizōn)。一つには、「神々を認める」(θεοὺς νομίζειν/theous men nomizein) という言葉の意味が不明確なために、この句の意味についての長い論争がある。[107] 国家の神々を「認める」(νομίζειν/nomizein) ことを怠っているというソクラテスについての申し立てには、アテネの国家によって監督されている宗教的行為に従わないがゆえに彼が告発されている (たとえば、国の神アテナのような神々に適切な儀式を執り行わないことにより、彼らを「認め」ていない) ことを意味するのか、あるいは、彼らの存在そのものを「認め」ていない (つまり、彼らの存在を信じない) がゆえに告発されていることを意味するのか。[108]

「認める」(νομίζειν/nomizein) という言葉への最上の註釈は、恐らくノモス (νόμος/nomos) との本質的なつながりを捉えているそれである。従って、このつながりを前提にすると、「認める」は、「通常のものとして受け入れる (あるいは、取り扱う、行う)」という広い意味をもつ。[109] この読み方では、「神々を認める」(θεοὺς νομίζειν/theous nomizein) という表現は、「神々を通常の仕方で受け入れる」ということを意味すると理解されるべきであり、慣習的な宗教的行動と、そのような行動の根底にあると慣習的に受け取られている一連の態度の両方が、含意されていることを示す。ここから、正式の告発の第一のものは、表面上、信念あるいは行為 (あるいは両方) の点で、「国家の神々」に関わると陪審員たちによって解釈されるかもしれない。われわれは告発側の弁論の写しをもっていない。それゆえ、われわれには、ソクラテスの宗教儀式の順守が、本当に彼の裁判の明白な争点であったのか否かを実際に知る方法がない。しかしながら、ソクラテス自身は、彼が弁明しているときにそのような懸念を表明していない。この事実は、彼の信念の独自性とその有りようへ彼が焦点をあてていることや、彼が教えていると申し立てられている事

144

柄とともに、最低限、以下のことを示唆している。すなわち、ソクラテスの場合に問題になっている「神々を認める」(θεοὺς νομίζειν/theous nomizein) ことの主要な局面は、その人の個人的、知的意味であり、とりわけ問題のアテネの神々が存在しているということを前提するそれである（それは神々の力への真剣な信仰と、彼らに対する真の恐れを含む。『ソクラテスの弁明』26b8-d5, 29a1-4, 35d2-5 参照)[110]。

ソクラテスの裁判当時、不敬虔に対する法は曖昧であった。だが、この種の異端信仰の告発は、予備的聴取と予審の間に、その法の特殊な拡大として解釈され、法的に適切であると見られたのは間違いがない[111]。最初の古くからの告発に対するソクラテスの長い返答も、もし告発が不適切な信念に関わらないなら、ほとんど意味をなさない。クセノフォンも、同様に、ソクラテスに対する告発は無神論を含むのであり、正統信仰における儀式を行わないことが唯一の、あるいは、主たる告発ではない、ということを示している（『ソクラテスの思い出』1.1.2-5. 特に1.1.5)。ギリシアの法は、全体として見ると、宗教的信念よりも、正しい宗教的行動を強調したかもしれない。しかし、普通のアテネ人は、理論的な無神論の実例（あるいは、それを含意する見解）によって引き起こされた、伝統的慣行に対する脅威をたしかに見たであろう。

そして、彼らは無神論を主唱する者たちが、儀式の遵守においていかに非の打ち所がなくとも、そのような者に対してほとんど寛容性をもたなかったであろう。むしろ、適切な宗教的行為は、宗教的に正しい態度の最小限の一組を要求し、特に、儀式が向けられている神々の存在を、知的に信奉することを要求する、ということが了解されていた[112]。それゆえ、正式の告発の第一のものは、主として「国家の神々」の存在を信じていないとしてソクラテスを告発している[113]。

それにもかかわらず、適正な宗教儀式を遵守しないことは、ある陪審員たちには問題であったかもしれない。というのは、とりわけ、彼らは『雲』のソクラテスが、雲にのみ供儀を捧げ（『雲』365)、通常のない。

145　第三章　ソクラテスと彼の告発者たち

宗教儀式の拒絶を容認しているように見える (425-426) ことを思い出したかもしれないからである。ソクラテスの実際の行動も、彼の真の意図と、彼の信念により引き起こされた国家宗教への潜在的な脅威を決定する上で、重要な意味をもっていると考えられたかもしれない。かくして、われわれは次節 (3・4節)[114] で、伝統的な宗教的慣行を、ソクラテスが遵守したか否かの問題を取り上げなければならないであろう。最後に、われわれはまた、「国家によって認められた神々」という句が、何を指すと想定されているかを問う必要があろう。この問は見かけよりも、ずっと複雑である。しかしながら、最初の身元確認としてこの句が正当である。たとえば、国の神アテナ (Athena Polias)、国の神ゼウス (Zeus Polieus) そして、デルフォイの神アポロン (Apollo Delphinios) などである。これらは国家の神々であり、国家全体の自己同一性を保ち、それを保護することに結びついており、それらの聖域は地理的、政治的、社会的にアテネの中心であった。[115]

ソクラテスはメレトスを吟味することにより、第一の告発に答え始める。彼はまず、「今のわれわれの議論が関わっている神々のために」(26b8-9)[116]、メレトスに彼の申し立てを明確にすることを求める。メレトスは、ソクラテスが、(1a) アテネ国家がその存在を信じている神々以外の (ἑτέρους/heterous) ある種の神々が存在する (εἶναι τινας θεοὺς/einai tinas theous) と信じており、国家の神々の存在を信じていないとして告発している (かくして、ソクラテスを完全な無神論ではなく、「局所的な」無神論で告発している) つもりなのか、それとも、(1b) 彼はソクラテスを完全な無神論者、つまり、まったく神々を信じていない者として告発しているつもりなのかと問われる (26b9-c6)。メレトスは、暗黙のうちに「最初の古い発している) つもりなのか、それとも、(1b) 彼はソクラテスを完全な無神論者、つまり、まったく(26c7)、その返答は、短い議論の後に再確認される (26e3-5)。メレトスは、暗黙のうちに「最初の古い

告発」の無神論的含意と提携して、ソクラテスをいま完全な、全体的な無神論者として告発しているつもりである（τὸ παράπαν οὐ νομίζεις θεοὺς/to parapan ou nomizeis theous．『ソクラテスの思い出』1.1.5．アリストテレス『弁論術』1419l8-11を参照）。われわれが見たように、正式の告発については何よりも告発側の解釈こそが、裁判のために、これらの告発を規定するものである。したがって単に、国の神々を認めないことだけでなく、完全な無神論（1b）こそ、ソクラテスがいま自分を陪審員たちの前で弁護しなければならないことである。*118 この解釈上の選択は、宗教的革新という第二の告発を、さらなる独立的考慮から除外する効果をもち、若者堕落の告発を無神論を教える告発として改変することによって、ソクラテスにとってもっとも効果的な反駁の道を直ちに切り開く。*117

まず、ソクラテスはメレトスに第二の告発、つまり、「他の新しいダイモン的なものを導入している」（ἕτερα δὲ καινὰ δαιμόνια εἰσηγούμενος, 27a5-6．27c4-8を参照）という告発を思い出させる。次に、ソクラテスはメレトスから次のような承認を引き出す。もし人が「ダイモン的なもの」（δαιμόνια/daimonia）を信じるなら、人は「ダイモンたち」（δαίμονες/daimones）を信じていることになる（27c1-2）。そして、第二に、ダイモンたちはそれら自体が神々であるか、神々の子供たちなので（27c10-d3）、彼らを信じる人は神々を信じていなければならない（27d10-e3）。ソクラテスは次に、メレトスの告発は矛盾しており、同時に、信じていないがゆえに告発している、と結論する。*119 つまり、メレトスはソクラテスが神々の存在を信じており、ナンセンスである（27a1-7）。ソクラテスがあまりにもやすやすと、この破壊的な矛盾を引き出すことができたので、そしてまた、そればメレトスに第二の告発に対処しないという窮地から逃れさせるので、多くの解釈者たちはメレトスが第一の告発をどのように解釈したかについて、困惑させられてきた。*120 ある者たちは、メレ

147　第三章　ソクラテスと彼の告発者たち

トスを、「ソクラテスの邪悪さをいっそう驚くべきもの」[121]にしたいという甘い見込みから、例の無神論的解釈に誘い込まれて、罠にかけられた犠牲者として見さえする。しかし、これはありそうもないことである。ソクラテスはメレトスに、(ある種の)有神論的革新か、神的存在への完全な懐疑という、極めて明確な選択肢を与えた。それゆえ、なぜメレトスは最初の選択肢を選ばなかったのか。つまり、正式でない告発についてのわれわれの議論と、ソクラテスが国家の神々を「新しいダイモン的なもの」(καινὰ δαιμόνια/kaina daimonia)によって置き換えることについてのメレトス自身の心配が、ずっと真理に近いものとして自己主張する、という解釈を選ばなかったのか。

この問への答えは必然的に推測的であり、いくつかの指標から引き出されなければならない。第一に、先に見たような「最初の」告発についてのソクラテス自身の性格づけを前提すると、ソクラテスが長い間関連づけられてきた自然哲学者たちやソフィストたちに対する民衆の偏見(そして、それらの無神論とのつながり)は、メレトスが十分に気づいていたものであったとわれわれは想定してよいだろう。それゆえ、ソクラテスの申し立て(19b1-2)にあるように、メレトスはこれらの偏見を盲信したかもしれない。そして、たとえそうでなくとも、それらは大変に広く深いので——そして、新しい知識人たちによって抱かれたさまざまな度合いの宗教的不従順の区別は、陪審員たちには十分には理解しにくかったので(再度、『ソクラテスの弁明』23d を見よ)[123]——完全な無神論の告発が最善の戦略的選択であると彼は考えたかもしれない。さらに、もしメレトスがソクラテスを最初の解釈のもとで(この場合、彼はある意味でずっといっそう見分けのつく形で宗教的である)追及することを選ぶことになったなら、メレトスは自分の立場を立証するためには、完全で全体的な無神論に対するずっと深刻で切実に感じられた民衆の敵意に、もはや依存することができなかったであろう(かくて、ソクラテスを無罪放免にしてしまう危険を冒すことにな

る*[124]）。ここから、もしメレトスが、「標準的な知識人は、是認できるすべての真の神格（とりわけ、期待されるような仕方で、供物によって宥和するための儀式に応えるような類のものを意味しているのだが）を否定している」と、ほとんどの陪審員たちが信じていることを期待できると考えたなら、さらに、ソクラテスの「新しいダイモン的なもの」（καινὰ δαιμόνια/kaina daimonia）も、真の神格ではないと（おそらく）示すことを意図していたなら、ソクラテスを完全な無神論のゆえに有罪にできるという彼の見込みは、理にかなったものであろう。

メレトスは実際に彼の告発を合理的なものであると考えている。というのは、メレトスはソクラテスによって——他の人間たちが一般にそうしているように——彼が太陽と月が神々であることを信じているかどうかを（完全な無神論の告発かどうかの解明において）問われるが (26d1-3)、その時のメレトスの力強い否定の答えはそのことを示している。ソクラテスが神々を信じていることをメレトスが堅固に否定していること (26d4-5)、および、彼がソクラテスに太陽は石であり月は大地である——よく知られているようにアナクサゴラスに関係づけられた教義である——*[125]という教義を帰していることは、われわれに次のことを明らかにしている。すなわち、メレトスは真剣にソクラテスが無神論者であるということを陪審員たちに説得することを望んでおり、また、彼は、ほとんどのアテネ人たちがアナクサゴラスを、彼の宇宙的ヌースの主唱にもかかわらず、無神論者と見ていると考えていることである。ヌースのような新奇の説明原理は、たとえそれらが神々と呼ばれようと、ほとんどのアテネ人たちが神々という言葉で意味するものではない (というのは、そのような神々は、生け贄の儀式を要求し、期待どおりにそれに応えるとは思われないからである) *[126]。もちろん、メレトスの解釈上の選択は以下のことから帰結したのかもしれない。つまり、彼の機知の欠如や、神格（ダイモン的なもの）への信仰はことによると

神々への信仰を含むかもしれないというあいまいな論点を彼が予期することができなかったこと、また、宗教的熱狂により駆り立てられたその場での混乱、そして／あるいは、たぶん彼の利己的なより怪しい動機である。*127

メレトスの動機が何であれ、無神論の告発を立証しようとする彼の希望は、向こう見ずなものであった。結局、裁判のこの時点までに、ソクラテスは、アナクサゴラスのような自然哲学者がもっていると主張する類の知恵を、もっていないと主張した。そして、彼は暗黙のうちに、「この神」（アポロン）とゼウスに加護を求め、彼自身がある神（ピュトーのアポロン。国家の儀式を所有する神。註161 を見よ）の献身的な僕であることを言明した。このことにより、ソクラテスは、メレトスがこの告発を「説明する」(26e3, 28d-31a, 33c)、以前も (19a, 20e-23c) 以後も、自分が無神論者であることを否定している。ソクラテスはさらに、アテネの若者たちが、ほんの一ドラクマで入手できる書物（つまり、アナクサゴラスの書物 [26d9-e2]）の中に見られるような教義を、彼によって盗用して教えられる必要は、ほとんどなかったはずであると明確に鋭く注意している。この時点 (26e1-3) でのソクラテスの発言は、また、太陽と月は実際にある種の神々であるという彼の側の信念を証拠だてる弁論術的な効果をもつ。そして、われわれが見たように、「思い上がった、抑制のない、軽はずみに考えられた」(26e) ことが明らかにされた告発に基づく、一見したところ、悪意ある矛盾のゆえに、ソクラテスはメレトスを断罪して終わっている（これについては、われわれは応答を知ることができない）。もちろん、これは犠牲の大きい勝利である。というのは、ソクラテスの陪審員たちのうちのかなりの部分は、彼に対して明らかにきわめて深い偏見を抱いていたので、彼のエレンコスによる告発側に対する打撃にもかかわらず、彼を有罪とするからである。

かくして、『ソクラテスの弁明』の読者たちは、共通に次のような印象を抱くに至る。すなわち、ソクラテスはメレトスを反駁するための諸前提（たとえば、伝統的に考えられたダイモンたちの存在を彼が実際に信じているということ）を、彼自身は決して主張していないで、まったくメレトス自身の譲歩に基づいてエレンコス的に進んでいるだけなので、メレトスははるかに決定的な攻撃でありえたはずのことを、やりそこなったのではないかという印象をもつ。しかし、たとえソクラテスが彼の反駁を推進する諸前提の各々すべてを信じていなかったとしても、このことによって彼の弁明は、言い逃れや単なる人格攻撃になってしまうわけではない。告発側の申し立てが不整合であることを、頭のさえた陪審員たちに説明するのに十分であるはずである。さらに、この場合、メレトスは――起訴状（γραφή / graphē）の起草者として――告発側の「証人」でもある。そして、この証人を攻撃するのは、ソクラテスにとっての的を射ている[*129]。それにもかかわらず、ソクラテスの戦略が、多くの陪審員たちに、彼自身の積極的な宗教的信念についての疑念を残したのではないかとしばしば推測されている。そしてそれゆえ、たぶん、いく人かの陪審員たちは、第一番目の（そして他の）告発の改訂された解釈[*130]――これに対してはソクラテスは実質的な弁明をしなかった――に基づいて有罪の投票をしたのであろう。それでは、告発側にとって他のどんな議論上の選択肢があったのであろうか。

3・3・3　メレトスの選択肢

まず第一に、メレトスが、ソクラテス自身の宗教的見解を引き出すことを目指し、ソクラテスを完全な無神論者として有罪にするために、彼の選択肢（1b）を保持したと考えてみよう。メレトスは、宗教的

革新という彼の第二番目の告発との矛盾に陥ることを避けるために、彼に対するソクラテスのエレンコスの（以下のような）前提の少なくとも一つが、ソクラテス自身あるいは彼自身によって抱かれていないということを示す必要があろう。

1 何らかの種類の「ダイモン的な事柄」（δαιμόνια πράγματα/daimonia pragmata）が存在すると信じる（νομίζειν/nomizein）者は、ダイモンたち（δαίμονες/daimones）の存在を信じていなければならない。それは、ちょうど、「馬に関わる事柄」の存在を信じている者が馬の存在を信じていなければならないのと同じである。(27b3-c10)

2 ダイモンたち（δαίμονες/daimones）の存在を信じている者は、「神々」（θεοί/theoi）の存在をも信じていなければならない。というのは、ダイモンたち（δαίμονες/daimones）は神々であるか、あるいは、神々の子供であるから（ちょうど馬の子供の存在を信じている者が、馬の存在を信じていなければならないように）。(27c5-e3)

3 もし人がダイモンたちについて（真剣に）その存在を信じており、かつ/あるいは、それを教えているなら（第二番目の告発）、その人はある種の「ダイモン的なもの」（δαιμόνια/daimonia）が存在することを信じていなければならない。(27c5-8)*[13]

しかしながら、実際は、以上の命題はどれ一つ、メレトスによって合理的に否定されていないし、ソクラテスによって（そして、ほとんどの他のアテネ人たちによって）抱かれていないと合理的に示されてもいない。そして、さらに、彼とソクラテスの両者とも、この三つのすべてを是認するであろうと考える正

152

当な理由がある。

1a アテネ人に共通の良識に基づいて、そしてまた、ソクラテスによって与えられたいくつかの反論しがたい実例（つまり、人間、馬、笛吹き [27b3-8]）を考慮すると、ダイモン的な事柄が存在することへの信念は、ダイモンたちが存在することへの信念を含むということにメレトス自身が同意しなければならない。そして、次のように想定することは大いにありそうなことだと思われる。すなわち、ソクラテスは、自分自身の与える実例によって、次のように信じていると自分自身で確信している。すなわち、もし一つの活動が、ある存在者の行為に関連して規程されるなら、人がその活動の存在をその記述のもとで承認するなら、そして、人はメレトス（彼は当初いやがる素振りを見せるが [27b8-9]）と陪審員たちに、直ちに否定の答えを与えている。この事実も、ソクラテスが（1）に関与していることを示している。にもかかわらず、彼はなぜ（1）を信じていると単純に肯定しないのか。このことへの答えと、彼の議論全体がもつ個人攻撃的構造についての説明は、私が思うに、ソクラテス自身の法的戦略と、エレンコス的方法（とその適切な行使）の価値に対する彼の関与にある。ソクラテスの見るところでは、この時点での彼の課題は、メレトスの告発が混乱していることを示すことであり、それを行うために、弁論術的にもっとも効果的なやり方は、単に（1）から（3）までを肯定することではなく、むしろ、彼に対する告発の主たる起草者が、これらの告発を、矛盾しない仕方で整合的に解釈することができないことを示すことである。加えて、「君（メレトス）が信じる事を言いなさい」というソクラ

テス的エレンコスの原理を用いることにより、ソクラテスは告発を切り崩すと同時にまた、(単純な否定に携わるよりも) 実例によって、「若者堕落」の告発についての彼の無実を明らかにすることができる。最初の告発者たちに対する回答において彼が主張したように、彼はこう言うであろう。つまり、彼は (無神論どころか) いかなる教義も教えないし、(1) のような明白な主張すらも教えないのであり、むしろ、個々人を訪れ、彼らの知のうぬぼれを暴露することを今証明しているのであると (『ソクラテスの弁明』33a1-8)。

2a ダイモンたち (δαίμονες/daimones) を認めることは、当然に神々 (θεοί/theoi) を認めることを要求する。このことをメレトス自身はまず否定できない。不敬虔の告発で訴訟を起こす者が、当時の標準的な宗教的信念を否定する立場に身を置くことは、絶対にできなかった。われわれも、ソクラテスが (2) に組み込んでいる選択肢の真理性については、彼の側にいかなる不確かさも見るべきではない。一般的な用法は、ダイモン (δαίμον/daimōn) という言葉に、神的な力のいかなる顕現をも指示する柔軟性を与えている。それはアフロディテーを指すことができた (『イリアス』3, 420)。しかし、それはまったく同様に、個人を監督する、無名の超自然的な力を指すこともできた。

この三つの前提のうちで最大の抵抗を引き起こしたのは、ソクラテスにこの第二の命題を帰すことである。だが、ソクラテスを含め裁判の場にいる誰かが、ダイモンたちの存在を受け入れるが神々の存在は否定するであろう、ということへの証拠はまったくない (そして、ダイモンたちが、神々ないしは神々の子供たちであるという見解は、27d9-10 で仮定的に述べられているが、27c10-d

3a

1 では、はっきりと肯定されている(*[135])。さらに、ソクラテスに対する第二の正式の告発は、彼が「新しいダイモン的なもの」(καινὰ δαιμόνια/kaina daimonia)を——それがどんな種類のであれ、そしてしたがって、神々 (θεοί/theoi)を——導入したというものである。だが、それは部分的には、「ダイモン的なもの」(daimonion)へのソクラテスのよく知られた、自分で自称している信仰から生じたと思われる。そのソクラテスの信仰を、(少なくとも) メレトスが否定するのはあり得ないことである (『ソクラテスの弁明』31c7-d2, 『エウテュフロン』3b5-6, 及び以下を見よ*[136])。最後に、(2) をソクラテスに帰すことは、『ソクラテスの弁明』を通じて、可能な限りもっとも強い言葉で、彼がある種の神々への信仰を肯定している (特に、35d5-7 を見よ) という事実によって支持される。

同じ理由で、ダイモンたちへの信念が様々の「ダイモン的な事柄」への信念を含意するとソクラテスが考えていることを、メレトスがこの時点で否定するのは (控えめに言っても) 彼にとって困難であろう。そして、とにかく、ソクラテスは明らかに「ダイモン的な事柄」を実際に信じているのである。しかしながら、メレトスはここで、ソクラテスが完全な無神論者であることを示すという、自分で自分に課した重荷のもとで動かなければならない。このことを仮定すると、彼は、法的用語としての「新しいダイモン的なもの」(καινὰ δαιμόνια/kaina daimonia) の背後に潜んでいることをソクラテスが肯定するであろう神格が、本当は真の神格ではないことを示す試みをするかもしれない。しかし、そのような試みは克服しがたい困難に直面する。そのような困難の最初の、そして、もっとも破壊的なものは、ソクラテスがそのような無神論者であることのもっともらしい証拠が何

もないように見えることである。むしろ、ソクラテスは、彼の「ダイモン的なもの」(daimonion) を神からの「神的な声」*137 として言及し、直接・間接に、神々と神格（ダイモンたち）が存在することへの信念を肯定している。かくして、ソクラテスがそうでない仕方で考えていたという証拠を提出することによってのみ、メレトスはこれらの有神論的告白を真剣なものではないとして彼を断罪することができる。しかし、ソクラテスが後に――メレトス自身はそのような証拠を提示していないと注意して――（反宗教を通じての）若者たちに反論する証拠を提示し、そして、彼が若者たちを堕落させたという証拠を提出するよう出席者たちに今までに教えたことはなかったし、が明らかに含意していることは、ソクラテスは無神論的教義を提示したことはなかったのである(33d-34b. クセノフォン『ソクラテスの弁明』19-20 参照)。いずれにせよ、たとえメレトスがいくらか手の込んだ巧妙な神学的論法に従事して、（彼の「合図」の原因となっている神々を含め）ソクラテスの神々は、とにかく『雲』の機械的な、偽神的「渦巻き」に似ていると陪審員たちを説得することを試みたとしても、少なくとも、ソクラテスはなお若者堕落の告発に対する弁明に戻ることができたであろう。つまり、彼は証拠を提示するよう要求できる。また、彼が偽りを信じ、教えていることが明らかになるなら、メレトスの正しい行動の進路は、処罰することではなく、教示することであると指摘することができる(24c-26a)。したがって、以上を前提すると、ひとたびメレトスがソクラテスに対して偽りの告発を発することを選ぶなら、彼はソクラテスを無神論の非難で告発するための不健全な議論を――行っている罪があることになるのは明らかである。それにもかかわらず、メレトスがこの訴訟に勝つことに成功するということは、ソクラテスに敵対する、昔からの偏

156

見の重さについて、彼が行った評価の正しさを立証している。

これらの偏見の本性をよりよく理解し、そしてまた、ソクラテスの宗教的見解をさらに明らかにするために、かりにメレトスが彼の元の告発にこだわったとしたら、裁判はどう進行したかを考察することは重要である。このことは単に想像上の法廷弁論術の練習ではない。ソクラテスの吟味のもとで、メレトスが正式の告発を改変したにもかかわらず、元の告発は、少なくとも、いく人かの陪審員たちの心中では、なおも反論されていないものとして生き続けているであろう。(それは、ソクラテスに対する長年月の先入見と、メレトスがエレンコス的な執拗な尋問のために彼の申し立てに失敗したという、いく人かの洞察力のある陪審員たちが抱くであろう自然な印象を考慮するなら、とりわけ、そうである。) それゆえ、事実に反して、もしメレトスが彼の元の告発の意味にこだわり、ソクラテスが国家の神々を信じず、「国家によって認められた」神々以外の神々を信じている(そして、ここから、第二の告発により、彼は新しい神格を信じ、儀式を執り行っている)として彼を告発したとするなら、どうであろうか。私は明らかにするが、これこそがメレトスにとって採るべきいっそう正当な道であり、そしてたぶん有罪判決をよりいっそう生じさせるはずのものである。というのは、ソクラテスには、うさんくさい宗教的見解を抱いていたという兆候があるからである。それゆえ、問はこうなる。果たして、メレトスはこの件の事実に忠実な(あるいはより忠実な)有罪判決を獲得するために、ソクラテスについて申し立てられた非公認の宗教的信仰の告発を利用することができたであろうか。

3・4 ソクラテスは有罪であったか

もしメレトスが、実際に当初の告発を押し通したなら、それでも彼は、最初の告発者たちによって与えられる支持を、利用できたはずである。というのは、われわれが見たごとく、彼の告発に含意されている異端の脅威は多義的なものだからである。「新しい知識人」であることが民衆宗教において意味するところは、完全な無神論と改革的神学の間で両義的である。したがって、メレトスは、もはやソクラテスをプロディコスやディアゴラスのような無神論者たちと、直接的に結びつけることを試みないかもしれないが、彼はなおソクラテスを、詩的伝統に対する知識人たちの拒絶と結びつけることができた。そのような拒絶を、陪審員たちは、(たとえば、クセノファネスやアポロニアのディオゲネスのような)神を認めていることがすぐにわかるが、あまり極端でない思想家たちに、関連させたかも知れない。そして、ある陪審員たちは、この拒絶をなおそれ自体で、法的な非難に値すると考えたかも知れない。あるいは、少なくとも、彼らがそれを無神論や、「新しい神格」への異端的信仰を産み出すものとして、あるいは、もっと悪いことには、伝統的宗教の無価値化を生じさせるものと考えるかぎりにおいて、法的な非難に値すると考えたかも知れない。

それでは、異端という第一の告発と、宗教革新という第二の告発に関して、ソクラテスが有罪であることの正式の証拠としてメレトスが提示したかもしれないものは、何であろうか。そのような証拠のもっともありそうな源泉は、さまざまの噂話であり、それらは国家の神々を非公認の神格へと(国家宗教にとって有害なまでに)道徳的に変容させることに、ソクラテスを結びつけている。その実例は、議論があるで

あろうが、神秘的なダイモニオンへの彼の頻繁な言及である。もちろん、ソクラテスがダイモニオンを受容したことは、第一の、国の神々を認めていないという告発について彼が無罪であることと両立できる。

しかし、それは人がどんな種類の神格を是認しているかという係争点で、人に嫌疑をかける自然な源泉であろう。しかしながら、ダイモニオンは第二の、あまり特殊でない告発と直接的に結びつけられている。つまり、ソクラテスは新しいダイモン的なものを導入しているという告発である。それは、国家の神々以外の他の神々、他の新しいダイモンたち、新しい宗教行為、あるいは、これらのなんらかの組み合わせまで包含している。そこでは、そのようなものを導入することすべてが、潜在的に法的に起訴可能である。[*138]

したがって、まず最初に、第二番目の告発、つまり、「新しい神格（ダイモン的なもの）」（καινὰ δαιμόνια/kaina daimonia）の導入の吟味に向かうことにしよう。

3・4・1　新しい神格の導入

ソクラテスはアテネの歴史において、この種の罪で正式に告発された最初の人であるようだ。[*139]　先例が無いにも関わらず、しかしながら、この告発は法的に可能であると考える十分な理由がある。アテネの国家はすべての宗教的活動を監督し、資金を提供する積極的な役割を担っていた。[*140]　特に、それは、崇拝の形式を排除したり認可する力をもっていた。そして、アテネに新しい宗教を導入することを望む者たちは、公の是認を求めた。ソクラテスの生存中や生存後に、ベンディスのような外国の神格がアテネへ到来することが増加するにつれて、適切な宗教革新のための要件に合致しないがゆえに、多くの告発があったようである。[*141]　フリュネーという名の外国の遊女は、前三五〇年ごろに、「新しい神を導入した」がゆえに告発さ

第三章　ソクラテスと彼の告発者たち

れた（エウティアス『断片』1 Muller＝アテナイオス『食卓の賢者』13. 590 d-591 f, ヒュペリデス『断片』60 T 参照）。弁論家にして政治家であるデマデスは、前三二四年に「アレクサンドロスを神として導入した」がゆえに、罰金を課せられた（アテナイオス『食卓の賢者』6. 251 b. アエリアノス『ギリシア奇談集』5. 12 参照）。そして、われわれは「外国の神を導入すること」に反対する法を用いた訴訟で、女司祭ニノスの処刑を聞く（デモステネス『冠について』19. 281, ヨセフス『アピオンへの反論』2. 267-268. セルウィウス『ウェルギリウスのアエネイス註釈』8. 187 参照）。*[142]

ソクラテス裁判の当時、アテネにおける適切な宗教改革——特に、アテネ人による新しい神の導入——の要件は何であったのか。概して、「候補となる神格」は、最初に、ある種の顕現を通じて、人間の代理人の助けを借りて、彼ないし彼女が国家の構成員となろうとすることを示唆する。たとえば、エジプトの神サラピスは、神官アポロニオスの睡眠中に、デーロス島にサラピエイオンが建立されるべきことを明らかにした（『ギリシア碑文集』9. 41299. 14-18）。しかるに、すぐに民衆に広まった医神アスクレピオスの導入は、たぶん発起人となったテレマコス（あるいは彼の親族）を、主聖域エピダウロスで癒したためであった。*[143] そのような顕現に続き、神を国家の生活に編入するために、人々の支援を獲得することは神の代理人次第であった。その際、代理人は顕現の真正さ、神の善き意志、国家に対する彼あるいは彼女の過去および今後の贈り物を説明し、最後に、必要な変更（たとえば、聖域となる土地の購入、宗教的な祭暦への含めることなど）の遂行のために、評議会と民会に請求することを目ざす。国家へのそのような説明は、（少なくとも第一義的な意味で）証明不可能であり、容易に利己的な神への特権的接近を含意し、究極のところ（特に、政治的）動機の確立された宗教に対して経済的かつ信仰上の競争をもたらしたり、基づくことができたので、かなりの証明の負担が請願者に負わされたであろう。もし負担が満足させられ

たなら、新しい宗教の実施に先立つ最後の段取りは、神託を通じて、関係する神（あるいは神々）の同意を確保することであった。アテネにとって、これは概して、デルフォイの神託を通じて、ピュトーの神アポロンに助言を求めることであった（『国家』427b-c、デモステネス『冠について』21.51、『法律』828a参照[145]）。しかしながら、その時ですら、「新しい神々と彼らの支援者たちは、彼らがギリシアの共同体に参入を願い出た時、決して暖かい歓迎を保証されたものではなかった[146]」。

このすべてを考慮し、また、先に注意した法的定義の解釈上の柔軟性を前提とすると、告発側が第二の告発でソクラテスの有罪を陪審員に説得するために必要とするすべては、ソクラテスのダイモニオン（ダイモン的なもの）の源泉（それが、そこからの合図であり声であるような神格）が、それが神であれ、ダイモンであれ、国家によって正式に認可されたものではないことを、陪審員の大多数に対して説得することである思われる[147]。当然、もし彼らが、この存在はアテネにとって有害であるか、あるいは、「真のものでない妄想であること」を示すこともできるなら、なおさらよい。しかし、これは要求されていない[148]。もちろん、勝利を確保するために、ソクラテスの告発側は、ソクラテスが神の存在を認めないという最初の説明において、有罪判決を獲得することを望むであろう。しかし、彼らはたぶん、人が「許可なく神を導入しいること」を認めることが、国家の神々の存在を認めることを損なうような行為や信仰に人を巻き込む（そして、かくして、若者堕落の原因である[149]）ことを証明するなどという、大変に困難な課題を試みるようなことを望まないであろう。

161　第三章　ソクラテスと彼の告発者たち

3・4・2　ダイモニオンと新しい神格

ダイモニオンは、「新しい神格(ダイモン的なもの)」(καινὰ δαιμόνια/kaina daimonia)を導入しているという告発に直接関係し、その中心にあったという見解を採用する多くの理由がある。これらのうちで主たるものは、ソクラテスが以下の理由でバシレウスの役所(ἄρχων βασιλεύς/archōn basileus)に召喚されたというエウテュフロンの示唆であり、これに対してソクラテスは反対していない。すなわち、「あなた(ソクラテス)は、ダイモニオンが折々やってくると言う。それゆえ、彼(メレトス)はあなたが神的な事柄に関して革新を企てていると主張し、この告訴状を書いたのだ。そして、彼はそのような事柄で大衆の前で中傷するのは容易であることを知っていて、あなたを中傷するために法廷に行こうとしているのだ」(『エウテュフロン』3b5-9. 5a7-8 を参照)。クセノフォンも、第二番目の告発はソクラテスがダイモニオンについて語ったことから生じていると主張している(『ソクラテスの弁明』12)。そして、プラトンの『ソクラテスの弁明』の中のソクラテスは、「メレトスがそれを告訴状の中で書いた」(31d1-2)と報告している。*150 クセノフォンは、告発についてのこの種の理解に対して、ソクラテスを弁護する必要を感じた(『ソクラテスの思い出』1.1.3-4. 『ソクラテスの弁明』12-14. 『ソクラテスの思い出』1.1.2-3. 『ソクラテスの弁明』12-14. 『ソクラテスの思い出』4.3.12-13 参照)、という事実を以上に付け加えるべきである。*151 そして、われわれには、ダイモニオンはたしかにその主たる標的であったと考える確固とした根拠がある。

しかしながら、また、この告発は他の宗教的革新の申し立てや、噂話に対応するよう意図されているかもしれない。*152 最初の告発者たちも後の告発者たちも、ソクラテスを、アリストファネスが提示するような

「雲」を崇拝するソクラテスと類似の、隠れ自然学者兼ソフィストとして描こうとしている。また、後の告発者たちは、神々に関係づけられた様々の伝統的な人間心理的性格をソクラテスが否定していると疑って当然である。それゆえ、彼の神学的浄化の後に、どんな神ないし神々が残されていると考えられたにせよ、それらは法廷にとって潜在的疑惑の源泉としての役を果たしたであろう。結局のところ、歴史を見ると、改革が異端的な革命と混同された事例で一杯である。加えて、プラトンがソクラテスをピュタゴラス学派と密接な関係をもつ者として描こうとしている(『パイドン』59c1-2)ことを前提すると、そのような陰口は、実際にはあれやこれやの非伝統的な宗教的運動と結びつける陰口もあったのかもしれない。そのような陰口は、スをあれやこれやの非伝統的な宗教的運動と結びつける陰口もあったのかもしれない。そのような陰口は、めていたということは確実なものでないにせよ、ソクラテスが国家的是認のないそういった集団の「新しい」神格を認*154

従って、ソクラテスの正式の告発者たちは、「新しい神格(ダイモン的なもの)」(καινὰ δαιμόνια/kaina daimonia)と、それらが含意する新しい神々を導入しているという複数の、一般的な、柔軟に解釈できる申し立てを用いた。それらによって、彼らは、各陪審員たちの中に——各人に何か「新しい神」のごときものを出現させて——彼ら自身の個々の噂話を気に入りの偏見を思い出させ、このようにして、違法な宗教的導入のゆえに、ソクラテスに有罪判決をくださせることができたのである。*155

このすべてをしばらく脇へ置き、「新しい神格(ダイモン的なもの)」(καινὰ δαιμόνια/kaina daimonia)を導入したとしてソクラテスに有罪判決をくださせるために、「ダイモニオン(ダイモン的なもの)」(δαιμόνιον/daimonion)がどのように用いられたかを問うてみよう。『エウテュフロン』からの引用文が示しているように、ダイモニオンには、外国の新しい神を導入することに関してアテネ人たちが抱く自然な疑惑をかき立て、そして、宗教的言いがかりを捏造するために用いることができるという局面があった。*156

163 第三章 ソクラテスと彼の告発者たち

少なくとも、潜在的には三つの危険な局面がある。（1）ダイモニオンの起源は国の許可のない神格であり、ソクラテスはそれに対して国が許可しない宗教儀式を執り行っている、（2）ダイモニオンの合図についての彼の性格づけは、彼を一つの神格との特別の、私的な関係に置く、（3）この合図とその背後にいる神格は、迷妄であるかもしれない、あるいは、アテネに対して敵対的な意図をもっているかもしれない。

（1）の懸念は、明らかに法的に起訴可能なものである。ダイモニオンの起源についてのソクラテスの認識論的慎重さ——ダイモニオンがその合図 (σημεῖον/sēmeion) であり声 (φωνή/phōnē) である神を、はっきりと特定することを彼はつねに几帳面に避けている——、および、ソクラテスとダイモニオンとの特異な結びつき（『国家』496c）[157] は、他の者たちがそれをなんらかの「招来されない」神との交流であると解することを自然なものとする。ダイモニオンの現れは、アテネ人が国家に受け入れられることを望む神に期待する、「誓願」の顕現と類似しているが、陪審員たちはその「声」が、ソクラテスの子供の時から彼に現れていることを知っていたであろう。かくして、ある陪審員たちは、彼の弁明論論の間も、ソクラテスが長年にわたり私的な宗教儀式を続けてきたことを、このことは示していると受け取るかもしれない。その儀式は、ソクラテスが「ダイモニオンの信仰」[158] のための公的な是認を得ることにより、それを国家と共有しようとすることを決してしようとはしなかったことが明らかな、新しい私的な儀式の一形態として通常解釈されるであろう（『法律』909e 参照）。大部分のアテネ人たちはいくつかの以前の外国からの宗教的導入は、国家にとって大きな恩恵であったと考えたであろうが（そう考えなかったら、不敬虔となったであろう）、彼らはその法的義務のために誰かを——彼らの新しい神への熱意を国家の批判的な調査に服させねばならないという

164

務から免除することを許すことはなかったであろう。

しかしながら、これらすべての懸念と、宗教の導入を管轄している諸法とそれらとの直接的関連にもかかわらず、この脅威はそう思われるほどには告発側にとって役立つものではなかったであろう。一つには、ソクラテスがダイモニオンの起源を特定しないのは、ギリシアの宗教的伝統の精神とぴたりと合致しているからである。それは、人間にすぎぬ者が、すべての真の神の身分を知ることができるということを認めない*[159]。さらに、第二の告発に対するクセノフォン版のソクラテスの弁明が示すように、ダイモニオンが伝統的で正当な予言者たちによって経験されたのと本質的に同じ種類の合図であると主張することは、ソクラテスにとってきわめて容易であったであろう(『ソクラテスの思い出』1.1.2.4.『ソクラテスの弁明』12-13)。彼はまた、新しい神々やダイモンたちに供犠を捧げたり、誓ったりした証拠は何もない、と指摘したかもしれない(『ソクラテスの弁明』24-25)。さらに、新しい宗教は、私的なものも含め、新しい聖域と社を必要とする。しかし、ダイモニオンに捧げられたソクラテスの「社」がかつて存在したとか、目立つ形で存在できたと考えるのは、ダイモニオンについてのソクラテスの説明と完全に対立する*[160]。さらにまた、指小辞的、省略的名詞であるダイモニオン (δαιμόνιον/daimonion) という語は、ダイモン (δαίμων/daimōn) という語のもつ広範囲の指示可能性を、ずっといっそう上回る。かくして、ソクラテスとメレトスを含め、誰が正確に決定することができる限り、この合図は真のオリンポスの神々の誰かから来ている。

それにもかかわらず、ソクラテスは彼自身をデルフォイの託宣を与える神の僕として説明し (20e-23c)、また、ダイモニオンを、使命の遂行において彼を助けてくれる、神からの合図として説明している (40b 1)。このことがどうやら明らかにしているのは、ソクラテスがダイモニオンの合図のもっともありそうな

第三章 ソクラテスと彼の告発者たち

起源を、アテネ人の公式の信仰の対象となる神であるデルフォイのアポロン神、と考えていることである。*[61]疑いもなく、もしソクラテスがこのつながりをはっきりと明示的なものにしていたら、最善であったであろう。しかし、以上すべてと、告発側がもともとの告発に固執していないことを前提とすると、ソクラテスが 31c-d でダイモニオンについて、禁止するだけで、行動を指図することのない単なる声として性格づけていることは、ダイモニオンの現れが、アテネの公式の信仰を求める何らかの神の典型的な顕現とは、まったく異なることを明らかにするのに十分であるとソクラテスが考えているのは不合理ではない。最後に、ソクラテスの弁明弁論には、陪審員たちが彼の無実のさらなる標識であると受け取ってくれる事を彼が期待できる追加的要素がある。つまり、彼の使命の起源がデルフォイの神託にあるということは、「ダイモニオン信仰」を許可するための重要な措置が（そのようなものがあると想定して）──つまり、デルフォイの同意を得ること──すでに満たされている、ということを示唆するであろう。ソクラテスはまた、ほとんどの（あるいはすべての）人間たちが信じている (26d1-3.『法律』812b, 886d-e, 887e) 神々の例として、月と太陽に言及することにより、陪審員たちもまた「認可されない」神格（註128を見よ）を認めているので、第二の告発についても彼らもまったく同意を望んだかもしれない（あるいはむしろ、まったく同様に無実である）ことに気付くことを促されるであろう、ということである。*[62]

かくして、第二の告発によって引き起こされた、ソクラテスにとっての真の脅威は、先に言及された法を越えた局面（2と3）にあると私は主張したい。その各々は、ソクラテスが有罪判決の真の原因として言及している (28a) 妬みや憎しみ、そして、中傷の類を生じさせたと理解することができる。第一に、妬み（そして同様に恐れ）という反応はまさしく、神の導きの声を、神託や神官の助けなしに彼がつねに受け取っているというソクラテスの異常な主張（2）から生じたにちがいない。アポロンの熱烈な僕であ

るエウリピデス劇の登場人物イオンでさえ、結局のところ、神に尋ねるために神殿に行かねばならない（『イオン』1547）。そして、しばしば神々の息子たちでさえ、ソクラテスの場合のように、神の意志を知らされるわけではない。そのような私的で、過つことのない情報源は、神的なものとの大いなる親密さと、従って、益を含意する（クセノフォン『ソクラテスの思い出』1.1.9を見よ。また1.1.4-5および『饗宴』4.47-49を参照）。そして、これは確実に妬みの混じった敵意と恐れをかき立てる（クセノフォン『ソクラテスの弁明』14）。しかしながら、いっそうやっかいなのは（3）であり、ソクラテスの内的な声の真実性と知恵を、他の者が確かめるために用いることのできる手段がないということである。そして、ある者はそれを妄想の声と考えるかもしれない（『ソクラテスの思い出』4.8.1、『ソクラテスの弁明』14）。あるいは、もっと悪いことには、それを悪しきダイモンの声や、たぶん、黒魔術に含まれるような悪しきダイモンの一つと考えるかもしれない（たとえば、呪い札の機能に含まれる事柄など*164）。一般に、アテネ市民は公的政治に携わることを誰にとっても義務と考えたのであるが（トゥキュディデス『歴史』2.40）、彼をそれから引き止めたのはダイモニオンであったという衝撃的な告白をソクラテスが行った時（『ソクラテスの弁明』31d-32a）、彼はいく人かの陪審員たちのそのような恐れをただ単に強くしただけにちがいない。

ソクラテスが十分に理解していたにちがいないように、彼はダイモニオンに対するこういった類の反応を和らげることのできる理想的な立場にいたわけではない。彼に与えられた時間は、そもそもが感情的で非理性的な反応であるものを、理性によって取り除くという大変な課題を果たすには不十分である（『ソクラテスの弁明』18e-19a参照）*165。ダイモニオンがアテネにおいて、他の誰よりも彼に、人生における独特の便宜を与えていることを彼は否定することはできない。そして、彼が時間内に提出できるのは、彼に

現れる声が悪しき助言を与えているという告発に答えて、証明（あるいは、十分な証明）なしに他の種類の仕方で否定することだけである（たとえば、その内容がつねに制止的であり、決して指図的ではない[31d]と注意することによって）。さらに、メレトスがひとたび完全な無神論の告発を選んだなら、ソクラテスは弁明のほとんどを、陪審員たちが彼に対してなおも検討しているかもしれない他のすべての申し立てに対してでなく、その申し立てに対して集中しなければならなかったであろう。かくして、無神論以外の攻撃を加えることにおいてメレトスが訴えたかも知れない一つの強力な原因と、そしてメレトスがダイモニオンを実際に票決する一つの原因を、われわれはこの第二の告発のうちに見いだすと思う。メレトスがダイモニオンを引き合いに出したことは、陪審員たちの偏見を——違法にもかかわらず——著しくかき立てたであろう。そして、彼らのかなりの者に、彼に有罪の投票をくだす方に導いたであろう。

しかしながら、これは第二の告発の終わりではなく、ソクラテスが（誠実な信念からと否とにかかわらず）「神々」、「神格」、「神的な事柄」と呼ぶものは、正しい思想のアテネ人たちには、実際にはその呼称に値しないのである。たとえ値するとしても、それらは（再び）正当に、合法的にアテネに導入されたものではなかったということを示すことにより、メレトスはソクラテスを合法的に有罪にするためになおも第二の告発を用いようとしたかもしれない。告発側が教唆したいのは、最初の告発についてのソクラテスの説明と同様、アリストファネスのソクラテス描写の線に沿った、ある種の自然哲学者にしてソフィストが、ゼウスの信者ではなく、偽りの神である「過巻き」（物質的な力の神的な名前）の信者である——ということである。この告発側の明白な欲求が示唆するのは（まったくの無神論者であるという第一番目の告発についてのメレトスの解釈を前提すると）、

daimonia）を導入したという嫌疑で、彼に有罪の投票をくだす方に導いたであろう。「新しいダイモン的なもの」（καινὰ δαιμόνια/kaina

攻撃のこの方向が、無神論の告発と新しい神格を導入したという告発の両方の暗示された部分であるということである。当然、メレトスの見解では、存在する真の神格の多くは、アテネによって認可されたものなので、ソクラテスが国の認めている神格を認めていないという告発で有罪であることを示すような、いかなる証拠が提出されようと、それはまた新しい神格を導入しているという告発に——彼を巻き込むであろう。ここから、この際、宗教的に国教の背教者であるという告発に関して、ソクラテスがいかにして有罪であると考えられたかを探るのが最善である。

3・4・3 ソクラテスの神々を認めること

われわれが先に見たように、「ソクラテスは国家が認める神々を認めていない」という第一番目の告発は、主として信念に関わるとはいえ、行動にも適用されるかもしれない。したがって、ソクラテスの是認している神々が、どの程度までアテネの神々でないと考えられたかを、緻密に描く必要がある。これらの結果を——ソクラテス自身の宗教的行動の考察とともに——用いて、われわれは次に、アテネの伝統的宗教的行為にとってのソクラテスの神学の意味合いを探求することにする。その際、これらの意味合いが、ソクラテスの裁判の間に、重要な役割を果たすことができたかどうかを決定することを目ざす。

では、第一に、アテネ国家の神々の存在を信じることは、何を意味するのか。アテネの国家宗教の日常的「信仰要求」を満たすために、人がもたなければならないのは以下のことを信じていなければならないのは明らかである。（1）国の神アテナのような、公的に資金提供がなされ、信仰の対象となっている神々の名前によって示される神々が存在する。（2）これらの神々は

人間の事柄に注意を払う（たとえば、宣誓破棄、呪い、供犠、殺害に注意を払う）。そして、（3）人間たちとこれらの神々との相互的交換関係が存在し、彼らは、とりわけ、祈りや供犠に応える必要を認めるであろう。つまり、彼らは「あなたが与えてくれるよう私は与える」(do ut des) 儀式を伴う神々の立場にあるのか。*166

かくして、ソクラテスはこれら三つの信念と、それらが含意する神々に対して、いかなる立場にあるのか。ソクラテスは、ある真の意味で、アテネの国の神々が存在していることを信じているので（そして、それゆえまた、完全な無神論の告発については無実である）、彼が条件（1）を満たしていたことは、きわめてありそうなことであると思われる。というのは、第一に、（国の神々を認めていないという告発の解明に先立ってなされた）、「われわれが今語っている神々の前で」(26b8-9) というソクラテスの祈りによって、しかるべき所において与えられた弁論術的効果、および、デルフォイで巫女を通じて語る「神」（明らかにデルフォイの神アポロンを指す）に対する彼の多くの肯定的言及は（その神は、アテネ人たちとともに哲学するように彼を配置し、命じ、その神に対して従わないことこそ、国家の神に従わないことのゆえに彼を宗教的に有罪にするであろう [29a]）、一見したところ、ソクラテスがアテネ国家の神々の存在に、知的確信をもっていることへの良き証拠を与える。加えて、われわれが見たように、彼はアテネの市民たちに要求された家の社をもっている（たとえば、祖父神アポロン・パトローオス『エウテュデモス』302b-d. アリストテレス『アテナイ人の国制』55.3. 本書2・2節）。そして、彼は人生の途上で、いくつもの宣誓をしたであろう。だが、そのすべては証人として国の神々を呼び出すものであった。たとえば、成人式の宣誓（祖国を維持すること、正当に確立された法に従うこと、祖先の聖域を尊重すること）、そして、陪審員としてなされた宣誓（ありそうなことだが、彼が一度陪審員であったと仮定して）、そして、評議会の構成員としてなされた宣誓（『ソクラテスの思い出』1.1.18）、そして、彼自身の裁判の予審で行

った裁判の当事者としての宣誓である。[167] 以上の観察や、ソクラテスがダイモニオンを恐らくアポロンの声と見なしていること、そして、ソクラテスの敬虔概念がアテネの神の一つへの奉仕を含むこと、これらすべては、国家の神々が存在することへのソクラテスの信念を証明している。私が2・2節で与えた証拠に加えて、以上のことも、神々はなんらかの仕方で人間の行為に注意を払うという（2）の見解を彼が抱いていたことへの、よき支持を与えることは極めて明らかである。

互恵的関係という核心的な最後の信念に至り、われわれは重大な困難に遭遇する。この関係をもっともよく例示しているのは、人間と神との一種の「交易」である。そのような「交易」とは、それによって神的な加護を維持し、獲得するという願望（そして、しばしば、期待）とともに、物品を供えることである（『エウテュフロン』14e の交易［eµπoρια/emporia］を参照）。人々がこれを認めていることに加えて、神々は行動のさまざまな規範を破った者たちに報いをなすことにより、道徳的な応報をなすということも考えられた。[168] しかし、この見解は、以前に示され、今いくらか詳細に正面から取り組まねばならない問題に遭遇する。すなわち、ソクラテスの完全に道徳的な神々は、今述べた道徳的強制の役割を果たす神々と両立できるけれども、しかし彼らはいかにして人々の間で抱かれた神々についての想念と合致しうるのだろうか。というのは、人々の考えによると、神々は気まぐれの規則破りの者たちであり、呪詛や物質的供物によって「友を助け、敵を害する」ように動かされる。ソクラテスの完全に道徳的な神々と、国の御利益信仰（do ut des）の供物に応える神々と、本当に完全に同一でありうるだろうか。

3・4・4 ソクラテスの道徳的な神々

ソクラテスに対する正式の告発のありそうな動機を、われわれは『エウテュフロン』から知ることができる。「エウテュフロンよ、私が告発されている理由はこのことなのか。すなわち、人が神々についてそのようなことを言うなら（たとえば、ゼウスが彼の父を縛ったとか）、私はそれらを不快感とともに受けとめるからだろうか。このゆえに、思われるところでは [ὡς ἔοικε/hōs eoike]、人は私が罪を犯していると主張するのであろうか」(6a6-9)。

われわれが先に見たように、この文章の文脈と、『エウテュフロン』や他の作品の他の文章に照らして、この文章をソクラテスの一つの告白として読むための、きわめてよき理由がある。その告白とは、神々はつねに——「もし彼らが神々であるなら」——善きことのみをなし、悪は決してなさぬ、そして、神々のようなものは、それ自体において、互いに道徳的合意にあるという命題を彼は堅固に信じている、というものである。この神学のようなものは、それだけで（それが何を含意するかには関係なく）アテネの神々の存在を信じず、代わりに「新しいダイモン的なもの」(καινὰ δαιμόνια/kaina daimonia) を信じているとして、人に有罪を宣告するための十分な保証となり得たであろうか。ブリックハウスとスミスによると、『エウテュフロン』におけるこのソクラテスの考量は、「詳しい情報を与えるものではない」。それゆえ、彼らはJ・バーネットや、A・E・テイラー、また、他の者たちとともに、伝統的な神々の抗争の物語に関するソクラテスの懐疑主義的告白は、「アテネ人の心情にショックを与えるようないかなるものも」含んでいないと考える。*[169] *[170] しかしながら、他の学者たちの考えによると、神々をそのように全体的に

172

道徳化することは、古い神話を完全に拒絶することに等しいのであり、それはアテネ市民の圧倒的多数を確実に憤らせることである。この見解によると、ソクラテスは真の「宗教的過激主義者」であり、しきりに「オリンポスの神々の不潔な馬屋をきれいに」したがっているのであり、彼は「キリスト教篤信地帯の原理主義者で一杯の教会法廷の前で、彼の福音の善意を弁護する……自由思考の急進的なキリスト教伝道師*[171]」と似ていなくはない状況で、自分が裁判にかけられているのを突然に見いだすのである。

この重要な問題に解決を与えることは、必然的に、ある程度の推測を含む。だが、私は可能性の高い決定をくだすだけの十分な材料があると考える。第一に、ギリシアの宗教は、信仰に重きをおいた後代の宗教よりも、われわれが異端と呼ぶものに対して、はるかに寛容であった(そして、キリスト教原理主義からは、はなはだ遠かった)。また、ギリシアの宗教は、聖書と同じ地位をもつ啓示された教典をもたなかった(『イリアス』でさえそのような役割を果たさなかった。*[172]さまざまの供犠や他の宗教的義務を遵守することは、訓練された聖職者により強制された体系的な教義も、組織された教会もなかった。だが、彼らは敬虔な立場を維持するために、何らかの定まった信条に同意することを、書かれた法令によって要求されたわけではなかった。したがって、シアの都市国家の市民たちに期待された習慣であった。だが、彼らは敬虔な立場を維持するために、何らしきたりとなっている宗教的儀式を慣例どおりに執り行い、神々が存在することを認める限り、個人の私的な信仰は、深刻な困難もなく、彼の隣人のそれから相当異なることができた。われわれが知っている限り、ピンダロスは、何らかの法的制裁を引き起こすことなく、「ホメロスの嘘」(『ネメア祭祝勝歌』7.23)について率直に語ることができた。そして、アレースとアフロディテーの密通や、ゼウスがメティスをだましたというようなホメロス(『オデュッセイア』8)やヘシオドス(『神統記』*[174]872-906)に見られる物語を信じないがゆえに、誰かが今までに告訴されたというような証拠はない。さらに、彼らはヘシオド

173　第三章　ソクラテスと彼の告発者たち

スサソフォクレス、アイスキュロスの作品に触れているので、さまざまの社会的立場のアテネ人たちは、神々に正義があるという主張をよく知っていた。そして、これらの主張に誰かが異議を唱えたとは聞かない。[175] 神々がなすことを確認することは困難であり、そして、彼らの行動はわれわれ人間の道徳的範疇に含まれえないということは、知識人でない者にもしばしば肯定された。それゆえ、一般人の意見においてすら、個人の抱く特定の懐疑主義に対する弁護が存在した。[176]

前五世紀中葉から末にかけて、アテネ人の大部分にとっては、ともかく、詩人たちの語る神々の不道徳な物語についての疑いや、あからさまな否定の主張を聞くのは、大きなショックではなかったであろう。アテネ人たちは、ヘカタイオスやソロン、ピンダロス、クセノファネス、エウリピデス、そして、ヘラクレイトスのような思想家による、詩人たちの神々に対する長年の批判にさらされてきた。ヘラクレイトスの場合、偶像に祈る儀式をすら攻撃している(彼は、そのことを「家の持ち主にではなく、家に話しかけるようなものである」と語っている [DK, B5])。そして、多くの知識人たちは、この種の懐疑主義と、折々それに伴う自然主義的説明が、いっそう洗練された形の有神論と両立すると考えていたようである。[177] これらの特定の思想家たちは誰一人、宗教に基づいた迫害を受けなかったようであるが、このことも注目に値する。さらに、詩人たちの伝統的な物語についての疑いは、ソクラテスの時代にはまれではなかった。われわれはそのことを『パイドロス』(229c)から知っている。また、神々が正しく、道徳的であることの肯定も多く見られた。たとえば、「ゼウス・メイリキオス(親切な神ゼウス)」、「ゼウス・クセニオス(外国人と誓いの守護神ゼウス)」、そして、「嘘をつくことのできないデルフォイの神アポロン」——そして、神々が人間の間の正しい行動を是認するという考えを、アポロンは神々のうちの誰よりも勧める——である。[179]

174

神々の道徳的地位について、人々の間に明白な論争があった。それについてのたぶんもっともよい説明は、この時期に二つの宗教的な流れが、動的な緊張関係のうちに共存していたというものである。一方で、詩人や劇作家の物語と同様に、伝統的な神々の敵対関係の物語を受け入れる創造的で、柔軟で、民間に受容された神学があり、そのいかなるものも、人々に忠誠を要求しなかった（詩人たちや劇作家たちは、人々の信念と他の思想家たちの試みの両方を分析し探っていた）。他方で、国家の神学とその宗教儀式があった。こちらは忠誠を要求し、また、それらは、応報の法を尊重する正しい神々が庇護してくれること[80]を前提することによって、国家の正義の基盤を与えた。この見解と先の議論が主張するのは、神々は完全に協力的で善きものであるというソクラテスの見解は、それが不敬虔なものであるとか、国家の神々への信念を直接に切り崩すものであるとは見られなかったと考える研究者たちの側に、われわれは立つべきであるということである。かくして、ソクラテスが『エウテュフロン』で表明している懸念は、それ自体で次のようなもののみである。すなわち、彼の告訴を説明する一つの仮定として提出された懸念は、主としての、どう悪く見ても、アテネ人のごく少数者のみを刺激するような申し立てに焦点を当てているにすぎない。

3・4・5　ソクラテスと儀式宗教

しかしながら、宗教的寛容性について述べた以上のことは、話の半分にすぎない。ギリシア人にとって宗教は、またも、知的な理論というよりは、ずっとよりいっそう要求と儀式に関わる事柄であった。これはホメロス以前の時代からそうであった。さらに、これらの儀式は、しばしば農耕暦と結びついた――呪

詛をなす「黒魔術」を含む――魔術に類似した行為を含み、神々についての数多くの様々の神話物語から、心理学的局面の多くを引き出していた。たとえば、ギリシア人たちの三大宗教的祭礼――ディアシア、テスモフォリア、アンテステリア――の各々において、オリンポスの神々は、魔術的恐怖の雰囲気と地下の様々の精霊に対する供犠による宥和を主に含む祭式に対する、後の時代の追加であると思われる。とりわけ、ディアシアの供犠は、名目的にはゼウスに関連していたが、相互の友好的絆を固くする共同体の祝宴の仕方に従い、供犠となる獣の一部分が神と崇拝者との間で分けられる、というような種類のものではなかった。むしろ、生け贄は、大地の下に住む死者たちの、予想もできない地下の力を宥和するために、完全に火で焼き尽くされた（全燔祭）。さらにまた、大部分のギリシア人にとってもっとも重要な神々は、各人の直接的状況に結びついたものである。彼らは、日々の苦闘の援助者として役立つような下位の神々たちであり、オリンポスの神々よりもいっそう局地的党派的利害関係をもつ、英雄たちやより下位の神々である。たとえば、鍛冶屋にとってはヘファイストスがいるし、誰でも困難な時にはアスクレピオスやヘラクレスが、そして、数え切れない他の神々がいる。しかしながら、オリンポスの神々自身でさえ、呪詛を成就するという重要な中心的な仕事に関わっていると考えられた。ゼウス（ソフォクレス『フィロクテテス』1183)、あるいは、すべての他の神々が（ソフォクレス『オイディプス王』269）、各人の報復的な目的を成就するために、祈願されることができた。(だが、明らかに、地下の神々、たとえば、ハデス、ヘカテー、ペルセフォネー、そして特に、エリュニュエスの助けを求めることの方が好まれた。）

それゆえ、伝統的な宗教行為は、（一般的なものではなく）特定の善あるいは害を求めて、神あるいは神々に祈ることを中心としていた。しかしながら、通常の伝統的理解でも、各人の申し立てが認められるためには、これらの超自然的な「援助者たち」は、「借り」を先に差し出すことを要求した（あるいは、

彼らの奉仕の後に「贈られた」）。かくして、援助者への要求を確立することを意図するある種の供物が、要求の祈願に伴わないということは異常なことであった。農夫は男神ないし女神の助けを求める前に、ワインと香を捧げるべきである。そして、彼は豪華に供犠を行ったうえで、神が彼に何かを負っていることを思い出させることができた。エウテュフロンがソクラテスに告白しているのをわれわれが見たように（『エウテュフロン』14c-15a）、神々と人間とのこの相互的な「あなたが与えてくれるために私は与える」(do ut des) という考えは、むしろ、交易術（ἐμπορική/emporikḗ）のようなものであり、嘆願の祈りを伴う物質的贈り物を保持している (14c)。しかし、この同じ文章は、ソクラテスがそのような考えに（少なくとも、それのある局面には）嫌悪感を抱き、そして、彼がもっていたかもしれないこの嫌悪は、神々の不正や相互の抗争に対する彼の拒否と結びついているかもしれない、ということを示唆している。もしそれが正しいなら、そのような、日常的なギリシア宗教の実利的な（かくして、もっとも重要な）基盤に対して、いかにして間接的な（しかし、きわめて心配すべき）脅威として見られることができたのかを、われわれは知ることができる。

次に、この観点からソクラテスの運命を問うために、われわれはソクラテスの神々を特徴づける必要があり、そして、「国家の神々」という言葉に法廷がどんな解釈を与えたのかを知る必要がある。さしあたり問題は、ソクラテスがこの言葉をいかに解釈したかということではない。先に注意した法的手続きを前提すると、「国家の神々を認めない」という告発に関する、法廷での彼の実際上の法的有罪・無罪は、告発側（と陪審員たちが）それに付与する意味の問題である。もしソクラテスが、これらの個人によってアテネの神々に付された説明のもとで、それらと齟齬をきたすことを何も信じていないなら、彼は無罪を宣告されるべきである。しかし、彼らが定義的に本質的であると解釈する神々の主要な特性を、もし彼が信じ

177　第三章　ソクラテスと彼の告発者たち

ていないなら、彼は（このように解釈された）告発について有罪である。われわれが見たように、ソクラテスと法廷の他の人々は、「国家の神々」という言葉が、大部分のアテネ人たちにとって何を意味したかを恐らく理解していた。この句が指示する対象には幅があるが、この用語に含まれるものとして慣習が指示するのは、国家の信仰の儀式が向けられていた神々、とりわけ、アテナ・ポリアス（アテネを支配するアテナ神）とゼウス・ポリエウス（国家の神ゼウス）である。[185]

さて、宗教的改革者たちは、しばしば神学的な改革から始めて、彼らの新しい規範に基づき、道徳的理論と実際の行為においてどんな変化がなされねばならないかを推論するのであるが、ソクラテスは（われわれが見たように）この手続きを逆転させたようである。彼は思弁的な神学者であるよりは、いっそう道徳哲学者であるので、彼の革命は最初に道徳的領域に向けられる。とりわけまた、彼は（正義とは「友を助け、敵に害を加える」というような）伝統的道徳観とその基盤となる正義の応報的観念に対して次のように主張する。すなわち、他者に害悪を加えたり、不正の動機を助けることは決して正しくないので、少なくとも、応報的正義の否定的側面（「悪に悪を」）と、正義に反するような仕方で恩恵を交換（あなたが与えるために私は与える）することは、真の正義の首尾一貫した要素としては拒否されねばならない。[186] それゆえまた、ソクラテスは真の正義の諸原理が神々にさえ妥当することを要求するので、彼の「ソクラテス化された」神々は、ただ単に伝統的に認められた仕方で善く正しい者であるだけでなく、互いに意見が完全に一致しており、彼らが互いに対しても、人間たちに対しても、応報的復讐をなすことは禁じられており、ソクラテス的正義の要求とは無関係に、「あなたが与えるために私は与える」というような嘆願的供犠に応ずることはできない。それでは、ソクラテスの道徳神学のこれらの局面は、アテネの神々と国家の宗教に対してソクラテスをどの程度まで対立させるのか。

ここでも、神々同士の反目に対する不信それ自体は、国家の神々（人々の間で理解されたものとしてであっても）に対する不信を人に抱かせる恐れがあると考える理由はない。先に引用された『エウテュフロン』からの文章は、ソクラテスが、アテナ・ポリアスに捧げられた祭の、式服に描かれた情景の内容を拒否していることを示している（『エウテュフロン』6b-c.『国家』378b-380c, 381e-382e）。しかし、この「オリンポスの神々とタイタンたちの戦争」は、それを信じるよう要求された国家信仰の一条項ではなく、誰もが比較的安全に疑義を唱えることのできる詩人たちの一つの物語にすぎない。*187 むしろ、神々の正義についてのソクラテスの教義が、アテネの国家宗教にとって真の脅威を与えるのは、応報の法と、宗教のご機嫌取り的な「あなたが与えるために私は与える」(do ut des) 局面の、否定的な側面に対する彼の拒否である。

グレゴリー・ヴラストスは、さらに、この脅威の極端な説明を与えている。彼は、ソクラテスの敬虔と正義の概念が、われわれの魂の改善を通じてわれわれが神々に奉仕することだけを要求するものとして描く。その神々は、完全に善き者であるので、彼らの本性そのものによって「容赦なく慈悲深い」者である。*188 ギリシア宗教彼が理解するところでは、このことはギリシアの民衆宗教の大部分をすっかり崩壊させる。ギリシア宗教は、自分自身あるいは友人を助けるために、神々に供犠を捧げて嘆願し、「買収する」ことができるという考えの上に立っている。つまり、神々は、「贈り物なしには、神々自身の善への意志が、彼らにそれをなすことを促さなかったような善を」*189 なすのである。これらと同じ理由で、ソクラテスの神々は、敵を害するようそそのかされることは決してできない。むしろ、神々は、しなければならない善をなし、そして、供犠による呪いや祈禱には注意を払わない。このことが、伝統的な宗教行為に対するソクラテスの関係を、どの程度まで捉えているかを決定するために、われわれがまず問う必要があるのは、神々の互恵性という

中心的想定が、「神々は頼りになる仕方で影響されうるのであり、善悪両方へのわれわれの意志を成就してくれる」という観念を、どの程度まで含むかということである。

ギリシア宗教の大部分と同様に、証拠は矛盾をもっていたようである。一方で、神々はたとえ応報(talio)の正義と関係がなくとも、物質的要求に応えてくれることが期待できる、という考えを支持する文章がある。たとえば、『イリアス』(9, 497-501)で、フォイニックスは、神々の怒りは供犧によって逸らすことができる、とアキレウスに断言している。クリュセースが報復を求めてアポロンに祈ったことについてのプラトンの説明にも注意するべきである。そこでは、クリュセースは、神が恩恵のお返しをしてくれる根拠を確実なものにするために、彼が過去に執り行った供犧を用いている(『国家』394a、『イリアス』1, 375-385 を参照)。同様に、エウリピデス劇のメーデイアは、イアソンに対して「神の助けとともに正しい報復をなすこと」ができると確信している(『メーデイア』803)。そして、それは、不貞に対する彼の正しい償いが、三人の罪もない生命が「不敬虔」(796)に奪われることを意味するとしてもである。

次に、『国家』(364b-c) においてわれわれが知るのは、供犧により過去の悪行を償ったり、正・不正にかかわらず敵に害を加えることを約束するような、流浪の司祭たちや予言者たちがいることである。そして、それに続く一節 (364e-366b、また 419a を参照) が示すのは、神々などというものは、「獲得物の分け前」(つまり、不正に獲得された利得により購入された供物) を彼らに与えることによって、不正な者を罰することから「逸らされる」ことができる、と考えるような詩人たちの言うことを信じる者たちがいるということである。同一線上に、『法律』885b-e では、神々は贈り物によって「正義の道を踏み外すにはあまりに善き者である」(888a-d, 908e-909d を見よ) ということについて、証明を要求する多くの人々への言

及が、無名のアテネ人によってなされている。このことは、そのような要求が、(たぶん公的な宗教の一部分としても) まれではなかったことを強く示唆する。[190] 無名のアテネ人は、『法律』(948b-948e) において、大衆の信条は、「もし彼ら〔神々〕が供犠やお世辞によって、わずかばかりを受け取るなら、彼らは巨額の盗みを手助けし、罪人をあらゆる種類の重罰から解放してくれる」(948c4-7) というものである、と主張さえしている。最後に、応報的国家宗教の明白な実例が、評議会の開会式に見いだされる。そこでは、それぞれの会が開かれる前に、伝令が祈りを復唱する。その中にはアテネに対して悪を謀る者たちへの呪いが含まれている。そして、そのような敵たちが惨めな最期を遂げることを要求する。[192] これらの実例すべてが示唆するのは、人が供犠をもって善きことを要求すれば、たとえ正義とは無関係であっても、成就する可能性があると一般的に考えられていたということである。

しかし、このすべてに対して、人は、少なくともヘシオドスにまで遡る、確立した伝統を対置しなければならない。その伝統が強調するのは、供犠の規模と豪華さはその人の社会的地位を誇示し向上させることに役立つにすぎず、神々とはまったく無関係であるということである。[193] たとえば、われわれの聞くところによると、マグネシアの男がデルフォイへやってきて――豪華な供犠を捧げることによって、すべての人間の中で誰がもっとも神々を喜ばせたかをピュティア（女神官）に問うた。しかしながら、そのような物語によくあるように、女神官は他の者の名を挙げた。その者はまったく無名の者で、彼は――彼の供犠は慎みやかなものであったが――適切な儀式を決して怠らなかった者である（ポリュピリオス『禁欲について』2.16）。加えて、以下のことに注意することは重要である。すなわち、供犠を捧げる活動のかなり多くは、単に神々との秩序だった関係を維持し、彼らの好意をたしかにすること以上に、特定の善悪を獲得することを目ざすものではな

なかった。神々の意志は、一般に同意されているところでは、このような活動によって確実な、いい、仕方で影響されることはできなかった。[194]

この短い考察から生じるのは、次のような理解である。すなわち、ギリシア宗教のいっそう物質的、非道徳的、交易的な局面と平行して、別の流れが存在する。それは崇拝者の内的動機、伝統的な儀式を時宜に適った、実直な仕方で遂行しようとする彼ないし彼女の決意、そしてそれゆえ、個人の資力ではなく、内的礼節や正義に基づいた神と人間との相互性を強調する。[195] しかしながら、ほとんどすべてにおいて、自己を大きく見せようとする人間たちの（そして、確実にギリシア人たちの）傾向を考慮すると、この非交易的態度は、時々見られる少数派の現象である。大部分のアテネ人にとっては、「遂行された供犠と偽証された宣誓」に対して、（折々、正義、とりわけ、ソクラテス的に理解された正義への厳格な敬意なしに）「少しも神々ではない」。[196] したがって、問題は、ソクラテスの見解が、交易的ならびに非交易的の両方の意味での相互性の観念を支持するのか、切り崩すのかどうか、そして、どの程度までそうするのかということになる。

これは答えるのが非常に難しい問題ではない。われわれが考察し始めたように（たとえば、2・2節）、ソクラテスは供犠を捧げる信仰の、純粋に交易的で非道徳的・反道徳的な意味合いを、確信をもって拒否していることを証拠は示している。彼の神々は、物質的な供犠それ自体を、いかなるものも欲することはできない。そして特に、彼の説明では、呪詛は効果をもたない（あるいは、裏目に出ることもある）ようである。しかしながら、ソクラテスは、嘆願者の物質的贈与よりも、彼ないし彼女の意図性を強調し、伝統の内面的、非交易的な局面を保持することができる。そして、彼は、われわれが神々に要求することを是認し、われわれが彼らを係の内面的、非交易的な局面を保持することができる。そして、彼は、われわれが神々に要求することを是認し、われわれが彼らを

(ある仕方で)崇拝することを要求する(これに対する神の反応は大いにありうるものである。2・2・8節を見よ)。しかし、彼は、神への崇拝が物質的供儀を含むことの厳格な要求とはしない。彼はまた、敬虔と「崇拝」の伝統的観念を根本的に変革し、祈願や物質的供儀よりも、「正しく行動すること」と（敬虔な「崇拝」の種類としての）哲学的な「魂の配慮」にたずさわることの優先性を強調する観点から、それらを作り変える。ソクラテスはかくして、（ヴラストスに反して）実際の宗教的行為に対する全般的な脅威ではなく、その実践者たちの多くがもつ「内的な、狭い、自己拡大的動機」に対して脅威なのである。彼らは、外的獲得物のために物質的供儀を優先し、アポロン神により命ぜられた「信念の供儀」（「自己吟味」）の形を無視する。彼らは、「魂をより善くすることよりも、身体やお金をよりいっそう配慮している」（『ソクラテスの弁明』30a-b. 『パイドロス』279b-c 参照）。したがって、ソクラテスは、ある陪審員たちには、彼らが考える信仰への真の脅威として（見る目のある者たちには）認められたであろう。その陪審員たちとは、彼らのおきまりの動機を越えた動機によって特徴づけられた、宗教的生を容認することができないような陪審員たちである。私は以上の主張を詳しく説明し、それらを受け入れるための証拠を与えよう。

ソクラテスによると、完全に善き神々に対して、われわれには恐れるべきものは何もない（『ソクラテスの思い出』4.3.5-7）。そして、彼らは、われわれが積極的に要求してもしなくとも、多くの善きものを適切な時に、われわれに与える（『ソクラテスの思い出』1.4.5.18, 4.3.3.17. 『アルキビアデスⅡ』149e3-150b3 参照）。さらに、ソクラテス的正義の要求と一致する場合は、彼らは、われわれの魂の正義と敬虔に応えて、われわれの功に報い、われわれを助ける（たとえば、われわれに「合図」を送ることにより）。だが、物質的捧げ物の大きさや種類に応じて

183　第三章　ソクラテスと彼の告発者たち

はない(『ソクラテスの思い出』1.3.3, 2.1.28)。もちろん神々はわれわれから何も必要とはしない(たとえば、『エウテュフロン』13c、『ソクラテスの思い出』1.6.10)。そして、彼らは互いに対立する諸力に抗する、執念深い復讐法の助力者として役だってくれるように、彼らは、われわれの意志に対立する諸力に抗することはできない。われわれの計画が、不正をおかすことを含むような場合は、特にそうである(『国家』364a-c、『法律』905e 参照)。それにもかかわらず、ここにはソクラテス的に受け入れることができ、しかも、「効果的な」祈願と、人と神の相互関係についての修正された積極的な「あなたが与えるために私は与える」という観念が、存在する余地がある。

祈りとか供犠のような伝統的宗教行為が、本質的に、敬虔の徳と結びついている——あるいは、神々が存在するという知的認識に何らかの特定の関係がある——とソクラテスは考えているようには思われない(2・2節に見られるがごとく)。だが、祈りや供犠を行うことは、それにもかかわらず、敬虔についての彼の見解と両立可能である。伝統が主張するとおりに(エウリピデス『ヒッポリュトス』7 ff. を見よ)、われわれは神々の贈り物に対して、神々を崇拝するという内的な意図をもって行為することを通じ(その行為はまた有徳なものである『ソクラテスの思い出』4.3.17)、2・2節を見よ)、適切な仕方で神々を崇拝することにより、神々にお返しをしなければならない。哲学を通じて神々を崇拝し/感謝する祈りや、物質的な供犠を含むことができる。だが、崇拝する行為は神を崇拝し/感謝することにおいて、優位を占める。そのような行為は間接的な仕方で神々に奉仕する。それらは、(悪には悪を、善には善を)善に善を報いるようにわれわれを習慣づけることにより、われわれの魂を、そして他の人々の魂を、正義にかなった仕方で(かくして宇宙に善を産み出す仕方で)提携することを助ける。ここから、

ソクラテスは——悪に悪の仕返しをすることを禁止することにより——敬虔の復讐法的な、「あなたが与えるために私は与える」という観念の、否定的な半面を拒否し、神々を物質的、交易的仕方で取り引きすることができるというエウテュフロンの考えを却下する (14e)。だが彼は、われわれは善に善を返すべきであるという考えを受け入れているように思われる。しかしそれは、特定のお返しを期待する権利をわれわれに与えてくれるような要求を何らかの神格に対して確立することなくである。

実際、ソクラテスはこう考えていたと思われる。すなわち、神々は有徳なことをなす者たちを助けるのであり、そして、神を崇拝し感謝する祈りや供儀は有徳（敬虔）なので、（神からの）徳を助成する好意が、何らかの仕方で、そのような努力のゆえにわれわれに返ってくるであろう（しかし、必ずしも、われわれがわれわれ自身のために選ぶような仕方においてではない[『ソクラテスの思い出』1.3.2, 2.1.28]）。いずれにせよ、クセノフォンが描くには、明らかにアテネ人に対する徳のゆえに、神（々）から善（つまり、ダイモニオンのような予兆）を受け取っているという見解を、ソクラテスは受け入れている[201]。ソクラテスはまた、アテネの書かれた諸法と書かれざる諸法に対して、非常に発達した、あるつ、保守的な義務の感覚をもっている。したがって、われわれはそのような諸法により要求され、期待された儀式を彼が命じたり、行ったりすることを、彼に期待できる（『ソクラテスの思い出』1.3.1, 4.3.13, 4.3.16, 4.4.25、『クリトン』48d-54d）[202]。プラトンでさえ、ソクラテスの宗教行為についての話題には沈黙しているにもかかわらず、彼のソクラテスの口に、十二の祈りを喜んで語らせている[203]。最後に、われわれが先に（特に2・2節で）見たすべての証拠が示唆しているのは、ソクラテス自身が宗教的儀式や行事の感謝に参加したということである。しかしまた、ソクラテスにとっては、神々はつねに、そのような真剣な動機による行為によって示される崇拝によって、ある意味で喜ばせられるけれども、一部のアテ

ネ人たちによって思い描かれた神々とはまったく違い、彼らは供犠の物質的基準（たとえば、その大きさ）や、要求された特定の項目は、われわれの真の善に役立たないかもしれない（というのは、要求の細目に応えたり（というのは、要求の細目に応えたり、ソクラテス的に見て不正な嘆願〔アリストファネス『平和』1.3.2.『ゴルギアス』511c-512b〕に応えたりするものではない。

われわれは、第二章で、ソクラテスがエレンコス的、自己吟味的な哲学行為を含むような仕方で信仰の概念を再解釈しており、そのような信仰は魂の一種の儀式的浄めであり、それはソクラテス的敬虔と両立できるのみならず、ソクラテス的敬虔によって積極的に要求されるものである（4・2節を見よ）ということを示す諸事実を捨てたからである（『ソクラテスの弁明』23b-c, 31b-c）。そして、彼の奉仕は、彼の裁判と有罪判決により、彼の生命そのものの供犠を含んでいる。

（クセノフォンが後に言ったように）アテネで見いだされるもっとも目立った、変わることのない神々の従者であることの、雄弁で、断固たる証言を与えている。彼は供犠を捧げる者たちのうちで、もっとも物惜しみしない者の一人であると主張してもよい。彼は、神への敬虔な奉仕のために、余暇、お金、家族生活という外的善を捨てたからである（『ソクラテスの弁明』23b-c, 31b-c）。そして、彼の奉仕は、彼の裁判と有罪判決により、彼の生命そのものの供犠を含んでいる。

しかしながら、ソクラテス的に完全に賢明な神々に対して、われわれがとりまとめるべき、個別的な、あるいは、物質的に報われる取り引きなどというものは、ほとんど存在しないことは明らかなはずである。人が徳を追求することにおいて助力を授けられるようにという誠実で、一般的な祈りを超えては、完全に賢明な神々が応えてくれることが当てにできるような要求や（もし、そのようなものがあるとするならば）供犠はほとんど存在しない。というのは、われわれは、なんらかの特定の要求が徳を助長するものであるかどうかを、決して知ることはできないからであり、また、神々は物質的なものを必要としないから

*204

186

である。たしかに、ソクラテスの道徳説のこの含意は、多くの宗教的行為に潜む民衆的・伝統的な動機のいくつかを直接的に断ち切るものである。ソクラテスの立場は、国家の神々や大きな宗教的祭礼の供犠に適用されるだけではなく、日常生活の信仰の対象である下位の神々にも同様に当てはまる。それら下位の神々は、大部分のアテネ人たちにとって、彼ら自身の生活にいっそう親密に関わり、国家の上位の神々よりもいっそう直接的に助けになる、と見なされている。しかし、もしソクラテスが神々のすべてについて敵意と嘘を拒絶し、特定の不適切な動機による要求の効果を否定するなら、彼はそのような心的傾向をもつ陪審員たちには、よりいっそう脅威であると見えて当然である。そのことは、国家の神々を認めないという公的な告発のゆえに人を有罪にするために、「助け手」ヘラクレスへの不信を、合法的に用いることができなかったという見込みが高いこととは無関係である。というのは、大部分の陪審員たちが主張するだろうが、ヘラクレスは、もし彼がゼウスによるアルクメナの誘惑（ヘーラーの妬みをかき立てた）によって宿されたのでなかったなら、そして、嘆願者の苦し紛れの個々の祈りを（少なくとも一般的に）かなえてくれることが当てにできなかったとしたら、彼はヘラクレスではないのである。加えて、ヘラクレスの助けは、とりわけ、人に襲いかかる、眼に見えない、非人間的な（それゆえ容易には対処できない）諸力に対する助けを意味した。そして、ほとんどのギリシア人には、このことは他の神々からの圧迫を取り去るヘラクレスの勝利の物語の必要性と効果を取り去ることになる。しかしまた、ある敬虔な感性の人にとってずっと心配なのは、人生の個々の栄枯盛衰に対して（結局のところ、ソクラテスによると、栄枯盛衰自体は隠蔽された徳を生じさせる善であるかもしれない）、ソクラテス的正義の鎖に縛られたヘラクレスに助力を求めても、何の意味もないし、希望もないことである。もし人が、ソクラテス的に見て不正な見返り

*205

*206

（つまり、敵への害）を要求するなら、特にそうである。この心配を詳しく述べるために、呪詛というギリシア宗教のあの主要な特徴についてのソクラテスの評価を検討してみよう。

先に示したように、ソクラテスの時代の大部分のアテネ人は、公私の両領域において、呪詛が他者に害を引き起こす効果的な手段であることを、人生の事実であると考えていた。その害とは、物財の損失、苦痛、病気、人命を奪うことなどである（『法律』933c-e を参照）[207]。さて、これらの種類の害（これは必ずしも魂への害ではない）を他者に引き起こすことは、真のソクラテス主義者にとって、少なくともいくつかの事例においては、受け入れうることであるかもしれない。[208] アテネ法は正義を促進する一つの仕方として、呪いを公式に認めていた。ソクラテスは、アテネ法を、そして、不正な者たちが「罰をうけるべき」（『エウテュフロン』8d-e）という考えを、受け入れていると思われる。そして、国家公認の処罰が、しばしば合法的な「敵に害を加える」事例として性格づけられようと、また、ソクラテスが、彼自身、処罰される羽目に陥っても（しかしながら、5・1節註77を見よ）、国家によって公認された処罰それ自体に対して、ソクラテスがはっきりと反対しているのをわれわれは見たことがない。[209] 彼の輝かしい軍事的経歴が立証するのは、他者に身体的危害を加えることは、それが正しいことであり、魂の教育を促進するかぎり、ソクラテスにとっては問題外のことではないということである（『ソクラテスの弁明』25b-26a により）。[210]

実際、このような呪いは明らかにソクラテス的に受け入れうると思われる。というのは、そのような呪いは、通常、神、とりわけ、（しばしば、物質的供犠を用いて）自分の大義に神を巻き込むことにより、機能すると考えられていたからである。たとえば、『イリアス』9. 444-461 における アミュントルの呪いを見よ。[211] しかし、明らかに、ここには最初の矛盾がある。ソクラテスの神々（特に、ゼウ

188

ス)は、すでにすべてを知っているので、不正について気づかせられる必要はない(2・2・8節、および『ソクラテスの思い出』1.1.19を見よ)。そして、彼らは完全に正しいので、なんらかの正しい大義に巻き込まれる必要はない(それゆえ、そういった種類の意図に伴う、物質的供犠の必要はない)。第二に、もっとも一般的に訴えられる正義は、否定的な報復(talio)の正義である。たとえば、「客人を保護する神、ゼウスよ、私を殺した者たちが同じ運命に遭うように」[212]というものである。そして、われわれが見たように、ソクラテスは(身体的加害よりも、教育を選ぶので [5・1節註77を見よ])否定的な報復を否定している。さらに、多くの呪詛において求められる報復は、とりわけ好ましくない種類のものであり、それは(侮辱を加えたり、感情的な満足を遂げたいという欲望によって動機づけられた)個人的な復讐と、債務を矯正するものとして考えられた正義とを混同している。そして、そこでは、想定された報復は無実の者たち(たとえば、敵の子供たちや競争相手の馬車の御者)に対する加害、しかも、しばしば理由のない加害を含む。[213] ソクラテスは、かくして、多くの因習的に「正しい」とされる加害について、(すっかり激怒したものでないにせよ)少なくとも懐疑的な見解を取らざるをえないように思われる。最後の矛盾はいっそう明白である。多くの呪いは、それをなす者たちによってさえ、敵に対する不当な優位を求める事例であると考えられた。ある呪いは(人々の理性を奪い、そして、彼らの魂が劣悪になることも生じさせることにより)、ソクラテス的加害を獲得することを目ざし、そして、何のいわれもないものであることもあった。ソクラテスにとっては、不正な行為は、行為者とその対象の両方に害を与えるものである(たとえば、『ソクラテスの弁明』30c-d)ので、そのような呪詛に対する神々の協力を強力に否定しなければならない(神々は協力する代わりに、そのような事柄を無用のものにすると主張することによってである。[214] 『法律』854bにおける、「呪いからの救いを与えてくれる神々」へのプラトンの言及を参照)。したがって、

全体的に見て、ギリシア宗教のこの主要な慣行を、ソクラテス的な道徳的神学と一致させるのは、非常に困難であると思われる。そして、たとえソクラテスが彼の神々から、呪詛による復讐をなすための密使としての役割を除去すべきであったとしても、彼はなおもギリシア宗教の価値ある、伝統的な慣行を拒むか、あるいは、きびしく制限しなければならないであろう。

以上すべてを前提とすると、もしソクラテスの陪審員たちのある者たちが、供儀信仰についての彼の見解の含意を認識することができたなら、ソクラテスは彼らによって国家と家の両方の安定を脅かすものとして見られたであろう。しかしながら、近代からの適切な比喩で表せば、彼はキリスト教篤信家たちで一杯の法廷におけるソクラテスとはならない。彼らは、近似的なものとして役立つには、あまりに知的であり神学的に汚染されている。われわれは、彼らに代えて、敬虔なギリシアの農民たちからなる法廷に置き換えるべきである。彼らは、困った時には、聖母マリアは（あるいは）彼らの個人的な名付け聖人に頼る。マリアは処女ではなかったとか、彼らの名付け聖人は「物語が言うような」──この説明が、彼らにとってインテリの批評家にまったく一変させるのである──彼らの仲裁者の存在を、この懐疑主義者が「認めて」いない、と見なす完全な権利をもつ。したがって、もし伝統主義者が十分に感受性があるなら、彼はソクラテスの見解が、信仰の実践に対する脅威となることを認識できたであろう。というのは、日々の個別的で利己的な報復的動機がその実行を是認し促進する主要な動機であるならば──そして、このことが実際に、しばしば、様々の公的な、そして特に、私的な供儀と奉納の背後にある動機であった──、ソクラテスが提案していることは、信仰の実質的拒絶である。*215

したがって、もしメレトスが陪審員たちの注意を、ソクラテスの神々が引き起こすであろう信仰にとっ

ての含意に直接に向けたなら、彼はソクラテスに有罪投票した陪審員たちの数を、いくぶんかは増加させたかもしれないと思われる。当然、ソクラテスは直接的にこの懸念に対処していない。彼は、われわれが検討してきた国家の神々を認めないという告発のこの含意に対して、自己自身を弁護するためのはっきりとした試みをしていない*216。それゆえ、もしそのような告発がありそうなものであるなら、ソクラテスは彼の弁明の中でこの告発にはっきりと対処していないので、彼は怠慢ないし不誠実ではないのかと、われわれは疑問に思うかもしれない（国家の神々を認めていないという当初の告発を、無神論の告発として解釈するメレトスの選択があるにしてもである）*217。ソクラテスは彼の神学と敬虔概念の全体的構造について、陪審員たちを教育する義務をもっているわけではない。そして、彼はこれらの詳細に立ち入る必要がないのは確かである。それらの詳細は、彼の道徳的義務、とりわけ、彼が実際に告発されている事柄の不正確さについて彼らを説得する義務が要求しない仕方で、あるいは、それらに違反して、彼に対し彼らの敵意をかき立てるであろう。ソクラテスが否定しているのは、彼が自然のソフィスト的探求者であり、無神論者であるということである。そして、このことは、完全な有効性を伴わないにせよ、無神論という公式の告発に対して直接に答えている。加えて、彼が後にある種の神々を信じていることを——明示的にも——暗示的にも——肯定することにより、ソクラテスは彼の革新が過激なものではないことを明らかにしている。最後に、神に命ぜられた使命に絶えず言及しているので、完全な無神論に等しいようなものではないことを、つまり、ソクラテス自身の見解では、神々の不道徳性、敵意、他の人間的心理を否定することは、単に、それ自体では彼が心の中で思い描いているような（あるいは、大部分の陪審員たちの心中で思い描かれているような）国家の神々に対する不信のゆえに、彼を有罪にするには十分ではない。結局のところ、伝統がもつ影

響力のある一つの側面は、神々の絶対的正義と知恵を、つねに主張していた。そして、ソクラテスは伝統のその側面のうちに、十分に留まっていた。

したがって、ソクラテスは彼の神々の観念（そして、彼の哲学）が、いかにして儀式をなすことへの伝統的動機に対する脅威となるかを自分で指摘しなくとも、怠慢でも不誠実でもない（それをすることによ*218り、彼は国家の神々を認めないという告発の民衆的解釈に関して有罪であるように思わせることになる）。むしろ、ソクラテスは彼の弁明に必要な諸信念を正確に表現している。それらのいくつかが、よりいっそう伝統的な心情をもつ陪審員たちのいく人かに対して、（彼らが理解したものとしての）国家の神々を信じていないという告発についての、彼の実際の罪を示唆したかもしれないという事実にもかかわらず、彼はそうしている。その信念とは、たとえば、彼の神々は、焼かれた捧げ物にたいして苦痛を加えることでさえ、ソクラテス的観点からは、善であるかもしれないといった信念である。ソクラテスは、ある者によって（あるいは、彼の陪審員たちの多数によってさえ）解釈されるような不敬虔の罪で、自分自身を有罪にする義務をもたない。とりわけ、多くの人々の解釈が「詩人たちの嘘」と結びついている神々よりも、よりいっそうアテネが選ぶべき（あるいは、実際に選んでいる）真の神々を彼が認めていると考えるなら、なおさらそうである。彼がそのような見解*219を抱いているか否か、そして、いかにして抱いているかは、以下で考察される。

しかし、いっそう重要なのは、ソクラテスの見解がいかにしてご機嫌取り的な宗教を掘り崩すかについての人々の懸念に、彼が対処していないことの理由である。その理由とは、われわれがいま見たように、彼は宗教的儀式のすべての動機を単純に掘り崩しているわけではないことである。伝統的宗教儀礼と彼自身の儀式行為について、ソクラテスが沈黙していることは、再び、彼の弁明において時間が不足していることと

192

(19a1-2, 37a6-7,『ソクラテスの弁明』37b 参照)、儀式に従うことが最小限の正しい信仰を保証しているわけではないことを彼の陪審員たちがよく知っていたであろうことに、注意を喚起することができる[*220]。加えて、もしソクラテスが、彼自身が儀式を遵守したことを引き合いに出したなら、そのような伝統的行動は、ソクラテスにとっては明らかにそうではないのに、実際に敬虔と有神論のよき証拠を構成すると彼は欺瞞的に示唆したことになろう。これは事柄についての彼自身の考えに反している。むしろ、敬虔は彼にとって、他のいかなる徳と同様、魂に関わる内的な事柄である。そして、行動による基準は、敬虔の定義を定めるためにも、また、他者の魂のうちにその実例があるかどうかを決定するためにも、十分ではない[*221]。かくして、ソクラテスは伝統的儀式を脅かしているとわれわれは言ってよいであろう[*222]。

しかし、ソクラテスが彼の同時代者によって、儀式慣行を脅かしていると実際に考えられたという証拠はあるのだろうか。ある者たちはこの点に関するクセノフォンの熱烈な弁護のうちに、実際に理解された三つの告発の実質内容ではないにせよ、少なくとも深刻な懸念であったということの示唆を見てきた。彼の弁護は、ソクラテスが神々への奉仕において「人々の中でもっとも目立った者」であった(『ソクラテスの思い出』1.2.64, 1.1.2 参照)と主張し、彼が公の祭壇でしばしば供犠を行ったとソクラテス自身に証言させている(『ソクラテスの思い出』1.1.1-2)[*223]。しかし、『ソクラテスの弁明』11-12,『ソクラテスの思い出』の供犠の話題について沈黙しているクセノフォンの弁明』(と実質的に他のすべてのプラトン作品)が、ソクラテスの供犠の話題について沈黙していることと、行動において人目につくほど有徳で、よく神へ言及するような者が、国家の神々を認めていないという理由で告訴されることができたと信じることの困難さが示唆しているのは、クセノフォンがこの証言を、主に彼自身の因習尊重主義と過大に弁護的な目的から、目立たせていることである。

ら、クセノフォンの目立った証言は、陪審員たちの懸念の核心にあったのは、無神論的信念ではなかった、ということを示すものとはならない。*224 それにもかかわらず、宗教的行為に携わったという証言をもって——これは被告が無神論者でなかったということの表面上の証拠であろう——無神論[の告発]と戦うことは適切であろう。そして、それがクセノフォンにおいてこれほど強調されているので、それには何かがあるにちがいない。だれ一人、真剣に受け取ることができないようなソクラテス像を、クセノフォンがソクラテスの弁護として提出することは、ありそうもないことであるからである。ここから、われわれが3・2節で見たように、宗教的な祭礼と先祖代々の神々や家の神々は『エウテュデモス』302c4-303a3 参照)——それらはアテネ人の日常生活の大変な、目立った部分であった。そして、それらはソクラテスにとって教義上の負担とはならなかった(『パイドロス』229b1-230a7 参照)——彼の生活においても、その一部分であったであろうと思われる。*225

他方で、プラトンの作品(特に、『ソクラテスの弁明』において、供犠や、不信仰の告発に関係しているかもしれない他の問題に関する話題について、ソクラテスが沈黙していることは、ソクラテスと彼の「伝記作者」が論点に固執している事例として主として読まれるべきである。(最初の告発についてのソクラテスによる説明と、後の告発に対して与えられた解釈を前提するなら)いく人かのアテネ人たちにとっては、ソクラテスによって引き起こされた儀式宗教への脅威は、無神論によって引き起こされる脅威である。神は存在しないという見解を主張する者は、当然、儀式の伝統的な意味のほとんど、ないし、すべてを否定するものとして受け取られるであろう。したがって、ソクラテスはまた、無神論の告発に答えることによって、その告発のうちに、儀式行為への深刻な脅威を感知する者たちの恐れに対処したのである。

さらにまた、われわれが先に見たように(2・2節)、ソクラテス的敬虔は、(つねに、あるいは、主とし

て）生け贄を焼いて捧げることではなく、哲学することをわれわれに要求するような、神々への奉仕であることが明らかになったので、ソクラテスは陪審員たちの前で、その奉仕を説明し、無神論の告発に対し否認することが明らかにより、彼の弁明弁論が十分であり完全であると判断できたのである。

それにもかかわらず、突きつめると、ソクラテスが伝統的宗教の要となる点について重要な改革を提案したことは、これまでに明らかとなったはずである。神話の神々の抗争を取り除くなら、それらの心理的な影響力が緩和されるであろう。信仰における特定の物質的報償と身体的保護を取り除くなら、日常生活の宗教がその根っこから切断されるであろう。そして、今日でさえそうであるように、しばしば苦痛をもたらすソクラテス的エレンコスや、普遍的な道徳的基準の探求という代用品は、内的な知的生活の発展に重点を置かない者たちには、人生の困難を前にして、ほとんど何の慰めも与えない。したがって、ソクラテスは、哲学的に浄められた魂の状態をその最終的指標とすることにより、敬虔な人生を送ることの重要性を著しく増加させた。そして、祈りや供犠は、この状態の原因となる要因であるよりは、いっそう随伴的な現象となる。[*226] したがって、彼は、伝統的なアテネ人の生活の重要な局面に対する深刻な挑戦であり、そして、理解し変化する用意のない者たちに対する危険な脅威であった。[*227]

3・4・6 ソクラテスと国家の神々

かくして、ソクラテスによって仕上げられた古い神々の倫理的改造は、非常に制限された意味で、「古い神々を滅ぼし、そして、新しい神々を創造することに等しい」、というのは真である。とりわけ、そのことは、彼が宗教的儀式を以前のすべての特徴も〔道徳的〕正当化も欠如したまま、放置したという点で

真である。[228] しかし、もしそれが正確なら、いかにしてソクラテスに国家の神々の存在を肯定することが可能であっただろうか。ソクラテスにとって、これらの神々を認めることと同時に、彼らと深く結びついている抗争や欺瞞の物語、正義とは無関係の「あなたが与えるために私は与える」という信仰、そして、呪いの執行を拒絶することは、理論的に可能であろうか。私はこれに肯定的に答えることができると思う。

第一に観察すべきは、ヘラクレイトスがすでに幾世代も前に、次の格言的発言の中で神学的、指示的二義性の可能性を明らかにしたであろうことを望み、また、望まない」(DK, B32)。というのは、この発言によって、彼は、(宇宙のロゴスとしての)神が、慣習的宗教のゼウスに、ある面で(たとえば、彼の正義と知恵についての人々の物語を思い出すがよい)、類似しているが、人間心理主義的神話と信仰の伝統のうちに保存されているすべての面において類似しているわけではない、ということを意味しているように思われる。[229]

ソクラテスはこの二義性の認識を、彼自身の場合に応用することができる。それは、神々の抗争の物語や正義と無関係の物質的信仰は──大衆の誤った見解に反して──真の「国家の神々」の本質的特徴ではない(あるいは、偶然的特徴ですらない)と単純に主張することによってである。どんな神々について語っているかを十分に知っていると主張する者たちに対しては、ソクラテスはいつもの仕方で、彼らが実際には十分に自分たち自身を、そして、彼らが何を信じているのかを、理解していないと主張することができる(『ゴルギアス』482a-c 参照)。むしろ、彼らは(たとえば、神々の知恵を肯定する信念のような)諸信念を抱いているのであり、それらの信念は、もし時間が許しさえすれば、彼が彼らから他の諸信念を引き出すことを可能にするような諸信念である。そして、彼らが「彼ら自身と一致していない」で、むしろ、ソクラテスと一致しているのであり、それらの他の諸信念とは、彼らが、実際にはソクラテ

スと同じ神々を認めていることを、ソクラテスがエレンコス的に証明できるような諸信念である（『ゴルギアス』475e ff. 参照）[230]。かくして、国家の神々を認めないとしてソクラテスを非難する後期のキリスト教徒は、イエスに帰された奇跡に対する不信を、イエスの存在に対する信仰の欠如として特徴づけた後期のキリスト教徒と、そのものの存在との間に、このような人々が作り上げる本質的連関を否定することは大いに可能である。ソクラテスは単にこう主張することができる。すなわち、彼は国家の真の神々を（たとえば、アテネ人が「ゼウスの力と知恵」について語る時に言及することを意図している神を）信じているのであると。かくして、国家の神々を信じていないとして彼を告発する者たちに、彼はそのことを証明する重荷を背負わせることができる。

これまでのところ、哲学的寛大さがこの答えの動機を与えている。しかしまた、以上が実際にソクラテスの立場についての彼自身の理解であることを、テキストの二つの箇所が、かなり強く示している。第一に、ソクラテスは、28a2-4 において、「メレトスの告訴内容に従うなら不正を行っていない」と断言している。これは、神々の敵意を含むような神話の拒否にもかかわらず、正式の告発の第一番目のものについての完全な無神論という解釈についてのみならず、国家の神々に対する不信仰という民衆的な、素直な解釈についても、彼は無罪であるという主張と等しい。

次に、われわれが彼の無実についての最終的で、断固たる主張を見ることを期待するまさにその箇所で、つまり、彼の弁明弁論のまさに最後のところで、ソクラテスは陪審員たちにこう告げる。もし彼が彼らを自分の無罪に誘導するために、何か無関係なことや欺瞞的なことを、法が要求することに反して言ったなら、彼は不敬虔と「神々」への不信仰のゆえに、自分自身に有罪宣告をすることになり、そしてまた、陪

審員たちをそそのかし不敬虔の罪を犯させるという罪を犯すことになるであろう (34b-35d)。彼はこう結論する。

「それゆえ、私が立派であるとも、正しいとも、敬虔であるとも考えないようなことを、私があなた方に対してなすべきであると考えないでください。特に、ゼウスにかけて、私があなた方に不敬虔の罪で告発されているのですから。というのは、明らかに、あなた方が宣誓した後で、もし私が懇願によって、あなた方を説得し、強いたなら、私はあなた方に神々が存在しないと考えるよう教えていることになるでしょう。そして、まったくもって、私は弁明することにより、神々を信じていないとして、私自身を告発することになるでしょう。しかし、それはとんでもないことです。というのは、私は私の告発者の誰よりも、ずっと神々を認めている [νομίζω/nomizō] のです。」(35c7-d7)

文脈からして、メレトスによって再定義された無神論の告発に対して、ここでソクラテスが自分を弁明するために言わねばならないすべては、(ある種の) 神々が存在することを信じている、ということを彼が肯定することである。そして、彼が無神論を教えていることに対する否定の修辞的効果とともに、ここで他の箇所と同様に、このことを彼は大変に力強く行っている。そして、「私は神々を認めている」という発言は、彼自身の見解では、神々が存在するという主張と等しい。しかし、この場面で、そのような発言はまた、「われわれが語ってきた」(26b8-9) 神々、つまり、アテネ国家の神々が存在することへの信念を修辞的に含意する。この含意は、ソクラテスが明白にゼウスに言及していること、宣誓破りと不敬虔/無神論とのつながりについてソクラテスが陪審員たちに注意を喚起している中で、暗黙のうちにゼウ

198

スに言及していることによって強められる。その時の陪審員たちは、アテネの諸法に従って判決をくだすことを宣誓した。そして、これらの諸法が国家宗教を是認し、支持していること、そして、宣誓破りを罰する任を負うのはゼウス（国家宗教のゼウス）であることを、ソクラテスの聴衆は十分に承知していたであろう。[231] そのような宣誓を破るよう人に勧めることは、それゆえ、国家宗教により是認された神々、とりわけ、国の神ゼウスへの不信仰を勧めることになろう。それゆえ、ソクラテスがゼウスがそのようなことをするなど「とんでもない」と言うとき、各陪審員が導き出すべき明白な含意は——真理のみを語るという彼の関心を前提すると、ソクラテスはもし彼自身がこの含意を抱かなかったなら、成り立つことを許すことができなかったことが非常に明白な含意である——ソクラテスがゼウス・ポリエウス（国の神ゼウス）と国家の神々を信じているということである。

しかし、もしこれがソクラテスによって意図された推論であるなら、可能な限り明白な言葉で、当初の告発の言葉をメレトスや彼の仲間の告発者たちにそのままお返しして、国家の神々を信じているとなぜ彼は正面きって主張しないのか。また、ソクラテスはなぜ彼が信じている神々の名前を一貫して口にしないのか。彼は自分がその遣いである神の名でさえ匿名のままにしている（彼を決して「アポロン」とは呼ばないし、フォイボスというような信仰的局面の名前でも呼ばない）。また、この神が国家によって認められたアポロンと同一であるといかなる時も主張しない。[232] さらにまた、ソクラテスは一つの神、ゼウスの名前に言及しているが、その言及が日常の口語表現として説明されることを許すような仕方で言及している（たとえば、『エウテュフロン』4e4. これを『エウテュフロン』4b3におけるエウテュフロンと比べよ）。もし人がこれらの点だけに焦点を合わせるなら、ソクラテスが不正直である可能性があると思われるかもしれない。なぜなら、彼は一方で、陪審員たちが誤っているあらゆる面で彼らの神々であると解釈することを

彼が期待する神々、その神々を信じていると示唆しており、他方で、アテネの神、ゼウスやアポロンへの信仰を明言するような直接的な偽りを、実際には注意深く避けているからである。

これらの懸念に対する適切な答は、先の文章の最後の限定句——その重要性は正当に評価されていない——に対してよく注意を払うことによって、見いだすことができる。ソクラテスがひとたび「私は神々を認めているのです」と言うとき、彼はそこでとどまらずに、続けて彼の立場を敵対者の告発と対比させている。なぜなら、彼の告発者たちよりも優れた仕方で神々を認めていると主張しているからである。いま、彼の告発者たちが、一般的に理解されたものとしての神々か、あるいは、彼らが理解したものとしての国家の神々のいずれかの存在に対する信仰を述べているとは、彼らに確信させる信仰をもっていない。*233

どう見ても、彼らは、アテネのアテナ女神のような神々の存在を彼らに確信させる信仰をもっていない。それゆえ、ソクラテスの発言についてのもっともありそうな解釈は、それが次のように主張しているものと見ることである。すなわち、彼の告発者たちは国家の真の、彼が語ってきた国家の神々」を——整合的に信じていない（あるいは、彼らに関して整合的に行動していない）。その神々とは、人が「私は国家の神々を信じている」と主張することによって意図する意味から、彼らの「欺瞞、敵意、無知、そして、正義とは無関係の物質的信仰への応報」に対する言及が、取り除かれるときにのみ、正確に言及される神々である。ソクラテスが信じているのは、そのような完全に道徳的な神々である。そして、彼らに関する彼の信念と行動のすべては、見たところ、互いに整合的である。ところが、メレトスの方は、ソクラテスの尋問によって示されたように、神々は賢明であるが、互いに敵意をもっと考えているかもしれない）。そ彼はエウテュフロンと同様に、神々は賢明であるが、互いに敵意をもっと考えているかもしれない）。そ

して、哲学をなすという真に敬虔な仕事に従事することを怠っている。ここから、そして、ソクラテスと違って、アテネの神々を本当に、あるいは、十分に信じていないと言われなければならないのは、メレトスの方である。

しかし結局、もしソクラテスがそうする概念上の用意があるなら、なぜ彼はこのすべてをはっきりと言わないのか。ここで、その答えはまったく推測的なものにちがいないが、ソクラテスはまず、彼に与えられた時間の制限（彼が他のところで語っている制限であるが）を挙げるであろうと信ずる。この制限を前提すると、彼にできるのは、国家の神々の存在への確信を強く断言することだけである。しかし、このことをなし、それ以上に進まないのは、真理を語ることへの彼の厳格な信条に反する危険を冒すかもしれない。というのは、ある伝統主義的な陪審員たちによるこの言葉の解釈を前提すると、そのような肯定は、彼らが考えているような国家の神々をソクラテスも信じている、という偽りの信念を彼らのうちに育てるかもしれないからである。つまり、彼らの神々とは、互いの不一致や悪に悪を報いることに無防備で、ソクラテス的正義に反して、嘆願的供犠により「買収」されるような神々である。また、ソクラテスが彼の真の神々と同じであることが明らかになるような、エレンコス的弁明をするには時間が不十分である。というのは、そのような弁明は、彼の五〇〇人からの陪審員の各々が不整合な神学的信念を抱いており、それらが整理されるならば、彼らの神々が彼の好むような種類の弁明をすることは考えられるよりは困難なことであろう。このことは、結局のところ、どれほど多くの陪審員たちが、彼らの嘆願のいくつかが不正なものであったということを認めるであろうか[疑問である*234]。

私が先に主張したように、たとえソクラテスに彼の言及の区別を詳しく述べる時間があったとしても、

201　第三章　ソクラテスと彼の告発者たち

陪審員たちが正式の告発で彼を不当に有罪にするのを助ける義務は彼にはない。ひとたび彼らが煽り立てられたら、ある者たちは間違いなく彼を有罪にする方向に心を向けたであろう。彼らは、彼が神々の争いの神話を信じていないとか、御利益信仰優先を拒否したり、それを制限したり、正義と無関係な嘆願の効力を認めていないことを明らかにすることによって煽り立てられるであろう。実際、ソクラテスは、（それが徳と整合的であるかぎり）彼の哲学的使命を長続きさせ、陪審員たちが彼の正しい無罪判決に至るように助ける、という逆の一つの義務のもとにいる。そして、[無罪判決に至るという]その目的は彼の神学的改革を強調することで損なわれるであろう。彼は国家の神々が存在することを、彼の告発者よりもずっと深く信じていることを、きわめて明らかに効果的に、しかも、彼の案件について偏見を抱かせることなく、陪審員たちに語っている。そして、正しい陪審員たちは、このことが彼の無神論の嫌疑を晴らすのに十分だということを理解したであろう。そして、ソクラテスが国家の神々を信じていないがゆえに有罪であるとメレトスが論じようとしたとしても、神々についてのソクラテスの見解がいかにして堅固に不動であるかをソクラテスが明らかにしたであろうことを、われわれは確信してよい。しかるに、メレトス自身の信念は、たとえば、ゼウスが明らかにしたであろうことを、われわれは確信してよい。しかるに、メレトス自身の信念は、たとえば、ゼウスは賢明であるという信念は、彼がゼウスの嘘、敵意、無知、激しい妬み、そして、正義とは無関係の特定の供犠に対する応答の物語に寄せている信頼を背景にして置かれるとき、「動き回ら」*235なければならない。

最終的には、むろん、どのアテネ人たちが（そして、彼らのどれ位多くが）民衆の信仰に対するソクラテスの脅威を認識していたか、彼らがどの程度までその脅威に気づいていたか、そして、その脅威はどの程度の懸念を各人に作ったのかを知るために入手可能な、十分な証拠は何もない。私が先に提案することを試みた単純な答えはこうである。すなわち、陪審員たちのある者たちは、ソクラテスの見解が、伝統的

慣習のいくつかの実例に潜む動機に対する脅威となる仕方で、伝統的な信仰と関係することを理解していたかもしれない。そして、このことの認識は、これらの陪審員たちのある者たちに、彼に対する偏見を抱かせたかもしれない。そして、ソクラテス自身はたぶん裁判の間、この脅威についての彼の見解が、これらの種類の伝統的慣習と対立することを理解していたが、彼は裁判の間、この脅威に対処しない理由があった。ソクラテスは彼の哲学的見解について、すべての陪審員がもつかもしれないすべての懸念に対処しなければ——ある人はそう思うかもしれないが——陪審員たちに嘘を言う罪を犯すことになるというような立場にいるわけではない。

しかしまた、たとえ陪審員たちのほとんどが気づかなかったとしても、われわれが見たように、ソクラテスには信仰への脅威があった。ここから、ソクラテスは、もし人がその告発を十分にうまく調整し、その告発が信仰動機や信仰を取り巻く期待に関わるようにするなら、ある意味で、国家の神々を認めていないと告訴されているとおりに有罪であった（１a）。その意味とは、それが「神々を認めていない」ということが意味することの一つの意味において、つまり、民衆の意味においてである。このような再解釈が、なおも有罪判決を産み出したかどうかは、もちろん、反事実の分析に長けた者たちにとっての難問である。それにもかかわらず、ソクラテスが創始した概念的変更は神学的波及効果をもたらし、その影響はプラトンや他のソクラテスの弟子たちに作用しただけでなく、彼らを通じて、古代世界と西洋の宗教思想の歴史を、根源的な仕方で形成した（５・２・３節を見よ）。

しかしまた、保守的な側面がソクラテスに残っていることは強調を要する。第一に、われわれが見たような仕方において、現実の告発についてはソクラテスは無実である。彼はまた多くの意味で、行為のみならず、信念においても、国家の確立された宗教的様式の中で、心から喜んで生きようとする人間である。

というのは、慣習的民衆宗教の一部には、神的なものを面前にしての、知的謙虚さが含まれているからである。それは、デルフォイやそのアポロン信仰に根をもつ伝統に詳しく見るつもりだが、ソクラテスは彼自身と彼の使命を、本質的にこの伝統に基づいているものと見ていた。したがって、ソクラテスは国家の神々に関していくつかの命題を堅固に否定するが、これらの否定は神々自体の完全な否定とはならない。ソクラテスは、完全な理解を欠いていることを認識している点においてのみ知恵がある(23a-b)。彼の少数の根本的な命題 (神々は完全に賢明である、など)と両立できるような神々についての物語を、独断的に、あるいは、積極的に退けない。そして、彼はありうる物語や、慣習の支持のあるものは、弱い意味で、受け入れるであろう。*236 したがって、たとえば、ソクラテスは月や太陽の神性と、神々の複数性を(たぶん、強い信念をもってでなく、弱く)受け入れているが、そのような事柄がそのとおりであるとか、いかにしてそうであるかを知っていると思いこむ非難されるべき無知に陥り、知を偽装するわけではない (『ソクラテスの弁明』29b1-2)。彼がパイドロスとイリソス川の川辺を散策するとき、プラトンのソクラテスはそれを次のように語っている。

「私は [ボレアスとオレイテュイアの物語を]、知恵ある人たちがしているように、……信じないとしたら、まったく時流に合致していることになろう。……私自身は [それらを科学的に説明する] 仕事のための時間をもっていない。そして、友よ、それがなぜかを説明しよう。私はデルフォイの銘文が命じている「汝自身を知れ」ということを、いまだにできていないのだ。そして、この無知がある限り、私が他の事柄を探求するのは奇妙であると思われる。したがって、私はそのような事柄に煩わされないで、それらについての一般の信念を受け入れ、私の探求を……私自身に向けるのだ。つまり、私はもっと複

雑な存在なのか、テュフォンよりも自尊心で膨れ上がっているのか、それとも、平穏な、テュフォンとは反対の性質に恵まれた、より単純で穏和な生き物なのか。」(『パイドロス』229c-230a)

3・4・7　若者を堕落させること

先に述べたように、「(ソクラテスが) 若者たちを堕落させることによって不正をなしている」という正式の告発の第三番目のものは、他の二つの告発に依存している。若者堕落の告発を形作っているのは、他の二つの告発によって明示された教義を教えることである。告発に対するソクラテスの当初の応答は、二つの議論によりメレトスを尋問することである。それらの議論は、彼が教えていると申し立てられた事柄とは無関係に、告発がそれ自体で信じがたいことを明らかにしようとしている。最初の議論 (24c-25c) は、極めてありそうもない主張、つまり、「他のすべてのアテネ人たちは若者たちを善くするが、ソクラテスのみは彼らを堕落させている」という主張をメレトスから導き出すことにより、このことを明らかにしようと試みている。第二の議論 (25c-26a. 37a 参照) が明らかにしようとしているのは、誰も害されることを望まないので (25d1-2)[238]、若者たちを堕落させる試みは、ソクラテスが決してすすんで行わないことである、ということである。しかしながら、若者堕落の告発が実際に虚偽であることを確立するために彼が明らかにしなければならないのは、彼に対する宗教告発によって表された彼の教義の内容が、実質的には不正確であるということである。そして、われわれはこの弁明のいくらかを先に見た。つまり、第一番目の告発がメレトスにより無神論へ「展開」されたものに対する弁明と、国家の神々を認めていないで、「新しいダイモン的なもの」(καινὰ δαιμόνια/kaina daimonia) を認めているという元の告発に対する仮

定上の返答の両方を見た。

若者堕落の告発はそれ自身、ソクラテスに対して向けられた告発のうちでもっとも重大なものである[239]。

このことは、エウテュフロンが民会で「神的な事柄」を弁じたてる者として自己自身を説明しているが、これに対するソクラテスの返答の中に極めて明らかに見ることができる。「私の考えでは、アテネ人たちは、彼らが賢いと思う者がその知恵を教えない限り、その者にあまり関心をもたない。しかし、もし彼が他の者たちをも彼自身のようにすると彼らが考えるなら、彼らは腹をたてるのです。」(『エウテュフロン』3c7-d2, 3d6-9 参照)。

ここでわれわれは事実上こう語られる。つまり、まれにしか伝えられないような慣習に反する信念を単にもつこと自体は、一般に比較的安全なことである。しかし、それらを広めることはまったく異なることである。そういったことはソクラテスの同胞市民たちを激怒させる。では、そのような活動は、訴訟をおこさせるほどまでに十分に彼らを激怒させることができるだろうか。われわれにはそう考える十分な理由がある。ソクラテスの裁判それ自体以外にも、ディオペイテスの法令が示している正統な宗教的教義に関する関心と、三十人委員会によって導入された「話す技術を教えること」を違法とする立法（『ソクラテスの思い出』1, 2, 31)[240]、そして、ソクラテスはクリティアスを教育したがゆえに処刑されたというアイスキネスの回想[241]、これらすべてが、アテネ法が非正統的教義を見る真剣さを証拠立てている。『雲』で「思索所」(φροντιστήριον/phrontistērion) が焼き討ちされることも、いかがわしい教えの問題に、人々の感情がいかに致命的なものとなるかについて、いくらか示唆を与えてくれる。若者堕落の告発の途方もない重大さの最後の表れとしては、ソクラテスが彼の弁論の終わり頃に、それに対する最終的弁明を付け加えていることである。それは、ソクラテスが 33a から 34b を通じて、彼

206

がそもそも教義を教える教師ではないと議論し、また、彼の関係する者たちの中から、若者堕落のほんの一例でも提出してみせるようメレトスに挑むことにより、彼が若者堕落の罪についての無罪を主張する時にである*242。

ソクラテスの抗議が効果的に主張しているのは、彼が非正統的独断論を金銭をとって教える私的な教師、ある種の職業的ソフィストという呪わしい意味での教師ではない、ということである。しかし、ソクラテスの抗議は、それにもかかわらず、非常に現実的な意味で彼が一人の教師であるという確信から、彼の古代の陪審員たちや現代の彼の研究者たちを解き放つことはできない*243。ソクラテスは直接的に特定の教義を広めていないのかもしれない。そして、彼は無神論を教えているという修正された教義についても明らかに無実である。しかし、彼はまた、きわめて明らかに、彼の同胞市民たちに彼らの魂の徳を配慮し、エレンコス的哲学によって彼らの無知の深さを理解するよう勧めるという「神からの使命」を遂行中である(30d-31c, 33c 参照)。そして、このことが容易に想像させるのは、ソクラテスが危険な意味で、新しい宗教的考えの教師であるということである。『エウテュフロン』と『ソクラテスの弁明』を吟味したときに見たように、ソクラテスの哲学的活動は伝統の諸局面を——特に、神々と人間を隔てる深淵を——再び肯定する。しかし、彼の活動自体は、純粋に伝統的なものでもない。たとえば、ソクラテスがエウテュフロンと共同で「展開する」哲学的敬虔概念から考えて、次のように想像することは可能である。つまり、ソクラテスは、彼のまわりの他の者たちが彼ら自身のために、「神々は完全に善き者である」というような同意に基づく前提から導き出した含意を——それらは儀式をなすための伝統的な動機（特に、先に見たような動機）のいくつかにとって危険な含意であるが——、議論されないまま、そのままにして置いた。ソクラテスはまた、(つねに明瞭にではないにせよ、暗黙のう

ちに）いつも敬虔についての根本的で、新しい理解を教えてきた。それは、哲学的自己吟味によって、魂を変化させようとする非伝統的な要求を含む。そして、敬虔についての彼のこの新しい教えは、ソクラテス自身がわれわれに語っているように (23d)、新しい（そして、おりおり不可知論的、あるいは、無神論的な）知識人たちの教えや方法と、十分に容易に混同されたであろう（4・2節を見よ）。

3・4・8 ソクラテスはなぜ有罪になったのか

ソクラテスの同胞アテネ人たちは、彼らがついにソクラテスを訴訟事件簿に入れる前に、彼の哲学活動の四〇年間ほどをなんとか耐えてきた。彼の見解が彼の経歴の終わり頃に根本的に変化したというような兆候はない。したがって、ソクラテスの告発——そして、最終的には彼の有罪判決——については、前五世紀末にアテネが経験したことを我々が知っている諸変化のうちに、それがまた、宗教的な逸脱を、ソクラテスの長い経歴の間においてよりも、ずっといっそう危険なものにしたような諸変化のうちに、追加的説明を探るのがよりよいと思われる。

マルティン・オストワルドは前五世紀のアテネに関する記念碑的な業績の中で、これらの諸変化の説得的な図柄——「前四二〇年代の分裂」——を精密に描いた。そして、その話をここで詳細に繰り返す必要はない。*244 ソクラテス裁判の頃、アテネの社会的、政治的雰囲気は極めて移り気であったことに注意すれば十分である。第一に、前五世紀半ば以降、伝統的な宗教的想定の真理と効力への信頼が、著しく衰退した（『雲』にそのことが垣間見える）。加えて、この衰退は、ドッズが「民衆宗教の退化」と名付けたものと密接に結びついているようである。それは、前五世紀末に、アテネに浸透した外国からの信仰によっても

たらされた魔法や、よりいっそう原初的な形態の崇拝への、高まる関心である。この衰退と退化は、明らかに保守的な反応を引き起こした。それは、ディオペイテスの法令と（たぶん）アナクサゴラスの告発によって特徴づけられる猛烈な反応である。[245]この衰退はまた、アテネ人の一般の心の中では、事実上すべての家族に影響を与えた猛烈な疫病（前四三〇年）の受難や、スパルタとの長い戦争から生じた苦難、そして、それに続く屈辱的な敗戦と結びついていた。そして、このすべては、（前四〇四年にスパルタによって設置された）三十人僭主制によって強いられた恐怖政治において頂点に達した。民主政はまもなく回復された（前四〇三年）。しかし、アテネの凋落に対するいきどおりは、なおもずいぶており、その原因の探求において、民衆の標的の一つは新しい知識人たちに対するいきどおりは、なおもずいぶんつよくのこっており、その原因の探求における）。しかし、アテネの凋落に対するいきどおりは、なおもずいぶんつよくのこっており、その原因の探求における民衆の標的の一つは新しい知識人たち（ソフィストたちや自然学者たち）のもたらした懐疑主義的影響にあった、ということは明らかである。[246]これらの思想家たちは、上流の教育ある階級の利益と結びついていると考えられていた。しかるに、新しく確立された民主政の利益は、きわめて明瞭に大多数の下層階級と彼らの宗教的民衆的（かくして、主にご機嫌取り的）[247]形態と結合していた。そのような期間に、古代社会が彼らの宗教的行為における逸脱に対して示した一般的な不寛容を前提とすると、多くのアテネ人たちが、彼らの国家が深い悲しみに陥ったのは、かつてアテネ人を保護し、偉大な国家にしてくれた価値と慣行を維持することを怠ったからであると想像したことは理解できる。[248]さらに、そのすべての局面において、彼らの敬虔への信念は衰え始めていたけれども、憤りと恐れに基づいた回復への根拠はなおもあった。最後に、いかなる逸脱が三十人僭主により忍耐されたにせよ、彼らの崩壊後は、それらが新しく再建された民主政にとって脅威と見られたことは、よりいっそうありそうなことである。[249]

かくして、アテネが——結局は——神的起源の処罰の対象であったという信念は容易に生じたであろう。特に、ヘルメス像の切断（前四一五年）という非道や、アルキビアデス（彼はソクラテスの仲間の一人）

によるとされているエレウシスの秘儀の冒瀆（前四一五年）によって示されているように、古い敬虔を衰えることなく受け継ぐことを怠り、そして、その代わりに、宗教的逸脱を許容することにより、アテネは自分自身に（実直な敬虔がそれに対して国家を保護してくれるはずの）神の報復を招いた[*250]。民衆の自然な反応は、宗教的忠誠に関して警戒心を高めることであった。そして、このことは、一年くらいの間におけるソクラテス自身の裁判における告発と、（そしてあるメレトスという者による）エレウシスの秘儀に関連した二重の不敬虔の嫌疑でなされたアンドキデスに対する告発によって立証されると思われる。さらに、ソクラテスの裁判の年はまた、ニコマコスが告発された年である[*252]。この雰囲気を前提とすると、伝統的な慣習を無視し、新しい慣習を導入したとして、ソクラテスに向けられたのと極めて似た嫌疑で、「国家の神々」についての被告の解釈や、国家の宗教儀式に対する彼／彼女の「革新」と態度は、厳密な吟味を受けたであろう。したがって、われわれは以下のことについて比較的確信をもつことができる。すなわち、もしヘラクレイトス流の（農民たちの小さなかまどの崇拝をはっきりと嘲笑する）急進的な改革者が、くじで選ばれた（したがって、伝統主義者で一杯の）ソクラテスの陪審員たちに直面したなら、彼はソクラテスと同じ判決を、しかも、間違いなく大差の票決でもって下されたであろう[*253]。

この雰囲気はまた、ソクラテスの風変わりな面と政治的色彩を帯びた態度のいくつかについて、その重大さを拡大して示したであろう。そして、「当時の政治的やり取りの共通の通貨は、宗教的逸脱の非難であった」[*254]ので、この雰囲気はまた、不敬虔のかどでの正式の告発を動機づけることを助けたであろう。しかも、最初の告発者たちの偏見や、また、そのような告発が通常与える実際の正当化とは無関係にである。

これらの「風変わりな面」のうちでもっとも心配なのは、アテネの古い敵スパルタと、したがって、寡頭派的傾向と、ソクラテスとのつながりであった。たとえば、アリストファネスは、彼の「ソクラテス」の

弟子たちを、長髪の、不潔な、スパルタ風のならず者として描いている（『雲』833-837、『鳥』281以下を参照）。次に、ソクラテスは、尊敬に値するアテネ人たちをしつこく悩ませる彼の使命をデルフォイの神託の伝言から導き出したことにより、デルフォイの神託に対して示される通常の従順さの限度を越えている。そして、この神託はスパルタに対して明瞭な肩入れをしたことのある神託である（トゥキュディデス『歴史』1.118）。最後に、ペリクレスのような民衆の指導者に対するソクラテスの批判は、体育館のスパルタかぶれの少年たちの口に上った陰口を思い出させた（『ゴルギアス』515b-517c、『メノン』93a-95a）。[255]よりいっそう一般的には、ソクラテスの三十人僭主に対する抵抗と（『ソクラテスの弁明』32c-d）、これに応じた彼らの彼に対する敵意にもかかわらず、三十人僭主が設立されたとき、民主派の亡命者たちとともにアテネを立ち去ることを彼が拒否したのはよく知られていたであろう。このことは、公衆の面前で政治家たちを困惑させる彼の好みや、危険だという理由で公的党派政治に携わろうとしないこと（『ソクラテスの弁明』31d-32a）、そして、支配するべき者は「多数者」ではなく、専門家であるべきという原理に従っていないとして民主主義的制度に対し彼の行った批判とともに（『ソクラテスの思い出』1.2.9、3.9.10、『クリトン』44d）、少なくとも陪審員のある者たちを、彼に敵対させることに傾けたであろう。特に、「くじ」による役人の選任に対するソクラテスの反対は（『ソクラテスの思い出』1.2.9）、正式の告発に関係して、宗教的反発を招いたであろう。というのは、「くじ」は、過ちがちの人間ではなく、知識[256]をもつ神が、問題となっている事柄を（神的な先見性と力により）決定することを可能にしたからである。[257]ソクラテスに対して不利に働いている以上のような要素のすべてを考慮すると、彼の有罪判決は複数の要因によって決定されているように思われる。しかし、私が論じた解釈においては、告訴と有罪判決の主たる原因となる要因は、（ソクラテスの哲学的使命が生じさせた敵意と妬みにより助けられ教唆された

[21c-e, 28a] 無神論の申し立てと、彼がすぐそれに続いて、偽りの恥ずべき弁論をすることを怠ったことにある (38d-39a、また、34b-35d。『ゴルギアス』522c-e 参照)。ソクラテスがこの特定の弁明の申し立てについては、無実であることを確信する理由があるので、そしてまた、この点に関して、彼の弁明の弁論術的力量を考慮に入れると、これらの理由のみで（あるいは、これらの理由の多くの吟味において指摘したように、ソクラテスにとって極めて不利な申し立ては、ソクラテスが「新しい神格」を信じ教えたという告発であった、ということはありそうなことであると私は思う。大部分の陪審員たちにとっては、このことは何よりも彼のダイモニオンを意味する。ある陪審員たちは、ソクラテスの神々に関する見解のうちに、伝統的な仕方で動機づけられた信仰に対する危険——私はこのことをアテネの宗教に対する真の脅威としてみたり、直観するのに十分な認識力があったかもしれない。だが、有罪投票した陪審員たちの注意は、彼が国家の承認を求めることなく、明らかに新しい摂理を導入したことに向けられていたというのは極めてありそうなことである。このこと、一般に認められた規範に対する、彼のもっとも明らかで紛れもない違反であると思われたであろう。当然、ソクラテスに対立して働いている諸要因の数と種類を前提すると、このことについて彼が有罪であると信じた陪審員たちは、彼の教えについても、さらに呪わしい推理をしたのであろう。*258

したがって、ソクラテスの弁明が最終的に不成功に終わったことは、なんら驚きではない。実際、驚くべきことは、それがもう少しのところで成功を収めたことである。わずか三〇票差で失敗したのである

(36a5-6)。ソクラテスの弁明についての最良の解釈は、私の思うに、彼に照準を合わせたすべての申し立てに対する、もっとも効果的な反論を目ざした真剣な試みであったということである。しかし、それは、われわれが見たように、彼が前もって弁明を準備することに必要と彼が考えたならば(『ソクラテスの思い出』4.8.5-6)、[ダイモニオンの]警告がなかったいっそう多くの時間があったなら(37a-b)、彼が与えることができたかもしれないもっとも周到なものとは言えない。かくして、われわれの立場からすれば、反論の必要があるすべてのほのめかしに対して、ソクラテスがなぜいちいち反論しないのかをわれわれは理解することができる。(たとえば、なぜダイモニオンが——クセノフォンの流儀で彼がそれを説明したかもしれないように)[『ソクラテスの弁明』11-13]——外国からの承認されていない輸入物でないのかを彼は説明していない。)最後に、ソクラテスに対する偏見と告発はきわめて多く、また、広範囲であったので、アテネの裁判ではごく普通のことであったように、彼は事実上、彼の人生全体の行動のゆえに裁判にかけられたのである。その行動は、神によって命ぜられたものであり、ソクラテスが構築した新しい敬虔概念を具現化しているのであるが、見分けのつかない群衆の前では、あまりにも誤解されやすいものであった。そして、外からは、その新しい敬虔概念は、ソクラテス自身が非難したであろう昔からのありふれた不敬虔の一種と変わらないものと見えた。

第四章 ソクラテス的理性とソクラテス的啓示

4・1 夢、予言、そして、ダイモニオン

断固とした非宗教的傾向をもつ読者でさえ、本書のこれまでの章で見たソクラテスに完全にうんざりさせられるということはなかったはずである。そういう読者の見地から見てソクラテスは何人かのソフィストほど神学の面で「進歩的思考をもつ」わけではないけれども、このソクラテスはそれにもかかわらずソフィスト的ヒューマニズムの方向へ大きな一歩を踏み出しているのである。その一歩は、彼が素朴な主意主義も、神が不道徳性や敵意をもつことも、宗教儀式の実践へと導く伝統的なあらゆる相互恩恵的動機の支えとなっているその他の人間心理主義も、すべて拒絶することを通して踏み出される。実際のところ、そしてこれは私がさらに詳細を述べようとすることなのだが、ギリシアの宗教に対するソクラテスの改訂は、メレトスが彼に結びつけようとした単純な、非妥協的な無神論に比べてより洗練されたものであり、また──長い目で見れば──哲学的により実りのあるものなのである。

しかしながら、ソクラテスの神学の認識論的な側面に目を向けるなら、われわれが出会うものは、因襲的なギリシア宗教からのまったく無修正で無反省な──恥ずかしいほど迷信的でさえあるような──残存

215

物と映るようなものである。ソクラテスは、自分の理性主義にもかかわらず、夢の中で神から与えられたとされるメッセージとか、占いとか、その他そういった伝統的に受容されていた神性の襲来を明白にまた無反省に信用しているように見えるのである。たとえば、彼は自分のアテネ人たちに対する哲学的使命が「神託 (μαντεῖον/manteion)」を通して、また、夢を通して (ἐκ μαντείων ἐξ ἐνυπνίων ἐκ μαντείων kai ex enupniōn)、また、かつて神がだれかに何かをなすように命じられたことのあるその他のあらゆる仕方を通して……私に命じられたのだ (προστέτακται/prostetaktai)」(「ソクラテスの弁明」33c4-7, 30a5 参照) と主張している。クセノフォンにおいては (たとえば「ソクラテスの思い出」1. 1. 5-9)、ソクラテスは自分の弟子を神託や占い師の助言を求めに行かせてさえいる。最後に、彼がしばしば聞いていた超自然的な声 (ダイモニオン) の警告のことはよく知られていたが、彼がそれにたいして忠実な信頼を寄せていたことを考えれば、彼は平均的なアテネ人よりもいっそう迷信的でさえある (!) ようにも思えてもおかしくない。ともかく、これは理性的に自己を吟味する生き方の模範からわれわれが期待するような種類の行動とはとてもいえない。なにはともあれ、ペリクレスやトゥキュディデスのような啓けた同時代人が巷の迷信から超然とした立場をとることができたのであれば、そして、伝統的な傾向をもった劇作家たちでさえ (アリストファネスの、たとえば『鳥』521, 959-988, 『騎士』1080-1085, 『蜂』380, 『雲』332) 占い師や「神託屋」たちを容赦なくからかうことができたのであれば、どうしてソクラテスにも同じことができなかったのか。

しかし、事情をより複雑にすることになるが、知性の歴史におけるソクラテスの名声は、ほとんど全面的に彼の強力な、理性的な、探索的な知性に負っていることも認めなければならない。さまざまな対話相手との遭遇において、ソクラテスがたえず (言葉と行為によって) 主張するのは、われわれは最善の理由

法によってのみ説得されねばならないということであるが、これは彼特有のエレンコスの方法(λόγος/logos)によって提供される「非宗教的推論」を指すと受け取るのが自然である。『クリトン』(46b4-6)によれば、

C 今が初めてではなく、常に、私［ソクラテス］という人間は、自分がそのことがらについて理性をめぐらせた (λογιζομένῳ/logizomenōi) ときに私に最善と思われたところの理由 (τῷ λόγῳ/tōi logōi) 以外には私の中の何によっても説得されないような種類の人間なのだ。(48d8-e5 参照)

しかし、われわれの手にしている資料の中でソクラテスの思想の再現としては最も信頼できるもの、すなわちプラトンの初期対話篇においては、エレンコスはソクラテスの要求する諸徳の完全な定義を確保することにことごとく失敗し、ソクラテスは自分が専門的な道徳的知識をもつことを否認することによってこれらの結果を確証する（たとえば、『ソクラテスの弁明』21b2-5）。Cによって例証されるこの理性的懐疑、理性への信任の態度は、こうして神託、夢、ダイモニオンへのソクラテスの信頼のうちに潜んでいると見られる前提群とかなりまともに衝突するように思われる。先に注意されたように (1・1節)、ソクラテスは自分が精神的錯乱を患っているのではないとどのようにして確信できたかをどこでも説明していないし、一見したところでは、宗教に基づいた彼の神学的仮説と理性外の指示者を彼が受け入れたことは、（エウテュフロンのような）他人の宗教に基づいた主張に対して彼が厳しい論争的な姿勢を取ったことと齟齬をきたすように思われる。

217　第四章　ソクラテス的理性とソクラテス的啓示

以下で私が提出する解釈は、確信をもたらす理性外の源泉がソクラテスの哲学的使命の中で果たす役割についてのものである。それは、上で見られたような疑問を解決し、われわれの手にしている原典が例示する理性主義的、懐疑的、宗教的傾向を和解させるものとなるだろう。(少なくとも) 私の説明によれば、ソクラテスは占いの有効性に対するある形態の知性主義的拒否を是認していないが、しかし同時に伝統的な占いの実践の効力を額面どおりに受け取ってもいない、ということになるが、それはこの章の終わりまでには明らかになるだろう。むしろ、彼は神々が現実に人間たちに合図を与えるという (たとえば、神々が神託と夢を通して真実をわれわれに与えてくれるという) 伝統的な考えを受け入れながら、同時に、伝統的なでたらめな神託解釈の方法を捨てて、そのような合図を解釈しテストするには、彼のような理性的、エレンコス的な方法を取らなければならないと主張している、と見られることになる*6。

4・1・1 理性、啓示、『エウテュフロン』

ソクラテスは理性を越えた情報源についてのある想定に基づいて行為しているようにしばしば描写されている。その想定とは、理性を越えた情報源に基づいた (おそらくは誤りうるけれども) かなり頼みにできる手段を自分は手にしていて、その手段によってさまざまな行為の選択肢が当を得ているかについての多くの個別的な正しい判断を得ることができる、という想定である。たとえば、彼のダイモニオンはその本性が神的であり、害悪と偽りから警告によって彼を遠ざけてくれる信頼に値する案内者である、という確信がソクラテスにはある (たとえば、『ソクラテスの弁明』31d1-4, 40a2-c3)。この合図が与える警告は実践的で個別的であり、ソクラテスがそれを有用で善きものであるとみなしていたことは明らかで

ある。彼はある意味でその「助言」が健全であることを知っている、と言ってよいだろう。われわれが見たように、ソクラテスは占いによって、また、夢の中で与えられた命令のゆえに、たとえ命を代償にしても哲学しなければならないということが「真である」(ἀληθῆ/alēthē [『ソクラテスの弁明』33c8])ことも確信している(『ソクラテスの弁明』33c4-8、『クリトン』44a5-b4と『パイドン』60d8-61b8も見よ。後者では、夢の中で与えられた神のメッセージを彼は真面目に受け取っている)。最後に、ソクラテスは彼の哲学的使命が神によって認可されたものであり最高の道徳的価値をもつものであることを、「彼より賢い者はいない」というデルフォイの神託の主張に基づいて確信している(『ソクラテスの弁明』20e3-23c1, 33c4-7)。神が敬虔な奉仕として彼に実行することを望んでいるものが何なのかを理解していると ソクラテスは非常に強く確信していて、たとえ間違いなく死がもたらされるとわかったとしても、その使命を放棄するように説得されることはない(『ソクラテスの弁明』28d6-29d5)。このように、彼は自分が哲学する義務があることを知っているのである。というのも、陪審員たちはそれが「真である」(ἀληθείᾳ/ alētheiai,『ソクラテスの弁明』28d6])ことに気づくべきであり、彼が神の命令のもとで哲学していることを「よく知る」(εὖ ἴστε/eu iste, 30a5)べきだ、と彼は言うからである。

それにもかかわらず、ソクラテスはまずなんといっても活発に議論を仕掛ける市場の住人であり、自分の行為や道徳的確信——たとえば、不正をなすよりはなされる方がよいという(『クリトン』49c10-d5、『ゴルギアス』509c6-7)——の導出や正当化を、そういった命題(とその否定)をエレンコスの精密な吟味にかけることから得ているように思われるのである(たとえば、『ゴルギアス』508c-509a。しかし、ここでも、第一章註14を見よ)。では、これら二つの確信の源泉、「エレンコスによるテスト」と「理性を越えた指示」はどう関係しているのか。これら二つは異なる探求の道であって、あまり共通したところのな

い主題に対して二つはそれぞれ適切であるとソクラテスは考えていた、と少なくともクセノフォンは示唆している（『ソクラテスの思い出』1.1.6-9）[*9]。クセノフォンのソクラテスによれば、たとえば未来の出来事のすべてが、占いによらず、信頼できる理性的な仕方で予想できるという想定は非理性的である。それゆえ、彼は次のようにわれわれに助言する。

M ……学びの助けによってなすことを神々が許してくれたことからは、学ばねばならない。しかし、人間に隠されていることがらは占いによって神々に尋ねなければならない。（『ソクラテスの思い出』1.1.9）

言い換えれば、ソクラテスは実行できるところでは理性的な考慮に頼るが、そうでなければ占いに頼るのがよいと助言するのである[*10]。しかし、そうするとこれは、彼が神の勧告に頼ることとを、ひとまずどのように和解させればよいかという問題について一つの仮説を示唆してくれる。エレンコスでテストすることが適切で実行可能であるようなすべての信念については、そのテストの実施について彼はけっして譲歩しないけれども、理性を越えた源泉から得られるのが正当な信念もある（そういう源泉はそれゆえ実践的な「理性」と見なされる）ことも彼は認めるであろう。しかしながら、エレンコスの吟味に対するソクラテスの強い信任を、また、神々そのものを最高に理性的なものとみなす彼の見解（『ソクラテスの弁明』23a-b）を考えれば、これらの信念ですらエレンコスによる解釈とテスト（Cによれば「〜について理性をめぐらせた」）を受けることになろう。

この仮説を暫定的に採用することによって、われわれはなによりもまず、『エウテュフロン』に潜んでいる一つの容易ならぬ問題を扱うことができるようになる。その問題とは、われわれのテキスト中に存在する宗教的な傾向をもつ箇所を真面目に受け取るなら、われわれが手にするのは宗教的狂信者に変貌したソクラテスなのではないかという恐れをもつ人たちが見出すような類の道徳的問題である。『エウテュフロン』の結末のところで、ソクラテスがいつもの皮肉を込めた形で、エウテュフロンにもう一回留まって教授を与えるようにと請うときに、彼はエウテュフロンに次のように言う。

E　われわれはもう一度はじめからやり直して敬虔とは何かを尋ねなければならない。……というのは、もしあなたが敬虔と不敬虔をはっきりと知っているのでなければ、雇われた男の側に立って殺人のかどで父である老人を訴えることを試みるようなことはしなかったはずだから。むしろ、神々に対しては、あなたがそうしたのは正しくなかったかもしれないという危険を恐れたであろうし、人間に対しては、恥ずかしく思ったであろう。(15c11-d8)

ここでのソクラテスのエウテュフロン批判は、敬虔という主題について彼が質問するきっかけとなった恐怖、エウテュフロンが冒す危険に対する彼の恐怖 (4 a2-e8) と響きを同じくし、「敬虔とは何であるか」というソクラテス的定義の探求の目的と整合的であり、正義という徳を二つの部分、敬虔と非宗教的正義に分割することに対するソクラテスの承認 (『エウテュフロン』11e4-12d10) と適合する。[*11] ここから、テキストEが訴える一般的な道徳原理はソクラテス自身のものである、といえる。この原理を定式化するには、Eの注意深い解釈が必要である。一瞥したところでは、敬虔の一般的な概

念的理解のないかぎり——すなわち、それによってすべての敬虔なものが敬虔であるところの唯一の範型的エイドスの定義を理解し、それを道徳的なものさしとして用いることができるのでないかぎり——、人は不敬虔と不正の（そしてそれゆえに害悪の）危険を相当にはらむような行為の遂行を試みるべきではない、というのがここでのソクラテスの主張であるように見える（4e4-8 と 15e5-16a4 を参照）。この最初の読みは、（1）有徳であることにおいて一貫した行為は徳の知識を必要とする、（2）悪を為すことは何を代償にしても避けなければならない、というソクラテスのおなじみの教義がこの読みに取り込まれることからも支持される。*12 こうしてわれわれはテキストEから次の原理の是認を命ぜられると思われる。

A ……相当な不道徳の危険をはらむと見られるのがもっともであるような行為は、——それを追求するための対立する積極的な理由があるとしても——そこに含まれる関連した道徳的概念の完全な理論的理解が欠けている場合には、避けるべきである。

テキストEで持ち出されている原理をこのように解釈可能であることは、エウテュフロンの父とソクラテスの間にわれわれが読みとることをプラトンが意図しているに違いない並行性によっても示唆される（2・1節を参照）。ソクラテスもまた年長の者であり (3a2-4)、「父のようにアテネ人各自のところへ行き、徳に配慮せよと説く」（『ソクラテスの弁明』31b3-5）のであるが、それにもかかわらず、エウテュフロンの父と同じように、敬虔の問題で若い男から軽はずみなやり方で今訴えられている（『エウテュフロン』5a9-b5）。だから、Aからの帰結として、メレトスとアテネ市民たちは、敬虔のような徳に関して自分たちが無知であることをソクラテスに繰り返し指摘されてきたからには、彼に対する不敬虔の訴えを取

り下げるべきであり、それはちょうどエウテュフロンが訴えを（たとえば、殺人者を公平に追及することや殺人者が生じさせる宗教的な汚れを除去することの重要性といった、彼のもつ対立する理由にもかかわらず [4b-e, 5d-6a 参照]）断念すべきであるのと同じである。[*13] どちらの事例においても告発者は敬虔とは何かを理解していないし、また不正な行為を通して道徳的害悪が招かれる（『クリトン』47a-49e）からには、あやまった確信のはらむ道徳的危険が意味するのは、どちらの告発者も敬虔の概念をそれぞれの訴訟の根拠として、打算的にも道徳的にも用いることはできない、ということである（『ソクラテスの弁明』30d-e を見よ）。

これが『エウテュフロン』のもっとも明白な類比の教えるところである。しかし、前に私が論じたように（2・1節）、ソクラテスとエウテュフロンの間の並行性だけがここで意図されているのではない。エウテュフロンはまた、彼とソクラテスが神学的なことがらについて大衆よりもはるかに優れた興味と理解を共有し、そして、それが両者にアテネ人を敵対させるという結果を招いたのだという趣旨の発言をいくつもしている（『エウテュフロン』3b-e）。エウテュフロンがソクラテスを同類であるとみなすのは、単に両者が喚起した嘲笑とねたみのせいだけではなく、ソクラテスが自分と同じく「予言者」(μάντις/mantis)。(3c2, 3e3. 『クラテュロス』396d2-397a1 を参照) ひとかどの占い師であるからである。たとえば『パイドン』85b4-6 を参照）。エウテュフロンが民会の利益のために未来の出来事を予言するのに対して、ソクラテスは他ならぬ彼本人が、不利益をもたらす行為の道から警告によって彼を遠ざける予言的な「神の合図」の特権的な受取人なのである。[*14]

エウテュフロンの述べる二人の立場の比較（と気のふれた神学についてエウテュフロンの弟子になろうというソクラテスの提案 [5a-c]）の皮肉のこもったユーモアを見落とす読者はほとんどいないが、その

比較がいかに対話篇の言外の意味を形成しているかを、つまり、ソクラテスの立場がどれほどエウテュフロンのそれと危険なほど近いかをわれわれに理解するように促してくれる言外の意味を形成しているかにはほとんど注意が払われていない。*15 というのは、ソクラテス－エウテュフロンの並行性が教えることの一つは、――ソクラテスの極めて宗教的な外観からすれば――結局エウテュフロンは対話篇の終わりで彼の言う「急を要する約束」(15e3-4) にあわてて走る必要はない、ということであるように思われるからである。むしろ彼は次のような主張で応答することができたのだ。ソクラテスが、先の一般的原理Aと、彼の道徳的無知を頻繁に主張しながら、それにもかかわらず自分のアテネ人たちに対する宗教的使命が「大きな善」であると確信をもって断言する（たとえば、『ソクラテスの弁明』30d5-31c3）のは首尾一貫しない、と。この使命は、結局のところ、数多くの行為から成り立っており、その多くは自分や他人への身体的道徳的害悪を与える危険を伴ってきたはずである。たとえば、エレンコスの対話を立ち聞きした者が自分のもっていた抑制的な道徳的信念を、それが積極的な倫理的教義によって置き換えられることなしに、取り除かれてしまうといった危険である（『国家』538d-e を参照）。だから、もしソクラテスが彼の主張するとおりに理論的な道徳的知識に関して無知であるなら、いかにして彼は自分の使命を追求しながら、――彼自身がエウテュフロンに警告するように――「それを正しく行っていないのではないかという危険を恐れる」(15d6-8) ことなく首尾一貫性を保てるのか。

テキストMの訓戒とならんでソクラテスが理性を越えた指標に信を置いていることから考えて、この異議に対するソクラテスの答えとなりそうに思われるのは、そういった理性外のよりどころへの彼自身がもつ接近方法に照らしてAに制限を加えることである。道徳的危険の査定は、結局、未来の可能性と結果の見積りを含むが、それは今ここでなされる合理的な計算を特に受け付けないものである（『ソクラテス

の思い出』1.1.6-7)。こうして、テキストEの解釈を洗練化することで、われわれは重大な道徳的危険をはらむ個々の行為の遂行は、少なくとも理性を越えた導きが手もとにあるケースでは、行為がその下に帰する概念の完全な知識なしでも正当化されうる、と言うのを欲するであろう。*16

しかしもしそうなら、それだけでは、道徳的に非難されるべき行為はどんな種類のものでも理性を越えたもののささやきによって実行を促される可能性が残る限り、こういう修正の仕方は危険をはらんで不完全である。たとえばエウテュフロンには、人を常に満足させる「おまえも同じ」型の答えをする可能性が開ける。つまり、――奇妙なことに――「自分も占いと夢によって、「また、かつて神がだれかに何かをすように命じたことのあるその他のあらゆる仕方を通して」父を訴追するように命じられたのだ、とエウテュフロンは答えることができる。結局、彼は――ソクラテスと同じで――自分がそのような合図の解釈ができる専門的な占い師であると考えているのだから、このような応答は容易に想定できる。幸運なことに、これに対しては明白な反論がある。それはテキストMによって示唆され、また、われわれにソクラテスの理性を越えたものの受容とテキストCを和解させることを可能にしてくれた仮説によって与えられる。すなわち、ソクラテスにとって理性は、理性を越えた指示の解釈と確証の両方の面で必要な役割を果たすのだ、という反論である。可能であればどんな場合でも、そういった合図は――私が説明しようとする意味で――理性的に検査され、その検査に合格しなければならない。*17

このことに照らして作り直されなければならない。

しかし、そうする前に、Aはその詳細が十分でないことに注意されたい。このままでは、何かが「相当な不道徳の危険」をはらむとはどういうことなのかが特定されていない。これがなんらかの仕方で詳細にされないかぎり、Aは実践的な行為の指針としては役に立たない。エウテュフロンが(子としての敬虔の

第四章 ソクラテス的理性とソクラテス的啓示

伝統に反して［『エウテュフロン』4a11-b2］）自分の父を訴追することから受けたソクラテスのあからさまなショック、それから、伝統的な道徳性の内容を彼が概して保守的に守ろうとすること（また『パイドロス』229c6-230a7でプラトンがソクラテスに言わせている、宗教的なことがらについては一般には伝統に従うという趣旨の実践的な発言を見よ）から考えて、ソクラテスはわれわれが伝統的な道徳的枠組を用いて、Aにおける不道徳性の意味をとらえるように勧めるであろうと私は考える。そして、彼は盗みや父殺しを、通念的（エンドクサ的）に一応の不道徳性のケースとみなすであろう。当然、ソクラテスはまた伝統的な見方の多くの側面、とりわけその概念的基礎に対する厳しい批判者でもあるわけだから、ソクラテスの道徳理論を構成する、エレンコスに基盤をもつこの方針はソクラテスにとって優先的な地位を占めるであろう。だから、伝統的な敬虔さと正義の基準に反して行為することを強制する根拠は、（1）その意味が（たとえば、様々な文脈や媒体の中でのそれらの繰り返しを観察すること並びにエレンコスのテストによって）明白にかつ一貫して解読できるような理性を越えた情報源か、あるいは、（2）それがより優れたものであると証明できるような敬虔や正義の概念かのどちらかに基礎を置いていなければならないことになるだろう。これゆえ私はAの以下の修正版をテキストEで持ち出されている一般原理の解釈として支持したいと思う。

A′ 伝統的に悪かつ／または不敬虔とみなされている行為は、それを否定する強い占術的証拠、または、「非宗教的」な合理的証拠がない場合には避けなければならない。そういった証拠は、人の道徳的諸信念が一貫性を保つことを、それがエレンコスのテストを通して決定可能であるかぎり、許すものでなければならない（ここでは、関係する道徳的概念の完全な理解を所有できるなら、それは可

能なかぎりで最善の合理的な免除的証拠となるであろう）。

A′のように修正すれば、いまやソクラテスはエウテュフロン（やメレトス）がそれに違反していると非難しても、自分が同様の非難にさらされることはない。自分の父に対して訴訟を起こすことでエウテュフロンは伝統的な子としての敬虔と正義に違反し、さらにエレンコスの吟味を受けた際に、自分がなすべきだと信じていることが他のさまざまな彼の確信全体に対して整合的でないという非難を逃れることになすに失敗する。最後に、彼がもっていることになっている占いの能力は、彼がその意味を明白に解読できる、あるいは、合理的に擁護できるような「啓示」を彼に与えることに明らかに失敗する（そして、さらに 3e4-6 で彼の予言の力が失敗するさまを見よ）。また、エウテュフロンのホメロス的、ヘシオドス的神々は——嘘をつくということで悪名が高いのだから、価値ある信頼できる情報源にはなりえない、とソクラテスは指摘することもできる。*18

それに比較して、ソクラテスは実際に伝統的な決まりごとを破るような活動にはまったく、あるいは、ほとんど従事したことがなかったし、（彼自身の説明によれば）伝統的敬虔の命ずるものの本質的なところには（特にいったんこれが正しく理解された場合には）たしかに決して違反したことがなかった。*19 しかし、それが彼にはエレンコス的吟味の生を追求することでなんらかの道徳的危険を冒してきた。しかし、それが彼にはエレンコスのテストを受けて生き残ったものなのである。とりわけ彼は、（誠実な神から発せられた『ソクラテスの弁明』21b5-8）デルフォイの神託の言明に対して、そこには哲学せよという神の命令があることをエレンコスによって明るみに出すことで（『ソクラテスの弁明』20e3-23c1, 29b9-31c3）、神託に対する自分の理解を導出し、確証すると

227　第四章　ソクラテス的理性とソクラテス的啓示

いう長期間にわたる努力をしてきたし、自分の解釈を一貫して裏付けるさまざまな理性を越えた指示を受け取ってきた（『ソクラテスの弁明』33c4-8、この指示自体はまたエレンコスのテストを受けなければならない）。その解釈によれば、哲学せよという命令はソクラテスにとって——善き有徳な神々の命令であり、それを怠ることは不敬虔で不正だという根拠から——緩和することの許されない敬虔な義務となるのであり、それを怠ることは不敬虔で不正だということになる。最後に、ソクラテスは彼がもつに至った諸徳の概念を通してこれの「非宗教的」な正当化と確証を手にしているのであって、これは彼のアテネ人に対する使命が大きな善であると信じることに対する正当化と確証なのである（『ソクラテスの弁明』30a, 30d-31a 参照）。

それゆえ以上の説明は、ソクラテスがエレンコスのテストに固執することと彼が超自然的な導きに頼ることの両方を可能にするものである。原理A'とテキストMが示唆するように、ソクラテスは占いや雑多な習慣を理性的計算の代替物とみなすことを望んだのではなかった。むしろ、それらは重要な「理性的な思考に対する補足と……刺激であって、それの代用物ではない」[*21]という役割をもつのである。ここで私は、ソクラテスが理性を越えたものに頼ることにおいて実際にA'に従っているかどうかを確かめることによって、この解釈を確証し拡張したい。[*22] 加えて注意を要するのは、神の警告の認識論的身分にかかわる諸問題、とりわけ理性的な意志決定手続きへのソクラテスの忠誠をそれらがどの程度制限するかという問題である。

4・1・2　ソクラテス的理性とダイモニオン

ソクラテスの理性を越えた指標には、われわれの持っているテキストで見出されるものとしては、二つの基本的な種類がある。（1）ダイモニオンや、神から与えられた夢のような、私的で「内的な」心理的

228

現象と、（2）デルフォイの神託の報告のような、外的な公共的に観察できる神託や占いによる夢や外的な現象にも拡張できるからである。ここでは私の議論の目的に即して、内的な現象、主にダイモニオンをソクラテスがどう扱っているかだけに話題を限定しようと思う。というのも、これについての説明は若干の変更によってソクラテス以前のだれも経験したことのない、あるいは、ごく少数の者しか経験したことのないものにも拡張できるからである。

ソクラテスのダイモニオンは内的で私の内的な警告的合図（σημεῖον/sēmeion）[23]であり、意識の地平線上で神（々）ないし神的なダイモン（δαίμων/daimōn）の作用によって現れる。これはソクラテス以前のだれも経験したことのない、あるいは、ごく少数の者しか経験したことのないもので（『国家』496c3-5）、ソクラテスが子供のころから馴染んでいたものだった（『ソクラテスの弁明』31d2-4,『テアゲス』128d3）[26]。ダイモニオンが彼のやろうとしていることに、重大なことがらも些細なことがらの両面で（『ソクラテスの弁明』40a4-6）、介入したことはよく知られていたことである（『ソクラテスの弁明』31c7-d1,『エウテュフロン』3b5-7）。普通は（あるいは常に）彼がとりかかろうとしている行為の道に進まないように警告する合図を――前ぶれなしに――与えるという形で働いた、と理解されていた（『ソクラテスの弁明』31d3-4,『パイドロス』242b8-c3,『テアゲス』128d4-6）[27]。この合図を与える神を促してそれが現れるようにしてもらうことは（当然ながら）できないけれども、それは何を示そうとも過つことなく正しいとみなされていた（『ソクラテスの思い出』1.1.4-5）のであって、過つことなく善なる神の贈り物というものがそれに当たるものである[28]。時にダイモニオンは、いつもより気前よく、ソクラテスに他人の行為が勧められないことを警告することさえあったが[29]、彼が求めながらその所有を否認するところの専門的道徳知を構成する一般的、理論的主張を彼に与えることは決してなかった。また、ダイモニオンはありきたりの反対理由の説明を彼に与えることもない。むしろ、それ

が与えるのは、私の主張しようとするところでは、特定の行為の追求が勧められないことの非専門的道徳知とでも呼べるものの一例である。たとえば、ある生徒が自分のところで再び勉強することを許すのは有益でないという知識（たとえば、クセノフォン『饗宴』8.5、『テアイテトス』150e1 以下を見よ）である。最後に、これらの神の合図は常に未来の有害な——あるいはより広く、有益とはいえない——結果、とりわけ、人間理性の力では予測できないような結果にかかわる（『ソクラテスの思い出』1.1.6-9, 4.3.12）。それは、要するに、占いの技能（ἡ μαντικὴ τέχνη/hē mantikē technē）の一種であり、ソクラテスがそれを「いつもの占い」（『ソクラテスの弁明』40a4）と呼び、また、彼自身を予言者（μάντις/mantis）と呼ぶ（『パイドン』85b4-6、『パイドロス』242B3-4 参照）のは文字通りそのとおりなのである。しかし、ソクラテスはありきたりの占い師ではない。われわれの見たように、エウテュフロンに対する彼のエレンコスによる治療、『エウテュフロン』の最後での彼の発言（テキストE）、哲学するようにという神から受けた彼の義務、そして、彼が現実に行った実践（たとえば、『ソクラテスの弁明』21b-23b で彼が行う解釈とテスト。40a2-c3 参照）、これらすべては、彼がダイモニオンやその他の合図に対しては可能な限り理性的な確証（とおそらく解釈）を求めなければならないと考えていたことを示している。ダイモニオンのいくつかの事例を考察しよう。

ダイモニオンの警告へのソクラテスの信頼とそれの理性的確証の事例として、一つの鍵と考えられるものは『ソクラテスの弁明』31c4-32a3 に見られる。そこでソクラテスは、公的な党派的政治活動に入っていくことに対するダイモニオンの抵抗に服従したと述べている（『国家』496b-c 参照）。さて、ソクラテスがダイモニオンを通して主観的な安堵を見出しているだけだと考える者たちは、ソクラテスがこの警告の理性的説明を導入するのに用いている言葉、すなわち「思われる」（δοκεῖ/dokei［『ソクラテスの弁明』

230

31d6］）という暫定的とも受け取り得る言葉の使用に固執するだろう。しかし、実際は、これは控え目に表現された確信と読まなければならない。というのも、直後で彼は陪審員たちを論して、彼が何か政治的行為をしようとするたびにダイモニオンが反対したことについての彼の説明が真であることを「よく知る」(εὖ ἴστε/eu iste [31d6]) べきだ、と言っているからである。つまり、その説明とは、公的な政治活動に携わる生き方をすれば彼は時期尚早の死を迎えることになり、アテネ人にとって莫大な善となるはずの彼の使命を短縮することになってしまっただろう、というものである。この答弁は、その説明だけでなく、その説明を促すことになった、理性を越えて指示された真理をも、完全に確信している者がなすような仕方で導入されている。すなわち、ダイモニオンが政治を「行おうとする」(μέλω/mellō [31d4]) ソクラテスの試みにいつも反対している (31d5) ——また過去においても一貫してきた——という真理である。それゆえ、これはダイモニオンが個別的な知識の主張（たとえば、「私が意図するこの政治的行為は利益をもたらさない」）の源泉であること、そしてまた、そのような主張が伝統的な理解のされている行為をとらないよう公的な党派的政治、たとえば、トゥキュディデス『歴史』2.40参照）と考えられている合理的な説明を与える義務があると考えたこと、A′によりソクラテスはそのような主張に一貫した合理的な説明を与える義務がないよう警告するときには、を示す一つの議論である。*32。

ダイモニオンが働く（重大さでは劣るかもしれないが）明瞭なケースは、『エウテュデモス』272e1-273a3に見られる。ソクラテスは体育場の中で席を立とうと意図したのだが、彼が立ち上がったまさにその時「いつもの合図」を経験し、再び着席する。ここでソクラテスは神の声をそれとして認識し、また、どのような解釈にしろその警告の内容が必要とした解釈を与えたであろうが、彼はその警告が完全に信頼できることを全く疑っていないように見える。しかしながら、彼のとったその特定の体勢で、また、彼の

231　第四章　ソクラテス的理性とソクラテス的啓示

居たその特定の場所に留まることが智恵のあることだということは、後になってはじめて理解されはじめることができるからである。すなわち、それに従うことによって、ソクラテスは遅れて到着した対話相手たちかて、ダイモニオンの助言の賢明さの根拠となる理由を与えることがある。というのは、ソクラテスが警告に従ったという事実のずっと後になってはじめら教育と楽しみの機会を与えられた、という理由である。だから、ソクラテスはダイモニオンに大きな信頼をよせるのであるが、彼がそれに従った結果がどういう仕方で、また、なぜ善を生み出すことになるのかは、——未来の出来事の多くがそうであるように——理性的な計算からは不透明なのである（『ソクラテスの思い出』4.3.12, 1.1.8-9）。そして、同じダイモニオンの警告でも、何に反対なのか、それでもソクラテスがダイモニオンに対して最高度の確信を示すケースもある（たとえば、『テアイテトス』150e1 以下）。しかし、これは決して非理性的なことではない。なぜなら、ソクラテスが言うように、「合図の価値はテストされうる」（『ソクラテスの弁明』33c7-8、『テアゲス』129d4-5）からである。すなわち、その知恵は帰納的、演繹的根拠の両方に基づいて理性的に確証され、それゆえに最大限の信用が与えられることができるのである。帰納的には、（1）ソクラテスはそれを長い間経験しているが、それが信頼できなめしは一度もなかったし（クセノフォン『ソクラテスの弁明』13、『ソクラテスの弁明』40a2-c3 参照）、（2）その警告の信頼性は、それに従うことから由来する善い結果、並びに、その警告を無視した時他人にふりかかることになった悲劇（『テアゲス』128d-131a）から確証されてきた、という根拠がある。演繹的には、（3）ダイモニオンはソクラテスの解釈では神の贈り物（ある行為事例をなさないようにという警告）であり、神々は善のみをわれわれに与え（『エウテュフロン』14e9-15a2）、決して欺かず（『ソクラ

232

テスの弁明』21b6-7、『国家』381e-382c 参照)、最高度に知恵ある者(『ソクラテスの弁明』23a.b、『ヒッピアス(大)』289b)である、という根拠がある。ソクラテスの見るところに、理性的推論の働きが補助なしに未来の出来事を正確に予測することもありうるが、信頼性をもってそうすることはできない(『ソクラテスの思い出』4.3.12)。こうして、理性により正当化されたダイモニオンという選択肢の予測能力にソクラテスが信を置くのはきわめて理性的なことであり、逆にそれを無視したりくつがえしたりするのは非理性的でさえある(『ソクラテスの思い出』1.1.8-9)。

最後に、『ソクラテスの弁明』40a2-c3 では、彼の法廷審議への参与を構成するどんな小さな行為に対してもダイモニオンが反対しなかったことの理由は、裁判の結果が、それゆえ彼の死が最善の事柄だからだ、ということをソクラテスは示そうと努めている(『ソクラテスの思い出』4-5 参照)。『ソクラテスの弁明』41d3-7 参照。クセノフォン『ソクラテスの弁明』1.1.5, 4.8.5.6。ここでソクラテスは彼の声の沈黙が「すばらしいこと」[40c1] であり、裁判の最終結果が善であることの大きな証拠(μέγα τεκμήριον/mega tekmêrion [40c1])であると主張するが、これは彼が知っていると主張できることである。というのも、彼は沈黙によるこの証拠こそが、彼が死ぬことがより善いことを明らか(δῆλον/dêlon『ソクラテスの弁明』41d4)にすると言うからである。*[33] しかし、ダイモニオン自体はソクラテスの沈黙を用いてこれほど高い確証が与えられた結論を導くことができるのなら、ダイモニオンによって最善の結果にはならないすべての、あるいは、ほとんどすべての機会に反対するもの、そしてそれゆえ高度な保証と信頼性をもつようような推論の源泉としての役割を果たしうるもの、と見なされていなければならない。*[34]

要約すれば、ソクラテスにとって理性を越えたものは特定の行為をとろうとする判断の命じるところ、まとめであり、原理的には(決定の際にいつでもというわけではないとしても)道徳性の命じるところ、

233　第四章　ソクラテス的理性とソクラテス的啓示

た、非宗教的推論と調和する。たとえば、ソクラテスは自分が哲学しつづけることに対しては、ダイモニオンや神託の命令なしに、幸福論的な正当化を発見している。*35 これらの理性は、われわれの単に人間的な、理性的に導出されたものごとの説明の補足となるものである。しかしにもかかわらず、われわれがそのような合図を有効に用い、それに正当な信頼を寄せるためには、それらを解釈しテストする理性による評定を適用することが一般的に必要とされる。だから、彼がこの同じ理性的テストにかけるべき理性を付加的な、極度に信頼できる、理性を越えた源泉を、すなわちダイモニオンを手にしていた点において、ソクラテスはまったく尋常ならぬ人物なのである。こうして、ダイモニオンによってわれわれは原理 'A' をソクラテスに帰する特別の正当化を得る。というのも、それの信頼性は——それの襲来に先立ってさえ——理性的に確立された事実だからであり、また、ソクラテスが道徳的に明らかに危険な状況でその指図だけに頼っているケースは一つも見出されないからである。むしろ、道徳的危険が明らかなケース（たとえば、彼が政治を避けること）では、彼はエレンコスによるテストと補強から理由を提供する試みによって、ダイモニオンの警告（あるいはその不在の継続）を追検証しているように見えるのである。*36

4・1・3 いくつかの反論

グレゴリー・ヴラストスは、理性を越えたものがソクラテスの思想の中で認識論的な役割を果たしているという私のような見解を持つ者に対して、いくつかの反論を提出している。*37 彼が採ろうとする解釈によれば、私のような見解は、つまるところ、ソクラテスが「信念の正当化の二つの異なるシステム」を持っていたという主張と同等であることになる。そこでダイモニオンは、「道徳知の源泉として理性とは別個

の、それよりも優れたもの」だとされることになる。*38 そしてこれはテキスト上の明らかな証拠に反する、とヴラストスは主張する。しかしまず最初に、信念の正当化の二つのシステム、理性を越えたものに認識論的重要性を認めることができるという可能性をこの反論が見落としていることに注意しなければならない。というのは、繰り返しになるが、私の見るところ、ソクラテスは理性を越えた現象(特にダイモニオン)が個別の道徳知の主張を構成することの源泉であると見なしているが、その道徳知の主張自体は、その起源においては全面的に理性的ではないにしても、やはり理性的に根拠づけられているものだからである。だから、ソクラテスの啓示が(Aにより)常に彼の理性の審議事項に挙げられると考える点でヴラストスと私は同意見であり、それゆえ、私は信念が理性的に正当化されるシステムをソクラテスがもっていたという見解はとらない。私の見解では、ソクラテスは自分が接近できる情報源としては二つの異なるもの――占いと非宗教的理性――があると考えているけれども、正当化の方法は一つだけしか用いない。すなわち、エレンコスによる根拠づけである。だから、ヴラストスと私が意見を異にするのはどこかといえば、それは、ソクラテスが「非宗教的な」推論に誉れ高い地位を与えているにもかかわらず、それでも彼は理性を越えた合図が自分の知識と信念状態に重要な貢献をすると考えていた、という私の主張にある。この説明では、非宗教的理性の支配は、多くの場合、これらの合図が解釈される以前にもつ純粋な内容によって制限されることになる。

しかし、ここでヴラストスの主張を見てみよう。第一に、彼の説明では、ダイモニオンの声の最小限の表象的内容は、特定の行為が不利益となることを非常に漠然とした仕方でソクラテスにわからせるだけであって、それを何かそれ以上のものであると考えるのは誤りだということになると思われる。私の描写に反して、ヴラストスのダイモニオンは理性を越えた情報経路ではなく、理性を促して仕事に取りかからせ

235　第四章　ソクラテス的理性とソクラテス的啓示

る警報にすぎない。それは単にソクラテスにエレンコスによる解釈のきっかけを与えるだけであり、ある行為が不利益になるということについては、エレンコスがそれを根拠づけ、それに実践的な（誤りうる）確実性を与えるのである。その際、ダイモニオンはソクラテスに認識的価値をもつものは何も伝えない。*39

それゆえ、ヴラストスにとってダイモニオンは一種の主観的表象——虫のしらせ——以上のものではなく、その内容はそれがきっかけを与えるところの信念をいかなる仕方でも決定するものではない。

ヴラストスの見方を支持すると考えられる事情もいくつかある。第一に、神の知はわれわれのそれより無限に確実で完全であるという、ギリシアではごく普通の考えにソクラテスも賛同しているということがあり、また、私の見方によればソクラテスはダイモニオンと夢を情報の源泉とみなしているということがある。したがって、これらの源泉はエレンコスによって与えられるものよりも優れた情報経路なのだと思われるかもしれない。しかし、——とこの反論は続く——ソクラテスはそのような警告に対して確実性を主張することは決してない。むしろ、ソクラテスはそれを非常に暫定的な仕方で受け取っている。*40 たとえば、『パイドン』(60d 8-61b 8) によれば、ソクラテスは音楽文芸の作品を作るように「促し」(ἐπικελεύειν/epikeleuein [61a2])「命じる」(προστάττοι/prostattoi [61a6]) 夢をしばしば見たが、彼はこれが哲学せよということを意味すると想定していた (ὑπελάμβανον/hupelambanon)。なぜなら、「哲学は最高の音楽文芸」(61a3-4, この箇所は『ソクラテスの弁明』33c4-8 の夢の命令を指しているのかもしれない) なのだから、と。しかし、その夢はもしかすると普通の意味での音楽文芸の作品を作れということを意味していたのかもしれない、ということが彼の心に今ふと浮かんだので、「念のため」それが夢の本当の意味だったときのために、「[生に]別れを告げる前に、夢に従って詩を作ることで聖なる義務を全うするのがより安全である」(61a8-b1) と今彼には思われた (ἔδοξε/edoxe)*41 のである。

236

この箇所や他の類似のケース（たとえば『クリトン』44a5-b4）から、ソクラテスはここで、また一般に、理性を越えた「神からの合図」はすべて、制限されない批判的理性の使用によってその意味が完全に決定されるような仕方で解釈可能である、と考えているのだと思われるかもしれない。そしてこれが正しいなら、「ソクラテスは予言の経験が神によって引き起こされるという古来からの尊い見解を保持しているけれども」、彼は断固として「超自然的な神々が超自然的な合図を通して人間と交信するという信念が非理性主義へと向かう潜在力を無力化した」のであり、実践と理論の両面における問題を決定することについての「理性の排他的権威」と衝突する可能性をもつ主張を予言の経験から奪い去るのだ（テキストCの強い読みによって）、ということになるだろう。*43 こうして、この説明では、ソクラテスの理性を越えた指標は「暗闇の中で安心せよと背中を叩いてくれる」——問題には目をつぶり、たとえそのような手が背中を叩くことがなくても彼が行う事柄を、それらが奨励してくれるのだと受け取ることになる。

次にヴラストスは、ダイモニオンが占いの一種であるという観測から、彼の理解への支持が得られると考える。彼は『イオン』で展開され、また『ソクラテスの弁明』でほのめかされているような神の憑依についてのソクラテスの理解にすべての占いを結びつけようとする。「詩人が詩を生み出すのは知識を通していてではなく、ある種の生まれつきの力を通して、そして、霊感を受けることによってである（ἐνθουσιά-ζοντες／enthousiazontes）」ということに私はまもなく気がついた。それは、ちょうど占い師や予言者と同じであって、彼らも多くの立派なことを言うけれども自分が言っていることを一つも知ってはいない」（『ソクラテスの弁明』22b8-c3、訳、強調はヴラストス）。

この理論によれば、神は霊感を受けた詩人の内部にいて、そのような憑依は詩人の理性的な能力を追い

払うことになる。神にとりつかれた時、詩人は「正気ではない」(ἔκφρων/ekphrōn) のであり、知性や理解 (νοῦς/nous) はもはや彼や彼女の「中に」、あるいは、彼や彼女に「現前して」はいない (『イオン』533e9 以下)。これによってたしかに詩人は多くの立派な、真なる事柄を言うことができるかもしれないが、彼らは自分が口にしていることについての知識を全くもっていない。上で挙げた『ソクラテスの弁明』の箇所と『イオン』のテキスト (『メノン』99 b-100c 参照) が明らかにするのは、まさに詩人は占い師と同類の者であるという理由で彼らは自分が口にする事柄を知ることができない、ということである。

そしてそれゆえ、ソクラテスの見解ではこの分析は占い師にもあてはまる。こういうわけで、この分析がソクラテス自身の占いの経験に適用される限り、ソクラテスはダイモニオンや他の神の警告が生じている時の自分自身の心的状態を知識や理解が完全に欠けた状態であるとみなしているはずである。これらの根拠に基づいて、理性を越えたものの介入は情報源とみなされることはできない、そして、確かに知識とみなされることができないのだから、なぜなら介入時点での意識的な心の働きはその介入の意味を少しも理解、把握できないのだから、というふうに思われるかもしれない。そうなると、生じたことに意味づけをする責任は、全面的に、回復した理性の方にあるということになる。ソクラテスの理性的吟味はエレンコスの手続きを踏むものであるのだから、結果として得られる信念はどれでもエレンコスによって正当化された信念の標準的な事例であることになり、それらの信念は単にダイモニオンや、その他神が原因で引き起こされた内的出来事という、いわば情報を欠いた「突風」によって誘発された結果にすぎなくなる。それゆえこの見解をとるなら、ソクラテスが「ダイモニオンが私が去るのに反対する」(『エウテュデモス』272e1-273a3 より) というようなことを言うときには、彼は一つの記述の中に三つの出来事を入れ子にして詰め込んでいることになる。(1) ダイモニオンの来襲、このときソクラテスの心/魂 (νο-

*44

ûs/ψῡχή/nous/psuchê；ヌース/プシューケー)[*45]の状態については、自分の意識を制御したり観察したりすることができなくなっている。それに続くのが（2）その状態の、そして非理性的意識の残滓によって観察された限りでのダイモニオンの合図の記憶。これにはすぐに（3）「あれはダイモニオンで、何か神によって引き起こされたものだ」という理性的解釈が続き、さらに「こういうものは『するな』を意味する」というさらなる解釈が伴い、また、その介入の説明や確証がさらにいろいろ続くこともある。この論点、また、一つ前の論点から実質的に帰結するのは、理性を越えた合図はソクラテスにとって独立した情報の通路となるようなものではなく、むしろ、それらの意味が「制限されない批判的理性」の使用によって完全に決定されるような仕方で解釈可能である、と主張する議論である。これによれば、ソクラテスは理性を越えたものからの突風を単なる主観的な奨励として扱うのであって、それが促す行為をたとえそのような非理性的な促しがなくても彼は非宗教的な理由から行うのである。

4・1・4　いくつかの応答

　私の見るところ、この立場ではソクラテスが「超自然的なことを受け入れた」と言っても、それはほとんど名目上のことにすぎなくなる。私は今から次のように想定するのが正しいと主張しようと思う。なるほどソクラテスにとって、ダイモニオンの情報的内容は一般に最小限にとどまるとはいえ、彼はそれが「非宗教的理性の排他的権威」を脅かすに足るだけの認識論的重要性を帯びているととらえていた、と。もしこれが正しければ、ソクラテスの超自然的なものの受け入れは、ヴラストスの還元主義的説明が許容

239　第四章　ソクラテス的理性とソクラテス的啓示

するよりも相当広い範囲に及ぶことになる。*46

第一に、ダイモニオンは夢と同列に扱われてはならないことは明らかである。夢の方は、結局のところ（神から与えられた予言的な夢と思われるものでさえ）ソクラテスに特有のものではないが、ダイモニオンの方はソクラテスに特有といってよいだろう。第二に、ソクラテスは夢の多くは偽である（『テアイテトス』157e-158d）こと、そして、どんな夢でも神から与えられたならそれは確実な情報を供給するとは考えていないことをソクラテスは認めるであろうから、夢は――ソクラテスにとって――ダイモニオンとは別のものとされなければならない。ダイモニオンの個々の発生の方をソクラテスは、信用に値する指導を与える誤ることのない源泉とみなしている。ダイモニオンとは違って夢に複数の解釈が可能であると認識されていたことについては『オデュッセイア』19.560-561 を参照）。最後に、ソクラテスに勧告する夢の場合でさえも、それらが「制約をまったく受けない」批判的理性の解釈力にさらされるとみなすのは正しくない。たとえば、ソクラテスは『パイドン』の夢が焼物を作れという命令だとか、釣に行けという命令だとか、アテネから逃亡せよという命令だとかと解釈しようとは思わない（『クリトン』44a5-b5 参照）。むしろ、そういった夢はソクラテスにとって確定した内容をもっていて、それが彼の解釈をいくつかの可能な意味だけに制限するのである（この内容は、しかし、「神の合図」として、真でしかありえない［『ソクラテスの弁明』21b6-7.『国家』382e-383a.『法律』800a 参照］）。しかし、少なくともいくつかのケースで、ソクラテスは一つの夢に可能なすべての解釈が尽くされたことをけっして確信できないのだから、神から与えられた夢に付与される意味ないし意味群は、完全に確信をもって信頼されることはできない――これも夢をダイモニオンから区別する一つの特徴である。

もちろん、ダイモニオンの場合と同様に、夢のいくつかをソクラテスは確かな真実を中核に含んだもの

とみなしている。しかし、夢とはちがってダイモニオンは単一で、確定した意味を内在的な核としてもっていて、それに疑問を差しはさむ余地はないように見える。すなわち、ソクラテス（や他の者）が利益にならない行動の道に進んでいる（あるいは進もうとしている）ことを意味するという核である。ダイモニオンはまた実践的な確実性の源泉として描写されているが、それに対して夢は厳格なエレンコスのテストを必要とし、つい先程あげた理由から常にある程度の不確実性をかかえている。それゆえ、ソクラテスの夢に関する理論がダイモニオンにまで及ぶと仮定することはできない。さらにまた、ソクラテスのダイモニオンは彼だけに固有のものと見られることから、（たとえばソクラテスの使命が神の命令であることにたいして）それが与える認識論的確かさの水準は、エウテュフロンのような他人が自分の行為をなんらかの行為を追求することの理性を越えた正当化を求めて頼りにすることができるのは、他の種類の占いで正当に我がものとしうるものではないことに注意されたい。つまり、エウテュフロンのような者がなんらかの行為を追求することの理性を越えた正当化を求めて頼りにすることができるのは、他の種類の占いである。しかし、その場合、そうした占いは確定性を欠いて頼りにすることに対してどのような占いを持ち出してきても、それはそうしたソクラテスの吟味に耐えて揺がないことはないだろうということは想像に難くない。

ダイモニオンを夢と類比的に扱うことは厳密にはできないのと同様に、それを「霊感を受けた」詩人や占い師についてのソクラテスの分析に類同化することにも確信をもつことはできない。そういった人々はダイモンないし神にとりつかれるのであるが、それと対照的にソクラテスは決してダイモンをその一種の現象とみなしてはいない。*[47] むしろ、τὸ δαιμόνιον (to daimonion) はその形容詞的性格によって δαίμων (daimōn) や θεός (theos) のような直接的な名詞的用法からは区別される。そして、ソクラテス

はそれが δαίμον (daimōn) あるいは神からやってくる「声」であり「合図」であることを強調する*48。『ソクラテスの弁明』27b3-c10 にはこれを支持する証拠が隠れている。ソクラテスはダイモニオンのことを口にすることで告発された。すなわち、新しい神にまつわる事柄を信じているという根拠に基づいて告発された。そして、彼はまさしくこの根拠に基づいて自分が神的存在者を信じているはずだということが帰結する、と論じる（『ソクラテスの弁明』12参照）。『エウテュフロン』3b5-9. クセノフォン『ソクラテスの思い出』1.1.2. 同『ソクラテスの弁明』12参照）。しかしこのような論証は、もしソクラテスが最初からダイモニオンを神的な存在者とみなしているなら、無意味なものとなるだろう。最後に、ソクラテスがダイモニオンの本性についてきっぱりとした特定を避けているのは、彼の認識的謙虚さと完全に歩調が合うものである。したがって、ダイモニオンの発生を『イオン』的な憑依――自分の中に神をもつこと――の事例として分析するべきではない。だからそれは、（少なくとも直接的には）当てはまらない。むしろダイモニオンは、古代後期に――そしてそれゆえ可能性としては古代初期にも――認められていたもう一つの種類の心理的分離を含んでいるように思われる*49。とにかく、もし仮にダイモニオンがもう一方の種類、つまり、神が置き換わるという種類のものと見られていたなら、ソクラテスとプラトンが、神からの霊感を知的道徳的な導きの源泉とみなすことに対して、一般的に否定的な見解をもっていたことから考えて、プラトンはソクラテスのダイモニオンへの依存が（『イオン』タイプの霊感の一種として）どのようにしてその批判に耐えうるかを当然説明しようと試みたはずである。しかし、テキストにはそういった試みは全く見出されない。したがって）ソクラテスに固有のものであるというプラトンの示唆は、したがって、ダイモニオンが（伝統的な占いの憑依とちがって）ソクラテスに固有のものであるというプラトンの示唆は、したがって、ダイモニオンが神の出現

による意識の置き換わりを含むという見解に、大きな反対の声をあげているのである。

最後に私は、『イオン』で論じられている種類の占いを、ダイモニオンによって与えられる種類の占いと比較することが適切かどうかを疑問にしたい。『イオン』が示唆するのは、伝統的に理解された占いは、ソクラテスにとって当面詩や詩の解釈と同様に技術（τέχνη/technē）ではない、ということである。詩人や吟遊詩人や伝統的な予言者（μάντις/mantis）が「多くの美しい事柄」を言うのは、知識によるのでも技術の練達によるのでもない（534b3 以下）。むしろ、これらは「神の贈り物」（θείᾳ μοίρᾳ/theiāi moirai [534c1, 536d3]）である。そこでは、「神自身が」すべての理性（νοῦς/nous）の所産であり、バッコス神の狂乱と同類の「神の憑依」なのである（533c9 以下。『メノン』99c-d,『パイドロス』263d 参照）。したがって、こういった占い師の言の最良の判定者、解釈者は明らかにその占い師自身ではないことになる。彼らは詩人たちと同様に、忘我状態（ἔκφρον/ekphrón）でない、正気な権威を必要とする（『ティマイオス』71e2-72b5.『法律』719c1 以下参照）。当然そういった権威は、当人自身の口からの言を霊感の後に解釈する者であることが望ましいであろうが（538e-539c）、ソクラテスの見方では当時そのような占い師はほとんど、あるいは、一人もいなかったとははっきりしている。

しかし、ソクラテスは明らかに自分自身が占い師としての技量をもっているとみなしている。彼は自分自身のダイモニオン（と自分自身の夢）をもっているのだから。その技量は技術（τέχνη/technē）としてのものではなく、知性（νοῦς/nous）によって与えられ、「自分のためになら十分役に立つ」ものである（『パイドロス』242c3-6 参照）。したがって、ソクラテスが実践したダイモニオンによる占いという種類——ダイモニオンのメッセージに対する理性的な評価を含む独特な種類——は伝統的な予言術（μαντική/mantikē)が属する忘我状態（ἔκφρον/ekphrōn）タイプのもの、神の力や存在の流入に起因する非理性的な心的状態が存在するというタイプのものと同じとみなすべきではない。そしてまた、それを神によって引き起こされる夢のケースと同類とするべきでもない。夢のケースは忘我状態（ἔκφρον/ekphrōn）タイプの非理性的状態であり、このことは、それらの認識論的地位をダイモニオンのそれよりも劣っているとみなすソクラテスの見解を説明する。

したがって私の見解では、ソクラテスの意識と理性はダイモニオンの発生という出来事の間、彼が大きな実践的重要性をもつとみなすその出来事の間、全面的に現前している。しかし、たとえこれが正しくないとしても、ヴラストス自身の説明からして、ダイモニオンが与える情報は——それの霊感後の解釈（それが必要だと仮定すれば）を経た後で——信頼性と実践的意味をもつけれども、それでも完全に無制限の解釈に委ねることのできない情報だというのがソクラテスの見方である、とする余地がまだ残されている。というのは、もしソクラテスがダイモニオンの経験を、その内容は何であれ、大声での「否」——と同等であると受け取っているとすれば、彼はそれを、体育場で座席から立ち上がろうという文脈においては、「立ち上がるのを続けて立ち去れ」を意味すると解釈することはとうていできないからである。むしろ、ソクラテスは自分が立ち上がるべきでないということを完全に確信するかもしれない。しかしながら、われわれはこの出来事の内容と、この出来事が何を生み出すのかを踏み込んでさらに探求する必要がある。しかし、なんらかの説明も、主題の不明瞭さとテキスト資料の扱い難さに苦しめられるのは避けられない。最もありそうな筋は、私の信じるところでは、ダイモニオンからすべての確定的、内在的な情報内容を剥奪し、ソクラテスの非宗教的理性*51

をソクラテスの啓示からの挑戦を受けつけないものにしてしまうような、先に概観された立場とは、相容れない*52。

そのような見方は、私の思うには、テキストのあまりにも極端な読み方である。たしかに、ソクラテスはダイモニオンの警告から彼が受け取る保証を、彼が他のところで所持を否認しているような知識とは呼ばないだろう（たとえば『ソクラテスの弁明』21b4-5）。しかし、彼があらゆる道徳的知識の所持を否認すると考えるべきではない。というのも、第一に、彼は「人間なみの知恵」と彼が呼ぶところのものをいくらかでももっていることを認めている。この「ほんのわずかの」知恵（『ソクラテスの弁明』21d6）とは、──自分が徳の知識をもっていないと誤って信じている政治家や詩人や職人やソフィストと違って──自分がそのような知識をもっていないということを、それでひとつの徳の諸概念の完全な定義み以上の知識」、専門的な道徳的技術知（τέχνη/technē）であり、それ自体でひとつの徳の諸概念の完全な定義のようにして誤っているのかを説明できるような知識である。彼が欠いている知識は、「人間なみ以上の知識」、専門的な道徳的技術知（τέχνη/technē）であり、それ自体でひとつの徳の諸概念の完全な定義に訴えることでその説明を行う。専門的な知識の一種として、それは不可謬で確実でなければならず（『エウテュデモス』280a7-8.『国家』340d7-e1）その知識の獲得、保持において運を必要としてはならず、教えられることのできるものでなければならない。要するに、これこそがソクラテスがやむことなく探求し、その探求におけるここまでの失敗から、その所有をたえず否定する種類の知識なのである。

それにもかかわらず、ソクラテスは「ほんのわずかの人間なみの知恵」に加えて、個別的な道徳的諸確信ももっている（たとえば、道徳的により優れた者に従わないことは誤りであること〔『ソクラテスの弁明』29b6-7.『ソクラテスの弁明』30c6-8, 37a5-6, 37b3-4, 41d3-5.『クリトン』47d7-48a7 参照〕）。それらはすべての者が暗黙のうちにもつものであるがゆえに、彼をだれかからより知恵のあるものにするもので

245　第四章　ソクラテス的理性とソクラテス的啓示

はなく、それゆえ徳の技術 (τέχνη/technē) を構成するものではない。どのようにしてそのような「非専門的道徳知」にあたるものがソクラテスによって知られることになったとしても、それらが真であることの理由を与える説明、専門的道徳知を構成する説明の所持を彼は否定する (『ゴルギアス』509a4-7)。また、それらは運に左右されないことはなく、それらは教えられることはできないという保証はないので、それらは専門的知識には該当しない。さらに、将来エレンコスがそれらをひっくり返さないという保証はないので、それらは不可謬（エレンコスに対する耐性をもつ）とは見なされえず、過去のエレンコス論駁において生き残ったということそれ自体によってエレンコスによる正当化を得るというだけである。しかしそのような命題が生き残ったということそれ自体によって、われわれがそれらを知識と呼ぶことは正当化される。たとえ不完全で、説明力がなく、運に左右されないものでなく、教えることのできない知識であるとしてもである。そして、こういったものは断片的に専門的道徳知に貢献する可能性はあるにしても、それぞれそういったものそれ自体は、専門的道徳知によって前提されている理論的理解を構成するものではない。*54 そうだとすると、ダイモニオンに由来する知識はこの枠組のどこに位置付けられるのだろうか。

先に注意したように、ダイモニオンの警告に対するソクラテスの理解には非常に多くの欠落が残されているために、どの一つの警告も専門的道徳知を構成することはできない。(1) ダイモニオンの発生は、それ自体の中にはそれがなす判断の説明を含まず、それゆえ、他の諸行為を判断する基準や根拠を何も与えない。(2) それは「神の分与」(θεία μοίρα/theiai moirai [『テアゲス』128d2, 『メノン』100b2-3 参照]) である点で行為者から独立した性格を帯びていて、神の恩恵を必要とする。その神の合図がダイモニオンなのである。(3) それは教えられない。なぜならそれは神的存在の意志作用に依存し、他人に植え付けることのできない内的な心的経験であるからである。たとえそのような発生が長く連続し

246

起こったとしても、それはソクラテスが探求しているような種類の一般的で実践に適用できる道徳理論を生成するには不十分であっただろう。それにもかかわらず、ダイモニオンはソクラテスにとって知識の主張を組み立てるための源泉である。すなわち、そこで主張される知識とは、意図された行為の道徳的な性格をも益な結果に導くということをあらかじめ知る前知識であり、したがって常に広い意味で道徳的な知識である。このようにそれは非専門的な道徳知の源泉なのである。

ダイモニオンの警告はある種の知識を産出するのであって、単なる主観的な予感ではないことは、ソクラテスのもつ次の確信から示される。つまり、ダイモニオンはいつでも、ソクラテスをわざと誤り導くことは決してないところの神性によって引き起こされるという確信である。すなわちこの神性は、あやまりでもなく、害も与えず、無益でもない行為からソクラテスを警告によって遠ざけることは決してないのである(『ソクラテスの思い出』1.1.5.『テアゲス』128d1 以下参照)。われわれのテキストにはソクラテスがダイモニオンの警告を無視する例はないのであって、このことは彼の確信を立証する。道徳的に完全な神基礎づけようと積極的に試みる警報そのものは決して欺くことはない、というのが彼の端的な想定である。からの贈り物として警報そのものは決して欺くことはない、というのが彼の端的な想定である。と、このダイモニオンに由来する知識は結局、確実であり、不可謬な正当化をもって、自分が知っているとみなしているのだあろうということを、確実性をもって、不可謬な正当化をもって、自分が知っているとみなしているのだろうか。

これに答えるためには注意深い区別が必要である。ダイモニオンの発生のケースというのはソクラテスにとって、ある知覚的標識がつけられた心的状態が実際に存在するケースであって、その知覚的標識はそ

247 第四章 ソクラテス的理性とソクラテス的啓示

の心的状態を、ソクラテスが過去の経験を通じて神によって引き起こされた警告として分類するに至ったところのもの、として確実性をもって同定する（『ソクラテスの弁明』31c8-d1, 40d1 ように見える。ソクラテスはそもそも「これがダイモニオンだとどうやって私は知ることができるのか」とか「それが神からやって来たということをどうやって私は知るのか」とはけっして問わない。したがって、ダイモニオンの出来事が生じているという判断は、ソクラテスによって確実であると実際受け取られていると思われる*56。

それにもかかわらず、ソクラテスがダイモニオンの警告に与える解釈（ソクラテスがそれに従事すると仮定して）、また警告された行為が実際不利益であると判明するだろうという判断、さらにその警告に配慮することに対して彼がもつ正当化は、すべて可謬的な合理的手段を通じて到達されなければならない。そしてそれゆえ、ソクラテスにとってそのような解釈と保証は、常にさらなるエレンコスのテストにさらされなければならない。そういうわけで、私はダイモニオンの理解の仕方として以下のことを提案したい。（1）先行するなんらかの熟慮の最中にソクラテスは「だめだ、xを為すな」に類したダイモニオンのメッセージを受け取る前、あるいはその最中にソクラテスは「だめだ、xを為すな」に類したダイモニオンのメッセージを受け取り、それを彼は全き知をもつ権威にたしかに由来すると受け取る。ここから、（3）彼は「xを為すのは不利益である」と推論し、これを彼は知っていると主張するであろう。しかしこの主張は実践的な、したがって、可謬的な確実性をもつだけであるとソクラテスは受ける。というのも、ダイモニオンの警告と彼のその解釈が常に正確であるというソクラテスの想定は、経験的に保証されたものにとどまるからである。それでも、それは現世における実践的な理性的推論の結果よりは確実性が高い。なぜなら、それはよりすぐれた帰納的正当化をもつからである。（たとえば、ソクラテスのダイモニオンの認定とその警告が真であることは、

生涯にわたるその経験の間に一度もはずれたことはなかったように思われる。そしてこの帰納的正当化からソクラテスはそれが神に由来することを確信した（このことがここでそれを配慮することに対する正当化に加算される。『メノン』99C7-9参照）。だから、このような見解がここで立てば、この側面においては、ダイモニオンは「非宗教的な」エレンコス的推論よりも優れていることになる、とヴラストスが考えたのは正しい。しかし、これはソクラテスの行う実践的判断から受け入れ可能である。というのも、ダイモニオンはいくつかの点でエレンコスよりもあきらかに劣ってもいるからである。たとえば、そ れは随意に呼び出すことはできないし、他人に移植することもできない。また、それは全面的に有用で実践的な確実性を与えることに失敗するかもしれない。たとえば、さきほどのダイモニオンの主張はそれが正確にどの単子的な行為事例、あるいは諸事例を指示しているのか市場に到着することに失敗するかもしれない。(不都合とされるのは彼がここから出発する行為なのかそれとも市場に到着することなのか。) そして、その指示を確定しその異議を説明するためには、なんらかの合理的な考察の作業が必要とされる。たとえダイモニオンが持続して発生することで、なんらかの一般的な道徳的主張を保持することに対する正当化*57がソクラテスに与えられるとしても、その場合の正当化はせいぜい帰納的なものにすぎないことになろう。

さらに、解釈は程度の差を許容するものである。合図をもとにしていても、関連して考慮する事柄が他にあれば、人はいくらでも合図から逸れて先に進むことができるのであって、先に逸れて進めば進むほど解釈の信頼性は下がる。だから、与えられる情報内容の量が固定しているとして、あるダイモニオンの警報を認識論的に行きすぎのないように解釈するならば、そこからソクラテスが手にする判断、つまり、ある行為が利益にならないであろうという判断は、解釈を経たものなのだから不可謬ではない。それにもかからず、この結果は人間に可能な限り確実でありうる。というのも、ソクラテスは過去のダイモニオン

の解釈の信頼性(ならびにその神的な地位)から巨大な量の保証を得ているからである。このことから、それを知識の一つの種類と呼ぶのが正当だといえる。

4・1・5 さらにいくつかの懸念と返答

ここまで来たところで、ヴラストスの立場に対して好意的な人々は最後の一組の反論を試みるかもしれない。第一に、ソクラテスがダイモニオンに付与する実践的確実性のもつ命令的な力は、もっぱらダイモニオンに先行する彼の信念、すなわち、ダイモニオンが誤らず、神的であり、神は決して嘘を言わないという彼の信念に由来するのだと主張されるかもしれない。これらの信念こそがダイモニオンの警告に対するソクラテスの信念を基礎づけるのであり、また、これらの信念はエレンコスによって正当化されている。それゆえ、ソクラテスのダイモニオンへの確信は彼の非宗教的な合理的推論への確信より大きいことはありえない。*58 したがって、なんらかの行為を追求するにあたって、彼が先行して行った熟慮から得た理由よりもダイモニオンの警告が優先するということはありえない、と。

しかし、そういう結論は導けないことは明らかである。私の説明ではたしかに、ソクラテスのダイモニオンへの確信は、部分的にはそれの「非宗教的な」合理的正当化に基づいている。しかし、それでもそれは対立する一群の理由に優先することがありうる。それはちょうど、合理的に正当化された一群の考慮が、同様に合理的ではあるが時間的に先行する別の一群に優先するのと同じである。われわれはまた、すべての信念が同じ程度にエレンコスの保証を与えられ、また可謬的であるとソクラテスがみなしていたと考えなければならない理由があるかを問わねばならない。ソクラテスがよりどころとし、絶対的な確信をもつ

命題がいくつかあり、それらはエレンコスに付されることは決してない。たとえば、「徳は知から帰結する」や「形相はどこでも同一である」（『エウテュフロン』6d9-e6）などである。この完全で保留なしの確信は、最大の種類の実践的確信として性格づけられてよいだろう。すなわち、いくつかの場合ではソクラテスはある命題に、それらの命題がテストされずに通用するほどの確実性を与えているのであって、そういう命題に対してソクラテスは、エレンコスによって正当化される他の命題に対するよりも高い確実性を与えているのである。それゆえ、神は決して偽りを言わないという命題、神は最高度に知恵ある者であるという命題についても、同じことが言えるように思われるだろう。ソクラテスはダイモニオンの警告があったというだけで、なんらかの行為を追求するための先行するエレンコスによる理由よりもダイモニオンを優先させようとする、という事実である。たとえば、警告によって政治には近づかなかったケースがそれにあたる。

しかしこれに対する応答として、この最後の主張——ソクラテスのダイモニオンへの信頼は、神的なきっかけをもたない理性的推論の所産への信頼よりも大きいという主張——に対しては、ダイモニオンの警告が、先行する理性的推論を明白に打ち負かすようなテキストはどこにもないという理由で異議が唱えられるかもしれない。というのも、なんらかの行為の道が先行する理性的熟慮の明らかな結果でありながら、それに反対するダイモニオンをソクラテスが受け取ってそれに従うというような描写はどのテキストにもないからである。たとえば『エウテュデモス』（272e1-273a3）の場合、ソクラテスはなんらかの熟考以前の衝動をもっていたというよりはむしろ、単に立ち上がって去るという行為の計画をもっていたのだ、と想像できる。したがって、テキストCに立ち帰るなら、いまのこととは対照的に、熟慮的な理性の推論によってもっともよく支持される命題だけを常にソクラテスは受け入れようとするのだということ、

251　第四章　ソクラテス的理性とソクラテス的啓示

そしてそれゆえに、ソクラテスにとって非宗教的な理性は常に占術を打ち負かすのだということを、この箇所は明らかにしていると見られることになる。

この点に関してはテキストCでの「理由」、「理性を働かせる」を非宗教的「理由」、非宗教的な「理性を働かせる」と解釈するような読み方を、なぜしなければならないのかが理解できない。むしろ、ダイモニオンの発生はあの信頼性は先行して理性的に確立されているのだから、完全に直接的な意味で、ダイモニオンの発生はある行為をなさないことにたいする理由として通用するのではないかと思われる。だから、もし実践的な理性的熟慮の過程の最中やその後で、ダイモニオンが「否」でもって突然現れるなら、ダイモニオンがそういった熟慮を打ち負かすことはテキストCと両立することは明白である。結局のところ、まったき知者である神からくるものと自分が信じている内的な警告に、人が繰り返し、また、常に過去において従ってきたのならば、そして、それが最善の結果をもたらしたと常に判定されてきたのならば、人はこの内的な警告が自分の「単なる人間なみの」判断を却下することを許すことに対して、まさしく最善の理由をもつ。そしてそのような場合に打ち負かされるものはなにかといえば、それは一つの問題について実践的理性がかかわるところの一つの場面にすぎないのであって、けっして「理性そのもの」ではない。

さて、たしかに理性による熟慮がダイモニオンによって明白に打ち負かされるテキストはない、というのはそのとおりである。しかし少なくとも、ソクラテスがたとえ小さなことがらであっても「なにかまちがったことをしようとして」いたときに、ダイモニオンがしばしば介入したという証拠はたしかに見出される(『ソクラテスの弁明』40a3-6)。したがって、ソクラテスが熟慮によって行為計画xに到達したその後で、ダイモニオンがxに反対する警告を彼に与えたというそれだけの理由で、彼がxを回避したという

ケースがいくつかあったはずである。『ソクラテスの弁明』40a3-6で、ソクラテスはダイモニオンが彼に反対しなかったことは「驚くべきこと」だと言う。しかし、彼が裁判を最後まで受けることに対する理由をすでに考え抜いていて、しかも、過去において理性的推論を通してなんらかの行為の道に到達していないがら結局ダイモニオンの反対にあったという経験をしているのでなかったなら、この発言は理解できない。*60。

最後に、ソクラテスはどのようにしてダイモニオンが「自分がやろうとしていたことから」常に彼を遠ざけてきたかを説明する(『ソクラテスの弁明』31d3-4)、この説明は政治に携わることにダイモニオンが反対したことを説明する文脈(31c7-d5)でなされていることに注意しなければならない。このケース、あるいは、以前のいくつかのケースにおいて(たとえば民会で発言するために進み出る前に「ソクラテスの弁明』31c5])、ソクラテスが熟慮をめぐらした(テキストCでの「それについて理をめぐらした」)ことがなかったというのは、とてもありえないと思われる。そして、たとえば十人の将軍の裁判に対してソクラテスが反対の声を上げたとき(『ソクラテスの弁明』32a4-c3)、ソクラテスがあらかじめまったく熟慮することがなかったほど衝動的に振舞った、そしてそれゆえ、その反対についていかなる正当な合理的理由ももっていなかったと想定するのは明らかにおかしい。しかし、そのケースで熟慮があったのだから、公的な政治活動についてもいくつかの機会にそれを行う方に、(単なる盲目的な衝動ではなく)熟慮の結果が出たあと、それがダイモニオンによって妨害されたという事例があったはずである。*61 したがって、ソクラテスにとって、ダイモニオンは実践的な活動の領域で理性的推論を打ち負かすのである。

最後に、なんらかの解釈がそれに続く前に、ダイモニオンはどれほどの量の内容を供給するのかという問題を検討しなければならない。それは、ヴラストスの発言が示すように、本当にほとんどゼロに等しいのだろうか。ソクラテスがダイモニオンをしばしば声と記述することから、私はそうではないだろうと考

える。このことが特にいえるのは、ダイモニオンがソクラテスに他人の行為が勧められないことを警告する場合のその源泉が信頼できる時である（すなわち、『テアゲス』128e6もそうである）。たとえば、『ソクラテスの思い出』1.1.4もそうである。それは「だめだ、お前（カルミデス）はトレーニングしてはいけない」という指令の句からなるのであって、これはどうみても単なる「痛みの感覚」ではない。ソクラテスとカルミデスはこの報告を文脈から解釈して、彼、すなわちカルミデスがネメア祭の競走のためにトレーニングすべきではないという意味にとるのであり、両者とも警告されている未来の害は理性的推測を許すものであるとはっきり認識している。とはいえ、ソクラテスは「カルミデスがトレーニングすればなんらかの仕方で害が起こる」ということを、実践的な確実性をもって自分が知っていると考えるのだが、それはもっぱらダイモニオンの直接の報告だけに基づいてのことである、と想定しない理由はないと私は考える。というのも、この場合、魂内の出来事としての警告そのものの情報内容——解釈作業の前の——として、どの程度のものを措定する必要があるだろうか。ダイモニオンの警告にソクラテスが認めている信頼性のレベルに、理性的解釈が到達するためには、単なる「痛みの感覚」や、単に「だめだ」という内的な声では一般的には情報が不十分であると思われるだろう。たしかに、ソクラテスはダイモニオンの「だめだ」を、自分がその場でもっている意図と、また、自分が置かれている外的状況と比較することができただろうし、ダイモニオンの警告なしにいくらかの時間のあいだ生じ続けていたありふれたことがらに、「だめだ」を適用することを排除することができただろう。だから、彼は「だめだ」が、「呼吸するのをやめろ」とか、「哲学するのをやめろ」とかを意味するという可能性を排除できる。こうして彼は、「だめだ」が自分の状況の新しい要素に当てはまると安全に想定することができる。しかし、それ以上の内容なしでは、

*62

ダイモニオンが警告する行為事例が、彼の前にある多くの新しい可能性のどれにあたるのかは不確定にとどまるであろう。そして、ダイモニオンの「だめだ」が、自分自身のその場での意図に当てはまるのか、それとも他人のそれに当てはまるのかを決定できないであろう。

ダイモニオンの内容についてのこの推測による説明が正しい方向にあるかどうかにかかわらず、それに先立つ議論は次のことを示した。すなわち、ソクラテスは合図の意味の決定をもっぱら理性の機能であるとすることによって、占いの受容が「理性の排他的権威」に対してもたらす「脅威を無効化した」という想定は不正確である、ということである。というのはすでに見たように、合図のもつ内在的な情報内容は、理性の解釈の作用域をいくつかの解釈の選択肢へと限定するからである。そしてここでも、ダイモニオンの警告のほとんどの事例は（それらの認知的内容がどれほど小さくても）、実際「理性と啓示」の衝突の事例であるように見える。もっとも、それらはそういうふうにはっきりと描かれている（そう期待するのは時代錯誤である）わけではないけれども。

「引き止められる」のが見られるときには、まず先に、その禁じられた行為（たとえば政治に携わること）にとりかかったり始めたりするなんらかの合理的理由を、彼がすでにもっていたと想定しなければならない。しかし、そういった事例において行為に向かう合理的理由は、ただダイモニオンの反対があったという根拠に基づいて、不十分な強制力しかもたないと見なされる（そしてソクラテスが不誠実に、ダイモニオンを理性的に到達された結論の隠れ蓑として利用しているとは想定し難い）。したがって、ダイモニオンの場合、非宗教的理性は完全で自由な解釈の権限をもってはいないのである。ソクラテスにとってこういう衝突は、結局のところ、なんらかの行為 x をなすことに対して、非宗教的なエレンコスによる理由として賛成と反対の二つがあり、それが衝突しているというものではない。むしろ、これらの後者の諫止的

理由は神のもつものであって、その神は——善なる存在として——ソクラテスに合理的理由ではなく「合図」を送ることによって、彼の危険をはらんだ無知を緩和するのである。そして、xをなすことに反対するることについて神がもつ理由に近似する理由を——それはわれわれがエレンコスによって検査するかもしれない理由だが——そういった理由を欠いているときに、神が送ってくれた警告を無視して、自分がくだした人間レベルの判断の方を選ぶなら、それは非理性的な人のすることである（『ソクラテスの弁明』23a 5-7 を見よ）。

要約すれば、ダイモニオンはソクラテスにとって、一つの独立した情報源であると理解しなければならないと私は考える。それの与える情報は、個別の行為の道が勧められるかどうかの知識の事例にたいしてもつ圧倒的な確信を与えるものである。とりわけ、それはソクラテスが自分の哲学的使命の価値にたいしてもつ圧倒的な確信を正当化し、その追求において絶えずかれを補助する。*66 それにもかかわらず、ソクラテスは占いもエレンコスのテストも一般的に基礎的であるとはみなしてはいない。むしろ、それらは相互に正当化を与えるものなのである。すなわち、彼の占いによる証拠が問題視されたときには、彼はいつでもそれをエレンコスのテストにかける用意があるし、逆に、エレンコスの道徳的価値が問題視されたときには、彼は占いに訴えることもあるのである。

しかしながら、さまざまな個別の状況においては、一方あるいは他方——理性あるいは「啓示」——が二つの間の表面上の衝突の最終判定の場となるだろう。われわれのもつテキストの綿密な研究から示されることは、理性を越えた合図のうちでダイモニオン以外のすべて（たとえば、夢や神託の報告）については、ソクラテスにとってその中心的意味は多義的であり、それゆえ、それらの述べるところを適切に理解しそれに信頼を寄せるためには、あらかじめ相当の解釈を必要とする、ということである。それに加えて、

原理Aにより、伝統的規範と衝突するような解釈によって促される行為はすべて、ソクラテスにとっては、その行為がとられる前にエレンコスのテストを受けた上で、それに耐えて生き残らなければならない。こういったダイモニオン以外の源泉には、通常複数の解釈の余地があり、また、誤って報告される可能性やその他それに類したことがありえるわけで、そのような場合には、それが確立している規範と実際衝突するということがあるなら、それはどのような解釈に対してもマイナス要素として働くだろう。こうして、ダイモニオンを除けば、ソクラテスの理性はソクラテスの「啓示」に認識論的に優先する。*67

しかし、そうするとダイモニオンはこれの例外である。(1) ダイモニオンに従うことが伝統的な規範を侵犯しないかぎり、それへの服従はそれ以上の理性的なチェックなしで即座に行われてかまわない。また、ここでも、(2) もしダイモニオンが確立された規範とぶつかる行動を示すことがあれば、ダイモニオンをそういうふうに読むことはエレンコスのテストにかけられなければならない。しかし、(3) その場合には、その他すべての理性を越えた情報の源泉の場合とは違って、ダイモニオンの理性の審判を何度も繰り返し続きとして不可能であるなら、ダイモニオンの忠告――それはエレンコス的理性の解釈やテストが手受けてすでに証明されているものなので――は他のすべての考慮すべきことがらに対して優先権をもつ。

こうして、唯一この場合には、ダイモニオンの啓示が、一方で慣習と、他方で非宗教的な実践的理性の直接の結果の両方に取って代わることがありうる。

このように、理性を越えたものからのなんらかの「脅威」はやはり残る。「批判的な [非宗教的] 理性に無条件に従うというソクラテスの決意」と神の命令に従うという彼の姿勢との間には衝突がありうる。*68
たとえば、もし仮に、ダイモニオンがソクラテスに彼の子供たちの命を救うという行為に警告を発したとしたらどうなるだろうか。その行為は理性と伝統によって彼に命じられていることがらである。そして、

その時点ではその警告を解釈したりテストしたりする方法はない。ソクラテスは単にこのような種類の恐ろしい、アブラハム的な選択に直面することはなかっただけであるように思われる（神は決してそのような状況を許容することはないだろうと彼は考えたかもしれない）。しかし、わたしの先の発言からすれば、——そして理性を越えた啓示が命ずる方を選んで自分自身の命を危険にさらすという彼の選択からすれば——返答は本質的にアブラハムのものと同じであろうとわたしは思う。ソクラテスは前五世紀の原理主義的『神統記』強弁者ではない。というのも、私の説明によれば、彼は理性を越えたものが非宗教的な理性の裁きに自らを付すことを要求するからである。

このように、ソクラテスはエレンコスと占いの両方が彼に道徳的導きを与えてくれると考えていた。そして、彼の見方では、われわれは皆そういう仕方で、理性的能力と理性を越えた（しかしダイモニオン以外による）情報という贈り物を、二重に受けるという幸運に恵まれているのである。それら二つは、幸福にいくらかでもあずかる生を送るために必要なものなのである。しかし、この点でも他の点でも、ダイモニオンとソクラテスの生に関してわれわれが考察したように、われわれは次のように言うクセノフォンに同意するであろう。「ソクラテスよ、[神々は]*70 他の人々によりもましてずっとあなたに親しいように思われる」（『ソクラテスの思い出』4.3.12）。

4・2　デルフォイの神託と哲学する義務

ソクラテスが『ソクラテスの弁明』の中で、自分が哲学をするのはある非常につよい優先性をもつ義務

に従ってのことであって、アテネ人たちへの自分の使命を投げ出すくらいなら、むしろ死さえ受け入れるという主張をしていることはすでに見た (29c5-d5; 28e5-6, 30a-b)。彼の言うところによれば、この義務の源泉は単純なものであるように思われる。ソクラテスは神から哲学するように命じられた (προστε-τακται/prostetaktai) のであり (33c4-8; 23b, 28d6; 29a3, 30a-b, 37ed-38a)、人はどんな代償を払っても決して神の命令には従わなければならないのであるから (それを拒否するのは常に不敬虔 [でありそれゆえ不正] である)*71、ソクラテスはどんな身体的危険があっても哲学する義務がある (29d. 『国家』368b-c 参照)。しかし、宗教にかかわる外見を常にそのままの形で受け取ることはできない (あるいはそれはおそらく決してできない)。そうだとすると、どのようにしてソクラテスがこの命令を認識したのか、そして、どんな根拠に基づいて彼はそれに対してこれほどまでの確信を表明することができたのか。ここで私が答えようとするのは、これらの問いである。

次に、ソクラテスはまた他人に哲学をするように促すことを、神から命じられていると信じていることに着目しなければならない (たとえば、29d-e, 30a-b, 38a.『ゴルギアス』526e 参照)。ここから、「吟味されない生は人間にとって生きるに値しない」(38a5-6)*72 というソクラテスの有名な主張が帰結するように思われる。これが意味するのは、ソクラテス以外の人々も、エレンコスによって自分や他人を吟味することによって哲学をするという人間に固有なある種の責務を負っている、ということである。それにもかかわらず、他人に哲学するように促すというソクラテスの義務の存在は、他の人々すべてが——彼自身と同じように——哲学する義務をもっと配慮する (31a) 神がソクラテスに命じて他人に哲学を許すわけではない。*73 と直接推論することが信じていた、と直接推論することが結局のところ、すべての者の幸福に配慮するじように——哲学する義務をもっと配慮する (31a) 神がソクラテスに命じて他人に哲学を許すわけではない。活動を長々とさせるのは、他人は実際は哲学に従事することに対してソクラテスがもっているような種類

の義務――あるいは傾向――をもっていないというまさしくその理由によるのかもしれない。というのは、自分たちの善のために人々は、(限定され慣例的に賢明なしかたで)彼らが哲学することに向かうために、ちょうど、ソクラテスが神への服従において提供する特別の刺激を、必要とするかもしれないからである。それはちょうど、親が自分の子供にxをするように提供する慣例としての援助の義務をもつかもしれないのと同じかもしれない。その場合、子供たち自身はxをするという親の義務はもたないかもしれない。このことから、哲学する一般的な義務をソクラテスが信じていたとするには、正当化が必要である。

このことをソクラテスに帰することはまた明確化も必要である。とりわけわれわれは、ソクラテス的な哲学の義務の本性と範囲と限界について問われねばならない。たとえば精神的欠陥のある者はどうなるのだろうか。そういう人も、効果が薄くかつ/または非生産的は仕方でエレンコスを行使するために自分のつつましい仕事を捨て――ソクラテスのような貧困を選んで――なければならないのだろうか。あるいは、おそらくソクラテスが他人に促す種類の哲学活動は、ソクラテス自身が実践するようなエレンコスに基づいた種類のものとは異なるのかもしれない。それはおそらく、知的な要求の程度がより低いタイプの理性的な反省かもしれない。*75 そしてここでも、どのように一般的な、宗教的に命じられた哲学の義務を発見したのだろうか。また彼の発見の方法は、理性を越えた源泉への彼の信頼についての先程の説明にどの程度まで合致するのだろうか。

以下では、特別に神から命じられたソクラテスの哲学する使命を説明し、それをソクラテスの理解するところによるより一般的な敬虔の要求と(また、自分以外の者は哲学する一応の宗教的義務をもつとソクラテスが想定しているという、2・2節ですでに見た考えをさらに分節化したものと)結びつける解釈を提供し、上の問いに答えたい。

4・2・1　敬虔、思慮、デルフォイの神託

『ソクラテスの弁明』のテキストから、ソクラテスが自分の哲学活動をさまざまな理性を越えた経路を通して神から命じられたものであるとみなしていたことは、完全に明らかである。われわれはすでにこのテーゼについての標準的典拠を見た。それは『ソクラテスの弁明』33c4-7である。そこでは、ソクラテスは「神託や夢やその他神がかつて誰かに何かを命じたあらゆる仕方」の媒体を通して、哲学するように命じられてきたと描写されている。そして、この命令をソクラテスは──この箇所の直前で──軍の指揮官の命令になぞらえている (28b-29b)。しかし、弁明のずっと前の方では、──どのようにして、第一の告発者たちの中傷が、ある種の「知恵」をソクラテスがもっていることから発生したかを説明しようと努めるところで (20d-e)──その「知恵」と彼のアテネへの哲学的奉仕の起源を、一つの特殊な神託、デルフォイの神託（ピュティア）*77 に結びつけている (20c-23c)。*76 彼が言うには、ピュティアを通して語る神する責務（δεῖν/dein）を負わせたということを彼が知ったのは、この神託を通じてなのであって (28e4-6)、このことによって彼の活動は今「神を助ける」(23b7) のであり、「神に従った」[κατὰ τὸν θεόν/kata ton theon] (22a4, 23b5) ものなのである。こうして、ソクラテスはこの神託の発言が彼の人生の転回点となり、アテネ人たちへの哲学の使命を、ある仕方で保証するものとみなしているのである。*78

しかし、大多数の現代の注釈家たちの哲学的奉仕を大いに当惑させ、かつ／または不信に陥らせたのは、神託の報告はまったく指令的でなく、そしてそれゆえに義務の源泉ではまったくないように見えることである。*79 だれ

261　第四章　ソクラテス的理性とソクラテス的啓示

かソクラテスより知恵のある者はいるかとたずねたカイレフォンへのデルフォイの答えは――結局――単に「だれ一人より知恵のある [sophṓteron/σοφώτερον] 者はいない」*80（『ソクラテスの弁明』21a5-7）であったが、これは単に記述的であって、指令的ではないように思われる。さらに、ソクラテスはすでにある期間にわたって哲学の生を追求していたように思われる。彼は哲学が自分がなすべき何か有益なものであるとすでに信じていたようである。だから、神託の発言は彼の哲学の経歴を始めさせたものではなかっただろう。*81

これらをすべて考慮すれば、ソクラテスが言うような神的義務を彼がそこから引き出したのは、帽子からウサギを引き出すようなものだと考える者がいるのも理解できる。ウサギは手品師自身によって帽子の中に隠されているのである。*82 とりわけ、前節でみたヴラストスに説得される者や、その他の懐疑的な者たちは次のように考えるかもしれない。ソクラテスは神託の分析において、神が自分に哲学をするように命じたと「思い、想定した」[ᾠήθην τε καὶ ὑπέλαβον/oiēthēn te kai hupelabon]*83 『パイドン』60d8-61b8 での夢のケースと同様に）と言うのだから、この「導出」は実は理性的な解釈e5.の自由な使用の典型例なのであって、彼はその理性的解釈を自分の先行する哲学的信念が保証するもっともな筋書きを組み立てるために用いているのだ。そして、その義務の筋書きを、彼は神の山高帽のなかに滑り込ませるのだ、と。これによれば、哲学するように神に命じられたとソクラテスが語るのは、記述というよりは、陪審員たちのために「通俗的な道徳の言語」で語られた、皮肉な広報の戦略だ、ということになる。*84 結局のところ、もしソクラテスが神託をけっして偽りを言わない神（21b5-7）からのメッセージだと受け取っていたのなら、彼はその意味を明かすために神託の発言を本当に「論駁しよう」（ἐλέγξων/elenxón [21c1]）としただろうか。そして、それゆえ、神の合図が真であるかをソクラテスが真面目に疑*85

262

う姿勢をもつなら、そういった合図はどれも、彼の使命が果たす義務とその方法についての彼の信念を根拠づけるものとみなされていたはずはない。こう考えると、神は死すべき者どもとの直接のコミュニケーションから切断されるようにさえ思えてくる。というのも、神のコミュニケーションの試みに先行して解釈者がもつ最初の信念を提供するということになるだろうから。そしてここから、神はソクラテスに彼の先行する信念に依存するということについては無力である、と結論することができるだろう。その先行する信念によってソクラテスは神の合図の中に、彼がそこに見つけたと思われる哲学する義務を読み込むことができるのだ。この見解によれば、ソクラテスは神に与えられたのは神に命じられた仕事であると単に思い、想定するだけである。彼は、神々がしない（あるいはできない）こと（彼やアテネの同胞たちの魂をより良くすること）を神々のためにしなければならないと仮定するのである。*86

この見解と対極に位置する見方がある。それは、ソクラテスは単に彼が神（々）から受け取ったと考えるさまざまな合図によって——とりわけ神託の発言の意味の発見によって——神の命令と自分の使命の道徳的正しさを実際に確信できるのだ、と考える見方である。

自分の使命の巨大な道徳的重要性へのソクラテスの信念の確実性は、徳の本性に関して彼がもつついかなる信念からも論理的に独立している。……彼は占いが、正しく理解された場合には、真理を提供すると確信しているがゆえに、また、彼は神がさまざまな占いを通じて自分の望みを彼に知らせてきたと確信しているがゆえに、ソクラテスは……［自分の］活動が……徳あるものであると確信できる卓越した理由を、少なくとも彼がそういう理由とみなしたものを、もつのである。*87

私自身の見解は、これら二つの中間に位置するものである。もっとも、それは前者よりは後者により近い[88]。私は神託の発言にソクラテスが真正の情報内容を見出したと主張しようと思う。その内容は、彼の理性的解釈の試みを重大な仕方で制限するものである。しかし私は、その結果の認識論的信頼性は、不可謬性や論理的確実性よりも低いレベルに位置するとも主張したい。また、私は『ソクラテスの弁明』の詳細な読みを提供したい。それによって私は、神託の発言はたしかにソクラテスの哲学の経歴を発進させたというわけではないけれども、それはその経歴上の決定的な転回点となったのであって、彼には――他のだれよりも、また、自分の命をかけても――他人（と自分自身）をエレンコスによって吟味する義務があるということを、また、彼に気づかせた考察の道の端緒となったのだ、ということを示したい[89]。

神託の物語を検討するにあたって、われわれはソクラテスの哲学的生の三つの時期を区別できるだろう。（1）カイレフォンの訪問以前の彼の知的活動、（2）それに続く神託の宣言の意味の探求、（3）その意味の発見に続く彼の哲学活動。

1　カイレフォンがデルフォイを訪問する前にソクラテスはどのように哲学していたのだろうか。われわれは彼が若いときに「自然を研究した」という証拠があることを見た（3・1・2節。5・2節参照）[90]。また、いずれにしても彼は知的に活発であったと想像できるし、それゆえ広い種類の話題について興味や知識をもっていたと想像できる[91]。さらに彼の哲学的活動の過程で、ソクラテスはカイレフォンを神託への問いの訪問に駆り立てるのに十分なだけの、知的能力を示していたと考えるのが妥当であろう。また、デルフォイがカイレフォンに答える際に、なんらかの証拠に依拠したという仮定に基づけば、このソクラテ[92]

スの能力の外観はデルフォイから見て、神託の「だれ一人より知恵のある者はいない」という主張を正当化するに十分な価値をもっていたが、それと同時に、神託の答えに対するソクラテスの当惑を説明するのに役立つような種類のものでもあった、と考えるのも妥当であろう。[*93]

さて、カイレフォンの報告に続く時点でソクラテスがエレンコスの吟味の技術を所持していることを証明していることから考えて (21b-23a)、神託を「論駁」しようとするかなり以前から、ソクラテスは倫理的なことがらに関してエレンコスを用いていたと考えられる。[*94] 実際、ソクラテスは知恵があるとカイレフォン行使については相当熟練していたにちがいない。(少なくとも) ソクラテスは知恵があるとカイレフォンが考えるに至るほど十分に熟達していたはずである。実際、カイレフォンはデルフォイまで旅行して、神自身によるその知の程度の測定を得ようとしたほど、ソクラテスが知恵を欠いていると思ったのである。[*95] なにはともあれ、ソクラテスはどこでも自分が神託の後ではじめてエレンコスを行使するようになったとは言っていない。むしろ、神託の報告は、彼の「使命」を始めさせたのだと彼は示唆する。また、ソクラテスが神託の答えを知ったときの当惑を描く仕方から、彼はすでに自分が知恵をもつ人々を系統的に吟味し始めたのである (21b4-5)。そして、この自己理解の最善の説明は、彼が自己吟味という一つの道具、すなわち、エレンコス[*96] (あるいはその原型) によってそれに至ったのだとすることである (『ソクラテスの弁明』28e5-6, 29c6-d1)。

しかし、ソクラテスは自分が顕著な哲学的才能をもっていることに気づかざるを得なかったにもかかわらず、カイレフォンがデルフォイの回答をもたらしたとき、彼はそれを唖然とするほどのパラドックスだと受け取った。彼は問う。「神は何を言っているのか、どういう謎を神はかけているのか [ἅ ποτε αἰνίττεται] /ti pote ainittetai] (21b3-4)。「彼より知恵ある者はいない」という神託の報告は、――ソクラテス

がその表面的意味を読むところでは——なんらかの知恵が彼にあるとしているように思われる。彼をすべての人間よりも知恵ある者とするような知恵を (21b-c)[*97]。しかし、ソクラテスが信じるところでは、自分が以前に行使していたエレンコスは、通常彼が「知恵」という言葉に付している意味での知恵を、まったく自分に与えなかった (21b4-5)。すなわち、彼のエレンコスの活動は「もっとも重大なことがら」についての本当の知恵、政治家や詩人や職人たちの幾人かが所持していると主張している知恵の獲得に貢献するような、積極的な答えを生み出して来なかった (22c9-e1)。特に、ソクラテス的な完全な徳の定義（アポリアに終わる対話篇で求められることのない定義）を生み出してこなかった。むしろ彼の活動は、他人はそのような知恵をいくぶんかは持っているように見えるのに、彼自身はそれをまったく欠いているということを暴露しただけであった。

しかし、これこそがデルフォイがソクラテスを称賛する理由に他ならないように思われるだろう。すなわち、彼はすでにカイレフォンの訪問前に、デルフォイ自体が常に主張していたのとまさに同等の、傲慢を戒める真理を発見しつつあった、ということである。その真理は人間にふさわしい知恵を構成するものである。すなわち、人間は力と知恵に関して神にははなはだしく劣ること、自分ではなく神が真理の「ものさし」であること、等々である[*98]。とりわけ重要なのは、ソクラテスはすでに、自分が神のもつような種類の知恵をもっていないと知る段階に至りつつあったと思われる点である。それは特に、「神的な知恵」（『ソクラテスの弁明』20e1, 23a5-6）であり、彼が求めながら見出せないでいた種類の専門的道徳知であった。

デルフォイの神託とその神は、神の知恵を前にした場合の謙遜と控え目な自制の徳を支持する——そして驕慢（ヒュブリス）が悪徳であることを主張する——ものと長い間理解されてきた。デルフォイの神殿[*99]

の壁には、まさしくその趣旨の銘文が彫られていた（たとえば、「お前は人間にすぎず、神ではないということ」を意味する「汝自身を知れ」[γνῶθι σαυτόν/gnôthi sauton] や、「驕慢を憎め」[ὕβριν μεῖσει/hubrim meisei] など）。*[100] また、ソクラテスのケースといくぶん類似した他のケースも多く存在する。つまり、知恵やその他の業績において卓抜した人物が、デルフォイに「誰が最も知恵があるか」（あるいは敬虔であるか等々）を宣言するように要求するケースである。そういうケースでは、たずねた人物自身の名があげられることがもっぱら期待されているのであるが、それに反して、神託はつつましく満足した生を送っているだれか貧しく目立たない人物をあげるのだ。そこにあるメッセージは明らかに、驕慢（ヒュブリス）と気取りのない生を送っている人物の方が、世間で認められたどんな尊大な人物よりも、デルフォイの敬虔の精神にずっとよく合致した人生を送っているのだ、ということである。*[101] したがって、デルフォイのアポロンがソクラテスを「知恵ある」と呼んだのも、同様に、彼が──ちょうどその神と同じく──「人間なみの知恵」(ἀνθρωπίνη σοφία/anthrôpinê sophia [23a7, 20d8]) を力強く主張したからに違いない。その知恵は、人間と神々を分かつ認識論的、形而上学的な深い裂け目を認める。その裂け目に橋が渡されるのはごくまれであり、それは神の意図的な下降によって果たされるのみであって、決して人間の上昇の試みを通じて果たされることはない。*[102] ソクラテスは、われわれが自分自身を完全にするように努力することを促すけれども、われわれが（われわれの本性に関する現状からして）この溝を渡ることができるという望みはもっていない。*[103] ソクラテスに対するデルフォイの称賛がこのように説明されるとすれば、カイレフォンの訪問以前にすでにソクラテスは、われわれが『エウテュフロン』から導出した（2・2節）神への（哲学することによる）奉仕という、一般的な宗教的義務を果たしていたことは明白である。

P6 敬虔とは、神に対する人間たちの奉仕（ὑπηρετικὴ/hupēretikē）であるような正義の部分であり、何かよき成果を生じさせる神々の仕事において神々を手助けするものである（奴隷／助手が主人／職人を助けるという類比に基づいて）。[*104]

ソクラテスが哲学することが、P6 の要求を満たす根拠は、それが神がもっと考えられる欲求、すなわち、人間の幸福を促進しようとする神の欲求に奉仕するからである。それは人間の限界についての貴重な自覚を、ソクラテス自身や他人の中に生み出すことで、この目的に奉仕する。後で見るように、また、彼の道徳的信念をエレンコスを通じて特別の宗教的命令を与えるのだという彼の解釈に意味を与えることによるのだとすれば、ソクラテスはカイレフォンのデルフォイ訪問のずっと以前から、自分の P6 に対する信念を自覚していたと想定しなければならない。それにもかかわらず、彼は神託が彼の知恵を宣言することに当惑したのだから、彼はまだ自分がエレンコスの活動を通じて達成しつつあった反驕慢的な、人をへこませる結果の真の価値を完全に認識するには至っていなかった、そして、[*105] 哲学活動の面で P6 が彼に課す要求の及ぶ程度の全体をまだ完全に理解する立場にはなかった、と思われる。

しかし、ソクラテスが P6 の中に哲学する動機を見出すためには、彼は先行して自分の哲学的実践が有徳な幸福を生産するという信念をもっていた（そうして後にこれが神の欲求に奉仕すると気がついた）[*106]のでなければならないだろう。しかし、われわれは皆この善を欲求するのであるから、ソクラテスはカイレフォンの訪問以前に自分の哲学的追求に対する非宗教的な幸福論的な動機をすでにもっていたことになろう。『ソクラテスの弁明』28d-e では、「[神的な]支配者によって」配置されることと「自分自身による」

それをソクラテスは区別している。また、『ソクラテスの弁明』37e-38a では、「神に服従すること」と「人間にとってもっとも善きことをなすこと」を彼は区別している。これらの箇所は、ソクラテスが行為の針路を追求することに対してこの区別を、すなわち、「神的な」正当化と「非宗教的な」正当化という区別を認識していた証拠であるとさえ考えられる。

明白にソクラテス的な傾向から導出されるそうした非宗教的な正当化の一つとして、カイレフォンの訪問以前にソクラテスが発見し、支持しただろうと考えられるのは、次のとおりである。

S (1) 誰であれ正しいことをなさねばならず、正しくないことは決してなしてはならない。それ以外のことは何も考慮すべきではない（たとえば、『ソクラテスの弁明』28b, 28d, 29b, 『クリトン』48c-d, 49b）。*108

(2) 一貫して正をなし不正を避けるためには、何が正しいかについての知識（あるいは、より一貫した有徳の行動のためのエレンコスによってテストされた信念）と、自分が道徳的知識を欠いているという自覚が必要である（不正を避けるためにである。4・1節の原理 A′ を見よ）。*109

(3) 何が正しいかについての知識（あるいはエレンコスによってテストされた信念）、そして（とりわけ）自分が道徳的知識を欠いているという自覚が獲得できるのは、なによりもまず哲学の実践という手段による。*110

(4) したがって、誰であれ（ひとまずは）哲学を実践しなければならない（徳と整合的であるかぎりにおいて）。*111

この議論は論理的拘束力をもつ[112]。ソクラテスがこれの前提だけでなく結論をも信じていて、さらに、この結論がわれわれの幸福一般に関連した「非宗教的」な考慮によっても、付加的に正当化されるとみなしていたことには豊富な証拠がある。たとえば、「徳や、その他それについて毎日私が会話しているのをあなたがたが聞いたり、私と他人の両方を吟味しているのを聞いたりしている事柄について議論することは、人間にとって最大の善なのです。というのは、吟味されない生は人間にとって生きるに値しないのだから」(『ソクラテスの弁明』38a2-6)と主張する。言い換えれば、すべての人間は（人間以外の者とは違って）エレンコスによる道徳的探求への従事から利益を得る（たとえ自分たちが、真の知恵においていかに不足しているかを理解するに至ることによってのみであったとしても）[『カルミデス』166c7-d2])という ことである（また、『ソクラテスの弁明』22d-e、『ゴルギアス』470cを見よ)。次にソクラテスは、アテネ人たちへの彼のエレンコスによる奉仕のおかげで、彼らが最大の善を享受するのだと主張する (30a5-7)。オリンピア競技の優勝者は彼らを単に幸福に思われるようにするだけであるのに対して、ソクラテスは彼らを実際に幸福であるようにするのだ、と (36d9-e1)[114]。また、『ソクラテスの弁明』39a3-8 では、道徳的批判を受けるべき多くのアテネ人たちは、ソクラテスを死刑にすることによってそのような吟味を免れることはないだろうと主張される。「この逃避の方法は、可能でもなければほめられたものでもない。最善のそしてもっとも容易な方法は、人の口を塞ぐことではなく、あなたがた自身をできるだけ善き者とすることである。」

さらに、29e-30b と 36c の両方で、ソクラテスはすべての人に、何よりも自分の魂の善さに配慮するように促すのだ、と言われている。そうすると、人は自分の魂をできるだけよいものにしなければならないのだから、哲学的活動が可能にする道徳的な向上が、その活動をわれわれすべてにとっての義務とするの

270

だ（というのも、われわれは、皆道徳的に不完全なのだから）と推論することが許される。『ゴルギアス』では、哲学という方法を用いて、真実を探求することによって自分たちの魂を完全にすることを、「他のすべての人間たち」に説くソクラテスが見られる (507d-e, 526d-e, 527b-c. 『プロタゴラス』348c5-7 参照)。また、「もし誰かがいかなる点においてであれ邪悪な者となったなら、懲らしめを与えなければならない」(527b.『ソクラテスの弁明』25e-26a 参照) とも言われている。これはおそらく、(少なくとも) ソクラテス的な尋問によって、また、ソクラテス以外の者でそうすることができる者 (そういう者がもしいるならの話だが) から吟味されることによってなされる懲らしめであろう。最後に、ソクラテスは、死後の生 (もしそれがあるとするなら) において人々をテストし吟味することは、彼にとってはかりしれない幸福であるだろう、と想像している (『ソクラテスの弁明』41b5-c7)。

たしかに、エレンコスの価値についてのこれらの評価の多くは、ソクラテスが神託の意味を説明した後でみられるものである。しかしそれでもこれらは、もともと神託ではなく、Sで表されているような非宗教的な考慮が、ソクラテスに哲学することへの十分な動機を与えたのだ、と考えることに支持を与えてくれる。したがって、エレンコスを使用することに対しては、独立的で自己利益から幸福論的な理由が存在するといえる。すなわち、エレンコスは驕慢 (ヒュブリス) と軽はずみな道徳的意志決定から人を遠ざけてくれる (Aによる) のであり、われわれの道徳的信念を確保してくれる義務 (28e, 21e-22a, 30a) とはまた別に、ソクラテスは神託が彼に、非宗教的な考慮によって与えられる義務 (『ソクラテスの弁明』22a4, 23b5) なんらかの種類の義務を明らかにしてくれたと考えた。これは次のように説明できると私は主張したい。神託の宣言を聞く以前には、ソクラテスは (1) まだエレンコスの反傲慢的効果の重要性に十分に気づいておらず、

神に従って (κατὰ τὸν θεόν/kata ton theon)

*115

(2) まだ自分がありとあらゆる種類の人々をエレンコスによって吟味する特別の資格をもっているとは考えておらず、それゆえ、(3) 休むことなく、また、外的な善（たとえば金銭や余暇——を犠牲にしてさえ哲学を追求する義務が自分にあるとはまだ考えていなかった。この時点では彼は自分の義務が、言ってみれば、日常の分別の顧慮によって大幅に制限を受けているとみなしていたのであって、それゆえ彼は後にとることになる自分にたいする見方をまだとっていない。すなわち、われわれすべてが哲学を追求することにしてもっている義務を制限する、通常の分別による制約を自分は受けないのだとはまだ考えていないのである。というのは、ソクラテスはすべての人が哲学をしなければならないという見解に対して非宗教的な理由Sをもっていたけれども、この義務はそもそも哲学をすることを正当化するのは何なのかという問いにかかわる考慮によって制限されているということを認識しなければならない。その正当化を与えるのは、人間の幸福と徳の促進に他ならない。だから、哲学に従事するわれわれの義務は、その従事が正義に反する状況や、また、幸福の促進に反する状況では緩和されることになる。後に見るように、このことは彼らが哲学する義務を満たす実際の機会を大きく制限するであろう。もっとも、そうではないがソクラテス、彼の同僚、彼の真の弟子たちにとってはそうではないが——このことは彼らが哲学する義務を満たす実際の機会を大きく制限するであろう。もっとも、そうではないが——このことは彼らが哲学する義務を満たす実際の機会を大きく制限するであろう。もっとも、そういった制限は、多くの人々にとっては——ソクラテス、彼の同僚、彼の真の弟子たちにとってはそうではないが——このことは彼らが哲学する義務を満たす実際の機会を大きく制限するであろう。

『ソクラテスの弁明』23b, 30a-32a〕——これらは一般に人間の幸福に副次的に貢献するものである

われわれの非宗教的な哲学の義務についての先ほどの説明に基づけば、人なみ以上の知的能力をもち、積極的に哲学することに対して人なみ以上の義務をもつことになろう。そして、そのような個人がもしほんとうにアテネのポリスにあるとされている道徳的欠乏（特に道徳的驕慢（ヒュブリス））の程度に気づいたとしたら、——ソクラテスが後に神託によって気づくことになった道徳的人格をもつ個人は誰でも、積極的に哲学することに対して人なみ以上の義務をもつことになろう。そして、そのような個人がもしほんとうにアテネのポリスにあるとされている道徳的欠乏（特に道徳的驕慢（ヒュブリス））の程度に気づいたとしたら、——ソクラテスが後に神託によって気づくことになった

（と私が示すであろう）ように——その人がそれでもエレンコスのたゆまぬ実践を行わないのは道徳的怠慢ということになろう。彼は死の危険を冒してさえ任務に「自分自身を配置し」（『ソクラテスの弁明』28d）なければならないのである。そのような個人が哲学を追求するため（Sによる）であるのだが、また同時にそれによるのであって、また、正しい道徳的行為を確保するため（自己の向上という分別上の理由は敬虔（P6による）がそれを要求するからでもある。だからこの義務は、そのきっかけを与えるところの、自分と他者に現在道徳的欠如があることを発見する方法とは完全に独立である。それは神託によって生じるかもしれないし、洞察*116によって、あるいは、ソクラテスの吟味のテストに失格することによって生じるかもしれないものである。*

　2　『ソクラテスの弁明』のソクラテスは、どのようにして自分自身の理解、アテネの道徳的欠如の理解、彼の哲学する義務の理解に至ったのであろうか。それは、彼が行った神託の発言の解釈に求められなければならない。ここでも、ソクラテスは神託の発言以前にも敬虔の本性に関する多くの信念を保持していたと想定しなければならない。特に、彼はなにかP6のような原理が真であることに確信を抱いていた*117。ソクラテスがP6を信じていたとすれば、彼が自分の哲学する義務を人なみ以上のものと理解した発端は次のことであると見ることができる。第一に、ソクラテスより知恵ある者は誰もいないという神の報告は、最初ソクラテスにとって不思議で逆説的に思えたのであるが、それは、——彼が自分はいかなる点でも賢くない（『ソクラテスの弁明』21b4-5）ということを意識していたからである。「なぜならそういうことは神にとって掟（θέμις/themis）に反するであろうから否定的な結果をもたらしたことから——彼が自分はいかなる点でも賢くない（『ソクラテスの弁明』21b4-5）ということを意識していたからである。「なぜならそういうことは神にとって掟（θέμις/themis）に反するであろうか神学的信念ももっていた。「なぜならそういうことは神にとって掟（θέμις/themis）に反するであろうか

ら」(『ソクラテスの弁明』21b5-7)。どんな根拠に基づいてソクラテスはこれを知っていると主張できるのか。ホメロス、ヘシオドスの神々は偽りを言うことで悪名高いのは動かないし、そういった類の神を除外したとしても、それでも多くの古代人(ならびに古代の幸福論者)、また、現代人は、善き存在者はなんらかの高貴な目的を達成するために偽りを言う可能性があることを認めるであろう。しかし、すでに見たように、ソクラテスはホメロスの神々を「浄化する」ことを自分の仕事の一つとみなしている。彼の神々は完全に善き者であり、その善さは神々の限りない知識と知恵から帰結する。それゆえ、その善さはまた、とてつもなく広大であって、それが彼らの力と結び付くことによって、彼らはあざむく必要がないことになる(『国家』381e-382c)[118]。

しかしいずれにしても、神託解釈におけるこの段階でソクラテスは、ピュティアを通して語る神は、何か真でありかつ逆説的であることを述べたのだとみなしている。だから、彼が次のように推論したのは自然なことであろう。より優れた者がより劣ったものに命令として言うことの中には、劣ったものになんらかの種類の奉仕を求めることが隠されているかもしれない。また、(P6によって) 敬虔はわれわれが神に奉仕することを要求する。したがって、神の主張の意味を発見するのは彼の敬虔の義務の一部である、という推論である。そこで発見、解釈の方法として彼がいつものエレンコスの方法に向かったのは自然なことである。それによって彼は神託の発言を額面通りに受け取ったときの見かけの意味を論駁しよう(ἐλέγχων/elenxōn)と試みるのであって、神託や神を論駁しようそうなるだろうが(また何人かの解釈者たちによると)——テキストを文字通りに読むろ、どうして偽でありえないことを論駁することができるだろうか。さらに、神託は不明瞭で不完全な仕方で語るのだと考えること、そして、もののわかった人はだれでも——厳密に分別上の理由に——しているのではない(21b9-c2)[119]。結局のとこ

よるだけであるとしても——表面に現れている意味を通りこして、その下により真なる意味が隠されているのではないかと考えて、追求しなければならないことはそれほどまれなことではなかった（たとえば、『カルミデス』164e、ヘロドトス『歴史』1.91-92参照）[120]。このソクラテスの解釈の活動は、かなりの時間続いたと言われている。そして、このことは次のことを理解する助けになる。つまり、ソクラテスは神が彼をアテネに配置した(28e)と「思い、想定した」と言うけれども、この言葉は、彼の神託解釈が彼の自由な無制限な理性の使用によるものだという見解を正当化しないということである。もしソクラテスが彼が決着をつける意味を単に自由に作り上げることができたのなら、彼が神託によって長い間当惑させられた（『ソクラテスの弁明』21bによる）ことの理由がわからない[121]。

こうして、ソクラテスは「より知恵のある者は誰一人いない」という発言の真の意味を引き出すことに乗り出すのだが、それはある種類の人々をたえまないエレンコスの尋問にかけることでなされる。その人たちとは、彼らの主張がもし真なら、神託が偽であることが示されるような種類の人たち、すなわち、神託が指しているとソクラテスが理解した種類の知恵をもっているという評判のある人たちである。つまり、その知恵とは、政治家、詩人、職人たちによって（『ソクラテスの弁明』21a-b、22a）主張されているような専門的道徳知である。ソクラテスが次から次へと発見したのは、これらの個人によって想定されている種類の知恵、「最大の事柄に関する知識」（『ソクラテスの弁明』22d7、すなわち、専門的道徳知）は、実際はまったく彼らの及ぶところではないということであった。ソクラテスはこれらの個人をエレンコスによって吟味することを通して、エレンコスによる神託の解釈を始めたのであったが、彼はそのあと徐々に神託の言葉の意味、神託の信頼性を再帰的に確証する意味に気づき始める。彼はアテネ人の中で本当に最も賢いのだということに。上のような自称「専門家」と違って、彼は彼らが理解していないことを理解してい

る。すなわち、「自分は知恵にかけては本当に何の値打ちもない者なのだ」(23a-b)、ということを。*[122]

3 こうしてソクラテスは神託の発言の隠された意味——彼が自分の無知の深さを理解するという「人間なみの知恵」を所有しているということ——を明らかにした。しかし、なぜソクラテスは自己欺瞞に陥っている他人を放っておかなかったのだろうか。結局自分が嫌われるようになるような、苦痛と恐れによって悩まされることになる(22e)ような行為の針路を追求し続けたのはなぜなのか。その答えは、ソクラテスが言うには、「神託が何を言おうとしていたのかを考慮するなら」、そして「神の事柄をもっとも重要であるとみなさねばならないと思われる」(22c)とするなら、彼は神に従って (κατὰ τὸν θεόν/kata ton theon) (23b5) 知恵の評判をもつ者すべてを吟味しつづけなければならなかった、ということである。この仕事はどれほど重要なものだったのか。ソクラテスは言う、余暇や家族との生活や金銭といった人間にとっての標準的な善を確保することよりも重要なのだ、と。その人たちの幸福への貢献がそのような標準的な善の追求によってなされるようなそんな人たちもまた、最高の重要性をもつこの仕事を大切にしなければならないが、その人たちはエレンコスを扱う技術が劣っているので、その人たちが哲学する義務は大きく制限されるように思われる(23b-c, 31b-c)。それに反して、ソクラテスは今や自分が、特別にアテネ人たちを目覚めさせておく資質をもつことで、神の無比の贈り物であるとみなす(30d-31b)。ソクラテスは神託の発言の真の意味について考察を加え、そして、そこにすべての人間（特に自分が専門的道徳知を所有していると思い込んでいる人たち）を、日常的な分別上の制限的要因をまったく顧慮することなく、エレンコスによって吟味する義務を見出したように見える。この考察はどういう道をたどったのか。

276

私の仮説ではそれはおよそ次のようである。彼の経歴のこの神託後の段階では、ソクラテスはすでに自称知者の多くの事例を吟味し論駁し、すでに彼は自分が発展させつつあった次のような見解に対する帰納的な高い正当化を得ていた。すなわち、彼は自分に知恵（専門的道徳知）が欠けているということを理解していたのだが、その理解の認識において自分は無二の者だという見解である。しかし、知恵をもっていると申し立てるケースで彼の目にとまったすべての者を考察することを彼が欲したのは自然なことである。と言うのも、地球上のどこにも本当に賢い人間はいないことを彼が確かめる方法はなく、それゆえ彼は──彼が 21e-22a で言うように──賢いという評判の人たちすべてを調べて彼の神託の意味の解釈が論駁されず動かないという結果を目指したのである。この未完結の──そして、*[123]完結不可能な──「難行」は、しかし、ソクラテスに哲学をへこませる責務があると措定することなしに理解可能である。

しかし、認識的尊大のおかげで、ソクラテスはこの段階で神託の発言から一片の知識を引き出した。すなわち、自分は徳の知識を欠いているという理解である。それに加えて、神託が彼に告げるように、この知識はある種の知恵（人間なみの知恵）、神アポロンによって裏書きされた知恵を形成する。*[124]だから、神託の報告以前には、ソクラテスはエレンコスのもつ反驕慢（ヒュブリス）的結果の価値、そして、それに由来するエレンコスそのものの価値に十分気づいてはおらず、それに対応して、神託のメッセージを聞く必要があったのである。さらに、今解釈された神託の報告は、また次の主張に帰着する。アテネ人の中で彼だけがこの神から価値づけられた活動をもっともよく体現しているのだという神託のメッセージを聞く必要があったのである。さらに、今解釈された神託の報告は、また次の主張に帰着する。すなわち、他のすべてのアテネ人たちは単にソクラテスが暴露したように知識を欠いているだけでなく、その欠如に気づくという神から価値を与えられたことをも欠いているのだ、という主張である。そこで、これらすべての結果から、ソクラテスは自分にとって原理 P6 の要求に従って哲学する義務は、ずっとよ

り大きいものなのだということを認識することができた。彼は誰にもまして、標準的な分別上の考慮には目をくれることなく哲学する義務を負う。というのも、——神が今彼に告げたように——すべてのアテネ人たちの中で彼こそが、われわれのもつ一般的な敬虔の義務に従って、この難行を遂行するのに必要な自己理解と知識と技術を、最も高いレベルにおいて達成したのだからである。すべてのアテネ人たちの中で彼こそが、アテネ人たちの驕慢（ヒュブリス）を除くという神の欲求に奉仕するための最良の立場にある。またソクラテスの場合、神託をこのように指令的に解釈することはダイモニオンによって確証されたし、その他のソクラテスの夢や占いを通じて補強されたが、そんな人はソクラテス一人しかいないのである（『ソクラテスの弁明』33c4-7）。*126

さらに、より一般性の低い議論がテキストで明らかに示されている (22e-23c)。ソクラテスは、自分が哲学を続けるのは、神託によって始まったテストの結果として彼が次のことに気づくに至ったからだ、と主張する。つまり、彼は神によって見本として用いられているのであって、そこに込められているメッセージは、「誰であれ、ソクラテスのように、自分が知恵にかけては本当に何の値打ちもないのだと知った者が、もっとも知恵ある者なのだ」(23b2-4) ということだと気づいたのだ、と。*127

この時点でのソクラテスの議論は、彼が神に奉仕する義務を負っているという、原理P6から出てくる見解に再び基づいているように思われる。ここでは、奉仕は二重になっていることが明らかにされる。神に対する一つ目の奉仕は、神が決して偽りを言わないという敬虔な見解を保持することである (21b5-7)。神がソクラテスに言ったことは、だれか他の人が、ソクラテスのもっている微小な知恵より大きな知恵をもっていることが判明したなら、偽であることになるような発言である。だから、誰かがそれより大きな知恵をもっていると主張するときにはいつでも、その主張が偽であることをエレンコスによって暴くこと

278

がソクラテスの義務だということになる。第二に、ソクラテスより知恵ある者はいないと主張することでソクラテスを見本として用い、そこに神的な知恵についてのわれわれの無知というメッセージを届けるのが神の望みなのだから、P6に従ったソクラテスの奉仕の一部は、神をこの仕事において助けることである。しかし、われわれは皆（ソクラテスと同様に）本当の知恵については無知なのだというメッセージは、それが直接に主張された場合には、自分が専門的道徳知をもっていると信じている人たちによって頭から拒否されるであろう（エウテュフロンの例を思い出すがよい）。だから、そのメッセージの伝達は個人に対する（ad hominem）論証の形態をとらなければならない。具体的には、そこでなされる知識の主張のエレンコスによる論駁を通した形態である。こうして、ソクラテスが道徳的な専門知識をもつと自認する人物を見つけたときには、彼は「神を助けにいく」(23b7) のである。すなわち、彼は原理P6に包含された敬虔の要求に従ってアポロン神を助けるのだが、それはわれわれの無知についての驕慢を戒める神のメッセージを論証によって伝達することによって果たされる。*128

この分析によってわれわれは、ソクラテスが自らの哲学する義務を、神託の発言から導出したことが、非常に不可解なものとなった理由を理解することができる。指令的要素は神託の提供したものではなかったのである。むしろ、その要素は、ソクラテスが神の命令に従い、原理P6を真だと信じるという立場を、先行してとっていたことの中に暗黙のうちに隠れていたのである。*129 神託が提供したのは謎めいた記述的要素であったが、それは——ソクラテスのとっていた立場から——彼を促してそれが指している事実的状況（彼の無知の発見は神によって支持されていること、そして、アテネ人たちは傲慢のP6の義務の効力を完全に欠いていること）を発見することに向かわせた。そして、この事実の発見がP6の義務の効力を完全なものとしたのである（それはちょうど、私は慈善の義務をもつかもしれないが、この義務は私がそれを果

たす機会に気づかされた限りにおいてのみ、行為を導くものとなるのと同様である）。別の言い方をするなら、神託が提供したのは「情報」であって、それによってソクラテスは——相当な解釈の作業を経て——敬虔が自分に要求する努力と犠牲の範囲や程度を決定することができたのである。というのは、敬虔と分別上の両方の理由によりすべての人は哲学しなければならない（たとえ死の危険を冒しても、という のも人は単純に最善の道を進まなければならないからである [28d, 『クリトン』48b-d]）のだけれども、この義務は——後で見るように——個人個人によって制限される仕方が異なるからである。こうして、神託はソクラテスに、彼の場合、哲学する義務には他の人たちの場合に当てはまる緩和要因が実質的に全く当てはまらないということを明らかにする。*130 しかし、それが当てはまらないということは、論駁によって人におせっかいを焼く人物になるということを意味し、その人物の周りには中傷がはびこり始めるのである (20d-21a による)。

4・2・2 理性、啓示、デルフォイの神託

ソクラテスが自分の使命の性質についての理解を引き出したことがこのように説明できるとするなら、理性を越えたものに対するソクラテスの態度について、それは何を明らかにしてくれるのだろうか。とりわけ、ソクラテスの理性の使用は、理性を越えたものから「まったく束縛されない」のであろうか——彼はウサギ全体を帽子に入れたのだろうか、そして、それゆえそれは全体がエレンコスのウサギということになるのだろうか。あるいは、神託の占いはソクラテスにとって確実性をもたらすと言えるほど信頼できる独立した情報源であったのだろうか。

280

私が提供した分析は、どちらの選択肢も極端で正当化できないことを示すと私は考える。私の説明では、たしかにソクラテスの神託の宣言の解釈には、敬虔に関して彼があらかじめもっていた信念と、哲学をすることに対して彼があらかじめもっていた非宗教的な正当化という背景があったというのはそのとおりである。しかし、4・1節で私が論じたように、これらの理性的制約は、理性を越えた事柄に関して、ソクラテスがわれわれすべてに用いるように要求するような種類のものである。これが特にあてはまるのは、理性を越えた事柄が、伝統的道徳の方向性を侵害するような行為を導く助言を提供することに人が受け取ることによって、A'が適用される場合である。しかしここでも、このことからソクラテスにとって理性を越えた事柄が、理性と潜在的にさえ衝突することはない、あるいは、理性は哲学することを全面的に妨げることがあるかもしれないことは、彼にとって完全に想定しうることであったはずである。そしてこれは、哲学することに対して彼がもっていたあらゆる非宗教的な、理性的な正当化にもかかわらずそうなのであり——たとえば、政治の生と両立するような方法による——間当惑したと言うのであり (21b7)、同様に、「より知恵のある者はいない」という言葉に対して、このような制約されない解釈が出て来るとは思われない。同様に、「より知恵のある者はいない」という言葉に対して、このような制約されない解釈（たとえば、不正を犯す命令が隠されている、と）が可能であるとどのようにしてソクラテスが考えたのかを理解するのは困難である。

最後に、カイレフォンのデルフォイ訪問の前であれ、その間であれ、その後であれ、ソクラテスが自分

に哲学する義務があると想定する理性的な、非宗教的な根拠を十分にもっていたことはそのとおりであるけれども、彼自身にその義務が適用されたときには、その義務を緩和する条件が欠けているということを彼が認識できたのはまさしく神託の発言――と後に続く理性を越えたものの介入（33c）――によるのだと思われる。というのは、真であると受け取られた神託の表面的な読みを論駁しようと試みる過程で、道徳の専門家を自称するすべての人々をエレンコスによって吟味した後にはじめて、ソクラテスは自分の無知の自覚の真の価値（と、これを明らかにした方法の真の価値）と、アテネにおける道徳の欠如の程度と、そしてエレンコスを用いる自分の才能を、認識するに至ったのだからである。このように、人は善が推進される限り哲学する義務があるのだから、これらの啓示によって彼、ソクラテスには哲学する法外な義務があると彼に気づかせたのは、まさしく神託が提供した理性を越えたものの刺激なのである。

そうすると、この確信は、確実だと受け取られている判断に基づいていることになるのだろうか。そう示唆する者もいる（たとえば、ブリックハウスとスミスがそうである。先の註67、87）。私はそう思わない。なぜなら、なによりもまずすでに見たように、このテキストの節には認識論的に収縮的な標識（たとえば、「思い、想定した」[28e5]がいくつもあるからである。とりわけ23a-bで、彼は注意深く「おそらく神は……神託によってこれを意味している」、また、「神は私を見本にしていると思われる」と言うことに注意されたい。次に、ブリックハウスとスミス自身の説明を考察しよう。ソクラテスにとって「占いは、正しく理解されるなら、[確実な]真実を提供する」と彼らは言う。解釈以前の形態における神託の発言が、最高度に信頼できるものだとソクラテスでさえ、神からピュティアとカイレフォンを経て自分自身に至るメッセージ伝達の連鎖の中での、人的誤りの可能性の余地を認めざるをえないであろう。そして、私がすでに論じたように、その「正しい理

*132
*133
*131

282

解」——その解釈後の意味——の信頼性の程度は使用される解釈の方法によって定まる。もしかりにソクラテスが解釈の目的に占い板を用いていたなら、われわれはそれにいかなる重みも与えるべきではないだろう。幸運を祈る、アポロン」とつづりあげたとしても、たとえその板が「たえず哲学せよ。幸運を祈る、アポロン」とつづりあげたとしても、われわれはそれにいかなる重みも与えるべきではないだろう。しかし、ソクラテスは占い板を用いたのではなかった。むしろ、彼はもっと信頼性のある帰納的方法を用いたのであり、彼は自称専門家たちがエレンコスのテストに合格するのに失敗した多くのケースを蓄積したのであり、それはソクラテスに恐らくそういった専門家という人間はだれも知恵をもたないのだということを示した。これは彼が以前には知らなかったことであり、したがって、このことを知ることが彼の知恵の一部をなすのだということも示される。だから、このことはそれ自体では、「ソクラテスより知恵ある者はいない」という信念に対して、せいぜい帰納的な蓋然性を与えるにとどまる。というのも、ここでも彼がまだ遭遇していない本物の専門家といえる人間がいるかもしれないからである。ソクラテスはある対話相手が論駁されたと誤って判断したかもしれない、という可能性さえある。実はその対話相手は論駁されていない（にもかかわらず、彼はソクラテスの見かけの論駁が論駁になっていないことを指摘できない、あるいは、指摘しようとしないだけ）かもしれない。もちろん、いったんソクラテスが自分の哲学する義務を導出するのにこの帰納的一般化を用い始めるなら、彼の解釈が正確である可能性は、ソクラテスがそれに認めた高いレベルの可能性にまで上昇し始める。というのも、結果として帰結する「神は私が哲学するのを欲している」という判断は、哲学することに対する先行する、ならびに、進行中の理性的、非宗教的な正当化によって確証されるからである。

外的な理性を越えた現象（たとえば、他人の夢、鳥の飛行、神託の言、霊感を受けた予言者の言葉）の解釈を扱う際に、この高いレベルの可能性以上のものを、一般にソクラテスは自分にも他人にも期待する

ことはできない。しかし、これらのそれぞれのケースと神託の発言のケースでは一つの重要な違いがある。ソクラテスは自分が哲学することに対して、彼の解釈を補強する非宗教的な理性的正当化を主張する（Ｓによる）だけではない。彼はさまざまな種類の他の理性を越えた兆候（声、夢、ダイモニオンなど）を大量に受けることによって与えられる正当化をも主張する（『ソクラテスの弁明』33 c4-7による）。これらはすべてさまざまな仕方で理性の解釈を制限したと想像されなければならない。したがって、後に続く理性を越えた印のすべての解釈が、神託の発言のもともとの解釈を、そして、哲学することに対する以前からの長年にわたる理性の正当化を補強するとき、ソクラテスは確実性に関して比類のない基盤に立つことになる。彼は事例において極度に大きく、源泉において極度に広い一連の証拠をもつことになる。にもかかわらず、それは彼に確実性を与えるには十分ではない。

要約すれば、ソクラテスの生における神託の位置についての上の説明の中には、「解釈のエレンコス」と呼ばれるものの一つの実例が見られる、と私は考える。そこでは理性的吟味が理性を越えた事柄にかかわるのであるが、それにもかかわらず、解釈は（神的であるがゆえに）真と見なされる情報内容によって制限を受ける。*135

しかし、私はまたそのような理性を越えた材料の吟味が、理性的に到達された結論を確証する役割を果たしうることも示した。たとえば、『パイドン』でみられるソクラテスの夢の吟味が、哲学することに対する彼の非宗教的な理由を確証するような場合である。いったんそういった確証が受け取られたなら、人はＡに従って「理性を越えた事柄に依存して」よい。神託の場合では、その依存の対象は理性を越えた一片の発言であるが、それが理性的に解釈されるときに明らかにされたのは、長期にわたる敬虔の義務を発効させる、これまで気づかれなかった条件の存在であった。『ソクラテスの弁明』31d-32a（と『パイドロス』242b-c）では、逆の手続きが働いていると見ることもできる。この箇所では、ソクラ

284

テスへの神の声の命令に対して、最初に服従が伴い、その後で理性的説明がなされる。後者は神の命令の道徳的正しさを説明し、次いでそれがまた、ソクラテスの最初の服従の知恵を確証する。

4・2・3 哲学する義務の範囲

前節の私の議論は、2・2節の結果に依存している。哲学の活動は、それが少なくとも神の仕事のある部分を助ける奉仕であるかぎり、すべての人にとっての敬虔の義務であるというのがソクラテスの見方であることが、そこでは示された。[136]これらの宗教的考慮に加えて、哲学する義務をわれわれは「非宗教的な」仕方で示す一つの議論（S）が、明白にソクラテスのものと考えられる原理から構成されうることをわれわれは見た。これらの宗教的考慮から、われわれは次のように推論することに導かれた。哲学的活動が可能にする道徳的向上からして、道徳的に不完全な者すべてにとってその活動が義務となる、と。われわれはまた、『ゴルギアス』でソクラテスが「他のすべての人間たち」に哲学を追求するように促すのを見た。その者たちの哲学の追求は（少なくとも）ソクラテスの手によって果たされる[137]。誰かいるならばその者の手によっても、エレンコスの尋問を受けることで（おそらく）果たされる。

この最後の条件は重要な問いを提起する。これまで私はソクラテスが同胞アテネ人たちになすことを促す哲学は、ソクラテスをモデルとしてなされるべきものであると仮定してきた。それは、比較的自発的なエレンコスの使用を通してなされる活動であり、知恵があると誤って自認することから（『ソクラテスの弁明』23b, e, 28e, 38a）、そして物質的なものを過度に求めることから（29e-30b）人々を解放することを目的とし、存在する最も貴重な善——すなわち徳（30a-b, 31b）を所有することによって魂が完全なもの

となる (29e) ことを目指すものである。この仮定はなんらかの仕方で正当化することができるだろうか。それとも、次のように考えることが可能であろうか。——ソクラテスのそれとはちがって——なによりもまず（エレンコスの唯一の達人）ソクラテスに自分たちの信念のテストをしてもらうことであり、その際われわれの側に要求される「理性的反省」の行使は、よりレベルの低い種類のものなのだ、と。この後者の提案よりは、最初の想定を支持する証拠が概念的にもテキスト上にも存在すると私は考える。その証拠の量は私が欲するほど多くは——また、明白では——ないけれども。

1 ソクラテスがエレンコスの行使と「理性的反省」を意識的に区別していたことを示すテキスト上の証拠はない。さらに、深く真剣な理性的反省は、しばしばエレンコスのスタイルによる推論と、反証事例を使用して一ステップで論駁するような種類の議論を伴うように思われる。

2 ソクラテスは第一級の天才であったかもしれない。しかし、彼が少なくともいくらかの成功をもってエレンコスの手続きを用いるために必要な知的要求をもっているのは自分だけだと考えたとしたら、それは愚かな傲慢だということになろう。たとえば、何人かの優秀なソフィストたちはエレンコスをうまく使用できたかもしれない。また、プラトンほど問答法的才能をもっていた者が、エレンコスによる対話に成功するために必要とされる知性を他のだれももっていないという信念を、自分の先生に帰している——それもその先生の数多くのエレンコス (ἔλεγχοι/elenchoi) を再構成するほかでもないその行為において——とするのは非常に奇妙であろう。

この最初の点については、次のような応答がなされるかもしれない。われわれのエレンコスの使用に限

界があることを正当化するために、ソクラテスが訴えるのは知的技能——たとえば現代われわれが論理の能力と言うような意味の——ではない。むしろ、われわれが比較的道徳的に劣っているということから、ソクラテスはわれわれにエレンコスを使用することを制限するのであって、それはアテネ人たちのうちでもっとも知恵のある者にとってすら危険をはらんだ道具なのだ、とも考えられるだろう、と。このような線で考えることがどれほどもっともであるとしても、ソクラテスはそのようには考えなかったと私は思う。それは、以下のテキスト上の証拠が示している。

3 『ゴルギアス』487e-488aでソクラテスは、われわれは皆いかに生きるべきかを問わねばならないと言う。だから、ここでも他の場所でも、彼の問いと同じやり方による問いをわれわれが試みるのは想定外であると、もしソクラテスが固く信じているなら——そしてそれをわれわれに明らかにしない（実際にそうしていないのだが）のなら——彼は誤解を与える罪を犯していることになろう。

4 『ゴルギアス』447c-448cでは、カイレフォンがゴルギアスに質問するように勧められている（そしてポロスがゴルギアスの役割を引き継ぐ）。そこでの質問のスタイルは、明らかにエレンコスの性格を示している。さらに458aでは、ソクラテスは自分が他人によってエレンコスの吟味を受けることを想像している。

5 『ソクラテスの弁明』23c-dで、ソクラテスは彼に従う若者が、他人を吟味する (ἐξετάζειν/ex-etazein) ことによって自分のまねをするとはっきり言っている。ここでは、彼らが他人をエレンコスに

よって論駁するのに、ある程度成功することが示唆されている（『国家』539a-eも見よ）。

6　ヴラストスが主張するように、ソクラテスが哲学することを止めたときに放棄するものを――「探求も哲学もしない」（『ソクラテスの弁明』29c8）――ソクラテスが描写するとき、「も」は説明的である。また 41b5-6 では、「哲学する」は「吟味する」（ἐξετάζειν/exetazein,*138 ここでこの表現はしばしばエレンコスを指す。『ソクラテスの弁明』28e5, 参照）と表現されている。ここから、われわれすべてが、さきほど言われた探求が約束することがらを先を争って知る熱意をもたねばならないのだから（『ソクラテスの弁明』30a-b.『ゴルギアス』505e 参照）、われわれは皆、哲学することを試み、それゆえ、エレンコスを行使することをすべての者が試みなければならないということが帰結するように思われる。

7　『ソクラテスの弁明』31b2-5 で、ソクラテスは「私は常にあなたがたのこと［つまり、あなたがたがなすべきこと］をするのです……徳に配慮するようにあなたがたを［しばしばエレンコスの方法によって］説得することによって」（強調は著者）と主張している。

8　『ソクラテスの弁明』37e5-38a5 では、ソクラテスが神から命じられた自分の哲学する義務を、哲学することの一般的な義務のためのもう一つ別の考慮と対比しているのが見られる。

「というのは、これ［アテネで哲学することを止めること］は神に従わないことであり、そういう理由でおとなしくしていることは不可能なのだと私が言っても、私が心にもないことを言っているのだと考

えてあなたがたは説得されないでしょう。そして他方では、……これは人間に、とって、大多数の人々にとって［つまり、大多数の人々にとって］まさしく最大の善でさえある——徳について、その他私が会話し自分と他人を吟味しているのをあなたがたが聞いている主題について毎日議論をすることが——と私が言ったとしても」［強調は私のもの］。

言い換えれば、ソクラテスがやっていること——自分と他人を励ましエレンコスによって吟味すること（「議論をすること」）——をなすことは、大多数の人々にとって非常に大きな善（つまり、他の多くの種類の活動よりも選ばれるべき）なのである。われわれはすべてが善を求めなければならないのだから、われわれすべては自分と他人をエレンコスによって吟味しなければならない。

9 『ソクラテスの弁明』39d では、ソクラテス以外の人々がまもなく彼の告発者たちを論駁する（つまり、エレンコスによって吟味する［ἐλέγχοντες/elenchontes］だろう、と予想されている。

10 『エウテュデモス』282a でソクラテスは、人が幸福を望むかぎり「すべての人はあらゆる仕方で［それゆえエレンコスによって］できるかぎり知恵あるものになるように努めなければならない」と宣言している（強調は私のもの）。

11 『カルミデス』166c-d （のいたるところで）でソクラテスは、エレンコスの行使によって彼は自分自身の信念をテストするのだと主張している。だから、われわれに自分をテストするように彼が命じると

きには、彼はわれわれが（自分自身と他人に）同様のテストを行うことを勧告しているのだと想定するのが自然である。

12 ソクラテスは自分に有罪票を投じた陪審員たちに、もし自分の息子たちが徳に配慮していないとわかったなら、「私があなたがたを苦しめたのとまさに同じやり方で［つまりエレンコスによって］」(41e2-3。強調は著者) 彼らを困らせるようにという助言さえしている。そして、そのような「困らせ」は正しい対処であろう、と言う (42a1)*[139]。

これらすべてからして、ソクラテスはすべての人が自分と他人を吟味するべきだと、しかもソクラテスが「吟味する」のと同じ仕方でそうするべきだと、考えていたように思われる。すなわち、すべての人は内的な対話を通して、また、他人の吟味を通してエレンコスの方法によって哲学しなければならないのである。しかし、ソクラテスは自分と他人がどの程度まで哲学を実践しなければならないと考えていたのだろうか。言い換えれば、どのような善が哲学の活動の犠牲とされなければならないのだろうか。たとえば人が無能な哲学者にすぎない場合でも、大きな個人的犠牲を払って哲学を追求しなければならないのだろうか。もし人がソクラテスに似つかわしい容赦のなさをもって哲学を追求したなら、その人は原理P6に違反することによって不敬虔な者だということになるのだろうか。もし人が自分の徳についての無知をすでに認めていて、そして、エレンコスが導くところの原理が真であることを肯定していたらどうなるのか。そのような人はなおも哲学する義務があるのだろうか。最後に、もし人が哲学するべきだという神託を受け取ったとしたら、その人の哲学追求の義務はソクラテスの世に聞こえた義務と同じ程度「命令する」神託を受け取ったとしたら、その人の哲学追求の義務はソクラテスの世に聞こえた義務と同じ程度

第一に、ソクラテスが文字通りすべての人間に（それゆえ、子供や知能に遅れのある者にも）、それも、見込まれる結果を度外視して、私が「積極モード」と呼ぶ形で哲学に従事するように勧めるだろうという見込みのは、信じがたいことである。すなわち、積極モードとはソクラテスによる尋問にかけるたような哲学のやり方である（そこでは人は他人をエレンコスによる尋問にかけるド」、つまり、エレンコスを行使する者の対話相手の役を務めることと対比される＊140）。何にもまして、ソクラテスは徳と幸福を促進することを欲している＊141。そして、もし哲学することが——それは通常はこの目的に至る方法なのだけれども——なんらかの仕方でこれを阻害することがあるなら、それに従事する義務はその限りにおいては損なわれる。たとえば、ソクラテスはすべての人に、エレンコスのために金銭的利益を軽蔑しろとか、それを完全に無視しろとか言うわけではない。むしろ、彼は幸福よりも（『ソクラテスの弁明』36c, 29e-30a）、そして、そういった物質的善の有徳な使用に必要な知識よりも（『ソクラテスの弁明』30b、『エウテュデモス』282a）金銭的幸福を大事にしてはいけないと言うだけである。『ソクラテスの弁明』281e-282d）、そして、人は身体の危険ではなく何が正しいかだけを考慮に入れなければならないと（たとえば、『ソクラテスの弁明』28b, d、『クリトン』48c-d）考えていたかもしれない。しかし、このことから哲学の実践が知恵の獲得を保証するとか、それが正しいこととと衝突するケースがないとか、どんな種類の人にとっても外的な善はまったく幸福に必要ではないということは帰結しない。たとえば、『クリトン』(47d-e)と『ゴルギアス』(505a)では、健康な身体の所有は誰にとっても、真に満足いく生を送るための必要条件であるということを示唆している＊142。したがって、人の哲学の実践がそのような善を喪

失する重大な危険をはらみ、自分と他人のために善と徳の点での最終的な獲得を約束しないなら、人は哲学を怠るのが正当であろう。

次に、ソクラテスは自分の哲学活動が、ある意味で「個人的な」使命であると理解されるべきことを強調する(『ソクラテスの弁明』33a, 36c)。もしソクラテスの弟子たちの誰かがまねをして他人をエレンコスで吟味したなら、その者は自分自身の意志で (αὐτόματοι/automatoi [『ソクラテスの弁明』23c3-5])そうするのだ、と主張する。*143 これは次のことを意味すると私は考える。つまり、ソクラテスが他の人に哲学するように勧告するとき『ソクラテスの弁明』29d, 30a-b, 38a)、彼は自分自身をわれわれにとっての基準として立てているのではない。積極モードで哲学を追求することをしなかったとしても、ソクラテスはわれわれが道徳的に罪があるとは考えないだろう。*144 このこと、そしてこれまでのことが言えるとして、哲学することに対する敬虔の義務、非宗教的な義務の両方について、ソクラテスは道具主義的限定を認めていたと私は暫定的に考えたい。すなわち、

IP 哲学は、その活動がそれに関係するすべての者の道徳的向上を帰結すると想定されうるその程度にまで、実践されなければならない。

これをソクラテスに帰することは、次の事実によってさらに保証される。つまり、エレンコスの活動に従事することについてP6とSによって確立される敬虔の義務、非宗教的な義務はどちらも、それ自体道具主義的な考慮に訴えることによって確立されていたのだからである。哲学の活動を敬虔なものとするものは何かといえば、それは、人々の幸福を促進することによって神に奉仕する意図をもってそれを行うこ

292

とである。また、哲学の実践を、神へ言及することなしに義務のある実践とするのは、それが——ここで
もまた——同じことを目的として目指すからである (2・2節を見よ)。

『ソクラテスの弁明』においては (31c-32a, 36b-c)、ソクラテス自身が哲学の活動の領域を結果主義的
な理由から限定しているのが見られる。そこで彼は公的な政治活動に従事しなかったこと——彼の場合そ
の活動は、哲学の実践を含むものであっただろうし、神から命じられた彼の仕事にとって理想的と正当に
考えられてもよさそうな領域であろう——を正当化しているが、その根拠として彼があげるのは、そうす
ることで彼が時期尚早な死を迎えるだろうということ、そしてそれゆえ、私的な実践によって彼が達成で
きたかもしれない善を達成することが不可能になるということであった。彼が 36c2-3 で言うところでは、
彼は自分であれ他人であれ誰にも利益を与えることがないような事柄には、立ち入らなかったのである。
実際、結果が利益となるかどうかについてしかるべき配慮をせずにエレンコスに従事することは、不節制
に行為することになるのではないかと思われるし、不節制は善ではないのである(『カルミデス』175e)。
に、哲学が提供する吟味は、結果への目配りなしに実行されるべきものではないのである。むしろ、その
ような吟味はそれが有徳な謙遜、正しい道徳的信念、幸福(あるいは少なくとも有益な困惑)を産み出す
かぎりにおいてのみ価値があるのであり、人が哲学する(あるいはしない)べきなのはそうする(あ
るいはしない)ことがこれらの結果を最大化するときだけである。*145

最後に、『テアイテトス』はソクラテスの実践についての一つの本物の記録と考えられるものを含んで
いる。そしてその記録は、ソクラテスが哲学する義務を完全義務(制限されえない義務)であるとは理解
していなかったという見解を支持するものである。自分を産婆になぞらえる過程で (148e-151d)、ソクラ
テスは多くの弟子たちがしかるべき時よりも早く彼のもとを去って行ったと言い、そういった者たちの何

293　第四章　ソクラテス的理性とソクラテス的啓示

人かに対して彼は——おそらく彼らの不節制な本性と「理解の欠如」という理由で——自分との哲学的な交わりを（「神の声」の助言に従って [150d-151a] 拒否したと言う[146]。この箇所は、そのような弟子たちはたとえ哲学の模範的な実行者の助けがあっても哲学することがだれにも利益をもたらさないからだ、ということを示しているように受け取れる (151b)。『テアゲス』129e 以下、『アルキビアデスⅠ』105d 以下、127e 参照)。また、(先の弟子たちと対照的に) 独力で受胎したものを少しももつことができないようなそんな魂をもつ者たちは、ソクラテスと交わる必要がないのであって、それで彼はそういう者たちには自分よりふさわしい知的相手を見つけてやるのである (『テアイテトス』151b)。しかしこの場合、ソクラテスが考えている別の相手の一人——プロディコス——は弟子たちをソクラテス的なエレンコスと自己発見に従事させるのではないことははっきりしている。むしろ、ここで含意されているのは、マイルズ・バーニィェットが適切に表現しているように、「自ら受胎したものをもたない空っぽの魂 (148e 参照)[147]。しかし、これはソクラテスが他人の種子を蒔かれるのに適しているだけである」ということだと思われる。ソクラテスが明確に否認するような種類の教育を自分が与えることを否定し、自分はだれの先生でもないと言う（『ソクラテスの弁明』19d-20a でソクラテスは、プロディコスのような人が提供する種類の哲学的吟味とは区別されなければならない。たとえば、『ソクラテスの弁明』33a-c. すなわち、彼は人々とエレンコスによる哲学を実践するけれども、まとまった教義を提供することはなかった)。これはソクラテスが、ある個人の場合は哲学しない方が幸福であり、それゆえ、——結果のよさのゆえに——その義務から免除されると考えていたことを示している。

結果主義的な原理（IP）のゆえに、クセノフォンを歴史上の人物ソクラテスに帰することは、プラトンの著作とは独立にも確証される。たとえば、クセノフォンの『ソクラテスの思い出』では、「自分たちにわからないことを試み

294

ることを避けることによって、過ちをせず失敗を避ける」ことを知っているような、十分な自己知を所有している人たちを、ソクラテスは称賛している（4.2.25-26）。このことはすべての活動に等しく当てはまるのであって、エレンコスによる哲学への積極的従事でさえ例外ではないように思われる。また、『ソクラテスの思い出』4.7.1-10は、自分の生徒たちが「自分たちに適した仕事をすることで独立した」（4.7.1．強調は私の付加）人間になるようにとソクラテスが骨を折り、知的な仕事における分別を促したことを示している。たとえば、彼は数学の研究を有益なことがらを目的とする場合のみに制限した（4.7.8）。

4・2・4 哲学する義務

これらすべてを考慮すれば、われわれはソクラテスに先の原理（IP）を帰するのに確信をもつことができると私は考える。哲学の活動は、概していえば、敬虔と幸福論的な自己利益の義務であるけれども、そのような義務は目的のシステムによって正当化される性質のものであるので、哲学する義務は道具的な仕方でくつがえされることがある、という原理である。われわれは正しいことを死や他の肉体的害悪自体には顧慮することなくなさねばならない、とソクラテスは確信している。しかしもしそうなら、哲学することがなんらかの状況でたまたま正義に反することがあるなら、人は哲学するべきでないことは明らかである。だからこの原理は、われわれがすでに見た観察事項とあわせれば、以下の説明を引き出すことを許してくれる。その説明は、異なる種類の個人は哲学することに対して個別に異なった制限つきの義務をもつことの説明であり、そういう義務は彼らのもつ道徳的必要性と哲学的才能に基づいている。こういった要因は、彼らが哲学活動を通じてエウダイモニア（幸福）を作り出す潜在能力に関係するのである。不運な

295　第四章　ソクラテス的理性とソクラテス的啓示

ことに、この説明はその詳細において、幾分推測に頼らざるをえない。確証するテキストが欠けている上、エウダイモニアの本性に関するソクラテスの明確な叙述がないからである。

1 （理性をもつ年齢に達した）ほとんどの個人は、非常に限定された知的素質をもった者からエレンコスの論駁の名人にいたるまで、——また、道徳的成熟度に関係なく——受動モードで哲学を追求する義務を負うことになる。その義務はエレンコスの議論で対話相手としての役割を務めることで果たされる。それは、エレンコスを効果的に行使できる者によって（理にかなった仕方で）対話に従事させられたときはいつでも果たされなければならない。実際、人がそのような出会いから幸福を増進させようとするなら、道徳的な教育についての専門技術者——あるいは少なくともエレンコスを効果的に使用できる者（たとえばソクラテス）——*¹⁴⁸を探して見つけ出すことが義務であるように思われる（『クリトン』47c-48a、『ラケス』184e-185e, 201a-b）。ソクラテスはアテネ人たちの中で「もっとも知恵ある者」であるにもかかわらず、それでも徳が何であるかについて無知である（『ソクラテスの弁明』22c-d）のだから、これは実質的にすべての人間はエレンコスの治療を求めるよう（そして結果として起こるどのような論駁も心にとどめるよう）義務づけられていることを意味するであろう。さらに、エレンコスによってそのように論駁される経験は、自分が他人を積極的に論駁することよりも、自分にとって大きな利益をもたらす（ヒュブリスをもたないでいつづけることが大きな価値をもつがゆえに［『カルミデス』166c7-d4、『ゴルギアス』458a 参照］）とさえいえる。

エレンコスの行使者そのものは、それに加えて誠実でなければならない。つまり、彼や彼女の意図が真理、信念の整合性、道徳的改善を確立することでなければならないという意味での誠実さが要求される。

悪い意図をもつソフィストたちによるエレンコスの吟味を受ける義務は、（奇妙なケースだが）すべての者の徳の最終的な増加が見込まれる場合を除いては、ない。IPにより、エレンコスの吟味を受けるには例外がある。十分な知的能力（たとえば矛盾を認識する能力）を欠いているため、そのような吟味から利益を得ることができない者たち、そしてとくに、それに加えて自分に道徳的知識が欠けていることを謙虚に認め、それにもかかわらず、徳に関するソクラテス的な諸原理を受け入れて、その諸原理に（幸運にも）したがって一貫した行為をとる者たちは除外される。ソクラテス自身がとってみても、個別的な知識の主張から道徳的な徳（「最大の事柄」『ソクラテスの弁明』22c-e）に関する一般的な知識の主張を導き出す不当な推論を行わない者に対しては、彼は容赦なくエレンコスを押しつけることはしていない。一般にソクラテスが（彼自身のケースで）エレンコスの吟味を与える相手は、道徳的な知識をもつことを自信満々で主張することによって暗に神託を否認する者たち（たとえば『ソクラテスの弁明』22a-dの「専門家たち」）である。そういう者の主張がもし真であるなら、それは本当の神的な知恵だということになるからである。上の種類の彼のような他人にソクラテス自身はエレンコスを押しつけようとはしていない思われるので、彼はわれわれにそうするようにに求めることも（『ソクラテスの思い出』4.2.25以下参照）、あるいは、そのような者がみずからエレンコスを受けるように求めることもないと思われる。

上のような種類の人たちは、P6に結びつけられた敬虔の義務を満たすことが可能である。少なくとも、神を喜ばせ神に奉仕するという意図をもって徳ある行為を行うことは、その義務を満たすだろう。そのようなまれな例外の行為のような）自己を控える敬虔の行為を除いて、有効なエレンコスを受けることは——受動モードで哲学に従事することはそれを必要とする者（実な行為であり、実質的にすべての者の義務である。というのも、そうすることはそれを必要とする者（実——はP6に一致する正しい供犠の行為のような）自己を控える敬虔の行為を

質的にすべての者）の道徳的向上に導くであろうからである。向上を必要としないきわめて少数の者たち、あるいは、ソクラテスの徳の諸原理と自分の無知を受け入れる者たち——そういうものがそもそもいるとして——については、受動的に哲学することは一つのチェックとして機能する。自分の認識的状態が信頼できるかをチェックする機能である。他方で、自分の知識の実際の状態につりあった諸信念を信頼できる者（たとえばエウテュフロン）や、道徳的向上を大いに必要とする者は、効果的なエレンコスの行使者の対話相手の役割を務めることをもっとも義務づけられている者である。結局のところ、すべての悪が無知の結果であるならば、人の無知が大きければ大きいほど、その人は悪くなる（そして悪をなす）公算が高くなる*[152]。

エレンコスの議論に対して第三者の立場にある者については、それを聞く聞かないは、もっぱら興味に応じて、自由であるように思われる（『ソクラテスの弁明』33a 参照）。ソクラテスにとっての実際の哲学の実践は（能動的であれ受動的であれ）、第三者にとっては通常不可能と思われるようなレベルの知的関与を伴っている。たとえば、第三者は自分が信じていることを誠実に述べることを要求されてはいない*[153]。それにもかかわらず、ソクラテスが人々を吟味する主題——道徳的向上——にすべての者が興味をもつべきだ、とソクラテスが考えていたことは明らかである。そして、エレンコスの議論に立ち会った者は、そのような議論に注意を払うだけで利益を受けられるのだから、それを聞く義務があるのだという見解を支持するテキスト上の根拠もいくらかある。たとえば、ソクラテスは、「あなたがた（陪審員たち）は『ソクラテスの弁明』30c4）は［ソクラテスの弁明を］聞くことによって利益を受けることになるでしょう」（『ソクラテスの弁明』30c4）と主張しているし、『ゴルギアス』では、聴衆を見捨てるよりはむしろ徳についての演説をすすんで行お

とするのである（505e-509e）。[154]

2　エレンコス行使に能動的に従事する義務は、対話相手、聴衆、エレンコス行使者の道徳的向上の見込みに、直接比例するように思われる。その見込みはさらに、多数の相互に関係した要因に基づいて計算されなければならないだろう。その要因としては、まず第一に、当のエレンコス行使者がエレンコスを有効に使用する（たとえば不整合な道徳的諸信念の不整合性を論証する）だけの知的能力をもっているかどうか、また、エレンコス行使者の道徳的状態がどうであるかという要因がある。この第一の要因が重要なのは、不整合な、また偽である道徳的諸信念が（誰であれ）人に奨励されてしまうのは、もっぱらエレンコスがそのような諸信念が不整合であること、偽であるのに失敗することによるからである（『パイドン』115e、『ゴルギアス』458a参照）。不整合かつ／あるいは偽なる信念を吹き込むことは他人を害することであり、これは決してなされてはならない（『クリトン』47e-48a、49b-c）。したがって、エレンコスを有効に行使することのできない人は、たとえば、不道徳を説く利口なソフィストを公共の場で吟味するのを試みなくてもかまわない。実際、その人は積極的にそうするのを避けるべきである。しかし、エレンコスの技量がそれほど劣る者がそれを用いるのは許される——義務の危険がそれほど重大ではない場合には、エレンコスの技量が劣る者がそれを用いるのは許される——義務ではないが——ことだと思われる。[155]他方、エレンコスの技量をもつ者は、たとえ死の危険があっても（『ソクラテスの弁明』28b）、道徳的徳が全体として増加することに整合的であるかぎり、自己と他人を吟味しなければならない。エレンコスの行使に成功するためには厳しい知的要件を満たす必要があり、その技能が人間共同体に配分されている標準的な仕方を考えれば、それを行使する義務のある者よりも少数であることになるだろうと思われる。[156]
われわれの能動的に哲学する義務に関係するもう一つの重要な要因は、エレンコス行使者の道徳的状態

299　第四章　ソクラテス的理性とソクラテス的啓示

である。たとえば、不道徳な種類のソフィストが明白に不道徳者の命題（たとえば、不正なことをなすのは道徳的に受け入れられるということ）を他人に信じさせるために、エレンコスを用いるというようなことをしてはならない。なぜなら、それは他人を害する本当の危険をもたらすからである。そのようなケースでは、実際、そういう試みが彼が理解するところの哲学的実践の事例であることをおそらくソクラテスは否定するであろう。それは真理の探求でも、道徳的徳の探求でもないからである。他方、エレンコスの技能をもつ徳ある人は、他のすべての（外的）善の追求よりも、自分と他人を吟味する義務がある。

4・2・5 ソクラテスの哲学する義務

先の議論に照らして、ソクラテスのケースを再び考察してみたい。ソクラテスの敬虔と哲学の義務に関する私の説明では、並はずれた知的能力と道徳的高潔さをもった個人は誰でも、能動的に哲学するという並外れた義務をもつことになる。そして、もしそのような人が、アテネのポリスに存在しているとされた道徳的欠陥の程度に本当に気づいたならば、――ソクラテスが神託によって気づかされたように――その人が死の危険に際しても自分を「任務に配置し」（『ソクラテスの弁明』28d）、たゆまずエレンコスを用いることをしないのは、道徳的な怠慢だということになろう。そのような個人が哲学を追求するのは、自己改善、正しい行為の確保（S）という分別の理由によるだけでなく、敬虔がそれを要求する（P6）からでもある。というのも、すべての人間が徳についての自分の人間的な知恵を所有し、それによって幾分かの幸福を獲得することは神々（特にアポロン神）の欲求するところであろうからである。*[157] そこの説明においては、ソクラテスという人物は、自己についての確信と自分の知的才能と道徳的価値に

関する比較的大きな確実性を、並外れたレベルでもち合わせていた人物と見られなければならない。というのも、ソクラテスがIPを保持していたとするなら、神託の発言を物質的身体的な結果を無視してたゆまず哲学するべしという命令であると彼が解釈したことは、彼、ソクラテスこそがそのときアテネに住む自分や他人の善を最大限に確保することのできる資格をもった唯一の人物であるという判断からの帰結だったはずである。*158 事実、哲学する義務にはかなりのばらつきがあるという私の説を確証することとして、彼はまさにソクラテスはそのように描写されているのである(『ソクラテスの弁明』30c-32a, 36b-e)。神々の類まれなる贈り物*159 だと言われている。『ソクラテスの弁明』36d)では、他人のもつ義務よりもはるかに大きい範囲に及ぶものとして哲学を追求する義務は、『ソクラテスの弁明』36d)では、他人のもつ義務よりもはるかに大きい範囲に及ぶものとして描写されている。彼は自分のことを、また、家族のことを(23b, 31b)、公的にも私的にも顧みなかった。それはまさにそういう仕方で、非人間的で理不尽な余暇(23b)という報酬なしに彼はそれを行った。それは、他人のもつ義務をはるかに超えたものであり、無視したり緩和したりすることが許されない義務であった(39d, 37e)。最後に、彼こそが死の危険に面してさえ、他人を哲学するように促す仕事を与えられた唯一のアテネ人であると思われる。彼が自分の義務の範囲をこのように説明することの基礎となった自己評価に――そして、同胞の人間たちの哲学的潜在能力についての、彼の最終的には楽観的な判断に――われわれが同意するしないにかかわらず、彼が正しかったことをわれわれは望まないではいられない。

しかし、こういう感傷はさておき、先に出された説明は次のソクラテスの見解を用いていることに気づかれるだろう。それは、われわれに課せられた哲学の実践は、ソクラテスがたえず「魂」として言及する

301　第四章　ソクラテス的理性とソクラテス的啓示

ものの改善に結びつけられているという見解である。これは次章で検討される問題を提起する。すなわち、ソクラテスは魂についての積極的な教義をもっていたのか、そして、もしもっていたのなら、その見解は彼の道徳理論、神学、終末論に対してどのような含意をもつのかという問題である。

第五章 ソクラテスの宗教

5・1 魂とその運命

ソクラテスによれば、彼が従事し、また、彼があらゆる人に促すことを神から命じられた哲学的活動は、ψυχή/psuchē（プシューケー、魂）の世話と介護（τῆς ψυχῆς ἐπιμελεῖσθαι/tēs psuchēs epimeleisthai［ソクラテスの弁明］29e1-e3, クセノフォン『ソクラテスの思い出』1. 2. 4-5］. θεραπεία ψυχῆς/therapeia psuchēs［プロタゴラス］312b8-c1,『ラケス』185e4］）を第一の目的とする。彼は次のように尋ねて回る。「友よ、あなたがたは恥ずかしくないのか。金銭のことを、どうすればそれができるだけ多く手に入るかとか、名誉や評判のことばかり気にかけて、思慮と真実のことを、そして魂のことを、どうすればそれができるだけ善きものになるかを、気にもかけず考えもしないで」（『ソクラテスの弁明』29d7-e2）。また、ソクラテスは「若者にも老人にも同じように」「肉体や金銭のことを、魂よりも、魂がどうすれば可能なかぎり善きものにすることができるかということよりも先に、あるいは、それと同じくらい気にかけてはいけない」（『ソクラテスの弁明』30a7-b2, 翻訳はバーネットに従う）と勧告する。*1 ψυχή/psuchē（プシューケー）はソクラテスの哲学的使命の焦点であるのだから、彼はそれが何であるかについ

303

いて少なくとも最小限の説明はもっていたはずだ、と考えるのが安全であろう(ともかく、自分が何であるか知らないものを配慮せよと他人に促すのは変である)。では、ソクラテスは ψυχή (psuchē) が何であると理解していたのか。

これは重要な問題であり、その答えに関する意見の正確な一致はまだ得られていない状況である。しかし、少なくともその答えの一部について、われわれは確信をもってよい、という同意が現在広く研究者の間で共有されている。つまり、魂は死後消滅するのではなく、別の領域で存在を続けるという見解をソクラテスはもっていた——あるいは、少なくとも弱い意味で「受け入れていた」——という見解である。*2 以下で私は、この見解を正当化する証拠が欠けていることを主張したい。なんらかの種類の終末論的立場をソクラテスに帰さねばならないとすれば、さまざまな考慮——特に死の善さについての『ソクラテスの弁明』の議論 (40c-41d) ——から、条件つきの不可知論を帰するのがわれわれの最善の選択であることが示される。この結果はさまざまな仕方で、ソクラテスの道徳理論を理解し、また、彼の伝統的なギリシアの宗教の合理的改革を理解することに役立つ。とりわけ、それはここでもまた、ソクラテスの哲学の宗教的側面が、懐疑的な自制と宗教的な関与の独特の混合に依存していることを例証する助けになる。ソクラテスが不死の信念をもっていたかどうかについての証拠を考察する前に、まずソクラテスの魂の概念を手短かに説明するのが有益であるだろう。

5・1・1 ソクラテスにとっての魂

先に引用された『ソクラテスの弁明』その他の箇所が明らかにするように、プシューケー (ψυχή /

psuchê) はソクラテスにとってなによりもまず道徳的判断、選択、行為の主体/行為者であり——そこに悪徳と徳が宿るところのものである（たとえば、『クリトン』47d-48a）。しかしそれだけではない。魂はまた全体としての、本当の自己、意識と個性をもつ「私」、知的活動に従事するわれわれの部分でもある。たとえば、『プロタゴラス』で描かれているソクラテスは、自分の魂の世話をソフィストたちにまかせることはどういう結果をもたらすかという問いを出す。そこでは、そうすることはソクラテスにとって自分自身を彼らの手にゆだねることと同じであると言われる (312c, 313a-314b)。そして、魂は議論による推論に従事する部分である。それは、要するに、徳は知識の諸形態であるのだから (314a-b)、われわれの心、われわれの知性 (νοῦς/nous) である。*3 *4

初期のソクラテス的対話篇では一貫して、この見解はプシューケー (ψυχή/psuchê) は身体と同一ではなく、それを「内部から」支配するという考えと結びついている。たとえば、『ソクラテスの思い出』2, 6, 32, 4, 1, 2) 節制の徳は魂にあるとされる (154d-e, 156e-157d, 160a-b、『ラケス』(190b, 185e, 192c 参照)、い魂と美しい身体が区別され (175e)。同様に、『クリトン』(47d-48a)、では美しして描かれる。それに「配慮する」ことは、それをできるだけ善いものに、できるだけ幸福なものにしようとすることであり、それはそれの徳を育み、悪徳からそれを守ることによって果たされる（『クリトン』47c-49a)。*5 その作業は、知性の正しい訓練と、エレンコスのテストと、有徳な行為を通じてもっともよく達成される。加えて、魂は生を生きるに値するものとなすものが位置をしめるところであるので、徳は身体の健康よりも高い価値をもつとされなければならず（『クリトン』48b、『ソクラテスの弁明』28d-e, 30a-b)、*6 また、魂は身体よりも高い価値があるとみなされなければならない。最後に、ソクラテスは魂を、*7

身体に「住む」、身体とは別の要素というよりは、むしろ、人の生きている身体の分離できない側面とみなしていると論じる者がいるが、先にあげられた箇所に照らして考えれば、これは明らかに誤りであると思われる*8。そのような見解は、また、死後の魂の運命についての一つの可能性に対するソクラテスの確信と相容れない。彼は、死がもたらすのは魂の身体からの分離であり、その後、魂は別の「場所」へ移住するのであって、その移住においては魂のいかなる部分も置き去りにはされない、という可能性がたしかにあると確信している（『ソクラテスの弁明』40c-41d,『クリトン』54b-c,『ゴルギアス』523a-527e 参照）。

ソクラテスがプシューケー（ψυχή/psuchē）を「我ー魂」——自己意識、感覚、理性的思考、選択の中心——と考えていたことは、彼がすべての情念と欲望の起源をそこに定めていたということを示唆するかもしれない。たしかに魂はすべての意識的な経験の場として、感じられた欲望的、感情的経験の場でもあるはずである。しかし、他方でソクラテスにとって欲望それ自体は（少なくとも渇きのような「身体的欲望」は）、身体の属性であって魂の属性ではないと考える根拠がある（『パイドン』81b）。結局のところソクラテスは、欲望に動機づけられた悪徳の振る舞いは、徳に関する無知に起因する純粋に知的な誤りであるという立場を保持しているように見える（たとえば、『プロタゴラス』352b-e,『ソクラテスの思い出』3.9.5,『ニコマコス倫理学』1144b,『エウデモス倫理学』1216b）。だから、もし彼がさらに認識と無関係の欲望が魂の構成部分であると考えていたのであれば、魂は「部分」をもつという複雑な魂理論をもっていたということになるだろう。しかし、三つの部分をもつ魂というモデルでもってこの種の魂理論を発展させたのは、プラトンであって、ソクラテスではないというのが一般的な理解である。そして、明らかにこのモデルは、まさしく今言及されたような種類の、ソクラテス的知性主義への反発の中で発展させられたものである。というのもこのモデルでは、自制のない、しかし、無知ではない、悪徳の振る舞*9

い（ἀκρασία/akrasia）の存在が認められるが、それは、欲望と情念という非理性的な要因に、プシューケー（ψυχή/psuchē）の内部で自立的に動機づけられた役割を与えることで果たされるからである（『国家』435a-444e）。これを考慮するなら（また、いくつかのテキスト上の証拠から）、ソクラテスはそのような非理性的な要因の多くを、魂ではなく身体の内に位置づけたのであって、それによって理性の支配にそれらが挑戦する潜在力を無力化したのだということが強く示唆される。[*10]

この控え目で簡潔な説明以上のことをソクラテスはほとんど与えていない。「神的な知恵」に対する彼の否認に忠実に（『ソクラテスの弁明』20d-e、19c-d 参照）、また、ものごとの道徳的な側面に焦点を合わせる（そして認識論と形而上学に比較的重点を置かない）という彼のやり方に従って、ソクラテスはプシューケー（ψυχή/psuchē）のより詳細な形而上学を展開しようとはしない。『クリトン』47e8-48a1 での彼の発言が、このことの簡潔な証拠を与える。彼は魂を「それがなんであるにしろ、われわれの内にあって、正義と不正にかかわるもの」と言う（『饗宴』218a3 参照）。[*11] ソクラテス――一人の純粋で単純な道徳哲学者――にとっては、魂が彼の倫理的探求の担い手であり、かつ、その対象であること、われわれの意識的経験の場であること、物質的世界において、それを作用させる有機体とは同一でない一つのものであることで十分であったのだ。[*12]

私は、ソクラテスの魂についての見解が、どのような歴史的影響を受けていたかをここで描くことはしない。しかし、ソクラテスの魂観の独創性についてのバーネットの見解が、私には正しいように思われる。バーネットによれば、その独創性は魂を意識の座と考えるイオニア的見解と、オルフェウス教―ピュタゴラス派のプシューケー（ψυχή/psuchē）の浄化の教義を組み合わせたことにある。[*13] この後者の思想の学

307　第五章　ソクラテスの宗教

派にとっては、——魂を無力な影と見るホメロスの見解とは違って——魂は持続する個別的なものであり、それは身体とは独立しており（魂は身体の死後、生き残ることができる）、身体という墓の中に落ちた神性であり、道徳的な浄化と世話を必要とする（ヘロドトス『歴史』2. 123、エウリピデス『ヒッポリュトス』1006、ピンダロス『オリンピア祝勝歌』2. 68-70. 断片 131b 参照）。これらはすべてソクラテスがはっきりと要求したことである（もっとも、オルフェウス教にとってもピュタゴラス派にとっても、魂は通常の人格をもってはいなかったように思われるけれども）。ピュタゴラスはソクラテスと同じく、弟子たちに自己吟味を促したと想定されているし（ディオゲネス・ラエルティオス『ギリシア哲学者列伝』8. 22）、アポロン（オルフェウスの父とみなされている）の崇拝者であった。最後に、ソクラテスがデモクリトス、ゴルギアス、初期のソフィストや医学的著作家から影響を受けたというのは十分ありえると思われる。彼らはプシューケー（ψυχή/psuchē）の道徳的価値、魂と身体（σῶμα/sōma）の関係、心身医学的な魂の治療に興味をもっていた。だから、ソクラテスのプシューケー（ψυχή/psuchē）の使用は相当に独自性の高いものであるとはいえ、先駆的事例をまったく欠いているというわけではないのである。ソクラテスの最大の貢献は、プシューケー（ψυχή/psuchē）の重要さを絶えず主張し続けたことと、それを自分の道徳的魂論へと体系的に組み入れたことにあるのは確かなことである。

5・1・2　『ソクラテスの弁明』における死と不死性

ソクラテスは人間の「我」であるプシューカイ（ψυχαί/psuchai）を、それをもつ身体から区別した。ソクラテスはまた魂はいかなる害悪も善き人にもたらされることがないことを保証する、完全に道徳的な

神からの貴重な贈り物である、という見解ももっていた。[17] この二つから、彼は魂の死後のもっともありそうな運命として、それが意識的な存在を継続するという見方をとっていた、と想定したくなるのは自然であろう。また『クリトン』(54a-c) においては、ソクラテスは擬人化された法に、ハデスでの来世について確信をもって語らせているが、それによって彼は不死性への積極的な信仰を表明しているのだと受け取る者もいる。[18] 最後に、『ゴルギアス』の末尾のミュートス (522c-527e) は、この問題に決着をつけるように思われる。というのは、そこでソクラテスは死が魂の身体からの分離であり、その後、神的な裁判官たちの前での審判があると確信をもって宣言しているからである。その裁判官たちは正しい魂に幸福者の島での永遠に快適な死後の生という報酬を与え、逆に不正な魂をタルタロスでの罰に処するとされる。だから、これらの事情を考慮すれば、魂が墓場を超えて生をもつとソクラテスが信じていたという結論に、実質的にすべての研究者が導かれたのは驚くべきことではない。[19] しかし、この点についてのソクラテスの希望にもかかわらず、証拠はソクラテスの不可知論とソクラテスの関与の間でせいぜい五分五分であり、前者に賭ける方が賢明とも言える。[20]

ソクラテスになんらかの見解を帰することの保証を与える対話篇があるとすれば、それは『ソクラテスの弁明』である。そして少なくともそこでは、不可知論の証拠が見られるのである。第一に、29a4-b6 で、ソクラテスは、死を恐れるのは死の本性についての知識を前提としていると主張する。そういう知識を人間はそもそももっていない。とりわけ、死が常に悪いものであるという「知恵」(おそらく、これはソクラテスがすでに否認した「神的な知恵」——専門的道徳知——である [20d-e, 23a-b])を所持していると想定している。しかしそうすると、死を「生よりも悪い運命」として恐れるのは傲慢である。[21] むしろ、われわれ人間の知恵の乏しさを考えると、死は最大の祝福でありうる（これもまた、われ

われが確実には知らない事柄であるけれども。37b5-7 参照)[22]。ソクラテスがこの点について他の者よりも知恵があるのは、死後の出来事についての確実で完全な知識をもっているからではなく、誰よりもそのような知識を自分が決定的に欠いていることに気づいていたからである。それゆえ死は恐れるべきではない。というのも、われわれはそれが何であるかについて、確実で完全な知識を欠いているからであり、また、われわれが重要であると確信できる事柄——いかにして正しいことをなし、不正をさけることができるか——に比較して死は、それが何であるにしろ、明白に二次的な重要性しかもたないからである (29b, 32d, 53a-b 参照。『クリトン』48b, 35a-54b。『ゴルギアス』522d-e 参照)。そして、ここでも、われわれの無知を考えれば、死は単に「なんら恐れるべきものではない」だけではなく、「すべての善のうちの最大のもの」であるかもしれないことに同意しなければならない (29a8)。

だから、ソクラテスは死の本性と価値についての専門的知識の主張の形をとることはかならずしも専門的知識の主張に及ぶことなく) 単に理性的な根拠とみなす事柄に基づいて死が悪いという見解をとるからにすぎない、という可能性があることに同意するはずである。しかし、この問題には単純でもっともな解決がある。先の箇所で、ほとんどの人々が死に対して示すような種類の、箇所はわれわれに確証してくれる[23]。しかし、ソクラテスの行う恐れの分析には、奇妙なある問題、ほとんどそれについての議論がなされていないある問題が存在する。死への恐れ (死ぬことへの恐れではない。『ゴルギアス』522e 参照) は、死が悪いという見解をたしかに前提している。しかし、この見解をとることはかならずしも専門的知識の主張の形をとるとはかぎらない[24]。ソクラテスはこれを認めるだろうと私は考えたい。というのも彼は後で、死は善きものであって悪いものではないという根拠から、陪審員たちがもつ死の恐れを取り去ることを議論によって試みるからである (40c-41d)。ここから、ソクラテスは、人が死を恐れるのは (専門的知識の主張に及ぶことなく) 単に理性的な根拠とみなす事柄に基づいて死が悪いという見解をとるからにすぎない、という可能性があることに同意するはずである。しかし、

310

恐れについてソクラテスが述べていると想定するのは理にかなっている。だから、彼が「人々はそれ[死]をあたかもそれが最大の悪であることを知っているかのように恐れる」(29a8-b1) と主張するとき、彼が言っているのは、ほとんどの人がある種の強度と確信をもってそれを恐れているということである。その強度と確信は、彼らがそれを単になんらかの種類の悪のうちの最大のものとして位置づけることから由来するような種類のものなのである。それはどのようにして死が悪であるかの確定した説明(すなわち、「ハデスにおける事柄」の専門的知識)を確信をもって想定するような態度なのである。自分には死後の出来事についての十分な(ἱκανός/hikanós [29b5]) 知識が欠けている、というソクラテスの発言もこの読み方を支持する。ソクラテスが否認しているのは、強い恐れを生成するに十分な種類の知恵、すなわち、死が悪であるという専門的知識である。したがって、これは彼が語りかけた大多数の人々にはあてはまらなかったにすぎない。それでも、次に見るように、ソクラテスはこの種の限定とみなす死に対するゆるやかな恐れが、完全な確信なしに、そして、「ハデスにおける事柄」の完全な説明なしに抱かれる命題に基づくことがありうることを彼は認めるだろう。というのも、死を恐れ、死が悪であると考えることは、非理性的であると彼は考えたのであり、その理由は、逆に、理性は死がすべての人にとってより幸福なことであるといえるほど大きな善された推定でさえ保証を欠くものと考えただろう。ただ、死ぬことは、すべての人にとってより幸福なことであるといえるほど大きな善(おそらく、死の会話は、彼に無罪の票を投じてくれた陪審員たちに、自分の死は善きことなのだと説得することで彼らを慰めるという目的をもつものである*25。ソクラテスは彼らにこの主張が真である二つの理由を示す。第一ことを命じるからなのである。

有罪票決と罰の決定の後、ソクラテスは「友人たちとの会話」(39e1-40a2) によって弁明を閉じる。そ

に、彼の死の善さの「大きな証拠」として彼があげるのは、ダイモニオンが裁判の進行中にどこでも干渉しなかったことである(『ソクラテスの弁明』40a-c, 41d)。そしてその後、彼はこの「証明」を、死は誰にとっても悪ではないという命題を立証する一般的な議論によって確証する(40c-41d)。これらの確信は、ソクラテスがすでに「ハデスにおける事柄」の知識を否認したこと(29a-b)と、矛盾しないと現在では一般に認められている。というのも、ダイモニオンによる「証明」も、ソクラテスの議論も、何か専門的知識の主張を前提したり、それを確立しようとしたりするものではないからである。彼が続いて論じるところでは(40c-41d)、ダイモニオンの沈黙によって示される善き運命とは、実体のある死後の生か、あるいはまったくの消滅かのどちらかなのである。さらに、「大きな証拠」が直接関係するのは、ソクラテスの死後の運命だけである。それは彼に、彼が何か専門的知識の所持を、彼らが確信しているうぬぼれを含意するけれども、ソクラテスの場合にそれは当てはまらない。自分の死という特定の死が善であるだろうという彼自身の確信、そして、その結果としての死への強度の恐れの欠如は、いかにして死が善であるかの積極的で完全な知識を含意しない。これがこの結論は、ソクラテスに彼が否認するような種類の知恵と専門的知識を帰するように見えるかもしれないが、そうではない。というのも、彼が否認することは、死が悪であるということ、いかにしてそれが悪であるかの知識の所持を、彼らが確信しているうぬぼれを含意するけれども、ソクラテスの場合にそれは当てはまらない。自分の死という特定の死が善であるだろうという彼自身の確信、そして、その結果としての死への強度の恐れの欠如は、いかにして死が善であるかの積極的で完全な知識を含意しない。これが部分的には、『ソクラテスの弁明』のまさしく最後の場面での、ソクラテスの発言の理由となる。彼はそこで、生き続ける陪審員たちと、まもなく死ぬソクラテスのどちらがより善い運命を享受するかは「明らかではない」(ἄδηλον/adēlon)と言う(『ソクラテスの弁明』42a3-5)。それでも彼は同時に、自分の死

が善であることが「明らかである」(δῆλον/dêlon)——すなわち、彼がそれについての非専門的知識をもっている——と主張できるのである。

彼には魂の運命についての知識が欠けているにもかかわらず、死ぬことが彼にとって善である（なぜなら、それは彼を「厄介」から解放してくれるから [41d3-5,『クリトン』53c-54b 参照]）ということだけでなく、死が誰にとっても善であることをも示す証拠として扱っている。この「大きな証拠」は、当然のことながら、ダイモニオンの権威に関して懐疑的な陪審員たちに、大きな慰めを与えるほどには「大きく」ない。だからここで、ソクラテスは一つの論証によって、陪審員たちに死に関する「大いなる望み」(πολλὴ ἐλπίς/pollḕ elpis [40c4, 41c8 参照]) を与えようとする。それは、ダイモニオンの沈黙についての彼の説明は独立した理性的な確証を受け入れるということの論証である。形式的な議論構成の試みとして理解するなら、ソクラテスの考察は構成的ディレンマの形式をとる。(1) 死ぬということは、(a)「無であること」(μηδὲ αἰσθήσιν [40c6], 40d1 参照) (μηδὲν εἶναι/mêden einai [40c6]) ようなものに何についてもまったく感覚をもたない (θαυμάσιον κέρδος/thaumasion kerdos [40d1-2], 40e2-3 参照) であるだろう。というのも、われわれの人生の他の経験と比較しても、夢のない眠りは実質的にそれらのどれと比べても、より善くより快適であるとみなされるであろうからである。おそらく自分が眠りから醒める経験のほとんどすべてを非常に快適なものとみなすはずであるペルシア大王にとってすら、そうであるであるか、あるいは、(b) それは旅行のようなものであって、(2) もし死が (a) 第一の選択肢の消滅というようなもの、「魂のこの場合から別の場所への移住」(49c7-9) であるかのどちらかである。(2) もし死が (a) 第一の選択肢の消滅というようなものであり、それはそれで「すばらしいもうけ」死は感覚を欠いた夢も見ない永遠の眠りのようなものであり、(3) 他方、もし死によって魂

*28

が何か（b）「移動と移住」のようなことを行うなら、そして、もしさまざまの不特定な「言われている事柄」（τὰ λεγόμενα/ta legomena [40e5-6]）が真であるなら、(c) 人はハデスに到着し、その住人たちと交わることになる。その住人たちには、偉大な裁判官、詩人、英雄たちが含まれている。そのような者たちに会って会話をかわすことは――そしてとりわけ、彼らとエレンコスによる相互吟味を行うことは――「とほうもない幸福」（ἀμήχανον εὐδαιμονίας/améchanon eudaimonias [41c3-4]）であろうとソクラテスは考える。(4) こうして、死は悪ではなく、善であるとソクラテスは結論するのである（『パイドン』84e-85b 参照）。

5・1・3 いくつかの反論と答え

それほど驚くべきことではないが、このソクラテスの考察は――厳格な議論の試みとして理解されるとき――多くの研究者から不十分なものとみなされてきた。[*30] 第一に、消滅という選択肢（a）は真面目に意図されているものではありえないと考えられてきた。その理由とされるのは、夢のない眠りを快適なものとするものは目覚めのときに人がもつ知覚ではないか（そして、知覚なしには快楽はない）ということである。[*31] しかしながら、これに対する答えは単純である。消滅としての死が善であるためには、それはなんらかの種類の積極的な感覚を伴わなければならないとソクラテスは考えなかった。むしろ彼は、われわれの生の大部分を満たしている出来事と比較して、死は――夢のない眠りをモデルとして――比較的厄介がなく、それゆえ、相対的な意味で（実質的にわれわれすべてにとって）「すばらしいもうけ」であると考えたのだ。[*32] また、快苦のような正反対の事柄を余すところのない選択肢として扱うことは、ソクラテスの

314

議論に典型的に見られるものである。ここでは、苦痛を伴わない消滅は快楽とみなされているのである。そして、（ソクラテスが認識しているように [40d-e]、他の人々は永遠の無意識にたいする彼の積極的評価を共有しないかもしれないが、）それが彼の見解を無意味なものとすることはない。逆に、それは民間に広く普及していた古代ギリシア的感情の陰鬱な性格に合致しており、ソクラテスはアポロン的伝統と完全に一致する。その伝統においては、死すべき者どもが神のもつ不死を期待するのは不敬虔であり、傲慢であるとみなされる（『ソクラテスの弁明』23a 参照）。

次の反論にはもっと有効性がある。ソクラテスは二つの選択肢によって死後の可能性のすべてを尽くしていると考えているが、これには正当化が欠けているとみる者がいる。実際には、死がなんらかの種類の場所への移住であるとしても、不愉快な終末論的可能性はいくらでも想像できる（たとえば、ティテュオスのようにハゲワシに肝をかじられるとか『オデュッセイア』11. 575-581、シシュフォスに並んで永遠に岩を転がすというような『オデュッセイア』11. 593-600 場所）。だから、ホメロスが示唆するように『オデュッセイア』11. 476, 488-491)、この世で送った生はたとえ奴隷としての生であったとしても、ハデスにおける生よりも望ましいかもしれない。しかし、この「誤謬推論」はあまりに明白であり、ソクラテスにそれを帰するのはためらわれる。事実、テキストを詳細に読めば、この反論には混同があることがわかる。それは、第二の選択肢（b）をなんらかの種類の「場所の移動」（40c7-9) とするソクラテスの最初の不明瞭な定式化と、後に（3）において「言われている事柄」（τὰ λεγόμενα/ta legomena）を用いてなされるその移動の詳述（40e4-41c8）とを混同している。議論の最初では、ソクラテスは死が消滅であるか、有名な死者と対話する永遠の生であるかのどちらかでしかありえないとは主張していない。むしろ、ジョージ・ルードブッシュが示したように、排他的な選択肢として提出されているのは、（a）

消滅と（b）「場所の移動」であり、これらはたしかに包括的であるように見える。[37] 反省深い人ならだれでもそうだが、ソクラテスも身体の損傷と意識の損傷の間の対応関係（たとえば、頭部への打撃や強い酒の摂取によるもの）に気づいただろう。彼がこの対応関係から、極度の身体的な損傷を結果するかもしれない、という想定を引き出したのは十分ありえると思われる。意識の永久的で完全な停止は「無であること」に等しい。しかし、死がこのようなものでないとしたら、魂は完全には滅ばないことになるが、身体は明らかに滅ぶ。それゆえ、魂はなんらかの意味で「場所の移動」をするのでなければならない。[38]

ソクラテスの議論は死が善きものであるという、可能性の高い――確実ではない――真理を証明し確立することに向けられているのだが、そこで用いられている前提は、もっとも可能性が高く、希望をもたらし、一般に受け入れられているとソクラテスがみなす二つの選択肢であり、それをソクラテスが友好的な陪審員たちを慰めるのに用いたのである。特に注意しなければならないのは、ソクラテスが移住という、より楽観的な二つ目の選択肢（3）の説明を行うとき、彼は注意深くその詳細の源泉を民間の物語に位置付け（40c7, 40e5-6, 41c7.『メネクセノス』235c.『国家』330d-331a）、それが正確に真であることへの同意を、用心深く差し控えていることである（41c6-7）。こうして、ソクラテスは陪審員たちに死が善であるという慰めと「大きな希望」（40c4）を――実際そう確信することへの理由さえ――与えていると理解されなければならないが、死後の事柄についての確定的な説明を与えるわけではないのである。いずれにしても、魂の不死性について彼が不可知論者であったことは、まったく動かない。[39]

ソクラテスは移住という二つ目の選択肢を「言われている事柄」(τὰ λεγόμενα/ta legomena [40c7-9])に訴えて説明する（3c）。もし死が移住であって消滅ではないならば、これらの物語の少なくとも骨子に

あたるものは真であることが明らかになるだろうとソクラテスは確信していた。[40] ここでソクラテスは、前五世紀のアテネで流布していた死後の生に関する比較的悲観的な物語要素のいくつかを持ち出してそれを支持し、ホメロスに見られる比較的楽観的な物語要素のいくつかを取り上げることはしない。ホメロスにおける移住の描写では、人の死後に残るのはプシューケー (ψυχή/psuchē) であるが、プシューケー (ψυχή/psuchē) はソクラテスによって考えられているものとは大きく異なる。それは一種の霊的な像 (εἴδωλον/eidōlon) であり、感覚、思考、生命エネルギーをもたない。[41] 犠牲の血を飲んだ後、これらのプシューケー (ψυχαί/psuchai) は自分を思い出し、話を始めることがあるが、そうでなければ影のように、あるいは、洞窟の中で鳴き声をあげるコウモリのように飛びまわるだけである。[42] こうして、ソクラテスはむしろエーリュシオンの牧場、ラダマンテュスの領域の伝承に耳を傾けているのである。そこでは、メネラオスが喜ばしい気候の中で、愛するヘレネを傍らに置き「もっとも容易な生」を送る(『オデュッセイア』4.561-569)。

しかし彼は、あらゆる面で善き神の概念と、また、社会階級の区別を破壊する徳の概念をもっていたのであって、それに応じて彼はこの非常に例外的な運命をすべての死者へと(単に不正を受けたり特別の形の死者ではなく)気前よく拡張する。そしてまた彼は、偉大で有名な死者たちをテストすることで、自分が神から受けたエレンコスの吟味の仕事を継続するという、純粋にソクラテス的な希望を付け加える。そして、幸運なことにそこでは、エレンコスの行使は死に値する罪ではありえないと彼は指摘する(41c)。[43] これが死の結果であるなら、これより大きな善がありうるだろうか、とソクラテスは問う(『ソクラテスの弁明』40e4-7)。[44]

しかし、ソクラテスはこの仮説的な移住の説明がおそらく真であることを、そのおおまかな実質についてでさえ、はっきりと根拠づけることはどこでもしていない。どのようにして彼は、これほど気前のよい

想定をすることができたのだろうか。もし死が移住なら、われわれは幸福な岸辺に行くのであって、ホメロスの陰湿な地獄の洞に行くのではない、と。いまや最善の説明が何であるかは明らかである。つまり、移住についての自分の描写が、概ね正確であるというソクラテスの確信は、神々は完全に善きものであるという彼のゆるぎない確信に由来すると考えるのが最善の説明である（これはまた、善き人の運命は「神々にとってどうでもよいことではない」「ソクラテスの弁明」41d1-2」という彼の主張をも根拠づける）[*45]。たしかにこの原理は、『ソクラテスの弁明』40e4-7以下でソクラテスが与える、ハデスについての明白に思弁的な詳細のすべてを生じさせることはないだろう。しかし、エレンコスの吟味が神から命じられた活動であり、想像しうる最大の善であるという彼の見解を考慮すれば[*46]、もし死が魂の旅、すべての死者が集まる「場所」への旅であるなら、継続した意識、自己同一性、その他エレンコスの継続した実践がもたらす有益な快楽にとって必要なものすべてを、ソクラテスがそこで享受するだろうということに対して、神の善性はもっともな保証を与えると思われる（『パイドン』63b-c 参照）[*47]。

これらの事柄が考慮されるにもかかわらず、ソクラテスの行うハデスの描写は、死と和解する一般的な理由を与えるものであるとはこれまで受け取られて来なかった。それはむしろ、ソクラテスとその他道徳的の向上に献身した人々にのみ許される、永遠の休暇旅行を描くのだと見なされてきた[*48]。結局のところ、もし死がソクラテスのエレンコスによって永遠に捕えられることを意味するなら、「友好的な陪審員たち」のうちのどれだけがそれを全面的な善であると判断しただろうか。さらに、彼が死後の世界に配置する有徳な審判者たちに対して（『ソクラテスの弁明』41a3-4）ソクラテスはなにも恐れるところはなかったかもしれないが、陪審員のうちで徳において劣る者たちの何人かは、それを恐れたかもしれない[*49]。しかし、そういう考慮はまったくソクラテスの論点ではない。ソクラテスの論点は、すべての陪審員を慰めるべき

理由を自分が与えたということである。彼の見解では、害悪を与えるのは決して正しいことではないと単純に言えるのであって、それゆえ、完全に正しい神々と審判者たちからは、完全に害のない判決を（それがどれほど苦痛であると思えたとしても）確信をもって期待してよいのである。そして、永遠のエレンコスのテストという脅威に関しては、すべての人が善と幸福な生をめざす限り、これはまさにすべての者が期待するべき——暗黙の信念という事で言えば実際に期待している——ものにほかならない。エレンコスを受ける者、行う者のどちらにとっても、たしかにその吟味の経験は、常に快適な（非ソクラテス的な「快楽」の意味において）ものと見なされるわけではないかもしれない。しかし、それが魂にもたらす向上は常に、快楽と見えるだけのものよりも、選ばれるべきなのである。ソクラテスは、そのようなエレンコスによる検査が死者を待つ運命であることを、われわれが確実性をもって知ることはできないことを認めるであろう。しかし、神々は善き者であるのだから、もし死が移住であるならば、その旅の最後にわれわれを待ち受けているものは、想像しうる最大の善と彼がみなすものと少なくとも同じ程度に大きい善でなければならない、と彼は確信することができた。*51

ソクラテスは第二の選択肢の素描の方に共感をもっているように見えるのは驚くべきことではない。ソクラテスは、その選択肢においては、死者のうちの知恵ある者、また、知恵の劣る者の中でのエレンコス行使という「考えられない程の幸福」が得られるとする。（たとえば、彼がこの選択肢により多くの時間を使っていることに注意せよ。）しかし、彼はまたこの選択肢がより可能性の高いものと考えているのだろうか。そして、死に直面して彼があきらかに平静であることを支えているのはその信念なのだろうか。というのも、ソクラテスの「言われている事柄」（τὰ λεγόμενα/ta legomena）の源泉は詩人たちであり、詩人たちは——ソクラテスの言うところでは——神にとりつかれたとき

には多くの立派で真なる事柄を言うことができるからである。また、これらの物語のいくつかが提供する死後の生の楽観的な描写は、まさしくソクラテスの考えた人間を愛する神々によって含意されるような種類のものであり、それはある程度エンドクサ（一般通念）の地位をもつものである。これらすべては、『クリトン』と『ゴルギアス』の先に言及された箇所と合わせて、ソクラテスが移住の方を、消滅よりも高い可能性に位置づけていたという見解を示す証拠となることは、否定しがたいように見える。

しかし、この証拠の一見した大きさにもかかわらず、われわれはそれへの同意を差し控えるべきである。ソクラテスは指摘していないが、永遠の消滅という第一の選択肢も、ソクラテスの語る移住と少なくとも同程度に「言われている事柄」(τὰ λεγόμενα/ta legomena) や大衆的信念の中に基礎をもっている。したがって、『パイドロス』229c-230a によれば、ソクラテスはしばしば慣習的な信念や神話の物語を（強い関与なしに）受け入れるけれども、この問題に関しては、彼が単純に「受け入れる」べき一つの安定した慣習的見解は存在しないように思われる。*54 いずれにしても、ソクラテス自身の説明する移住の選択肢は明らかにホメロスによる見解ではないし、また、──非常に高い可能性として──大多数のアテネ人たちの見解でもない。*55 ソクラテスはまた、詩人たち（と「大衆」）が、たとえ全員の意見が一致するときですら、つねに霊感を受けているわけではないことをよく知っている（『イオン』534d-535a 参照）。それに加えて、魂の運命について、ソクラテスは少なくとも楽観論よりも不可知論をとるべきであると思われる。というのも、ソクラテスが訴えることのできる経験的、あるいは概念的な証拠という点では、どちらの選択肢についても（特に移住というより魅力的な選択肢を彼や聴衆に許すものはほとんどないように見えるからである。これに関しては、どちらかの立場をとるべしという理性を越えたものの保証も皆無であったようである。もし何かあったなら、それについての言及がありそうなも

のであるが、ソクラテスは明らかに陪審員たちを慰めようとしながら、ダイモニオンの沈黙を死の善さの問題について大胆に使用していながら、ソクラテスはそうしてはいない。この問題についてのクセノフォンの沈黙も、ソクラテスの不可知論に有利な証拠となる。というのも、クセノフォンの描くソクラテスは、不死性を除いて魂に関するあらゆる話題について饒舌であるにもかかわらず、そして――意味深いことに――クセノフォンは彼にとってのもう一人の理想の人物、キュロスには問題なく不死性への信念を帰しているにもかかわらず(『キュロスの教育』8.17-22)、クセノフォンはこの点についてソクラテスを沈黙させているからである[*56]。

最後に、ソクラテスが善き神々、人間を愛する神々の存在を信じていたこと、また、彼が「生者でも死者でも、善き人には悪しきことは何もない」(41c9-d2)という原理を信じていたことが、不死性を認めることに彼を導いたと考えねばならない理由はない。魂は悪徳によってのみ害される――生きることではなく徳をもって生きることが肝心である(『ソクラテスの弁明』28d-29b, 30c-d, 31c-32d, 『クリトン』47e-48

b. 『エウテュデモス』288e-289b. 『ゴルギアス』511b-512d 参照)――とソクラテスは主張する。消滅としての死は悪徳も徳も(無知も)促進することはなく、それらをもつことから経験の主体を単に解除するだけであるから、この種の死ですら魂にとっては(ソクラテスの意味での)害悪ではない[*57]。ソクラテスは陪審員の多くがそうは考えないことを認める。彼らは死滅が恐ろしい運命、悪しき運命であると考えるのである(30d)。しかしそう考えることで彼らは、ソクラテスの原理に反して、生を引き延ばすことそのものが絶対的な価値をもち、そして、殺されることが最大の悪であると想定していることになる。しかし、ソクラテスはこの点に関してはきわめて明確である。殺すことが悪なのではなく、不正に殺すことが悪なのである(30d)[*58]。

移住がそれでもより可能性の高い選択肢である、とソクラテスが考えていた証拠とされるテキストも決定的ではない。『クリトン』54a-c は証拠としては疑わしい。というのも、そこで魂の移住を想定して語るのは、ソクラテス自身ではなく、擬人化されたアテネの法だからである。たしかに、この想像上のアテネの代理人（法）が勧める実践的決断に、——それは政治哲学とさえ呼べるかもしれない——ソクラテスは部分的に、あるいは全面的に同意するかもしれない。しかし、それはアテネの現実の法や法律システムと同一であるとは考えられないし、大衆の意見を完全に反映しているとも考えられない。それが死後の審判とハデスにおける「兄弟（の法）」に言及することは、ソクラテス（あるいはプラトン）が法を正当化して正真正銘のアテネの市民の声とするための装置以上のものであると考えるのが (46b-50a)、正義についてのソクラテスの観点ではなく、「大衆」のそれが持ち出されていることにも注意しなければならない。*60 また、ソクラテスは法が（不正な行動を命じることによって [50c1-6, 51e7]）誤りを犯す可能性をはっきりと認識している。それゆえ、彼が法に語らせることに確信をもっているとはかぎらない。最後に、ソクラテスが法の「権威」に基づいて、魂が何であるかははっきりとわからないと認めているからであうのも、彼は先行するテキストの中で、魂が移住するとみなしたとは考えにくい。という (47e8.『饗宴』218a3 参照)。*61 ソクラテスは法が違法な死者を歓迎しないことを聞いたように思う (δοκῶ ἀκούειν/dokō akouein [54d2-3]) のであるが、このことについての彼の見解全体は確定するのが困難であると思われる。*62

『ゴルギアス』の末尾 (523a-527e) で、ソクラテスは終末論的ミュートスを積極的に展開している。移住が魂の運命としてもっとも可能性が高い、というのが彼自身の見解であることの証拠として、これはもっとも有効なものであるが、ここでも疑いを差しはさむ理由が十分ある。*63 第一に、『ゴルギアス』よりも

322

『ソクラテスの弁明』の方が、ソクラテスの見解の信頼できる情報源であると考える独立した理由がある。だから、二つが一致しないときには、『ソクラテスの弁明』の証拠の方をとらなければならない。ここで扱っている問題についてはたしかに二つは一致しない。もし『ゴルギアス』のソクラテスの最後の部分がソクラテス自身による不死性の主張を表現すると受け取るなら、『ソクラテスの弁明』において、ソクラテスが死後の二つの選択肢を提出するとみなさざるをえない。なぜなら、『ソクラテスの弁明』のソクラテスの見解は、ありえないほど人を欺く、非合理的な人物であるとみなさざるをえない。なぜなら、『ソクラテスの弁明』のソクラテスの見解は、文脈上の修辞的効果から考えて、両者には等しい可能性が与えられるべきであるということが示されているからである。結局のところ、もし可能性が等しくないと——そのような評価がはらむ困難にもかかわらず——ソクラテスが判断していたのなら、それについて何かが言われていてもよさそうなものである。少なくとも彼が慰めようとしている陪審員たちの大多数は、どちらにより大きい慰めを見いだしただろうか。示された二つの可能性のうちで移住の方が可能性が高い、というのがソクラテス自身の判断であるということを明かした方が、彼が実際に行っている議論よりも大きい慰めとなっただろう。さらに、もしソクラテスがこのような重大な道徳的意味をもつ問題について、逆のことを信じていながら同等の可能性があるという印象を与えようとしたとすれば、彼はさまざまな法的、道徳的義務を侵犯している危険がある。というのも、少なくとも『ソクラテスの弁明』の文脈では——真実を語る義務、魂の世話を促進する義務、陪審員たちから「何もかくすことはしない」義務があるからである（『ソクラテスの弁明』24a参照）[*64][*65]。最後に、もしソクラテスがそれでも移住の方が消滅よりも可能性が高いという、『ソクラテスの弁明』では表明されず、ただ『ゴルギアス』で初めて現れる判断をもっていたのなら、われわれは次のように想定しなければならなくなる。

つまり、ソクラテスはきわめて驚くべき形而上学的想定をもっていたのだが、彼はそれを宣言はしていないるけれども、どこでも証明はしていないと、そういうふうに描写するのがプラトンの意図である、と。*66 しかし、この筋書きはソクラテスの理性的正当化へのよく知られた献身と相容れないであろう。*67 後にプラトンが、『パイドン』、『国家』、『パイドロス』において、魂の不死の信念に対する彼の理由を詳述するときには、彼はその話題に関してはなにも隠すところはない(あるいは彼がそれを知らなかった)というのはありそうもないと思われる。ここから私は、『ゴルギアス』の移住のミュートスは、ソクラテスの終末論というよりは、プラトンの付加であると理解するべきだと提案する。*69

この他にも、この見解をとるより間接的な理由がいくつかある。もっとも明らかな懸念としては、『パイドン』と『国家』も、『ゴルギアス』と同様に終末論的な結びの部分をもっていて、そこではやはり魂の不死が想定されていることである。しかし、両者はともに中期対話篇であり、そこで表明されているのはプラトンの思想であってソクラテスの思想ではない。たしかに、『ゴルギアス』のミュートスは他の二つのミュートス(と『パイドン』のそれ)と違って転生の可能性については沈黙している。しかし、『ゴルギアス』でのソクラテスは、プラトンの終末論とそのオルフェウス教的、ピュタゴラス的源泉に特徴的な要素を数多く受け入れていると思われる。(たとえば、「生は死であり、死は生である」こと、身体は墓であること、死者は罰を受けること [『ゴルギアス』492e-494a, 『パイドン』61e-62c, 81d, 82e, 92a, 114b,『クラテュロス』400c,『ティマイオス』44b参照]。)だから、そこで示されているのはプラトンのではなく——魂論なのである。*70 また、『ゴルギアス』と『パイドン』や『国家』との結び付きは、この三つの対話篇はすべてソクラテスの仲間たちを同様に描写しているという事実によっても

324

結びつく。そこで描かれているソクラテスの仲間たち——彼らはソクラテスの見解をよく知っていたはずであるが——は、ソクラテスが魂の不死を信じていることを聞いて懐疑的になり、かつ/またはショックを受けるのであるが(『ゴルギアス』523a、『パイドン』70a-b、『国家』608d)、これは一つの文学的手法として簡単に説明できる。それは、われわれが出会うのは、ソクラテスではなく、「中期対話篇の形而上学の語り手ソクラテス」であること示す合図なのである。『ゴルギアス』では、(身体ではなく)魂は善に依存しない欲望をもっていて、徳と調和をもつ人々の場合にはそれは抑制されるという見解が見られるが(491d-e, 503d-507e)、これは初期対話篇の知性主義的な道徳的魂論(そこでは徳は知識と同定される)——ならびに上で展開されたソクラテス的な魂の説明——とは符合しない。それはむしろ『国家』の魂論の予兆である(たとえば、『国家』439e-440b)[*72]。最後に、『ゴルギアス』のソクラテスとはちがって、『ソクラテスの弁明』のソクラテスは、死後の罰については、そのような罰の可能性が当時のアテネ人たちに広く認められていたにもかかわらず、何も語らない[*73]。

この最後の対比はさらなる検討に値する。『ソクラテスの弁明』のソクラテスは、彼の行為の結果としての死をいかなるしかたでも顧慮しないと主張する。彼の顧慮するのはただ不正を避けることに尽きると言うのが彼の主張である(28b5-9, 32d1-3)。ここでも他の箇所と同じように、徳の生を追求する動機として、外的な、死後にかかわるものの痕跡はほとんどない。人の生を引き延ばすことは、それがその人の幸福と善に貢献するかぎりにおいてのみ重要なのである(『ソクラテスの弁明』28d-29b, 31c-32c、そして特に『エウテュデモス』288e-289b)[*74]。さらに、『ソクラテスの弁明』で言及される死後の審判者たちが、死者に対して彼らの以前の生に基づいて審判を下すということを示すものは何もない[*75]。それに対して、『パイドン』─『国家』的な死後の報酬という主題を導入する。それは、われ

われの地上での存在の期間において、徳ある行動に対して付加的な、外的な動機を与える一つの方法として導入される。[*76]とりわけ注意すべきなのは、そこで「ソクラテス」は、思慮ある人々は死ぬことをではなく、悪をなすことを恐れるのであって、その恐れの理由は、悪をなした者に死後の生で課される苦痛と苦悶であると言っていることである (522e1-6)。このエンドクサ的(通念的)信念を支持することで「ソクラテス」が示そうとしているのは、徳を追求する動機として自分自身や他人に与えられるものについての熟慮だけでなく、死後の生についての付加的な顧慮によるものがあるということなのである。後者の顧慮がかかわるのは、いかにして死後における最善の運命を確保できるかであり、とりわけ、悪をなした者のうち、治癒可能な者、治癒不可能な者の両者が受ける恐ろしい苦しみを避けることなのである (524a-527a、とりわけ 525b)。これは道徳的魂論における転換をはっきりと示していると私は考える。つまり、初期対話篇のソクラテス的知性主義から、プラトンの与えたより複雑な説明への転換である。後者においては、徳をそれ自体として追求することがまだできない者たちの場合に、苦痛と快楽を用いて彼らを有徳な行為へと非知性的に誘導する意図が見られる。[*77]また、『ゴルギアス』では死を恐れること（すなわち、死後の罰を恐れること）が理性的であると認められているのにたいして、『ソクラテスの弁明』では死の恐れが分析され拒絶されるが (29a4-b6)、この二つを折り合わせるのは解釈上無理がある。したがって、『ゴルギアス』のミュートスは、魂の死後の運命についてのプラトンの説明の証拠になるだけであって、ソクラテスのそれの証拠にはならないとするべきである。[*78]

以上すべてからの結果は単純である。ソクラテスが魂の不死性を支持していたという一般に受け入れられている見解は捨てて、この点に関しては判断を保留しなければならない。しかし、どちらかをとらねば

ならないとすれば、『ソクラテスの弁明』の主張が尊重されるべきこと、そこでの終末論のディレンマの修辞的含意、形而上学的問題に関するソクラテスの一般的な認識論的謙虚さから考えて、ソクラテス自身は魂の不死性については不可知論者であったという見解に少しばかり傾くのが妥当であると私は考える。この方針をとることにおいて、私は少なくとも次のことを示した。すなわち、ソクラテスに根拠のない単なる望みではなく、理性的正当化を帰することがどのようにして可能かということである。その理性的正当化は、死後の事柄について楽観的な態度をとる方に向けて彼が提出する、二つのもっとも可能性の高い選択肢によって与えられる。*80 エレンコスの使命を追求するという「想像できないほどの幸福」を、これまで出会ったことのないもっとも才能にあふれた聴衆に対して、継続できるかもしれない未知の世界が待っていることが、彼の熱烈な希望であったことは確かである。しかし、希望以上のものを提出する危険が彼は──少なくとも『ソクラテスの弁明』では──冒さない。なぜなら、そうすることは「もっとも非難されるべき無知」であるからである。それは、移住という幸福な筋書きを、もう一つのより地味な選択肢よりも、有望であると考えるのに十分な理性的根拠がある、と想定することだからである。むしろ、ソクラテスが勧告するのは、重要であると確信できる事柄にわれわれは注意を向けなければならないということであり、それは、それほどエーリュシオン（楽園）的でない世界において今、ここでわれわれの魂を向上させることなのである。*81

5・2　宇宙論、道徳的神学、そして、ソクラテスの神々

われわれの見たところでは、ソクラテスの宗教の基盤は「ソクラテスの改革」である。すなわち、ホメ

327　第五章 ソクラテスの宗教

ロスの神々を道徳的に浄化し、好ましくないさまざまな神々を解放することである。それらの特徴によって、ホメロスの神々はわれわれ不完全な人間の模範となるには、完全さの程度が落ちる者となってしまっている。その結果、ソクラテスの神々は完全に善き存在であって、人間に対して全面的に好意的で配慮する態度を示す（『ソクラテスの弁明』41c9-d2、『エウテュフロン』14e-15a、『ゴルギアス』508a）。さらに、ソクラテスが神々の最高の知恵、知識、能力を肯定したことには証拠がある。

しかし、この「改革」道徳神学によって、クセノフォンが『ソクラテスの思い出』の中で彼に帰しているような種類の革新的な目的論的宇宙論と弁神論に、ソクラテスが直接巻き込まれるというわけではない（1.4.1-19, 4.3.1-18、セクストス『学者論駁』9.92-94 参照）。そこで見出されるのは、とりわけ、全知汎在の神の存在することを論じるソクラテスである。その神は、秩序ある美しい宇宙――とりわけ、われわれ人間の必要と欲求を満たすのに適している宇宙――の創造者であり、われわれの心がわれわれの身体を支配しているのと類比的なやり方で、今もその宇宙を支配している創造者である（1.4.2-18, 4.3.3-8 参照）。

多くの研究者たちは――もっとも最近ではグレゴリー・ヴラストスが――ソクラテスが実際にクセノフォンが示唆するような「目的論的宇宙論に手を出した者」であったことを否定する。（というのも、「彼の［ソクラテスの］倫理学への没頭を考えれば、自然神学を彼が生み出したはずはない」から、というわけである。）ここでは本書の研究目的にかかわる範囲内で、クセノフォンの目的論的議論を手短に説明し、評価するにとどめる。そこでひとまず、その議論の起源についての懸念は脇に置いて、その議論の哲学的価値だけに話題をしぼりたい。しかし、その後、クセノフォンのソクラテス像をある程度信じる理由があると論じたい。

328

5・2・1　ソクラテスの神の存在証明

『ソクラテスの思い出』に含まれる主要な目的論的議論は次のような議論である。宇宙にある個々のものは、知的な設計（γνώμη/gnômê）の所産であるか、単なる盲目の偶然（τύχη/tuchê）の所産であるかのどちらかである。ところが、人間は明らかに知的な設計の所産である。したがって、巨大な知識と力をもつ神が存在する、それも（さらに）「愛をもち知恵のある創造者［δημιουργός/dêmiourgos］」である神が存在する、と考えなければならない（1.4.2-7; 4.3.1-18参照）。さらに、この議論を補強するいくつかの付加的な考察が与えられている。第一に、目に見えない、質量をもたない人間精神（精神［νοῦς/nous］＝魂［ψυχή/psuchê］）が人間の身体の中に宿っており、その身体に命令を与え、目的へと導いている。しかし、宇宙にある無限に多くの秩序ある物体を構成している（土や水といった）要素のすべてを、われわれの身体は分けもっている。だから、宇宙が——これらの要素をはるかにより多く所有していながら——われわれのもっている精神という一つの要素だけは欠いている、というのはとてもありそうもない。実際、すべての物体の中でわれわれの身体だけが、何らかの仕方で精神を「拾い集める」というのは、単にありそうもないだけではなく、信じられない「幸運（εὐτύχημα/eutuchêma）」としか言いようがない。また、宇宙がわれわれと類似の知性をそれ自体がもつことなしに、こういった秩序ある活動を示しうるというのはまったくありそうもない（1.4.8,『ピレボス』29a-30e）。*[87] そういった宇宙の知性は直接目に見えないではないかという反論に対してソクラテスは、われわれも同じように自分たち自身の魂を（そして他人の魂を、と彼が付け加えてもよかっただろう）目に見えるかたちで観察できないでは

ないか、と指摘する（1.4.9, 4.3.13-14.『キュロスの教育』8.7.17参照）。目的をもち、導く働きをもつ知性をものごとに帰する必要条件の一つが目に見えるということであるならば、われわれ（や他人）も何一つとして企図をもってなすことはなく、すべてを偶然によってなすのだということになってしまうだろう。次にソクラテスは、デミウルゴス（創造神）はあまりに偉大（μεγαλοπρεπέστερον/megaloprepesteron）であるから、われわれの必要や、われわれが宗教的儀式で神に働きかけようとする試みには関心を払わないのではないか、という反論に答える。ソクラテスが提供する一連の考察が明らかにしようとするのは、宇宙は人間を愛し、人間に奉仕する設計をもつこと、そしてそこから、その創造者は摂理的愛をもつことである（1.4.10-19; 4.3.2-14 参照）。これに付け加えることとして、神々がわれわれを助けたり、われわれの邪魔をしたりすることがあるという古来の信念——これは最も考え深い人々、最も賢い人々、最も永続的な国々のもつ信念である——は、もしそれが偽ならば、すでに今までの間に偽りであると暴かれているはずだろう（1.4.15-17）。むしろ、この信念は創造者（δημιουργός/dēmiourgos）によってわれわれに植え付けられた（ἐμφύειν/emphuein）ものである、と説明する方がよい（『ソクラテスの思い出』1.4.16; 1.4.7参照）。

これらの付加的な事柄は、根拠として大きいものではないので検討は省略し、テキストで与えられている主要な議論（『ソクラテスの思い出』1.4.2-7）に話題をしぼりたい。さて、その議論は——いくぶん解釈を加えた整理を施すならば——以下のような形式的構造をもっていると考えられる。

1. 明らかに目的性をもつ（ὠφέλια/ōphelia；すなわち技術［τέχνη/technē］の所産である（そして単なる盲目な運（τύ-

χη/tuchē）の所産ではない）。

2. 人間（ならびに、生きているもの生きていないものの両方を含めて、その他宇宙に含まれるもの）は「配慮の標識」（προνοητικῶs/pronoētikōs）を呈示している（1.4.6）。たとえば、目はまぶたとまつげで保護されているし、歯は切るのに適切な形をしているし、肛門は鼻から遠くに引き離されている。*89

3. 「配慮の標識」を呈示するものは明らかに目的性をもつ。

4. ゆえに、人間は知性の設計の所産である。

5. 知性の設計の所産であるものの存在は、知性をもつ設計者、創造者な知性と力を所有している者．1.4.2-4参照）の存在を含意する。

6. ゆえに、宇宙を創った知性をもつ設計者、創造者が存在する。

すべての事情を考慮に入れても、これはクセノフォンのテキストの中に――あるいは同じことであるが前四世紀のテキストの中に――見出される哲学的思想の一片としては、相当に印象深いものである。というのも、この議論は古典的な、設計による神の存在証明であり、しかも単なるそれの原型ではなく、その完全版に近いものであるからである。*90 たしかに、この議論の骨子とそれが示そうとする結論は――たとえそれが本当にソクラテスのものであったとしても――おそらくソクラテスのオリジナルな思想ではないであろう。しかし、彼が実際にこの議論を支持し、それに何らかの洗練化を加えたと想定することは、彼の哲学の内容と少なくとも整合的である。*91 そして、この議論が招いた多くの辛辣な批判にもかかわらず（あまりによく知られたものなので、ここでその全リストをあげるには及ばない）、現代に至るまでのこの議

論の変形版は、もともとの議論の全体的な戦略と構造にほとんど新たに付け加えるところはなかったのである。*92

当然ながら、物理法則と進化のメカニズムについてわれわれが現在もっている理解からすれば、（1）が真であること、ならびに、知性の設計と偶然という単純な二分法が、これほどソクラテスに自明と思われたというのは奇妙に見える。しかし、これはそれほど愚かな考えではない。とりわけ、古代のニュートン以前の視点からすればそういえる。その視点は、（1）で利用されているカテゴリーを前提として認めていた。たとえば、アリストテレスは『自然学』第二巻第四-六章で、偶然と目的という対立カテゴリーの範囲内で議論を行っている。そこでは、魂をもたないものは偶然によって何かをなすことはできない（197b1-13）、とされる。対象に対しては偶然によって何かが起こる（あるいは何かが対象を産み出す）かもしれないが、——天の存在は何らかの意味で偶然によるかもしれない——それでも、自然および目的をもつ精神が宇宙全体の第一の原因なのである（198a5-13）。同じ区別は、われわれが物理法則（誰がその法を立てたのか）とか進化論的メカニズム（誰がそれを設計して製作したのか）とかについて語るときですら、暗に働いていると見ることもできよう。実際、そういう語りから、内的な本性や事物の「力」に関する目的論的な含意を駆逐してしまうだろう。そして、「自然法則」は外的な枠組を当てはめることであり、統計的な予測を表現するという現代のヒューム的な概念に歩調を合わせるなら——われわれの説明は再び、意識的な計画と一種の偶然（たとえば、偶然としての進化）という対立項のうちの一つを選択することへと、還元されてしまうように思われる。*93

しかし、ソクラテスは現代の多くの目的論的哲学者たちよりも、もっと大胆な神学者であることが判明する。テキストの中で彼が実際に奨励し受け入れる結論は、（6）で主張されている単なる創造者の存在

を超えるものである(1.4.7)。この称号は、当然ながら、厳密に言えばこの議論からは帰結しない。しかし、ソクラテスは後で、アリストデモスの「無関心なデミウルゴス」の想定に答える際に、これを支持する根拠を与えている。ここでも、われわれは単に設計されているだけではなく、他の被造物よりもわれわれが最大の利益を受けるように設計されているとソクラテスは言う。第一に、身体的なありかたの面で、われわれ人間は手段を目的に適応させる能力において、他の生き物よりも優れているのが観察される。たとえば、われわれの直立姿勢、手の多様な使用、言語の能力、季節に依存しない性的能力、われわれに与えられた種類の魂を宿すのに適した、知的で配慮のある計画を示すが、それがとりわけ顕著なのは、宇宙が人間の幸福を念頭において構成されているように見える点である(1.4.11-12, 13-14; 4.3.11参照)。加えて、物質的宇宙のその他の部分もまた、われわれ人間の(必然的な?)かよわさに由来する必要(とおそらく動物にとっての必要)に奉仕するように、摂理によって調整されているように思われる(4.3.2-14)。さらに、われわれの理性が未来を適切に予想できないときには、神々はわれわれを助けて予兆を送ってくれる(1.4.15, 18; 4.3.12参照)。第四巻の説明では、ソクラテスの神義論はきわめて寛大になり、——それゆえ、どうやら地震や暴君や疫病は忘れられている——彼は宇宙の中のすべてが「立派で善い」(4.3.13; 1.4.13参照)とさえ主張する。この目的論的な恵みの増大の中に捕えられて、エウテュデモス自身でさえ疑いの声をあげ始める。神々は人間に奉仕すること以外の仕事は何ももっていないのではないか、と(4.3.9)。

しかし、ソクラテスにとって、創造者が人間愛をもつことの印として最大のもの、もっとも雄弁にそれ

を語るものは、人間のもつ目に見えない、非物体的な魂の存在であった (1.4.13-14; 4.3.11-12, 14)。これは、われわれの存在領域における最善の (κράτιστος/kratistos) 種類の魂である。というのも、それは知覚、記憶、身体の支配、善きものを楽しむこと、理論的実践的推論、知識 (たとえば、神々についての知識、病気の治癒の仕方の知識、法の制定の仕方の知識) の能力をもつからである。これらすべての知識、病気の治癒の仕方の知識、法の制定の仕方の知識）の能力をもつからである。これらすべてから、そしてそれのもつ他の多くの能力から、また、それがこれまで宿ってきた種類の身体に宿ることのできる適応性から、宇宙にある他のどんなものよりも、人間の魂は「神的なものを分けもつ」(τοῦ θείου μετέ-χειν/tou theiou metechein [4.3.14; 1.4.13-14, 『アルキビアデス I』133c 参照] ことが見てとれる。*97

これらの事柄に基づいて——そして『ソクラテスの思い出』の第一巻第四章と第四巻第三章全体にちりばめられた証拠を用いて——ソクラテスの宇宙を創造する神については次のことだけは言うことができる。第一に、それと人間の魂の類比的関係 (たとえばどちらも目に見えない) から、ソクラテスのそれの概念は、人間の魂について彼らが理解したところから、推定されたものであるように思われる。*98

これによって、なぜ彼が創造神の精神的特徴に確信をもってたのかが説明できる。それは人間のもつ精神の特徴の (ほとんどとは言えないにしても) 多くを、徳の面で、あるいは、行為の面で完全なレベルにまで高められた形でもつのである。たとえば、この神は視覚、聴覚をはじめ、すべての事柄を一挙に知る包括的な知覚をもつことで、現在のことがらを完全に知っているし、あらゆる場所に存在することのできるわれわれの悪事すべて知っている (1.4.17-18)。この神はまた過去の事柄も知っている。それは未来についても十分な知識をもっていて、てを包括する神の記憶をもっているからである。また、それは未来についての信頼できる予兆を送る (クセノフォン『饗宴』4.47-49)。また、巨大な力がこの存在者にはあるとされなければならない。それの宇宙的立案を成就することができるのに十分*99

334

な力である（『饗宴』4.48）。最後に、人間から推測された性格づけからして、この神が欲求と感情の状態をもっとされているのは驚くべきことではない。クセノフォンのソクラテスは、たとえば宇宙が人間に奉仕するよう計画されていることが、この神の配慮と愛の証拠であると考えている。この神はまた快楽をももつ。というのも、ソクラテスは（自己の利益を計る）思慮分別を根拠にして、それとその他の神々を敬い崇拝するように勧めているからであり、これらの神々は服従と尊敬でもって自分たちを喜ばせる者に利益をもたらすのである（4.3.17）。[*100]

この全知、全能の神と他の神々との関係は全く不明のままである。ソクラテスはあるときには、この唯一の神だけがわれわれの創造とわれわれへの補助の責任者であるかのように語るが、その後すぐ、複数の神々が同じことをするように描写する（たとえば、1.4.10-11, 13-14, 18）。次に、彼はこの一つの神を「宇宙全体を秩序づけ、一つに保つ」（4.3.13）特別の神として特徴づけることによって、それを他の神々から区別するが、同時にまた、彼はその神を神々のすべての機能を果たすものとしても扱っている。一方でこのような奇妙な点があることに加えて、他方ではソクラテスがデルフォイのアポロンと複数のギリシアの神々を信じていることを認めるだろうということには証拠がある。この二つを折り合わせるために、われわれは次のように想像できるかもしれない。つまり、この創造神は最高の神であって、クセノファネスの「最大の唯一神」（DK 21 B23）のようなやり方で、より下位の神々の共同体を監督するのだ、と。あるいは、われわれは、ガスリーに従って次のように考えるかもしれない。つまり、複数の神々は単一の最高の神霊の現れである、という考えは当時はそれほど珍しくはなかったのであり、ソクラテスもこの考えを共有していたのだ、と。[*101]

5・2・2 いくつかの反論の考察

しかし、そろそろこの神への陶酔に冷水を浴びせる潮時が来ている。というのも、他のことに加えて、クセノフォンがソクラテスに帰する野心的で楽観的な目的論的推論は、プラトンの初期対話篇のどこにも明らかな形ではみられないものだからである。だから、この議論はソクラテスのものではなく、クセノフォンがソクラテスを弁護するという自分の目的を果たすために彼に押しつけたものにすぎない、と思われてもおかしくないし、実際何人かの著名な研究者たちもそう考えてきた。[102] しかし、この沈黙からの議論に加えて、そういった研究者たちは、クセノフォンの記述の信憑性を否定する積極的な証拠がさまざまなテキストの中に見られると考えている。[103] 第一に、アリストテレスによれば、ソクラテスが自分の哲学的精力を注いだのはもっぱら倫理の分野であって、彼は「倫理の問題に取り組み、自然全体の事柄については [τῆς ὅλης φύσεως/tēs holēs phuseōs] まったくかかわらなかった」(『形而上学』987b1-2. エウセビオス『福音の準備』XV. 62. 7 以下参照) と言われている。第二に、『ソクラテスの弁明』において、ソクラテスは自然哲学者たち(フュシオロゴイ)の自然学については、自分は「大にも小にも専門的知識をもっていない」し、「まったくなにもかかわりがない [οὐδὲν μέτεστιν/ouden metestin]」と言っている (19a8-d7, 18b-23e. 『パイドン』96a-99d 参照)。そして第三に、クセノフォン自身がソクラテスについて目的論的な記述をすることで矛盾しているようにさえ見える。というのも、クセノフォンはソクラテスについて「彼はまた、他のほとんどの人々とちがって、宇宙の本性について語ったことはなく、専門家たちがコスモスと呼ぶものの探求をしたり、天の出来事のそれぞれがどんな必然的原因を通して生成されるかを考察した

336

りはしなかった。そういうことをする人々は愚か者であることを彼は示して見せた」（『ソクラテスの思い出』1.1.11. ヴラストス訳）と書いているからである。*104

この争点は解決する価値がある。というのも、これらの反論と、それの根拠となっているテキスト上の解釈が克服されうるなら、その他の考慮事項から、『ソクラテスの思い出』の目的論的議論の箇所はソクラテス自身の思想を表す典拠として受け入れられる、という主張を正当化できるかもしれないからである。さらに、それが達成できれば、ソクラテスは神学の歴史で従来考えられてきたよりも重要な人物であり、プラトンがデミウルゴスを自分の哲学に導入したことに、主要な影響を及ぼしたのだと認められることになるかもしれない。*105 最後に、上で概観されたような種類の目的論的思想をソクラテスがもっていたことは、彼の思想の宗教的側面一般の理解のために、また、特に彼の試みたギリシア宗教の理性的改革の理解のために、重要な意味をもつことになるだろう。

そこでまず手始めに、クセノフォンから引かれた先のテキストが、実際には反目的論者の助けにはならないことを論じたい。というのは、それはクセノフォン自身が目的論的議論をソクラテスに長々と帰してることと相容れないだけではなく、文脈にそって注意深くそれを読むなら、クセノフォンの意図は別のところにあることがわかるからである。つまりここでは単に、風のような自然現象を説明するのに機械論的な、必然的な原因の概念を用いるような自然哲学者たちと、ソクラテスを同列にみなすことにクセノフォンは反対しているにすぎないのである。したがって、クセノフォンはソクラテスが文字通り宇宙についてのすべての議論を禁じたということを言おうとしているのではない。むしろ、彼が言おうとしているのは、宇宙の議論をする「他のほとんどの人々」とはちがって、ソクラテスは宇宙についての詳細な、機械論的な（したがって非目的論的な）理論づけにかかわることはなかった、ということであるように思われ

る。さらに、ほんの二、三行後で（1.1.16）、しかも、この箇所での論点と正確に同じ点を強調しながら、クセノフォンはソクラテスの会話は「常に人間の事柄について」のものであったと主張する。ところが、そこで彼がそれの最初の例としてあげているのは、「敬虔、不敬虔とは何か」というソクラテスの問いである。

しかし、ソクラテスがまさにその同じ問題を、『エウテュフロン』で議論する方向を見れば、その考察を有効に行うためには、神々の本性と、物事の秩序における神々の役割に関する必要がある、とソクラテスが考えていたことは明らかである。それはたとえば、宇宙における神々の「主要な仕事」（κεφάλαιον ἔργον/kephalaion ergon）の本性は何か（『エウテュフロン』13d-14c）、あるいは、[106]われわれはいかにして神々に益を与えることができるのかといった問題である（『エウテュフロン』14e-15a）。

『ソクラテスの弁明』の描写でも、ソクラテスは人間以外の領域に論及する話題について議論するのをまったくためらわない。とりわけ、彼をアテネに配置した神に関係する事柄がそれにあたる（たとえば、アポロンが偽りを言うのは掟［θέμις/themis］に反することを［『ソクラテスの弁明』21b］、また、本当に知恵があるのはアポロンであって彼ではないこと［『ソクラテスの弁明』23a］[107]をソクラテスは積極的に主張——そしてまちがいなくエレンコスによって擁護——しようとする。

このようにクセノフォンの言う意味は、ソクラテスの会話は常に広い意味で、「人間の事柄」についてのものであったと理解されなければならない。そういう会話には、神々と神々の仕事や合図をはじめとして、人間の生における有徳な行為についてのその他あらゆる事柄の吟味が含まれうる[108]。また、クセノフォンにおいてソクラテスが目的論的な議論を行うことになったもともとの動機は、まさにそのような実践的な関心であったことに注意しなければならない。すなわち、それはアリストデモスが祈りと供犠に対して敬意を欠いていることについてのソクラテスの懸念であった（1.4.2）。クセノフォンの発言が、ソクラ

テスからおそらく実際に取り除くものは、自然現象の物理的構造と原因の積極的な考察、あるいは、それについての専門知識の自認である。それは道徳哲学における最も重要な「人間の」問題を放置して、たとえば、太陽が神であるかそれとも単なる熱い石であるかを問うのに時間を費すことなのである(『ソクラテスの弁明』26d 参照)。したがって、このことはまた、『ソクラテスの弁明』で宇宙についての科学的知識をソクラテスが否認することが(『ソクラテスの弁明』19a8-d7)、彼の目的論的推論への従事に脅威を与えない理由を示す。すなわち彼の否認は、ものごとの原因として自然必然的、非目的論的、物理的な原因に依存する説明に最終的に帰着するような理論づけにのみ当てはまるのである(『パイドン』98b-99c、セクストス『学者論駁』7.190、アプレイオス『ソクラテスの神について』prol. II, p. 2, 11 以下参照)。

ここからわれわれは、アリストテレスの証言へと導かれる。クセノフォンの記述の真実性を疑う根拠としてそれを用いるには、アリストテレスの証言が正確であると想定しなければならないだけではなく、ソクラテスが二つの領域を区別していたことも想定しなければならない。すなわち、それは道徳の領域(「倫理的な問い」)と自然にかかわる領域全体(「全体としての自然」 τῆς ὅλης φύσεως/tês holês phuseós)との区別であり、それに基づけば、宇宙についての目的論的推論は常に後者のカテゴリーに属するとみなされるのだ、と。しかし、この二つ目の想定はソクラテスの思想とは縁遠いものであり、それゆえ、クセノフォンの目的論的記述に反対する最後の砦は崩れ去る。

第一に、ソクラテスは壮年期においては「自然全体」(すなわち、自然の物理的仕組みを含む全体)の探求を避け、ものごとの道徳的側面に注意を集中したかもしれないけれども、われわれの見たところでは、彼はそれでも道徳神学に従事することを少しもためらわない。彼は自分の哲学の方法論的、道徳的諸原理が普遍的であるとみなし、神々と神々の活動を単一の正義の概念の下に見ようとする(とりわけ『エウテ

ュフロン』6c-16a を見よ)。したがって、アリストテレスの報告は、ソクラテスが宇宙の道徳的な側面には興味をもったが、その機械論的な詳細は無視し、そうして「自然全体」を顧慮することはなかった、つまり、自然のもつすべての側面を説明することはなかった、という見方と矛盾しない。実際、アリストテレス自身が、クセノフォンに見られるような種類の目的論的な議論を、彼自身が好んだ種類の「物理的原因」論と対置し、前者を「倫理的な」議論、後者を物理的な議論とみなしたという可能性は高いとさえ思われる(彼は後者をより根本的なもの、すなわち、実体という自然の「第一の部分」にかかわるものとみなした[ここから『形而上学』第一二巻の第一動者の議論がなされる])。

次に、これはより重要なことであるが、クセノフォンのソクラテスは、自分の目的論的議論をより大きな道徳的議論の一部とみなしていることに注意しなければならない。すなわち、ソクラテスは彼の議論によって、単に宇宙が神の計画の所産であるということだけが確立されると考えているのではない。その計画は人間に奉仕するものであり、それゆえ最高の人間愛的意図をもった創造者の働きの所産でなければならない、と彼は論じる。そしてこの道徳的な考察から、ソクラテスは続いて、そのような摂理的配慮はわれわれの側に道徳的義務を作り出すのであり、その義務に従えばわれわれは神を敬わねばならず、たとえまわりに人がいなくても、不敬虔と悪徳を避けなければならない、と主張することができるのである(1.4.10, 18-19 [1.4.2 参照]. 4.3.2, 14-17 . また、われわれが国家に対して道徳的義務を負うことについては『クリトン』の議論を参照せよ)。たしかに、4.3.16 において、ソクラテスはエウテュデモスに、ただ供犠によるなだめによって神々を敬わなければならないという神々自身の指図を敬うように(そうして、神々がそのように敬われなければならないといっているだけであるのは、多少問題を残す。というのも、われわれがそこで同時に(あるいはそれに代って)勧めているのは、ソクラテスのエウテュデモスへの助言として予想するのは、エ

340

ウテュデモスが彼、ソクラテスと同じように神々を敬うこと、つまり、エレンコスによる哲学の実践を通じて自分の魂を向上させることだからである。*ⅲ

われわれが第三章でみたように、この懸念にはさまざまな複雑な問題が絡む。しかし、われわれの目的のためには、多くの緩和的要因に注意を払うことでそれに適切に対応することができる。第一に、ソクラテスはギリシアの宗教的伝統の形態を哲学的に作り直そうとしたのだが、その彼を伝統的な意味で敬虔な人物として描くことに、クセノフォンはたいへんな熱意をもっているという事情がある（たとえば、『ソクラテスの思い出』1.1.2での敬虔の過剰を見よ）。第二に、プラトンはソクラテスが大衆的な宗教的態度を保持していたことを、控え目に扱おうとする動機をもっていたという可能性がある。第三に、ソクラテスが現実に、伝統的な供犠は——神々を買収しようとするのではなく、神々を敬うという正しい動機でなされているなら——敬虔による奉仕の受容可能な様式である、と考えていたとする（テキスト上、概念上両方の）根拠をわれわれはもっている。第四に、上の箇所でソクラテスが「供犠」という言葉で指しているのは、彼にとって哲学的活動という形で表現されるような種類の供犠を含むと解釈できる可能性がある（また、目的論的議論の主要箇所では、伝統的な儀式ではなく、一般的な「奉仕」だけが奨励されていることにも注意せよ［1.4.18］）。最後に五番目として、忘れてならないのは、ここでの供犠への言及は、根本的な非伝統的な文脈の中に現れていることである。

これらがどうであるにしろ、私の先の議論からして、アリストテレスの証言は、クセノフォンで表現されているような類の宇宙についての目的論的推論と、完全に整合的であるように思われる。というのも、そこで問題となるのは神々の存在、神々の本性と道徳的性格、神々に対するわれわれの道徳的義務だからである。そして、ソクラテスのスケールそれは——厳密には——「倫理の問題」にかかわるからである。

の大きい目的論的議論を明示したのはクセノフォンであるかもしれないけれども、ソクラテスにそのような推論の傾向が存在していたことはプラトンの証言から確かめられる。第一に、初期対話篇の道徳理論が徹底して目的論的であることは明らかである。そこでは、どのようなものでもそれを理解するためには、それの目的や機能を理解しなければならない、と想定されている。結局のところ、技術との類比を用いて類比的／目的論的な仕方で推論することは、プラトンの（そしてクセノフォンの）ソクラテスにまさしく典型的である（『ゴルギアス』491a. 『ソクラテスの思い出』1. 2. 37）。そのような技術との類比が、神の事柄についてすすんで用いられている例さえ見出すことができる。『エウテュフロン』では、ソクラテスはエウテュフロンを「助けて」、もし敬虔が正義のうちの神々を世話する部分であるなら、それは神々を向上させるはずだということを理解させる (12e-13d)。また、ソクラテスは、神々は特定のエルゴン（仕事・所産）をもった神的な職人であって (13d-14c)、われわれはその神々からすべての善を受け取るのだと考えている (15a)。しかし、クセノフォンに見られる目的論的推論の種類には、これ以上のものはほとんどないことは確かである。その推論は、有益な目的が付与されている職人の作品（たとえば、扉）を、それと類比的に、同様の、知的に付与された目的をもっと思われる事物（たとえば、まぶた）と比較し、最後にこの種の類比的推論を宇宙にまで拡張する。実際、明らかだと思われるのは、『エウテュフロン』の職人としての神々は、自分たちのやろうとしていることに対して、クセノフォンのソクラテスがデミウルゴス (δημιουργός/dēmiourgos) に与えているような種類の先行する顧慮 (πρόνοια/pronoia) をもっていて、彼らは――同様な仕方で――われわれへの愛と、われわれが幸福であるようにという配慮からわれわれに善きものを与えてくれる者たちなのだ、ということである。*112 *113

ソクラテスが、道徳的でありかつ同時に宇宙論的であるような、そういう性格をもった目的論的なスタ

342

イルですすんで議論しようとしたことの最善の証拠は、『ゴルギアス』507e-508a に見られる。そこでソクラテスは、個人の幸福、あるいは、個人から構成される共同体全体の幸福には、欲望を制御する調和した秩序が必要であって、それは節制と正義によって与えられる、とはっきり論じている (503d-e での議論に言及して。『ニコマコス倫理学』第五巻第一章、第八巻第一章、第八巻第九章参照)。しかしそこでは、宇宙全体が神々と人間たちによって構成されている共同体であって、それゆえ、それ自体も節制と正義の徳によって支配されている、と言われている。まさしくこの理由から、賢者は宇宙を「世界秩序」と呼び、「無秩序」とは呼ばないのである*。この思考の線から次のような推論に至るのに必要なのは、ほんのわずかのステップにすぎないと思われる。宇宙の道徳的秩序は創造神によって与えられたものであって、その創造神はまた (『エウテュフロン』14e-15a と一致して) 宇宙を構成する諸対象自体がそれら自身の幸福という視点から秩序づけられることを保証する者であり、その秩序は人間の身体のようなものに具現されているのが見出されるのだ、という推論である*。このようにして、クセノフォンによって保存されている目的論的議論が、ある意味で政治的議論であるといえるのはなぜなのかを理解することさえできる。よく秩序づけられた人間の共同体の存在は、そういった秩序の必要条件であるものが存在することの証拠となる。すなわち、その必要条件にあたるものは立法者としての神であり、その神は自然の正義の原理を立て、また、人間に理性とコミュニケーションの必須の能力を与えることによって、慣習的な立法の基礎を提供するのである (特に『ソクラテスの思い出』4.3.12 と 4.4.19-25 を見よ。1.4.12、ヘラクレイトス『断片』DK B114, ソフォクレス『オイディプス王』863-872 参照)。

最後に、またこれらすべてから考えて、ソクラテスがクセノフォンが記述しているような種類の目的論的議論を試みたのは、当然予想されるべきことだと考えなければならない。その根拠は、——神の存在を

確信したアポロンの従者として――彼は（メロスのディアゴラスのような）ある種のソフィストたちの腐食性の無神論や、数を増やしつつあったアリストデモスに代表されるようなタイプの、宗教に無関心な若者たちに、積極的な哲学的なやり方で対応する必要を認めたであろう、ということである（『ソクラテスの思い出』1. 4. 2）。[117] したがって、ソクラテスは宇宙についてのすべての推論を拒絶するわけではなく、――『パイドン』96a-99c（とその後の箇所）が示すように――認識論的に傲慢な（「ソクラテスの思い出』1. 1. 11-13）、機械論的な種類の議論、すなわち、フュシオロゴイたち（自然哲学者たち）によって提唱されるような種類の議論だけを拒絶するのである。つまり、彼はフュシオロゴイたちの議論の主題（宇宙）についてのすべての推論を拒絶するのではなく、彼らがそれについて与えようと試みる種類の説明、すなわち、宇宙がこのようにあるのがどのようにしてかを説明しようとする――にもかかわらず、（目的論的説明によって）それがなぜかを説明しようとしない――ことを拒絶するのである。[118]

5・2・3　いくつかの外的証拠

とはいえ、クセノフォンが弁明過剰になるのが明白であること、また、プラトンが初期対話篇でソクラテスの目的論的神学についてはほぼ（『ゴルギアス』507e-508a を除けば）沈黙していることを考えれば、クセノフォンの目的論的証言は外的な証拠を相当必要とする。そういう外的な証拠があってはじめて、クセノフォンに見られる目的論をソクラテスに帰することに、われわれは研究者としての安心を――あるいは、少なくとも、プラトンの初期対話篇からソクラテスの見解を引き出す者たちに許される程度の安心を――それがいかなる程度であれ、得ることができる。私にはそういった証拠となる事項が、多数存在する

344

ように思われる。それらを一つにまとめれば、クセノフォンが目的論的神学をソクラテスに帰しているのを受容する方向に天秤が傾く。

1. 第一に、初期対話篇のソクラテスとクセノフォンの目的論の箇所に登場する人物との間には、哲学的に強い親近性が存在する。とりわけ、両者は人間の魂が比類なく貴重であると考えている(たとえば、『ソクラテスの弁明』30a-b、『クリトン』47e-48b)。『ソクラテスの思い出』の目的論的議論はまた、われわれにはほかの「貴重な贈り物」の世話をする義務があることを含意する。その贈り物とは、人間のもつどんなものよりも「神的なものを分けもつ」(1.4.13, 4.3.14)もの——すなわち魂——であり、それはプラトンのソクラテスもまた主張しつづけたものである(たとえば、『ソクラテスの弁明』29d-e, 30a-b、『クリトン』47c-48b)。最後に、クセノフォンとソクラテスの友情が長年にわたる複雑なものであったと信じる理由は大いにある。だから、クセノフォンがソクラテスの哲学的対話の要点を、正確に表現できる立場にあったと信じる理由が大いにあるわけであり、『ソクラテスの思い出』に見出されるものが、歴史上のソクラテスに忠実な描写であるとみなすのにはある程度の理由がある。

2. クセノフォンのソクラテスがもついくぶん非伝統的と思える見解も、すでに言及したプラトンのソクラテスの道徳神学と正確に呼応し、後者においては、神々は最高の知者であり、最高の力をもち、善のみをもたらし決して悪をもたらすことはない(たとえば、『ソクラテスの思い出』4.4.25 を見よ)。特に注意すべきなのは、プラトンの描くソクラテスの神々が——クセノフォンがソクラテスのものとする神と同じく——目的をもつということである。その目的は技術的な仕事であり、われわれ人間はそれを補助す

る。また、プラトンの描くソクラテスの神々は、われわれ人間を助け、育む欲望ももっている（たとえば、『ソクラテスの弁明』41d）[119]。

3. ソクラテスはまたクセノファネスの思想にも結びつけられる。彼らはどちらもホメロスの神殿の道徳的浄化を試みた。また、クセノファネスの積極的神学において見出されるのはまたしても単一の全知の神であり、その神は『ソクラテスの思い出』（1.4.17）の神と同じく、精神が身体を支配するように（他の神々を含む）宇宙を支配するのである（DK23, 24, 25, 26）（3・2・4節を見よ）[120]。

4. ソクラテスの弟子アンティステネスはあらゆる事柄においてソクラテスに従ったと主張する（『ギリシア哲学者列伝』6.2.8.『ソクラテスの思い出』3.11.17. クセノフォン『饗宴』4.43-44）。しかし、彼はまた当時の最も明らさまな一神論的神学の一つを表明する。たとえば、彼は『ノモス（法）』によれば多くの神々がいるが、自然においてはただ一つの神があるだけである」（フィロデモス『神について』7）と言う[121]。ソクラテスが一神論に好意的であったとすれば、それはクセノフォンが彼に帰しているようなある意味での一神論的議論と彼を結びつけることのもっともらしさを高めることになる。

5. プラトンは『ピレボス』（28c-30e）において、『ソクラテスの思い出』と驚くほど似た目的論的議論を、ソクラテスに語らせている（特に『ソクラテスの思い出』1.4.8と『ピレボス』30aを比較せよ）。たしかに、この対話篇がずっと後のものであることから、その証拠としての価値は値引きされなければな

346

らないが、そこでのソクラテスの主張は注目に値する。彼は、すべての賢者（πάντες γὰρ σοφοί/pantes gar sophoi）が、そして彼に先立つ人たち（οἱ πρόσθεν ἡμῶν/hoi prosthen hēmōn）が——それゆえ歴史上の人物ソクラテスも？——一致して、宇宙が宇宙の精神によってその秩序を与えられていると考えた、と主張する（28c、『法律』897b以下参照）。

当然ながら、このことは、なぜプラトンが初期対話篇で、そういった議論をソクラテスに帰することをしなかったのかという問題を再び提起する。この問題に満足いく答えを与えるのは不可能であると思われるが、次の事実はおそらく注意するに値するだろう。つまり、クセノフォンは『ソクラテスの思い出』の目的論的な箇所（1.4.1）を、ある対比を行うことで導入しているという事実である。その対比の一方の項は、自称知者たちをエレンコスによって吟味するというソクラテスの信念除去の公的な活動である。——ある者たちには、これは徳を育む方法としてはなかなか成功しないものだと言われている。——対比のもう一つの項は、親密な友人たちとの間で日常的に行われた積極的な信念喚起の議論である。ここでクセノフォンは、ソクラテスの目的論的な議論を、後者の積極的な、私的な会話の一例として提出しているのである。一方、初期対話篇におけるプラトンの興味の大部分は、エレンコスによって信念除去を行うソクラテスに、そして、さまざまな頑固な人物を相手にした一見実りのないように見える彼の格闘を描くことに向けられている。この興味が、積極的な、信念喚起の目的論的なソクラテスの側面を、プラトンが取り扱わなかったことの説明になるかもしれない。*12

他方において、ソクラテスの、計画による神の存在証明の議論は、クセノフォンによる偽造にすぎないという可能性を完全に排除することはできない。しかし、『ソクラテスの思い出』のこの目的論的な箇所以外の場所で、クセノフォンがソクラテスにこのような複雑な哲学的思想を帰する場合はすべて、そうい

った思想は直接プラトンに描写されているものであるか、あるいは、ソクラテスでないだれかに由来することが跡づけうるのであって、それ以外の事例は見当たらない。[123]

6. 次に、『アルキビアデスⅠ』の著者については懐疑的であるべき理由があるけれども、その著者はソクラテスに、『ソクラテスの思い出』の見解とかなり類似した見解を語らせるのが適切だと考えている。すなわち、われわれの魂の知識と思考にかかわる部分は、その同じ側面において神と似ている、という見解である（133c）。

7. 最後に、そして、最も重要なことだが、『パイドン』97b-98bと『クラテュロス』400aでは、秩序をあたえる宇宙の知性をアナクサゴラスが指定したことに、ソクラテスは非常に強く引き付けられたと言われている。[124] この二つの箇所はどちらも中期のテキストであるが、少なくとも『パイドン』のこの一節は強い伝記的性格をもっているし、その前後で展開されている中期対話篇の形而上学からは遊離したものと見ることができる。ここでソクラテスは、自然の出来事の説明としては目的論的なそれが、機械論的な、物質論的なそれよりも明らかに優っていると主張し、知性の方向づけの力が、これらの出来事を一つの最終的な目的の実現に向けて配列するのだという見解に共感を示す。ソクラテスは、自分がアナクサゴラスの書物の中に見つけるのを期待したものは、「なぜ地球は丸いのか」とか、「なぜすべてはこのようであるのか」といった個別的、一般的な問いの両方に答えることの助けとなるような種類の説明であった。彼が望んだのは、「原因」を一般的なものごとの個別的な、一般的な配列がいかにして全体としての善に貢献するかを、監督これらの説明が、ものごとの個別的な、一般的な配列がいかにして全体としての善に貢献するかを、監督

する知性の提供する秩序に言及することによって、われわれに理解させてくれることであった。しかし、『パイドン』のソクラテスが好む説明の方式は、まさに『ソクラテスの思い出』のソクラテスが与えるものと同じである。後者のソクラテスは、個別的なものが——われわれのまぶたのような——いかにして全体としての善に貢献するかを(すなわち、まぶたはわれわれの目を保護し、そうすることでわれわれが善い視覚をもつことを容易にし、それがおそらく宇宙を秩序づけるという神の仕事をわれわれが助けることになる [1.4.6])、さまざまな形で説明しようとする。このように、プラトンのソクラテスとクセノフォンのソクラテスをつなぐ共通の糸として目的論的議論が見られることもまた、クセノフォンが目的論的議論をソクラテスに帰していることの信用性を補強する。

したがって、これらすべてを考慮すれば、『ソクラテスの思い出』の目的論的議論は真のソクラテスの——あるいは、最低限に見積もっても、おそらくソクラテスの——議論の線を再構成するものだというとらえ方に十分な保証があると思われる。この結論をとるとしても、当然、その議論とそれに関連する主張のうちのどれほど多くが、ソクラテスのオリジナルな思想であるかという問題は未決である。この困難な哲学史上の問題を私がここで解決するというのはとうてい望めることではないが、——非常に粗い筆致で描けば——以下の説明が最も可能性が高いものであると私は考える。

第一に、クセノフォンの目的論的議論を支持するために用いられた先程の証拠の諸項目が強く示唆するところでは、ソクラテスの目的論的議論は全面的に彼のオリジナルというわけではなく、ソクラテス以前の哲学者の思想に負うところがある。特にクセノファネスとアナクサゴラスは、「すべてのものを秩序づけ、すべてのものの原因である」知性の概念をソクラテスに与えた者として名をあげられるべきである(『パイドン』97c, DK59, B12)。もっとも、この二人の思想家はどちらも、この考えを成熟した目的論的説明(特

に、まぶたのような個別的な「事物」の配列にかかわる観察を証拠として統合するような形での)へと展開することはなかったように思われる。また、ディオゲネス自身、彼の目的論の側面でアナクサゴラスから影響を受けているように思われる(テオフラストス『自然学説』fr. 2 [シンプリキオス『自然学註解』25, 1による])。ディオゲネスは、意識的な目的と先慮が自然の中に見出されるという考えを強調する点で、アナクサゴラスよりも『ソクラテスの思い出』で見られる種類の目的論へ一歩近付いているといえる(シンプリキオス『自然学註解』164, 24, 156, 13)。ディオゲネスの立場はまた、クセノフォンのソクラテスと多くの点で類似している。すべてのものは神の摂理によって「最善のため」(κάλλιστα/kallista; DK 64 B3,『ソクラテスの思い出』1. 4. 13)になるように配置されていること、それはさまざまな秩序をもった現象(たとえば、季節、夜と昼、天候、人間の感覚や知性[DK 64 A19, B3-5.『ソクラテスの思い出』1. 4. 8, 13, 17; 4. 3. 4-9, 11])によって例証されること、身体を支配する人間の知性と宇宙を導く知性との間には密接な類比があること(魂はすべてを包含する空気の小さな部分にすぎない[シンプリキオス『自然学註解』152, 22])、これらの点で両者の考えは一致する。
*126

だから、『パイドン』の中でアナクサゴラスだけが言及されていて、ディオゲネスが目的論的な洞察のもう一つの出所とされていないのは、たしかにいくぶん奇妙である。ノーマン・ガリーが想像しているように、その理由としてはおそらく、アナクサゴラスの精神と物質の二元論が——ディオゲネスの空気一元論よりも——目的論的な経路としてはずっと有望な道であったこと、そして、ソクラテスの思い出』に見出される宇宙の目的論的説明(これはその規模、詳細、道徳的含意、議論構成の洗練の点でディオゲネスのそれをはるかにしのぐ説明である)の定式化において、それほどディオゲネスに依存し

350

ているわけではなかったことがあげられよう[127]。このことに加えて、『ソクラテスの思い出』に見られるような種類の議論の明確な定式化は、それ以前にはそもそも存在しないという事実からしても、ソクラテスは彼以前に存在していた目的論的思想を、彼自身の手で拡張した新しい野心的な人物とされるべきである。彼は先人たちの目的論的思想の材料を用いて、デミウルゴスの存在を示す新しい野心的な議論を定式化し、その議論とそれに関連した主張の上に、先見的な、普遍主義的道徳神学と実践的敬虔を接合したのである[128]。

しかし、歴史的な名誉の細かい詳細をどのようにわれわれが裁定するかにかかわりなく、ソクラテスが『ソクラテスの思い出』に見られる目的論的議論を支持したことは、前五世紀の神学的改革における最先端に彼を位置付けることになる。激情的な神々の文化──名誉を渇望し、争いに満たされ、道徳的に冷淡で、自然と人間の日々の生活に混乱した仕方で断続的に関わる神々──の中で育ったことを考えれば、ソクラテスが苦労の末到達した地点は実際非常に大きいと言わねばならない。というのも、そこから出発して、彼は将来何世紀にもわたって西洋の思想を支配することになる一つの考えに到達したように思われるからである。すなわちそれは、宇宙に内在する──いまだ人間心理主義的とはいえ──知性、愛をもつ創造者の存在という考えである。

5・3　アポロン的節度とプラトン的驕慢

ソクラテスの死はソクラテスの宗教の死を刻印することになった。独立した現象として後者の履歴がわずかに姿を現す場所といえば、クセノフォンの比較的慣習的な敬虔と、そして、それよりは少しばかり考えられた理論と言えるだろうが、ソクラテスの弟子たちの何人かにおいて、特にアンティステネスとアリ

スティッポスにおいて顕著に見られる神の理論の中だけである。その重要性の規模を測ることのできる場所はむしろ、ソクラテスのもっとも才能ある弟子であるプラトンの思想に対する、それのさまざまな貢献である。そこでは、プラトンの中期、後期の対話篇に保存される形で、ソクラテスの宗教の基本的な内容の多く――たとえば、神々の完全な正義と善さ――がそのままの形で生き残っている一方で、他の要素は拒否されたり変形されたりしている。そういった拒否や変形は、プラトンが後世に深く影響を与えた、彼の神秘的神学の詳細を練り上げる過程で生じた。それに代えて、ここで私はソクラテスの敬虔の説明を終難な仕事は、他の研究者に任せざるを得ない。当面の間、この変貌とその結果の詳細をたどるという困るにあたって、プラトンの相続したソクラテスの立場と、中期、後期対話篇に見られるプラトンの敬虔についた思想における敬虔との、顕著な違いを手短かに描写することにしたい。むしろ、私は後のプラトンから光を当てるいての将来の研究のガイドラインを示そうとするのではない。ここで私はプラトンの敬虔の成熟しという視点から、ソクラテスの敬虔の要約的な描写を与えることを試みるだけである。

5・3・1 ソクラテスの敬虔とプラトンの敬虔

私の見るところ、ソクラテスとプラトンの宗教を分断するものの根本には、神と人間の間の溝を埋める人間の能力に対する評価が、両者ではまるで正反対であることが核心にある。当時の伝統では、知識、知恵、力の点で人間と神の間には溝があると考えられてきた。この溝こそが、われわれの見たように、ギリシアの宗教の中心をなすカテゴリーである。一方において、ソクラテスはアポロン的宗教の諸原理を回復し、甦らせたと見られるべきである。彼はこれらの伝統的諸原理を、エレンコスによる探求という新しい、

大衆の目にはうさんくさく見えた哲学的企てに結びつけた（そしてそれを再解釈した）のである。ソクラテスの見るところでは、エレンコスの探求を通して自己知を育むという彼の日々の活動によって、本当の知恵を達成しようとするには、人間の能力は極度に制限されていることが露わになった。そして、それゆえ、神の力と知恵の前での人間のもろさと無知という、すでに確立されていたアポロン的な教条をさらに確証する一つの経験的証拠をそれは提供する、と彼は考えた。ここでソクラテスは、詩人たちの道徳化の伝統とは正反対の地点に自らを位置づける。彼のメッセージは次のような単純で反ロマン主義的なものである。いくばくかの道徳的知識（そしてそれゆえ幸福）をもつことは、たしかに可能である。それは自分と他人のエレンコスによる吟味を通じた継続的な哲学的警戒の保持によって可能になる。しかし、人間を完全にする見込みは——特に神の完全さと幸福に比較すれば——きわめて小さいと言わざるを得ない。というのも、われわれがどれほど努力しようとも、それはわれわれが幸福と徳についての不整合な信念をもつことから永久に解放されるためには不十分であり、さらに悪いことに、それはしばしば、自分自身の混乱と知識の欠如を認識しないという最も非難されるべき無知からわれわれを守ることに失敗するからである。最後に、「汝自らを知れ」によって命じられているのは——ソクラテスの同胞ギリシア人たちにとっては常にそうであったように——自分がどれほど無知であり、どれほど神から離れているかを知ることであった。

他方、プラトンの方はといえば、彼はわれわれに自然に備わった、知識と知恵に向かう能力について、哲学的にソクラテスよりずっと野心的であり、楽観的である。一方においてプラトンは、ソクラテスの神と敬虔の理論、とりわけ知性主義的なエレンコスによる「魂の世話」の主張から影響を受けている。しかし、他方においては、彼はより新しい、ヘシオドス以後にギリシアに導入された宗教的形態によって表明

*134

353　第五章　ソクラテスの宗教

されるような側面、人間にもともとの発端があるところの神的な地位（とくに不死性）を目指すという側面からも影響を受けている。ここからプラトンの哲学的神学は、死後に神の領域において親密な仕方でイデアを観想するという多分に非ソクラテス的な希望を与える（『パイドン』79c-84b, 『国家』490a-b, 『パイドロス』247d-e）。ここで自己知が導く先は、限界の認識というよりはむしろ、われわれ自身が神性（δαίμονες/daimones）であることの認知である。すなわち、われわれ自身の内には——ただそれを想起することさえできるなら——所持可能なすべての知識が宿っている。ソクラテスのアポロン的抑制と、プラトンの反アポロン的な神的上昇の哲学の間にある、この相違の主要な要素は以下のとおりである。

第一に、ソクラテスの哲学的、宗教的興味の焦点は、なによりも、今この場における人間の領域、実践の領域、道徳の領域にあった。彼は認識論と形而上学にはほとんど関心を示さなかったが、「xは何であるか」という問いに対して、多少なりとも適切に答えを得ることに情熱的な興味を示した。この問いはさまざまな形をとるが、そこではxは通常、あるいは、常に人間の幸福な生の問題に直接関係した何らかの徳や価値を指すものである。それに加えて、xは内在的普遍——小文字の "f" で表される形相——を指示すると想定されているところのものである。この形相は、xの諸事例を、それらの「中に」存在することによって、それら自体とするように思われる。たとえば、「すべての敬虔な行為の中には」（『エウテュフロン』5d）同じ敬虔があり、勇気ある行為「すべての中には」勇気がある（『ラケス』191e）。ソクラテスは「敬虔とは何であるか」とか「正義とは何であるか」と問うが、「敬虔の知識とは何であるか」とか「形相とは何であるか」とは問わない。彼には形相はあるが、形相の理論はないのである。*[135] だから、事物の「中に」ある性質——背の高さのような非価値的性質を含めて——だけでなく、離在するイデアの形

354

而上学全体を措定したのはもっぱらプラトンの貢献である。その離在イデアは誕生以前の知識の対象であり、離在する神的な領域、「より偉大な存在」の領域に座を占める。その世界においてこれらの実在は、「すべてそれら自体として」あることによって、それらの感覚的写しからは「分離した存在」であるとされる。その意味は、それらの存在はそれらに依存した感覚的現れの存在に左右されないということである。一つの美しいもの（あるいはすべての美しいもの）を破壊しても、美のイデアは無傷で残るが、逆は成立しない*[136]。それらは感覚によって捉えられることはなく（『パイドン』65d-e）、むしろ、非物質的で（『パイドン』79a-d）、不可視で（79a）、不動で（『パイドン』78d-e）、神的で（『パイドン』80b, 83e, 84a-b、『国家』611e）、永遠な（『パイドン』79d）対象、魂にとっての知識の対象としての役割をもつ。

ここには、プラトンの思考における反アポロン的傾向が姿を現している。彼がここで確信をもってその詳細を描く形而上学は、端的に神の領域の構造を写すものである。少なくとも、彼はこの種の領域が存在すると考え、その領域に神が存在するとし、それをある程度まで描写している（その目的は、たとえば、彼が哲学という神から命じられた神的な使命をもつことを正当化し、説明するためである）。前の節で見た目的論的議論もまた、ソクラテスが神に関して人間理性の産み出す結論に依存するのをためらわなかったことの証拠を与える。それにもかかわらず、プラトンは神的領域の描写において、ソクラテスをはるかに越えるところにまで到達している。彼はすすんでその神的領域を、詳細な形而上学的、認識論的枠組への言及によって描写しようとする。そしてその枠組は、デミウルゴスと神々の本性の特定を含むものである（特に『ティマイオス』を見よ）。とりわけ注意しなければならないのは、ソクラテスの神々の概念は比較的伝統に制限されているのに対して、個々の神々やその人間心理的特性はプラトンではすっかり姿を消している

ことである。(たとえば、彼のデミウルゴスは人間個人に対して愛を感じることはない。)*137 そして最後に、ソクラテスにとって神は超越的な事柄の限界に位置づけられるのに対して、プラトンでは神々とデミウルゴスはイデアよりも下位の地位を与えられる。*138

しかし、ソクラテスのアポロン的謙虚をプラトンが拒否したことが最も決定的に現れるのは、イデア論に包含された二重の希望、すなわち、知識と不死の希望においてである。*139 ソクラテスは、われわれが見たように、長らく求めてきた道徳的知識を彼でさえ欠いていると主張する (たとえば、『ソクラテスの弁明』21b1-d7,『エウテュフロン』5a3-c7, 15c11-16a4,『ラケス』186b8-c5 を見よ)。また、彼は「人間の」知恵から「神の」知恵を区別することによって (『ソクラテスの弁明』23a-c)、そして、『プロタゴラス』(319e-320b) と『メノン』(89d-96c) において徳が教えられないと論じることによって、人間と神を分かつ認識論的裂け目を誰か人間が渡る望みは現実的にはゼロであることを示唆する。だから、ソクラテスにとって、われわれ人間は自然本性的根拠に基づいて専門的道徳知(また同様にその他すべての形而上学的知識)を欠如するよう運命づけられているのだと思われる。われわれ人間の組み立てられ方というあからさまな事実からして、また、われわれ人間の限られた知的能力からして、人間が人間として達成できることはといえば、ただ徳の不完全で可謬的な説明と、そしてこれが最も重要なことだが、それ以上のことは神の知恵をもたないのだという、デルフォイが主張する人間なみの知恵の断片だけであり、それ以上のことは不可能である (『ソクラテスの弁明』23a-b)。ソクラテスはたしかに、プラトンが『饗宴』で語る知恵へのエロス的熱望を認めたかもしれない。しかし、それはせいぜい、はなはだしく不完全な満足に運命づけられている熱情にすぎない。善悪の完全で確実な知識をもちうるのは神々だけである。*140

これに対してプラトンでは認識論的楽観が支配する。もちろんすべての者がイデアの知識に必要な努力

を行えるわけではないが、真の哲学者はそれができるのであり、たとえば美のイデアを見てとることができるし（『饗宴』210a-211b）、上位のイデアである善のイデアそのものでさえ見ることができる（『国家』500d, 540a）。「真実在に交わることによって、〔哲学者は〕知性と真実を生み出すだろう」（『国家』490b6．『饗宴』211e-212a 参照）。おそらくこれが、『国家』において主要徳のリストから敬虔の徳が除外されているという奇妙な事情の説明となる。敬虔は、──それは無知な従者である人間の、知者である主人としての神々への奉仕であり、その主人の主要な仕事が何であるかは人間の知るところを越えている、というソクラテス的な意味で理解されるとき──専門的知識を人間の理解の範囲内に置く体系の中には居場所をもたないのである。[141]

不死については、われわれはすでに前節で、それは神の特権であるという考えが、ソクラテスの時代にはまだ一般に受け入れられていたことを見た。[142] そして、ソクラテスは──この見解を完全に確信しているわけではないにしても──少なくとも、この問題についての自分自身の考察から、注意深い不可知論の範囲に自制したように思われる。ここから導かれることの一つは、ソクラテスは厳密な意味での神秘主義者ではないということである。彼は神の恍惚的直視や神との合一の希望を与えることはなく、神の地位への上昇を積極的に拒否する。彼にとってそれは、自分の対話相手の中に彼が見出したのと同じ危険な驕慢（ヒュブリス）の一つの形態であった。[143] 神々は思いのままに自分たちと人間の間の溝を越え、さまざまな使命を果たすためにわれわれの世界に侵入してくるかもしれないが、人間はそのように独力で自らを神の領域に引き上げることはできない。

ところがプラトンは、彼の時代に増大しつつあった、アポロン的溝に対する不満を共有している。そういった不満は、憑依的祭儀、恍惚的儀礼、救済へと方向づけられた儀式の影響が大きくなりつつあったこ

とによって示される。これらすべては神の領域に人間が自らの力で進入することを、さまざまな仕方で目指すものであった。ソクラテスがこういった興味を熟知していたことには疑問の余地はない。というのも、プラトンはソクラテスをピュタゴラス派（『パイドン』61d）やディオティマ（『饗宴』201c 以下）との友人として、また、一見したところ、ピュタゴラス派やオルフェウス教徒やコリュバンテスたち（たとえば、『クリトン』54d、『イオン』533e、536c、『エウテュデモス』277d、『ゴルギアス』492e-493d、523a-526d、『メノン』81a 以下、『パイドン』70c、『クラテュロス』399e-400c）、ベンディス崇拝者たち（『国家』327a 以下）、アスクレピオスの信奉者たち（『パイドン』118a）、トラキアの神人であるザルモクシスの信奉者たち（『カルミデス』155e 以下）の見解についての真の敬虔であることを強調するために、宗教的な概念を焼き直して用いるというソクラテスの趣向が示されている。哲学と「新派（ニューウェーヴ）の」宗教のこういった連合からはまた、理性に頼ることなく神へと上昇しようとする後者の試みを、ソクラテスは少なくともエレンコスの吟味という理性的な探求の方法で、意識的に置き換えようとしたのかもしれない、ということが示唆される。しかし、ここでもまた改訂の仕事は、われわれ自身の本性的な認識的制限がそういった試みに課す限界を、伝統的な仕方で主張することによって、抑制を受けている。

プラトンはこの理性的改訂において明白にソクラテスに従っている。しかし、『パイドン』の著作の時期までに達成された新しい認識論的楽観主義によって、プラトンはソクラテスのアポロン的制限を捨て、認識的でありかつ神秘的であるイデアの観想へと上昇する可能性を確信して哲学を行う（たとえば、『パイドロス』249b6-d3）。そしてこれは単に一時的なものでもない。この認識的希望の帰結として、プラトンは想起という驚嘆すべき教義と、誕生以前の存在と不死性という反アポロン的措定を付加する（『メノ

ン」81c-d、『パイドン』76c以下*¹⁴⁹)。神秘主義者に似た仕方で、――しかし、魂が神と融合するという後世の神秘的概念なしに――プラトンは、魂がそこから来たところの場所に帰還し（『パイドロス』66e-67b）、イデアと接することによって育まれる（『パイドロス』247d-e、『国家』490b6参照）というイメージを提出する。しかし、プラトンは自分の合理性への忠誠にのっとって、これらの見解に基づいて立てることもなく、肯定することもなければ、それらを明らさまな信仰や宗教的権威、神の啓示に基づいて立てることもなく、自分の主張を多重的証明によって裏打ちする（『パイドン』64aff、『国家』608d ff、『パイドロス』245c-e）。これらの証明は、プラトンが彼の師の、驕慢に敵対するアポロン的制限をすすんで捨てたことの説明へとわれわれを導いてくれる。

われわれが見たように、ソクラテスの認識論的悲観主義の由来は、エレンコスが徳の理論的説明を達成するのに常に失敗したことにあるように見える。徳の説明を得ることは、幸福で、完全に有徳な生の必要条件としてソクラテスが立てたものであった（『パイドン』247d-e、『国家』490b6参照）もちろん、彼が行ったエレンコスの探求のすべてがアポリア（行きづまり）に終わったわけではない。エレンコスを通じて、彼は重要な、伝統に反する結果を数多く証明することができた（たとえば、エレンコスの議論によって、われわれが見たように、古来の復讐法の原理は拒否され、不正をなすよりもなされる方がより善いという定理によって置き換えられる［『クリトン』49a-b］*¹⁵⁰)。しかし、ここでもまた、ソクラテスは認識論には熱中しない。ともかく、ソクラテスはどこでも、エレンコスがどのようにして、あるいは、なぜ成功したり失敗したりするのかの分析を与えるとしては描写されていない。しかしプラトンの方は、哲学的探求について数学者たちの方法を意識的に模倣している。プラトンはこの方法がエレンコスの限界を克服すると受け取っている。特に仮説の方法についてはそうである（たとえば『国家』第六―七巻を見よ*¹⁵¹)。

5・3・2 プラトンと哲学の新しい「神の顔」

プラトンのディアレクティケー（問答）の方法の発展の歴史という主題については、大いに有益な、詳細な研究が生み出されてきた*152。ここではそのような詳細に立ち入ることなく、後期のプラトンがいかに意識的に真の哲学の——そして、それによって真の敬虔の——方法と結果を、彼の師のそれから区別しているかを、『ソフィステス』でのプラトンの試みを手短に考察することによって明らかにしたい。そこで、プラトンは哲学、哲学者をソフィストの術、ソフィストから区別しようとしている。マイケル・モーガンは、『ソフィステス』のこの側面についての最近の論文の中で、その劇的設定について、そして哲学は敬虔の一形態であるというプラトンの想定について論じ、この対話篇の中でこの想定が肯定されている部分に綿密な注意を払う必要があることを示した*153。モーガンがわれわれに注意を促すのは、哲学と神性が明白に結びつけられているテキスト上の二つの箇所である。第一に、216a-d では哲学者たちが神的な者だと言われている。第二に、254a-b ではその神的ということが説明されている。哲学者たちが神的である（そしてそれによって敬虔である）のは、彼らの哲学の活動が——ソフィストの術とはちがって——実在の本性との知的接触へと（神的な対象であるイデアの認識へと）彼らを導くからである*154。われわれは、これらの引用箇所に基づいて、哲学の宗教的側面をプラトンがどのようにとらえていたかについての『ソフィステス』の説明をさらに明らかにすることができる。

216a-d で、導入的な形でプラトンが最初に哲学者の神性に言及する過程で、テオドロスは、前日ソクラテスの予備審問に来るべき裁判についてそれとなく思いを至らせることになる。

の直前に——そして、それゆえ、彼とエウテュフロンとの間でなされた待ち合わせの約束に言及する（『テアイテトス』210d）。ここからわれわれは続く対話でソクラテスの敬虔についてのなんらかの擁護がなされると予期するかもしれない。しかし、プラトンはそうする代わりに、哲学の活動が敬虔であるという彼の師の考えをはるかに越えるところに自分が進んだことをわれわれに告げる。というのもここでは、テオドロスがエレアの客人を哲学への専心者として紹介した後で、ソクラテスが答えて、客人は神かもしれない、とりわけ、論駁の（ἐλεγκτικός/elenktikos）神かもしれないと言い出すのである。論駁の神は議論の法則を設置し、ソクラテスたちの議論の誤りを暴露する者である。この神性とエレンコスとの結び付きは、まさにわれわれがソクラテスに期待するところのものである。なぜなら、彼は種々さまざまな人々にエレンコスを強いるように神から命令を受けたのであり、エレンコスによる魂の世話は彼にとってすべての人に課せられる敬虔の義務だからである。しかし、客人は神であるか、または、エレンコスの専門家であるかのどちらかであるというソクラテスの示唆をテオドロスは否定し、客人を代わりに哲学者と呼び、その呼び名をもつ者として、それにもかかわらず神的な者であると言う。ここでは、単にエレンコスに従事するだけの者はいまだ哲学者ではなく、神的な者でもない、ということが含意されている。こうしてプラトンはここで、ソクラテスのエレンコスによる浄化を、すぐ後に続く箇所で格下げすることになるという合図を送っているのである。というのも、議論が展開するにつれて、エレンコスはもはやプラトンの新しい敬虔のテストに合格しないことがわかるからである。エレンコスはただソフィストの術と同類の手続きにすぎず、真に神的な哲学者の生き方の予備教育的なものとしての役割をもつだけである。真の哲学者は、非ソクラテス的なしかたで、「生をそのはるか上の高みから見てとる」のであり、時には「単に気が狂っている」という非ソクラテス的な印象を与える者である

[155]

(216c-d)。この導入にすぐ続いて、ソクラテスはたちまち舞台から去ってしまい、スポットライトは本当の哲学者の新しいモデルである、エレアからの客人に移されるが、その理由は先のとおりである。完全な哲学者はいまや、新しい、ソクラテス以後の哲学の方法の達人でなければならない。その新しい哲学の方法は、いったんエレンコスによって下地がきれいにされたなら、上方のイデアへの梯子としての役割を果たす。そして、哲学者は、『パイドロス』で素描されたような種類の狂人の風体を示すことになるだろう(249c-257b。『テアイテトス』173c-176e 参照)。すなわち、哲学者は、エレンコスによって精神的な不活性を治療するだけの、いつも素面の医者ではなく(230c)、発狂し、酩酊し、美そのものを見ることに熱い恋心をつのらせる者の姿をとる。

こうして『ソフィステス』は、プラトンの敬虔がソクラテスの敬虔との意識的な対照のもとに発展したことをわれわれに思い起こさせてくれる。ソクラテスの敬虔はエロスの情熱に駆られた認識論的楽観主義によって天の領域に乱入するものだと言ってよいかもしれない。そのような乱入はソクラテスにとっては容認できない驕慢であり、実現不可能なもの(そして前日の仰天すべきエウテュフロンとの出会いを思い起こさせるもの)だったはずである。『ソフィステス』においては、この発展が単に宣言されるだけではない。テキストはさらにまた、魂の浄化の節(226b-231b)と、そして、真実在との魂の交わりについての節(248a-249d)において、この発展をさらに押し進める。

「浄化」(καθαρμός/katharmos)(226b-231b, 231e)。ここでプラトンは唐突に分離の技術を導入し、それから、それの一部分、悪からの

善の分離にかかわる部分に向かう。すなわち「浄化」である。浄化には身体の浄化と魂の浄化の両方のケースがありえるが、魂に関しては二種類の悪がある。悪の一つは悪徳で、これは罰によって浄化される。悪のもう一つは無知で、これは教え、教育によって浄化される。無知のうちで最悪のもの、そして、もっとも広く浸透してしまっているものは、自分が知らないものを知っていると思うことである。この場合、教育による最善の治療は、手荒い叱責や穏やかな勧告ではなく（無知は非随意的であるから）、ソクラテスによって実践されたエレンコスである。この浄化は、誤って何かを知っていると考えている魂を対話によって吟味する。それは、関連する諸信念を相手から引き出し、それから、それらが不整合であることを示す。これらの不整合を魂の前にならべて見せられることによって、その魂は、真の学びが始まるために必要な謙虚を獲得し、本当に知られることだけを知っていると主張するようになる。——これがもっとも知恵のある最善の魂の状態である。誰一人として、——ペルシア大王でさえ——この最大の種類のソフィストの浄化によって浄められることをなしには、真に幸福であるとは言えないいとしても、それでも、それは「高貴な血筋のソフィストの術」なのである。

この節はソクラテスの主要な哲学の方法を正確に描いている。そして、——われわれはこれまでの議論から当然それを予期すべきであるが——この箇所ではその方法がソクラテスの敬虔と暗黙のうちに結びつけられている。*159 結局のところ、ソクラテスがエレンコスの浄化を用いてアテネ人たちの魂の世話をするべきであるというのは、神によって命じられたのであった。そのようなエレンコスの吟味は、すでに見たように、まさしくソクラテスの敬虔の徳がわれわれすべてに要求するところのものである。つまり、われわ

第五章　ソクラテスの宗教

れは皆エレンコスによって魂を浄化することで神に奉仕しなければならない。もう一度、この形の敬虔が予備的浄化の地位に格下げされることを合図する。ソクラテスの行った無知と悪徳との同一視を簡単に捨てて（『ゴルギアス』488a 参照）、エレンコスによる浄化をソフィストの術の一つの形として位置づけ（！）、それを純粋で正しい愛知者、ディアレクティケー（問答法）の哲学者の神的な活動と対比させる (253e-254b.『テアイテトス』210b-d 参照)。こうして、ちょうどソクラテスがアテネでの宗教のもつ意味を高めたのが、奉納的な供犠ではなく、自己吟味を真の敬虔のテストの手段とすることによってであったように、プラトンが今彼の師を越えて一歩先に進んだのは、神の領域への魂の上昇を、本当の宗教的成功の尺度とすることによってであった (たとえば『国家』490b6 そして『饗宴』21le-212a 参照)。われわれが見たように、『ソフィステス』の末尾近くで (254a-b)、プラトンが哲学者を神的な（そしてそれゆえ敬虔な）者として性格づけるとき、その理由とされているのは、哲学者の活動が彼を光り輝く神性の領域へと、神的なイデアとの交わりへと導くことであった。

また、『ソフィステス』における魂の真実在との交流の議論 (246a-249d) の中には、魂についてのプラトンの教義の発展が見られる。この発展によって、プラトンは彼の師の教えからさらに遠く離れて行く。イデアの友とされる者たちは、存在を生成と不動の真実在という二つの領域に厳密に分割するが、このことは魂が「真実在と交わることによって」知識を得るという彼らの考え方と齟齬をきたすことにここで彼らは気づく (248a.『パイドン』78c-79a 参照)。もしだれか知識を持つ者 p が、何らかのイデアFを知るに至るなら、Fは少なくとも「p によって知られる」という属性を獲得するという意味において、変化しなければならない。ここで、この問題に対して採用されている解決は、イデアの理論と魂の理論の両方に対する、重要な修正のしるしとなっている。すなわち、いまやイデアは少なくとも「ケンブリッジ的な

364

（実質のない）」仕方で変化しうることが認められることになる。そして魂は、――その運動と変化にもかかわらず――いまやイデアと同様に真の実在であると認められる。以前には、哲学者の魂はただイデアに親近性をもつものとされていただけであった。それはイデアに似ており、同じ領域を故郷とするのであった（『パイドン』79b–81a）。しかし、いまや魂は永遠の領域において完全に実在する、完全に神的な構成員としてイデアと交わるということが認められることになる。だから、『ソフィステス』のこの節で、哲学者の神性はさらに一段階高められているということができるかもしれない。というのも、哲学者は単に神的なものと交流するという派生的な仕方で神的であるだけではなく、彼らは神的な存在であるのであって、完全なイデアと等しい高みと「輝き」（254a–b）をもって「上方の領域から生を見渡す」（216c）のである。

だから、この対話篇における真の哲学者――エレアからの客人――が、自然世界は心をもたない力の所産なのか、それとも神の創作によるものなのかとテアイテトスに問うとき、テアイテトスが――若者に特徴的な、移ろいやすい彼の意見にもかかわらず――単に客人の顔に目を向けるだけで、自然のもつ神の設計を確信するのは驚くべきことではない（265d）。テアイテトスが見たのは何なのかはこの箇所では言われていない。しかし、すでにここに至るまでに、この対話篇を通じてわれわれに示されている認識論的楽観主義に立てば、われわれは客人の顔が魂の真の故郷の輝く知性の光を体現し、肉体を通して照射しているのを想像できる。この楽観主義は明らかに、私の説明では、プラトンがソクラテスから受け継いだ宇宙の目的論的構造への確信、エレンコスによる哲学的生を神が後援することへの確信、そして根本において――ソクラテスの敬虔の核にある不可知論的な限界を、偽から真を分離する人間理性の能力への確信に根ざしている。しかし、この同じ確信こそが、――プラトンが発見した新しい哲学の方法の力のおかげで――ソクラテスの敬虔の核にある不可知論的な限界を、

最終的に越え出ることになったのである。

だから、先に素描されたソクラテスとプラトンの間の重要な宗教的／哲学的相違に目を奪われすぎて、後者が前者に負っている深い知的恩恵を覆い隠すことは許されない。プラトンがデミウルゴスという概念に、魂の知的浄化という概念とその浄化への配慮に、宗教的儀式の価値の保持に（『法律』第十一―十二巻）、そしておそらく彼の基本的な宗教的感受性へと――でさえ――至ったのは、彼が師の足元ですごした日々の結果であり彼の基本的な宗教的感受性へと――でさえ――至ったのは、彼が師の足元ですごした日々の結果であったことは明らかだと言ってよい。彼がそのとき聞いたものは、私が本書で議論してきたものと酷似したものであった、と私は信じる。だから、――いくぶん気まぐれな調子で――プラトンが聞いたかもしれないこと、あるいは、ともかく師に帰することを選んだものの一つでもって結末としようではないか。

パンよ、この地に住むすべての神々よ、私が内面で美しくなることを与えてください。そして、私が外面でもつものが内面の精神と不和にならないことを。どうか知者を裕福な者と私がみなすようになりますように。金銭については、節度ある人がもてるだけの分量以上を所有することがありませんように。
（『パイドロス』279b-c）

訳者あとがき

本書の著者マーク・マックフェラン氏は米国メイン州立大学教授であり、米国を代表するソクラテス研究者の一人である。彼は、原典に対する緻密な読解と解釈の整合性への鋭い嗅覚、および、古代の文献や近現代の研究についての該博な知識のゆえに、世界中の研究者たちの敬意を集めている。訳者の一人（米澤茂）は、一九九〇年にピタゴラスの生誕地であるギリシアのサモス島で開かれたソクラテスに関する学会に出席したおりに氏と知り合い、また、一九九一年の年末に開催されたニューヨークでの全米哲学会東部大会のおりには、マックフェラン氏や氏が紹介してくれたT・ブリックハウス氏（『裁かれたソクラテス』の共著者）とともにソクラテスについて親密に語り合う至福の時間を過ごすことができた。マックフェラン氏は宗教的なものや、超越的なものへの強い関心と繊細な直感力をもち、才気があるとともに、親切で誠実な人柄である。本書翻訳中も、疑問点を頻繁にメールで問い合わせたのであるが、ディーン（学部長）という多忙な職務にもかかわらず、翌日にはかならず何頁にもわたって返信が送られてきた。

従来、ソクラテスはプラトンの師匠として有名であったが、ソクラテス自身の思想はほとんど注目されず、プラトンの思想がそこから発展してきた未熟な段階のプラトン哲学であると考えられてきた。これに対して近年の目立った動きは、ソクラテスの思想を、そこからプラトン哲学も産み出された、精密な論理

をともなう豊かな思想を中心として、敬意をもって捉えようとする。つまり、原ソクラテス復権の動きである。これは特に、米国を中心とした動向であるが、そのうちでも、ソクラテス思想の宗教的側面を真正面に据えて考究した唯一の書が本書である。本書は同時にソクラテス思想の百科事典的性格ももっており、刊行以来、ソクラテス研究の必須文献の一つとなっている。

本書の第一章「序」では、現代の主流派のソクラテス解釈が、現代哲学の方法・立場に対するソクラテスの貢献を強調するあまり、西洋の宗教思想に対する彼の特異な開拓者的貢献を十分に評価していないとされている。ここでは、ソクラテス研究のさまざまの問題が指摘されたうえで、ソクラテス研究を悩ます資料問題や著者がとる解釈法が説明され、最後にギリシア宗教の手際のよい見取り図が与えられている。

『エウテュフロン』におけるソクラテスの敬虔概念を取り扱った第二章では、ソクラテスの敬虔概念についての二つの見解が批判されている。多数派の積極論は、ソクラテスが「敬虔」という徳が、正義の徳のうち、神にかかわる部分であり、神に対する人間の奉仕であると考えていたとする。しかし、少数の有力な研究者たちはこのような見解に異議を唱えている。著者はテキストの緻密な読解と種々の典拠の考察の上に立って、ソクラテスの「敬虔」概念についての、いっそう慎重ではあるが、斬新な積極論的見方を提出している。

第三章「ソクラテスと彼の告発者たち」で著者は、『ソクラテスの弁明』を取り上げて、ソクラテスに対する告発を詳しく吟味し、ソクラテス神学の細目を復元し、ソクラテスの宗教革新がギリシアの民衆宗教と国家宗教にとって確かに脅威ではあったが、しかし、彼が有罪判決を下された決定的な要因は、むしろ、ソクラテスのダイモニオン信仰であったとする。第四章「ソクラテス的理性とソクラテス的啓示」では、人生を導く唯一の信頼に値する導きは論証的な理性であると考えていたソクラテスが、他方で、超合理的な知の源泉、例えば、ダイモニオン（ダイモン的なもの）に対してなぜ深い信頼をもつ

ことができたかの問題が詳細に取り扱われている。また、ソクラテスはすべての人に哲学する義務があると信じていたが、そのような義務の根拠は何であり、その範囲はどこまでなのかという問に答える必要があるとして、哲学をなすべしという神に命ぜられたソクラテスの義務を、ソクラテス的「敬虔」と「徳」のいっそう一般的な要求と結びつける解釈を提出している。第五章「ソクラテスの宗教」では、ソクラテスが魂の不死性を信じていたと考える多くの研究者たちの見解に対して、彼に条件付きの不可知論を帰すことが最良の策であるとされる。次に、クセノフォンの『ソクラテスの思い出』で描かれているソクラテスは、神は全知であり、宇宙に遍在していると主張する。そのような神は、宇宙の創造者であり、精神が身体を支配するのと同様の仕方で宇宙を支配している。クセノフォンの描くソクラテスの神と宇宙についての見解が史的ソクラテスの議論に根拠を有することを明らかにしたうえで、このようなソクラテスの目的論的創造神の思想が弟子のプラトンを通じて、西洋の宗教思想に決定的な影響を及ぼしたとされる。

ソクラテスはいろいろな意味において西洋の思想の創始者であると言える。宗教についてはマックフェラン教授が本書で指摘しているように、ギリシアの伝統的な神々は、ホメロスに見られるように、人間たちをも欺く神々であり、また、人間たちから捧げ物をとって不正な願いを成就する神々であった。また、このような神々の意志や好みが人間にとっての正義や徳の規準であった。ソクラテスは、正義や徳は神々の意向とは独立した絶対的あり方を取り、これらの知者であるがゆえに彼らに争ったり、欺いたりせず、誠実である。また、自足的な彼らは、人間たちから物質的な供犠や贈り物を受け取ることもありえないとする。神々と宗教のこのようなソクラテス的純化、内面化、精神化が、ソクラテスの目的論

的創造神の思想とともに、西洋の宗教のあり方を決定づけたのは明らかである。本書では触れられていないが、ソクラテスの革新性は、他のさまざまの領域においても見られる。いくつか思いついたものを紹介すれば、「政治」とは自己ならびに自己の所属グループのために最大の物質的利益を確保するための活動であるという考えを批判して、ソクラテスは、国民の魂や精神が可能な限りより優れた、より善きものとなるように語り行動することこそ「政治」であり、また、「支配」とは強者が弱者を収奪し、奉仕させることではなく、より優れた立場の者がより劣った弱い立場の者を助け、弱者の益を計ることととする。このような観点から、史上有名なペリクレスやテミストクレスは、人々の欲望を満足させることに長けた「追従者」「おべっか遣い」とされてしまうのである。

不正をなすか、なされるかの立場に立たされるなら、ソクラテスは不正を受ける方を選ぶと言う。なぜなら、不正は他人をではなく、むしろ自己を害するからである。従って、ソクラテスにおいては、不正は絶対的に禁止される。ここから、不正を受ければ不正の仕返しをするのが当然であり、これをしないのは、不名誉であるという当時の慣習的な考えをも否定される。あるいはまた、正義とは、「友に益をなし、敵に害を加えるべき」という当時の確立された正義観も否定される。正しい人間が正しい人間でありながら、友であれ敵であれ、他人に害をなすことはありえないからである。

驚くべきは、彼はすでに性差を越えた徳の観念をもっていたことである。当時、男には男の徳が、女には女の徳が別々にあると考えられていた。しかし、ソクラテスは、徳はすべての人間に共通の同一のものであると考える。

死こそ最大の悪であり、死を避けるためには何でもなすべきというのは一般の行動原理である。ソクラテスは無知の知の立場から、死は善悪不詳であり、従って、不正や悪であることが明らかな行為よりは、死に至るとしてもむしろ正しい行為を選ぶべきであると考える。日本では今もそうであるが、当時のギリ

シアでも、世間（hoi polloi）がどう思うかが判断と行動の主たる基準であった。これに対して、ソクラテスは世間の思惑ではなく、「考察してみて自分に最善と思われる言論」にのみ従うべきと言う。ここには、人々の思惑を越えたありようをとる、絶対的な道徳的存在が予感されている。このように、ソクラテスは既存の通念に対して、様々な革新的な思想を提出し、その多くは弟子のプラトンに受け継がれ、西洋の宗教的・思想的竜骨となっている。

本書の翻訳は、本文第一章から第三章とその註を米澤茂が、第四章から第五章とその註を脇條靖弘が担当した。できるかぎり、訳語や形式の統一に努め、正確を期したが、なにぶんにも大部な書物なので、見落とした点も多いと思われる。読者のご指摘を賜りたい。ギリシア語のラテン文字化にあたっては、ギリシア語の長母音のうちエータとオメガのみ、ệ と ộ で表し、ユプシロンは y ではなく、u を用いた。また、原著者の意向により、本訳書五二頁（原著では四六頁）の第一パラグラフ末にあった一文 "This is…listen to us." を削除した。

さて、本書の刊行にあたっては、加来彰俊先生と鈴木照雄先生に多大なるご尽力と励ましを賜った。ここに記して謝意を表する次第である。また、本書の価値を明察され、出版を快諾された法政大学出版局の平川俊彦氏とやっかいな編集の実務を担当された伊藤祐二氏にも篤くお礼申し上げる。

二〇〇六年一月二十六日

　　　　　　　　　　　　　　　　　　　　　　　米　澤　　茂

157 一部この点を念頭において、プラトンは『饗宴』でソクラテスがワインを（そして『パイドン』で毒人参も？ [C. Gill を見よ]）拒むのを強調したのかもしれない．ソクラテスは地上的な彼の自制によって同胞よりも有徳である（『ソクラテスの思い出』1. 3. 4-15, 4. 5. 1-12）．しかし，彼はいまだディオティマの梯子の頂点まで上りきるほど成熟してはいない（『饗宴』201d-212c）．
158 Guthrie (3), 5: 128.
159 しかし、プラトンはエレンコスの主要な、「反積極的」意味を正確にとらえているけれども、私がエレンコスにあるとしてきた「積極的」意味については何も語らないことに注意されたい（第一章註14を見よ）．この沈黙の一つの理解の仕方は、プラトンはエレンコスの弱い認識的成果（せいぜい帰納的な信念の正当化）とプラトンの対話篇の感動的な成果との対比を強調することを欲したのだ、と見ることである．
160 また、悪が魂の内的な衝突として、『国家』を思わせる仕方で（440b）分析されている（228b. たとえば思いなしと欲望の間の衝突として）ことにも注意されたい（Cornford [2], 179）．
161 248a-249d のこの解釈の擁護については、McPherran (5) を見よ．
162 Guthrie (3), 5: 145.

147 しかし、プラトンがメノンにソクラテスへの警告の言葉を語らせていることにも注意されたい。メノンは、彼がソクラテスのエレンコスによって陥ったのと同じ困惑へと他人を駆り立てるのは危険であると、ソクラテスに警告する。「あなたは外国へは行かない方が賢明ですよ、ソクラテス。というのも、異国で外国人としてこのようなことをしようとするなら、あなたはたちまち魔法使い（γόης/goês）として追放されてしまうでしょうから」（『メノン』80b4-7）。

148 Vlastos (12), 94 n. 42.

149 また、プラトンが魂の不死性を語るときには、しばしば輪廻転生のサイクルが持ち出されるが（たとえば、『国家』618b-621d）、『ソクラテスの弁明』のソクラテスの言うところでは（41c5-8）、もし死が他の、よりよき領域への旅だとしたら、それは片道切符の旅であり、ハデスでの永住である。

150 Vlastos (14), chap. 7 を見よ。

151 Vlastos (14), chap. 4.

152 たとえば、R. Robinson (2); J. Moline を見よ。同じく、特に、Vlastos (14), chap. 4 を見よ。

153 Morgan (1).

154 Morgan (1), 108-110. また、265b-268d にも注意されたい。この箇所では、人間による生産と神による生産が区別されている（ここでは、ソフィストの術と哲学はどちらも人間による生産の形態であることが明らかにされることになる。ソフィストは言葉を用いて、そして、知識なしに事物の像を作り出すのに対して、哲学者は――一見したところ――ある種の知識によってそれを行う）。232b では神性についての四番目の言及がある。しかし、この箇所とそれに続く議論で言われているのは、テアイテトスの最初の主張に反して、ソフィストの弟子たちは「一般の目からは隠されている神的な事柄」にまでいたるような知識を獲得することはないということだけである。

155 Morgan (1), 96 による。

156 プラトンはテオドロスを哲学的に重みのある人物として描いてはいないのだから（『テアイテトス』143d-146b,『ソフィステス』257a-c）、プラトンがテオドロスを使ってソクラテスに反して何か正しいことを示そうとすることはありそうもない、という心配をする者があるかもしれない。しかし、このテキストの後の箇所でソクラテスのエレンコスが明白に格下げされていることを考えれば、われわれはこの心配を逆に読むことができるかもしれない。すなわち、ここで語られているのは、ある程度の知性をもった年長の、緩慢な思想家でさえ（なんと言っても、テオドロスは卓抜した数学者であって、テアイテトスのような若い才能を見分ける能力をまだ保持している）、十全な哲学的方法はエレンコスによる単なる信念の不一致の除去以上のものを含まなければならないことを理解できる、ということである、と。

136 Vlastos (14), 256-262 が論じているように，αὐτὰ καθ' αὑτὰ εἶναι (auta kath' hauta einai) という表現は（『パイドン』66a, 77d, 100b,『饗宴』211b,『パルメニデス』130b, 133a-c, 135a-b,『ティマイオス』52c-d）χωρὶς εἶναι (chôris einai)（『パルメニデス』130b-d）と同じ主張を表す．すなわち，それが表現するのは，イデアはそれ以外のすべての実在（神［々］を含めて）から無条件に独立した存在であるということである．

137 とはいえ，『饗宴』(212a) ではソクラテスは自分自身が「神に愛された」者であると考えていることに注意されたい．Vlastos (14), 96 n. 50 と Dover (4), 79 を見よ．

138 これはもちろん，ソクラテスによって始められた思想のプロセスである．それはソクラテスが素朴な神命説を拒否し，神々をさえさまざまな道徳的制約の下に置こうとしたことから始まったのである．G. Grube (2), 178 参照．

139 プラトンの自然神学の文脈におけるこれら二つの位置づけについては，たとえば，Gerson, chap. 2 を見よ．

140 Brickhouse and Smith (8), chap. 2. 2. 2; Kraut (3), 288-294; McPherran (3) を参照．ソクラテスは無知であり，そして，「徳は知識である」とソクラテスは考えるにもかかわらず，どうしてソクラテスは自分が善き人間であると考えることができたのかは，Brickhouse and Smith (14) と (8), chap. 2 が説明している．

141 Weiss (4), 281-282.

142 ここでも Guthrie (6), 174 を見よ．彼は，人間の不死性は，ソクラテスの時代のギリシア人たちによって「奇妙で異常」と見なされたことに注意している．176 参照．

143 Burnet (4), xlvii. Vlastos (12), 97 n. 51 を見よ．

144 Morgan (2), chap. 1 参照．人間は神の地位を獲得することができるとソクラテスが確信していたことを『ソクラテスの弁明』は示している，とモーガンは考える．Vlastos (12), 97 n. 52 は，神に似た者 (ὁμοίωσις θεῷ/homoiôsis theôi［『テアイテトス』176b1-2］) になろうとする試みですら，「初期対話篇の思想とは異質である」と主張する．しかし，これはソクラテスとプラトンを対比する方向への行き過ぎであると思われる．神の真似は，ヴラストス自身の見解においても（[18], 234-235; [14], chap. 6, 173-174），ソクラテスがなすこととされていたはずである．ソクラテスは，人間の魂を向上させ，徳と知恵において神々に近似することを試みることによって，神ができないことをなそうとする，というのがヴラストスの考えであったが，これは神の真似であろう．

145 Morgan (2), chaps. 3 and 4 を見よ．

146 G. J. de Vries; Morgan (2), 24, 30, 34, 38 にある言及箇所を見よ．また，本書冒頭の題辞を見られたい．

註 155

『家政論』の全体をソクラテスが語るのを聞いたとも主張しているからである (1.1).『ソクラテスの思い出』1.6.14, 2.4.1, 2.5.1 参照.

124　ここではまた,ソクラテスはアルケラオスの弟子であったとする伝承も存在する.アルケラオスは精神についての教義をもち,彼自身アナクサゴラスの弟子であった (DK 60 A1-3, A5, A7). しかし,Woodbury (2), 299-309 は,この伝承には同意を差し控えるのがよいことを説得力をもって示した.

125　また,アリストファネスの『雲』の与えるソクラテスの描写は,プラトンやクセノフォンのそれと相容れないところが多いが,時にはアリストファネスの喜劇パロディーは――パロディーとして成り立つために――プラトンやクセノフォンの説明と暗黙に接触していることがある.この点で,『雲』でソクラテスのものとされている宇宙論のいくつかが,アポロニアのディオゲネスのそれであるという事実は注目に値する (『雲』227-265, 400-425, 626).そのアポロニアのディオゲネスの宇宙についての説明は,『ソクラテスの思い出』に見出される目的論的宇宙論の一部を成立させるにあたってソクラテスならびに／あるいはクセノフォンが依拠した源泉である可能性がある (Dover [1], xxxii-lvii を見よ).

126　Gulley, 186-187; Burkert (2), 319-320.

127　Gulley, 188. Theiler, 38; Adam (2), 349-350; Gulley, 189 は,ソクラテスがいかにしてさまざまな詩人たちから彼の目的論的「証拠」のいくつかを借用している (それとも貸し付けている?) かを指摘している (たとえば,エウリピデスの『救いを求める女たち』201-213 で,われわれが神々に負っている多くの天恵が列挙されるのに注意されたい).

128　それゆえ,彼の目的論的議論は,理性的／哲学的であり同時に宗教的であると確認された,彼の哲学的使命の自然な補完物である.

129　これにはアイスキネスも含まれる可能性がある.Guthrie (6), 169-178 を見よ.

130　特に,Morgan (2) を見よ.

131　そういうわけで,私はメガラのエウクレイデスをここでは取り扱わない.彼もまた,おそらくソクラテスから受け継いだと考えられる神の理論に,重要な改訂を行ったように思われる (『ギリシア哲学者列伝』2.106; Guthrie [6], 182).

132　プラトンの敬虔についての Morgan (2) による最近の説明の第1章では,その先駆者としてソクラテスが論じられている.プラトンの神学については,また,Cornford (3); F. Solmsen; M. Despland; P. E. More; J. K. Feibleman を見よ.

133　Sourvinou-Inwood, 303; Ostwald, 287.

134　Brickhouse and Smith (8), chap. 2.2.3 を参照.

135　Vlastos (14), 93.

題の完全で包括的な解決を提示することに，私はここで手を染めることはしないが，解決の手始めとしては再び単純に次のことに注意することが必要であると私は考える．それは，ここの議論の推論が，いくつかのテーゼを示すためにソクラテスがよく用いる道徳的議論のパターンと非常に類似しているということである．そのようなテーゼを彼は非常に固く保持しており（たとえば，不正をなされるよりも，なす方が常により悪いということ），そしてその際に，彼はこのことと彼の認識的謙虚さが衝突するかもしれないというような自覚をまったくもっていない．これらの主張は，不確実な「非専門的知識」を構成するという性格をもつと考えられ，設計者としての神の存在を彼が受け入れているのも，そのうちの一つとして位置づけることができるであろう．

119 McPherran (14), 297-309. Vlastos (14), 174-178.

120 しかしこれは示唆的な証拠にとどまり決定的ではない．というのも，クセノフォンがクセノファネスを助けに用いて一つの議論を構成し，それをソクラテスのものとして作り上げたのかもしれないからである．しかし，ソクラテス（あるいは少なくともプラトン）がクセノファネスの見解をよく知っていたことの証拠として注目に値するものがある．それはソクラテスが彼の「刑罰」として迎賓館での国費での食事を申し出ることと（『ソクラテスの弁明』36b-e），クセノファネスが彼の「知恵の奉仕」の報償として同じことを提案するのが（DK B2）驚くほど似ていることである．

121 同様の証拠については，キケロ『神々の本性について』1. 13. 32，また，断片 39a-e と 40a-d として Caizzi に収集された他の箇所を見よ．また，Guthrie (7), 247-249, 304-311 を見よ．

122 そして，『ソクラテスの弁明』については，そこはまさにソクラテスが神の存在を示す議論を与えることで，無神論という公的な訴え，非公式な訴えに対して弁明するべき場なのではないかと思われるかもしれないが，彼がその証明の概略をそこで与えないことには，多くの理由があると考えられる．そのもっとも主要な理由は，上でわれわれが見たような目的論的議論をソクラテスが与えたなら，陪審員たちは，ちょうど Vlastos (14), 162 がそれを読んでいるような仕方で，それを読むようにひどくそそのかされたであろうということである．すなわち，結局ソクラテスは，「天の事柄」（『ソクラテスの弁明』18b, 19b, 23d）について思索をめぐらせる者であるという非公式の訴えに対して，有罪であることを単にさらに確証するものとして読まれることになっただろう．

123 クセノフォンは二つのソクラテスの会話（アリストデモスとの会話［1. 4. 2-19］とエウテュデモスとの会話［4. 3. 2-18］）を導入する際に，彼自身がそれらの会話を聞いたという主張をしている（1. 4. 2; 4. 3. 2）．しかし，これは証拠としては無価値である．というのも，クセノフォンは同じく，

ないからである．そして結局のところ，自然に目的がなければ自然が何かをなすということは——たぶん，その秩序を現すということさえ——ない (1252b1-5, 1253a7-10；『天について』271a33)．宇宙が有徳で，秩序あることの証拠と考えられるものをソクラテス以前，以後の思想家は数多くあげている．少なくともプラトンは，秩序ある宇宙は知性によって秩序づけられていること，そして，いかなる知性もそれが存在するためにはなんらかの種類の魂の中になければならないことを当然と受け取っている（『ティマイオス』27d-30b．『ソフィステス』249a 参照）．だから私の見解によれば，Adam (2), 347 が次のように言うのは，事態の要約として（控え目ではあるが）適切である．「個人と国家において理性の支配を一貫して説く者［すなわちソクラテス］が，神は宇宙を支配する理性であると考えてもおかしくはないだろう．」

113　Morris, 311-313 によれば，これは『エウテュフロン』3d とそれに続く箇所から含意される．

114　『ゴルギアス』が「初期対話篇」なのか，それとも「移行的対話篇」なのかについては異論があるが，ほとんどの研究者はそれを（少なくとも最後のミュートス［523a-527e］までのすべては），歴史上のソクラテスの見解を確かめるのに適格な情報源として扱っている．たとえば，Vlastos (14), 46 を見よ．Irwin (3), 226 が注意しているように，『ゴルギアス』507e-508a には，数学的比率によって制御された κόσμος (kosmos) というピュタゴラス派の概念への関心が見られるが，この関心は「プラトンのものであるのと同程度にソクラテスのものであるかもしれないし，ピュタゴラス主義に見られるのと同程度にソクラテス以前の思想家たち一般に見られるものかもしれない」（たとえば，ヘラクレイトス『断片』DK 22 B 114 を見よ）．しかし，『ゴルギアス』に関しては，先の節で見た懐疑があるので，私の説にとって，『ゴルギアス』からの引用に本質的に依存するものは何もないことをここで私は強調せねばならない．

115　そしてそれゆえ，無秩序で節度のない人間は同胞の人間と友になれないだけでなく，そういう人は神々とも友になれないであろう．なぜなら，そのような人は共同体の中で善く生きることができないからである．

116　ここでも，人間の行動についての幸福論的理論を，宇宙についての目的論的見解と結びつけることは自然であるように思われる．つまり，宇宙の自然な目的はもともと人間の生の自然な目的・目標を含んでいる——そしてそれゆえそれを促進するのを助ける——という見解である．註 112 を見よ．

117　Nilsson (5), 275-276.

118　「創造神は存在する」という主張を目的論的推論で導くことをソクラテスは支持するけれども，これは彼が知識を否認することと，どのようにして両立するのかという問いが出されるかもしれない．この否認によって生じる問

をもつその仕方にも注意されたい．もちろん，ソクラテスにとってそのような話題の「有能な探求」は，探求の主題についての完全で確実な知識を達成する望みをもって行われることはないであろう．むしろ，それは人間に獲得可能である限りで，最も完全な知識を目指すにすぎない．

107 もし(3)の箇所が，すべての目的論的思弁に対してソクラテスが敵意をもっていたことの証拠として解釈されるなら，それはクセノフォンが目的論をソクラテスに長々と帰していることと相容れないだけでなく，それは『ソクラテスの弁明』19c とも齟齬をきたす．ソクラテスはそこで自然哲学者 (phusiologos) であるという非公式な告訴を否定するけれども，それでも彼は（もし誰かがそれをもっているなら）そのような知恵を軽蔑しているのではないと急いで付け加えている．

108 D. L. 2. 45; Morrison, 16 参照．

109 これは Vlastos (14), chap. 6 も認めるところである．また，ギリシア人たちはわれわれが「道徳的価値」と呼ぶものを，価値一般から区別しない傾向があったことにも注意されたい．

110 Gulley, 190 参照．

111 McPherran (14), 297-309; (9), 541-560 を見よ．また，Vlastos, 174-178 を見よ．

112 Caird, 65-66 と Graham (2) を参照．ソクラテスは幸福論者であること，そして，幸福論者の道徳理論は「好意的な」，有徳な，秩序立った，目的をもつ宇宙と両立するだけでなく，そのような宇宙の文脈の中で——実際にそれを前提としてはいないとしても——「最もよく機能する」ということを思い出すのは重要である．そして，有徳で秩序ある宇宙は，有徳で目的を設定し機能を監督する神のもとで——実際にそれを前提としてはいないとしても——「最もよく機能する」．この最初の主張の証拠は，もう一人の幸福論者，アリストテレスに見出される．アリストテレスの『政治学』(i 1) においては，国家は自然に発展するものであり，人間の生のために存在していると述べられる．そこでは，国家が促進するような種類の自足性を求めることが人間の本性の中にあるということが基礎になっている．そのような共同体を形成することを可能にするような能力，特に，言語能力と道徳的な性質（とりわけ正義）を自然はわれわれに惜しまず与えてくれた．そのような自然の「物惜しみのなさ」がなければ，そして，人間が繁栄するために必要なその他の安定した秩序立った条件を自然が供給してくれるのでなかったなら，幸福 (eudaimonia) は不可能である．アリストテレス自身は，国家は本性上個人に先行する（社会的に孤立した個人は自足的ではないから）（『政治学』1252b12-1253a39）と論じているが，われわれはこの同じ議論を用いて，秩序ある宇宙は本性上国家に先行すると論じることさえできるだろう．よく秩序立った宇宙が存在しなければ，いかなる国家も自足できず，機能さえでき

註 151

示唆される可能性があるような種類の神学それ自体が十分な根拠になって（つまり儀礼の慣習に対してそれがもつ含意の導出なしに），彼がそういう訴えに対して明らかに有罪であるとされたのだと考える理由はほとんどない．たとえば，Brickhouse and Smith（12），124-128 を見よ．神々の数，同定，階層の問題についてのソクラテスの「柔軟性」は，彼の目的論的議論によって正当化されているが，それに対するヒューム的な種類の反論をそれは的確に予期し，それに対応していることはおそらく注目に値する．その反論とは，目的論的説明は，単一神的な創造者を含意するのとまったく同様に神々の「設計チーム」を含意する，というものである．Hume, 36 と Swinburne, 141-142 を見よ．

102 たとえば，『ソクラテスの思い出』4. 2. 2, 18 で見られるように．クセノフォンがソクラテスのものとしている議論は，クセノフォンのオリジナルではないとする点で，Jaeger（3），167 とその註は間違いなく正しい．この議論はおそらく，全面的にソクラテスのオリジナルでもないと考える点においても，Jaeger, 170 はおそらく正しい．たとえば彼が指摘するのは，この種の議論は「以前の思想家たち」（複数形で）のものであると『ピレボス』（28 d-e, 30d）の「ソクラテス」が主張していることである．またこの議論は，他に加えて，アリストテレス（『動物部分論』2. 14. 658b14）やエウリピデス（『救いを求める女たち』201-213）において，独立した出典から姿を現していることにも注意されたい．Theiler, 38, 50 参照．しかしながら，Jaeger, 167 は，クセノフォンが報告しているものは，ソクラテスが先行して行った読書や議論を基礎にして受け入れたものであるかもしれないという可能性は排除していない（Vlastos [20], 115 n. 84 も見よ）．Vlastos（14），162 n. 26 は 1952 年時点における彼の古い立場を修正し，クセノフォンがソクラテスのものとしている議論の主要な出典は，アポロニアのディオゲネスであるという 1947 年の Jaeger の説を受け入れている．しかし Theiler, 168 は，この議論にみられる人間中心主義的な弁神はディオゲネスとは無縁であると指摘している．つまり，宇宙の運動に尺度がもたらされたのは人間の利益のためであるというような考えはディオゲネスにはまったくない，とする（DK B 3）．

103 以下に続く議論は，Vlastos（18），213-237 のものである．Vlastos, chap. 6 参照．

104 『パイドロス』229c-230a から，ソクラテスには自分の主要な関心に直接にかかわらない事柄の探求をする時間——あるいは大きな興味——がないことが示唆される．その関心とは自己についての知識，ならびに，同胞アテネ人のための徳の知識をなるべく多く確保することである．

105 Graham（2）参照．

106 また，『エウテュフロン』（5a-c）でソクラテスが「神的な事柄」に興味

所有することができないというのが,おそらくまた彼の見解であるのだから,ソクラテスはこの問題に対する伝統的な「魂製作の」応答に近い考えをもっていたのではないだろうかと考えられる.この説明によれば,まず自然の悪は存在しない(たとえば,海の嵐や病気や死そのものは,それ自体悪ではなく,それぞれの人の魂の道徳的状態と発展に関連して,善であったり悪であったりする.たとえば『ゴルギアス』511c-512e 参照).そして,道徳的悪はわれわれが不完全な——しかし,改良可能な——人間の魂をもっていることの結果である.われわれがこのように不完全であるのは,そもそも最初に神でない人間が創造されたこと(これは善きことである)の必要条件である.

97　クセノフォンにみられる諸箇所は,したがって,現代の神学者たちが通常区別しているさまざまな種類の目的論的議論を合わせ持っている.すなわち,古典的な目的論的議論(つまり一般的な秩序のパターンから神の存在を論じる種類のそれ),意識と美からの議論,摂理からの議論である.たとえば,Swinburne, chap. 8, 9, 10 を見よ.

98　宇宙の魂と人間の魂の結びつきは,少なくともアナクシメネスにまでさかのぼる.

99　これは伝統的な神の概念とは一般的に相容れない特徴である(Mikalson [1], 39).

100　テキストでは,目的論的議論が伝統的な供犠と市民的祭儀に対する正しい態度の問題に適用されているが(1. 4. 2, 11; 4. 3. 2, 12. 15-18),これはクセノフォンあるいはソクラテス自身の付加したものである,と一般に考えられている(Jaeger [3], 168; Theiler, 49 ff.).

101　Guthrie (6), 156. また,Zaidman and Pantel, 176(「ギリシア人の見方では,神性は数多くの異なった側面において自己発現するものである」).ガスリーはまた,「神」(ὁ θεός/ho theos)と「神々」(οἱ θεοί/hoi theoi)と「神的なもの」(τὸ θεῖον/to theion)を区別しない用法は「この時代の特徴である」ことにも注意している.Glenn Rawson は次のようなことを私に指摘した.ソクラテス自身の柔軟な用法は,神々は知者であるのだからその結果としてすべての側面で「同じ意見」をもつ(そしてそれゆえ,たとえば同じものに等しく喜び,ひとりが奉仕されればすべては奉仕される,等々)という彼の見解に由来するのかもしれない.だから,複数の神々を区別するのはソクラテスにとって困難になるのかもしれない,と.しかし,それでもソクラテスの言葉の使用は,彼の本当の関心とは無関係かもしれない,あるいは,重要ではないかもしれない.それは,ある人が「哲学者たち」,「哲学者」,「哲学科」という言葉を(非常に意見の一致した哲学者たちの集まりの場合に)区別なく用いるケースと類比的であるかもしれない.ソクラテスが法廷で対した公式の宗教的訴え(すなわち,国家の神々を認めず新たな神を導入すること)に関するかぎり,——いずれにしても——これらの箇所から

が認める神性の理性を越えた来襲に対して，彼の哲学の中で重要な役割を与えてもいることをわれわれはすでに見たからである．これらの源泉は「理性を越えた」——そしてある意味で現代の「啓示」という言い方と比較できる——と呼ばれるのがふさわしい．なぜなら，ソクラテスはそれらが一般にエレンコスの解釈と確証を必要とすると考えているからである（たとえば，『ソクラテスの弁明』31c4-32a3 を見られたい．そこでは，彼が公的な党派政治に携わるのにダイモニオンが反対し続けたことに対してソクラテスは非宗教的な正当化を提供している）．さらなる詳細と正当化については，4・1節を見よ．

92 これは，A. Plantinga の洗練された説明を一瞥しただけでも確証される（95-111）．また，Swinburne, chap. 8 と 10 を見よ．

93 たとえば，L. Betty を見よ．

94 「愛する」という特性は新たな驚くべき発展を示す．というのも，伝統的な態度においては，人間を愛する者であることは，ゼウスのもつべき尊厳にもとるとされていたからである（Burkert [2], 274）．

95 Vlastos (14), 162 n. 26 は，前兆（*terata*）がこのように認められていることは，この議論の自然弁神がクセノフォンによる弁明のための場あたり的な付加物であることを示すと論じている．クセノフォンの関心は伝統的な敬虔（彼がソクラテスに帰するのを欲するような種類のそれ）にあるが，前兆を認めるということは，自然の秩序の侵害を表現するわけで，それは宇宙論者たちがその秩序の例外のなさを信じていたこととは相容れないからである．この主張の後の部分は真であるかもしれないが，それにもかかわらず，この議論の弁神はやはりソクラテスの，非機械論的な神の理論を表現している可能性がある．その理論は，宇宙を監督する神の知性の働きの一部として，神霊の介入（彼のダイモニオンのように）を含んでいる（『ソクラテスの思い出』4. 3. 12 でソクラテスのダイモニオンは，エウテュデモスによって占いの一例として性格づけられていることに注意されたい）．

96 ここでは他のソクラテスに関する証言と同様に，ソクラテスが彼の道徳的神学によって発生する「悪の問題」に直接取り組むところはみられない．それは，ソクラテスの善き神（々），知恵ある神（々）が，自然災害や（人間の無知に起因する）道徳的な悪の存在と，どのようにして折り合うのかという問題である．また，たとえば『饗宴』のソクラテスは (201d-e)，アテネの疫病が（神々への）供犠によって 10 年延期されたことを単に当然と認めていることにも注意されたい（したがって，神々はそもそもそういう悪を，全面的に取り消すこともできたはずである）．しかし，敬虔は哲学的吟味を通してわれわれの魂を向上させることにより，神々に奉仕することにかかわるというのが彼の見解であり，また，われわれは——人間である限り——「神の知恵」（『ソクラテスの弁明』20d-e, 23a）を構成する徳の知識を十分に

88 そして、それゆえ、「愛する」存在ではなく、エピクロスの神のような不干渉の神、あるいは、自然哲学者たち（フュシオロゴイ）の唱えた自然の神的な力のようなもの．

89 πρόνοια (pronoia) という語はヘロドトス（『歴史』3. 108）にはじめて現われる．そこでヘロドトスは、われわれ人間に危険をもたらし、また、栄養源として不適切な生き物（たとえばライオン）の個体数が少なく、そういう動物の獲物やわれわれの獲物（たとえばウサギ）の個体数が多いという事実に、「神の摂理」を見出している（Adam [2], 349 と Burkert [2], 319）．

クセノフォンにおけるこの箇所での自然の解釈は、全面的に技術論的であることに——まつげはふるいであり、まぶたは蛇腹であり、腸は導管システムである——Jaeger (3), 168-169 は注意している．これを彼はこの議論の源泉がアポロニアのディオゲネスであることの証拠と受け取っている．クセノフォン『饗宴』5. 5-8 とアリストファネス『女の平和』14, 18 参照．これが正しいにしろ正しくないにしろ、ソクラテス自身は宇宙についての技術論的な説明に関与しているように思われる．『エウテュフロン』で彼は、神々は神的職人であり——船大工や建築家のように——技能を用いてなんらかの作品を作るということを前提としている（13d-14a）．神々の唯一の（あるいは一つの主要な）作品は宇宙であると彼が考えたのは自然であろうから、ソクラテスがこの目的論的議論を支持したのはきわめて当然のことと思われる．

90 この推論はストア派によって彼らの主要な神の証明として採用され、自然法についての彼らの思想に決定的な貢献をした（たとえば、キケロの『神々の本性について』ii への明らかな影響に注意されたい．セクストス・エンピリコス『学者論駁』9. 88-104, 特に 9. 101 参照）．これについての包括的で卓越した議論として、J. DeFillippo and P. Mitsis を見よ．彼らは私と非常によく似た議論を用いている．彼らの支持する見解は、ソクラテスは自然哲学を全面的に却下したのではなく、「神の存在と、敬虔と幸福の結びつきを確立するために」（259）それを用いたというものである．

91 言うまでもないが、私はソクラテスに一片の「自然神学」を帰していることに注意していただきたい．そうすること、あるいは、そういう言葉で彼の議論を記述することは時代錯誤であろうか．私はそうは思わない（Burkert [2], 320 参照．彼の見方によれば、この種の議論は「自然と神」の新しい融合を設定することによってホメロス的神学からの決別を記すものである）．たしかにソクラテスは十七世紀、十八世紀の自然神学者たちが用いたような種類の区別、「自然」神学と「啓示」神学の区別はどこでも立てていない．しかし、この二つの基本的な区別は、ソクラテスによって実践的に認識されていると思われる．というのは、一方で、この箇所では（あるいは別の箇所でも）独力の「非宗教的な理性」の使用を通して神性の概念を発展させ、正当化しようとする試みが見られるが、他方でソクラテスは古代の宗教的伝統

ているにもかかわらず，そこには魂の不死性についての言及がないという事実は，ソクラテスがこの点について不可知論者であったことを強く示唆している．
80 夢のない眠りさえソクラテスにとっては利得であり，移住の方はそれ以上の利得であるするならば，彼は自殺する十分な動機をもつかのように見えるかもしれない．しかし，これら二つの選択肢は単にありそうなものと考えられているのであって，それ以外の可能性がないとされているわけではないのだから，死はこの世で生きられるいかなる生よりも悪いかもしれない，ということを忘れてはならない．したがって，（一般的に言って）われわれのとるべき最善の道は，この現在の生において幸福を追求することである．また，われわれはすべてが神々に奉仕するという敬虔な義務を負っていること，そして，われわれは神々の所有物であるという理由からも，ソクラテスは自殺に反対するであろうと思われる（『パイドン』61d-63b，第2・2節とMcPherran [14], 287-292, 297-309を見よ）．
81 「われわれがまだ生について知らないのなら，どうしてわれわれが死について知ることができようか」（『論語』11: 11）という孔子の言にソクラテスは同感するであろうと私は考えたい．クセノフォンのソクラテスは，プラトンの初期対話篇のソクラテスよりも「さらに現世に執着した」ものである．クセノフォンのソクラテスは，われわれが「高い領域」の神性との交わりをもつことができるかもしれない可能性は決して口にしない（Vlastos [14], 103, 79-80．『ソクラテスの思い出』1. 1. 1と4. 7. 4-7を参照）．
82 たとえば，『ソクラテスの弁明』41c-d，『エウテュフロン』14e-15a，『ゴルギアス』508a，『国家』377e-383c，『ソクラテスの思い出』4. 4. 25を見よ．
83 『ソクラテスの弁明』21b, 23a-c, 42a．また，2・2節を見よ．
84 たとえば，Adam (2), 346-350; Burkert (2), 319の説明を見よ．Jaeger (3), 169は興味ぶかい観察をしている．彼によると，初期の思想家たちは神の存在を単に事実として前提していた．だから，彼らが民族的宗教の互いに衝突する表現に直面した時に真の問題となると考えたのは，神の本当の姿をどのように同定するかという問題であった．『ソクラテスの思い出』4. 3. 13を参照．クセノフォンに保存されている議論は根本的な転換点を記している，とイェーガーは言う．「神の姿の問題は解決不可能なものとして背景に退く．そして，神の存在そのものが証明されるべき本当の問題となる．」
85 Vlastos (14), 162. Vlastos (8), 2; G.Striker, 90-91を参照．Adam (2), 349; Guthrie (6) の二人の研究者はクセノフォンの記述を受け入れる．
86 Morrison, 16参照．
87 Jaeger (3), 246 n. 91によれば，『ソクラテスの思い出』のこの箇所と，『ピレボス』の対応する箇所は，どちらも共通の（諸）出典をもつ．以下で私はこの出典がソクラテス自身である可能性があると論じる．

な種類のものであるべきだという示唆がある）．また，初期の，移行的でない対話篇のソクラテスは，標準的なギリシアの刑罰の一つである鞭打ち（『法律』764b, 890c, 949c）を，どこでも是認していないことも重要であると思われる．鞭打ちの罰は『クリトン』51a-b で認められているが，それを認めるのは法でありソクラテスではない．また，『プロタゴラス』325c-d でも鞭打ちは認められているが，それを認めるのは「大衆」であってソクラテスではない．

最近の論文で，R. F. Stalley, 14-19 は，彼と T. J. Saunders（163）が「『ゴルギアス』，『国家』，『法律』における心理学的な強調」を認めると注意している．「それはわれわれの見るところでは『プロタゴラス』にはないものである」(16)．『プロタゴラス』に登場するソクラテスは知性主義的であり，「徳が教えられるのは，それが訓練によって獲得できる一群の性格的特徴であるからではなくて，それが知識であるからであると考える」(18) と彼は続けて述べている．とりわけ『ゴルギアス』（特に 476a-480d）は，邪悪さは治療（「鞭打ち」さえ）を必要とする病気であるという概念を用いている．この考えは，『国家』（と『法律』）における複雑な魂の三部分説と関連している．プラトンが「性格訓練」についてのソクラテスの洞察と，ソクラテス以前の（プロタゴラス的な？）それとを組み合わせたのは，この後の著作においてである．ソクラテスの知性主義は実際正しい——魂における正義は徳の知識を必要とする——が，それだけでは不十分である．というのも，魂の欲望と感情もまた「訓練される」必要があるからである．

78　『ゴルギアス』の説明は，したがって，「『ソクラテスの弁明』の最後にあるソクラテスの思索の拡張，変形版」(Beckman, 27) である．初期対話篇に中期のプラトンからの汚染があると論じるのは，たしかにしばしば安易な解釈上の戦略となる．しかし今のケースにおいては，証拠の重み——と『ゴルギアス』を「移行的」対話篇と理解する理由（たとえば，その道徳的魂論，それが終末論のミュートスを含むこと，それのソクラテスが多弁であること，等）——がこの主張を正当化する．『ソクラテスの弁明』に表明されている見解にかかわる主張をする時，『ゴルギアス』のような移行的対話篇に訴えることによってのみ擁護できる，あるいは，それによってもっともよく擁護できるような主張に対して，Brickhouse and Smith (12), 12-13 は大きな懐疑を表明している．『ゴルギアス』は，中期の巻末ミュートスや，その他そこに潜んでいる可能性のあるより後期のプラトンの「着色や，腐敗すら」によって「汚染されて」いる作品なのである，と (13)．それにもかかわらず，彼らの (5), 158-162 においては，『ソクラテスの弁明』のソクラテスに不死性の信念を帰する彼らの最善の証拠としての役割を果たしているのは『ゴルギアス』そのものである．

79　クセノフォンにおいては，ソクラテスの魂についての多数の見解が帰され

して,「魂の欲望を抑制する」(491d-e, 505b) というソクラテスの言葉を, 初期対話篇の動機の説明と一貫した仕方で解釈することがどのようにして可能であるかについては, Brickhouse and Smith (8), chap. 3. 5. 5 を見よ.

73 『国家』330d-331a と Richardson, 57-60 参照. ソクラテスと同時代の死後の審判のさらなる説明については, Dover (3), 263-268 と Mikalson (1), 78-82 を見よ.

74 また, 『ソクラテスの思い出』のソクラテスは (4. 4. 20-25), 神々が道徳についての書かれていないさまざまな法を, 罰を用いて強制すると考えているけれども, これらの罰は死後の生で加えられるのではない (そうではなくむしろ, たとえば忘恩は友の損失によって「罰せられる」というように, 違反の自然な結果として神々によってこれらの法に組み込まれている) ことにも注意されたい.

75 あるいは, 少なくともそのような審判を強制することを示すものはない. というのは, ——N. Smith が書簡で指摘し, Brickhouse and Smith (8), 206 n. 56 にあるように——おそらく審判者たちは美人コンテストの審判のような判断をするために配置されているのではないからである. では彼らは何を判定するのか. これについては, 少なくともホメロスにおいて, ミノスは死者の間の訴訟を処理するだけである (『オデュッセイア』11. 568 以下). 『クリトン』を死後の生についてのソクラテスの見解を示す証拠として用いることを, 先に私は批判したが, 同様の批判はソクラテスが死後の生における罰を認めていたことを確立するために『クリトン』を用いることにも当てはまる (Brickhouse and Smith [4], 206 n. 56 に反して).

76 『パイドン』107c-d, 『国家』380b, 612a-621. だから, 『ゴルギアス』ではその導入がはじめてなされるわけである.

77 特に, 『国家』380a-b, 445a, 591a-b, 『法律』731b-d, 735d-e, 862b-863a, 880d-881b, 957e を見よ. ソクラテスがある種の身体的懲罰を受け入れていた可能性は排除できない. というのも, ソクラテスは不正をなした者が「罰を受け」なければならないことを, たしかに受け入れているように思われるからである (『エウテュフロン』8d-e). (ソクラテスの従軍の経歴から考えても, ソクラテスは身体的な加害を加えることを是認していることが示される. ソクラテスの経歴については Guthrie [6], 59 を見よ.) しかし「罰」がどのようなものであるべきかについては, 『ソクラテスの弁明』24d-26a でのソクラテスの議論が一つの思考の線を示唆するが, その様子を見る必要がある. だれも害されることは望まないし, 害された者は他人にも害を与えるのだから, だれも自ら進んで (知って) 同胞市民を害することはない. したがって, 他人に害を与える者は, 教え (διδάσκειν/didaskein) 諭される (νουθετεῖν/nouthetein) べきであって, 罰せられる (κολάζειν/kolazein) べきではない (ここでは, 身体的な罰はすべて正しい道徳的信念を「教える」ような穏健

与していないと考える者は，この反論の線に訴えることはできない．そういう者はまた，『ゴルギアス』を証拠とすることもできない．というのも，そこではソクラテスは彼のミュートスの終末論の真実に強く関与していることを繰り返し表明しているからである（註19を見よ）．

68 Vlastos (14), 53-54 は，誕生以前に認識能力をもち，不死で転生する魂についてのプラトンの理論は，『メノン』81a-bではじめて登場する，と論じている．

69 「プラトン自身は，ピュタゴラス的な形態の輪廻を受け入れていたように思われるが，『ゴルギアス』，『クリトン』，『ソクラテスの弁明』にはその痕跡は見出されない．マクフェランの見解では，『ゴルギアス』は死と死後の生についてのソクラテスの見解も，プラトン自身の成熟した見解もどちらも正確に反映していないことになる」ことを根拠にして，Brickhouse and Smith (8), 210, n. 62 は私の見解に反論している．これに対する明白な返答は次のとおりである．プラトンの哲学的発展と彼の劇的目的についての私の見解を踏まえれば（1・2節），プラトンのピュタゴラス主義は『ソクラテスの弁明』にも『クリトン』にも見出されるのを期待すべきではない，と．『ゴルギアス』については，ピュタゴラス的痕跡が見出されるかもしれないが（『ゴルギアス』492e-494a．以下を見よ），ともかく，私は——他の多くの者と同様に——「移行的対話篇」（1・2節，註4を見よ）が不死性についてのプラトンの（発展しつつあった）中期対話篇的見解を完全にとらえきれていないことは驚くべきことではないと考える．

70 Dodds (6), 296-299, 375; Guthrie (3), 4: 305-307; Vlastos (14), 55-56 を見よ．しかし，I.Linforth (2) にも注意されたい．Claus, 175-180 によれば，ψυχή (psuchê) の主題に関して『ゴルギアス』はプラトンの著作の中で決定的な転換点となっている．

71 Burnet (6), 257 が見てとっているように，「……『パイドン』[70a1以下] と『国家』[608d3] の両方において，ソクラテスに親密な者たちがソクラテスが不死性への信念を表明するのに驚嘆するようにプラトンが描いているのは，少しも驚くべきことではない．」

72 たとえば，Irwin (3), 123-124, 143の468abへの註，218の505bcへの註，221の507bへの註を見よ．また，J. C. B. Gosling and C. C. W. Taylor, 61-62 と次の段落を見よ．しかし，この思考の線の問題は（アーウィンが見てとっているように，468abと507bへの註），これによると，一つの対話篇の中でソクラテスが動機についての二つの矛盾する説明を与えているとしなければならないことである．というのも，『ゴルギアス』のはじめでは，すべての欲望が善依存型である（それゆえ，人は自分が本当に欲しているものをなすことなく，自分が最善だと考えているものをなすことがありうる [467c1-468e5]）とソクラテスは想定しているからである．この問題に関しては，そ

Brown; G. Young; M. Miller（1）; Weiss（1）を見よ．もしこれが正しいとすれば，Brickhouse and Smith（8），211 n. 63 の私の見解への異議は正しくないことになる．彼らは，「プラトンの読者は……法によるその他の（死後の生に関するものでない）すべての発言がソクラテスによって受け入れられていると合理的に想定することができるだろう」と言う．ソクラテスが法を自分の意見の代弁者として用いていないとしたら，ソクラテスはクリトンをあやまって導いていると見られなければならないということを Brickhouse and Smith は心配している．しかし，Weiss は，ソクラテス自身の道徳的原理と，その場の状況の緊急性（それは特にクリトンの哲学的能力の欠如と「大衆」への共感である．たとえば，44d, 48c を見よ）から，ソクラテスは修辞的な戦略を用いて，クリトンに彼がアテネを去るべきでないという自分自身の見解を理解させる必要があったのだ，という見解を支持する説得的な議論を提出している．Young を参照．

63 Brickhouse and Smith（5），158 および（8），205-206 を見よ．彼らはほとんどこの箇所だけに依存して，ソクラテスが不死性に関与しているという論を展開している．

64 第二章，註 75 を見よ．

65 ソクラテスの議論は，彼の本来の弁明の後に位置しているにもかかわらず，ソクラテスは彼のこの件に対する見方を「友に対するものとして」（40a1）示すだろうと言う．これは欺かないことに対する彼の決意がまだ有効であることを示しているが，厳密に言えば，「何もつつみ隠しはしない」という約束は，彼の「話」（διαμυθολογῆσαι/diamuthologêsai [39e5]）にまでは拡張されないのかもしれない．これはソクラテスが消滅の選択肢を加えることなく，移住の神話を用いること（『クリトン』54a-c）でクリトンを誤って導いたということを含意するだろうか．私はそうは思わない．というのも，クリトンは『ソクラテスの弁明』におけるソクラテスの最後の弁論を聞いていたのであって（『ソクラテスの弁明』33d9, 38b6 を見よ），それゆえ，ソクラテスが消滅をハデスにおける審判と並ぶもう一つの可能性と考えていたことを知っていたであろうから．

66 Vlastos（12），94 および（14），55. Brickhouse and Smith（5），161 および（8），209-211 参照．「ソクラテス」が不死性の合理的証明を与えるのはプラトンの中期対話篇においてのみである．

67 ソクラテスは彼が固く信奉しているその他の命題も――神の完全な善性と知恵のような――証明しようとはしていないではないか，という反論があるかもしれない．しかしこういった場合では，そういう「分析的な」主張（たとえば神が知者であること）とその他の「経験的な」主張（たとえば魂が移住すること）をソクラテスは区別するであろうと私は考える．当然ながら，ソクラテスは単に魂の不死性を「受け入れた」だけであってそれには強く関

できなくなるからであろう。さらに，もし死において悪い魂が移住するなら，向上の余地のある魂は回復されるかもしれない（『ゴルギアス』525c，『国家』380a-b 参照）．

59 すなわち，アテネ人たちが自分たちの法システムに不明瞭な形で与えていた，より特殊なタイプの神的な後ろだてを法に与えることで法を正当化するわけである．『クリトン』の法は——一方において——たしかにアテネの現実の法を代弁していることは明らかであるけれども（51d, 52a, 52b, 53a-54b を見よ），死後の生における罰は実際の法にあげられた刑罰ではなかった．Kraut (3), 40, 66, 81-82 および Mikalson (1), 27, 78 を見よ．それに，法の弁論は明らかに虚構の「お話し」（μῦθος/muthos）であり，法の言うことは 51c6 では「おそらく」（ἴσως/isôs）という語で制限を受けている．それゆえ，「もしソクラテスが自分自身の見解をここで表明していないとしたら，彼は実際の法によって……正当化されていないような死後についての見解を法に帰していることになる」という Brickhouse and Smith (8), 211 n. 63 の意見は正しいけれども，これが私の『クリトン』の読みに問題となるとは思わない．

60 G. Young. アテナイの法を破ることが神々の怒りを招くかもしれないという考え（54c）は，明らかに伝統的なもので，「大衆」はそれに共感すると予想されであろう（3・4・6節を見よ）．さらに，これは非ソクラテス的な観念であるように思われる．というのも，そういう感情に屈することはソクラテスによって知恵の欠如に結びつけられているからである（『プロタゴラス』352a-352c．『ソクラテスの弁明』34b-d，『エウテュフロン』7b-c，『パイドン』113e-114b 参照．また，第三章，註214参照）．

61 それに，『クリトン』のこの時点で魂に死後の生があると示唆する目的は，この世での法への不服従はハデスの「兄弟」の法による不利な仕打ちに帰結することを強調することであるが，死後の罰は——おそらく——プラトンの思想であってソクラテスのそれではない．また，あらゆる人の魂の正義と健康に対する配慮という典型的にソクラテス的な考えを，法はどこでも表明していないことも注意するに値する（Weiss [1] の指摘）．また，S. Yonezawa の見解にも注意されたい．彼は『クリトン』におけるソクラテスの見解は，いくつかの根本的な点で，『ソクラテスの弁明』のそれとは大きく齟齬をきたしており，『クリトン』は『ソクラテスの弁明』と対をなす作品というよりは，『ゴルギアス』や『パイドン』とともにずっといっそう中期対話篇的とされるほうがふさわしいと主張する．H. Thesleff, 20-26 も見よ．

62 また，法はソクラテスのもっとも深い確信を表現するものではなく，ソクラテスが法を持ち出して展開したのは，哲学的に有能な主唱者を得るため（あるいはクリトンを自分の差し迫った死と折り合わせるため）かもしれないという見解を支持する強力な議論を4人の研究者が提出している．H.

リトンに任せているのである．

54 Mikalson (1), 74 を引用する．「死後の生に関するアテネ人たちの見解は，他のどの宗教的話題に関してよりも，より広い多様性と不確実性を示す」（また，74-82 も見よ）．『パイドン』69e-70b での，死者の運命についての民衆の不確かさに対するケベスの証言にも注意されたい．『国家』330d-331b でのケパロスの報告を参照．

55 N. J. Richardson, 50-66 と Mikalson (1), 80-82 を見よ．

56 Adam (2), 345, Vlastos (14), 103 n. 84. たとえば，『ソクラテスの思い出』1. 2. 1-5, 19, 23-24, 53; 1. 3. 5, 14-15; 1. 4. 8-17; 2. 1. 20-23; 2. 6. 30, 32, 36; 3. 10. 1-8; 3. 11. 10; 4. 1. 2, 4; 4. 3. 14;『ソクラテスの弁明』7, 18;『饗宴』1. 9; 2. 24; 4. 2; 8. 8-15, 36, 41, 43 を見よ．

57 クセノフォンのソクラテスですら，魂をもの惜しみしない神々の「貴重な贈り物」と性格づけながら（『ソクラテスの思い出』1. 4. 13-14），それが肉体（これもまた神々の「貴重な」——しかし明らかに滅びうる——贈り物である）の滅びた後まで残ると確言してはいない．

58 ソクラテスは死が善きものであるというだけでなく，すべての者が（たとえ善き人であっても）生きているよりは死んだ方が幸せであると考えていた，という説を Brickhouse and Smith は立てるが，私はこれは幾分誇張がすぎると考える．というのも，この説はソクラテスが不死性を信じていたことを要求するからである（特に [5], 162 と [8], 211-212 を見よ）．なぜなら，健全で善き人々がどちらの選択肢においても生きているより死んだ方が幸せであると言えるのは，彼らが消滅としての死が，生よりもより善いと言えるような生き方をしている場合に限られるからである．ところが，もし死が本当に消滅であるなら，そのような人はすべて常にあらゆるケースで死んだ方が幸せであるとはいえない．結局のところ，自己吟味の生を送る有徳で，幸福で，有用な人物は，死ぬよりも生きて存在する方が幸せであるとソクラテスは認めるであろうと思われる．N. Smith は書簡の中で次のように論じている．(1) ソクラテスは善き人であり，「善き人には何一つ悪は生じない」（『ソクラテスの弁明』41c9-d10）．(2) ソクラテスは死んだ方が幸せである．この二つから，(3) 善き人にとってさえ，消滅としての死は生よりも幸せである，が帰結すると．しかし，これはソクラテスの置かれた特殊な状況を無視している，と私は思う．彼の「現在の困難」(41d3-5) こそが，ソクラテスの特殊なケースにおいて天秤を傾けたのであり，その困難ゆえに，消滅でさえ生の継続よりも幸せなものとなったのである．もちろん，どちらの選択肢——消滅あるいは移住——においても，不治の悪者や身体に重度の損傷を受けた者は死んだ方が幸せである（たとえば，『クリトン』47e3-5,『ゴルギアス』512a2-5 参照）．邪悪な魂が死んだ方が幸せである理由は，おそらく，いったん肉体を離れたなら，そういう魂はもはや自分も他人も害することが

41b5, 41c3-4.

48 Rudebusch, 40-44. ディレンマを用いたソクラテスの議論と同型のものが,前 323 年のアテネの反乱で死んだ英雄たちへのヒュペリデスの追悼演説(『断片』6. 43)に見られる.しかしこのことは驚くべきことではない.というのも,ヒュペリデスはソクラテスの弟子であるイソクラテスの弟子であった可能性が十分あるからである.神の善性による上の議論を支持するためにヒュペリデスはまた,ディレンマを用いたソクラテスの議論以上のものを与えていることは指摘するに値する.彼は「もし人々がハデスの館で知覚をもつならば,そしてもし人々がダイモン［の要素］によって配慮を受けるなら,実際われわれはそう配慮を受けると考えるのだが,もしそうなら,悪く言われた神々の名誉を擁護した者はダイモン［の要素］によって最大の配慮を受けると想定するのが理にかなっている」(Mikalson 訳,強調は筆者)と主張するのである.

49 Brickhouse and Smith (12), 261-262.

50 4・2 節を見よ.さらに,McPherran (9), 542-549 と Reeve, chap. 3. 10 を見よ.

51 Rudebusch, 40-44 は,ソクラテスの神々の善性に訴えることで,これと同じ論点を——そして同じようなやり方で——提出している.

52 『ソクラテスの弁明』22a8-c8,『イオン』533c9-535a2. Brickhouse and Smith (5), 157-158 および (8), 204-205.

53 たとえば,ここでもエウリピデス『救いを求める女たち』531-536,『ヘレネ』1014-1016, 1140,『ギリシア碑文』1. 945, ヒュペリデス『断片』6. 43 を見よ.哲学者たちもまたこの可能性を認めていた.ソクラテスと同時代のデモクリトスは,魂の分解が死の最もありそうな帰結であると考えていた(『平静について』Stob. ii [Ecl. Eth.] 52, 40).また,たとえば『パイドン』69e-70b を見よ.『パイドロス』229c6-230a2 は,通念的な信念や神話的物語に関して,それらに対抗する証拠がなく,そして,それらがエレンコスのテストを受けたソクラテスの道徳理論の内容と衝突しないときには,ソクラテスはそれらを受け入れる用意があることを示唆するかもしれない.そしてこのことは,ソクラテスが提出する二つの選択肢がすべての可能な運命の中でもっともありそうなことだと彼がみなしているという主張を補強する.『パイドロス』はより後の対話篇であるが,この部分は初期対話篇と整合する.Brickhouse and Smith (5), n. 10 and (8), n. 53 を見よ.不運なことに,ソクラテスがアテネの葬儀の慣習について明確にコメントするテキスト上の証拠は存在しない.『パイドン』115a-116a は,単にソクラテスが標準的な三幕形式のしきたりを予期していることを示すにすぎない.すなわち,(1) 女性の親類による遺体の洗浄と安置,(2) 遺体を墓場に運ぶ葬儀の行列,(3) 遺体,あるいは火葬後の遺骨の埋葬,である.ソクラテスはこの最後の点をク

死後における罰に関する民間の物語については，『国家』330d-331a を参照.

43 死後の生についての数多くのギリシア人の見解の説明としては，Adkins (4), 138-139; Dover (3), 243-246, 261-267; Mikalson (1), 74 -82; E. Rohde, 236 -242, 539 -544 を見よ．ソクラテスの物語が，実質のある死後の生を想定する当時流布していた（たとえばディオニュソスやオルフェウス教の）教義に負うところがあるのかどうかは決定不可能である．当時そのような見解がどれだけ多くの信奉者を得ていたか，また，それらの信奉者のうちでどれだけ多くが確信的信念をもっていたかは不明確にとどまる．たとえば Cole, 292 は，「肉体は土とちりの中に横たわるが，魂は祝福されたものの中に，天国に，星々の中にある」という考えに慰めを見出すようなディオニュソス的墓碑が存在しないことは驚くべきことと考えている.

44 『ソクラテスの弁明』41c9-d2 で言われていること（「善き人には，生きているときも死んでからも何一つ悪はないのであって，神々はその善き人の困難に無関心ではない」）から，そして，ここでソクラテスは有徳な仕方で義務を果たした陪審員たちだけに向けて語っている（39e1-40a3, 41c8）という事実から，悪人ではなく善き人だけが移住を保証されるのであって，その他の人たちの運命は消滅である（堕落した魂は身体からの「移行」の際に生き残ることができないので）ということを示唆していると受け取られるかもしれない．しかしながら，もしそもそも魂が移住するということがあるなら，すべての魂がそうするのだとソクラテスが想定していることは明らかである．またこの示唆は，ハデスで「賢いと思っているが実はそうではない」人々と出会うだろう，というソクラテスの見解（41b）と幾分衝突することになるということにも注意されたい．最後に，ソクラテスの見解ではすべての人は道徳的に不完全であり，すべての人はエレンコスの吟味から利益を得ることができ，神々は真に善き者である．それゆえ，もし死が移住であるなら，すべての死者は「他の場所」に移住し，そこで交流をもち，それによって彼らの魂がエレンコスによってさらに向上することができるとソクラテスが考えた可能性は高いと思われる．こうして，死は端的に善であるがゆえに，それは悪しき者にとってさえ善なのである（40b7-c1 の含意による）.

45 ここでも，たとえば，『エウテュフロン』6a-d, 14e-15a, 『ソクラテスの弁明』21b, 30a-31b, 『ゴルギアス』508a, 『国家』379b, 『パイドン』62d-63c, 『ソクラテスの思い出』1. 4. 1-19, 4. 3. 1-18 を見よ．さらに，McPherran (14), 297-309 と Vlastos (14), 162-166 も見よ.

46 40e7-41c7 において，ソクラテスは死後の生に関して条件つきの主張をしているだけであることに注意されたい．たとえば，「もしかの場所で人がオルフェウスやムサイオスやヘシオドスやホメロスに出会うなら，何度も死ぬに値するであろう」（41a6-8），と．Rudebusch, 42-44 を見よ.

47 たとえば，『ソクラテスの弁明』20e-23c, 28d-29a, 29c-d, 30a-31b, 33c, 38a,

とを信じる教義というものはない」.
36 Roochnik, 214 がこれを非常にうまく表現している.「もしかしたら死後ソクラテスは,うす暗いハデスで哲学者の王となるよりも,騒々しい現世で愚か者である方がよかったと分かるかもしれない」. Brickhouse and Smith (12), 257 と Reeve, 182 を見よ.
37 Rudebusch, 37-40.
38 もし死が消滅でないなら,魂は「どこかへ」行くはずだ,たとえそれが以前の共同体から切り離される(たとえば,瞬時の転生の場合にはおそらくそうであるように)という意味にすぎないとしても,と Rudebusch, 37-40 は論じている.
39 Brickhouse and Smith (12), 259 n. 61 および (5), 156-157 は,ソクラテスの陪審員たちに対する「大いなる望み」(『ソクラテスの弁明』40c4)の提供に焦点を当てて,ソクラテスの議論は論証的なものではなく,確信よりもむしろ安心を与えることを目論んだものであると示唆した.しかし Rudebusch, 35 はこれに答えて,安心はある程度の確信を必要とすることを指摘し,さらに,ソクラテスに形式的に妥当な演繹を帰する一つの解釈を提供している. Brickhouse and Smith は,彼らの最近の著書 (8), chap. 6.5 で,以前の彼らの説明が議論の論理的効力を過小評価していた([8], 203 n. 47)ことを認め,定式化をやり直した説明を与えている.
40 この説明はその詳細が不明瞭であり,ソクラテスが全面的に独創的な,正統に反する宗教的仮説をでっちあげていると考える理由を与えはしない. Ehnmark (2), 116 参照.ソクラテスの移住の物語と『パイドン』の末尾でのそれ(特に 115d と 117c)の類似性に注意されたい. Ehnmark, 120-122 は,『ソクラテスの弁明』の移住の物語はおそらく歴史上のソクラテスのもので,ソクラテスが魂の不死性への傾向をもっていたことを示すと受け取っている.しかし, Ehnmark に反して,もし死が移住であるなら,それはどのようなものであるかの本当の説明がそこで言われているのだということを受け入れた上で,ソクラテスは死が魂の無への移行であることをそれと同じくらいありそうなことだと考えていた,と同時に想定することには何ら不整合なところはない.
41 それは本来は身体に所属するものであって,それゆえ身体とともに滅びるものである.『イリアス』23.72 と『オデュッセイア』11.83, 11.476, 20.355, 24.14 を参照.また,『イリアス』5.499 と『オデュッセイア』4.796 も見よ.「無感覚な死者たち」の場所としてのハデスのさらなる記述については, E. Vermule, 23-27 と J. Bremmer, 78-82 を見よ.
42 『オデュッセイア』10.495, 11.207, 24.6-9. Burkert (2), 194-199 を見よ. L. Watson, 29 は,死に瀕した人が死後に復讐するぞと(たとえば,復讐の怨霊となることによって)脅す呪いのケースがあることに注意を促している.

れは最善でもっとも快い生が徳のある生であるからなのだ,ということを示そうとしている.ソクラテスが生を継続するためにはアテネからの逃亡が必要であるが,これは彼の徳を減少させ,彼が吟味された生を送ることを著しく阻害するものである.ゆえに,消滅ですらソクラテスの魂を堕落から守ってくれるという理由から「快楽」であるということになる(『クリトン』47a-54e を見よ).

33 消滅は——それが苦痛の終わりを意味する限りにおいて——善であるとソクラテスは明らかに考えているが,それなら,われわれをこの苦痛を伴う状況に置いた責任者——神々——は結局善ではないとソクラテスは考えなければならない,という思索をする者がそれでもあるかもしれない.このソクラテスの「悪の問題」については,以下の註 96 での私の推測的解決を見よ.

34 たとえば,『イリアス』17. 446-447, 24. 525-533,リュシアス『弁論』6. 20,ヘロドトス『歴史』1. 31.

35 不死性は,神々だけがもつ嫉妬ぶかく守られた特権であるという見解がしばしば取られた.この見解は,エウリピデスの『救いを求める女たち』533 の「土は土へ,空気は空気へ」という成句の中に,また,ポテイダイアで戦死した人々への追悼詩に保存されている(『ギリシア碑文』1. 945 [『アッティカ碑文集成』1. 442]).Burnet (6), 248-249 参照.Guthrie (2), 176 の表現によれば,不死性を信じることは「ほとんどのギリシア人にとっては異国的な教義に思われた.彼らはホメロスの貴族的な神々の伝統の中で育てられたことをわれわれは知っている.そのような不死なるものとしての神々のもつ特権的な立場を侵害することは,それがどれほど小さなものでも致命的な罪であって破滅を招くものであった」.ホメロスにおける眠りと死の結びつきにも注意されたい(『イリアス』14. 231, 16. 672, 16. 682).Brickhouse and Smith (5), n. 11 の指摘によれば,死の帰結はおそらく(あるいは相当高い可能性で)全面的な消滅であるとみなす古代の情報源が数多く存在する.たとえば,『パイドン』69e-70a,ヒュペリデス『断片』6. 43,デモクリトス『断片』297 (Diels),クセノフォン『キュロスの教育』8. 7. 19-23. Rudebusch, 40 は,ピンダロス『ピュティア祝勝歌』8 に,われわれの自然な状態は死であって,生は異常であるという示唆があることを見てとっている.

死に関するギリシア人たちの態度と実践の調査については,Mikalson (1), chap. 7 および 10,と特に 80 頁を,また,Dietrich ならびに Garland (1),さらに Zaidman and Pantel, 72-79 を見よ.墓場後の生を約束するディオニュソスやオルフェウスのような者たちの人気と儀式にかかわる最近の発見(たとえば,ヒッポニモン,ペリナ銘板[たとえば,F. Graf; S. Cole を見よ])は,この評価の価値をそれほど下げるものではない.エレウシスの秘儀も,秘儀を受けない者よりも善い運命を約束したけれども,それ以上のものはない.Burkert (1), 29 はこう言っている.「秘儀においては,死を克服するこ

の不整合の脅威から救っている.

28　これは,「おそらく私に起こったことは善であると判明したのです. そして, われわれのうちで死ぬことが悪であると想定する者が正しいことはけっしてありえないのです」(40b7-c1) というソクラテスの発言によって, そして, 彼が続けて死が善であるという見解が正しいと論じることに取り掛かることによって (40c4-e1), 含意される.

29　すなわち, ミノス, ラダマンテュス, アイアコス, トリプトレモスのような裁判官たち, オルフェウス, ムサイオス, ヘシオドス, ホメロスのような詩人たち, パラメデス, アイアスのような不正に迫害された者たち, アガメムノン, オデュッセウス, シシュフォスのような英雄たちである. ソクラテスのあげる名前のリストについては, G. Anastaplo, 8-29, 233-246 を見よ.

30　たとえば, P. J. Armleder, 46; Reeve, 182; Roocknik. より寛容な説明としては, Brickhouse and Smith (12), 257-267, (1) と, 特に (8), chap. 6.5 における彼らの改訂された説明を見よ. さらに, Ehnmark (2); Hoerber (1), 特に Rudebusch を見よ.

31　Roochnik, 214-215. M. Miller は書簡の中でソクラテスには奇妙なところがあると指摘している. つまり, ソクラテスは——自己吟味の生の英雄でありながら——非哲学的なペルシア大王の見解に訴え, 意識の停止を称賛している (そして, すぐに続いて, 死後の生でのエレンコスによる吟味を「考えられないほどの幸福」と呼ぶ) という奇妙さである. しかし, ミラーが指摘する奇妙さは認めるけれども, ソクラテスが訴えているものは大王の生きた経験であって大王の見解ではないことに注意すべきであると私は考える (そして, ——大多数の陪審員たちとは違って——ほとんどの快楽のプラスの極点を実際に経験している人の例として, ソクラテスがペルシア大王を用いるのは確かに正しい). また, ソクラテスが消滅の快楽を示す相手の人たちは, 彼らが死ぬまでの期間に (たとえ彼らがソクラテスの生き方に転向したとしても), 内的な衝突の経験の頻度や程度をあまり減少させることはないだろうと考えられることにも注意されたい. したがって消滅による内的な衝突の停止は, ソクラテスに受け入れられる意味で, 真の益を記すのである.

32　Brickhouse and Smith (12), 258-259. Rudebusch 37-40 も有望な説明を与えている. それによれば, ソクラテスは「感覚的」な快楽と「様相的」な快楽の区別というものを考えている. そして, そこでは前者の種類の快楽だけが, 意識をもつ主体が感覚を感じていることを必要とする. しかし, 様相的な快楽は, ——一夜の安眠な眠りや一つの活動に完全に心を奪われることのように——それでも価値あるものであり, もし死がそのような快楽に似ているならば, それもまた善と呼ばれ得るのである.

　　ここでは Calef (3) を見られたい. 彼は, 消滅としての死はソクラテスによって「祝福」,「大いなる利益」,「快楽」と見なされているのであって, そ

私には思われる．ソクラテスはおそらく次のように返答するだろう．強い死の恐怖をそのように説明するならば，それは死の知られない結果の一つが極度に悪いということを自分が知っているという想定をやはり含んでいる，と（これはちょうど，私は失業することを極度に恐れるかもしれないが，それは単にその知られない可能性のゆえにではなく，失業がもたらす一つの現実の可能性が極めて悪いということを私が知っていると想定するからであるのと同様である）．

25 M. Miller は書簡の中で，ソクラテスが妥協しない不可知論を先行する箇所で宣言するのは（28e-30b），それに続くこの箇所での見解よりも，誠実な表明であるという示唆をした．先行箇所は，実際まだ判断を下していない陪審員たちに対しての弁論であり，ソクラテスは彼らに自己吟味とアポリアを生み出すのを欲しているのだ，と．ソクラテスがここで「友である陪審員たち」を，ある「物語を語る」（διαμυθολογῆσαι/diamuthologêsai [39e5]）ことによって慰めることに取り掛かるとき，議論の厳密さのレベルは緩められているとミラーは見る．ソクラテスが 28e-30b ではまったく誠実であると私はたしかに考えるが，事態がその後で「緩められる」と想定する必要はまったくないと考える．偽りや半端な真実でもって魂を害さないことに対するソクラテスの関心を考えれば特にそう言える．また，「物語を語る」という言葉を，プラトンがなにか厳密さに劣るものを指すために用いていると考える理由はない（『ゴルギアス』523a-527e 参照．そこでは，「物語」が真であり [523a, 524ab, 526d, 527a-b]，理性的に擁護できる [527a-b] と言われている）．

26 Brickhouse and Smith (1) および (12), 237-257 は，「大いなる証明」の網羅的な議論を与えている．私の議論の目的にそったものとして，ダイモニオンの沈黙が提供するのは，「[彼の裁判を構成する] 彼の行為の総体の正味の結果は悪ではない」，そしてそれゆえそれは善であると「想定するための優れた帰納的理由」である（[13], 247），とソクラテスが受け取っていると考える点で，私はブリックハウスとスミスの説明に単純に従うことにしたい．私の見るところはこうである．ソクラテスはダイモニオンの沈黙が与える保証のレベルはそれだけで彼の死の善さを実践的に確実なものにする，と考えている．だから，続く議論によって与えられるこのことの確証は，なぜソクラテスは 41d で彼の死が善であることの確信をこれほど完全に保持できたのかを説明する（ここでも，δῆλον (dêlon) は確実性と，最もゆるぎない種類の知識を示唆している）．ソクラテスが理性を越えたしるし（特にダイモニオン）と論証的な理性の間の関係をどのように理解していたかについての詳細な説明は，4・1節と McPherran (15) を見よ．

27 Brickhouse and Smith (5), (8), chap. 6.5; E. Ehnmark (2); R. Hoerber (1), 92; G. Rudebusch, 35-45 は，すべてほぼ同様のやり方でソクラテスをこ

——鈍感で感受性がないかもしれないが——ソクラテスほど厳密さをもった哲学者ならば，共感と合理的判断を区別したとわれわれは期待するだろう．ヴラストス，ガスリー，テイラーは不死性はソクラテスにとって議論を欠いた一つの信仰であるとしようとするが，これはヴラストス自身の見解，(14), 157-178 と衝突するところがある．ソクラテスは極度の合理主義者であって，(『クリトン』46b4-6 のヴラストスの解釈により) 理性による熟慮を通して基礎づけることのできる命題だけを真とみなすことに関与しようとする，というのがヴラストスの見解なのだから．M. Morgan (2), chap. 1 は，——立派なことに——より抑制的である．彼の説明では，ソクラテスが外来の，恍惚的な儀礼や宗教儀式 (たとえばザルモクシスのそれ) と接触していたことから，プラトンはソクラテスが魂の不死性に関与していたと考えるに至ったのだが (31)，われわれが確信をもって言えることはただ，ソクラテスは魂の不死性の信念を「まじめに考えていた——そしておそらく受け入れもしていた」ということだけである (30). また，Beckman, 19-23 はこれらすべてに対する例外である．彼は，魂は身体の一側面にすぎないというのがソクラテスの考えであると論じる．それゆえ，魂は消滅する可能性が大いにあるとソクラテスは考えていたはずだ，と論じる．結果として，彼のソクラテスは不死性の問題に関しては不可知論者である．私はこの特定の議論の線は拒否するが，『ソクラテスの弁明』40c-41d がソクラテスの不可知論の証拠となることについては，ベックマンに同意する (J. Adam [2], 344-346 参照．彼も同様の線で考えているように思われる．).

21 Burnet (6), 257 に反して．彼は，『ソクラテスの弁明』が魂の世話の必要を主張することの「必然的な系」として，ソクラテスが魂は不死であると (そしてそれは覚醒的な意識と同一であると) みなしていたという推論が許されると考えている．

22 Brickhouse and Smith (5), 156 および (8), 202.

23 ここでもまた，ソクラテスがすべての知識を否認したと考えるべきではない．人間として，ソクラテスは日常的な種類の，道徳とは無関係の知識をある程度所有しているし，エレンコスの熟練者として，「人間なみの知恵」を「ほんのすこし」獲得した (『ソクラテスの弁明』21d6). つまり，——徳の知識を所有していると信じている者たちとは違って——彼はそのような知識を持ち合わせていないという (そして人間なみの知識はあまり価値をもたず，神だけが知者であるという [23a-b]) 知識である．Brickhouse and Smith (12), chap. 2; McPherran (15), 364-365 および 4・1・5 節，Reeve, 33-62; Woodruff (2) を見よ．

24 D. Roochnik, 212-220 は，死の恐れについてのソクラテスの分析は不正確であると言う．なぜならそのような恐れは死がもたらす純粋な，知られない可能性への応答だから，と言うのである．しかし，この結論は帰結しないと

ら（『ソクラテスの弁明』41a-c），さまざまな感情は魂に源をもつように思われる．ただ，渇きのような身体的欲望が「（死後も）存続する」とする必要や理由はないように思われる．

11 Vlastos（14），47-48．また，プラトンと違って，ソクラテスは魂が非物質的であるかどうかという問題を初期対話篇のどこでも扱っていないことに注意されたい（[14], 55．しかし，『ソクラテスの思い出』1. 4. 8-9 を参照）．

12 Vlastos（12），94 および（14），55．

13 Burnet（6），257．

14 バッカス的，オルフェウス教的，ピュタゴラス的な魂の概念の発展についての議論としては，Burkert（2），296-301 および（3），133-135, 162-165，さらに，W. Jaeger（3），88-106; E. Rohde 2:1-37 を見よ（また，ソクラテスがこれらの発展について知識をもっていたと考えられることについては以下を見よ）．

15 これゆえに，Guthrie（6），149 は Burnet（6），245 の主張を支持するのをためらっている．後者によれば，ソクラテス以前に「われわれの内には知恵を獲得する能力をもつ何かが存在する．この同じものは善さと正しさを獲得する能力ももつ．そして，それは「魂」[ψυχή/psuchê] と呼ばれている」と言った者は誰もいなかった．

16 Claus, 特に chap. 5 および Guthrie（6），147-153 を見よ．Vlastos（12），93-95 および（14），53-56, 特に n. 37, また，E. A. Havelock（2），197-201 を参照．

17 たとえば，『ソクラテスの思い出』1. 4. 13-14, 『ソクラテスの弁明』41c9-d2, 『エウテュフロン』14e11-15a2, 『国家』379b．第 2・2 節と McPherran（14），302-309, さらに，Vlastos（14），162-166 を見よ．

18 Vlastos（12），94 および（14），55．しかし，またしても，この箇所は積極的関与を伴わない不死性の「受容」を示すにすぎないかもしれない．『メネクセノス』243e-244b でソクラテスは，双方の戦死者が和解するように供犠と祈りを捧げるように聴衆に促している．しかし，この弁論はソクラテスではなくアスパシアによると想定されていること，また，弁論の劇的設定年代はソクラテスの死の 12-13 年後であること，その文体から，そこでのプラトンの意図は，当時の弁論のパロディーであって教義の伝達ではないと考えられることに注意されたい．Guthrie（3），4: 312-323 を見よ．

19 Vlastos（12），94 および（14），55．ソクラテスはこの説明が真であることの確信を四度も示している（523a1-3, 524a8-b1, 526d3-4, 527a5-b2）．

20 たとえば，Burnet（6），257; Guthrie（6），160-162; A. E. Taylor（4），31; Vlastos（12），94-95 および（14），54-55; そして最も最近では，Brickhouse and Smith（8），chap. 6. 5. テイラーは上のことから，「彼（ソクラテス）自身の共感が祝福された不死性の希望の側にあることを読み取れないのは，鈍感で感受性のない読者だけであろう」(31) とさえ主張している．しかし，

笑させて「賢い魂（ψυχαί/psuchai）」と呼ばせているからである（『雲』94. 414-415,『鳥』1555 参照）．しかし，注意しなければならないのは，ソクラテスが死は魂の別の場所への移住であるという可能性を考慮する時（『ソクラテスの弁明』40c-41c），彼が描写するハデスにおける肉体を離れた魂は，不可視な非物体的な形相を観想する純化された魂というオルフェウス教的，プラトン的魂ではないことである．むしろ，それは他の個人との接触をもちながら動き回り，何らかの通常の知覚経験をもち続けるような何かである（こうして，それは魂を「影」とみなすホメロス的な魂概念の側面を保持している）．

5 ソクラテスは，『カルミデス』155d-157c では，トラキアの「神－王」ザルモクシスの従者である一人の医者の見解を述べている．その医者の意見では，頭部を治療するために身体全体を治療する必要があるのと同様に，身体を治療するためには魂を治療しなければならない．というのも，「すべての善悪は，身体におけるものであれ人間全体のおけるものであれ，……魂に起因するのだから」(156e6-8)，と．この箇所からは，ソクラテスは身体と魂の間に成立している関係を，単純な非同一性の関係（魂が身体の中に「住む」）よりも複雑なものと考えていたことを示唆する．その複雑な関係においては，魂は精神と身体の統一体として考えられた人間全体を組織する原理である．しかし，ソクラテスはこの理論をテキスト中ではどこでも実際に裏書きはしていない．それゆえ，この理論を彼に帰するのは性急であろう（Beckman, 21-22 に反して）．D. Claus, 170-172 参照．

6 Vlastos (3) と (16), Brickhouse and Smith (10) と (11) を見よ．ソクラテスの道徳哲学における徳の行為の地位については，同じく Brickhouse and Smith (8), chap. 3 と 4 を見よ．

7 『クリトン』47e-48a,『エウテュデモス』279a-281e,『プロタゴラス』313a-b,『ヒッピアス（小）』372d-373a.『ゴルギアス』477a-e, 511c-512b と『アルキビアデス I』131a-c 参照．また，Brickhouse and Smith (5), 159 および (8), 206-207 を見よ．

8 たとえば，Beckman, 19-23 を見よ．

9 また，『ソクラテスの思い出』1. 4. 8-10 では，ソクラテスは精神／魂の非身体的な本性を肯定していることに注意されたい．『パイドン』115b1-116a1 参照．そこでソクラテスは，（彼の魂ではなく）彼の身体を「ソクラテス」と呼ぶのは誤りであるという見解を示している．

10 たとえば『プロタゴラス』352a-360d を『国家』442a-c と比較せよ．Vlastos (12), n. 65 および (14), 86-91 と特に『ソクラテスの思い出』1. 2. 23-24, 1. 3. 14-15 を見よ．最後の諸箇所では，ソクラテスは肉体的快楽，情念，欲望の場所を身体に位置づける．また，ソクラテスは彼の魂が死者との生き生きした，快適な，会話的交流を享受するかもしれないと想像しているのだか

彼は追放を提案するべきではないのである．哲学という徳の活動を行う彼の能力を減ずるその他の罰は，この理由により，彼の生を生きるに値しないものにしてしまうので，拒否されなければならない．(Brickhouse and Smith [12] および [8], chap. 6. 5, さらに, Calef [3] を見よ．)
159 『ゴルギアス』によれば，——すべてのアテネ人の中で——真の政治を実践したのは，実際ソクラテスだけであった（521d）．

第五章　ソクラテスの宗教

1 Burnet (6), 243.
2 N. スミスは私との通信で，『パイドロス』229c-230a が示すのは，ソクラテスが単に不死についての習慣的な見解を受け入れて，それに反対する証拠を探そうとはしないことである，と論じる者があるかもしれないということを示唆した．なぜなら，そのような行為は彼の哲学的利益の筋に沿わないし，そういう受け入れは彼の道徳理論とどこでも衝突しないからだ，と．しかし，コミットメントを伴う信念と，単なる受け入れという比較的強度の弱い認識的状態の間の区別は価値があるかもしれないが，前五世紀のアテネにはソクラテスが単純にそれに従うことができるような，不死についての十分有力な習慣的な見解は存在しないことが以下で見られるだろう．
3 『ソクラテスの弁明』36c5-7 における 29d9-e2 のパラフレーズにおいては，心的，道徳的なよき状態の主体は人称代名詞（ἑαυτοῦ/heautou）によって指示されていることにも注意されたい．『ラケス』185e-186a，『プロタゴラス』312c, 313a-e（ψυχή/psuchê: a2, a7, b2; σαυτόν/sauton: b5, c2），また，Beckman, 20-21 参照．あとで私が論じるように，『ゴルギアス』は魂についてのソクラテスの見解の信頼できる情報源ではないけれども，たとえば 486e では，この対話篇のソクラテスは「私の魂が信じる」を「私が信じる」の意味で用いていることに注意されたい（Vlastos [12], n. 28 and [14], 55）．またソクラテスはどうやら，魂を「生命－力」とみなす伝統的見解を保持したとも思われる．クセノフォン『ソクラテスの弁明』30，『ソクラテスの思い出』4. 1. 4，『クラテュロス』399d-400a 参照．
4 たとえば，『カルミデス』157a-d, 160a-b,『プロタゴラス』313c-314b,『ヒッピアス（小）』372e-373a,『ソクラテスの思い出』1. 2. 53, 1. 4. 8-9, esp. 13-14 を見よ．これらの箇所では，魂がさまざまな認識的活動（たとえば記憶，推論）に従事するものとして記述されている．また，『ヒッピアス（大）』296d8 では，ソクラテスは「われわれの ψυχή (psuchê) が言おうと欲する」ものについて語る．『メネクセノス』235a-c 参照．アリストファネスもまた，ソクラテスの思考における魂の特異な知的，道徳的役割の証拠を提供している．というのも，彼はストレプシアデスにソクラテスの弟子を嘲

れを追求することを助言するだけなのだろう．トラシュマコスでさえいくつかの真なる信念をもっているであろうし，人間の魂の能力からして，魂が真なる信念の所有とそのテストから受ける利益は，魂が偽なる信念の所有から受ける害よりも大きいのであるから，ソクラテスはそれを信用するわけである．

155 たとえば，ソクラテスを有罪とみなした陪審員が，ソクラテスの息子たちをエレンコスの吟味で「悩ませる」のは明らかに許される（『ソクラテスの弁明』41e）．

156 能動的に哲学する義務のある人々の数がこのように限定されているにもかかわらず，初期対話篇から受ける全体の印象としては，やはりソクラテスは一般的には哲学の営みへの接触を制限する必要をほとんど感じなかったように見える．とりわけ哲学の活動が受動モードの場合そうである．哲学することは，限定されたやり方においてすら，実質的にすべての人にとって善であるとソクラテスは考えていたように見える．明らかに，プラトンはこの態度に潜むある危険を察知したがゆえに，哲学を少数の有資格者だけに限定するに至った．彼の考え——と思われるところ——では，理性的説得の力の評価と，普通の人々の知的，道徳的潜在力の評価においてソクラテスは寛大にすぎる（たとえば，『国家』494a, 519d, 537e-539e［特に 538d-e］を見よ）．哲学とエレンコスへの無制限の接触（と，それゆえそれに関する一般的な義務）に対して，円熟期のプラトンが（たとえば『国家』において）示した非常に異なる態度についてのすぐれた論考については，Nussbaum（1），特に81-88 を見よ．

157 敬虔についてのこの見解によれば，われわれが積極モードで利他的に哲学を追求することの源泉となるのは，まずなによりも，神々がわれわれの幸福を欲求することである．なによりもこの理由から，われわれは他人を論駁するのを試みなければならない（というのも，分別の観点から言えば，われわれは自分自身を論駁することだけを求めるかもしれないからである）．それにもかかわらず，われわれの敬虔な奉仕の達成のために他人を論駁することは，われわれの利益ともなるだろう．というのも，神々は善き人々の幸福に無関心ではないからである（『ソクラテスの弁明』41c-d,『エウテュフロン』14a,『ソクラテスの思い出』1. 4. 5-19）．ソクラテスが神々にわれわれの幸福に対する欲求を帰していることの証拠については，本書 2・2, 3・2, 5・2 節を見よ．

158 ソクラテスは追放を罰として提案することを拒否するが（『ソクラテスの弁明』37c-38a），これは私の説明では，彼はどこに行っても哲学しなければならないのだから，死，あるいは，せいぜい無意味な放浪が彼の運命となるであろうとソクラテスが判断した結果である（『ソクラテスの弁明』37d-e）．加えて，彼の死は，神に対する彼の仕事を促進するかもしれない．こうして

の伝統的実践の程度を誇張しているという可能性はあるが，彼の記述はプラトンの中にある証拠（たとえば，『エウテュデモス』302c,『パイドロス』229e,『パイドン』117c）とは独立に，一定程度の伝統的実践を確証すると思われる．私の敬虔解釈（P 6）によれば，非宗教的な正しい行為も，神々を喜ばせ神々に奉仕する意図をもって遂行されるなら，敬虔な行為となるであろう．

152 『エウテュフロン』とその他の箇所において（『国家』377e 以下，『法律』886b 以下），エウテュフロンのケースにプラトンが示す注意を考えれば，プラトンはエウテュフロンを驕慢（ヒュブリス）とそれがもたらす危険の典型的なケースとみなしているようである．ソクラテスが指摘するように（『エウテュフロン』4a-b, 4e, 15d-e），彼の高慢な知識の主張と彼の実際の知識の状態のギャップは非常に大きく，彼はその偽なる主張に基づいて自分自身の父親を起訴しようとする（『エウテュフロン』3e-5a）．

153 たとえば，『エウテュフロン』9d7-8,『クリトン』49c11-d1,『プロタゴラス』331c4-d1 を見よ．『ゴルギアス』458a1-b1, 500b5-c1,『国家』349a4-8 と Vlastos（8），35-38 参照．

154 もちろん，ソクラテスは自分が特別な資格をもった個人であると考えていたかもしれないし，われわれは町にたまたまいるどんなエレンコスの使い手にも注意を払う必要があるわけではない，とソクラテスは考えていたかもしれない．彼は自分がその界隈でただ一人の有能なエレンコス使いであると考えたかもしれない．この可能性は，エレンコスを受けなければならないわれわれの義務に決定的に影響する一つの問題を提起する．エレンコスの吟味を受けなければならないわれわれの義務は，（1）ソクラテスによるエレンコスだけを受ける義務なのか，（2）よいエレンコスを受ける義務なのか，（3）どんなエレンコスでも受けなければならない義務なのか．私の説明が真実に近いとするならば，ソクラテスの死後にはわれわれには哲学する義務はなくなるという（1）の考えをソクラテスは否定するだろう．また，彼は（3）も否定するだろう．なぜなら，われわれはある種のエレンコスの出会いを積極的に避けなければならないからである（それは能力のない，あるいは，悪い意図をもったエレンコスの使い手によって偽なる信念が奨励される場合である）．だから，われわれの義務はよいエレンコスだけを求める（2）であることは明らかであるけれども，問題はそれをどのように同定するかということになろう．しかし，もし私が道徳的な大きな無知の状態にあるならば，どうやってよいエレンコス，よいエレンコスの使い手を見分けることができるだろうか．そして，どうやってソフィストや愚か者から哲学者を区別することができるだろうか．（ソクラテスはわれわれの想像以上に神の導きの力に信を置いていたのかもしれない．）おそらくソクラテスは，なんら重要な危険をもたらすとは思えないようなエレンコスとの出会いについては，すべてそ

146 私はこの逸話が本当のソクラテスについてのものだと考える．というのも，弟子を拒否するという行為は他の箇所でも見られるからであり（『ソクラテスの思い出』1.1.4，『テアゲス』128d8 以下，『アルキビアデスⅠ』105d 5-106a1），『雲』の中には出産のメタファー，そして産婆のイメージに対する言及とみなし得るものがいくつか見られるからである（たとえば，137，633 以下）．D. Sider を見よ．しかし私は，産婆のメタファーはプラトンの創作であるという Burnyeat (1), 7-16 の議論に説得される．『テアイテトス』の著作年代が後期であることは，初期対話篇のソクラテスの見解についての信頼できる情報源としてのこの対話篇の価値を，相当損なうと認めたい．

147 Burnyeat (1), 9.

148 ソクラテスに言わせれば，魂の正しい世話という主題についての誤った見解よりも，人間にとって大きな悪は存在しない（『クリトン』47a-49e．『パイドン』115e，『ゴルギアス』458a 参照）．だから，エレンコスのもたらす困惑やソクラテス的な無知の告白でさえ重要な利益なのである（『ソクラテスの弁明』23 a-b）．したがって，われわれは，真理あるいは困惑を獲得するのを助けてくれる「魔法使い」を探さなければならないのである（『カルミデス』175d-176c）．Kraut (3), 235 以下を見よ．

149 そのような行為を一貫して行うことが仮に可能だとしても，議論 S の前提 (2) を見よ．私はここで，この可能性が，受動モードで哲学することさえ要求することはないと想像する．

150 吟味のない生は生きるに値しないというソクラテスの包括的な主張があるので（『ソクラテスの弁明』38a），ソクラテスは現在の個人の集合を非常に少数のものとみなすだろうと言わねばならないだろう．このソクラテスの原則は例外を許容する．というのも，Irwin (4), 91 が指摘するように，「（ソクラテスにとっての）自己吟味は，［もっぱら］道徳についての正しい信念の重要性のゆえに価値がある」からであり，また，「［道徳］知が見出された時には，エレンコスはもはや道徳的教授の本質的な方法ではなくなるだろう」(97) からである．私が論じているこれらのケースにおいては，エレンコスが（たとえば「正しい仕方で信念をもつことは，結果をはなれてそれ自体で価値があるという理由で」[97]）その結果をはなれて価値があるとされる心配はない．というのも，知的に劣った人々は，自分たちの見解を擁護するために，エレンコスを「理性的に，そして，自立的に」用いることができないからである．

151 2・2，3・4節を見よ．プラトンの著作の中には，ソクラテスの宗教的供犠の例はただ一つ――それも疑わしい例が――あるだけである（『パイドン』118a）．しかし，クセノフォンの『ソクラテスの思い出』の中には，ソクラテスが伝統に従った実践を行ったことの証拠となる箇所が数多くある（1.1.2，1.1.19，1.3.64，4.3.16-17，4.6.4-6）．ここでもまた，クセノフォンはそ

が魂の状態として考えられた徳を，徳の活動と区別していたと論じる．これを基盤にして彼らは，前者は幸福にとって必要であるが，後者だけが十分であるとソクラテスが信じていたことを示そうと試みる．（したがって彼らによれば，ソクラテスは [Irwin (4), 100 と Vlastos (3), 192-196 が保持する]「幸福にとって徳が十分であるというテーゼ」を否定する．Brickhouse and Smith [12], 163-166 および [8], chap. 4 参照．）これに従えば，身体が著しく損傷した者は，「よく生きる」ために必要な徳の行為の遂行が不可能になる可能性があるので，人は（哲学的能力のいかんにかかわらず）生きているよりは死んだほうがよいといえる程度にまで，身体的に害を受けるということがありうる，という帰結が出て来る．そうすると，この種の害悪の脅威が（別のところで相殺する善の生産を約束することなく），ある人の哲学する義務を制限するという状況を想像するのは容易である．

143　この語は命じられていない行為をなすことを含意するのかもしれない．

144　たしかに『ソクラテスの弁明』38a は無条件の哲学の勧めである．そこでは，すべての者は日々の大部分を，ソクラテスが市場でやっていることをして，過ごすべきだと言われているように見える．それにもかかわらず，ソクラテスは彼が自分に課した哲学への無私の献身と同じものを，いかなる所でも他人に明確に要求してはいない．そして自分に対する要求においても，ソクラテスは長い目でみた結果に照らして，自分の使命を緩和する（『ソクラテスの弁明』31c-32a, 36b-c）．

145　Irwin (4), 91. G. Anastaplo, 18-20 の議論も見よ．彼は，ソクラテスの生の吟味は他人の生の吟味を要求すると論じる．というのも，すべての人は共同体の生という一つの生を共有し，自分の生の理解はその置かれた状況の理解を必要とするのだから，と．（虚栄に陥る可能性のある選ばれた数人だけではなく）他人を数多く吟味することはまた，自己吟味の前提条件でもあるように思われる．というのも，それは人間の本性のもつ驕慢（ヒュブリス）と自己欺瞞への傾向を治療的に予防するからである．より数多い人々に対してエレンコスを追求することのこれら二つの理由は，Reeve, 72 への手短かな返答となる．彼の見解によれば，ソクラテスの活動の領域の広さの説明は，まずなによりも，非宗教的ではなく宗教的理由に基づいている．Vlastos (14), chap. 6, 176-178 および (18), 235-237 を参照．Vlastos は，ソクラテスの他人に関する使命を説明するのは，哲学をすることに対する宗教的理由だけであると考える．（この宗教的理由は，哲学を追求する自己に関する非宗教的な動機と彼が言うものと対置される．）これと対照的に，私の立場では，哲学する一応の義務として，（P6 による）宗教的なそれと（S による）非宗教的なそれは，どちらも等しい領域と力をもてるけれども，神託によってソクラテスは，哲学することに対する両方の正当化に通常付随している限定条件が，彼の場合には当てはまらないことを理解させられるのである．

ということにすぎない．

135 Woodruff (1), 83-84 を見よ．Stokes (2), 37-41 参照．
136 われわれに対する敬虔な奉仕の要求は実質的なものである．たとえば，神々に対するわれわれの援助は，多くの者がわれわれについて考えるよりも重要であると言われている（『ソクラテスの弁明』21e）．
137 『ソクラテスの弁明』20e と 31a（『ゴルギアス』521d 参照）からして，アテネにソクラテスと同じくらい熟練したエレンコスの使い手がいることを，ソクラテス（あるいはプラトン）が認めることはありそうもない．しかし，必ずしもこれによって，他の人々が能動的に哲学する義務から完全に免れるわけではない．
138 Vlastos (8), 31-32.
139 Brickhouse and Smith (14) は，Vlastos (16) へのコメントで，私が上であげた箇所のいくつかを根拠にして次のように論じている．「ソクラテスはそれ（エレンコス）の最大の達人であると安全に想定できるけれども，どのようにであれエレンコスを適切に説明しようとするならば，われわれのうちの誰であれそれを誠実に用いようとする者にエレンコスは推奨されうるということを認めなければならない」(195)．また，Brickhouse and Smith (8), chap. 1 を見よ．
140 ソクラテスはエレンコスの議論に参加するどんな人でも歓迎するという事実にもかかわらず，私はこのことが真であると考える．ある一つの機会に彼が出会うすべての人を（『ソクラテスの弁明』29d），若者であろうと老人であろうと，市民であろうと，外国人であろうと，奴隷であろうと（『ソクラテスの弁明』30a.『メノン』82a 以下），ソクラテスは歓迎する．
141 Irwin (4), 91 参照．
142 Irwin, (4) 93．続く論文 (8) において，アーウィンはソクラテスの知恵についての順応的な，ストア的な説明を与えている．この見解によれば，知恵は外的な条件がどうであるかにかかわらず，幸福を確保する．私があげたこれと矛盾する箇所（アーウィンも承知している）のゆえに，私は彼の見解をとることはできない．むしろ，私はどちらかというと Vlastos (3) の方に説得される．彼はソクラテスにとっては「善の従属的な構成要素，つまり，非道徳的善」の集合がある，と言う．「われわれはそれらを欠くよりももっていた方がより幸福なのである」(201)．ある個人にとっては，哲学の実践の継続によってそのような善が失われ，しかもそれを相殺する知恵の獲得が全くないという可能性がある．そういう場合には哲学を避けることで，より大きな幸福が確保される．われわれのより大きな幸福のために必要な善は，われわれが哲学することによって損なわれる可能性がある，という私の見解を支持するずっとより強い議論は，Brickhouse and Smith (11) および (12), chap. 4. 2 によって与えられる．(8), chap. 4 参照．彼らはソクラテス

テスの義務であるのとまったく同様に，われわれの一応の義務であることに変わりはない．リーヴ自身の説明（72）は自己矛盾しているように思われる．彼によれば，ソクラテスだけがエレンコスの伝道師としての宗教的な義務を負うが，彼の義務の根拠となるのはその反驕慢的な帰結がアポロン神によって強く推奨されていること（これは偽装された一種の命令と解釈される[27]）である．これはエレンコスによる哲学をすべての人に対する宗教的要求とするであろうと思われる．Vlastos (18), 231-238, (14) chap. 6, 173-178 を参照．

131 このように，ソクラテスの非宗教的，宗教的理由は完全に互いに独立ではないけれども，ソクラテスに特異な哲学的義務のとほうもない大きさを説明するのは神託なのである．Vlastos (14), chap. 6, 173-178 と Reeve, 72 を見よ．

132 Stokes (2), 48.

133 Brickhouse and Smith (7), 128. また (8), 195 と (12), chap. 5.5 を参照．

134 このことは，リーヴがソクラテスの神託解釈に確実性を否定する（71）ことと一致する．しかし，リーヴが「次のエレンコスによる出会いが［彼の解釈が］間違っていることを示すかもしれない」と言う時，彼は解釈がダイモニオンから受け取る確証（33c4-7）をとらえそこなっている．そのような理性を越えた確証によって（リーヴはそれがさらなる理性的解釈や正当化によってチェックされないことを認めるのだが［69］），ソクラテスの神託解釈は，エレンコスによって正当化された「標準的な」信念よりもずっと訂正される可能性が少ないものになる．Stokes (2), 72-74 は，33c5 の「神託」（μαντείων/manteiôn）をあげることによって神託が提供する正当化を補強しようとするのは，さまざまな問題に遭遇すると論じる．主としてその問題は，(1) 複数形の使用と，(2) その箇所が後の方に置かれていることである．しかし，私は (1) には何の問題もないと考える．というのも，それはソクラテスが彼の「いつもの神託」（μαντική/mantikê [40a4]），つまりダイモニオンが絶えず果たしていた確証の役割に言及するやり方として，自然なものであろうからである．(2) は単に弁明が現実的な口述弁論を模倣していることを示すだけである．そういう弁論では，まず人の解釈の探求のきっかけとなった出来事に焦点を当て，その後ではじめてなんであれ探求の途上で遭遇した確証の「しるし」に言及するのは自然であろう（だからそういった「しるし」は，Stokes [2] に反して，神託の地位をおとしめることはない [73]）．ストークスは，これらのしるしが「容易にテストできる」(33c8) とソクラテスが主張するにもかかわらず，そのテストがどのように行われるのか語られていないという不満を述べている（73）が，おそらくソクラテスが意味しているのは，彼の夢その他については，夢を尊重するどんな善きアテネ人によっても容易に質問され，そして重みのあるものと見なされただろう，

スが本当に解釈の作業を行ったのだとしたら、それは魂を向上させることに関して神々を無力にしてしまうことになる。なぜなら、解釈に必要とされる先行する信念は、ソクラテスのように神のしるしを疑う者に対しては神から与えられ得ないからである。しかし、ここでも他のどの箇所でも、ソクラテスは神の与えたしるしと考えたものに潜む真実を疑ってはいない。

122 Kraut (3), 271 参照.

123 Stokes (2), 42-47.

124 「人間なみの知恵」についての Reeve, 33-37 の議論を見よ.

125 ここではおそらく次のように言うべきであろう。ソクラテスにとってエレンコスの吟味としての哲学は、「現在の状況において」、——すなわち、アテネにおける道徳的無知の現状が与えられた場合において——徳と幸福を獲得する最良の方法である、と。このように言うなら、エレンコスの教育準備的機能が徳の知識に向けた一般的な前進という結果を生み出した場合に、他の形の哲学がエレンコスの行使に取って代わるという可能性は排除されないことになる.

126 ここで私は、33c4-7 の「神託や、……神がかつて誰かに何かをなすように命じた他のあらゆる仕方」が、ダイモニオンを含むことをソクラテスが意図していると理解している（ここではおそらく、40a2-c3 の議論により、ダイモニオンの——能動的な指令ではなく、——その沈黙がソクラテスの義務を示すものであろう）.

127 23b1 の παράδειγμα (paradeigma) は、単なる事例の意味（ソクラテスが人間なみの知恵の単なる一つの例となる）ではなく、勧告的、範例的意味（すなわち、「知恵ある者になりたいのなら、ソクラテスのようになれ」）で用いられている、という Stokes (2), 44-50 の議論は説得力がある.

128 Reeve, 27-28 が指摘しているように、いったんソクラテスが神託の真理について満足いく解釈を達成したとしても、それで彼のエレンコスの活動が無用になるわけではない。むしろ、驕慢（ヒュブリス）を認識し避けることの重要性に対してアポロンがおいた価値を、その活動が促進する限りにおいて、それは価値をもつ。この解釈は『パイドン』85b によって支持される。そこでは、ソクラテスは自分がアポロンの（アポロンのお告げを与える白鳥と並んで）従者の一人であると主張している。Stokes (2), 44-50 参照.

129 Grote (2), 284-287 や Phillipson, 293-296 や Friedländer, 2:162 のような解釈者に反して.

130 このように私の解釈では、ソクラテス・だ・け・が吟味される生に対する宗教的な理由をもつというリーヴの示唆 (72) は全く正しくないことになる。むしろ、原理 P6 は、すべての人に哲学を敬虔な実践として推奨する（2・2 節を見よ）。たとえば、ソクラテスは知恵があると神が宣言した時、神は偽りを述べてはいないのだということを他人に証明するという行為は、ソクラ

く語れば（εὖ λέγειν/eu legein）神々は彼の言を聞くであろうと言うが，「よく語る」は通常プラトンにおいては「真を言う」を意味する（たとえば『国家』338b）．これは，ソクラテスにとって神々の知恵は神々の真実への愛を含意することを示す．上のことはまた，われわれがすでに見た（2・2節）想定がなぜ正しくないのかを示してくれる．その想定というのは，ソクラテスの神々が魂を向上させることに関しては無力であるという想定である．もし神々が完全な知識をもち，完全に全能であるなら，——そしてとりわけ，もし神々が魂の創造者であるなら——エレンコスのテストがもたらす浄化を必要としない道徳的に完全な魂を創造することも神々には可能である．したがって，P6のような先行する信念，そして，神々は完全な知識をもっているという信念が，魂に植え付けられることも可能である．

119 ソクラテスが知恵があると評判の者たちのところへ向かったのは，どこかあるとすればそこで，「この人は私よりも知恵がある，しかしあなたは私の方が（より知恵がある）と宣言した」と神託に対して示す（ἀποφανῶν τῷ χρησμῷ/apophanôn tôi chrêsmôi）ことによって，「神の言を論駁する（ἐλέγξων τὸ μαντεῖτον/elenxôn to manteion）」ことができるかもしれないからだ，とテキストでは言われている．Stokes (2), 34-37 は，ソクラテスの意図に関する興味深い文法上の問題を提起している．しかし，ソクラテスのとった手続きが神の誠実さに関する疑いを表現するという見解を，テキストは支持しないと彼は最終的に結論している．

120 クロイソスやオイディプスのような人物に対する過去の有名な神託のかかわりから判断して，自分に対して個人的に言及する神託の意味を解読しようとするのは，とりわけ賢明であるとどんなギリシア人でも考えたであろう（Stokes [2], 32, 46-47. Guthrie [6], 87; Reeve, 23 を参照）．A. D. Nock, 2: 536-540 は，ピュティアが言ったことは何でもかならず成就されると，そして，人は理性を用いてその発言の意味を解釈するべきだと，一般に仮定されていたことの証拠を提示している．しかし，Stokes (2), 33, 58-62 を見よ．フォンテンローズは，ピュティアの不明瞭さの評判は伝説的なものにすぎず（上のヘロドトスの箇所におけるように），そして，歴史的にはピュティアは「明確に，一貫性をもって，直接に」(10) 語ったと，説得的に論じている．とはいえ，問題は彼女の評判の方である．

121 Vlastos (14), 172 の見解に反して，ソクラテスは彼の神託解釈の探求を「神のために」遂行された，「ヘラクレス的難行」だとも言っている (22a)．これは——神託の表面の意味の「論駁」を試みることによる不敬を示すどころか——「神の事柄」を常に第一に考えるという彼の敬虔な原則の強さを証明するさらなる証拠である (Brickhouse and Smith [6], n. 15)．つけ加えるならば，『ソクラテスの弁明』のこの箇所でのソクラテスの実際の手続きは，ヴラストスのような人たちの反論を封ずる．彼らの反論によれば，ソクラテ

(Stokes [2], 63-66). しかし，(Stokes [2], 65 に反して) これだけではソクラテスが立てた決意と義務の程度を産み出すには不十分であることに注意せよ．それを明らかにするのは，われわれがこれから見るように，神託が助けとなったのである．

115 哲学をすることに対する分別的（自己利益の）理由をこのように描写することによって，私は Irwin (4), 91 に同意する方向に傾く．彼はソクラテスが哲学を評価するのはもっぱらその結果のゆえであると考える (Kraut [3], 271 n. 43 に反して)．ソクラテスにとってエレンコスは善き目的（徳と無知の認識）のための手段であるが，最終善のために選択されたものは，どれもそれ自体における善ではない（『リュシス』219c-d, 220a-b．『ゴルギアス』472c-d, 500c 参照）．また，Reeve, 177-179, 特に n. 84 も見よ．リーヴは，エレンコスの価値は，驕慢と非難されるべき無知からわれわれを遠ざけてくれるその特有の力に（道具的に）由来すると主張している．これらすべてに対して比較検討されなければならないのは，『ソクラテスの弁明』の末尾でのソクラテスの主張である．ソクラテスはそこで，（専門的知識の獲得や驕慢を減じることに言及することなく）名高い死者たちの間でエレンコスを行使する死後の生は「考えられないくらい大きな幸福」($\dot{\alpha}\mu\dot{\eta}\chi\alpha\nu o\nu\ \varepsilon\dot{\upsilon}\delta\alpha\iota\mu o\nu\acute{\iota}\alpha\varsigma$/amêcharion eudaimonias [41c3-4]) であろうと言っている．

116 『ソクラテスの弁明』28d で言われていることは，ソクラテスが前述のようにものごとを理解をすることができたことを示唆する．アテネで哲学をするようにという彼が神から受け取った命令は，戦場でなんらかの持ち揚に彼を配置する将軍からの命令と両立するとソクラテスは示唆する (28d-e)．この示唆によってソクラテスは次のような可能性を暗に認めていることになる．ある人が，(1) まず最初は自分を配置し，自分が率先して戦う．(2) 次に将軍によって「より（戦いに）優れた者はだれもいない」と言われる．(3) その報告に当惑する．(4) 一流の兵士たちと対戦することによってその意味を理解しようとする．(5) ずっと連続する勝利を経験することによってそれを理解する．そして最後に，(6)——将軍には従わねばならないという，そして，すべての市民は善き結果を生み出す限り戦わねばならないというもともとの信念を通して——この人は，自分が絶え間なく，そして個人的な犠牲を顧みず戦うように「命じられている」のだという見解にいたるのは自然であろう (29c-d, 31a-c による)．Stokes (2), 70 参照．

117 神託の発言からソクラテスの哲学する義務を引き出す以下の論は，Brickhouse and Smith (6), 664 に多くを負っている．Reeve, 21-32 参照．手短かに言えば，ソクラテスは敬虔の要件に関して以前から彼がもっていた信念に由来する神への義務の感覚をもち，その信念は神託の直接の命令に基づくものではない，と彼らは論じる．

118 『エウテュフロン』9c1 でソクラテスはエウテュフロンに，もし彼が「よ

註 121

識はこの世では（そして，おそらく来世でも．『ソクラテスの弁明』40e4-41b7 を見よ）獲得不可能であるとソクラテスには思われたので，エレンコスの価値は，ソクラテスの道徳的信念を確保し（たとえば，不正をなすよりもなされる方がよりよいということを），知識をもっているという驕慢な主張をへこませるその能力にあったことに注意せよ．後者が特に価値があるのは次の理由による．(1) 驕慢と無知への傾向は永続的なものである．(2) 知識を求めることに十分に動機づけられるためには，自分に知識が欠けていると信じなければならない（たとえば『メノン』84a-d を見よ）．

110 『ソクラテスの弁明』29d-30b,『クリトン』46b-48d,『カルミデス』157a-b 参照．『ゴルギアス』457c-458b, 506a ff., 527b-e, さらに，Irwin (4), 90-94 参照．ここで私が「なによりもまず」と言うのは，ソクラテスが真理について理性を越えた源泉に依存していることがあるからである（たとえば，『ソクラテスの弁明』33c4-7）．また，私が「とりわけ」と言うのは，エレンコスに積極的な役割を帰することに関する問題があるからである．第一章，註14 参照．

111 Vlastos (14), chap. 6 (18), (8) 7-15 の説明を参照．また，Reeve, 77-179 のコメントを参照．

112 正しいことをなすための必要条件を与えるものをわれわれはなすべきであるという前提と，そういったものは，その遂行が徳の原理に整合的であるときにのみなし得るという条件を付け加えれば，これはいっそう拘束力をもつ．

113 Stokes (2), 50 が鋭く観察しているように，『ソクラテスの弁明』22c-d では次のような議論が見られる．ソクラテスは自分の無知を知ることで自分はより幸福であると考えたのだから，彼は他人をエレンコスとその暴露にさらすことは，彼らに利益をもたらすことだと考えただろう，という議論である．ストークスは後に (63-67) ソクラテスの使命の理解の非宗教的説明を構成しているが，それはエレンコスの利益をアテネ人たちに与えずにおくのは不正であろう，という考えに基づいている．しかし，ソクラテスが自分だけがもつと感知した義務の範囲を，このことがどう説明するのかストークスは示していない（そのソクラテスの感知は，私の説では，神託の啓示がソクラテスの使命の理解の内に占める特別の地位を説明するものである）．

114 これは哲学を追求する義務の，もう一つ別の由来を示唆する．『クリトン』に見られる，アテネから逃れずに留まることを論じるソクラテスの議論を考えれば，彼は次のように論じるのでないかとわれわれは予想するかもしれない．彼も他のすべてのアテネ人もポリスの制度から利益を得ているのだから，彼らはお返しにポリスに利益を与える義務を負う，……そして，ポリスへの最大の利益はその市民たちの魂をエレンコス哲学を通して向上させることであろう，と（『エウテュフロン』14e-15a についての 2・2 節を参照）

れは「可謬的な」知識の主張ということになるであろう．Vlastos の言う「知識／e」[13], 48-58，あるいは，上で素描された非専門的知識の類である）．ソクラテスが主人─奴隷／優者─劣者の比喩に関与していたことの証拠としては，たとえば，『パイドン』62d-63d，『イオン』53e，『パルメニデス』134d-e，『アルキビアデス 1』122a，『ソクラテスの思い出』1. 4. 9-12，本書 2・2 節を見よ．

105　Kraut (3), 271 n. 43 参照．

106　たとえば，『ソクラテスの弁明』28b5-9, d6-10，『クリトン』48c6-d5．『ゴルギアス』499e 参照．また，Brickhouse and Smith (8), chap. 3 と Vlastos (14), chap. 8 を見よ．

107　Stokes (2) は時にこの区別を見損なっているように思われる．彼はソクラテスの使命にその意味を与えたのは神託だけであると想定し，そして，それゆえソクラテスが誰かの知識の主張を自分のために（彼の「神託の答えの表面上の意味を論駁する試み」の一部として）吟味するだけでなく，──いったん主張者の無知が検出されたなら──主張者のためにもそれを論証しようとする（『ソクラテスの弁明』21b-d による）ことには，何か当惑させるものがあると考える (41-42)．私の説明では，この当惑は解消される．神託の答えがもたらされる以前においてさえソクラテスは，エレンコスによる他人の吟味とそれがもたらす無知の暴露が，人間にとって善き事柄であり，そして，われわれは善であるものをなさねばならないと考える根拠をもっていた（たとえば，『ソクラテスの弁明』29d-30b，『ゴルギアス』470c，また，以下を見よ）．さらに，ソクラテスの弁明の最初の聞き手／読み手も同様な動機を与えただろうと想定するのが妥当であろう．つまり，人は他人に（そして自分自身に）その人の無知を気づかせることによって，その人をしばしば善い方向に向かわせるということは，多くの者によって認められるであろう．最後に，ストークスが示唆するように，エレンコスの吟味はそのものの本性からして，それがもたらす無知の暴露を対話者に気づかせないようにすることが相当困難である ([2], 49)．したがって，21c を「具合の悪い問題が生じるのを防ぐ」([2], 42) ために，検出と論証の間の区別を埋め隠すものと読む必要はない．

108　(1) が真であるのは，すべての者は何よりも害を避け，その代りに幸福な (εὐδαίμων/eudaimôn) 生を所有することを望むが（たとえば，『ソクラテスの弁明』25d，『クリトン』48b，『エウテュデモス』281d-e．『ゴルギアス』499e 参照），それには正しいことをなすことが必要である（『ソクラテスの弁明』28b, 8d, 30a-b．『クリトン』48b, 48c-d．『ゴルギアス』507d-e, 469b-c 参照）という理由による．Brickhouse and Smith (8), chap. 3; Vlastos (14), chap. 8 参照．

109　Brickhouse and Smith (8), chap. 2. 1. 6; Irwin (4), 90-94 参照．徳の知

peras epitelei)」,「神の前に頭を下げよ (προσκύνει τὸ θεῖον/proskunei to theion)」,「権威を恐れよ (τὸ κρατοῦμ φοβοῦ/to kratoum phobou)」,「力ではなく栄光を (ἐπὶ ῥώμη μὴ καυχῶ/epi rhômê mê kauchô)」がある.Guthrie (2), 183-204; Parke and Wormeil, 378-392; Reeve, 30 を見よ.プルタルコスによれば(『冠について』1118c), ソクラテスに彼の探求を始めさせたのは,「汝自身を知れ」というデルフォイの銘文であった.

101 たとえば,供犠によってこの神を最も喜ばせた人物は,アポロンに雄牛100頭のいけにえを捧げた裕福なマグネシア人ではなく,貧しくて目立たない農夫,メテュドリオンのクレアラコスであった.Parke and Wormell, 378-392 が収集し,Reeve, 31 が報告している他のそのような物語を見よ.Nilsson (5), 197-199 と Stokes (2), 60 を参照.Stokes (2), 60-62 は,『ソクラテスの弁明』の神託の物語についての興味深い説明を与えている.それは,この物語が「標準的な」神託物語におけるさまざまな詳細な点をいかに系統的に逆転させているかを説明するものである.しかし,ストークスがこれを用いて,『ソクラテスの弁明』の物語は第一義的には,純粋なフィクションであると結論するのは行きすぎである.現実的重要性をもった現実の出来事の文芸的彫琢はこの現象と両立するからである.他に Montuori (2), 57-146; Armleder; Fontenrose, 34 による同様の議論を参照のこと.プラトンにおいても他の著作者においても,神託の物語についてこれ以上のことが言われていないのは,Stokes (2), 55 (62 参照) の指摘するように,困惑の種である.しかし,最低限いえることとして,それは,私がソクラテスに帰したような宗教的動機を彼が現実にもっていたことを前提とするような種類の文学上の装置(あるいは,ソクラテスの交際範囲についての敬虔なフィクション)である (Stoke [2], 67 参照).

102 これに加えて,ソクラテスは明白に敬虔にのっとって行為しているのであるから (2・2節の原理 P 6),彼は特別にデルフォイの称賛に値する.ソクラテスがカイレフォンの報告の解釈を行うとき,それは無為な好奇心とか迷信的な分別からではなく,「神の事柄は最高の重要性をもつ」(『ソクラテスの弁明』21e4-5) という信念にのっとってそうするからである (Brickhouse and Smith [12], 95).Reeve, 25-26 が論じているように,「敬虔な人以外のだれが……彼に対する[アポロンの]神託の一つについて当惑するであろうか……そして貧しくなろうと,不人気になろうと,その活動を執拗につづけるだろうか」.

103 これはソクラテスの宗教が彼の弟子プラトンのそれと大きく異なる点である.5・3節; McPherran (3); Vlastos (13), 94-95 を見よ.

104 後に論じるが,哲学することに対してソクラテスが固く保持していた宗教的正当化(『ソクラテスの弁明』39b)はこの原理に基づいている.それゆえ,私はソクラテスが P 6 を知っていると主張すると考える(もっともそ

95 Brickhouse and Smith (12), 94-95; Kraut (3), 271 n. 43. カイレフォンは，何人かの同胞アテネ人たちと同じように，素朴なしかたでソクラテスがある種の知恵をもっているという結論にいたったのかもしれない (23al-5). つまり，知恵があるという評判の人物をソクラテスがエレンコスによって論駁するのを見ることによってである（カイレフォンはソクラテスを若いときから知っていたことに注意せよ [20e8-21al]). Reeve, 32 参照. ここでも，『パイドン』(97b-99a) とアリストテレス（『形而上学』987b1-4, 1078b19-20) の証拠から，ソクラテスは常に倫理学に中心的な関心をもち，それゆえ彼がもつとされた知恵は倫理的な種類のものであった可能性が高い. 3・1・2節と5・2節を見よ.

96 Reeve, 31-32; de Strycker (2), 46; Vlastos (8), 7-15.

97 21b で (21c2 参照) ソクラテスは，彼が人間のうちで最も知恵がある (σοφώτατος/sophôtatos) ということを神が含意していると言うが，神託は「彼より知恵ある者はいない」と言っただけである. 私の見るところでは，この推論の飛躍は次のように説明できる. ソクラテスの神託の解釈には一つの事実の発覚が導入されるのだが，その事実は彼が多くの「専門家」をエレンコスによって吟味した後でようやく明らかになったものだった. すなわち，その事実とは，専門的道徳知に関する自分の無知を最もよく認識していることによって，彼がすべての人間のうちで最も知恵があるという事実である. また，『ソクラテスの弁明』23bl-4 が示しているように，「人間のうちで最も知恵がある」というカテゴリーは，ソクラテス以外の他の人にも開かれている.「最も知恵がある」ということは，したがって，自分の知恵は本当の知恵に比べれば実は何の値打ちもないのだということを，ソクラテスと同じように知った者たちの集合の一員であることである（『ソクラテスの弁明』23 bl-4).

98 ソクラテスと，驕慢に反対するデルフォイからのメッセージとのこの結びつきは，Reeve, 28-32 によって的確に指摘されている. ソクラテスをデルフォイに推奨させたのは，（『雲』によって例証されている）彼の自然学上の業績であったという，満足度の劣る想定を参照せよ (Burnet [4], 74-75, 90-92). あるいはむしろ，それは彼のエレンコスの能力であったいう想定もある (Vlastos [13], 26-29). さらに，それは彼の哲学的教義であったという想定もある (Brickhouse and Smith [12], 94-95). 驕慢（ヒュブリス）というギリシアの概念とその宗教的意味合いについては，Dover (3), 54-55, 110-111; MacDowell (2), 129-132; Nilsson (4), 52-59 を見よ.

99 なぜソクラテスが排他的に倫理的探求に焦点を当てるにいたったのかについては，Reeve, 25-26 と Vander Waerdt (2) を見よ.

100 さらに，「何事も度を過ごすな (μηδὲν ἄγαν/mêden agan)」，「心を制御せよ (θυμοῦ κράτει/thumou kratei)」，「限度をまもれ (πέρας ἐπιτέλει/

話題に関して自分に知恵があると想像していたということはありえない．というのは，そうだとすると後に彼が，神託の報告に当惑することが意味をなさなくなるからである．しかしストークスの誤りは，ソクラテスが初期の段階でエレンコスによる論駁のゆえに名声を得ていたことはありえないと考える点にある．ソクラテスがカイレフォンの神託所訪問の後にはじめてエレンコスを行使し始めたと考える必要はない．

92 この点に関しては，Brickhouse and Smith (6), 662-663; Guthrie (6), 86; Kraut (3), 271 n. 43; A. E. Taylor (2), 78 を見よ．もちろん，Stokes (2), 29, 68-69 が注意しているように，カイレフォンを出発させるのにはそれほど大きな事件は必要なかったかもしれない．というのも，——なぜ彼がデルフォイに出発したのかを表面上説明することにおいて——ソクラテスは彼を熱中しすぎ，性急な性格をもつ者として描いているからである（『ソクラテスの弁明』21a3,『カルミデス』153a-b）．

93 たとえば，Brickhouse and Smith (12), 94-95; Burnet (4), 74-75, 90-91; Kraut (3), 271 n. 43; A. E. Taylor (2), 78-79; Vlastos (13), 26-29 も見よ．この仮説を支持するものは，ピュティアの発話に対する神官の解釈は彼らの興味と知識によって歪曲される，という考えに一般に見出される．Parke and Wormell, 1: 30-41 を見よ．しかし，神託は嘆願者が聞くのを欲することを語ることに強い関心をもっていたことにも注意しなければならない．Fontenrose, 7-8, 11-57, 233-239 を見よ．ピュティアの発言の解釈に基づいて書きとめられた答えの他に，くじ（「二つの豆」）によるずっと価格の安い神託が存在していたことに着目する者もいる．彼らはこの事実を用いて次のように論じる．カイレフォンは貧しかったのだから，彼が得た神託はくじによるものであった可能性の方が高い．したがって，神託はソクラテスの知恵の証拠に基づいていると想定されるはずはない，と（Parke [1], 249-250; [4], 72-88, 112-113; Parke and Wormell, 1: 17-45; Reeve の議論 28-30 を見よ）．しかし，Fontenrose, 219-223 そして Stokes (2), 58-60 はデルフォイがくじを用いたという想定に反対する議論を提出している．私の説明はこの問題には本質的には影響されない．なぜなら，ここでの問題はデルフォイの用いた方法ではなく，カイレフォンによってもたらされた報告に対するソクラテスの対応だからである．

94 Stokes, (2), 53-54 は，『ラケス』の冒頭の場面（187d-188a）から，ソクラテスが「少年時代を終わったあと（すなわち，18–20歳のあと）まもなくエレンコスの実践に従事した」証拠が得られると論じているが，これには説得力がある．また，『パルメニデス』で描かれている若いソクラテス（20歳頃）は，すでに大きな哲学的能力を獲得していることにも注意されたい．『饗宴』ではこの考えが継続され，そこでは30代はじめのソクラテスがすでに知恵と哲学的能力に関する名声を獲得している．

(4), 107; Hackforth (2), 101-104; I. G. Kidd (2), 482; A. E. Taylor (1), 160; Vlastos (18) を見よ．また，たとえば Nehamas (2), 306 は次のように主張する．「ソクラテスの神への『服従』には主意主義の痕跡はない．正反対である．彼はただ，いつも彼がそうしたように，独立した根拠に基づいて自分が最善と思ったことをなすだけである」（強調は私のもの．Reeve, 63 参照）．

85 これは Burnet (4), 92, 172 の批判である．Hackforth (2), 88-104; Ryle, 1966; H. Teloh (2), 111; T. G. West, 106; Nehamas (2), 305-306 も同様．

86 Vlastos (18), 231-232; (14), chap. 6, 173-174.

87 Brickhouse and Smith (7), 128. (12), 107 と (8), chap. 6. 4 を参照．

88 Reeve, 63 参照．

89 Reeve, 71 n. 83 はソクラテスの義務の範囲が特異であるという私のこの説明は間違いであると主張している．ソクラテスによれば（『ソクラテスの弁明』28d6-10），すべての者が正しいことをなさねばならず，不正は決してなしてはならない（『クリトン』48b-49d 参照）のであり，「恥ずべきことと比較して死やその他いかなることも考慮に入れてはならない」（『ソクラテスの弁明』28d9-10）のであるが，ここでは哲学がなすべき正しいことの一つである，というのがリーヴの理由である．この問題の私のもともとの定式化（McPherran [9], 542）はいくぶん不透明であったが，その論文の残りの部分（とこの節）は私の解釈を明らかにしている．私の解釈によれば，われわれすべてが哲学するという無条件の一応の義務をもつ（したがって，われわれの生を犠牲にしてももつ）という考えをソクラテスはたしかに保持している．しかし，同時に私の解釈によれば，（リーヴの解釈と同じく，70-72）ソクラテスは神託という媒介を通して，大多数の人々とちがって自分はこの義務の範囲を軽減しうる要因をもたないということを発見した．それゆえ，私とリーヴのどちらの解釈においても，ソクラテスは哲学の実践において自分に要求される領域と犠牲が，他人よりもずっと大きいことを神託を通して発見するのである．

90 神託の物語を真剣に受け取る理由は，Brickhouse and Smith (6), (12), 87-100 によって明確にまた説得力ある仕方で提出されている．カイレフォンの訪問についてはさまざまな時期が提案されているが（Brickhouse and Smith [6], n. 11 を見よ），現在ほとんどの研究者は（有力な証拠が乏しいことを認めながら）それをほぼ前 430 年頃としている．J. Ferguson (1); Guthrie (6), 85-86; Parke and Wormell, 1: 401-403; E. de Strycker (2), 40-41; 特に Stokes (2), 48, 52-54 を見よ．いずれにしても，『ソクラテスの弁明』28d-e は，その訪問がポテイダイアの戦い（430 年）以降のことであったことをよく示している．

91 しかし，Stokes (2), 68 が注意しているように，ソクラテスがさまざまな

1-4 を,また現在では Stokes (2), 29-33 を見よ. Reeve, 25 は,神託の応答はエレンコスの吟味,あるいは倫理的問題についてのエレンコスによる吟味についても,何も語っていないことに注意している. Stokes (2), 30-31 は,敬虔の徳へのソクラテスの以前からの関与に訴える (2・2節の P 6) 私のような説明 (以下を見よ) を拒否する. そのような説明はプラトンの読者に『ソクラテスの弁明』を逆向きに読むことを (すなわち,神託の物語をその後の諸箇所,ソクラテスの哲学するという敬虔の義務を明らかにする諸箇所に照らして読むことを) 強いることになるし,『エウテュフロン』をあらかじめ知っていることを要求することになる, というのが彼の理由である. しかし, これは重みのある反論とは言えない. というのは,ストークス自身が示唆しているように (50. 62-68 参照), ソクラテスと陪審員たちは皆,裁判の前に, 神々が正しい行動を人間に命令するという前提を固く保持していただろう. そして,彼らはまた, すでに敬虔が正義の一つの形であると考えていただろうから, 彼らは事実上 P 6 の実質的内容をすでに手にしていたことになる. それによって,彼らはアポロンが言った事をどのように理解すべきであるとソクラテスが感じたのかについての彼の説明を, 大まかに理解することができたのである.

80 クセノフォン『ソクラテスの弁明』14 を見よ. そこでは, ——カイレフォンの質問は省略されている一方で——否定的な形の返答が与えられている (つまり, カイレフォンの問いに答えて「アポロンは私よりも自由で, より正しく, より思慮のある者はだれもいないと答えた」). D. L. 2. 37-38 もプラトンのバージョンを支持する. クセノフォンがソクラテスの『弁明』を書いたときプラトンのバージョンを念頭に置いていたという想定は, 十分ありえることであり, 広く受け入れられている. その想定に基づけば, クセノフォンの説明はプラトンのそれの自然な拡張であることになろう (Brickhouse and Smith [12], 89 n. 71). しかし, P. Vander Waerdt (2) は最近, クセノフォンはプラトン版を「ソクラテスの哲学的使命についての彼独自の全く異なる解釈に役立てるために」(29) 改訂したのだと論じた. 彼の見るところでは, クセノフォンの『弁明』の主要な目的は, プラトン版が与える印象, つまり, ソクラテスが答弁を思慮を欠いたやりかたで行ったのではないかという印象を治癒することである. クセノフォンの神託の物語はこの戦略に合致する. その物語はソクラテスに対する公式の告発のすべてに対して基本的な返答を与え, ソクラテスは続いてそれの詳細を論じることに向かうことができるのである. Stokes (2), 56-58 参照.

81 Brickhouse and Smith (6), 663-664 と Kraut (3), 271 n. 43 を参照.

82 Vlastos (18), 229-230, (14), chap. 6, 特に 171; Nehamas (2), 305-306.

83 Reeve, 66, 71 もまたこの見解に傾いているように思われる.

84 Versenyi (1), 112; cf. 123. また, これに共感する見解については Burnet

きであること，さらに，哲学することは有徳なことである．しかし，それにもかかわらず，ソクラテスはある場合には人は哲学するのをやめるべきであるとも考えていた．

72　ここでも彼の義務の源泉は同じように直接的であると思われる．人はいかなる代償を払っても，神の命令には従わなければならない．それゆえ，ソクラテスは神から他人に哲学するように促すことを命じられたのだから（たとえば『ソクラテスの弁明』30a-b），ソクラテスは他人に哲学するように促さなければならない．

73　さらに，『ソクラテスの弁明』においては，神がすべての者に——ほとんどの者にでさえ——哲学するように命じたかどうかはまったく明らかではない．

74　事実，『ソクラテスの弁明』31b は，まさにこの種の類比を用いている．ソクラテスは父や年長の兄のように個々人のところへ行き，彼らに徳の配慮を（すなわち，自分たちの魂の向上に配慮することを，そしてそのために哲学することを）説くのである．

75　G. ヴラストスがこの可能性を私に気づかせてくれた．

76　神託とその諸機能については J. Fontenrose, 特に 34-35, Parke and Wormell, 特に 17-45 を見よ．E. de Strycker は神託がソクラテスの生において至上の重要性をもっていたことを疑うが，彼の議論は説得力がない．その重要性を認める議論については，Brickhouse and Smith (12), 88-91, (8), chap. 6. 4; Reeve, 28-32; M. Stokes (2) を見よ．プラトン自身もデルフォイに対して最大の称賛を示している（『国家』427 bl-c4）．J. Daniel と R.. Polansky, 83-85 は，神託の役割はソクラテスに彼の使命の必要性を確証したことだけであり，なんらかの意味でその使命の「起源」に貢献するというようなことはなかったと言うが，彼らに同意する理由は見出せない（Brickhouse and Smith [6], 663n. 13）．

77　Reeve, 25 n. 26 を見よ．

78　Stokes (2), 73 は，『ソクラテスの弁明』33c は神託の物語を格下げし，神託を神がソクラテスに対して欲するものを示すいくつかの徴候のうちの一つにすぎないものとしていると言う．しかし，テキストとその劇的構造からして，神託が中心的地位を占め続けていることは明らかであると私は考える．33c で「徴候」が言及されるのは，なによりも，神託の発言を彼の使命の幕開けとするソクラテスの解釈を確証するという役割をもつのである．Reeve, 24 参照．

79　たとえば，J. Bury (2), 580; A. -H Chroust (3), 31-32; A. Doering, 57; E. Dupréel, 45; O. Gigon, 99; T. Gomperz, 2: 107-108; Hackforth (2), 89-91; Montuori (2), 57-143, esp. 133 ff.; Parke and Wormell, 1: 401-403; Stokes(2) を見よ．この問題の歴史については，Brickhouse and Smith (6) 657-658 nn.

意見が異なる．彼らは，占い一般がソクラテスに確実性を与えるものと考えている．

68 Vlastos (14), 229. 括弧は私のもの．
69 Reeve, 73 は，ソクラテスは「キェルケゴールのアブラハムではない．彼は信仰の人ではなく哲学の人である」と主張しているのに注意されたい．これはたしかに（ある意味で）正しいし，私のここでの説明と両立する．というのも，ソクラテスのダイモニオンへの確信は理性（特に帰納的に確立されたその信頼性）に根拠があるのであって，非理性的な「飛躍」によるのではないというのが私の考えだからである．しかし，Reeve の主張は彼自身のダイモニオンの解釈 (68-73) と齟齬をきたすように思われる．彼の解釈によれば，ソクラテスはダイモニオンの禁止が確実であると受け取っており，「独立にそれを正当化することなしに」それに従うのであり，「他のどんな仕方でも確立できない真理を確立するために」それを用いる (70. 181-183 参照)．ソクラテスの理性を越えた導きの使用についての Reeve の説明に対するさらなる批判については，McPherran (6) と N. Smith (2), 401-402 を見よ．
70 ここでも（3・4・6 節を見よ），正しい行為へのダイモニオンの導きをソクラテスに与えることで，神々はアテネ人たちに対する彼の使命を助ける——特に，弟子になろうとする人達に対する理性を越えた「入学許可官」として（註 66 を見よ）——と彼が信じていたことは，彼の道徳理論，神学と完全に両立すると思われる．
71 ソクラテスの神々は知的，道徳的にわれわれよりもとびぬけて優れているのだから，また，——ソクラテスの原理によれば——善を知ることは善くあることなのだから，神々が命じることは何でも正しく有徳のものであるはずである．したがって，そのようなより優れた者に従わないのは誤りである．（2・2 節を見よ．また，たとえば『ソクラテスの弁明』29b6-7, 29d3-4,『カルミデス』176b-c,『ラケス』184e8-9,『パイドン』61e5 以下を見よ．）ここでも，これはただ素朴でない主意主義の受容を示すだけ (Nehamas [2], 305-306 に反して．Nehamas はソクラテスには主意主義の形跡はまったくないと考える）である．

　この節全体を通して，私は「義務 (duty)」と「責務 (obligation)」という言葉を用いるが，それは専門用語の意味においてではない．というのも，ソクラテス思想には「カント的義務」というようなものは存在しないからである．だから，私が哲学する「一般的な義務」とか「責務」とかの信念をソクラテスに帰するとき，私が主張しようとしているのはソクラテスが次のことを信じていたということだけである．つまり，理性をもつ年齢にあるほとんどの人々は哲学する——一応の——義務があるということ，また，哲学することは彼らに利益となり，一般的に他のすべての活動よりも優先されるべ

極的な教義を支持するために帰納的に使用されている（あるいは少なくとも使用されうる）（しかし，第一章註14を見よ）．次に（2'），Nussbaumの二つ目の論点 (2) は，ソクラテスがダイモニオンの正体を一種の中間的なδαίμων (daimôn) と考えているという想定の正しさに依存している．しかし，われわれは先にこれは誤りであることを見た．というのも，ソクラテスはダイモニオンの正体を神的な存在（おそらくアポロン）の声と考えているからである．最後に，(3) に対して (3') として，ダイモニオンと違って，エ・レ・ン・コ・ス・は他人にも使用できる道具である．また，人はエレンコスを自発的に用いなければならないのに対して，ダイモニオンは非自発的で予測不能，教育不能な「占術的」な出来事である．

Nussbaumは書簡の中で次のように示唆している．ソクラテスがダイモニオンを引き合いに出すとき，彼は迷信的な大衆の言語の衣を着せて実は裏で自分自身の非宗教的な理性の力へ言及しているのだ，と．つまり，それは直観の形態として理解された理性——無意識の推論によって産み出された「虫のしらせ」だ，というわけである．しかしここでも，テキストに見出される容赦なく，偽装のない宗教的な言及は重く，ソクラテスの哲学的思考にそれらが一体化していることから言えるのは，——Nussbaumの主張とはまったく逆に——ソクラテスはダイモニオンの原因を伝統的な意味での神——あるいはδαίμων (daimôn) かもしれないが——であると実際に受け取っている，ということである（『ソクラテスの弁明』27b3-28a1 参照）．彼女の示唆は，また，『エウテュデモス』272e-273a のようなテキストで見られるダイモニオンの描写と齟齬をきたす．この箇所については，ダイモニオンによって警告されたと見える不利益な結果を，ソクラテスが無意識に推論することができた，あるいは，できると思ったという想定はできないだろう．この場合には，結局，ソクラテスは自分に警告されている未来の出来事——すなわち，今立ち去ることは対話相手たちの到着と，それに続く飛び入り自由の教育的討論の機会を逃すことになるということ——に対する証拠はまったく手にしていないようにみえる．最後に，彼女の示唆に対する反証となるテキストは，『リュシス』218c4-8 と 215c4-5（『エウテュデモス』279c5-6，『クラテュロス』411b，『パイドロス』242b8-243a3 も見よ）である．そこでソクラテスは「理性的な予感」をもった経験をあげるが，ダイモニオンにはまったく言及していない．もし「ダイモニオン」がソクラテスにとって理性的な予感の別名であったなら，そういう言及が予想されるにもかかわらずである．Friedländer, 33 を参照．

66 たとえば，弟子になろうとする者たちに対する理性を越えた領域の「入学許可官」としての役割において．たとえば，『テアイテトス』150e1 以下，『アルキビアデス I』105d-106a, 127e, クセノフォン『饗宴』8.5 を見よ．

67 この点について私は，Brickhouse and Smith (7), 127-130, (12), 107 とは

註 111

3)，そのダイモニオンが単なる「電気ショック」にすぎないのか，それとも，「あと一時間このベンチから立とうと試みるな」と，完全な文章を言う頭の中の声なのかははっきりしない．それでも，以下に挙げるようなテキストは，ダイモニオンが単なる痛みの感覚以上の現象的内容をもつことを示している．

63 Vlastos (14), 229 参照．

64 そしてこのようにして（ここでも），Vlastos のダイモニオンのとらえ方は次の常識的な想定と全く折り合わない．つまり，ダイモニオンの来襲によってすぐに打ち負かされてしまうような行為の方向に対する理性の正当化をソクラテスはもっていた，という想定である．そのような場合には，熟慮に耽ることも，エレンコスによる論争も，いかなる種類の躊躇もなく，単に即座の認識と服従があるだけである（これは Reeve, 69 が指摘している）．ダイモニオンは「認知的に無価値」であるとか，「虫の知らせにすぎない」とか，「痛みの感覚」にすぎないと，もしソクラテスが考えていたとしたら，どうしてこれが整合的でありうるだろうか．もちろんそこには（たとえば，ダイモニオンの「すわるな」から，ソクラテスの「すわることは害を導く」という信念への）推論があったかもしれない．こういう推論の根拠となるのは，ダイモニオンが過去に頼りになったことであり，また，それが神の合図として常に真であるという信念である．だから，推論が完了するまでは，ソクラテスは行為に対する十分な正当化をもっていたと言うことはできない．しかし，このような推論のためには，ソクラテスはダイモニオンの表象的内容が単なる虫のしらせ以上のものだと受け取る必要がある．というのも，多くの場合，虫のしらせを何か実質をもつものに変えるためにエレンコス的理性が「取り付く」ことのできるものは，直接の環境の中には（たとえば『エウテュデモス』272e1-273a3 では）存在しないからである．

65 Nussbaum (2), 234-235 は，(1) ダイモニオンはときに立証的役割を果たし，理性によって到達された結果を「支持する」ことがあることに注意している．しかし，彼女はダイモニオンの実体がエレンコスに類似したものではないかと疑われると考える．そう考える彼女の理由は，それがまず，(1) 警告的というよりはむしろ諫止的であること，(2) 動物的本能と神の確実な知恵の中間地点にある「神的なもの」であること，(3) ソクラテスに固有のものであること，の三つである．ここから彼女は，「ダイモニオンはまったく標準的な守護神ではなく，諫止的理性，エレンコスの議論の最高の権威をアイロニーをもって指し示す一つのやり方である……理性そのものが新しい神とされているのである」(234) と想定する．だが，われわれはこのすべてに抵抗しなければならない．第一に，(1') ダイモニオンは単に立証的な仕事ができるだけではない．それは，──ソクラテスが「政治に携わる」というケースのように──非宗教的な理性の活動の結果を「破棄する」こともできる．さらに，エレンコスは──おそらくは──常に諫止的なのではなく，積

を正しく指摘している．むしろ，彼はそれを知っている（ἔγνωκεν/eg-nôken）と言うのである．
54 ここまでの分析は Reeve, 33-62 と P. Woodruff (2), 60-84 による．Brickhouse and Smith (4), chap. 2 は，これと両立する優れた分析を与えている．それによると，ソクラテスが所持を否認する「神的な知恵」は，ここで「専門的道徳知」と呼ばれているものだけではなく，非命題的特徴を含んでいる．すなわち「自分の専門領域において正しい時に正しいことをなし」，害のあるものに向かう自分の傾向性を制御する「能力」という非命題的特徴である(38)．
55 Brickhouse and Smith (12), 245-253. (8), chap. 6. 3. 4.
56 『パイドロス』242b-d では，ソクラテスは声を聞いたように思われる（ἔδοξα/edoxa）のだが，ダイモニオンが生じているということは少しも疑われていない．Reeve, 69 が注意しているが，あらゆる証拠が示唆するのは，ダイモニオンの合図が本物（あるいは真の報告）であるかどうかを決定するための現場での独立した合理的なテストを，ソクラテスが適用することは決してないことである．これに嫌悪を感じる読者は，古代の伝統は死すべき人間に神が本来の意味の啓示を与えることに何の不審も抱かなかった（たとえばパルメニデスのケース）ことを念頭に置くべきである．
57 Brickhouse and Smith (12), 245-253, (8), chap. 6. 3 参照．哲学の活動の代替物としてダイモニオンを用いることからソクラテスを妨げたと考えられる諸問題を彼らは詳細にわたって指摘している．Reeve, 69 はテキスト上の沈黙を根拠にして，ソクラテスがダイモニオンの「声」を解釈しなければならなかったことは決してなく，それがどの行為を警告するのかの正確な詳細を与えるものと受け取っていたと論じている．たしかに，ソクラテスはダイモニオンの合図の意味について一度も疑いを表明していない．しかし，このことについての彼の沈黙は，とりわけ有力な証拠となるわけではない．ここでは私が重要と考える可能性を単純に考慮に入れたい．すなわち，ダイモニオンは合図と呼ばれているのだから，それが警告する特定の行為を同定するためには，ときにはなんらかの解釈の作業が必要であった，という可能性である．
58 Vlastos (14), 229-232, Reeve, 70-73 参照．
59 Vlastos (11) 参照．
60 この点は N. Smith の指摘による．
61 Brickhouse and Smith (4) と (8), chap. 6. 3. 2, および，Vlastos (11) と (6) を見よ．
62 もちろん，ソクラテスに限らず，生きている個人の魂の状態への信頼できる接近手段をわれわれはもっていない．だから，席を立つなとダイモニオンが自分に警告したとソクラテスが言うとき（『エウテュデモス』272e2-273a

以下でなされる議論は，これがソクラテスの意図するところではないことを示す．むしろ，彼が言う「何か神的なもの」とは，神から与えられたしるしなのである．Burnet (3), 96 を見よ．

49 Dodds (5), 54. (1), 297 参照．ソクラテスにとってこの状態がどのようなものであったかを言うのは困難であるが，Vlastos (14), 225-229 の含意に反して，それは決して心を失った，あるいは，障害をうけた状態として描写されてはいない．

50 しかし私は，『イオン』のソクラテス (538d7-e3.『ポリティコス』260d 11-e2, 290c4-6 参照) は，占い師がある種の召使い的な技術知をもつことを認めているという Brickhouse and Smith (3) ([8], 196 参照) の意見に同意する．すなわち，どのようにして神からの啓示を受け取る立場に自分を置くのかを知る知識である（それゆえ，彼らは——Vlastos [14], 170 が言うような——完全に何も知らない者ではない）．

51 Vlastos は，『イオン』と『ソクラテスの弁明』(22b9-c3) では霊感を受けた者が「多くの立派な美しい事柄」を実際に口にするとみなされている，という分析を受け入れる ([18], 225-229 と [14], chap. 6) のだから，彼はダイモニオンがソクラテスに予感や主観的な安心ではなく，真実を与えるということも受け入れなければならない．さらに，ダイモニオンは最低限でもソクラテスに解釈的エレンコスを使用するきっかけを与えるという Vlastos の見解に照らせば，それに加えて，ソクラテスはダイモニオンの促しがなくても彼が実際に至ったのと同じ結論に至っただろう（たとえば，『ソクラテスの弁明』31c3-d6, 40a2-c3,『エウテュデモス』272e1-273a3），という見解をとることは Vlastos にはできないであろう．

52 ダイモニオンの本性，ダイモニオンと非宗教的な理性との関係については，読者は Brickhouse and Smith (8), chap. 6. 3 の提供する類似の説明も参照にすべきである．（この説明もまた Vlastos [14], chap. 6 と [18] への応答として発展させられたものである．）

さらに，次のことも以下で示されるだろう．たしかに，ダイモニオンがそれ自体で独自に提供するものは，第一義的な意味における啓示（「知識の暴露（"disclosure of knowledge"）」; *O. E. D*.「啓示（"revelation"）」の項）ではない，という点において私は Vlastos (18), 227-228 および n. 64 に同意する．なぜなら，その十全な意味を把握するには神的でないしかたで導かれた解釈を必要とするかもしれないからである．しかし，それにもかかわらず，ダイモニオンは「以前には気づかれていなかった何らかのものの暴露（"disclosure of something previously not realized"）」(*O. E. D*. 参照) を提供するのであって，それはエレンコスによる解釈の所産に制約を課するのである．

53 Brickhouse and Smith (8), 33 n. 11 は，ソクラテスは単に自分が本当の知恵を欠いていると思っているとか信じていると言っているのではないこと

の著作ではないとしても，ソクラテスの真の実践を示すテキスト上の証拠でありうると受け取っている（Guthrie [6], 79 を見よ）．もっとも，私のここでの議論はその可能性にはまったく依存しない．

37 Vlastos (18), 223-232. McPherran (14), 300-304 参照．Vlastos の批判は Brickhouse and Smith (12), 107, 241, その他多くの箇所にも当てはまる．加えて，Brickhouse and Smith (12) への Vlastos の書評 (11), Brickhouse and Smith の応答の書簡 (4), Vlastos のさらなる返答 (6), 私のやりとりへの介入 (12), Brickhouse and Smith の最も最近の文献 (8) chap. 6. 3-4 を見よ．

38 Vlastos (18), 224. McPherran (14), 300-301 を参照．

39 論理的な確実性に対立するものとしての実践的確実性というのは，たとえば，生涯の友である女性が自分にワインを注いでくれたとき，そのワインには毒を盛っていないという彼女の主張に人が与えるような種類の確実性である（これは Vlastos が私への書簡で示した考えである）．

40 Vlastos (18), 223-224. (14), chap. 6 参照．そして，結局のところダイモニオンの警告は，ある行為が悪を生み出すことをソクラテスが理解する際に，重要な情報の欠落をいくつも残す可能性がある．ソクラテスは，(a) その行為に悪が宿っているなら，どの（諸）側面に宿っているのか，(b) その行為の環境が悪に貢献しているなら，どの（諸）側面がそうしているのか，(c) 行為と環境の両方について何がそれを悪とするのか，を正確には知らない場合がある（Brickhouse and Smith (12), 253, また，(8), chap. 6. 3）．

41 Vlastos (18), 224-225.

42 Vlastos (18), 228-229.

43 Vlastos (18), 229.

44 Vlastos (18), 225-229.

45 ソクラテスの魂論の説明については，5・1節を見よ．

46 Vlastos (11) は，ソクラテスが「歴史に残る偉大な宗教的急進論者」であることがテキスト上の証拠によって保証されると考えるが，私の説明ではたしかにソクラテスはそこまで急進的になるわけではない．しかし，──おそらく──これによってわれわれは，より時代錯誤の少ないソクラテス像を得ることができる．このソクラテス像では，結局は彼が訴えられる原因となったアテネ人に対する彼の長期の使命の中で，占いやダイモニオンが果たした役割を自分の生き方が裁かれる場で語るソクラテスは，より正確に文字通りのことを意味しているのである．

47 Vlastos (14), n. 40 がこのことに注意している．

48 先の4・1・2節，また，たとえば『ソクラテスの思い出』1. 1. 4 を見よ．Δαιμόνιον τι (Daimonion ti. たとえば『ソクラテスの弁明』31c8-d1) は省略された名詞用法であり，神的な存在者を指示しうる表現である．しかし，

テスがその場で罪を犯したのでその罪を償わなければならない，と言う（こ
こにどれだけのユーモアと皮肉があるとしても，これは他の類似した真面目
なケースへの暗示を含んでいる）．続いてソクラテスは，自分のために役立
つのには十分なほどには，占いを解釈するささやかな技能をもっているのだ
と語り，——われわれは皆自分の νοῦς/nous によってこの理性的な力をも
っている，と彼は示唆する（244c2 以下，『アルキビアデス I』127e6 以下参
照．）——そして，これによってソクラテスは理性的に到達された彼の懸念，
すなわち，彼の先刻の弁論がエロス神を怒らせたのではないかという懸念を，
ダイモニオンの干渉と関係づけることができたのである．

33 Δῆλον (Dêlon) という語は確実性，最もゆるぎない種類の知識への示唆
を含んでいる．Liddell and Scott (1966, "δῆλος (dêlos)" の項), Reeve,
183 を見よ．「大きな証拠」自体は次のような推論の構造をもっていると考
えてよいかもしれない．(1) ソクラテスが何か誤ったことをしようとすると
きに，ダイモニオンはこれまでしばしば，また，繰り返し反対してきた．
(2) しかし，現在のこの特定のケースでは，訴訟に関連して彼が為した多く
の事柄の過程で，ダイモニオンはソクラテスに何の交信も与えなかった．
(3) それゆえ，ソクラテスは何か善いことをしようとしている．Brickhouse
and Smith (12), 238-257 を見よ．彼らはこの推論の細かい点がもつ問題
（たとえば，ダイモニオンが悪を為す行為に常に反対するという保証はない，
など），また，ダイモニオンの沈黙からの同様の議論について論じている．
Reeve, 181 参照．

34 ダイモニオンに対するその他の古代の言及については，プルタルコス『ソ
クラテスのダイモニオンについて』580c-582c, 588c-e, 589 以下, 590a を見
よ．

35 4・2 節, McPherran (9), 545-548 を見よ．

36 明らかに道徳的な危険がないところでは（たとえば『エウテュデモス』
272e1-273a3），ダイモニオンの反対を説明することにソクラテスは興味を示
さない．道徳的危険が明らかであるときに，ダイモニオンの警告にまず従う
という反応をする前に，ソクラテスがそれをエレンコスのテストにかけるこ
とが明らかである，ということを私はここで示唆するつもりはない．ソクラ
テスはそうするかもしれないが，それを要求するテキストはない．しかし，
A'によって，そのような状況では，長期的に定着した服従をとる前に，その
反対について説明する必要があるというのがソクラテスの見方であったよう
に見えるのは確かである．上の分析は，『アルキビアデス I』105d-106a によ
って補強される．そこでソクラテスは，アルキビアデスを自分の弟子とする
ことに対するダイモニオンの警告を，その警告があった期間には，アルキビ
アデスが後にもつことになったような高い政治的野望をもっていなかった
という説明と結びつけている．私は『アルキビアデス I』は，たとえプラトン

Jackson; R. E. MacNaghten; H. Maier; W. Norvin; C. Phillipson, 88-98; Reeve, 68-69; E. Zeller, 89 ff. がある．Reeve の最近の説明の結論は，『ソクラテスの弁明』26b2-28a1 を根拠にしたもので，ダイモニオンの源は（神というよりはむしろ）神の子供に違いない（68-69）というものである．しかし，この主張は，ダイモニオンがアポロンからやってくるというのがソクラテスの理解であったという Reeve の示唆（26 n. 27）と矛盾する．実際には，テキスト上の証拠（特に『ソクラテスの弁明』27c10-28a1, 40b1 を見よ）が示すのは，ソクラテスはこの合図の背後にある神の本性，正体については確信がなかったけれども，彼の目にはアポロンが第一の候補と映っていた，ということである．

26 私は『テアゲス』をここでも，以下でも，証拠として挙げるが，私の主な主張のうちでこの作品が真作でなければ成り立たないというものは一つもない．これについては，たとえば，Guthrie (3), 5: 392-394 を見よ．

27 しかし，何かをなすように積極的な助言をすることにも，たとえば，『ソクラテスの思い出』1. 1. 4, 4. 3. 12, 4. 8. 1 や『ソクラテスの弁明』12 に証拠がある．

28 McPherran (14), 303-304. 実際，ダイモニオンの正しさへのソクラテスの信頼は，彼がためらうことなくその源を「神的」なものであると位置づけることからまさしく証拠づけられる．その合図を単に勘や理性的な直観として同定するような，もっと用心した特定の仕方を彼は選んでいない．以下の註 51, 64, 65 を見よ．

29 『ソクラテスの思い出』1. 1. 4, クセノフォン『ソクラテスの弁明』13,『テアゲス』128d-131a.

30 たとえば，Vlastos (14), 225, 230-232.

31 ソクラテスが δοκεῖν/dokein とその同族語を用いるのは，必ずしも認識論的な縮小化とはかぎらず，むしろ上品な控え目さを示すにすぎないことがしばしばある．『ソクラテスの弁明』だけでも，強い信念や知識を示す δοκεῖν/dokein の用法は数多く見られる．たとえば 21e4-5 では，神の事柄がもっとも重要であるとソクラテスには「思える」（ἐδόκει/edokei）のであり，28d8-10 では，何があってもより優れた者の命には従わねばならないと彼に「思われる」（δοκεῖ/dokei）のである．最後に，『クリトン』のソクラテスに「思われている」（δοκοῦντα/dokounta [『クリトン』54d6]）事柄が彼をアテネから逃亡することを妨げる，と言われている（43d2 参照）．

32 Reeve, 69 に反して．ソクラテスがダイモニオンに信を寄せるケースの中で，ダイモニオンの現れにすぐ続いて解釈がなされ，その解釈が警告を明確化し，かつ，それに理性的支持を与えるもう一つのケースは，『パイドロス』242b8-243a3 である．そこでは，ダイモニオンがソクラテスにイリソス川を渡らないように警告するのだが，その干渉にはある声が伴っていて，ソクラ

でないかの教訓としての役割を果たす．第二章，註23を見よ．

16 Brickhouse and Smith (8), chap. 2 と chap. 6. 3-4; (7), 127-130; (12), 88-108 参照．Aを制限するもう一つの論拠は，ソクラテスでさえAで言われている完全な専門的道徳的知識をもっていないのだから，通常追求されるべきものも含めて，道徳的に危険な行為の範囲に属するものすべてをAが禁じてしまうことである．

17 Mによれば，神々が「学びの助けによってなすことを許してくれた」もの．

18 Klonoskiを見よ．彼はプラトンがエウテュフロンという人物を用いて，前五世紀の終わりのアテナイで広まっていた魔術に対する，また異国宗教の輸入（たとえば，アスクレピオス，キュベレ，ベンディス）に対する後退的な興味を描写していると論じている．

19 2・1節とMcPherran (14), 297-309を見よ．ソクラテスに原理A′を帰することは，彼が驕慢を戒める「人間なみの知恵」を提唱したことからも支持される．というのも，不道徳であると伝統的にみなされている活動に従事することは，ソクラテスが否認するような種類の最高の道徳的知恵の所持を前提とするように思われるからである．

20 神託の発言が哲学せよという神の命令を示しているとするソクラテスの解釈の分析，そして，われわれは皆同様な義務をもつという彼の「非宗教的」な議論については，第二章とMcPherran (9)を見よ．

21 Dodds (7), 198 n. 36.

22 彼は自分自身で占いのしるしを解釈する義務があると考えていたことは，（ここでも）彼がデルフォイの神託の報告を理解しようと努力したことから示される．

23 『ソクラテスの弁明』40b1, c3-4,『エウテュデモス』272e4,『パイドロス』242b9,『国家』496c4,『ソクラテスの思い出』1. 1. 3-5.

24 『ソクラテスの弁明』31d1-3．『パイドロス』242c2とクセノフォン『ソクラテスの弁明』12を参照．

25 『ソクラテスの弁明』40b1を，26b2-28a1とともに見よ．また，『ソクラテスの弁明』31c8-d4, 40a4-6, 40c3-4, 41d6,『エウテュフロン』3b5-7,『テアゲス』128d1-131a7, クセノフォン『ソクラテスの思い出』1. 1. 2-4, 4. 8. 1,『ソクラテスの弁明』4-5, 8, 12-13,『饗宴』8. 5も見よ．ソクラテスに現れたダイモニオンの本性についての興味は止むことがなかった．それは，クセノフォン，プラトンから始まって，キケロ（『占いについて』1. 54. 122-124），アプレイウス（『ソクラテスの神』）を経て，現代にまで至っている．ダイモニオンについての最近の説明としては，E. D. Baumann, 256-265; Beckman, 76-77; Brickhouse and Smith (12), 34-36, 105-108, 237-262; (8), chap. 6. 3; E. Frank; P. Friedländer, 32-36; H. Gundert; Guthrie (6), 82-85; Y. Iwata; H.

4.5を見よ.
8 この特定の箇所の包括的な主張から，われわれは次のように仮定できる．彼に哲学することを命じた積極的なしるしが，彼のダイモニオンがいつもの警告をしなかったということによって，さらに支持された，というのがソクラテスの理解であると（『ソクラテスの弁明』41d3-5 参照）．
9 ここでもクセノフォンの証言は彼の過度の弁明によって疑わしいものになっているとはいえ，ここでは（後にみるように）他の情報源に同様の証拠があり，私がここで提出するような仮説を立てる証拠として用いてよいだろう．この点については D. Morrison を見よ．
10 ソクラテスの占いは，ある種の夢とダイモニオンとデルフォイの神託の報告だけに限定されているように見える．しかし，クセノフォン『ソクラテスの弁明』12-13 を見よ．
11 2・2 節と McPherran (14), 284-287 を見よ．また，4a11-b2 と 4e4-8 はテキスト E が包含する同じ原理の現れであると思われることに注意せよ．最近 H. Benson (4) は，E とそれに関連する箇所が，強いヴァージョンの「定義の先行性」の原理をソクラテスが保持していたことの証拠を与えるという見解を支持する強力な議論を展開した．この原理によれば，人がある性質 F 性の定義を知るときにのみ，その人は F 性の一つの事例が事例であることを知ることができる．Beversluis (2); Geach; G. Santas を参照．ここでも別のところでも，これはこの原理の強すぎるヴァージョンであり，この原理のより正確な表現は，人がある性質 F 性の定義を知る時にのみ，その人は F 性についての専門家となれる（その結果その人は常に F の事例を認識し，それらがなぜ F であるのかを理解する）ような F 性についての神的な知恵を所有する——であると私は仮定する．この仮説の立場は，ごく最近 Brickhouse and Smith (8) によって詳細に擁護された立場である．Beversluis (1); Lesher; Nehamas (2); Vlastos (13) を参照．それゆえ私は，ほとんどの人は F 性の専門知識を所有することなしに F 性の事例を認識できる，という前提で論を進める．
12 たとえば，『クリトン』47a-49e,『ラケス』194d,『プロタゴラス』361b を見よ．『ゴルギアス』460b, 479b-e, 507a-513c, Brickhouse and Smith (8), chap. 2. 1. 6 を参照．
13 エウテュフロンと彼の告訴については，ここでも，W. D. Furley を見よ．
14 神のしるしを解釈する祭儀礼の専門家である伝統的な μάντις は，——ソクラテスのように——どの行為を避けるべきかではなく，どの行為を積極的になすべきかの決定を求めることに注意せよ．
15 ここでも，私はこの文学作品でのエウテュフロンの機能が二重にあると見る．(1) 彼はソクラテスの治療的エレンコスを受けるべき非伝統主義者，驕慢に病んだ患者として，また，(2) ソクラテスの暗い分身，ソクラテスが何

よ．
4　Vlastos によって初めて私の注意はこの箇所へ向けられた．
5　たとえば，エウリピデスの登場人物たちのようなやり方での拒否がある．彼らは，伝統的な占い師の能力と誠実さ（たとえば『フィロクテテス』断片795．そして，予見知を与えるとされる神々の存在（『ベッレロフォン』断片286．『トロイアの女たち』884-87 断片 480．セクストス『学者論駁』9.54）の両方を疑問とした．これについての論考は，Ostwald 279-290 を見よ．
6　しかしながら，ソクラテスは「占いを人間の理性的な言説の新しい領域へと導入した」（J.-P. Vernant [1], 311）最初の人ではない．というのは，ヘロドトスが語る物語（『歴史』7. 140-145）の中で，テミストクレスは非宗教的な考察の方法によって，ピュティアの曖昧な「木製の壁」への言及が以前に存在していたイバラの生け垣ではなく，海軍艦隊への言及であることを，アテネの民会に説得することができたからである．しかしながら，私はソクラテスの占いに対する理性的なアプローチは，このテミストクレスのケースからの相当な進歩であることを示すつもりである．テミストクレスのケースは，神のしるしの本当の意味に対する偏りのない探求の事例とは言いがたいと思われる．むしろ，そこで解釈者が提出する格言的発話の解釈の第一の価値は，解釈者がすでに別の理由から神が推奨しているはずだと決めてかかっている行為を推進する助けとなることにあるからである．

　紀元前五世紀には，大衆的な占いの効力について民間にも相当な疑いがあった．しかし，アテネ人の中には，偽物でない本当の占いが理性的哲学（これを彼らは詭弁や自然哲学と混同することもあっただろう）の助けを必要とするという考えに，不快感を覚える者があっただろうと想像できる．しかし，ソクラテス以外に，占いに対する理性的批判者が彼らの疑いのゆえに訴追されたことはないように思われる．ゆえに，私にはソクラテスが行った伝統的な占いへの批判のうちに，裁判の前に存在した先入見の何か重要な源泉があったとは思われない．
7　ここでもソクラテスが求め，そして達成できなかったと描写されている正しい徳の理解とは，なぜそれぞれの有徳な事物が有徳であるのかについての一般性をもつ理論的理解である，と私は考える．この種の知識にいたることができないことは，それ自体では，未分析の概念に個別的な事例が帰属することを知るという，そういう理論以前の知識を排除しない（だから，ソクラテスは一貫性をもって，徳の無知を主張しながら，同時に「悪をなすことは恥ずべきことである」[『ソクラテスの弁明』29b6-7]ことを知っているとも主張できたのである）．それゆえ，たとえば彼は自分の使命が有徳な行いであることを，その使命やそれにかかわる倫理的概念の完全で確実な説明をもつことなしに，人間に可能なかぎりで最高度に確信することができたのである．2・2 節，また，Brickhouse and Smith（14）ならびに（8），chap. 2 and

ついて教授しているという申し立てに言及するとき，それは示唆されているかもしれない．31d で，メレトスが告訴状の中でダイモニオンについて「書いた」，とソクラテスが言っていることにも注意せよ．実際，ダイモニオンは正式の告発のうちの一つが定式化される原因であったのは明らかなので，メレトスが，すでに存在している偏見を現に取り上げている定式を使用しようと試み，また，ダイモニオンは，告発が定式化される原因として，裁判以前の偏見の原因であったということはありそうなことである．Brickhouse and Smith (8), chap. 6. 2. 3 は，プラトンとクセノフォンが，宗教的革新の告発をダイモニオンによって動機づけられたものと認めていることに同意し，そして，「古代人たちが同意しているところに，われわれが彼らを信じない理由を見出すことはできない」と主張している．しかしまた，彼らは，19b 1-2 によると，メレトスが最初の告発によって，彼の正式の告発を提出することに導かれたと考えている (183)．したがって，「天空の事柄」(23d-e) をソクラテスが教えているという最初の告発によって，ダイモニオンが包含されているとメレトスが考えていたことに，彼らは同意しなければならないと私は考えざるをえない．

259 たぶん，次に，これらを彼の外面的なスパルタ風と結びつけることによってである．たとえば，贅沢な供犠よりも正義と哲学を優先させることへの彼のこだわりは (『ソクラテスの思い出』1. 3. 3)，アテネの古くからの，質朴な敵であるスパルタの友として彼を印づけるものである——と陪審員たちは推測したかもしれない．Connor, 53-56 を見よ．

第四章 ソクラテス的理性とソクラテス的啓示

1 ソクラテスの生きていた期間中にも，占い (μαντιχή/mantikê) は国家によっても個人によっても広く用いられていた．それは大まかに（格式の高い順に）以下の三つの形で見られた．(1) くじ (κλῆροι/klêroi) による占い (cleromancy)．(2) 雷，鳥の飛行方向，犠牲動物の内臓の所見といった「しるし (σημεῖα/sêmeia)」の解釈．(3) 占い師 (μάντις/mantis) による口頭のお告げの実施とその解釈（これらは「託宣屋 [χρησμολόγοι/chrêsmologoi]」によって記録，収集，解釈された）．たとえば，Zaidman and Pantel, 121-128 を見よ．

2 アナクサゴラスとの交際のおかげで，ペリクレスは「天空における出来事の原因について，無知な人々に対して迷信がつくり出す恐ろしい驚愕に負かされることはなかった」（プルタルコス『ペリクレスの生涯』6）．トゥキュディデスについては，『歴史』2. 8. 2 を（また 2. 21. 3, 2. 54. 2, 5. 26. 4, 7. 50. 4, 8. 1. 1 も）見よ．

3 アリストファネスとこれら二種類の占者については，N. Smith (1) を見

nor, 51-56; Dodds（4），chap. 4 も見よ．

245　Dodds（4），chap. 4, 特に 192-195. また，Klonoski, 135-139 も見よ．

246　この法令や，また，プロタゴラスやメガラのスティルフォン，キュレネーのテオドロスのような知識人たちに対する他の，ありそうな，同様の動機の告発については，Burkert（2），119-125; Dodds（4），188-95; Dover（2），40-41; Kerferd, 21-22; J. Mansfeld; MacDowell（2），200; Momigliano（2），565-566; Ostwald, 274-279; Reeve, 79-82; I. F. Stone 230-247 を見よ．その時代の知識人の抱いた無神論のいっそうあからさまな実例の一つはサテュロス劇『シシュフォス』（これは，クリティアスに帰されているが，たぶん，エウリピデスによるもの）の中のせりふである．それは宗教を，全知，全能の神々に対する恐れを用いて，こっそりと悪事をなすことを防止することを意図した，「狡猾な男」の発明として性格づけている（セクストス・エンピリコス『学者論駁』9. 54）．Ostwald, 281-283 を見よ．

247　Dodds（4），189-192, Nilsson（5），265, （3），77-78 を見よ．

248　Nilsson（5），274-275.

249　Cohen（1），215.

250　Nilsson（4），78.

251　アンドキデス『秘儀について』81-89．Mikalson（1），114 および Connor, 51 を見よ．

252　リュシアス『弁論』（『ニコマコスに対して』30）．Connor, 52 を見よ．

253　Dodds（4），182.

254　Connor, 52.

255　ソクラテスのスパルタ法への好みにも注意．それは死刑案件に一日以上を費やするよう命じている（『ソクラテスの弁明』37a-b）．

256　しかし，私は，Vlastos（4），Brickhouse and Smith（12），69-87, 170-184, （8），chap. 5 の議論に説得された．それらはソクラテスが，ありうる他のすべての支配形態よりも民主主義を好んだと考える．私はまた，アルキビアデスとクリティアスの教師としてのソクラテスの世評は，陪審員たちにとって特別の関心ではなかったということを，Brickhouse and Smith（12），69-87, （8），chap. 5. 4 によって，いくぶん納得させられた．

257　Sourvinou-Inwood, 321.

258　したがって，私は Reeve, 84 n. 14, 97 に共感する．彼は，（ほとんど明白な理由なしにであるが）ソクラテスに対する告発を導いたのは，主として，ダイモニオンなのであり，神々の抗争と不道徳に対する彼の拒絶ではなかったと考える．ソクラテス自身は，正式の告発を導いた最初の古くからの告発の原因として──信仰に対する懸念と同様──ダイモニオンの名をまったく出していない．だが，23a で，「彼が知恵をもっている」という申し立てと結びついた不特定の中傷に彼が言及し，また，23d-e で，「天空の事柄」に

といく人かの陪審員たちが，ソクラテス的神々がアテネの神々と同じであるかどうかの問題に関して，ソクラテスに脅威を見ていない，ということが示されているわけではない．

235 Brickhouse and Smith (12), 126-127 および (8), 6.2 は，ソクラテスが神々についての慣習的見解を受け入れると語っている『パイドロス』229e2-230a3 に依拠して，神々の抗争と不道徳の神話についてのソクラテスの懐疑主義にもかかわらず，ソクラテスは国家の神々を信じていないという告発についてはまったく無実であると論じる．しかし，当時の「慣習的見解」はまさにこれらの神話を含んでいたので，『パイドロス』の文章は彼らの見解を支持するものとして用いることはできない．

236 もちろん彼は，エレンコスの支持をもつことが明らかになった信念を（それらは，それらを反駁しようとする対話相手の試みに何度も耐えた信念である），快く受け入れるであろう（これについては，本書4・2節を見よ）．

237 Brickhouse and Smith (8), 188-189 を参照．それでも，この文章は話半分に読まれなければならない．ソクラテスは伝統主義者である．しかし，これらの伝統が彼のエレンコスによって達せられた非伝統的結果と衝突するときは，そうではない．本書4・1節を見よ．

238 さらなる議論については，たとえば，Brickhouse and Smith (12), 117-119 および Reeve, 87-93 を見よ．

239 Vlastos (14), 293-297. ソクラテスの非慣習的な宗教的見解は，それ自体では，彼を起訴するに十分ではなかったという Vlastos の主張は，しかし，よく裏付けられていない．さらに，Vlastos, 296 は，正式の告発の中には，彼の教義への言及は存在しないと考えているが，これは正しくない．『ソクラテスの弁明』26b2-6 を見よ．

240 Vlastos (14), 295-297.『メノン』91c-92d は，ソクラテスの未来の告発者の一人であるアニュトスを，ソクラテス的教師たちが引き起こす堕落によって立腹させられているものとして提示している．その提示の仕方にも注意．

241 『雲』は喜劇であるが——そして，われわれは，俳優たちがわめき，彼らの火のついた詰め物をした尻をたたくのを，結末部分の場面が含んでいると想像してよい——，それはまた隠された暗部についてのわれわれの認識に依拠することにより，そのユーモラスな効果を導き出すようなブラック・コメディーでもある（たとえば，J. Heller の小説 Catch-22 のユーモラスな場面と同様に）．

242 それにより，「堕落」の他のいかなる意味が意味されていようと，それらに対処するためである．たとえば，ソクラテスは彼の教えによって若者たちに，年長者を見下したり，恥ずべき性的活動をなすよう勧めるなどである．

243 Brickhouse and Smith (12), 197-200 を見よ．

244 Ostwald, chap. 5, esp. 274-290; Brickhouse and Smith (12), 18-24; Con-

それは，共同体への帰属の意識と，社会の諸形式の遵守の必要性を強調した」．

227 それゆえ，私は Kraut (2) に同意しなければならない．彼の観察では，Brickhouse and Smith (8), chap. 6. 2 は，ソクラテス的敬虔が，いかに伝統的な宗教的慣行に疑いを差しはさませるかを認識していず，そして，彼ら自身のソクラテスの敬虔についての理解――つまり，他の人間たちに知恵を勧めることにおいて，いかにして神々を手助けするかの知識 (178) ――がギリシア宗教の儀式といかにして両立可能であるかを十分に説明していないとされる．しかしながら，Kraut はこのことを論ずるために以下のように主張する．すなわち，ソクラテスは，「儀式は，それらが善の知識によって導かれないかぎり，何の益ももたらさない……と言う羽目に陥っている」(624) とされる．そして，このことは言い過ぎであると思われる．たとえば，たしかに，われわれは次のように想像することができる．すなわち，その真剣さが，物質的供犠を通じて正しく表現されるような者がなすような，ソクラテス的哲学を行うことへの助力を求めての真剣な祈りは，彼の要求が人間以上の知識や知恵によって導かれていなくとも報いられることを，ソクラテスは受け入れるであろう．

228 Vlastos (14), 166; cf. Connor, 56.

229 Kirk et al., 203.

230 われわれは真の自己をもち，われわれが気づいていない信念をもっている，というソクラテスの見解についての詳論は，Brickhouse and Smith (8), chap. 3, 特に 3. 6. 1 を見よ．

231 宣誓は，敬虔と法の両方の問題として陪審員たちに，「恨みを抱かず，影響されず……，諸法に従って裁く」(アンドキデス『秘儀について』91, MacDowell [1], 43-44) 義務を負わせた．

232 Burnyeat (2), 18; Reeve, 25 and n. 26; West, 125 を見よ．

233 そして，たしかに，ソクラテスは彼の告発者たちよりも，いっそう几帳面に供犠を捧げたとは言っていない．

234 私は以上の議論が，Brickhouse and Smith (8), chap. 6. 2 を効果的に反駁していると考える．彼らは，ソクラテス的神々により与えられる信仰への脅威は，ソクラテスに「法の外に立つ」(184) ことを要求する，というのは，彼は国家の神々を信じていないからであると考えているようである．そしてまた彼らは，ソクラテス裁判に出席していた者のうちの誰一人，「国家の神々」と「神々」(187) の違いを理解していなかったことは，ありうると考える．私はまた，彼らのこのことへの別の選択肢は――すなわち，この区別がこの案件にとって重要であり，関係があると誰一人，理解していなかった (187) ――ありそうもないことを明らかにしようとした．また，ソクラテスはメレトスが導くところへつき従わねばならないからといって，彼メレトス

すら，ソクラテス的神々に潜んでいる伝統的信仰と動機に対する脅威を，自覚的に理解していたかどうか，あるいは，どの程度までそうしていたかは，目下の問題である（そしてたぶん，そうあり続けねばならない）．しかしながら，まさにこの脅威が，『ソクラテスの弁明』の中ではっきりと言及されていないからといって，そのことが，裁判の様々の関係者の心中で，重要な役割を（ソクラテスを欺きと怠慢から安全に保つような仕方で）果たさなかったということは意味しない．

220 しかしながら，クセノフォンは，公的に儀式に携わったことを弁明として引き合いに出しているソクラテスを描いている（『ソクラテスの弁明』11-12）．ソクラテスは，弁明弁論として彼に割り当てられたすべての時間を用いなかったかもしれないが，それは彼のために話す支持者（συνήγοροι/sunêgoroi）をもっていたとすると，最もうまく説明される（『ソクラテスの弁明』22; D. L. 2.41; Brickhouse and Smith [12], 75-76）．ソクラテスは，このことをあらかじめ知っていたので，少数の陪審員たちによって抱かれるかもしれないこれらの懸念，つまり，ソクラテスは何らかの仕方で伝統的な宗教的慣行の敵対者であるという懸念に，彼らが対処してくれることを当てにしていたかもしれない．

221 B. Jackson, 34 参照．「プラトンは登場人物に供犠を捧げながら祈らせなかった．供犠と祈りのこの分離は……プラトンが，人が祈ることで，与えられた奉仕に対する見返りを求めていると示唆することすら，避けようと望んだからであると考えたい」．Irwin (4), 46-47; McPherran (3), 126-129 を見よ．敬虔な行為を非宗教的な正しい行為から区別するものは，当該の行為をなす人物の意図の問題である，という見解をこのことは支持する．

222 ソクラテスの死後まもなく，舞台上で次のように主張させられることができたことに注意．「供犠によって神の好意を確保できると信じる者は誰でも，……誤っている．というのは，乙女をたぶらかしたり，姦通をなしたり，盗んだり，金のために殺したりしない仕方で，人は有用であらねばならない」（メナンドロス『断片』63; cf. イソクラテス『断片』ii 20．いかなる捧げ物も崇拝も，有徳な生を生きる努力よりは優れていない，という主張については，クセノフォン『アゲシラオス』11. 2）．

223 Burnet (3) の『エウテュフロン』3b3 への註．『ソクラテスの弁明』18c 3, 24c1; Allen (1), 62; Chroust (3), 235 n. 119.

224 そして，Hackforth (2), 58-79; Guthrie (3), 3: 237 n.2; Beckman, 55-56; Tate (1), 3-5, (2), 3-6; MacDowell (2), 202 を見よ．

225 Reeve, 67. また，Burkert (2), 216-275 および H. Parke (2).

226 Cf. Parker (1), 254. 彼の注意するところでは，ギリシア宗教は，「ギリシア文明の一般的な精神を反映し支持した．それは，個人主義や内的状態に偏重することや，意図は行為よりいっそう重要である，という信念を阻んだ．

発についての告発側の解釈である．したがって，ソクラテスは告発の指定された解釈にのみ答える必要があるのであり，「告発のありうるいかなる解釈」(119) に対しても答える必要があるわけではない．これら多くの他のすべての解釈に真剣に取り組まないのは，Brickhouse and Smith (8), 184-188 のような者が示唆している，関係する問題に対する回避に等しい，というわけではない．それゆえ，私が思うに，ソクラテスはあの（少数の？）陪審員たちの目にはアテネの神々を認めないという告発について有罪であり続けるが，同時に，彼は，彼やメレトスや大部分の陪審員たちが解釈した法的告発については，無罪を主張することができる．その少数の陪審員たちとは，「これらの神々が特定の嘆願的な供犠，特に，（ソクラテス的に考えられた）正義に矛盾する要求を含む供犠に，信頼できる仕方で応えてくれる」という考えを是認しない者によって，その告発［アテネの神々を認めていないという告発］の言う罪が犯されているとみなし，そして，ソクラテスの神学的立場が彼をこの陣営に属させることを十分に鋭く見て取ることのできる者たちである．ソクラテスの立場には，信仰に対する脅威があったという私の見解は，誰かがそのような脅威を認識した証拠はないとか，そのような脅威はソクラテスの裁判で何の役割も果たさなかったという議論（Brickhouse and Smith, [8], 188）によって，切り崩されないことにも注意．

219 Brickhouse and Smith (8), 184-187 が論ずるところによると，最初の正式でない告発（20c4-24b2）に，正式の告発の起源を求めるソクラテスの説明は，特に，真理を語るという彼の明確な方針（たとえば，18a5-6, 20d5-6）を前提すると，もし彼が，彼のソクラテス的神々が市民宗教のもとに潜んでいるいくらかの動機を脅かすことを自覚しているのに，そのことにそこではっきりと言及しないならば，彼は嘘つきであることを意味することになるとされる．私はこの議論は説得力がないと思う．ソクラテスは彼の裁判に導いた偏見を説明するとき，宗教的な信仰に対する彼の態度を少しも明らかにしていないのは本当である．だが，彼について申し立てられた「天空の事柄の探求」を，彼が 18c の無神論と結びつける時に，われわれはソクラテスの態度が，彼が用いている一般化によって包括されているものとして理解することができる．その一般化は，彼が 23a において，「知恵」をもっているという申し立てと結びつけられた不特定の「中傷」について彼が語り，彼が 23d で，「天空の事柄」について彼が教えている，という告発に言及している時（註 9 を見よ）になされている．さらに，ソクラテスは実際に『雲』を最初の告発者として引き合いに出している（19c）．その際，彼は，陪審員たちのために，そのソクラテスが「戯れを，まくしたてている」のを思い出させている．その戯れとは，彼が即座に，ストレプシアデスの伝統的な供犠と祈りの拒否を彼が受け入れている（425-426）ことを含む．最後に，私が思うに，最初の告発者たち，現在の告発者たち，陪審員たち，そしてソクラテス自身

す［アリストテレス『弁論術』1373a16 ff.］). L. Watson, chap. 1 は無実の者に及ぶ結果，呪詛のいくつかが要求した理由のない，そして／あるいは，不釣り合いな苦痛（たとえば，墓荒らしのゆえの死，違約のゆえに人の血統がすっかり根絶されること［アリストファネス『女だけの祭り』349 ff.『法律』908e-909d 参照]），そして，まったくいわれのない呪詛の効き目に言及している．特に，11-12, 32-36, 41-42 を見よ．

214 たとえば，『国家』364b-c を見よ．それは，ある「神官や予言者たち」が彼らの呪文を使い，人が彼の敵に不正に害を加えることを助けるよう神々に強いることができる，という信念を証言している（『法律』933c-e 参照）．また，不正な呪いにより襲われたというヒッポリュトスの訴えも見よ（エウリピデス『ヒッポリュトス』1347-1349). L. Watson, chap. 1, 特に l. 3-4, l. 11-14 を見よ．彼は，いわれのない呪詛の主要な実例として，呪い札（*defixiones*）を挙げ，訴訟当事者が敵対者の精神的機能を損なうためにしばしばそれを用いたことに注意している（42). Blundell, 50 は，人が不正に行動するかもしれないことへのありうる理由として，ゴルギアスが敵に害を加えることに言及していることに注意している（『パラメデス』18.『国家』364c 参照）．エウリピデスの『ヒッポリュトス』（887 ff.) において，テセウスが，ポセイドンから与えられた呪詛の一つを，偽りの告発のゆえに，彼の息子を殺すために用いるが，それがどのようにして許されるかを見よ．最後に，呪いの中ではっきりと述べられている条件に違反することは，神々の怒りを呼び起こすという考えを——ほとんどの仮定的な呪詛に見られるが（L. Watson, 50）——ソクラテスが是認できたと信じるのは困難である．というのは，そのような感情に屈することはソクラテスによって知恵の欠如と結びつけられているからである（『プロタゴラス』352a-352c.『ソクラテスの弁明』34b-d.『エウテュフロン』7b-c.『パイドン』113e-114b 参照）．また，そのことは『エウテュフロン』の中で，ソクラテスによって，エウテュフロンの伝統的な争い合う，非ソクラテス的神々と結びつけられている（7b）（たとえば，『イリアス』4. 20-50 を見よ）．

215 Yunis, 49.

216 Brickhouse and Smith (8), chap. 6. 2 参照．彼らは，このこと（そして，他の要因）を見て，神々についてのソクラテスの修正的見解は，彼の告発と有罪判決に何の役割も果たしていないと論じる．

217 Brickhouse and Smith (8), 182-187.

218 Brickhouse and Smith の Vlastos (11) への返答（Times Literary Supplement [4] の手紙の欄，そして，今 [8], chap. 6. 2) に含意されている考えに反してである．ソクラテスはつねに，正式の告発のなんらかの解釈において，有罪とされうるということは注意に値する．そして，Brickhouse and Smith (2), 119 自身が注意しているように，法的に関係する告発は，告

一種の宇宙的交易(『エウテュフロン』14e)として皮肉に性格づけたときに,彼が考えているような種類の動機である.そして,このような見解に対するプラトンの軽蔑については,たとえば,『法律』885b ff などを見よ.

206　Yunis, 48-49.

207　L. Watson, chap. 1, 特に 1.7 を見よ.彼が注意しているところでは,公私の呪詛が不可避的に成就されることは慣習的な知恵の一部であった.たとえば,アイスキュロス『供養する女たち』(692),『テーバイ攻めの七将』(655),『縛られたプロメテウス』(910-911),ヘシオドス『仕事と日』(242 ff.) を参照.呪詛は,ギリシアでは長い前史があり,特にホメロスで顕著に姿を現している.たとえば,『イリアス』(9. 453-457, 566-572) [『国家』393c-394b 参照],『オデュッセイア』(9. 528-535).そして,オイディプスやペロプス,テセウスのような伝説の時代の主要な人物たちと結びついていた.

208　ソクラテスですら少しばかり「呪詛」に従事している.彼は時々,彼の発言の真理を「誓う事によって」証明している.「ゼウスに誓って」(たとえば,『国家』(370a7).[彼は『ソクラテスの弁明』26e3 でメレトスにゼウスに誓うようにし向けている]).あるいは,「ヘーラーに誓って」(たとえば,『ゴルギアス』449d5).あるいは,「エジプトの犬に誓って」(すなわち,アヌビス.ギリシアでそれに対応するのはヘルメスである).たとえば,『ソクラテスの弁明』(22a1),『リュシス』(211e6),『パイドン』(98e5),『ゴルギアス』(482b5) を見よ.Dodds (6), 262-263 は,ソクラテスの誓いを,何らかの深い宗教的意味合いをもっているものとして受け取ることはできないと論じている.

209　L. Watson, chap. 1 (特に 1. 7, 1. 11) を見よ.彼は,民会の開始時における,ありうる欺瞞者に対しての仮定的な呪詛 (8),『法律』(871b) における「諸法に基づく呪詛」(21),アポロンとアテネに訴えるアムフィクテュオネスの呪詛(これは,一組の規定の違反者を家々や家族,実りの破滅により威嚇する[弁論家アイスキュロス『クテーシッポスに対して』110-111])(19) に注意している.合法的な「敵に対する加害」については,Blundell, chap. 2, 特に 53-57 を見よ.

210　ソクラテスの経歴の証拠は Guthrie (6), 59 に与えられている.

211　L. Watson, chap. 1. しかしながら,Watson (1. 3, 1. 11-14) はまた,神の助けなくしても,呪いの言葉だけで十分に有効な,(そして,道徳的考慮とは独立の)超自然的な力をもつことができると信じられたと注意している.

212　L. Watson, 44. 呪詛と関係して,応報の法 (lex talionis) が目立つことのさらなる説明については Watson, chap. 1. 12 を見よ.

213　Blundell, 50-51, 54-55 を見よ.彼が注意しているところでは,訴訟はしばしば合法化された復讐として取り扱われ,また,報復 (talio) は他の道徳的規範と衝突すると考えられた(たとえば,友への好意として他者に悪をな

Reeve, 67-68 n. 80) という見解もそうである.

198 そうでなければ,敬虔は『エウテュフロン』14e6-7 で否定された「交易」(ἐμπορία/emporia) であろう.そして,神々は単なる「悪しき高利貸し」(『アルキビアデスII』149e4-5) であろう. Reeve, 68 参照.

199 『ソクラテスの思い出』4. 3. 13, 16. ここで,われわれは,(崇拝されることを欲する) 神々を喜ばせる意図の重要性を知る.それは,本書2・2節では,「正義」という類の,「敬虔」という種の種差として措定された.『法律』716-717 参照.そこでは,プラトンは彼が儀式による神々の崇拝を認めていることを明らかにしている.

200 N. Smith が私に指摘したように,『リュシス』における友愛の説明は,道徳的な概念 (友愛) が益の相互の交換に基づいていることを,ソクラテスは何も問題視していなかったことを示しているように思われる.また,ソクラテスの幸福主義は,「善をなすこと」が単に益を追求することである,ということを含んでいる (主として,非物質的益であるが).

201 『ソクラテスの思い出』1. 1. 9, 1. 1. 19, 1. 3. 3, 1. 4. 15-19, 4. 3. 16-17, 4. 8. 11;『饗宴』47-49.『ソクラテスの思い出』4. 3. 12 で,神々は求められていない時にもソクラテスに報いるので,神々は彼に非常に友好的である——他の者たちに対してよりもいっそう——にちがいない,とエウテュデモスが主張する.この時,ソクラテスが異議を唱えない経緯に特に注意せよ.また,2. 1. 28 で,ソクラテスは,神々の好意を得ようとするならば,彼らを崇拝しなければならないと主張する.しかしながら,この文は,神々は労苦なしには,人間に何も善きものを与えないという主張を含む.そして,このことは,——彼らが求められず,崇拝されない時でも (たとえば,『エウテュフロン』14e-15a)——すべての善きものは神々から人間にもたらされる,という見解と矛盾しているように思われる.

202 Dodds (4), 141.

203 B. Jackson により枚挙され,論じられている.『エウテュデモス』(275d),『パイドン』(117c),『饗宴』(220d),『パイドロス』(237a-b, 257a-b, 278b, 279b-c),『国家』(327a-b, 432c, 545d-e),『ピレボス』(25b, 61b-c).

204 この見解においては,かくして,ソクラテスの仲間のアリスティッポスが,神々に要求するのは滑稽であると言った時,まさに師の一歩先のことを言っていたかもしれない.というのは,神々はすでに何を贈るべきかを知っているからである.(これは,Guthrie [6], 177 によるアリスティッポスの断片 227 の言い換えである.『ソクラテスの思い出』1. 3. 2 を参照.そこでは,神々はわれわれにとって何が善いかをすでに知っているので,われわれは特定のことのために祈るべきではない,とソクラテスは考えていると言われている.)

205 たとえば,ソクラテスが,エウテュフロンによる敬虔の最後の説明を,

182 Dodds (7), 153-154.
183 L. Watson, chap. 1 (特に 1. 14); Mikalson (4), 84-85 を見よ.
184 信仰に対する古代の自利的態度については，Dodds (7), 144-155; Dover (3), 246-249; Vlastos (14), 176-177 を見よ.
185 Brickhouse and Smith (12), 119 に反して．Dodds (7), 153-154; Nilsson (4), 7-8; Zaidman and Pantel, 82, 177-78; Yunis, 42 参照.
186 Vlastos (14), chap. 7 を見よ.
187 Tate (3), 144 を見よ.
188 Vlastos (14), 176.
189 Vlastos (14), 176.
190 Parker (1), 258 が引用している祈りにも注意．「われわれの国を護り給え．私が言うことは，われわれの共通の利益であると私は思う．というのは，繁栄している国は神々を敬うからである」(傍点は私のものである).
191 Rhodes, 6-37. もちろん，ここで，呪詛は必ずしも常に正しいものと考えられていたわけではない．というのは，ある政策においては，アテネに反対することは正しいこともありうる，と認められていたかもしれないからである．
192 L. Watson, chap. 1 (特に 1. 7) を見よ. Mikalson (4), 83 の主張では，ギリシア悲劇の作品全体の中で，神によってかなえられない祈りは比較的少数である.
193 Burkert (2), 274; Mikalson (1), 100-102; Parker (1), 259; Yunis, 51 参照. また，ヘシオドス『仕事と日』(336) (『ソクラテスの思い出』1. 3. 3 に引用されている)，『アルキビアデス II』(149b)，アリストテレス『ニコマコス倫理学』(1164b5 ff.) 参照．かくして，供犠の大きさは神々と無関係であるというソクラテスの見解は脅威を与えるほど非伝統的である，と Connor, 53 が主張する時，それはあまりに極端である.
194 Mikalson (1), 89; Parker (1), 259; Mikalson (4) は，ホメロスにおいて応えられない少数の祈りと誓いを書きとめている．そして，悲劇の場合と同様，共通の特徴は，嘆願者が不敬虔であることを観察している.
195 Yunis, 54-55. 供犠を捧げるという意味の主な言葉は，θύω/thuô であるが，しばしば，神々に敬意を払うという意味をもつ τιμάω/timaô あるいは τιμή/timê という言葉にも出会う.
196 Yunis, 43; 54 n. 35. Vlastos (14), 166 および Connor, 56 を参照.
197 『ソクラテスの思い出』(1. 1. 19, 1. 4. 10-18, 4. 3. 13-14)，『饗宴』(4. 48-49) も見よ．スペットスのアイスキネスはソクラテスの親しい友人であり，ソクラテス的対話篇の作家であったが，同じこの見解をソクラテスに帰している (G. C. Field, 149 を見よ). 同様に，「立派で善き者は彼らのより大きな敬虔さのゆえに神々からより良く待遇される」(Dittmar, Fr. 8, lines 61-62;

ら，この対話篇が実際に進行しているとおりに進行することを許さないであろう．プラトンの議論上の戦略は，エウテュフロンが神々の争いを信じることを要求する．そして，彼にショックを表明させることは，探求することが明確に意図されていない主題に，対話篇の議論を向けることになろう．その主題とは，神々の抗争の神話に対するソクラテスの拒絶の説明である（ソクラテスが定義的探求を続けるために，エウテュフロンが彼自身の奇妙な物語［6c8-9］を証明しようとするのを，いかにして未然に防いでいるかにも注意）．さらに，エウテュフロンは一風変わった人物である．彼は伝統的な敬虔の典型的人物ではない．そして，それゆえ，他の「宗教革新仲間」の見解にショックを受けることは，まったくありそうもない（そして，いずれにせよ，エウテュフロンは，ソクラテスに彼のやり方の誤りを確信させ，また，彼［エウテュフロン］の見解の真理を確信させる方法を知らないかもしれない）．

170 Vlatstos (14), 165-167; Tate (3-5); Nilsson (5), 275; Beckman, 41.
171 Vlastos (11).
172 Burkert (2), 8; Dodds (4), 140-144; Lloyd-Jones, 134; A. E. Taylor (4), 15-16.
173 Zaidman and Pantel, 11-13 を見よ．Parker (1), 255 が注意しているように，「宗教は内面性とか，神との緊密な私的交わりの問題ではなかった．……敬虔（εὐσεβεία/eusebeia）は文字通り敬意の問題であり，愛の問題ではなかった．そして，きわめて温かい関係ですら，祭儀の遵守なくしては，すぐに気まずいものとなった」．
174 Lloyd-Jones, 134; Burnet (3), 114; Dodds (4), 141-143; Kerferd, 167; Momigliano (2), 566; A. E. Taylor (1), 147; Yunis, 39.
175 Lloyd-Jones, 109.
176 Lefkowitz (1), 243.
177 Burkert (2), 246; Lloyd-Jones, 79-85; Vlastos (20).
178 Lloyd-Jones, 130.
179 Lefkowitz (1), 244; Burkert (2), 246-250, 273; Mikalson (1), 3-5, 64; Nilsson (5), 34; Yunis 55-56 nn. 40, 43 を見よ．
180 ここから，悲劇作家たちの作品は，民衆文化を反映しているとともに，伝承された伝統の潜在的緊張を創造的に探求するために，それを用いている（Burkert [2], 246; Mikalson [2], 3-6）．これに関して，Yunis, 75 はこう書いている．すなわち，「ポリスの生活において，宗教的形式は，行動に表れない内的な宗教的信念よりも，明らかに重要性をもっていた．個人的な信念が，受け入れられた形式と一致しない状況のみが，国家の宗教的制度にとって直接に感知しうる重大な問題を引き起こしたであろう」．
181 Murray, 28-34; Parker (1), 257; Zaidman and Pantel, 37-38 を見よ．

ネス『冠について』(18. 141) を見よ．彼はアポロン・ピュティオスを「国にとって父祖伝来の」アポロンとして呼びかけた（C. Hedrick, 200-201）．予言の術はアポロンの分野であったことにも注意せよ（Garland [3], 141）．しかしながら，ペロポネソス戦争の間，アポロンがスパルタの肩をもったことは明白であり，疑う余地がないのを前提とすると（トゥキュディデス『歴史』1. 118），ソクラテスが自分自身をデルフォイのアポロンの僕として性格づけたことは，いく人かの陪審員たちの偏見を煽っただけであったかもしれない（Garland [3], 111）．

162 Sourvinou-Inwood, 303-304; cf.『国家』427b-c.

163 M. Lefkowitz (1), 245; Garland (3), 18, 149.

164 Yunis, 48-49; Burkert (2), 181. Versnel (1), 117 の注意しているところによると，「黒魔術」は一般的に外国からの宗教と結びついていた（たとえば，サバジオスとキュベレー）．そして，「宗教的革新を企てた」というソクラテスに対する告訴と同じ告訴が，イソップの寓話（no. 112）の中で，魔法使いに対して向けられている．人が，ソクラテスのエレンコスの能力をダイモニオンが与える魔術的な力と結びつけた，ということすらあったかもしれない（『メノン』80b において，プラトンがメノンに，ソクラテスに対して警告させているように）．

165 『テアイテトス』(172d-173a; 201a-b) において，プラトンは，十分な哲学的議論に必要な時の長さを，法廷で見られる不十分な長さと対比している．

166 これらは Yunis, 42-45, 50-58 から採られた．彼はこれらに対する広範囲にわたる文献上の論拠を与えている．

167 JACT (Joint Association of Classical Teachers), 158; Mikalson (1), 85, 94; Rhodes, 36; P. Siewert; Yunis, 2643, 52; L. Watson, 8. しかし，Kraut (3), 152, n. 1 に注意せよ．彼は，成人式の宣誓は，前四世紀の後半に，軍隊の新入隊者には課されたが，『クリトン』の「諸法」はこの主題に関して沈黙しているので，前五世紀にすべての市民たちに要求されたわけではなく，たぶん，ソクラテスはそれを行わなかったであろうと論じている．というのは，ソクラテスが言葉の上で，「諸法」に従うことを同意したのなら，なぜ「彼らは」(つまり，彼らのために語っているソクラテスは)，このきわめて関係深い細部について言及しないのか．

168 Lloyd-Jones, 156-164; 本書1・3節参照．

169 Brickhouse and Smith (12), 125-126, n. 23; (8), chap. 6. 2; Burnet (3), 115; A. E. Taylor (3); Reeve, 84 n. 14. Brickhouse and Smith (12), 126; (8), 183 はこの主張に対する一つの正当化として，エウテュフロンがソクラテスの見解に何のショックも受けていないという事実を用いている．しかし，これに対する応答として，われわれは，エウテュフロンがプラトンの創作人物であることを思い起こす必要がある．エウテュフロンがショックを受けるな

的神格を導入したということに焦点があてられているとされる．Brickhouse and Smith (12), 20 and n. 64 を参照．多くの人々の期待に反して，ソクラテスがピュタゴラス教団の構成員であったとか，その見解に強く影響されていた，という見解を支持する信頼できる証拠はほとんどない（たとえば，本書第五章註 114 を参照）．

155 Versnel (1), 127, 129 は同じ結論に達している．彼は「告発のこの部分は，まさに複合的で不明瞭な非難を覆い隠すために，意図的に，このようなあいまいで多義的な言葉を用いて語られていた」と考える．この解釈は，ソクラテスが「新奇な神々に供儀を捧げたり，他の神々に誓ったり，認めたりするのを」（『ソクラテスの弁明』24）誰もかつて見たことはない，とクセノフォンが注意することに努めている時，クセノフォンのソクラテスによって支持される．『ソクラテスの思い出』(1. 1. 2-4, 3. 1, 3. 4)，『ソクラテスの弁明』(10-11)，『アナバシス』(3. 4. 1-8)，プラトン『ソクラテスの弁明』(21 b, 33c)，『パイドン』(60b-61b) 参照．

156 Versnel (1), 121-122 は，外国からの信仰は私的な祭儀と結びつけられがちであり，それは，あらゆる種類の疑いを促進したと注意している．彼はまた，アテネにおける信仰の導入の研究を通じて，「外国の信仰という否定的な暗示的含みに加えて……非伝統的な神々と信仰の新しさに対する著しい抵抗もあった」(130) と説得的に示している．それは，ヘシオドス（『断片』322）に遡る「父祖伝来のもの」(ta patria) が変化することに対する抵抗である．そして，それは，「確立された慣習に従え」というデルフォイから得たクセノフォンの助言に顔を出している（『ソクラテスの思い出』4. 3. 16）．したがって，ダイモニオンは，あるアテネ人たちには，可能な限り最も最悪の宗教的脅威を代表することができた．それは単に外国からの輸入物ではなく，追放するべき新しい輸入物であった．

157 Reeve, 95-96 参照．

158 Yunis, 48-49, n. 26 を見よ．クセノフォン『ソクラテスの弁明』24-25 にも注意せよ．それは，古い確立された神格を無視して，新しい神格に供儀をなすことが，ソクラテス裁判の法的関心であったことを示している．

159 Lloyd-Jones, 85; Sourvinou-Inwood, 303 を見よ．また，クセノフォンのソクラテスは，アフロディテーという女神が，二柱であるのか一柱であるのかについて，不確かであることに注意（クセノフォン『饗宴』8. 9; プラトン『饗宴』180d 参照）．

160 しかし，陪審員たちは，もし daimonion がある種のダイモンなら，そのようなものは通常，祭儀をもたないので (Mikalson [1], 65)，daimonion もそれをもたなかったであろう，と考えたかも知れない．

161 Sourvinou-Inwood, 309. 実際，アテネ人たちは彼らのアポロン・パトローオスをアポロン・ピュティオスと等しいものと考えた．たとえば，デモステ

えて，Garland（3），149 が注意しているように，このことを試みるには，重大な阻害要因があったであろう．つまり，告発側は争点となった δαιμόνια/daimonia によって，報復される危険を負うであろうし，当時の神格の概念が柔軟であることを前提とすると，告発側が何らかの説得力ある証拠を与えるのに窮するであろう．

149 A. E. Taylor（4），7-9，特に n. 1 に反して．Burkert（2），317 および Reeve, 75 n. 1 を参照．

150 それゆえ，Brickhouse and Smith（12），124 n. 22 に反して，ソクラテスはダイモニオンが陪審員たちに影響を与えたかもしれない，ということの自覚を示している．Ehrenberg（1），378 参照．

151 A. E. Taylor（4），10 ff. に反して．しかし，Brickhouse and Smith（12），35, n. 125 を見よ．第二番目の告発については，後代の著作家たちも同じ見解を示している．たとえば，ヨセフスは，「人が言うように，たしかに冗談であるが，ソクラテスは何かダイモン的なものが彼に合図を与えると主張したので，有罪とされた」（『アピオンへの反論』2. 263）と書いている．Mikalson（1），66 は，告発側はまさしくダイモニオンを標的にするために，告発を述べるにあたり，「新しい神々」ではなく，「新しいダイモニア」という言葉を用いた，と考えて正しいと思われる．正式の告発の第二番目のものにおいて，ダイモニオンが重要な役割を演じたに違いないと考える他の者たちには，Derenne, 153 ff.; Dodds（4），202 n. 74; Ehrenberg（1），367 ff. そして，とりわけ，Ferguson（特に，158, 169-175）が含まれる．

152 このこともまた，単数形のダイモニオン（δαιμόνιον/daimonion）ではなく，ダイモニア（δαιμόνια/daimonia）という複数形が使用されていることを説明する．Brickhouse and Smith（12），35-36; Burnet（3），180-185; Hackforth（2），70 を見よ．

153 この懸念は『エウテュフロン』（3b）に見られる第二番目の告発の変形版を説明するかもしれない．そこでは，ソクラテスは，新しい神々の――単なる導入者ではなく――作り手（ποιητής/poiêtês）であるとして告訴されていると言っている．また，このことは直接的にアリストファネスの『雲』から派生する噂話とつながる．そこでは，ソクラテスは，「神々はここでは流通していない」（247）と言い，ゼウスの存在を否定し（366），代わりに，「雲」を「われわれの神格」（252）と呼んでいる．われわれも見たように，自然学者たちは古い神々を，新しい神的力で置き換えた（たとえば，キケロ『神々の本性について』1. 10. 26 におけるアナクシメネス）．

154 この極端な形については，A. E. Taylor（4），17-30 を見よ．しかしながら，L. Robin（2）および A. S. Ferguson はテイラーの示唆を否定する説得的な議論を提供している．テイラーの示唆によると，「新しいダイモン的なもの」を導入しているという告訴は，ソクラテスがピュタゴラス・オルフィック教

18) は、アテネ人たちのもてなしの心を誉めている。それは外国の神々に対する寛容さすら含んでいる。「というのは、彼らはあまりに多くの外国の儀式を歓迎したので [つまり、ベンディスやサバジオス]，彼らは喜劇作家たちにからかわれている」．

142 Derenne, 224 ff. は，新しい神々の導入を禁止する法が，前四世紀に存在したと主張する．O. Reverdin, 208-217 もこれに従っている．Versnel (1), 102-130 は，アテネの「外国産の神々」(アドニス，ベンディス，コリュス，サバジオス，イソダイテス) と，先に引用された「導入による不敬神」の事例を再検討し，以下のように論ずる．すなわち，これらの事例や他の多くの証拠は，ソクラテスの処刑の後のものであるが，これらの裁判を是認した法の先駆的なもの (これはディオペイテスの法令とソクラテスの裁判の間に作られた)，あるいは，ソクラテスを告訴するのに用いられた急造の先駆的な法があった，ということを信じる十分な理由がある——と．Derenne, 168 ff.; Garland (3), 150; Mikalson (1), 65-66, 92; MacDowell (1), 197; Reverdin, 213; Rudhardt (1) も見よ．Reverdin, 217 は，プラトンは一般に現存のアテネ法から逸脱していなかったと注意している．そして，彼は，『国家』427b-c が私的な信仰を拒絶しているのは，新しい宗教と神々を誤りなく導入するのは困難であるという理由によると見ている．

143 在留外国人にとっての別の道は，彼らの神の社寺を建立する権利を求めることであった．彼らは，土地の一区画を獲得し，そして，その上に社寺を建てる公的許可をアテネの民会から得ることを求められた (Mikalson [1], 92-93)．

144 前 420 年代後半に，テレマコスがアスクレピオスをアテネへ導入したことについては，Garland (3), chap. 6 を見よ．

145 Garland (3), 1-20, 137, 149 および Sourvinou-Inwood, 303-304 を見よ．Versnel (1), 103-123 は，新しい神格が受け入れられる道が，抗争をはらむいくつかの事例を紹介している．たとえば，キュベレーは公式にアテネに受け入れられ，聖域を与えられたが (およそ，前 450 年)，彼女の極端な崇拝者たちの不快な外見と行動は，激しい抵抗を煽った．

146 Garland (3), 146. Versnel (1), 121 は，「外国の (たとえば，神) という概念の性質それ自体が，さまざまの不快な連想を呼び起こした．つまり，魔術とか金儲けの匂い，気ままとかエクスタシー，どんちゃん騒ぎ，そして，乱交を言外に意味している」と書いている．

147 Burkert (2), 317 によると，「法的観点から，新しい神々の導入は提訴に値する事実であった」．Garland (3), 149; Reverdin, 228-231 も見よ．

148 Brickhouse and Smith (12), 34 に反対する．彼らは，ソクラテスの「新しいダイモン的なもの」(καινὰ δαιμόνια/kaina daimonia) が真の神格でないことを，ソクラテスの告発者たちは証明しなければならないと考える．加

129 Reeve, 86, 105-106.

130 たとえば, Allen (2), 7.

131 Brickhouse and Smith (12), 121-124 を参照. Reeve, 76-78 は, 第二番目の告発の中の καινὰ δαιμόνια/kaina daimonia は (それゆえ, ここの δαιμόνια/daimonia) は, 神的な「業」を指すと論じている. しかしながら,「事柄」の方が好ましい翻訳であると思われる. なぜなら, この告発は, ソクラテスが非慣習的な存在——たとえば, アリストファネスの「雲」やアナクサゴラスの「精神」, その声がダイモニオンである神, あるいは, ダイモン——のような神格を信じたという非公式の偏見を, 宗教革新の非難が含むように意図していると思われるからである.

132 Reeve, 160-166 を見よ.

133 第一章の註 61 を見よ. また, Burkert (2), 84, chap. 3. 3. 5 を見よ.『饗宴』202e-203a 参照.

134 たとえば, R. Guardini, 43; Seeskin (2), 84; T. G. West, 146-147 を見よ. また, ソクラテスはこの命題を比喩的に解釈したかもしれない.

135 Reeve, 94 n. 31 を参照.

136 しかしながら, メレトスが, 彼の新しいダイモン的なもの (καινὰ δαιμόνια/kaina daimonia) の導入の告発で, ダイモニオンのみを標的にしていると考えることによって, Reeve, 76-77, 84 n. 14, 97 は, わきに逸れている. もしそれが正しければ, メレトスはダイモニアという複数形を用いなかったであろう.

137 たとえば,『ソクラテスの弁明』40b1, 31c8-d4, および本書4・1・3節を見よ.

138 P. Ciholas は次の見解に賛成して論じた. すなわち,『エウテュフロン』3b-c は, 正式の告発を「新しい神々を作ること」の一つとして語っているので, すでに認められた神々を外国から導入することがここで問題となっているのではなく, むしろ, 正式に神々であるとは考えられなかった事物の神格化が問題となっているのである, という見解である. しかし, 新しい神々を「作ること」が何を意味しているかについてのこの解釈は, ここでは採られるべきではない. なぜなら, この告発はまた, ソクラテスからの反論なしに, ダイモニオンを含むことを許されているからである (ダイモニオンは, おそらく, ソクラテスにとって, 認められた国家の神, アポロンからの「合図」である).

139 Garland (3), 136, 146; Versnel (1), 127.

140 これについては, たとえば, Burkert (2), 176-179; Derenne, 224 ff.; Nestle, 79 ff.; Nilsson (3), 91 ff.; Sourvinou-Inwood, 297; Yunis, 23 を見よ. そして, とりわけ, Garland (3), 14, 19, 137, 149 を見よ.『法律』738b-739 参照.

141 Dodds (2), 23; Garland (3), 149. 有名な話だが,『ストラボン』(10. 3.

の不信を投げかけるなら，メレトスのような鈍感な者でさえ，その脅威を明確にすることができたであろう．そして，無神論の告発（1b）ではなく，(1a) を追求したであろう．しかしながら，これまでに（あるいは，少なくともこの章の終わりまでに）明らかになったはずのことは，メレトスにとってソクラテス自身の道徳説が信仰のある局面をいかに切り崩すかを（そして，われわれに哲学する事を要求しつつ，そのことのみを切り崩すことを），実際に説得的に論証するのは言わずもがな，それを感知することですら——そして，彼が実際に蒙った（26b-27e）ものよりも，いっそう破壊的な混乱をもたらすエレンコス的証明の危険を冒すことなく，そうすることは——彼の能力を越えた課題である．

125 彼は何年か前に不敬虔の罪で裁判にかけられたかもしれない．D. L. 2. 12-14 およびプルタルコス『ペリクレス』32 を見よ．Dover (2), 27-32 は，この告発が実際に起こったかどうかを問題視している．しかし，（それにもかかわらず）『ソクラテスの弁明』26d6 は，強くそれを示唆しているものと理解されうる．Yunis, 66-72 も見よ．

126 L. Woodbury (1)，特に 208 を見よ．Fahr, 15-17, 107, 13-139; Ostwald, 525-536 を見よ．

127 Garland (3), 143 は最初の論点を示唆している．Reeve, 94 は第二を示唆している．

128 「それでは，私は他の人々が信じているように太陽や月が神々であると信じていないのだろうか」．『饗宴』(220d) におけるソクラテスの太陽への祈りは，彼が太陽の神性を受け入れていたことへの追加的証拠を与える．B. Jackson, 14-17 を見よ．プラトンが『法律』821b, 886d-e, 887e において，太陽と月を神々として認めていること，そして，『法律』945b-948b において彼が太陽神信仰を定めていることも同様である．Mikalson (4), 98 は，ソクラテスの神々の選択は謎めいていると言う．というのは，もしソクラテスが国の神々を認めていないという告発に対処しようとしたら，彼は公式の信仰（われわれの知るかぎりでは太陽はそれをもっていなかった）をもつ神（々）を選ぶことができたはずだからと彼は述べている．しかしながら，Garland (3), 144 n. 7 は，ソクラテスは，メレトスや法廷に逆ねじをくわすことをもくろんで，太陽（ヘリオス）を選んだと推測している．なぜなら，陪審員たち自身が慣習的に太陽に祈っているので（ヘシオドス『仕事と日』339．ソフォクレス『アイアス』823 ff. 特に 846, 857．『法律』887e)，彼らもまた国家により正式に「認可」されていない神格を崇拝することにより，第二の告発について有罪である，と彼はこの選択により示唆しているからであるとする．私に思われるところでは，ソクラテスは，彼が太陽の神性を認めていないというアリストファネスの含意（『雲』225-234）に対しても，自身を弁護しているのかもしれない．

114 クセノフォンは，ソクラテスの発言と行動の両方が，真に宗教的であったという考えを強調することによって，彼を弁護していることに注意．Ostwald, 137; Cohen (1), 200-217 を見よ．

115 C. Sourvinou-Inwood, 307-309. ギリシアの信仰は，ほとんどつねに，抽象的な神格よりは，神格の側面に向けられていた――たとえば，ただ単にアテナ女神というよりは，アテナ・ポリアス，つまり，アテネの守護者アテナ女神というふうに――，そして，そのような側面の各々は実質的に独立的な神格として見なされることもありえた (ibid., 300, 307; Mikalson [2], 10; Garland [3], 144, 151).

116 このことはかなり明白に，第二の「新しいダイモン的なものを導入する」(καινὰ δαιμόνια/kaina daimonia) という告発の背後にある神格への言及ではなく（したがって，彼のダイモニオンへの言及ではなく），彼ソクラテスもまた，国家の神々の存在を（少なくともある意味で）認めていることの肯定であるようである．

117 Brickhouse and Smith (12), 117-119; (8), 182-189; Reeve, 78-79, 84-87. また，Allen (2), 22-32; Bonner and Smith, 2: 123; Dover (2), 41; MacDowell (2), 43-46, 60 参照．

118 「メレトスは，ソクラテスが単に無神論を教えているから告発しているのではない．彼は，ソクラテスが daimonia への信仰を教えることにより，無神論を教えている (26b8-c7) がゆえに，彼を告発している」と言う Reeve の主張 (95) に賛成する理由はない．

119 この議論についての Reeve, 93 のいっそう正式の見解を見よ．アリストテレスの報告（『弁論術』1419a10）を参照．そして，この同じ議論の繰り返しについては，『ソクラテスの思い出』1. 1. 4 を見よ．

120 Allen (2), 6-7; Garland (3), 143; Grote (1), 7: 152-163; Hackforth (2), 104 を参照．Reeve, 82-83, 94 を見よ．

121 A. E. Taylor (4), 9. また，Brickhouse and Smith (8), 184 を参照．私のようにソクラテスの神々の観念の中に信仰への脅威を見る者たちは，ソクラテスが，「メレトスに告発を無神論の告発として解釈させることにより」，正式の告発 (1a) を「注意深く避けている」と見るであろう，と彼らは考えている．

122 Phillipson, 306-311; Reeve, 84.

123 Brickhouse and Smith (12), 123; (8), 185 は，メレトスが最初の告発者たちによって言いふらされた偏見により盲目にされたので，無神論の告発を決心したという説明を好む．

124 Brickhouse and Smith (8), chap. 6. 2. 4 は以下のように論じる．すなわち，ソクラテスの道徳的な神々への信念は（裁判中でさえ）大変に明らかなので，もしそれが（厳密な解釈における）国家の宗教儀式を尊重する神々へ

(たとえば，Stokes [2], 66) の見解に反してである．この見解に対する Hackforth (2), 105 の反論については，Reeve, 75-76 を見よ (Reeve, 96 n. 35 参照)．最初の告発者たちによって与えられた無神論の噂のゆえに，国家の神々を認めないという告発は，新しいダイモン的なもの (καινὰ δαιμόνια/kaina daimonia) を導入したという告発からの推論であるとは見えない (A.E. Taylor [4], 8, n. 1 に反して)．

104 以下で注意されているように，ソクラテスは正式の告発についての告発者の解釈に対してのみ，自己を弁護することを求められている．他の解釈 (たとえば，ソクラテスは若者たちを他の仕方で堕落させたという誰かの見解など) は，法廷では法的に係争の的とはなっていない (Brickhouse and Smith [12], 119; Reeve, 79, 84-87)．同様に，私が仮定し続けるのは，『ソクラテスの弁明』26c-d を根拠に，ソクラテスが教えることは——つまり，弟子たちに真であるとして主張することは——何であれ彼が信じていることである，とソクラテスもメレトスも理解しているということ，そして，ここから，たとえば無神論を教えることにより若者を堕落させているという告発に対する優れた弁明は，人が何らかの神々を信じていると論じることを含むということである．

105 再度，Garland (3), 151 参照．彼はソクラテスが「法文に従えば」明らかに有罪であったと論じる．

106 D. Cohen (2), 698 および (1), 207-210 を見よ．Vlastos (14), 294 参照．

107 この論争の歴史とその研究の概観——および問題の思慮深い取り扱い——については，Brickhouse and Smith (12), 30-34; Fahr; Yunis を見よ．

108 たとえば，Burnet (3), 184 を見よ．彼は最初の告発が「宗教的信念の正統性についてではなく，宗教的慣行への不従順の一つ」であると主張する．

109 Yunis, 65; Dover (1), 203; Fahr, 15-17, 107, 138-139.

110 Yunis 39, 63-66; Fahr, 153-157; Brickhouse and Smith (12), 31; Connor, 50 n.10; Versnel (1), 125. また，E. Derenne, 217-223 は説得的に，プラトンのほとんどの文章において，「伝統的に国家によってなされた仕方で神々の存在を認めることをしない」ということは「神々を認めない」(θεοὺς οὐ νομίζων/theous ou nomizôn) ということの正しい注釈である，と論じた．Reeve, 78 はまた，「神々を認める」は，『ソクラテスの弁明』全体を通じて，「神々の存在を認める」ということに換言されると論じる．

111 MacDowell (2), 184-186, 199-200, 240-242; Brickhouse and Smith (12), 33.

112 たとえば，Yunis, 39 を見よ．

113 現今の大部分の解釈に反して，Garland (3), 14, 142-144 は，第一の告発により引き起こされた真の問題は，伝統的な宗教的慣行に対する不従順であると示唆した．しかし，彼はこの示唆を採用するべき議論を与えていない．

と言明した（D. L. 9. 24）ことにも注意すべきである．Guthrie（7），236-238 を見よ．新しい知識人であるクリティアス，ゴルギアス，エウエノス，そして，ヒッピアスに帰された無神論にも注意（Guthrie [7], 235-247; Kerferd, 163-172; Drachmann）．

93 Dover（1），lxxx; Reeve, 20.
94 Brickhouse and Smith（12），111-112 を参照．
95 Beckman, 61; Burnet（3），24c9, 26a4, 26d4 への註を見よ．Ferguson, 170; Hackforth（2），104; Taylor（2），100 を見よ．
96 Brickhouse and Smith（12），112-117; Reeve, 82-87. また，Brickhouse and Smith（8），chap. 5, 6. 1 も見よ．
97 たとえば，イソクラテス『アレイオパゴス会議演説』7. 29-30 を見よ．
98 法訴訟としての「不敬虔」（ἀσεβεία/asebeia）の性格については，D. Cohen（2）; MacDowell, 197-202; Versnel（1），123-131 を見よ．
99 Cohen（1），213-216 を見よ．彼はまた注意して，ソクラテスの『エウテュフロン』3b-c および 5e-6d での論評は彼が不敬虔を禁止する法それ自体に反対していない，という見解を支持すると述べている．また，ソクラテスが『ソクラテスの弁明』の終わりで表明している「法の支配」への傾倒にも注意（34b-35d. また，『クリトン』の，特に，50a-54d における示唆を参照．つまり，人は同意しない法を廃止するためになすことのできることをするべきであり，あるいは，そうしないならば，人は法に従わねばならない．Kraut（3），chap. 3 を見よ）．Allen（2），15-19 は，不敬虔を禁止するアテネ法のもとでは，非正統的信仰は責めの対象ではなかったと考える少数者の一人である．
100 たとえば，Ostwald, 494-495 は以下のように示唆する．すなわち，ソクラテスを告発するメレトスの動機の一つは，彼自身が政治的に復権すること，つまり，彼が主要な役割を演じた三十人僭主政から自身を遠ざけることであった．H. Blumenthal および MacDowell（1），208-210 を見よ．また，メレトスはエレンコス的反駁により（最もありそうなのは，ソクラテスの若い追随者の一人により），無知な「何も知らない」詩人であることが明らかにされた一人であったように思われる（23d-24b, 22a-c. また19b1-2 参照）．ある研究者たちは，このメレトスをアンドキデスを告発したメレトスであると考える．それゆえ，彼はある種の宗教的狂信者であり（たとえば，A. E. Taylor [1], 110），それゆえまた，（ソクラテスの言うことに反して）真剣な宗教的動機により訴訟を起こした（たとえば，Reeve, 98-99）とされる．しかし，この見解に反対する Brickhouse and Smith（12），27-29 の議論を見よ．
101 Brickhouse and Smith（12），112, n. 6,（8），185 を参照．
102 MacDowell（2），240-242 および Mikalson（1），85, 94 を見よ．
103 若者堕落の告発は「いかがわしい道徳的教え」を含むと見る注釈者たち

た（DK. B 175）ことにも注意．さらに，ソフィストたちもソクラテスも，道徳の法則は神々にも人間たちにも当てはまらなければ整合的ではないと仮定している．しかし，ソクラテスは神の不道徳性を，三段論法の肯定式（*modus ponens*）的な推論で，伝統的な人間の正義を廃止するために用いるよりは，たとえば，父に害を加えるのは不正なので，ゼウスはクロノスを牢に閉じこめたという話は虚偽に違いない，と三段論法の否定式（*modus tollens*）的に推論しているようである．

78 『法律』889a ff. および，Kerferd, chap. 10 を見よ．

79 クレメンス『雑録』V, 109, 3. アリストファネスはまた，擬人観はわれわれが逃れることのできないものであるが，しかし，雲は効果的で有益な神々となるには十分に人間的ではないと，語っているのであろう．

80 エウリピデスによる「詩人たちの不幸な物語」（『ヘーラー』1317-19.『イオン』442-451 参照）から引き出された推論は，このような議論がいかにありふれていたかを示す．Tate (5), 77 を見よ．また，『蛙』1491 ff. も参照．そこでは，アリストファネスはエウリピデスとソクラテスのつながりを引き合いに出し，神話の宜しくない部分へのエウリピデスの愛好を説明している．

81 Kirk et al., 169 を見よ．ソクラテス自身の弟子の一人であるアンティステネスは同様の結論に至った．それによると，ただ一つの神のみが存在し，その神はわれわれがなじんでいるどんな姿とも似ていない（ピロデモス『敬虔について』[p. 72, T. Gomperz]；キケロ『神々の本性について』1. 13. 32）．

82 Reeve, 18 を見よ．

83 Nussbaum (1), 76. また，Vander Waerdt (1), 59-60 によると，『雲』のソクラテスは，「弁論術の型どおりの議論を避け，……対話相手の前提を基にして問答的に議論することを好むことにより」典型的なソフィストとは似ていない，と注意している．また，137-140 において，他人の考えを出産させるだけで，決して自分自身では出産しないというソクラテスの有名な産婆術にたぶん言及していることに注意．これについては，D. Sider を見よ．

84 Kirk et al., 163-180 を参照．

85 Guthrie (7), 274-280 を見よ．

86 Dodds (1) 22, 180-182; Kirk et al., 209; Lloyd-Jones, 146 を見よ．

87 ギリシア宗教に対するエウリピデスの批判の詳しい吟味については，Festugiere (2); Yunis, part 2; M. Lefkowitz (2) を見よ．Irwin (2) を参照．

88 Dover (2) および C.W. Mueller を見よ．

89 Guthrie (7), 234-235 および Kerferd, 164-167 を見よ．

90 Rankin, 139-140. Woodbury (1) はディアゴラスに完全な無神論を帰すことは前四世紀の動きであると論じている．

91 Dover (1), 200-201; Guthrie (7), 237; Woodbury (1).

92 エレア学派の哲学者メリッソスが，神々の知識をもつことは不可能である

として受け入れられたのであり，そして，報復が国家のために求められると論じられる場合には，報復は敬意をもって授与されることができた（たとえば，リュシアス『弁論』1. 47）.

72 しかしながら，ソクラテスの復讐に対する否定のありそうな先駆への論及については，Blundell, 56 n. 146 を見よ.

73 この推論とソクラテスの他の道徳説との関係については，たとえば，Vlastos（14），chap. 7 を見よ．Vlastos（14），195 n. 52（そしてまた，たとえば，[8]，2）は，クセノフォンのソクラテスが友を助け，敵を害するという古代の心性を是認していると理解している（たとえば，『ソクラテスの思い出』2. 6. 35）．適切な返答については，Morrison, 16-18 を見よ（そして，『ソクラテスの思い出』4. 8. 11 参照）．

74 Vlastos（14），162-165; Brickhouse and Smith（8），chap. 6. 2. 1 を参照．後者は鋭敏にもこう注意している（n. 6）．すなわち，神々の善さは単に彼らの完全な知から生ずるのではないと考えているので Vlastos, 163-164 は誤っている．というのは，ソクラテスにとって，誰一人善を知っていて，それを行わないことはありえないからである（たとえば，『クリトン』49c.『プロタゴラス』352b-d, 358c-d.『国家』335a-d．クセノフォン『ソクラテスの思い出』3. 9. 5, 4. 6. 6．アリストテレス『ニコマコス倫理学』1145b25）．

ソクラテスが超理性的な合図に頼っていることは，「エレンコスによって確立された神々の善さ」(70) によって正当化されるはずであるとリーヴは考えていることに注意．しかし，神々の善性についてのエレンコス的議論を，ソクラテスが与えているのをわれわれは見たことはない．むしろ，見たところ，彼は単にこのことを仮定しているか，あるいは，彼らが前述のような仕方で知恵をもっていることから導き出しているかである．知恵を神々に帰すことも，単に仮定されているか，あるいは，（たぶん）「神であることが何を意味するかというまさにその意味」から生じている．McPherran（6）および N. Smith（2）401-402 を見よ．

75 たとえば，「神[デルフォイのアポロン]にとって偽りを語ることは掟（θέμις/themis）ではない」（『ソクラテスの弁明』21b5-8）というソクラテスの主張の中の θέμις/themis は，ふつう法あるいは法令を指し，ある場合には神々をすら拘束する．女神テミスもデルフォイによく関連させられる．J. E. Harrison（1），chap. 9 を見よ．また，なぜソクラテス的な神は嘘をつかないのかについては，『国家』(381e-382c)，そして，本書4・2節，特に，273-4 頁を見よ．

76 「すべてのソクラテス以前の哲学者たちのうち，神格を道徳化する功績があったとされるべきはクセノファネスである」(Vlastos [14], 164 n. 32).

77 おそらく，ソクラテスの同時代者であるデモクリトスは，神々はすべての善きことの源泉であり，そして，人が蒙る悪の責任は人間にある，と主張し

して，ソクラテスの若い頃の説明で言及された科学的教義は，ソクラテスがおよそ 20 歳ごろの前五世紀半ばに流行していたものである．にもかかわらず，アルケラオスはソクラテスに対して重要な影響を与えていないように見える．L. Woodbury (2), 299-309; Brickhouse and Smith (12), 18 を見よ．史的ソクラテスの研究のための，『パイドン』のこの章の価値についての論争を取り扱った釣り合いのとれた議論は，R. Hackforth (3), 127-132 を見よ．

64 実際，この文章（たとえば，『パイドン』96c）は，ソクラテスがこれらの主題については，以前よりもいっそう懐疑的になったという考えを証拠だてる．

65 ある者は，ここで表されている目的論的観点を，ソクラテスとまったく無関係であると考えるであろう．ソクラテスの目的論の問題は本書 5・2 節で取り扱われる．しかし，今のところは，『ソクラテスの思い出』1. 4. 2-19 を見よ．

66 『雲』のソクラテスが物質的原因と構成要素に言及することによりすべての自然現象を説明しようと試みているという証拠に，特に（そして，再び）注意せよ．その説明はある意味で『パイドン』で描かれている若いソクラテスと整合的であり，また，ある意味で彼がアポロニアのディオゲネスの立場と近い立場をとっていることを示唆している．たとえば，『雲』223-234 における，空気［ディオゲネスにとってすべての他の存在の唯一の起源である．DK B2］の使用を見よ．Vander Waerdt (1), 66-75 を参照．

67 Guthrie (2), 231; Vlastos (14), 159-162 を見よ．

68 たとえば，ヘシオドス『断片』(174)，アイスキュロス『供養する女たち』(306-314)，『アガメムノン』(1564)，アリストテレス『ニコマコス倫理学』(1132b21-27)，『トピカ』(113a2-3)，『弁論術』(1367a19-20) 参照．また，更なる引用と分析については，Blundell, chap. 2 および Vlastos (14), chap. 7 を見よ．

69 ここから，伝統的な共通の見解が，神々の助けを要求し受け取ることに適用された正義について，神と人に共通の是認された見解を承認した場合の実例がここにある（共通の見解が，人間と神々が異なる行動の基準に服する，と考えた事例とは違い）．それゆえ，たとえば，神に助けられたことが，人を供犠の借りがある状態に置く（たとえば，『国家』331b 参照）．

70 たとえば，『メノン』(71e)，『国家』(332d)，ピンダロス『第二ピュティア祝勝歌』(83-85)，エウリピデス『メーデイア』(807-10) を見よ．この帰結についての広範囲の文献調査と議論は，Blundell, chap. 2 と Vlastos (14), chap. 7, 特に 180-190 を見よ．

71 Vlastos (14), chap. 7, 181-190; Blundell, 50．ミテュレーネーはこの種の運命を逃れたが，スキオネ，トロネ，そして，メロスではそうはいかなかった．Blundell, 55 が注意しているところでは，敵意と報復は法訴訟の自然な動機

た道徳的緊張としてあったもの——たとえば,『雲』(904-905) で用いられている——をエウテュフロンが使用していることに注意せよ.

51 R. Parker (1), 256-257; L. Watson, chap. 1.
52 Lloyd-Jones, 82, 172-173.『イリアス』1. 8-52, 6. 297-311, 21. 210-252, 24. 33-76 に注意を向けたのは Irwin (1), 14 である. しかし, Vlastos (20), 特に 114-117 を参照.
53 たとえば, G. S. Kirk, J. E. Raven, and M. Schofield, 105-122; Vlastos (14), 159-160 を見よ. Irwin (1), 16-19 は,「運命」が非人間的局面を示唆し,「ゼウス」が知的道徳的規律を指していると見る.
54 Lloyd-Jones, 80-83; L. Gerson, 14-17.
55 Vlastos (14), 159; (12), 215 参照.
56 DK 26+25, シンプリキオス『自然学註解』23, 11+23, 20; Kirk et al., 169-170. 特に Gerson, 17-20 を見よ.
57 Vlastos (20), 97.
58 プラトンが『法律』の中で鋭く述べているように,「そのような主題[つまり, 自然学]に忙殺される者たちは, 彼らの天文学やその姉妹学科により無信仰者にされる. ものごとが善の実現をめざす意志の知的働きによってでなく, きわめて厳格な必然により形成される領域を明らかにしたためにである」(967a1-5).
59 Vlastos, (20), 104.
60 他のそのような事柄の十全な一覧表(たとえば, 自然現象についてのソクラテスの好奇心の証拠を与えてくれる, クセノフォンの『饗宴』7. 4)については, Vander Waerdt (1), 68-75 を見よ.
61 アリストファネスがここで, 競争相手の劇作家を悪意ある関連のもとに置いているのは自然であろう. エウリピデスはアナクサゴラスのもとで研究した(『ストラボン』14). そして, アリトファネスは, エウリピデスを堕落させたとしてソクラテスを責めている(『雲』1369-1373; fr. 376). ここから, アリストファネスは, ソクラテス自身がアナクサゴラスの研究により自然学者たちの流儀へと堕落した, と考えて当然である. しかしながら, ソクラテスは, 彼の探求の結果が, これらの主題についての懐疑をもたらし, 彼自身の私的な教説をもたらさなかったことを明らかにしている(『パイドン』96c 1-6, 99d4-5). Dover (4), 67-68, Guthrie (6), 103-104 を見よ. Vander Waerdt (1), n. 9 は, ソクラテスの自然学への興味が彼の中年にまで及んだかもしれないと考える理由を与えている.
62 Reeve, 15 n. 15 を見よ.
63 テオフラストスや他の者たちによって記録された伝統にも注意せよ. すなわち, ソクラテスはアテネでのアナクサゴラスの継承者であるアルケラオスの弟子であった(DK 2, 46; D. L. 2. 16, 2. 19, 10. 12. そして特に, 2. 23). そ

るべき理由をわれわれに与えている（『クリトン』54d.『エウテュデモス』277e.『メノン』76e.『ゴルギアス』497c.『パイドン』69c, 81a.『国家』378a.［『テアイテトス』155e.『饗宴』209e-212a.『パイドロス』249e ff., 250c-d 参照］）．また，Dover (1), xli; A. W. H. Adkins (1); R. H. Epp; R. S. W. Hawtrey; Reeve, 17; G. J. de Vries を参照．また，Adkins (1) は，アリストファネスがソクラテスに偽の秘儀を帰していることは，彼を涜神の罪で告発していることに等しいと論じている．これは de Vries により効果的に反論された．

38 Burnet (4), xxxix-xlii と Vander Waerdt (1), 66-75 は，アリストファネスのソクラテスが，アポロニアのディオゲネスの諸説の信奉者として表されている，という見解への説得的な主張を行っている（Vander Waerdt は，『パイドン』のソクラテスの若い頃の科学への興味のうちに，それらが存在することを明らかにしている）．アリストファネスの描写のこの部分は，新しい神格を導入したという正式の告発，とりわけ，ソクラテスのダイモニオンの本性にかかわる告発の局面への，非公式の支持を与えていることにも注意．また，空気，エーテルといった「神格」を参照（263-64）．

39 Dover (1) と C. Segal を見よ．

40 Dover (1), 106-107, 149, 265; W. Arrowsmith, 136-137.

41 Dodds (4), 179 における G. Murray を見よ．

42 ムーサの女神たちのような重要でない神格ですら，折々，すべての人間の願いを知っていると語られる（『イリアス』2. 485-486. アルクマイオン『断片』DK B1 参照）．

43 Dodds (1), 1-27; Dover (3), 133-138 を見よ．

44 H. Yunis, 34. また本書 3・3・4 節も見よ．

45 Guthrie (2), 27-109; H. Lloyd-Jones, 176; M. Nilsson (5), 38-75; Murray, chap. 2.

46 Lloyd-Jones, 174-184.

47 たとえば，ソフォクレスは「呪いを聞くゼウス（Ζεὺς ἀραῖος/Zeus araios）」（『ピロクテテス』1183）に言及し，もしヒュロスが彼の父に従わないなら，ヘラクレスが「神々の呪い」（θεῶν ἀρά/theôn ara）でもってヒュロスを脅すようにさせている（『イリアス』9. 456.『法律』931b-c, 854 b も見よ）．L. Watson, chap. 1. 1-13 を見よ．

48 Lloyd-Jones, 179.

49 L.Watson, chap. 1，特に 1. 12.「応報の法」（Lex talionis）については，Blunell, chap. 2 および，以下の私の議論を見よ．

50 エウテュフロンが「人間たち自身がゼウスは神々のうちで最も善く，正しいと信じているが，他方で，同時に彼らは彼が彼自身の父を縛ったことに同意している」（『エウテュフロン』5e5-6a2）と主張するとき，広く認められ

740-742, 137-140 および Vander Waerdt (1), 59 を見よ.

26 『雲』(889-1114) に登場する「邪論」はソクラテスではなく,むしろ,一種のトラシュマコス (『国家』336b-354b) であり,カリクレス (『ゴルギアス』481b-527e) に近い (Nussbaum [1], 65). 思索所で正論も教えられた (112 ff.) ことをアリストファネス自身認めていることにも注意. Reeve, 19-21 も見よ.

27 Nussbaum (1) は以下の説明に大いに影響を与えた.

28 たとえば,『クリトン』(47a2-48a11),『国家』(342c4),『ソクラテスの思い出』(4.1.3-4) を見よ. 伝統的な教育については,『プロタゴラス』(325c-26e),『ゴルギアス』(483e-484b),『ソフィステス』(229e-230e), F. A. G. Beck および I. Marrou, chap. 4 を見よ.

29 たとえば,『ソクラテスの弁明』(29-30a, 38a2-6),『クリトン』(46b-48d) および『ゴルギアス』(506a) を見よ. Vlastos (13) (16) を参照.

30 Vlastos (14), 179-190 を見よ. M. W. Blundell, 56 を参照.

31 Nussbaum (1), 67-7; Reeve, 166-169. 論争術とエレンコスの相違については, H. Benson (3) を見よ.

32 Reeve, 10 は,ソクラテスは自然学を教えたという告発よりも,ソフィスト的議論を行い教えたという告発に対し (19d-24b) 弁護することに,ずっといっそう多くの時間を使わねばならない,と注意している. というのは,ソクラテスが前者について語ったことは知られていないが,彼はソフィストのごとくしばしば公開の場で徳や有徳になることについて語ったからである (『ソクラテスの弁明』30e-31a, 36c, 38a).

33 ゴルギアス,プロディコス,エウエノス (『ソクラテスの弁明』19e, 20b),クリティアス,メロスのディアゴラスも同様である. A. B. Drachmann, 22-45; Guthrie (7), 226-249; Kerferd, 163-172; Woodbury (1) を見よ.

34 ソクラテスこそ「始めて哲学を天から引き下ろし……哲学に人生と慣習,善と悪を探求するように強いた」者であったという古代からの伝承を想起するべきである (キケロ『トスクラヌム談論』5. 10-11). このすべてについては, A. R. Lacey, 27; Reeve, 18; Vander Waerdt (1), 48; Vlastos (14), 159-162 を見よ.

35 だが,敬虔とは何であるかの問は人間に関わる事柄であると見なされていることに注意. Reeve, 16, n. 17. また,特に本書 5・2 節を見よ.

36 Nussbaum (1), 76 を参照.

37 Nussbaum (1), 73 と n. 58 が書いているところによると,アリストファネスのソクラテスが教育を,導入儀式 (140),秘密の誓い (143),そして,修道院的隠遁——これは極めてまれな類比であるが——を完備した秘儀宗教への導入と類同化している事実は,哲学と関連して秘儀導入の言語をソクラテスが使用をしていたことをアリストファネスが正確に書き留めていると信じ

弁論術的に彼の聴衆を正式の告発に対する彼の応答に向けて準備させているかについても注意すべきである．というのは，後に明らかになるように，最近の三人の告発者たちはまさしくこれら三種類の人々であるからである（23 e-24a．メレトスは詩人たちを代表している．彼らは「何も知らない」ことが明らかになったとソクラテスはわれわれに言う）（A. S. Ferguson, 170）．

18　この言及が，伝統的なアポロン神であるのか，それとも，なにか浄化された同じ名前で通っているソクラテス版のアポロン神であるのかは以下で論じられる．

19　M. Nussbaum (1), 48; Reeve, 19-20; P. Vander Waerdt (1), 57-58 を見よ．アリストファネスの喜劇の真剣な機能については，J. Henderson を見よ．

20　たとえば，彼らは両者とも裸足で歩き回り（『雲』103, 363），体を洗わず（837），明らかに栄養不足で（175, 185-86, 416, 441），貧しい生活をしていて（175），横目で睨み（362-63），両者ともカイレフォンという名の学生をもっている（クセノフォン『ソクラテスの思い出』1. 6. 3, 3. 5, 6. 2. プラトン『饗宴』174 a, 220 b）. Nussbaum (1), 71-72; Brickhouse and Smith (12), 69; Vander Waerdt (1), 58-59 を見よ．また，K. J. Dover (4); L. Edmunds; Havelock (3); H. Neumann; Nussbaum (2) も見よ．また，後のソクラテス学派の者たちは，『雲』で描かれている人物がソクラテスであることを決して否定しなかったことにも注意すべきである．

21　Dover (1), xxxiv ff. この知的発展については，たとえば，E. R. Dodds (1), 179-206; Guthrie (7), chap. 3; G. B. Kerferd, chap. 3; Ostwald, chap. 5; B. S. Strauss を見よ．

22　本書のこの節は，P. Vander Waerdt の "Socrates in the Clouds" (1) が公刊される前に仕上げられた．その論文は同様の仕方で「『雲』は……ソクラテスの哲学的発展のソクラテス以前の段階を明らかにしている」(51) と論じている．しかしながら，私は以下の註の中で彼の論文に注意を払うよう試みた．

23　Nussbaum (1), 68-69.

24　ノモスとフュシスという用語は，前五世紀に人々の議論の標語となった．その議論とは，「自然本来により真」（フュシス）に対する「人間の技術や慣習により真」（ノモス）であるかもしれないものについての議論である．この議論において，これらは互いに対立するものとして取り扱われた．たとえば，われわれが食べ物を欲求するのは「フュシスによって真」であるが，われわれが食べる特定の食物は（たとえば，穀物であって昆虫ではない）「慣習により真」である．Guthrie (7), chap. 4 および Kerferd, chap. 10 を見よ．

25　しかしながら，385-393 において，彼の劇の主人公に原初的エレンコスを用いさせ，478-480 において彼が「性格」に関心があるのを示すことにより，アリストファネスは明らかにソクラテスの哲学的方法を模倣している．また，

れは「最初の告発」によって作られた彼に対する特定の悪意に限られているのではなく，これらの初期の噂話がアテネの人々の間に作り出した入念で歪曲された事柄をどんなものであれ含んでいる．

10 クセノフォンによれば，クリティアスによるこの禁止は，特にソクラテスに向けられていた（そして，加えて，ソクラテスは若者たちと会話することを禁止された[『ソクラテスの思い出』1. 2. 32-33]）．前403年の三十人僭主の転覆の後，諸法が再び刻まれたが，三十人僭主のこの種の法あるいは政令は継続されなかったようである（MacDowell, [2] 46-47）．

11 ソフィストたちに対する人々の敵意——それは政治的境界を越え，寡頭派と新たに回復された民主主義の支持者の両方を含んでいた——についてのさらなる証拠は，G. B. Kerferd, 15-23 および M. Ostwald, chap. 5, 特に 229-250 を見よ．

12 当時は，自然学者と，われわれがソフィストと呼ぶ金を取る教師たちの区別は，ほとんどなされなかった（Guthrie [7], 228）．

13 しかしながら，ここで（そして以下も見よ）注意されるべきは，当時ギリシアでは「無神論的」($\check{\alpha}\theta\varepsilon o\varsigma$/atheos）という言葉は幅広い用法をもっていたことである．それは，エレウシスの秘儀の秘密をもらすような宗教的罪を犯すことにより，「神の無い」あるいは「神を見捨てた」（$\check{\alpha}\theta\varepsilon o\varsigma$/atheos の最も初期の意味）と言われた者たち，伝統的な神々の継承された理解から著しく逸脱していると言われた者たち（たとえば，クセノファネスやアナクサゴラス），不可知論者と言われた者たち（たとえば，プロタゴラス），そして，非自然的神々の存在を完全に否定していると言われた者たち（メロスのディアゴラスやデモクリトスに帰された種類の無条件の無神論．『法律』888a-890a 参照）を記述するために用いられることができた．これについて，また，古代の無神論と無神論者については，A. B. Drachmann; H. D. Rankin, chap. 8; L. Woodbury (1) を見よ．セクストス・エンピリコス『学者論駁』9. 55-57 を参照．

14 J. Mansfeld はこの法令を前 438/37 年とする．

15 三十人僭主の転覆と民主政の回復につづき，三十人僭主の支持者たちと彼らの民主主義的敵対者の間でなされた和平協約の中に，アムネスティ条項が含まれていた．それはどちらの側にも報復的な訴訟を禁止した．M. Ostwald, 497-509 を見よ．

16 プルタルコスによるこの法令についての報告の史的正確さについては，異議が差しはさまれたことがある（特に，Dover [2], 39 ff.）が，それは大部分の研究者たちには疑われなかった．Brickhouse and Smith (12), 32-33, Vlastos (14), 295 n. 167，そして，特に，Versnel (1), 127-130 を見よ．

17 ソクラテスはいかにして，彼が怒りを買った三種類の人々——政治家たち，詩人たち，手職人たち（21b-22e）——の叙述により，ユーモラスに，また，

ニオス『ソクラテスの弁明』10.2.36).

3 他の研究者たちのかなり多くは,宗教的な告発を,ソクラテスの告発の裏に潜む真の主要な政治的動機(つまり,ソクラテスは反民主主義的で,スパルタ主義に共感的であり,後に三十人僭主の構成員になったクリティアスのような者たちを含む彼の弟子たちに,そのようなことを教えた)を覆い隠すものとして見ることにより,ソクラテスの明白な敬虔さと彼の告発を調停する.たとえば,J. Burnet (3) の 18b3 への註,Chroust (3), 26, 164-197; Seeskin (2), 75-76; Vlastos (4) を見よ.そのような解釈には古代からの支持があるが,プラトンとクセノフォンの両者が,宗教的な告発を主要なものとして取り扱っていることと十分には折り合わない.解釈のこの方向線(この線はもっとも最近では I. F. Stone の *The Trial of Socrates* によって普及させられた)に対する,詳細で効果的な応答については,Brickhouse and Smith (12), chap. 2. 4; (8), chap. 5. 3-4; 6. 1. 1 を見よ.また,T. H. Irwin (7) も見よ.

4 R. Garland (3), 151 は,「法の条文に従うなら,彼[ソクラテス]は疑う余地無く[国家の神々を認めていないという正式の告発について有罪であった]」と論じる.Νομίζειν/Nomizein の意味については,本文の以下の論述を見よ.また,E. Derenne, 217-223; K. Dover (1), 203; W. Fahr; Guthrie (7), 237 n. 2; J. Tate (1), (2); H. Yunis, 63-66 を見よ.

5 これは,たとえば,R. E. Allen (2), 4; G. Grote (1), 7: 157; A. E. Taylor (1), 156-167, (4), 30 を参照.

6 これは,たとえば,彼の緒言(『ソクラテスの弁明』17a-18a)で彼が用いている,弁論術的パロディとされているものを根拠にしている.その箇所で,彼は巧妙な話し手であること (Allen [2], 5-6),そして,法廷での言葉遣いの知識をもっていること (Burnet [4], 67) を否定しているのに,続く弁論の中で,両者を所有していることを証明している.これについては,Brickhouse and Smith, (12), 48-59 および Reeve, 4-9 を見よ.

7 メレトスは告訴について,アニュトスとリュコンに支援されていた(『ソクラテスの弁明』23e3-4, 36a7-9).これらの者たちの身元については,Brickhouse and Smith (12), 27-30 を見よ.このメレトスが,不敬虔 (ἀσεβεία/asebeia) のかどでアンドキデスを告発した者と同一人物であるか(そうありそうであるが)否かの問題については,W. R. Connor, 51 を見よ.

8 これらの告発の分析については以下を見よ.これらの告発が歴史的に正確で,本物であるという議論については,Brickhouse and Smith (12), 30 および Versnel (1), 124 n. 122 を見よ.

9 彼を有罪にするであろう中傷と妬みは,過去に他の者たちを有罪にしたし,未来にもそうするであろうというソクラテスの主張 (28a8-b2) は,彼のこの主たる原因の指定がきわめて一般的であることを示している.つまり,そ

ス として) については, Garland (3), 111-114 および Versnel (1), 111-113 を見よ.
133 感謝を表明することは, ギリシア精神の根本的な信条でもある. 善に対して善を報いないのは, 悪であると考えられた (デモステネス『冠について』20. 6). そして, もし物質的返報が可能でなかったなら, 人は尊敬, 敬服, 忠誠によって授けられた善に報いた (『ニコマコス倫理学』1163b10-14). このことの詳細な証拠 (と議論) については, Blundell, 33-34 を見よ.
134 これらの考慮のいかなるものも, 「神々に対するわれわれの奉仕は直接的交易 (ἐμπορία/emporia) の一種である」ということを含意していない. ソクラテスは皮肉をもってそれの価値を低く位置づけているように思われる (『エウテュフロン』14e-15a).
135 たとえば, Heidel, 174 および C. C. W. Taylor, 113-118 である. Reeve, 65 も同様にこの方向に向かっている.
136 たとえば, 『ソクラテスの弁明』38a2-6 および本書4・2節を見よ.
137 Brickhouse and Smith (8), chap. 2. 5, 特に 2.5.5 は, 次のように論じている. すなわち, ソクラテスは, 敬虔が「他の人間たちのうちに知恵を促進することにおいて, いかにして神々を手助けするかの知識」に存することを信じていると. 私の説明はこの規定を含む. だが, 私はこれに付加して, 「他の人間たち (と自分自身) のうちに知恵を (そして, 神々の主たる作品を構成している諸目的を) 促進することにおいて, いかにして神々を手助けするかの知識」とする.
138 しかしながら, 知識はエレンコスを通じて獲得できるという考えは, 激しい論争の的であることを再び思い起こすべきである. 第一章註14を見よ.
139 ソクラテスは神託の発言「誰一人 (彼よりも) 賢くない」でさえも, それを徹底的に吟味する. すなわち, 神はソクラテスが謎めいており, 矛盾していると思えるようなことを語った (『ソクラテスの弁明』21b), そして, 主人が召使いに言うかもしれないようなことは, 僕の側に対してある種の奉仕をするように要求していることを隠していることがありうるので, ソクラテスは神の主張の意味を発見することを, 彼の敬虔な義務——宗教的な義務——の一部であると考える. ソクラテスの神託解釈についての私の説明は, 本書4・2節を見よ.
140 Reeve, 21-32, 62-73 および K. Seeskin (2), 77-81, 90-91 の説明を参照.

第三章 ソクラテスと彼の告発者たち

1 このこと, および, 関連する問題については, 第一章註34, また, Brickhouse and Smith (12), chap.1 を見よ.
2 リバニオスはソクラテスを弁明して, まさにこの問を提起している (リバ

よび本書5・2節における私の応答を見よ.

128 ソクラテスはまた,繰り返し生じる夢の勧告(『パイドン』60d-61c)にも従っている.そして,彼はそのような夢を,神の命令を含んでいるものと見なしている(『ソクラテスの弁明』33c 参照).

129 ソクラテスの祈り(プラトンにおいて十二回)については,B. Jackson および本書3・4・6節の註203を見よ.

130 プラトンは,『ソクラテスの弁明』においても,この趣旨で証言する必要はない.というのは,ソクラテスに対する告発は,宗教的正統性の欠如の疑惑(そしてその趣旨で教えたこと)にかかわり,供犠を捧げなかったことにかかわるわけではない.そのような証言は,『ソクラテスの弁明』で持ち出すべき哲学的関連事項であるとプラトンは考えていないであろう.人が神々に対して正しい知的態度をもっているかどうかの問題に,それがまさしく無関係であるがゆえにである.プラトンはたしかに,真に不敬虔な人々も,やはり供犠を行うことを認めている.他方,行為と信念を明確に区別することを,クセノフォンに期待するべきではない.そして,皆の前にソクラテスを弁明したいという熱意から,彼はソクラテスの供犠の行いを強調している.これはまさにわれわれが,『ソクラテスの思い出』(たとえば,『ソクラテスの思い出』1.3.1-4)で見ることである.さらなる議論については,本書3・3・4節を見よ.

131 これは,若い頃に供犠やそのような行事へ参加することにより,促進される生活様式である(『ラケス』187d-e を見よ).『エウテュデモス』302c-d で言及された,先祖伝来の宗教儀式に用いる用具は,家(οἶκος/oikos)に備わっているだけであり,また,人が胞族や他の市民団体の成員であることを証明するだけなので,ごくわずかの宗教的意義しかもたないことは,認められねばならない.アリストテレス『アテナイ人の国制』(55.3)および W. K. Lacey, 25 ff を見よ.それにもかかわらず,テキストの同じ節で(『エウテュデモス』302d),ソクラテスは,他のアテネ人と同じ様に,家での祈りを行い,祭壇をもっていると言明している.そしてまた,これらに関係する神々は――たとえば,「家祖アポロン」(Ἀπόλλων πατρῷος/Apollôn patrôios)と「庭の神ゼウス」(Ζεὺς ἕρκειος/Zeus herkeios)――彼の先祖代々の神々であるだけでなく,彼の主人たちでもある,と彼は言明している.したがって,ソクラテスは宗教用具とかかわりのある神々への真の信仰を示し,宗教儀式に携わったという考えを強調している.

132 このことは,少なくとも,ソクラテスが宗教的祭礼に参加したこと,したがって,彼が伝統的側面の何かをもっていたことの証拠となる.しかしながら,証拠の状況に基づくと,ソクラテスが,とりわけベンディスを崇拝することを望む特定の動機を,われわれが確定する立場にない.ベンディスと,およそ前432年ごろの彼女のアテネへの導入(外来の,トラキアのアルテミ

形而上学的存在であり，そのようなものとして，物質的対象と人間社会の行い（たとえば，馬の訓練）に関係する事実のようには，容易には知られない．また，人知と神知の区別は，ソクラテスにとって，人間的倫理知の追求の重要性に対する彼の強調と，結びついているように思われる．ソクラテスにとって，人間的倫理知の人間的主題は，自然哲学者たちによって研究された神的対象（たとえば，太陽）の本性——神的対象の完全で確かな知識は一種の神的な知である（『ソクラテスの弁明』20e；『ソクラテスの思い出』1.1.11-16）——に関する問題に優先する．ソクラテスの知の否認と人知についての彼の説明については，Brickhouse and Smith (8), chap. 2; Reeve, 33-37, 53-62; Vlastos (13) を参照．

120 この文章は，ソクラテスが自分自身の祭壇をもち，家庭での祈りを行っていたことの証拠となる．ここから，彼が少なくとも表向きは，国家の神々に祈ったと推測するのが合理的である．しかし，以下の註131を見よ．

121 彼らは完全に道徳的であるに違いない．なぜなら，われわれが見たように，神々自身は進歩しえないことが認められたからである（『エウテュフロン』13c-d）．この見解はまた，『エウテュフロン』6a-d において，伝統的な神々の振る舞いに関してのソクラテスの発言によっても示唆されている．ソクラテスの道徳的改革についての十分な説明は本書3・2・3節を見よ．

122 これについては，本書3・2・2・4節を見よ．もちろん，ソクラテスが若い頃，アナクサゴラスの「宇宙の精神」（ヌース [『パイドン』97b-98a]）に引きつけられたことを前提すると，神々のすべての伝統的な名前で呼ばれているものはヌースであることを，仮説としてすすんで受け入れたかもしれないということはありうる．

123 Tate (5) と本書4・1節を見よ．

124 もし人が——わたしはそうする気はないのだが——無制限にクセノフォンに従うなら，ダイモニオンは命令もする（たとえば，『ソクラテスの思い出』1.1.4を見よ）．

125 『イオン』534e の直前で，「霊感をうけた」詩人は「正気を失っている」，そして，「知性は，もはや彼のうちにない」とソクラテスは言う．『メノン』の中で，ソクラテスはこうも言っている．すなわち，「霊感を受けて」いる者たちは，「彼らが言っていることを何も理解していない」（99c）．それにもかかわらず，神託の発言がいかにしてソクラテスにとって知識の源泉として役立ったか（ひとたび哲学的探求により適切に解釈されたならばであるが）を心に留めるなら，詩人たちの熱狂的語りも，他の人々にとって情報源として役だったかも知れない．このすべてについては，本書4・1節を見よ．

126 Reeve, 183 を見よ．

127 クセノフォンからのこれらの引用文が，正確にソクラテスの教義を表しているという主張は，問題とされてきた．たとえば，W. Jaeger (3), 167 お

を探求する者たち，それは，アリストファネスの『雲』の中の彼についての描写によると，ソクラテスが混同された者たちであるが（『ソクラテスの弁明』19c），その彼らに言及していると思われる．それは，たとえば，自然学者アナクサゴラスであり，彼は「空中の」もの，つまり，太陽についての理論をもっていた（26c-e）．ソクラテスは，「もし誰かが本当に・そ・の・こ・と・に精通しているなら，私はそのような知識に対して軽蔑を抱いてはいなかった」（19c5-8）と言う．『パイドン』97b-101a も見よ．そこでは，アナクサゴラスの理論に対するソクラテスの失望についてプラトンが叙述している．特に注意すべきは，ソクラテスに関するかぎり，アナクサゴラスは，彼が主張するほどには神的な事柄の知識に通じてはいなかったこと，そして，彼の理論は（神のではなく）人間の行為の適切な目的についての知識を与えなかった（つまり，彼は人間の知をもっていなかった）ことである．『パイドン』は中期対話篇であるが，この章は明らかに，ソクラテスの青年時代についてのかなり正確な描写を，われわれに与えようと意図している（たとえば，『エウテュフロン』5a を参照．それは，自然哲学者たちが追求した「神的な事柄」に対する若い頃の興味を，ソクラテスに帰すことを支持する）．本書3・1・2節と5・2節も見よ．

118 ソクラテス的敬虔についてのこの最初の性格づけにおいて，私はここでも，以後も，中期対話篇のテキストに訴えるが，私はそれを注意深く用い，初期対話篇（特に，『メノン』と『エウテュフロン』），および／あるいは，クセノフォンの『ソクラテスの思い出』からの引用文を補足するためにのみ用いる．次に，私の『ソクラテスの思い出』の使用は，プラトンの作品からの材料によって独立に確認される，補助的な論点に言及することに限定されている．このことが成り立たない数少ない場合においては，引用文は，一般に，以前に支持された論点を確認するか，その論点が私の主張にとって重大ではない場合である．

119 ソクラテスの見解では，神々は神的な知恵をもっているので，たぶん確実にすべてを知っている（『ソクラテスの弁明』23a;『ソクラテスの思い出』1.1.9），そして，われわれの方は，神々についていくらかの事実（たとえば，彼らは意識をもっている，P6は真である）を知っているかもしれない．それゆえ，神知と人知の区別は，主として，それぞれの種類の知にふさわしい（人間と神の）異なる知識の対象がある，ということに存するのではない．むしろ，この二つを分けるのは（普遍性の）完全性の度合いと認識的確実性である．人はどんな事柄についても，神々がもつ不可謬的に保証された知識とくらべて，せいぜいが可謬的に保証されたにすぎない知識を望むことができるだけである．しかしながら，ある場合（神々の・作・品の場合のような）には，確実な知識をもつことが不可能（あるいは困難）であることの説明は，具体的には以下の事実に見出されるはずである．すなわち，神々は，神的な

エウテュフロンのような者が，［宗教的敬虔とは何であるかを知らないのに］告発に着手するのは考えがたいことであろう．彼の父が非宗教的理由で，なおも告発されるべきか否かの問題は，そのまま残されている（エウテュフロンの父が問題の行為をなしたか否かということについてすら，いくらか問題があることにも注意するべきである（『エウテュフロン』4d）．

112　もちろん，厳密に言うなら，エウテュフロンの告発が敬虔か否かの問題を持ち出したのは，エウテュフロンの父と家族である．というのは，エウテュフロンの観点からは，この問題は宗教的汚れ（miasma）と正義にかかわるので，彼の告発は δίκη φόνου/dikê phonou を用いている（註 10, 11 を見よ）．ソクラテスは，（特に，miasma への懸念からの）息子による父に対する告発が，不敬虔の問題を引き起こすことを，暗黙のうちにエウテュフロンの家族に同意することにより，不敬虔のかどでの彼自身の告発（γραφὴ ἀσεβείας/graphê asebeias）を，エウテュフロンの彼の父に対する告発と類同化している．

113　プラトンがわれわれに語っているように思われるのは，もしソクラテスに対する告発の理由が，エウテュフロンが無知のために彼の法訴訟を正当化するために訴えているような，争い合う神々に関するソクラテスの疑いにあるのなら，ソクラテスが不敬虔のとがで告発されているのは，ことのほか不当であるということである．神々の抗争の物語は，他のアテネ人たちによっても疑われて当然であろう．そして，もしそうなら，ソクラテスに対する告発が不当になされたと考える一つの理由になる（本書 3・3・4 節と Adam, [1] xviii-xix を見よ）．これらすべては，『エウテュフロン』が，プラトンの通常程度の弁明意図以上のものによって書かれたという共通の判断に一致し，それを説明するのを助ける．たとえば，Versenyi (1), 153 を参照せよ．

114　そのような予言の情報は，伝統的に神託の社（たとえば，デルフォイ）や，生け贄の動物の内臓に現れた予兆を読みとる予言者たち（μάντεις/manteis），そして，神託屋（χρησμολόγοι/chrêsmologoi）が携帯する予言の書から得られた．そのような所によく持ち込まれた問いは，個人的で実際的な性質のものであった．たとえば，私の妻は子をもつだろうか，羊を飼うのは有利だろうか，この子どもは自分の子だろうか，他人の子だろうかなどである．R. Parker (1), 261 を見よ．

115　これは突き詰めると，Vlastos (21)（[10] と [15] を参照）および Brickhouse and Smith (8), chap. 2. 5. 5-6 が好む，諸徳の一性の教義の解釈である．本章註 63 参照．

116　人知と神知の区別については，Brickhouse and Smith (8), chap. 2.1 および Reeve, 33-37 を見よ．

117　ソクラテスは，『ソクラテスの弁明』20e において，（19e で言及されている）ゴルギアスのようなソフィストたちのみならず，「地下や空中の事柄」

助け手」(たとえば、よき親であることにより、通常の仕方で道徳的徳を産みだすことを助ける者たち)の存在以外に、(ソクラテスのように)思慮のある召使いが存在しうる(その彼らは、神々が目ざしているものは何か、したがって、いかにして人は一層効果的な仕方で、たとえば、哲学をすることにより、その目的を彼らが達成することを助けることに取りかかるかを理解することを可能にするであろう敬虔のあの知識の一部分を獲得することを目ざす)ということを、われわれが可能であると想像することを求める.

105 R. Holland, 3 を参照せよ. また (註 23 を見よ)、エウテュフロンは神々と人間たちに正義の一つの基準のみがあるということを、ソクラテスに同意しているものとして描かれている. したがって、彼は先進的な考えをもっていると思われる (Tate [5], 78 を見よ). しかし、彼の場合、彼の同意は、哲学的熟考によるのではなく、尊大でせっかちな宗教的独断主義へ彼が特有の仕方で引きつけられているためであるようだ.

106 Weiss (4), 270 が注意しているように、エウテュフロンを自己中心的敬虔概念 (たとえば、自分を汚れ (μίασμα/miasma) の有害な影響から救う) から、ソクラテスの利他主義的概念 (そこにおいては、敬虔は他人に対する益を達成するための神々への奉仕を含意している) に転換させることもまた、ソクラテスの目的であるようだ. Vlastos (14), 176-178 を参照せよ.

107 以上の理由のゆえに、私はソクラテスの発言がエウテュフロンに対する単なる個人攻撃以上のものであると解釈する.

108 C. C. W. Taylor, 113; Vlastos (14), 175; (18), 233-234.

109 神々が人間たちの精神に何らかの状態を植え付けることができるということも、ギリシア宗教の共通の主題である. たとえば、ゼウスがアキレウスに atê (迷妄) を注入するのを見よ (『イリアス』19. 86 ff.; E. R. Dodds [4], chap. 1).『メノン』の最後については、E. Snider を見よ.

110 しかしながら、われわれは本性的に欠陥があり、そして、神々は悪をなすことはない、したがって、われわれの欠陥の原因は生成の領域に本質的なものである、とソクラテスは考えているかも知れないことに注意すべきである. Kraut (3), 208, および、たとえば、『国家』379 a ff を見よ. また、ソクラテスの「悪の問題」については、5・2 節註 96 も見よ.

111 しかしながら、これはアテネの法慣行によっては与えられない. アテネの法慣行は、Burnet (3), 83 に見られるように、「宗教的汚れを引き起こす限りにおいてのみ、殺人を審理した」. このことが対話篇の巻末のソクラテスの発言を説明する. すなわち、ソクラテスは、エウテュフロンが敬虔とは何であるかを知らないのに、父を殺人の罪で告発することに着手するのは考えられないことである (『エウテュフロン』15d) と言っている. つまり、エウテュフロンはアテネの法慣行に同意していると思われ、また、彼が告発する主たる理由は、告発しないことによる宗教的汚れの危険である (4b-c).

ウテュフロンの答えの（部分的な正しさではなく）長ったらしさについての不服である．というのは，将軍と勝利，農夫と食料の比喩（14a1-7）から類推して，彼は二・三の言葉からなる何事かを言うべきであった．Calef の主張は，ソクラテスの申し立てによってもありそうもないものに見える．ソクラテスの申し立てによると，エウテュフロンは彼の答えによって「も・し・あ・な・た・が・答・え・た・な・ら，私は敬虔を十分に学んだであろうまさにそのときに」（14c1-3, 強調筆者），エウテュフロンは「ま・さ・に・い・ま・逸・れ・て・し・ま・っ・た」とされる．同様に注意すべきは，エウテュフロンでさえ，家族と国家の維持は神々が促進しようと欲し，願うことであるとは決して示唆していないことである．そして，ソクラテスが続いて，エウテュフロンの敬虔についての理解を交易的 τέχνη/technê として性格づけるとき（14e6-8），エウテュフロンが意味しているのは，われわれが祈り，供犠を捧げるのは主・と・し・て・わ・れ・わ・れ・が・欲・す・る・ものを得るためであり，神々を手助けするためではない，とソクラテスが考えていることを示している．最後に，エウテュフロンの示唆する「所産」は，主として，ユーモラスな皮肉のようなものとして，プラトンによって意図されているように思われる．結局，敬虔な行為が家族を維持すると示唆するまさに同じ人物が，敬虔を理由に自分自身の父を告発するのに忙しいなら，われわれはいかにしてそのような人物をまじめに受け取るべきであろうか（Klonoski, 134）．さらなる批判と議論については，私の（13）と Calef（1）を見よ．

103 Brickhouse and Smith（8），chap. 2 を見よ．

104 再度，Weiss（4），269-274 は，敬虔の不可知性のすべてを「奉仕術」（ὑπηρετική/hupêretikê）の意味のなかに見出すことにおいて，誤っている．というのは，召使い的な助手は，召・使・い・的・な・助・手・として，技術者の専門知のすべてをもっているわけではないが，彼（女）は所産の直接的産出に関係するあらゆる種類の助力的技術をもつことができる（Weiss, 269-270 に反して，彼（女）は専門家が産み出す所産を産み出すことができ，「服従の専門知」のみをもっている必要はない．たとえば，船大工を助ける者たち［たとえば，大工や水漏れ防止技術者］はあ・る・技術知をもっている）．神々に対するわれわれの奉仕の正確な本性をエウテュフロンに強く求めるのではなく，神々の主たる所産の論題においてエウテュフロンを容赦なく追求することにより，ソクラテスの論点は，神々が（そして，かくして，彼らの助手としてのわれわれが）携わっている事業が何であるかを知ることなくしては（われわれがここで作ることを助けるべきなのは，船・なのか，健康な身体なのか，健康な魂なのか），われわれはわれわれが所有している専門知の持ち分のどのようなものであれ，それを実りある仕方で用いることはできないということであろう．したがって，ὑπηρετική/hupêretikê のソクラテス的意味は，神々をその仕事において無自覚に助ける，きわめて多くの思慮の足りない「神々の

を見よ．リーヴの他の反論は，前提からは導かれない．第一に，神々の主たる作品の特定が問題となる局面に至るまでに，それを同定することは，彼らが主たる所産を作るのを助ける奉仕がどんな種類のものであるかをわれわれに語るであろうと，既に同意されている．第二に，神々の主たる作品に対する探求に対し，ソクラテスが求める答えは，簡潔なものであるというのは，まさしく私の説明の一部である．しかし，その簡潔な答えとは，神々の作品を「われわれは知りえない」というものである，と私は論ずる．エウテュフロンは「知識」と答えることを期待されている，というリーヴ自身の提案は，(その簡潔さにもかかわらず) うまくいかない．というのは，神々の作品を知識であると特定することにより，エウテュフロンは，「敬虔とは知識である」(強調筆者) というリーヴの答え (65) を，与えなかったであろうし，また，彼はソクラテスが自らすすんで「十分である」(14b8-c6) と呼ぶような答えを与えなかったであろう．というのは，そのような答えは，敬虔という知識が，何についてのものであるかを詳細に説明していないからである．私がP6をソクラテスに帰すことについての，類似の，しかし，より最近の批判は，Calef (2) を見よ．

97 すなわち，『リュシス』221-222a, 217a-218c, 214e-215b, 210c-d;『饗宴』200b-e, 202b-d, 203e-204a;『国家』334c.

98 Versenyi (1), 120-123.

99 あるいは，それを知っていたとしても，ソクラテスは神々が無関心で活動しないと思われないように，神々の完全性を含意する彼の他の諸信念の一つを否定しなかったであろうということを，Versenyi は確立していない．いずれにせよ，「完全な神々」という信念を彼に帰すことと，ソクラテスの申し立てられた不可知論の表明を (『クラテュロス』400d)，——それを Versenyi (1), 123 はソクラテスの宗教的信念を正確に説明する「最も有望な候補」と呼ぶ——Versenyi がいかにして両立可能にするのか私にはわからない．

100 たとえば，Brandwood, xviii および Vlastos (14), 46-47.

101 Burkert (2), 66 ff.

102 Calef (2), 12-18 は彼自身の積極論者的主張を展開している．すなわち，エウテュフロンが 14a11-b7 で与えている長ったらしい答えは，神の極めて立派な作品 (πάγκαλον ἔργον/pankalon ergon) についての問に対する，ソクラテス的に受け入れうる答えを含んでいる．それは家族と国家の維持である (そして，神々がこのことをなすのをいかにすれば助けることができるかの知識が敬虔である) とされる．結局，これは簡潔であり，そして，ソクラテスはエウテュフロンに，もし彼が望んだなら，彼は「ずっと簡潔に」(14b8-9)，ソクラテスが尋ねていることの主眼点を語ったであろうと言っている．しかし，明らかに，文脈において，「ずっと簡潔に」という言葉は，エ

269-70，および，私の註104を参照せよ．

94 神々は，この世界に属さないずっと知的な存在である，とわれわれが（ソクラテスとVersenyiの両者がそうするであろうように）仮定するなら，そのことはわれわれが神々の理由（目的）を十分に知り得ないということを示唆する．そのことは，P6のモデルでは，われわれが行為の敬虔性を十分に理解できないことを示唆する．類推により，召使いたちは彼らの主人の理由を十分に知る立場にないかもしれない．そして，それゆえ，彼らの奉仕の性質を十分に理解できる立場にないかもしれない．しかし，そのことは，「主人に対して敬虔」な特定の行為を認識し，行うことを十分に知るということから，彼らを遠ざける必要はない．『ソクラテスの思い出』1.4.4およびP. T. Geach, 381を参照．

95 私はこの論点をGeach, 381から引き出す．もちろんこの説明では，どんな一つの行為でも，非宗教的に正しく，かつ，敬虔である（あるいは，非宗教的に不正であり，かつ，不敬虔でもある）ことがありうる．たとえば，神を無視し，自己を拡大する欲求から，正しい国家を意図的に損なうことは，ソクラテスにとって当然に，非宗教的に不正であり，そして，（そのような行為は善を促進する神々の事業を助けるのではなく，損なうことをねらっているので）不敬虔でもある場合であろう．また，「神々は，敬虔なものを，それが敬虔であるがゆえに愛する」（つまり，敬虔な行為は，それに対する神々の態度とは無関係に，敬虔である）ので，そのような敬虔は，神々に言及することなく定義可能である，と考えることも正しくない（Calef [2], 25）．結局，敬虔な行為は，もしそれが（意図して）神々の主たる作品を促進するがゆえに，敬虔であるなら，それはその行為に対する神々の愛と関係なく敬虔である．Brickhouse and Smith (8), chap. 2.5.5-6参照．

96 Reeve, 64 n. 74の論ずるところによると，「敬虔はただ単に知識[善悪の知識]であり」，ここから (65)，敬虔は徳の全体であるので，類似の線に沿って，私がP6（McPherran [14]ではP3）をソクラテスに帰していることは，「正しくはありえない」とされる．彼はまたそこで，こう主張している．すなわち，「神々への奉仕」は，敬虔についてのソクラテス的定義の一部分ではありえない．なぜなら，そのことは「求めている定義にとって鍵を握っている」のは神々の作品であるというソクラテスの主張と両立せず，また，それは，「14b1-7における敬虔についてのエウテュフロンの説明は，実際よりももっと簡潔でありえた」という主張と対立するからであるとされる．本文における私の説明は，リーヴの最初の主張を取り扱っている．ソクラテスにとって敬虔は（一種の）知識であり，敬虔の本質は他の諸徳の本質と同じである，という見解を私は共有するが，それにもかかわらず，敬虔は他の諸徳から，敬虔な人物の意図により，また，神々との関係で善であり悪であるものに対する敬虔の関心により，区別されうる．McPherran (3), 120-122

である」．Vlastos (14), 175 および (18), 233-234 を比較せよ．この考えに対する私の応答については以下を見よ．

87 Versenyi (1), 104-111.

88 実際，ソクラテスはできないのである．というのは，交易術（ἐμπορική/emporikê）として考えられた敬虔についての議論が明らかにするように（14b-15b），エウテュフロンはこの問題に関して教育された状態になり，かくして，彼は「われわれは神々の卓越性を（贈り物を与えることにより）促進することができる」という見解を，彼自身が提案していると解釈されることを許さない．

89 ソクラテスは『ソクラテスの弁明』35d で，偽証は不敬虔であると主張している．ソクラテスはまた，神々に対する奉仕をしなければならない，と証言している．しかし，Versenyi はそのような奉仕は神々の本性と両立しない（というのは，ソクラテスが彼自身の論点を見落としているなどとは決して考えないであろうから）という追加的信念をソクラテスに帰することにより，Versenyi はソクラテスの神的な使命についての説明のすべてを——きわめてありそうもないことだが——皮肉として軽視しなければならない（[1], 111-112 n. 7）．したがって，われわれは彼がそうする動機を知ることができる．つまり，奉仕術（ὑπηρετική/hupêretikê）に対する彼の否定に対して，私が先に与えたような反論をたんに避けることである．

90 Versenyi (1), 109.

91 Versenyi (1), 104, 107-108. 私は「ほのめかす」と言う．なぜなら，Versenyi はこのことをはっきりと主張してはいないが，彼のディレンマ（107-108）が形式的に妥当なものであるために，それが要求されるからである．Weiss (4), 268-274 は，他方で，このことをはっきりと主張している．彼女は奉仕術（ὑπηρετική/hupêretikê）が熟練を要しない労働であり，行為者が技術知をもつことを排除する助力の一種であると主張する．これについては，註 104 を見よ．

92 Versenyi (1), 86, 104-110. Beckman, 51-54; S. Calef (2); C. C. W. Taylor, 113-118 も見よ．ソクラテスにとって敬虔は善悪の知識に他ならないと主張する Reeve, 65 は，この陣営に属するようである．

93 Versenyi (1), 104-109. ある者は以下のように考えて，Versenyi に従うかもしれない．すなわち，ὑπηρετική/hupêretikê は，ソクラテスが受け入れることのできるような敬虔の定義を生じさせることはできない．なぜなら，技術者に対する *p* による奉仕は，（*p* とこの技術者にとってでなく）他者にとって有益な所産を生むけれども，正義の部分としての敬虔は（ソクラテスにとって）*p* を益さなければならないからである．しかし，これは明らかに誤っている．というのは，技術者に対する *p* の奉仕は，*p* に対して直接的・間接的益を *p* にもたらすことが容易に想像できるからである．Weiss (4),

与える贈り物と,価値において等しいかそれに近いもので,人間が神々に提供できるようなものは何もない」がゆえに,このことはそうなのであると考えている.だが,この考えは行きすぎている.明らかに,ソクラテスにとって,人間は正しい奉仕(たとえば,魂を改善するとか,正義を生じさせる哲学のために命をかけるとか)の実例を,神々に提供することができる.それらは,神がある人間たちに与えるかもしれない外的善(たとえば,美しい容姿)よりも一層価値がある.次に,立派なギリシア人はだれでも,贈り物を与えてくれた者たち(特に,神々)に,それがいかに些細なものであれ,お返しをしようとすることを義務と考えたであろう(註133を見よ).最後に,徳の一例として,敬虔な行為は,ソクラテスにとって幸福(それはもしそういうものがあるとしたら,これこそが神からの益なのであるが)を産むものでなければならない.そして,ソクラテスの見解では,すべての者は幸福な生をもつことを望み(たとえば,『ソクラテスの弁明』25d.『クリトン』48b.『エウテュデモス』281d-e.『ゴルギアス』499e),そして,それは正しい行為を要求する(『ソクラテスの弁明』28b, 28d, 30a-b.『クリトン』48b, 48c-d.『ゴルギアス』507d-e, 469b-c).この幸福は,敬虔な行為をよろこび,それに応えて,益を与えてくれる神からの直接的結果ではないかもしれない.だが,敬虔な者たちが神をよろこばせることを目ざす結果として,彼らに益が生ずるということは(徳と人間の魂の本性のゆえに)真であり続ける(3・4節を見よ).

82 後に見るように,私自身の立場は,「われわれは神々の作品を(確実に)特定することはできないが,そのことは(敬虔の性質を特定するものとしての)P6を,ソクラテスに帰すことをわれわれに妨げるものではない」という考えに依存している.

83 Versenyi (1), 110. 彼はこの推理の線を『メノン』77c-78bから導いている(122).

84 Versenyi (1), 109. Versenyiはソクラテス的ではなく,プラトン的教義を彼らの主張にもち込む積極論者たちを非難する(107).それゆえ,これは驚くべきことである.

85 『パイドロス』229eと『ソクラテスの思い出』1.3.2も見よ.『ソクラテスの思い出』1.4.10において,ソクラテスはアリストデモス(彼は,神々は人間を思いやるにはあまりに偉大である,と考える者である)に反対している.アリストテレスの神々ですら結局,それが崇高なものであれ,仕事(つまり,noêsis)をもつ(『ニコマコス倫理学』1178b9-30). Guthrie (7), 231を参照せよ.

86 この後者の仕事[神がやり残したことのいくつかを仕上げること]は,C. C. W. Taylor, 113による神の作品の明確化である.「彼らが人間の助力なしには産み出すことのできない一つの善き作品がある.それは,善き人間の魂

スの敬虔は、知識の一つの形式であるとは性格づけられないので、諸徳の中では独特である。このことがそうなのは、それが非専門的な召使い的奉仕(ὑπηρετική/hupêretikê)の一形式であり、知識をともなう仕方でわれわれが神々を助けることを排除する何かを含むからである。ソクラテスが知識をともなう交易の技術としての敬虔というエウテュフロンの考え（14d1, 14e 6）を否定しなければならないのはこのためである、とする。私自身の見解は、部分的にはこの考えに共感的である（以下を見よ）。というのは、神々に対する（知を欠いた死すべきものとしての）われわれの奉仕は、ソクラテスがもっていないと主張する諸徳の専門的道徳知の所有を含みえない、ということに私は同意するからである。それにもかかわらず、ワイスは、敬虔の知識と「敬虔の定義P6に含まれているような、知識をともなわない奉仕をいかにして神々に与えるかの知識」を混同しているように思われる。敬虔が他のすべての諸徳と同様の知識の一形態ではありえない、ということには根拠はない。つまり、敬虔の知識は、神々が彼らの（既知の）主目的を達成するために、いかにして人間が神々に（副次的な仕方で）奉仕するか（そのやり方）の知識である。そのことは、神々に敬虔を知ることを可能にし（しかし、彼らは勇気を知っているが、勇敢であり得ないのと同様に、彼らは敬虔ではありえないが）、そして、なおもわれわれ人間を一種の非専門知（これがわれわれに有益な仕方で神々を手助けすることを可能にするであろう）を獲得する立場に置く。Weiss (4), 274 および本書 4・1・4 節参照。結局のところ、技術者をいかにして手助けするかについての何らかの知識（あるいは、何らかの実際的知識の所有と等しい信念）を所有することなくしては、技術者の助手は、作品を生産するのを助けるのと同様に、作品を台無しにすることもありうる（たとえば、そして、Weiss [4], 269 に反して、船大工の助手は、船大工と助手が一緒に作る作品に関連する、彼らの主人が所有しているのと同じ技術知のいくらかを、所有していなければならない。註104を見よ）。

81 私はWeiss (4), 266 および n. 22 に同意したい。そして、われわれはこのことによって、「ソクラテスは神々からの贈り物を人間の行為に対する彼らの直接的対応として考えた（つまり、すべての敬虔な行為は直ちにつねに報われる）」と考えるよう導かれてはならないし、あるいは、われわれはこのことによって、「そのような贈り物は敬虔な行為をなす唯一の動機として役立つべきであるという考えをソクラテスが是認した」と考えるよう導かれてはならないと考える。しかしながら、ここから、神々の贈り物は「いかなる仕方でも人間がなすことへの応答ではない」とか、「敬虔は神々をよろこばせる行為を含まず」、そして、「そのように行為することは、神々をよろこばせないし、われわれに益（とりわけ、本来的な益）を与えてもくれない」ということは帰結しない。Weissはまた、ソクラテスにとって「神々が人間に

註 **61**

(ὑπηρετική/hupêretikê) と同様，この言葉はとりわけ主人に対する召使いの仕事を暗示している（λατρεία は特に予言者や社寺の使用人の神への仕事を暗示している．Burkert［2］, 273 を見よ）．『ソクラテスの弁明』30a5 の κελεύω/keleuô という言葉は，ふつう「命令する」と訳されている．他のいくつかの可能な訳があるが，ソクラテスが彼の立場を，軍事的もち場に配置されていることになぞらえているのを考えると（『ソクラテスの弁明』28e-29a），この言葉のこの「命令」という意味が選択されるべきことにも注意せよ．

77　プラトンの芸術的考慮はさておきである．これは，議論を結局，元の所へと，つまり，敬虔とは神々に愛されることである，という以前に拒否されたエウテュフロンの主張へと，導く動きである．

78　I. M. Crombie, 1: 211. しかしここでは，Calef（2）を見よ．

79　Crombie（209）の観察に注意．

「ギリシア語には抽象名詞を表す二つの形式がある．第一は，しかるべき形容詞の中性形に定冠詞をつけることによってである（敬虔なこと，［ト・ホシオン］）．第二に，形容詞から形成された名詞を用いることができる（敬虔性，［ホシオテース］）．第一形を，ものに関わる抽象的対象に，第二形を，人物に関わる抽象的対象に用いるのが自然であり，そして，『エウテュフロン』はそうしている．ソクラテスはものに関わる抽象的対象の定義を求めることで始める．というのは，対話篇の主要な主題は，対象物や行為に付随する性質（それがそれらを敬虔にする）であるからである」．

この見解の証拠には，父を告発するエウテュフロンの行為が敬虔であるか否かの懸念（4e-5a, 5d-6a, 8a-e）とともにこの対話篇が始まるという事実，および，ソクラテスが「新しい神々を創始し，古い神々を信じていない」（2a-3e, 12e）ことにより，不敬虔に行為しているという告発が含まれている．加えて，ソクラテスはエウテュフロンに，殺人という行為や他のすべての事例（行為）に関連して，敬虔と不敬虔が何であるかを述べることを要求している．その際，エウテュフロンは「敬虔はすべての行為において［πράξει/praxei］つねに同一のものである」（5c9-d2）かどうか，また，すべての敬虔な行為に見られる敬虔の形姿が何であるか（6d9-e1）を明白に述べなければならない．敬虔な行為が何であるかを特定しようとするこの最後の関心は，困惑的幕間劇（11b-c）の直前まで続き，その後に，神々へのどういう種類の奉仕の行為が，敬虔な行為を形成するのかという関心が続く（12e-14a）．そこから，ソクラテスは知識の一種としての敬虔についての議論を，この知識がどんな種類の行為を要求するかの議論に引き戻す（14d-15b）．それから対話篇は，父を告発するエウテュフロンの行為とソクラテスの諸行為が敬虔であるか否かの主題へ戻ることにより，結末に至る（15c-16a）．

80　Weiss（4），特に 273-274 は，ここで以下のように論じている．ソクラテ

[21] を見よ．Brickhouse and Smith [8], chap. 2. 5. 5-6; P. Woodruff [4], 101-116, M. Ferejohn を参照せよ）．

64　この言葉は，存在のどんな部類についても，単にその「正しい扱い」を意味するだけである．Burnet (3), 135 および Versenyi (1), 100 を見よ．

65　神々は，彼らの道徳的争いを調停することにおいて，人間より優れているわけではない，ということに対する彼の以前の暗黙の譲歩を前提すると，このこともまた彼の混乱を明らかにしている．

66　ソクラテスはエウテュフロンに P5 を押しつけていない．そして，エウテュフロンがそれを主張することは，「驚くべきこと」と考えたであろう．クセノフォン（『ソクラテスの思い出』1. 4. 10）において，ソクラテスは人間たちを世話（θεραπεία/therapeia）するのは神であり，逆ではないと考えていることにも注意せよ．

67　Rabinowitz, 115 が注意しているように，ソクラテスがエウテュフロンに神々の作品（ergon）を明らかにするように強く求めているという事実は，ソクラテスが（以下の）P6 のごときものに関与していることの証拠となる．

68　ここでも，ボニッツの原理を是認する意図はない．註 54 を見よ．

69　『国家』612e を比較せよ．そこでは，（少なくとも）プラトンは，正義は神々に好まれるが，不正は彼らに憎まれると主張している．

70　「あなたが信じていることを言いなさい」という原則は，ソクラテスのエレンコスのよく知られた特色である．たとえば，『エウテュフロン』9d;『クリトン』49c-d;『プロタゴラス』331c-d;『ゴルギアス』500b-c; Brickhouse and Smith (8), chap. 1. 2. 3, (6); Irwin (6); Vlastos (16) を見よ．

71　Brickhouse and Smith (6), 660-661．また Guthrie (6), 136-139 も見よ．

72　Rabinowitz, 115．この発言は全体としていくらか皮肉の趣がある．だが，そのことは以下のような理由で説明可能である．すなわち，対話篇のこの箇所までに，神々の作品についての問に対する解答を避けようとするエウテュフロンに，ソクラテスがうんざりしてきているものとして彼を描くことはきわめて適切であるからである．ソクラテスはエウテュフロンから有益な答えを引き出す希望を捨てて，神的な知識をもっているふりをしている彼を，たぶん冗談でからかっているのであろう．

73　『エウテュフロン』13e6, 13e10-11, 14a9-10, 14d6, 14e9-15a4, 15a7-8.

74　『オデュッセイア』11. 225;『仕事と日』136 (Versenyi [1], 102 により注意されている).

75　試金石としての『ソクラテスの弁明』の地位については，第一章註 4 と註 34 を見よ．そしてまた，たとえば，Burnet (3), 143-46 および Brickhouse and Smith (12), chap. 1. 1-2 を見よ．

76　『ソクラテスの弁明』の中で，ソクラテスは神に対する彼の奉仕をしばしばラトレイア（λατρεία/latreia）として言及している．しかし，奉仕

の相違を想定する必要はない」.

62 この見解では,敬虔な行為とは,人間たちと神々の関係を支配している諸法と一致する仕方で行為しつつ,われわれがなすべき行為であろう.

63 Dover (3), 247-248; A. W. H. Adkins (4), 133; J. Mikalson (2), 178-179 を見よ. Dover が注意しているところによると,「hosios と dikaios の形式的な結合は,神的な法と人間が作った法との区別を認めるかのように,『神々と人間の両方』への言及によって折々補強された」(247-248). そして,Mikalson は,「悲劇からの証拠は,ソクラテスの命題を承認しているように思われる.そして,民間の情報源のいかなるものもそれに矛盾しない」(178-179) と主張する. Irwin (4), 22 の指摘では,とりわけ,ヘシオドス,ソロン,アイスキュロスにとっては,敬虔は正義とゆるぎのない関連をもっていた. C. C. W. Taylor, 100 を参照せよ.

 P 4 の主張の強さにもかかわらず,それに対する一つの深刻な反論があることに注意するべきである. P 4 は敬虔的正義を非敬虔的正義から区別する.だが,『プロタゴラス』331a6-b8 において,ソクラテスが「正義は敬虔である」と主張している (つまり,非敬虔的正義は存在しないと意味しているように見える) のをわれわれは見る. この困難を解決するために,「諸徳の一性はそれらの同一性を主張する命題である」とする T. Penner (35-68) の見解に賛同する者たちによって,多くの議論がなされている. たとえば,Calef (2); Irwin (4), 22; C. C. W. Taylor, 116-118 を見よ. その見解を擁護するために,彼らは P 4 の内容を用いいかなる積極論者的テキスト解釈をも否定する (しかしながら,テイラーは,敬虔は「ある局面のもとでの」徳であると主張することによって,P 4 の一つの意味を保持しようとしている). Vlastos (9), 224-228 は他方で,P 4 へのソクラテスの関与という証拠を,ペナーの解釈を否定するための部分的論拠にしている. この論争について十分に議論することは本書の現実的な限界をはるかに越えている. それにもかかわらず,(I. M. Crombie, 1: 211. および,n. 34 に注意されているように) この対話篇は,主に行為の敬虔性に関心があると思われるという観察とともに,われわれが見た P 4 を支持する証拠の重みは,この明白な矛盾に対する Vlastos による解決を是認するよう私を導く. 簡潔に言えばその解決は,人は,彼ないし彼女が敬虔な人間である場合にのみ,正しい人間である (そして,他の諸徳についても同様である) と主張しているものとして,『プロタゴラス』331a6-8 を分析することをわれわれに許す (Vlastos [15], 418-423. また,[10] と [21] を比較せよ). 他方で,P 4 が主張していると解釈されるべきは次のことのみである. すなわち,すべての敬虔な行為は正しいが,(いかなる種類の人間のそれであれ) 正しい行為は必ず敬虔な行為でもなければならない,というわけではない (たとえば,少額の借金を返却するとかである. 徳の「諸部分」の観念については Vlastos [15], 421 n. 5, [10],

フロンのP3′への同意が，彼自身の不完全な神々（彼らは敬虔でないものを愛したり，敬虔なものを憎むことが想像される）と対立することを正当に観察している．

48 Guthrie (6), 124-125 および本書 3・2 節を見よ．
49 S. M. Cohen, 175; Nehamas (2), 302-304; Nussbaum (2), 235; Reeve, 66; Vlastos (14), chap. 6 を見よ．
50 Vlastos (9), 231 n. 25, 435-436 を参照．彼はこの解釈を受け入れている．
51 Vlastos (9), 228 n. 17; Rabinowitz, 114.
52 このことがエウテュフロンの試みに対する支持として読まれるべきか否かについては，Vlastos と Irwin の論争を見よ（Vlastos [9], 224-228; Irwin [4], 301 n. 57）．
53 Rabinowitz, 115 により注意されている．また P4 は，P1 がもつ敬虔と正義のつながり（このつながりは，民衆的な，通念上の保証をもつ）を保持していることにも注意せよ．
54 しかしながら，私はプラトン対話篇中で反駁されていない主張すべてが積極的な教義を表すとは考えない．したがって，このように主張することで，私は，自分が誤っている（と信じる）「ボニッツの原理」，つまり，プラトンのテキストで反駁されていないものは何であれ積極的な教義を表しているという主張（Bonitz, 233-234; また J. Adam [1], xxi および Heidel, 171 を参照）を，是認しているわけではない．この原理の批判については，Allen (1), 6 と Versenyi (1), 111 n. 3 を見よ．
55 Brickhouse and Smith (6), 661.
56 これは Rabinowitz, 114 によって注意されている．このことや以上で主張されているいくつかの論点は，少なくとも Allen (1), 5 の主張にとって障害となる．彼によると，『エウテュフロン』の解釈において，いかなる実質的な問題も，その劇としての構成に依存しないとされる．C. C. W. Taylor, 112 の観察によると，他の対話篇は明示的には導かれない結論のはっきりとした示唆を含んでいる（たとえば，『カルミデス』174d-175a）．『エウテュフロン』と『テアイテトス』の関連については，Allen (1), 7 を見よ．
57 Santas (1), 97-135 を参照せよ．
58 S. Calef (2) と私の応答 (13)，および，彼の突き返し (1) を見よ．
59 Calef (2), 8.
60 Weiss (4), 267 によって受け入れられている．
61 C. C. W. Taylor, 110 が注意しているように，「通常のギリシア語の慣用語法は，人間の行為者との社会的関係の徳に対する名称として，dikaiosunê という言葉を割り当てている．そして，善き者は，『ゴルギアス』507 b において，人々に正しいことをなすであろう者として描かれていることは，この用法と一致する．……この文章と『エウテュフロン』の間で，何らかの教義

るもの，運ぶものと運ばれるもの，愛するものと愛されるものの例と同様に，(2) 神に愛されるものは神々がそれを愛するがゆえに神に愛される，そして，(3) 神々は，神々に愛されるものを，それが神々に愛されるがゆえに，愛するというわけではない，ということも同意する．しかし，もしP3が真であったなら（つまり，敬虔なもの＝神々に愛されるもの），P3の (1a) への置き換えにより，(4) 神々に愛されるものは，それが神々に愛されるがゆえに，神々に愛される——ということが真であり，そして，P3の (2) への置き換えにより，(5) 敬虔なものは，神々がそれを愛するがゆえに，敬虔である——ということが真であろう．しかしながら，(4) は (3) と矛盾し，(5) は (1b) と矛盾する．かくして，P3を肯定しながら，同時に (1a)，(1b)，(2)，(3) を同時に肯定することはできない（かくてP3は否定される結果となる）．

44 いっそう生き生きした，そして，快適な類例を必要とする者が注意するべきは，「論争的な議論」あるいは「ビール」の試みられた定義としての「マックフェランによって愛される」という句は，「論争的な議論とは何である」か，「ビールとは何であるか」についてそれほど有益なことをなんらわれわれに語らないということである．定義対象の事例を同定するために，実際的な定義としてこれらのいずれかを——あるいは，敬虔の場合，「神々によって愛される」ということを——用いる試みは，彼らの愛の対象を同定することを期待して，マックフェランあるいは神々を追いかけ回す試みを含むであろう．

45 すべての敬虔な行為には，それが敬虔であることを説明する唯一の性質がある (5d)，という彼の以前の譲歩を前提するなら，敬虔は行為の客観的特徴であるという想定がここで働いていることを，エウテュフロンは受け入れねばならない．

46 これらの区別（とそれらが印す哲学的進歩）については，たとえば，Allen (1)，40 以下を見よ．

47 Friedländer, 2: 87 はそうしている．しかし，Weiss (4), n. 12 は同意しない．というのは，「それが神々に愛されようと，どのように作用を受けようと——というのは，われわれはこの点で意見を異にしたくないので——とにかく，敬虔が何であるかを言ってくれたまえ」というソクラテスの指図は，敬虔が「神々によって愛される」ことを性質（πάθος/pathos）としてもつことに，ソクラテスが関与していないことを示す，と彼女は考えるからである．この外見上の関与の欠如の可能性は，しかしながら，「敬虔なものは [神々によって] 愛されると我々は同意する」(10e2-3)，というソクラテスとエウテュフロンの以前の同意を考慮するなら，あくまで外見上のものにすぎない．Weiss はまた，「完全に理性的で道徳的な神々は敬虔なものを愛するであろう」ということを認める (n. 13)．しかしながら，彼女はエウテュ

項目の名をもち、逆も真)については、Santas (1), 106-115 を見よ．
34 形式に対するソクラテスの賛意は、彼がエウテュフロンの答えについて「まったく立派なもの」(7a2)と語っていることによっても示されている．
35 「神であれ人間であれ、不正の行為者が、罰を受けるべきではないとあえて言う者はいない」(8d11-e1; cf. 8c9-d2) というソクラテスの「単一論者」的主張にも注意せよ．
36 ソクラテスはこのようにして、(再び) 巧妙にエウテュフロンとの形勢を逆転する．エウテュフロンはゼウスの正義から議論を切り出し、彼自身の行為の正義に至る．そしてソクラテスは次に、このことが依拠している正義の単一的概念を用いて、(われわれが意見を異にすることについて) 人間の領域から神的領域に戻って論じ、エウテュフロンが引き合いに出すゼウスを、道徳的基準としては無用のものにする．
37 Weiss (2), 441 及び (4), 263-264 を参照．
38 そのような争いは、ギリシアの民衆宗教の不変のテーマである．したがって、エウテュフロンの外見上原理主義者的な「神学」から切り離せない特徴である．たとえば、ゼウスがヘパイストスを天から投げ落としたので (『イリアス』1. 586-594)、父の処罰は、ヘパイストスには好ましいであろうが、この行為は彼女の夫を脅かすのでヘーラーには忌わしい．この箇所はまた、ヘーラーとヘパイストスとの争いに対する示唆を含む．『国家』378d を参照．
39 Weiss (2), 440-447 および (4), 263-264 が注意しているように、ソクラテスがエウテュフロンの神々を、いつも何かについて意見が一致しない傾向にある、と特徴づけている (9c2-8 と 9d1-5 の両方において) ことは、「すべての神々が愛するもの」に言及して敬虔を定義するエウテュフロンの後の試みが、失敗することをあらかじめ予言している．
40 このことは、神々は改良を必要としないという理由で、神々に対する世話 (θεραπεία/therapeia) を含むような敬虔をエウテュフロンが後に拒否している (13c) ことと、対立することに注意せよ．神々は (あるいは、少なくともゼウスは) 賢明である、という伝統についての議論は 3・2 節で行われる．
41 そして、ソクラテスが規定しているように、ある神々に愛され、他の神々に憎まれる行為は、敬虔かつ不敬虔であるか、どちらでもない (9d)、と考えられるであろう．
42 たとえば、J. Rachels, 49-50 が与えている実例を見よ．
43 この議論の標準的な取り扱いについては、S. M. Cohen を見よ．以下の説明は Irwin (1), 75-78 の影響も受けている．議論の骨子は以下の通りである．エウテュフロンは、(1a) 敬虔なものは敬虔であるがゆえに神々に愛される、そして、(1b) 敬虔なものは神々によって愛されるがゆえに敬虔である (b) というわけではない、ということに同意する．彼はまた、見るものと見られ

27 もちろん,ソクラテスは独断論者を演じるどころか,6b2-3 において,神々の抗争の神話について何も知らないといういつもの告白をしている.つまり,それらが真であるか偽りか,いかにしてそれらが真であり,偽りであるかを,確実なものとして断言することを彼は好まない.

28 エウリピデス(あるいは,少なくとも彼の登場人物の多く)もまた,神の不道徳性に対する,断固とした批判者である(たとえば,『ヘーラー』1340-1346).彼もまた,『ヒッポリュトス』(433-481)の中で,エウテュフロンがしているような仕方で,アフロディテーの力により征服されたゼウスとエオスの例を引いて,ファイドラの乳母に彼女の禁じられた感情を言い訳させることによって,神々が人間の不道徳性を弁解したり,是認したりするために引き合いに出されていることを指摘している.アイスキュロス『エウメニデス』640 を比較せよ.プラトンは『エウテュフロン』に言及して,同じ主張をしている(『国家』377e-378e. また『国家』391d-392a;『法律』886c-d を比較せよ).アリストファネスのような,新思潮に対する批判者でさえ,この同じ問題に気づいていることに注意せよ.しかし,彼はそれを伝統主義者たちにではなく,知識人たちに押しつけている(これは正当にそうしている.というのは,正義の単一論的概念を提唱することに責任があるのは彼らであるから).たとえば,彼は『雲』の中で,人が姦通をする言い訳に,ゼウスの例を使うことを「邪論」に提唱させている(1079-1084; 904 を比較せよ).

29 後に明らかになるように,ソクラテスとエウテュフロンは,正義と敬虔のただ一つの基準があることに同意するが,彼らはこの原理を逆の仕方で用いる.エウテュフロンは神々の伝統的な物語に訴えることで,道徳的原理を人間のために導き出すために用い,ソクラテスの方は,ソクラテス的なエレンコスによって保証される道徳原理を,神々に(すら)適用することを正当化するために,それを用いている.

30 ソクラテスが「F とは何であるか」の問に対して得る,典型的な最初の答えの構造と問題については,Benson (2) と Nehamas (1) を見よ.

31 Brickhouse and Smith (8), chap. 2. 5 が強く主張するところによれば,ソクラテスにとって徳の定義的知識は,人に徳のすべての実例を正しく判断することを可能にするような道徳知のために必要であるが,他の多くの要因(たとえば,それぞれの場合の個別的詳細を確実に知る能力)もまた必要である.

32 ソクラテス的定義とそれらが関わる抽象的な普遍(たとえば,敬虔)については,たとえば,Benson (2); R. Kraut (3), 209 n. 38; R. Robinson (3); G. Santas (1) を見よ.

33 ソクラテスは彼が念頭に置いているものの実例を『メノン』76a で与えている.そこでは,「図形とは何であるか」の問に対する満足のいく答えは,「固体の境界」であると言われている.外延の同一性(すべての F 項目は D

確信の源と見なしている．一方は，表面上は宗教的な理由で，彼の父を告発することに向かい，他方は宗教的な義務と考えることのゆえに，裁判と死へと向かう．さらに，両者とも，人は不正をなす者たちに対して，たとえ彼らが近い縁者であっても告訴するべきであると信じている（4b-c, 5d-e）．エウテュフロンは，ソクラテスが他の仕方で信じているように見えるので，穏やかに彼を非難しているものとして描かれているが，これはソクラテス的原理の一つである（『エウテュフロン』8d-e；『クリトン』49b8；『ソクラテスの弁明』28 b；また『ゴルギアス』480a-d を比較せよ），しかし，註25を見よ．たとえば，R. E. Allen (1), 23; Burnet (3), 3, 23, 113; W. Furley, 202-204; Hoerber (2), 95-107; J. Tate (5), 77-78; A. E. Taylor (4), 16 n. 1, 149 を比較せよ．

24　ヘシオドスや後の時代の他の詩人たちが語るところによると，母ガイア（大地）に新たに生まれた子供たちを，父のウラノスが隠したので，その報復を求めた母の要請に応じて，クロノスはウラノスを去勢した．クロノスの他の不正は，彼自身の子供たちが生まれるや彼が呑み込んだことである．というのは，彼らの1人（結局，ゼウス）が彼をうち倒すという予言があったからである（『神統記』132-182, 453-506, 617-819）．父に対するクロノスの去勢は，ヘシオドスにおいては悪行に対する罰とされているが，ゼウスによる父の打倒にそのような道徳的正当化はなされていない．これはエウテュフロンの付加である．

25　エウテュフロンの行動の主要動機が，公正な正義を守ろうとする高潔な献身にあるのではなく，（殺された者が家の者［οἰκεῖος/oikeios］であるか，他人［ἀλλότριος/allotrios］であるかに関係なく［4c1-2］），家庭の構成員や親族のみが引き起こしうる汚れ（μίασμα）に対する恐れにあるという Weiss (4), 264-265 の観察は正しい．しかしながら，彼女は 5d-6a（それは二つの異なる箇所において［その一つは先に引用された］，いかなる悪行者も，それが親族であろうとなかろうと，「告訴される」べきであるという考えを強調している）と 8b-e（ここで同じ論点が主張されている）の箇所を考慮するのを怠っている．これらの箇所からは，彼女の主張に反して，エウテュフロンは「まったくいかなる不正な殺害者をも」（265）告訴することを擁護している．しかし，そうすることの分別に基づいた責任を悪行者の親族に置いている．ここから，Weiss (n. 9) に反して，エウテュフロンが彼自身の公正な正義の証拠として，5e-6a において，ゼウスの公正な正義に訴えているものとして彼を見るべきである．R. E. Allen (1), 23 を比較せよ．

26　たとえば，Guthrie (6), 121-124 と Lloyd-Jones, 176-179 を見よ．神々は一般に，人間たちのために，正しい行為の規範を保証するものと理解されたという事実にもかかわらず，このことは真である．トゥキュディデス『歴史』5. 104-105 および本書3・2節を見よ．

法訴訟は,彼の案件と同様に,ソクラテスの思い通りに運ぶと予言する.かくして,『エウテュフロン』は欺瞞的な,そして／あるいは,不正な予言と,「魔術」に対するプラトンのいくつかの攻撃の最初のものであると思われる(たとえば,『国家』364b-c;『法律』908c-d, 909b を見よ).

18 たとえば,R. E. Allen (1), 9; F. M. Cornford (3), 311; M. Croiset, 179; Grote (2), 322; R. Guardini, 9, 26; Heidel, 165; Jowett, 3. 61 を見よ.

19 このことに同意する者たちには,Burnet (3), 85-87; W. Furley; Hoerber (2), 95-98; Hoopes; Klonoski; F. Rosen, 105-109; A. E. Taylor (1), 147 が含まれる.L. Strauss (2) も見よ.

20 Klonoski; H. Newmann, 265; Rosen, 105-109 を見よ.

21 エウテュフロンは,テオフラストスの「迷信的な人間」の部類に当てはまる.そのような者は,告発しようとするエウテュフロンのように,つねに一人で行動する (Mikalson [1], 88).

22 「両親に対する虐待のゆえの告訴 (γραφὴ κακώσεως γονέων)」(アリストテレス『アテナイ人の国制』56. 6; クセノフォン『ソクラテスの思い出』2. 2. 13; Klonoski, 129-131) を根拠として,エウテュフロンを告訴するのは問題外ではないということは,プラトンがメレトスとエウテュフロンを対比させる一部分である.『法律』717b-718a, 869a-b, 931a を比較せよ.

23 最初に (1) についてであるが,そして再び,エウテュフロンはホメロス的伝統を是認しているけれども(たとえば,彼はゼウス,争い合うオリンポスの神々,供犠を信じ,父の行為からの汚れ [μίασμα/miasma] を恐れている),彼は彼自身の父をすすんで告発しようとし,アテネ人に対してはソクラテスの側に立ち,同じ「予言者」(3b-c) として,ダイモニオンが無害であることを受け入れ,ソクラテスが知恵を彼に帰するのを認め (4b),5e-6a においては,道徳の規準は神々にも人間にも同一であるというソクラテス的ソフィスト的原理に暗黙のうちに訴えている(神についての伝統的な二重の基準に反してである.『国家』378b を比較せよ).(2) については,プラトンは,ソクラテスとエウテュフロンとの間の多くの類似性を指摘している.たとえば,彼は,彼の架空の法廷でなされる議論は,「私についてよりずっと彼(メレトス)についてであることが明らかになろう」(5c2-3) とエウテュフロンに主張させている.これは典型的なソクラテス的主張である.そして,エウテュフロンが,神的な事柄について,きわめて多くのことを正確に知っていると主張しているように,ソクラテスもそのような知識を重要な事柄 (5a) と見なしている.それ［神的な事柄の知識］については彼もまた類似の主張をなしている(程度は控えめであるが.6b を見よ).結局,ソクラテスは,彼が哲学をするよう神々に命ぜられているということを,「正確に」知っているように思われる(『ソクラテスの弁明』33c).そして,エウテュフロンとソクラテスの両方ともが,神的なものを有徳な行動に関する

き，広がり，災難を伴う（実際，ミアズマはもっとも広い意味においては病気を含んでいる）——については R. Parker (2)，ソフォクレス『アンティゴネー』775-776 を見よ．『法律』871b-e を参照．

11 M. Blundell, 41 を見よ．また，エウテュフロンは明らかに，彼の父を告発する法的権利をもっていないことにも注意せよ (R. Klonoski, 130-131)．『クリトン』50e-51a は，ソクラテスが伝統的な父親の権威と，子としての敬虔の徳を是認したことについての，追加的証拠を与えているかもしれない．『国家』574a-c；『ソクラテスの思い出』2. 2. 13；『ニコマコス倫理学』1163b 18 ff を比較せよ．

12 A. Gómez-Lobo, 27 が指摘するように，ここには正確な知識をもっているというエウテュフロンの自己満足的主張と，「おおまかに」「概略的に」(τύπ-ῳ/tupôi) 知っているという通常の主張との，暗黙の対比が見られる．

13 ある概念の知識をもつことが，その概念についてのソクラテス的定義を与える能力を付与してくれるということは，初期対話篇の共通の主題である．たとえば，『ラケス』190c 以下を見よ．

14 エウテュフロンは彼の父を「殺人事件の訴訟」(δίκη φόνου/dikê phonou, 4a-b) において告発し，ソクラテスは「不敬虔のゆえの公訴」(γράφη ἀσεβείας/graphê asebeias, 2a-b) で告発されている．これらと，これらの区別については，McDowell (2), 56-65 を見よ．

15 ソクラテスは，あるメレトスという人物により，「新しい神々を作り，古い神々を認めず」，そのゆえに，「若者たちを堕落させている」(2c-3b) がゆえに告訴されている．これらの告発が結局なにを意味するのか，そして，それらが伝統的なアテネの宗教概念からのソクラテスの逸脱について，われわれに何を語るかについては，本書第三章を待たねばならない．たとえば，自分自身はメレトスがすぐにアテネから「一掃する」はずの，「古い者たち」の一人にすぎないというソクラテスの自己規定 (3a) と，メレトスはソクラテスを告発することで [国家を害することを]「かまどから始めている」(3a) というエウテュフロンの主張にも注意せよ．

16 たとえば，『パイドン』85b4-6 と比較せよ．この性格づけは，ここで現れるエウテュフロンが『クラテュロス』で言及され，ソクラテスが語源学，神的霊感，神的知恵を付与している (396d2-397a1) のと同じ人物であることへのよき証拠を与えている．Guthrie (3), 4: 102 n. 2 と Furley, 201-202 を見よ．

17 たとえば，専門的予言者であるというエウテュフロンの主張に対するソクラテスの巧妙な切り崩しにも注意せよ．3b において，エウテュフロンは予言において誤ったことはないとソクラテスに語る．そして次に，3e において，ソクラテスの裁判の結果は，「あなた方予言者を除いて」だれにも不明であるというソクラテスのお世辞に応えて，エウテュフロンはソクラテスの

5 たとえば，R. E. Allen (1), 67 は，ソクラテスの無知の告白を重く受けとめ（たとえば，『ソクラテスの弁明』21b），『エウテュフロン』は「その意味を文面上にもつ」ので，ソクラテス的な敬虔の定義を述べてもいないし，含意してもいないと考える（彼の書の 6-9 頁も見よ）．また，Beckman, chap. 2. 1; G. Grote (2), 1: 437-457 も見よ．奇妙なことに，アレンはプラトンのイデア説のほとんどを，ソクラテスにイデア説を帰することなく（プラトン的イデアの代わりに普遍［抽象的性質］を用いることによって），完全に整合的に読むことのできるテキストの中に，容易に発見できると考える．アレンが是認する (p. 9) 解釈の原理自体が，私がテキストから引き出す敬虔に関する積極的な主張を是認する．Versenyi (1), 16 を参照せよ．Lazlo Versenyi (1), 104-134 は，条件つきの反積極論者の一種であるが，（ほとんどの積極論者に反して）神々への言及を含む敬虔の定義を，対話篇中の明確な発言から取り出すことはできないのであり，また，実際にソクラテスがエウテュフロンを導く敬虔概念は，それを諸徳の全体と同一視する非宗教的なものである，と大変に説得的に議論している．Calef (2); Versenyi (2); C. C. W. Taylor と比較せよ．Beckman, 51-54 は同様の仕方で，神々に関与する敬虔の定義は，テキストの明確な発言からは引き出し得ないと論ずる．むしろ，彼の主張では，真の敬虔は正義の全体に他ならないと，ソクラテスは暗示的に議論しているのであり，そして，その理解と定義のためには，神々は必要とされないとされる．Irwin (4), 22 と Reeve, 64-66 はやはりこの方向に向かっているように思われる．

6 このことの際だった実例は，Heidel, 174 である．彼は敬虔を，「神のもとで，［プラトン的！］善を人間社会のうちに実現することを促進する知的・意識的努力」と定義する（ただし，［プラトン的］は私の挿入である）．

7 これらの法手続きの詳細は，D. MacDowell (2), 56-65, 239-242 によって叙述されている．アテネには 9 人のアルコンたちがいた．アルコン・バシレウスは公的供犠と国家宗教に関係する裁判案件の監督に責任があった（『ポリティコス』290d-e 参照）．彼の職務の概要については，Burker (2), chap. 2. 6; J. Hoopes; MacDowell (2), 24-27; Zaidman and Pantel, chap. 5 を見よ．

8 この人物がプラトンの純粋な創造であるのか，歴史上の個人（この人物は，たぶん，『クラテュロス』396d2-391a1 の［どうやら］歴史上のエウテュフロンである）に関係するかは，未解決の問題である．しかし，後の註 16 を見よ．

9 『ソクラテスの思い出』1. 2. 37 も，ソクラテスが対話相手たちと敬虔 (ὅσιον/hosion) について論じたことを証言している．

10 この物語によって提起された正確な法的，歴史的，宗教的問題については，Burnet (3), 82-107; W. Furley; I. Kidd (1); MacDowell (2), 109-132, 192-194; Hoerber (2) を見よ．ミアズマ（汚れ，汚染）——病気のようにとりつ

を置いていた．そしてそれゆえ，神々と儀式についての単なる正しい信念以上のことを表していた（K. Dover [3], 246-254; J. Mikalson [1], chap. 1, 8, 11）．「敬虔」（εὐσέβεια）はその関わる領域として，人間と神々の直接的関係のみならず，両親，祖国，死者に対する人間の振る舞いをも含んでおり，そして，神々への崇拝の念や，さらに神々に対する何らかの畏怖さえ伴っている．したがって，神聖な木を倒したり，両親を立腹させたりして，人はさまざまの仕方で「不敬虔」（ἀσεβής/asebês）となりうる．たとえば，W. Burker (2), 270-275; Dover (3), 246-249; A. Momigliano (2), 565-566; そして，J. Harrison (2), 2-3 を見よ．前430年ころ，アテネ人たちがディオペイテスの法令を制定したことに注意せよ．それは，不敬虔（ἀσεβεία/asebeia）の犯罪の範囲を，宗教的に侮辱的な意見を含むように拡大した．3・1・1節を見よ．私は大部分の註釈者たちと同様に，εὐσεβής/eusebês という言葉が，『エウテュフロン』で見られる別の用語である ὅσιος/hosios（神々によって人間たちに配分されている生の領域を指し示すものとしての敬虔さ）と，同義的に用いられていると考える．というのは，どう見ても，それらは交換可能なものとして，体系的な区別なく用いられているからである．

2 『エウテュフロン』の執筆年代はよくある論争の的であったが，実質的にすべての研究者たちは，それを初期対話篇の群に入れている（特に，L. Brandwood, xviii を見よ）．私は特に，この作品の直接的な対話形式と，『ソクラテスの弁明』の出来事との劇としての多くの関連にかなりの重きを置きたいと思う．それゆえ，この作品をプラトンの初期対話篇のうちでも早期のものの一つと見る．しかし，その正確な時順的位置にかかわりなく，『ソクラテスの弁明』との関連が示しているのは，それが『ソクラテスの弁明』と同じ精神でもって，（とりわけ）ソクラテスの宗教的な見解の弁明として，執筆されたということである．さらに詳しい議論については，R. E. Allen (1), 1 ff.; J. Beckman, 42; Brickhouse and Smith (6), 657-66; J. Burnet (3), 82-142; W. K. C. Guthrie (3), 4: 101-102; W. Heidel, 169; R. Hoerber (2), 95-107 を見よ．

3 この問題の歴史の一部で，アレキサンドリアのトラシュロスから現在（たとえば，C. C. W. Taylor）に至る議論については，W. Rabinowitz, 112-114 を見よ．

4 積極論者のうちには，J. Adam (1); H. Bonitz, 233-234; Brickhouse and Smith (8), chap. 6. 1, (12), chap. 2. 5, (6), 657-66; Burnet (3); S. Calef (1), (2); P. Friedländer, 2: 82-91; Heidel, 173 ff.; T. Irwin (4), 1-131; B. Jowett, 1: 303-308; Rabinowitz; Reeve, 62-73; P. Shorey, 74-80; A. E. Taylor (1), 146-156; C. C. W. Taylor; Vlastos (14), chap. 6, (18); R. Weiss (4) がいる．研究文献については，さらに，Rabinowitz, 113 n. 4; L. Versenyi (1), 111 n. 4 を見よ．

Robertson; Zaidman and Pantel, 215-218).

64 実質的には「すべての流れ,泉,平原,木,耕作された野原に神的な力が住んでおり,彼らの機嫌をとるのが賢明である」(Zaidman and Pantel, 81). しかしながら,ヒエロン (ἱερόν/hieron),ホシオン (ὅσιον/hosion),ハギオン (ἅγιον/hagion) というような言葉があり,それらは事物や行為を,とりわけ神的なものと密な関係をもつものとして区別する.たとえば,信仰,信仰の行為,聖域はタ・ヒエラ (聖なるもの) であり,聖域の神聖な空間 (τέμενοι/temenoi) は,その場所の特殊な超自然的な性質のゆえに,周囲から区別される.しかし,おりおり,有用な仕方で神聖でありうるもの (たとえば,生け贄の血) は,状況に応じて,危険でもある (たとえば,殺人事件の被害者の血など.それは聖なるもの (ἅγιον) と同時に汚れ (μίασμα/miasma) と関係がある.これについては,第二章の註 10 を見よ.

65 ダイモネス (ダイモンたち) はおりおり「中間的な力」と考えられた.しかしながら,「神はすべてダイモンとして作用することができる」.そして,この言葉は,「神の活動の隠された外見」(Burkert [2], 180) に言及していると解釈するのがもっとも良い.英雄は,叙事詩の冒険物語に語られているような,死んで久しい個人であり,通常,彼に崇拝を捧げる特定の場所と結びついている (たとえば,アテネのテセウスのように.しかし,ある者は,ヘラクレスのように,広く崇拝されていた).あらゆる神と同程度に,英雄は神格の身分をもっていた.したがって,庇護を与え,報復を与えるなどして,崇拝に答えることができた.ダイモンについては Burkert (2), chap. 3. 3. 5 を見よ.英雄たちについては,Burkert (2), chap. 4 および Zaidman and Pantel, 178-182 を見よ.

66 Vernant (1), 277-278.

67 Vernant (2), 193.

68 Zaidman and Pantel, 144.

69 エウリピデスについては,たとえば,『バッカイ』216-220,『トロイアの女たち』1060-1080,そして,『アンドロマケー』1161-1165 を見よ.トゥキュディデスについては,たとえば,『歴史』2. 8. 2 を見よ.エウリピデスに対する科学的思索の影響は,『トロイアの女たち』884-888 のようなテキスト (ある者たちはここにアポロニアのディオゲネスの影響を感知する) に言及することにより一般に認められている.

第二章 『エウテュフロン』におけるソクラテスの敬虔概念

1 ギリシア人は「宗教」という言葉をもっていなかったので,「敬虔」(εὐσέβεια/eusebeia) という用語は,われわれの英語の対応語よりは,はるかに広い意味をもっていた.それは,適切な宗教的行為と儀式の知識に重点

56　Zaidman and Pantel, chap. 7, chap. 10 を見よ.
57　たとえば，G. Luck, chap. 1; I. Watson, chap. 1 を見よ. Watson, 3-4 は古代においては，祈願と呪詛の間には，かなり曖昧なところがあったことに注意している．というのは，両方とも嘆願者（あるいは，共同体）に与えられるべき利益（たとえば，敵への加害）に対する，供犠をともなう要求と考えられたからである．しかしながら，女神官セアノはアルキビアデスに呪いをかけるようにというアテネ人たちの要求を，彼女が「祈願の神官であり，呪いの神官ではない」という理由で，拒絶したことに注意せよ（プルタルコス『ローマの諸問題』275d;『法律』801a-b, 931b-d;『アルキビアデス II』143b）. 黒魔術についてのさらなる議論については本書 3・3 節を見よ.
58　結社はその総称が「コイノン（共通の）」(κοινόν/koinon) であり，その種類にはフラトリア（φρατρία/phratria たとえば，フラトリオス・ゼウスのそれ），ゲノス（γένος/genos たとえば，アテナ・スキラスのそれ），ティアソス（θίασος/thiasos たとえば，ディオニュソスのそれ），オルゲオネス（ὀργεῶνες/orgeônes たとえば，ベンディスのそれ）がある. Zaidman and Pantel, chap. 8; Watson, chap. 1 を見よ.
59　たとえば，大きな祭礼の監督にあたる選挙で選ばれたヒエロポイオイ（ἱροποιοί/hieropoioi），他の祭礼を監督する指名されたエピメレータイ（ἐπιμεληταί/epimelêtai），3 人の年長のアルコンたち（特に，バシレウス[βασιλεύς——これについて第二章註 7 を見よ），神聖な大使たち（θεωροί/theôroi），そして，指名された，また，世襲的な神官と神官女たち. Burkert (2), chap. 2. 6; Zaidman and Pantel, chap. 5 を見よ.
60　ギリシアの宗教的祭礼についての議論は，Burkert (2), chap. 2. 7; P. Cartledge; Zaidman and Pantel, 102-111 を見よ.
61　デモステネス『冠について』23. 97, 19. 70（20. 107 を比較せよ．そこでは，アテネ民主主義は呪いの上に築かれていたと語られている）. ディナルコス『アリストゲイトン』2. 16;『法律』871b; アリストファネス『女だけの祭』349 ff を比較せよ. L. Watson, chap. 1, esp. 8-9, 18-22 も見よ. Watson, chap. 1. 6 は，呪いは，フラトリア，墓，遺言，油壺のような小さな所有物を守るために，私的領域にも広く広がっていたと注意している.
62　これについては，Burkert (1), 21-29 を見よ. 死と死後の生に関するギリシア人の態度についてのさらなる議論は，本書 4・1 節とその参考文献を見よ.
63　ギリシア人たちは，さまざまの神々の定型的な描写として理解された，擬人的な姿を彫刻したが（たとえば，いかづちを抱くゼウス，弓をもつアルテミス），これらの姿は神々の肖像の試みとしてではなく，むしろ，形のないものに人間の形を与える肖像として，つまり，描かれている神の特徴を喚起するため人間の姿を用いた肖像として理解するのがもっとも良い（M.

48 そして、T. Irwin (5), 199 が注意しているように、「それらから生じる結論の哲学的長所を考慮するに先立って、正しい解釈上の方法と戦略をわれわれが見つけることができると考えるのは幻想である」.

49 この論題の困難さと、ここで許されるスペースを前提すると、このことがもし非現実な願望であるなら、私のソクラテス記述の背景として役立つギリシア宗教の解釈を、私が手短かに明確に示すことは、少なくとも不可欠である.

50 ギリシア宗教の概要を知っている読者には、この最後の節を飛ばすことをお勧めする. この主題についてのよき手引きは、W. Burkert (2); Dodds (4), (7); P. E. Easterling and J. V. Muir; A.-J. Festugière (1); Guthrie (2); J. Harrison (2); J. Mikalson (1); M. P. Nilsson (3), (4), (5); R. Parker (1); J. Rudhardt (2); C. Sourvinou-Inwood; J.-P. Vernant (1), (2); L. B. Zaidman and P. S. Pantel（この作品は以下の概要の主要な参考文献として役立った）を見よ.

51 古代宗教を探求し理解するさいに生ずる問題についての鋭い議論については、H. S. Versnel の序を見よ (Versnel [2]).

52 「宗教的」であるのは、彼の用語法（たとえば、「神」）が、われわれの観点からすれば、われわれが「宗教」という言葉のもとに組み入れるような範疇を用いているからである.

53 たとえば、Burkert (2), 8; Dodds (4), 140-144; Lloyd-Jones, 134; Taylor (4), 15-16 を見よ.

54 祈りの実例については、『イリアス』1. 446-458；ヘシオドス『仕事と日』724-726, 465-468；アイスキュロス『テーバイ攻めの七将』252-260,『供養する女たち』124-151；トゥキュディデス『歴史』6. 32 を見よ. どんな感情がこれらの表現の多くの根底にあったかを言うのはきわめて困難である. というのは、われわれを導くはずの典拠がほとんどないからである. 信頼されている召使いが親切な主人に対してもつような種類のものと類似の個人的な関係を人は神に対して経験するという示唆はあるが（たとえば、エウリピデス『ヒッポリュトス』948-949；『イオン』128-135 を見よ）——特に、オルフィック教のような宗派や（エレウシスのそれのような）いろいろの秘儀信仰の場合——、民衆の支配的な感情は遠くからの敬意のそれであると思われる. たとえば、Dodds (7); H. S. Versnel (2); Zaidman and Pantel, 13-15 を見よ.

55 生け贄の習わし（そして、他の形式の宗教的儀式）の研究については、たとえば、Burkert (2), chap. 2; Mikalson, chap. 11; Zaidman and Pantel, 28-45 を見よ. オルフィック教のようないくつかの宗派は、無血の供儀を行うことにより国家の宗教と自分たちを区別している（これは、彼らの失われた神性を回復することを助けるような種類の、儀式の純粋性への欲求により動機づけられている）. Guthrie (4), 特に chap. 6. 5 を見よ.

る.それによると,SE と SM の間に 10 の特徴的な相違がある.たとえば,SE はもっぱら道徳哲学者であり,知識をもっていないと公言し,超越的なイデアの説や魂の本性についての複雑な説明をもっていない.しかるに,SM は(認識論や形而上学を含む)広範囲の関心をもつ哲学者であり,超越的なイデアと魂の三区分構造の説により支えられた知識を発見したと確信している.Irwin (4), 198-199, 291; (5), 195 も,アリストテレスに依拠して,SE と SM の区別をすることにおいて,彼を支援している.

41 Kahn (4), 97, 100-101; (5), 34; (1), 310 と n. 13. アリストテレスの証言に対するカーンの執拗な,そして,主要な批判は,彼が「哲学史に対する審美眼あるいは才能」をもっていなかったというものである ([1], n. 13; [4], 100 と,最近の [8] を比較せよ).また,彼は Vlastos (12), n. 86; E. R. Dodds (4), 209; Guthrie (1) などの大部分の研究者たちに異議を唱え,プラトンのイデア説の発展に対するピュタゴラス学派の影響とされているものが,「きわめて疑わしい」と考える.かくして,アリストテレスのそれについての証言に疑いを差しはさむ ([1], n. 13).また,Beversluis (3) と Nehamas (3) も見よ.彼らは,アリストテレスが独立した証人であるという想定に依拠しているとして,ヴラストスの研究方法を批判している.私の応答 (McPherran [1]) は進行中である.

42 Guthrie (3), 3: 357, および (6) を比較せよ.

43 Deman (2). Vlastos (12), 102-108; Guthrie (3), 3: 355-359; Beckman, 17-18 を比較せよ.彼らはすべて W. D. Ross のたとえば (3) に従っている.しかし再び,Beversluis (3), 特に 300 を見よ.

44 Vlastos (12), 105.

45 史的ソクラテスの見解を知るための情報源としてのクセノフォンの擁護については,たとえば,C. Bruell; D. Morrison; Ross (3); P. Vander Waerdt (3), 1-22 を見よ.

46 ヴラストスの確定した見解(たとえば,[2], n. 30; [12], nn. 21, 79; [14], 46-47, 特に n. 4)によれば,『ゴルギアス』は,初期の「ソクラテス的対話篇」群(『ソクラテスの弁明』,『カルミデス』,『クリトン』,『エウテュフロン』,『ゴルギアス』,『ヒッピアス(小)』,『イオン』,『ラケス』,『プロタゴラス』,『国家』I)の最後のものである.他の初期の,しかし,移行期的対話篇は『エウテュデモス』,『ヒッピアス(大)』,『リュシス』,そして,『メノン』の最初の 3 分の 1(80e まで)である.『メネクセノス』は初期だが,非エレンコス的対話篇である.

47 対話篇が意図している読者については,たとえば,M. Miller (2), 特に 15-25 を見よ.対話篇の「産婆術的」読みについては,たとえば,P. Friedländer, 1, 154-170; D. Halperin (1), 60-80, 特に 76-79; K. Sayre, 93-109 を見よ.

「トゥキュディデスの中の演説と同様の史的真理を与えられている」と考える（トゥキュディデス『歴史』1. 22. 1 を見よ）．しかし，この見解や『ソクラテスの弁明』の伝統的な初期の年代設定に対する，E. de Strycker and S. R. Slings, 1-21 による最近の批判に注意せよ．

35 たとえば，Vlastos (5), 1 と (12), 100-101. また，T. Irwin (5), 195 を比較せよ．また，ヴラストスの 1957 年の発言「ここで……私は報告ではなく，再創造について語っている」(Vlastos [5], 3) にも注意せよ．

36 そのような批判者の一人であるカーンは，J. Joêl; O. Gigon; Chroust (3); A. Momigliano (1) のような以前の懐疑主義者たちの足跡をたどっている．たとえば，Kahn (4), n. 53, (5), n. 5 を見よ．これらの研究者たちは，とりわけ，史的ソクラテスについてはわれわれは実質的に何も知っていず，そして，プラトンのソクラテス的対話篇は，まったく虚構の単なる文学的ジャンルに過ぎないと考えている．McPherran (4) におけるカーンの論法に対する私の答えと，Kahn (3) における彼の返答を見よ．

37 ヴラストスの解釈の方針についての最も最近の広範囲の記述は，彼の (12) と (14), chap. 2, chap. 3 に見られる．彼は，プラトンの対話篇が（ソクラテスのではなく）プラトンの精神の発展を記録している，という根本的な想定をすると語る．その発展は，『メノン』により印され，中期対話篇によって引き継がれる，彼の思考法における鋭い方向転換をともなっているとされる．しかしながら，この思考の線が始まったのは，

「ソクラテスの死後，プラトンがなおも彼に魅了されており，ソクラテスの教えの本質的真理をなおも確信していたときであった．それを彼自身がよりよく理解しようと熱望し，また，それを広く知らしめようとして，彼はソクラテス的対話篇を書き始めた．しかし，…プラトンの［目的は］…主に［伝記的ではなく］哲学的であった．この目的は，想起された対話によっても，同様にまた，創作された対話によっても果たされることができた．ここから，プラトンは，ソクラテスが以前に語った事で彼が思い出す事柄を，逐語的に，あるいは，忠実な言い換えにおいて保存しているようなせりふを，彼の小さな対話劇の主人公に語らせる緊急性を感じなかった．彼はソクラテスの基本的な洞察を説明し，それらの真理を正当化するもっとも効果的なやり方として，彼が思い出す事柄がそのとき彼を感動させなかったなら，あるいは，いま彼を感動させないなら，そのような事柄を彼のテキストから排除することに何のためらいも感じなかったであろう」([12], 100-101).

38 Kahn (5), 36 を比較せよ．
39 Vlastos (12), 108.
40 Vlastos (12), (14), chap. 2, chap. 3 は，この研究方法の名人芸的達成であ

は，ソクラテスによってむしろ異なる仕方でなされている．

26 たとえば，最近の数年間に，もっぱら『ソクラテスの弁明』のみを対象とする二つの書物が出版された．それは Brickhouse and Smith (12) と Reeve の書である．また Vlastos の広範な研究 Vlastos (14), (19) や Brickhouse and Smith (8), そしてまた, Benson (1); Boudouris; Gower and Stokes の論文集がある．また, 1990年にサモスで開催された盛大で, 多数の出席者を集めた第二回国際ギリシア哲学会（ここから Boudouris 編の論文集が刊行された）は，もっぱらソクラテス哲学の議論にのみ捧げられたことは，注意する必要がある．

27 G. Murray, 19-23 はこのことの繊細な議論を与えている．

28 研究の中心的論題が古代の宗教にかかわる場合，しばしば「宗教の研究者は，異質の意味の世界がその全体性を保持するのを許さない」ことを肝に銘じておくのは，特に重要であると思われる．というのは，研究者の究極的な価値が直接的に脅やかされるからである (J. S. Helfer, 3).

29 この問題に関する，よく要約された議論と重要論文の選集については，A. Patzer を見よ．また, Brickhouse and Smith (12), chap. 1; A. H. Chroust (1), (2); C. J. de Vogel (2); E. A. Havelock (1); A. R. Lacy; W. D. Ross (3), そして, Vlastos (12), (14), chap. 2, 3 を見よ．

30 もし『パイドン』60c-61b が信じられるべきならば，アポロンへの賛歌とイソップの寓話を韻文にしたもの（それらのどれ一つ残っていない）を除く．ディオゲネス・ラエルティオス『ギリシア哲学者列伝』2. 42（以後は D. L. と略す）を参照．

31 たとえば，プラトンとクセノフォンの二つの『ソクラテスの弁明』以外に，我々はリュシアス，テオデクトス，ファレロンのデメトリオス，アンティオキアのテオン，プルタルコス，そして，リバニオスによって書かれた作品を知っている．A. -H. Chroust (1), 50 を見よ．

32 私は大部分の現代の研究に従い，これら4人の著作家たちがソクラテス文書の唯一の依拠するに足る可能性をもった情報源とみなす．（しかし，私は折々アイスキネスと他の者たちの断片に言及する．）

33 この研究法は（まず間違いなく）アリストテレスに始まり，F. Schleiermacher により復活し, N. Gulley; Guthrie (6); H. Maier; P. Natorp; J. E. Raven; R. Robinson (2); C. Ritter; W. D. Ross (3) のような人々によって追随されたものである．ヴラストスの議論に加えて，この解釈上の方法の最近の弁護については，Brickhouse and Smith (12), chap. 1; D. Graham (1); McPherran (1), (4) を見よ．最近の批判については，J. Beversluis (3); D. Nails (1), (2); Nehamas (3); C. Kahn (3), (8) を見よ．

34 Burnet (3), 143-146; Brickhouse and Smith (12), 9 を見よ．また, Vlastos (14), 49-50 n. 15 を比較せよ．ヴラストスは『ソクラテスの弁明』が，

している(『ソクラテスの弁明』41c). われわれはまた, 彼が徳とそれへの手段——哲学の営み——が階級や性差にこだわらず, 奴隷たちや, 外国人, 老若を問わず開かれていると考えているということの証拠をもっている. (『ソクラテスの弁明』30a. 『メノン』85c, 73b-c. クセノフォン『饗宴』2. 10. そして, 本書4・2節を見よ.) K. Seeskin, 110-112; Vlastos (5), 19-21; P. Ward-Scaltsas を参照せよ.

16 ソクラテスのアイロニーについての議論は, S. Kierkegaard を, そして, もっとも最近では, Vlastos (14), chap. 1 を見よ. Vlastos の説明に対する批判については Brickhouse and Smith (9) を見よ.

17 Nussbaum (2), 234.

18 この解釈線上にあるもっとも最近の実例は, L. Versenyi (1), (2) である. また, 特に, 様々の形の予言に対するソクラテスの信頼を言い逃れる試みについては, Nussbaum (2), 234-235 および A. Nehamas (2), 305-306 に注意せよ. Vlastos (14), chap. 6 および (18) は, ソクラテスがアテネの国家の神々を信じないがゆえに有罪であるとするが, それにもかかわらず, ある意味で, 宗教的であることを認める.

19 この箇所や以下の箇所におけるギリシア語からの翻訳は, ヴラストスやT・ウエストとG・ウエスト, あるいは特に注意がなければ, 私自身のものである.

20 Vlastos (14), 158.

21 再び, プラトンの初期対話篇が史的ソクラテスの見解の情報源として役立つという見方の一つの擁護については, Vlastos (12) と, とりわけ, (14), chap. 2 と chap. 3 を見よ. 私はこのことをさらに先で論じる.

22 これらの侵入は, 自然哲学者(たとえば, アナクサゴラス)の脱神話的影響, プロタゴラスやプロディコスのようなソフィストたちの不可知論と無神論, アスクレピオス信仰(およそ前420年ごろアテネに導入された)のような新しい宗教的輸入, そして, ピュタゴラス主義やオルフィック教のような宗派の影響を含む.

23 これはこのことについての Vlastos の見解である. Vlastos (14), chap. 6; (16) を見よ.

24 ソクラテスの無知の告白の他の箇所については, たとえば, 『ソクラテスの弁明』20c1-3, 21d2-7, 23b2-4;『カルミデス』165b4-c2;『エウテュフロン』5a7-c5, 15c12, 15e5-16a4;『ラケス』186b8-c5;『リュシス』212a4-7;『ヒッピアス(大)』286c8-e2;『ゴルギアス』509a4-7;『メノン』71a1-7, そして, 『国家』337e4-5 を見よ. この無知の告白については, たとえば, Vlastos (13) および Brickhouse and Smith (8), chap. 2. 1 を見よ.

25 しかしながら, この記述それ自体は, いくぶん時代錯誤である. というのは, 私が二章および4・1節で示したように, 当時の聖と俗の一般的な区別

11 J. G. Cooper による 1749 年のソクラテスについての通俗的伝記は，この線上のものである．その中で，クーパーは偽りの宗教がいかに真の道徳性と理性的理解を損ないうるかを示すために，ソクラテスの運命を用いている．

12 J. Burnet (6), 236 が観察しているように，「きわめて様々の哲学が彼を自分たちの父とすることを求めた．そして，彼についての個々の新しい説明はその時代の流行と偏見を反映している．あるときは，彼は啓発された理神論者であり，あるときは，彼は急進的な無神論者である」．ソクラテスの歴史的記述についてのさらに一層詳細な議論については，Montuori (2) と Fitz-Patrick を見よ．しかしながら，ソクラテスについての私の説明は，文学的伝統により与えられた多くの対立するソクラテス像を越えようとするモンテュオリ自身の試みからは大いに異なる．

13 M. Nussbaum (1), 44. また彼女の註5 を見よ．

14 エレンコスの一般的な形はおよそ次の通りである．(1) 対話相手が命題 p を提出する．(2) ソクラテスに促され，対話相手は命題 q と r を信じていることを認める．(3) ソクラテスの助けを通じて，対話相手は q と r が非 p を帰結することを譲歩する．(4) するとすぐに，ソクラテスは，p が反駁された，あるいは，対話相手が p について無知であると主張する（あるいは，p が議論の一つの前提である場合，対話相手の信念の一組が不整合であると主張する）．たとえば，『エウテュフロン』7a-8b,『ゴルギアス』475a-d を見よ．ソクラテスの哲学において，エレンコスが対話相手の信念の不整合を明らかにすることに加えて，彼の信念のいくつかを保証することにより，「積極的」役割も果たしているのか否かの問題については，重大な論争がある．これに対する最近の反論の表出——「反積極論」の立場——は，H. Benson (3), (4), (5) と M. C. Stokes (1), 1-35, 440-43 を含む．私は終始，いっそうありそうな立場は「積極論」的立場であると考える．つまり，ソクラテスはエレンコスを用いて「吟味された生」を送ったのであり，とりわけ，行動の方針を熟慮し，他の者たちを徳へと励まし，徳の定義が十分かどうかをテストし，その否定がエレンコス的吟味のもとでつねに反証されるような道徳的命題を，真であると見なすための良き帰納法的根拠を確保するために，エレンコスを用いている．T. Brickhouse and N. Smith (8), chap. 1, および，(7), (10), (14) は，このことの広範な弁護と説明を与えている．R. Kraut (1); C. D. C. Reeve, 52-53, 64-166, 16-179; R. Robinson (2); Vlastos (19), chap. 1, そして，P. Woodruff (1) を見よ．

15 ソクラテスのエレンコスの使用については，Brickhouse and Smith (8), chap. 1, (10) 及び Vlastos (16) を参照せよ．しかし，ソクラテスはすべての人間に哲学に携わることを許すであろうとなぜ考えるべきなのか．第一に，注意するべきは，われわれはソクラテスが女性に対してエレンコス的に吟味しているのを見ないが，死後の生において男女両方を尋問する可能性を予見

いると主張し，彼らの神の存在についての主たる証明の起源をソクラテスに帰している．セクストス・エンピリコス『学者論駁』(9. 88-104. 特に 9. 101), J. DeFilippo and P. Mitsis; A. A. Long を見よ．また，本書 5・2 節を見よ．セクストスはまたソクラテスをピュタゴラスやプラトンとともに古代の主要な有神論者として分類するのを自然と考えている（『学者論駁』9. 64）．

6 また，多くのイスラム教の思想家もそうである．I. Alon を見よ．彼は「アリストテレスとプラトンに続いて，……ソクラテスは……アラビア語の文献で最も言及されることの多いギリシア哲学者である」(12) と述べている．McPherran (7) を参照．

7 キリスト教の最初の一世紀にキリスト教徒たちは，有神論者のソクラテスが無神論者と考えられたのと同じように，「無神論者」として告発されがちであった．つまり，「国の神々を認めず」，その代わりに，「新しい（許可のない）神格」を認めているとしてである（アテナゴラス『キリスト教徒のための請願書』4）．

8 殉教者ユスティヌスは類似点を指摘した最初の人であったと思われる（ユスティヌス『第一弁明』V, 3-4, ユスティヌス『第二弁明』X, 4-8 を見よ）．そして，クレメンス，オリゲネス，ラクタンティウス，聖アウグスティヌスが賞賛とともに彼に続いた（クレメンス『雑録』I, XIV 63, 3; V, XIV 99, 3; I, XIX 92, 3;『ギリシア人への勧告』VI, 71, 1 ff.; オリゲネス『ケルソス論駁』III66, 67; IV 89; VII 56; アウグスティヌス『真の宗教』c. 39, n. 72; II, 1;『告白』I, II,『福音書記者の一致』I, 12, 18）．しかし，すべての教父たちが感銘を受けたわけではない．一例として，テルトゥリアヌスは，ソクラテスの「いつもの声」（ソクラテスのダイモニオン）への注目は，彼がデーモン的力に奉仕していることを示すとして，彼を不道徳者として非難した（『護教論』46;『魂について』1, 2-6）．イスラム世界でも類似の反応があった．多くの思想家はソクラテスとマホメットの間に重要な類似を見つけた．しかし，al-Ghazâlî のような他の者たちは，ソクラテスを不信心者と考えた（Alon, 11, 34-35, 41-100）．

9 ペトラルカ『親近書簡集』I, 9, VIII, 4;『老年書簡集』XI, 14; エラスムス『ウルム対談集』1712;『宗教的共同生活』175 とジョン・コレットへの彼の手紙を見よ．Montuori (2), 6-12 を見よ．フィキーヌスについては，P. J. FitzPartick, 165 を見よ．世俗の哲学者をキリストと比べたり対立させたりする誘惑は，しばしば両者を損なうが，なおも抗しがたいことは明らかである．たとえば，F. Davar; Th. Deman (1); W. Kaufmann; A. Toynbee; R. M. Wenley を見よ．

10 たとえば，マレシャルとヴォルテールを見よ．また，Montuori (2), 12-25 を見よ．

註

第一章 序

1 たとえば，3年間のうちに，ソクラテスは三つの喜劇の題材になった．前423年のアメイプシアスの『コンノス』，アリストファネスの『雲』，前421年のエウポリスの『おべっか使いたち』である．

2 アリストテレスが証言している（『詩学』1447b11）．この「ソクラテス文書」（Σωκρατικοὶ λόγοι/Sôkratikoi logoi）と「ソクラテス的運動」（つまり，自分をソクラテス思想の継承者であると任じている者たちの哲学的活動）に関しては，たとえば，W. K. C. Guthrie (6), 10-13, 165-187; M. Montuori (2) を，そして，P. Vander Waerdt (3) を見よ．ソクラテス的対話篇の起源については D. Clay を見よ．

3 たとえば，R. E. Allen (2), 5-7; A. E. Taylor (4), 8-9 を見よ．

4 私はプラトン対話篇の初期，中期，後期への一般に認められた区分を採用する．初期対話篇は，『ソクラテスの弁明』，『カルミデス』，『クリトン』，『エウテュフロン』，『ヒッピアス（小）』，『ラケス』，『プロタゴラス』であり，『エウテュデモス』，『ゴルギアス』，『イオン』，『ヒッピアス（大）』，『リュシス』，『メネクセノス』，『メノン』の「移行期対話篇」もこれに含まれる．註46を見よ．『国家』第一巻のソクラテスは，第二巻から第十巻のソクラテスと対照的に，はっきりとした初期対話篇的特徴をもっているので，この巻も初期対話篇として取り扱う．私はまた，よく用いられる解釈上の戦略を採用する．つまり，初期対話篇は，プラトンが彼の師匠の虚構的再現像を用いて，ソクラテス的やり方で哲学する彼の試みを描いており，それにより，史的ソクラテスの方法と見解を提示していると解釈する．その際，『ソクラテスの弁明』がわれわれのもっとも依拠するに足る源泉である．この研究法の最も優れた擁護は，G. Vlastos (12) を見よ（これは今，Vlastos (14), 45-106 に収録されている）．私は Vlastos (14), 99-106 に従い，クセノフォンに確認のための資料としての位置を与える．しかしながら，特に宗教的問題における彼の過剰に弁護的な傾向を前提すると，このことには，緻密な解釈上の精査が条件である．私は『パイドン』を中期対話篇に含める．しかし，そのうちに含まれる史的ソクラテスの痕跡と思われるものに，少しばかり言及する．最後に，そして，魂に関するソクラテスの見解の情報源としての『アルキビアデス I』の潜在的な豊かさにもかかわらず，その真作性に問題があるので，私は一般的にはそれを用いない．

5 たとえば，有神論的ストア学派の人たちは，ソクラテスの足跡をたどって

Winspear, A. D., and T. Silverberg. *Who Was Socrates?* New York, 1960.
Wood, E. M., and N. Wood. *Class Ideology and Ancient Political Theory: Socrates, Plato, and Aristotle in Social Context.* New York, 1978.
Woodbury, L. (1) "The Date and Atheism of Diagoras of Melos." *Phoenix* 19 (1965), 178–211.
———. (2) "Socrates and Archelaus." *Phoenix* 25 (1971), 299–309.
Woodhead, M. D. "The Daimonion of Socrates." *Classical Philology* 35 (1940), 425–426.
Woodruff, P. (1) "Expert Knowledge in the *Apology* and *Laches:* What a General Needs to Know." In Cleary, 3:79–115.
———. (2) "Plato's Early Theory of Knowledge." In Everson. Reprinted in Benson (1).
———. (3) *Plato, The Hippias Major.* Indianapolis, 1982.
———. (4) "Socrates on the Parts of Virtue." *Canadian Journal of Philosophy,* supp. vol. 2 (1976), 101–116.
Woozley, A. D. (1) *Law and Obedience: The Argument of Plato's Crito.* Chapel Hill, N.C., 1979.
———. (2) "Socrates on Disobeying the Law." In Vlastos (8).
Xenophon. *Memorabilia, Oeconomicus, Symposium, and Apology.* Trans. E. C. Marchant and O. J. Todd. Loeb edition. Cambridge and London, 1923.
Yonezawa, S. "Socrateses in the *Crito* and *Apology* — One Possibility." *Philosophical Inquiry* 17 (1995), 1–20.
Young, G. "Socrates and Obedience." *Phronesis* 19 (1974), 1–29.
Yunis, H. *A New Creed: Fundamental Religious Belief in the Athenian Polis and Euripidean Drama. Hypomnemata* 91 (Göttingen, 1988).
Zaidman, L. B., and P. S. Pantel. *Religion in the Ancient Greek City.* Trans. P. Cartledge. Cambridge, 1992.
Zeller, E. *Socrates and the Socratic Schools.* Trans. O. J. Reichel. New York, 1962.
Zeyl, D. J. "Socrates and Hedonism: *Protagoras* 351b–358d." *Phronesis* 25 (1980), 250–269.

上記文献のうち邦語訳のあるもの

T・H・アーウィン『西洋古典思想』川田親之訳,東海大学出版会,2000年。
S・キルケゴール『イロニーの概念』飯島宗享・福島保夫訳,白水社,1995年。
R・グアルディーニ『ソクラテスの死』山村直資訳,法政大学出版局,1968年。
I・F・ストーン『ソクラテス裁判』永田康昭訳,法政大学出版局,1994年。
B・スネル『精神の発見』新井靖一訳,創文社,1974年。
H・ディールス/W・クランツ『ソクラテス以前哲学者断片集』内山勝利編,岩波書店,1996-8年。
E・R・ドッズ『ギリシァ人と非理性』岩田靖夫・水野一訳,みすず書房,1972年。
D・ヒューム『自然宗教に関する対話』福鎌忠恕・斉藤繁雄訳,法政大学出版局,1975年。
T・C・ブリックハウス/N・D・スミス『裁かれたソクラテス』米澤茂・三嶋輝夫訳,東海大学出版会,1994年
H・ロイド=ジョーンズ『ゼウスの正義』眞方忠道・眞方陽子訳,岩波書店,1983年。
W・D・ロス『プラトンのイデア論』田島孝・新海邦治訳,晢書房,1996年。

———. (14) *Socrates: Ironist and Moral Philosopher*. Ithaca, N.Y., 1991.
———. (15) "Socrates On 'the Parts of Virtue.'" In Vlastos (9).
———. (16) "The Socratic Elenchus: Method Is All." As revised in Vlastos (19), chap. 1.
———. (17) "Socratic Irony." As revised in Vlastos (14), chap. 1.
———. (18) "Socratic Piety." In Cleary, 5:213–238.
———. (19) *Socratic Studies*. Ed. M. Burnyeat. Cambridge, 1994.
———. (20) "Theology and Philosophy in Early Greek Thought." *The Philosophical Quarterly* 2.7 (1952), 97–123.
———. (21) "The Unity of the Virtues in the *Protagoras*." In Vlastos (9).
Voegelin, E. *Order and History*. Vol. 3. Baton Rouge, 1956.
Vogel, C. J. de. (1) "The Present State of the Socratic Problem." *Phronesis* 1 (1955), 26–35.
———. (2) "Who Was Socrates?" *Journal of the History of Philosophy* 1 (1963), 143–161.
Voltaire, F.-M. *Charlatan, Socrate, Dictionnaire Philosophique, Oeuvres Complètes*. Vol. 24. Paris, 1817.
Vries, G. J. de. "Mystery Terminology in Aristophanes and Plato." *Mnemosyne* 26 (1973), 1–8.
Wakefield, J. "Why Justice and Holiness Are Similar: *Protagoras* 330–331." *Phronesis* 32 (1987), 267–276.
Ward-Scaltsas, P. "Virtue Without Gender in Socrates." *Hypatia* 7.3 (1992), 126–137. Also in Boudouris.
Watson, L. *Arae*. Leeds, 1991.
Weiss, R. (1) "'Especially an Orator': Rhetoric and Principle in Plato's *Crito*." Presented to the 1994 Eastern Division Meeting of the American Philosophical Association.
———. (2) "Euthyphro's Failure." *Journal of the History of Philosophy* 24.4 (1986), 437–452.
———. (3) "Ignorance, Involuntariness and Innocence: A Reply to McTighe." *Phronesis* 30.3 (1985), 314–322.
———. (4) "Virtue Without Knowledge: Socratic Piety in Plato's *Euthyphro*." *Ancient Philosophy* 14 (1994), 263–282.
Wellman, R. R. "Socratic Method in Xenophon." *Journal of the History of Ideas* 37 (1976), 307–318.
Wenley, R. M. *Socrates and Christ: A Study in the Philosophy of Religion*. Edinburgh and London, 1889.
West, M. L. *Early Greek Philosophy and the Orient*. Oxford, 1971.
West, T. G. *Plato's Apology of Socrates*. Ithaca and London, 1979.
West, T. G., and G. S. West. *Four Texts on Socrates*. Ithaca and London, 1984.
Weston, A. H. "The Question of Plato's *Euthyphro*." *Classical Bulletin* 27 (1951), 57–58.
Wilamowitz-Moellendorff, U. von. *Der Glaube der Hellenen*. Vol. 1. Darmstadt, 1959.
Willink, C. W. "Prodikos, 'Meteorosophists' and the 'Tantalus' Paradigm." *Classical Quarterly*, n.s., 33 (1983), 25–33.

———. (2) *Socratic Education in Plato's Early Dialogues*. Notre Dame, Ind., 1986.
Theiler, W. *Zur Geschichte der teleologischen Naturbetrachtung bis auf Aristoteles*. Zürich, 1925.
Thesleff, H. "Platonic Chronology." *Phronesis* 34.1 (1989), 20–26.
Toole, H. "Socrates: Was He a Mystical and Superstitious Person?" (in Greek). *Athena* 75 (1974–75), 318–334.
Toynbee, A. "The Search for a Prophet: Socrates and Jesus." In *The State Versus Socrates: A Case Study in Civic Freedom*, ed. J. D. Montgomery. Boston, 1954.
Turner, F. M. *The Greek Heritage in Victorian Britain*. New Haven, Conn., 1981.
Van Camp, J., and P. Canart. *Le Sens du mot chez Platon*. Louvain, 1956.
Vander Waerdt, P. (1) "Socrates in the *Clouds*." In Vander Waerdt (3).
———. (2) "Socratic Justice and Self-Sufficiency." *Oxford Studies in Ancient Philosophy* 11 (1993), 1–48.
———. (3) ed. *The Socratic Movement*. Ithaca, N.Y., 1994.
Vermule, E. *Aspects of Death in Early Greek Art and Poetry*. Berkeley, Calif., 1979.
Vernant, J.-P. (1) *Mortals and Immortals*. Princeton, N.J., 1991.
———. (2) *Myth and Society in Ancient Greece*. Hassocks, 1980.
Versenyi, L. (1) *Holiness and Justice: An Interpretation of Plato's Euthyphro*. Lanham, New York, and London, 1982.
———. (2) *Socratic Humanism*. New Haven, Conn., 1963.
Versnel, H. S. (1) "Heis Dionysos." In *Ter Unus*. Leiden, 1990.
———. (2) "Religious Mentality in Ancient Prayer." In *Faith, Hope and Worship: Aspects of Religious Mentality in the Ancient World*. Leiden, 1981.
Veyne, P. *Did the Greeks Believe Their Myths?: An Essay on the Constitutive Imagination*. Chicago, 1988.
Vlastos, G. (1) "Editor's Introduction to Plato's *Protagoras*." In *Protagoras*, trans. M. Ostwald. Indianapolis, 1976.
———. (2) "Elenchus and Mathematics." As revised in Vlastos (14), chap. 4.
———. (3) "Happiness and Virtue in Socrates' Moral Theory." As revised in Vlastos (14), chap. 8.
———. (4) "The Historical Socrates and Athenian Democracy." As revised in Vlastos (19), chap. 4.
———. (5) "Introduction, The Paradox of Socrates." In Vlastos (8).
———. (6) Letters to *Times Literary Supplement*, January 19–25 (1990) [L2], 63; February 23–March 1 (1990) [L5].
———. (7) "On the Socrates Story." *Political Theory* 7 (1979), 253–254.
———. (8) ed. *The Philosophy of Socrates*. Garden City, N.Y., 1971.
———. (9) *Platonic Studies*. Princeton, 1981.
———. (10) "The *Protagoras* and the *Laches*." In Vlastos (19), chap. 5.
———. (11) Review of *Socrates on Trial* by T. Brickhouse and N. Smith. *Times Literary Supplement*, December 15–21, 1989, 1393.
———. (12) "Socrates." *Proceedings of the British Academy* 74 (1988), 87–111.
———. (13) "Socrates' Disavowal of Knowledge." As revised in Vlastos (19), chap. 2.

Sourvinou-Inwood, C. "What is Polis Religion?" In *The Greek City,* ed. O. Murray and S. Price. Oxford, 1990.
Sparshott, F. E. "Socrates and Thrasymachus." *Monist* 50 (1966), 421–459.
Stalley, R. F. "Punishment in Plato's *Protagoras.*" *Phronesis* 40.1 (1995), 1–19.
Stokes, M. C. (1) *Plato's Socratic Conversations: Drama and Dialectic in Three Dialogues.* Baltimore, 1986.
———. (2) "Socrates' Mission." In Gower and Stokes.
Stone, I. F. *The Trial of Socrates.* Boston, 1987.
Straten, F. T. van. "Gifts for the Gods." In Versnel (2).
Strauss, B. S. *Athens After the Peloponnesian War: Class Faction, and Policy, 403–386 B.C.* Ithaca, N.Y., 1987.
Strauss, L. (1) *The City and the Man.* Chicago, 1964.
———. (2) "On the *Euthyphron.*" In *The Rebirth of Classical Political Rationalism: An Introduction to the Thought of Leo Strauss,* ed. T. Pangle. Chicago, 1989.
———. (3) *Xenophon's Socrates.* 1972. Reprint. Ithaca, N.Y., 1973.
———. (4) *Xenophon's Socratic Discourse: An Interpretation of the Oeconomicus.* Ithaca, N.Y., 1970.
Striker, G. "Origins of the Concept of Natural Law." In Cleary, 2:79–94.
Strycker, E. de. (1) "Le *Criton* de Platon." *Les Etudes Classiques* 39 (1971), 417–436.
———. (2) "The Oracle Given to Chaerephon About Socrates (Plato *Apology* 20e–21a)." In *Kephalaion: Studies in Greek Philosophy and Its Continuation Offered to Professor C. J. DeVogel,* ed. J. Mansfeld and L. M. de Rijk. Assen, 1975.
———. (3) "Socrate et l'au-déla d'après l'*Apologie* platonicienne." *Les Études Classiques* 18 (1950), 269–284.
———. (4) "The Unity of Knowledge and Love in Socrates' Conception of Virtue." *International Philosophical Quarterly* 6 (1966), 428–444.
Strycker, E. de., and S. R. Slings. *Plato's Apology of Socrates. A Literary and Philosophical Study with a Running Commentary. Mnemosyne Supplement* 137. Leiden, 1994.
Swinburne, R. *The Existence of God.* Oxford, 1979.
Tate, J. (1) "Greek for 'Atheism.'" *Classical Review* 50 (1936), 3–5.
———. (2) "More Greek for 'Atheism.'" *Classical Review* 51 (1937), 3–6.
———. (3) "Plato, Socrates, and the Myths." *Classical Quarterly* 30 (1936), 142–145.
———. (4) "Reply to Professor A. E. Taylor." *Classical Quarterly* 27 (1933), 159–161.
———. (5) "Socrates and the Myths." *Classical Quarterly* 27 (1933), 74–80.
Taylor, A. E. (1) *Plato: The Man and His Work.* 1926. Reprint. London, 1960.
———. (2) *Socrates.* 1933. Reprint. Garden City, N.Y., 1953.
———. (3) "Socrates and the Myths." *Classical Quarterly* 27 (1933), 158–159.
———. (4) *Varia Socratica.* Oxford, 1911.
Taylor, C.C.W. "The End of the *Euthyphro.*" *Phronesis* 27 (1982), 109–118.
Teloh, H. (1) "The Importance of Interlocutor's Characters in Plato's Early Dialogues." In Cleary, 2:25–38.

Rostovtzeff, M. *Greece.* 1926. Reprint. Oxford, 1963.
Rudberg, G. *Platonica Selecta.* Stockholm, 1956.
Rudebusch, G. "Death Is One of Two Things." *Ancient Philosophy* 11.1 (1991), 35–45.
Rudhardt, J. (1) "La définition du délit d'impiété d'après la législation attique." *MH* 17 (1960), 87–105.
———. (2) *Notions fondamentales de la pensée religieuse et actes constitutifs du culte dans la Grèce classique.* Geneva, 1958.
Ryle, G. *Plato's Progress.* Cambridge, 1966.
Santas, G. (1) *Socrates, Philosophy in Plato's Early Dialogues.* London and Boston, 1979.
———. (2) "The Socratic Fallacy." *Journal of the History of Philosophy* 10 (1972), 127–141.
Saunders, T. J. *Plato's Penal Code.* Oxford, 1991.
Sayre, K. "Plato's Dialogues in Light of the *Seventh Letter*." In Griswold (1).
Schaerer, R. *La Question platonicienne.* Neuchâtel, 1969.
Schleiermacher, F. *Introductions to the Dialogues of Plato.* Trans. W. Dobson. London, 1836. Reprint. New York, 1973.
Seeskin, K. R. (1) "Courage and Knowledge: A Perspective on the Socratic Paradox." *Southern Journal of Philosophy* 14 (1976), 511–521.
———. (2) *Dialogue and Discovery: A Study in Socratic Method.* Albany, 1987.
———. (3) "Is the *Apology of Socrates* a Parody?" *Philosophy and Literature* 6 (1982), 94–105.
———. (4) "Socratic Philosophy and the Dialogue Form." *Philosophy and Literature* 8 (1984), 181–194.
Segal, C. "Aristophanes' Cloud-Chorus." *Arethusa* 2 (1969), 143–161.
Sharvy, R. "*Euthyphro* 9d–11b: Analysis and Definition in Plato and Others." *Nous* 6 (1972), 119–137.
Shero, L. R. (1) "*Apology* 26D–E and the Writings of Anaxagoras." *Classical Weekly* 35 (1941–42), 219–220.
———. (2) "Plato's *Apology* and Xenophon's *Apology*." *Classical Weekly* 20 (1927), 107–111.
Shorey, P. *What Plato Said.* Chicago, 1933.
Sider, D. "Did Socrates Call Himself a Midwife? The Evidence of the *Clouds*." In Boudouris.
Skemp, J. B. "Plato's Account of Divinity." *Durham University Journal* 29 (1967–68), 26–33.
Skorpen, E. "Socrates on Piety." *Humanist* 22 (1962), 184–185.
Smith, N. D. (1) "Diviners and Divination in Aristophantic Comedy." *Classical Antiquity* 8.1 (1989), 138–158.
———. (2) Review of Reeve. *Ancient Philosophy* 11.2 (1991), 399–407.
Snell, B. *The Discovery of the Mind.* Trans. T. G. Rosenmeyer. 1953. Reprint. New York, 1960.
Snider, E. "The Conclusion of the *Meno:* Socrates on the Genesis of *Aretê*." *Ancient Philosophy* 12 (1992), 73–86.
Solmsen, F. *Plato's Theology.* Ithaca, N.Y., 1942.

Patzer, A., ed. *Der historische Sokrates*. Darmstadt, 1987.
Paxson, T. D., Jr. "Plato's *Euthyphro* 10a to 11b." *Phronesis* (1972), 171–190.
Penner, T. M. "The Unity of Virtue." *Philosophical Review* 82 (1973), 35–68. Reprinted in Benson (1).
Phillipson, C. *The Trial of Socrates*. London, 1928.
Plantinga, A. *God and Other Minds*. Ithaca, N.Y., 1967.
Plekert, H. W. "Religious History as the History of Mentality: The 'Believer' as Servant of the Deity in the Greek World." In Versnel (2).
Powell, C. A. "Religion and the Sicilian Expedition." *Historia* 28 (1979), 15–31.
Rabinowitz, W. G. "Platonic Piety: An Essay Toward the Solution of an Enigma." *Phronesis* 3 (1958), 108–120.
Rachels, J. *The Elements of Moral Philosophy*. New York, 1993.
Randall, J. H., Jr. *Plato: Dramatist of the Life of Reason*. New York, 1970.
Rankin, H. D. *Sophists, Socratics and Cynics*. London, 1983.
Raven, J. E. *Plato's Thought in the Making*. Cambridge, 1965.
Reale, G. *From the Origins to Socrates*. Ed. and trans. J. Catan. Albany, 1987.
Reeve, C.D.C. *Socrates in the Apology*. Indianapolis, 1989.
Reverdin, O. *La religion de la cité platonicienne*. Paris, 1945.
Rhodes, P. J. *The Athenian Boule*. Oxford, 1972.
Rice, D., and J. Stambaugh. *Sources for the Study of Greek Religion*. Ann Arbor, Mich., 1979.
Richardson, N. J. "Early Greek Views about Life after Death." In Easterling and Muir.
Rist, J. M. *Eros and Psyche*. Toronto, 1964.
Ritter, C. *Sokrates*. Tübingen, 1931.
Robertson, M. "Greek Art and Religion." In Easterling and Muir.
Robin, L. (1) "Les 'Mémorables' de Xénophon et notre connaissance de la philosophie de Socrate." *L'Année Philosophique* (1910), 1–47.
———. (2) "Sur une hypothèse récent relative à Socrate." *Revue des Études Greques* 29 (1916), 129–165.
Robinson, R. (1) *Essays in Greek Philosophy*. Oxford, 1969.
———. (2) *Plato's Earlier Dialectic*. Oxford, 1953.
———. (3) "Socratic Definition." In Vlastos (8).
Robinson, T. M. *Plato's Psychology*. Toronto, 1970.
Rogers, A. K. *The Socratic Problem*. New Haven, Conn., 1933.
Rohatyn, D. "The *Euthyphro* as Tragedy: A Brief Sketch." *Dialogos* 9 (1973), 147–151.
Rohde, E. *Psyche: The Cult of Souls and Belief in Immortality among the Greeks*. 2 vols. Eng. trans. 1925. Reprint. New York, 1966.
Roochnik, D. L. "*Apology* 40c4–41e7: Is Death Really a Gain?" *Classical Journal* 80 (1985), 212–220.
Rosen, F. "Piety and Justice: Plato's *Euthyphro*." *Philosophy* 43 (1968), 105–116.
Ross, W. D. (1) *Aristotle's Metaphysics*. Oxford, 1924.
———. (2) *Plato's Theory of Ideas*. Oxford, 1951.
———. (3) "The Problem of Socrates." *Proceedings of the Classical Association* 30 (1933), 7–24. Reprinted in A. Patzer.

———. (2) *Socrates: The Man and His Philosophy*. Lanham, New York, and London, 1985.

Nehamas, A. (1) "Confusing Universals and Particulars in Plato's Early Dialogues." *Review of Metaphysics* 29 (1975), 287–306.

———. (2) "Socratic Intellectualism." In Cleary, 2:275–316.

———. (3) "Voices of Silence: On Gregory Vlastos' Socrates." *Arion* 1.4 (1991), 157–186.

Nestle, W. *Griechische Religiosität vom Zeitalter des Perikles bis auf Aristoteles*. Berlin and Leipzig, 1933.

Neumann, H. "Socrates in Plato and Aristophanes." *American Journal of Philology* 90 (1969), 201–214.

Newmann, H. "The Problem of Piety in Plato's *Euthyphro*." *The Modern Schoolman* 43 (1966), 265–272.

Nilsson, M. P. (1) *Cult, Myths, Oracles, and Politics in Ancient Greece*. Lund, 1951.

———. (2) "Götter und Psychologie bei Homer." *Archiv für Religionswissenschaft* 22 (1923–24), 363–390.

———. (3) *Greek Folk Religion*. New York, 1940. Reprint. Philadelphia, 1972.

———. (4) *Greek Piety*. 1948. Trans. H. J. Rose. Reprint. New York, 1969.

———. (5) *A History of Greek Religion*. 2d ed. Reprint. New York, 1964.

———. (6) "The Immortality of the Soul." *Eranos* 39 (1941), 1–16.

Nock, A. D. *Essays on Religion and the Ancient World*. Vols. 1 and 2. Oxford, 1972.

Norvin, W. *Sokrates*. Copenhagen, 1933.

Nussbaum, M. (1) "Aristophanes and Socrates on Learning Practical Wisdom." In *Yale Classical Studies* 26: *Aristophanes: Essays in Interpretations,* ed. J. Henderson. Cambridge, 1980.

———. (2) "Commentary on Edmunds." In Cleary, 1:231–240.

O'Brien, M. J. *The Socratic Paradoxes and the Greek Mind*. Chapel Hill, N.C., 1967.

Oldfather, W. A. "Socrates in Court." *Classical Weekly* 31 (1938), 203–211.

Onians, R. B. *The Origins of European Thought*. Cambridge, 1954.

Ostwald, M. *From Popular Sovereignty to the Sovereignty of Law*. Berkeley, Calif., 1986.

Otto, W. *The Homeric Gods*. 1954. Trans. M. Hadas. Reprint. Boston, 1964.

Panagiotou, S. "Plato's *Euthyphro* and the Attic Code on Homicide." *Hermes* 102 (1974), 419–437.

Parke, H. W. (1) "Chaerephon's Inquiry about Socrates." *Classical Philology* 56 (1961), 249–250.

———. (2) *Festivals of the Athenians*. London, 1977.

———. (3) *Greek Oracles*. London, 1967.

———. (4) *A History of the Delphic Oracle*. Oxford, 1939.

Parke, H. W., and D.E.W. Wormell. *The Delphic Oracle*. 2 vols. Oxford, 1956.

Parker, R. (1) "Greek Religion." In *Greece and the Hellenistic World,* ed. J. Boardman, J. Griffin, and O. Murray. Oxford, 1986.

———. (2) *Miasma: Pollution and Purification in Early Greek Religion*. Oxford, 1983.

———. (3) "Religion and the Plague in Athens, 431–423 B.C." *Greek, Roman and Byzantine Monographs* 10 (1984) (Festschrift Dow), 217–225.

———. (4) "Unanswered Prayers in Greek Tragedy." *JHS* 109 (1989), 81–98.

Miller, J. "The Socratic Meaning of Piety." *Southern Journal of Philosophy* 9 (1971), 141–149.

Miller, M. (1) "'The Arguments I Seem to Hear': Argument and Irony in the *Crito*." Presented to the 1994 Annual SAGP/SSIPS Conference, Binghamton University.

———. (2) *Plato's Parmenides*. Princeton, 1986.

Moline, J. *Plato's Theory of Understanding*. Madison, Wis., 1981.

Momigliano, A. (1) *The Development of Greek Biography*. Cambridge, Mass., 1971.

———. (2) "Impiety in the Classical World." In *Dictionary of the History of Ideas*, vol. 2, ed. P. Wiener. New York, 1973.

Montuori, M. (1) "Nota sull'oracolo a Cherefonte." *Quaderni Urbinati di Cultura Classica* 39 (1982), 113–118.

———. (2) *Socrates, Physiology of a Myth*. Trans. J.M.P. Langdale and M. Langdale. Amsterdam, 1981.

Moravcsik, J.M.E. "Reason and Eros in the 'Ascent'-Passage of the *Symposium*." In *Essays in Ancient Greek Philosophy*, ed. J. P. Anton with G. L. Kustas. Albany, 1971.

More, P. E. *The Religion of Plato*. Princeton, 1921.

Morgan, M. (1) "Philosophy in Plato's *Sophist*." In Cleary, 9:83–111.

———. (2) *Platonic Piety*. New Haven, Conn., 1990.

Morris, T. "Plato's *Euthyphro*." *The Heythrop Journal* 31 (1990), 309–323.

Morrison, D. "On Professor Vlastos' Xenophon." *Ancient Philosophy* 7 (1987), 9–22.

Morrow, G. R. *Plato's Cretan City: A Historical Interpretation of the Laws*. Princeton, N.J., 1960.

More, P. E. *Platonism*. Princeton, N.J., 1926.

Mourelatos, A. *The Route of Parmenides: A Study of Word, Image, and Argument in the Fragments*. New Haven, Conn., 1970.

Mueller, C. W. "Protagoras über die Götter." *Hermes* 96 (1967), 140–159.

Muir, J. V. "Religion and the New Education: The Challenge of the Sophists." In Easterling and Muir.

Murdoch, I. *Acastos: Two Platonic Dialogues*. London, 1986.

Murray, G. *Five Stages of Greek Religion*. Oxford, 1930.

Mylonas, G. E. *Eleusis and the Eleusinian Mysteries*. Princeton, N.J., 1961.

Nails, D. (1) *Agora and Academy: An Alternative Approach to the Socratic Problem*. Dissertation, University of Witwatersrand, Johannesburg, 1993.

———. (2) "Problems with Vlastos' Platonic Developmentalism." *Ancient Philosophy* 13 (1993), 273–291.

Natorp, P. "Über Socrates." *Philosophische Monatshefte* 30 (1894), 337–370.

Navia, L. E. (1) "A Reappraisal of Xenophon's *Apology*." In *New Essays on Socrates*, ed. E. Kelley. Lanham, New York, and London, 1984.

———. (2) *The Law in Classical Athens.* Ithaca, N.Y., 1978.

MacNaghten, R. E. "Socrates and the *Daimonion.*" *Classical Review* 28 (1914), 185–189.

Magalhaes-Vilhena, V. de. *Le Problème de Socrate: Le Socrate historique et le Socrate de Platon.* Paris, 1952.

Maier, H. *Sokrates: Sein Werk und seine geschichtliche Stellung.* Tübingen, 1913.

Mansfeld, J. "The Chronology of Anaxagoras' Athenian Period and the Date of His Trial." Part 2. *Mnemosyne* 4.33 (1980), 17–95.

Marrou, Irene. "A History of Education in Antiquity." Trans. G. Lamb. New York, 1956.

McKim, R. "Shame and Truth in Plato's *Gorgias.*" In Griswold (1).

MacNaghten, R. E. "Socrates and the *Daimonion.*" *Classical Review* 28 (1914): 185–189.

McPherran, M. (1) "Aristotle's Socrates." Unpublished.

———. (2) "Commentary on Morgan." In Cleary, 9:112–129.

———. (3) "Commentary on Woodruff." In Cleary, 3:116–130.

———. (4) "Kahn on the Pre-Middle Platonic Dialogues." *Oxford Studies in Ancient Philosophy* 8 (1990), 211–236.

———. (5) "Plato's Reply to the 'Worst Difficulty' Argument of the *Parmenides: Sophist* 248a–249d." *Archiv für Geschichte der Philosophie* 68.3 (1986), 233–252. Reprinted in *Essays in Ancient Greek Philosophy,* vol. 3, ed. J. Anton and A. Preus. Albany, 1988.

———. (6) Review of C.D.C. Reeve, *Socrates in the Apology. The Philosophical Review* 101.4 (1992), 827–830.

———. (7) Review of I. Alon, *Socrates in Mediaeval Literature* (Leiden, 1991). *Ancient Philosophy* 13.2 (1993), 472–475.

———. (8) Review of T. Brickhouse and N. Smith, *Socrates on Trial. Ancient Philosophy* 11 (1991), 161–169.

———. (9) "Socrates and the Duty to Philosophize." *Southern Journal of Philosophy* 24 (1986), 541–560.

———. (10) "Socrates on Teleological and Moral Theology." *Ancient Philosophy* 14 (1994), 245–262.

———. (11) "Socrates on the Immortality of the Soul." *Journal of the History of Philosophy* 32.1 (1994), 1–22.

———. (12) "Socrates on Trial," letter to the *Times Literary Supplement,* February 16–22, 1990, 171 [L4].

———. (13) "Socratic Piety: In Response to Scott Calef." *Oxford Studies in Ancient Philosophy* 13 (1995), 27–35.

———. (14) "Socratic Piety in the *Euthyphro.*" *Journal of the History of Philosophy* 23.3 (1985), 283–309. Reprinted in Benson (1).

———. (15) "Socratic Reason and Socratic Revelation." *Journal of the History of Philosophy* 29.3 (1991), 345–373.

Meijer, P. A. "Philosophers, Intellectuals, and Religion in Hellas." In Versnel (2).

Mikalson, J. D. (1) *Athenian Popular Religion.* Chapel Hill, N.C., 1983.

———. (2) *Honor Thy Gods.* Chapel Hill, N.C., 1991.

Kaufmann, W. "Socrates and Christ." *Harvard Studies in Classical Philology* (1951).

Kerferd, G. B. *The Sophistic Movement*. Cambridge, 1981.

Kidd, I. G. (1) "The Case of Homicide in Plato's *Euthyphro*." In *"Owls to Athens"; Essays on Classical Subjects Presented to Sir Kenneth Dover*, ed. E. M. Clark. Oxford, 1990.

———. (2) "Socrates." *The Encyclopedia of Philosophy*. Vol. 7. Ed. P. Edwards et al. London and New York, 1967.

Kierkegaard, S. *The Concept of Irony*. Trans. L. M. Capel. 1965. Reprint. Bloomington, 1968.

Kirk, G. S., J. E. Raven, and M. Schofield. *The Presocratic Philosophers*. 2d ed. Cambridge, 1983.

Kitto, H.D.F. *Greek Tragedy*. 1939. Reprint. New York, 1986.

Klonoski, R. "Setting and Characterization in Plato's *Euthyphro*." *Diálogos* 44 (1984), 123–139.

Kraut, R. (1) "Comments on Gregory Vlastos, 'The Socratic Elenchus.'" *Oxford Studies in Ancient Philosophy* 1 (1983), 59–70.

———. (2) Review of Brickhouse and Smith (8). *Ancient Philosophy* 15 (1995), 619–625.

———. (3) *Socrates and the State*. Princeton, 1983.

Krentz, A. "Dramatic Form and Philosophical Content in Plato's Dialogues." *Philosophy and Literature* 7 (1983), 32–47.

Lacey, A. R. "Our Knowledge of Socrates." In Vlastos (8).

Lacey, W. K. *The Family in Classical Greece*. Ithaca, N.Y., 1968.

Laguna, T. de. "The Interpretation of the *Apology*." *Philosophical Review* 18 (1909), 23–37.

Lefkowitz, M. (1) "Commentary on Vlastos." In Cleary, 5:239–246.

———. (2) "'Impiety' and 'Atheism' in Euripides' Dramas." *Classical Quarterly* 39 (1989), 70–82.

Lesher, J. H. "Socrates' Disavowal of Knowledge." *Journal of the History of Philosophy* 25 (1987), 275–288.

Lesses, G. "Is Socrates an Instrumentalist?" *Philosophical Topics* 13 (1985), 165–174.

Lewis, M. "An Interpretation of Plato's *Euthyphro*." *Interpretation* (March 1985), 33–65.

Linforth, I. (1) "The Corybantic Rites in Plato." *University of California Publications in Classical Philology* 13.5 (1946), 121–162.

———. (2) "Soul and Sieve in Plato's Gorgias." *University of California Publications in Classical Philology* 12.17 (1944), 295–313.

Lipsius, J. H. *Das attische Recht und Rechnerfahren*. Leipzig, 1905–15.

Lloyd-Jones, H. *The Justice of Zeus*. Berkeley, Calif., 1971.

Lofberg, J. O. "The Trial of Socrates." *Classical Journal* 23 (1928), 601–609.

Long, A. A. "Socrates in Hellenistic Philosophy." *Classical Quarterly* 38 (1988), 150–171.

Luck, G. *Arcana Mundi*. Baltimore and London, 1985.

MacDowell, D. M. (1) *Andokides on the Mysteries*. Oxford, 1962.

———. (2) "Euripides and Socrates." *Classical Philology* 78 (1983), 183–197.
———. (3) trans. *Gorgias*. Oxford, 1979.
———. (4) *Plato's Moral Theory*. Oxford, 1977.
———. (5) "Reply to David L. Roochnik." In C. Griswold (1).
———. (6) "'Say What You Believe.'" In *Virtue, Love and Form,* T. H. Irwin and M. Nussbaum. Edmonton, 1993.
———. (7) "Socrates and Athenian Democracy." *Philosophy and Public Affairs* 18.2 (1989), 184–205.
———. (8) "Socrates the Epicurean?" *Illinois Classical Studies* 11 (1986), 85–112. Reprinted in Benson (1).
Iwata, Y. "The Philosophical Implication of the Daimonion of Socrates." In Boudouris.
Jackson, B. D. "The Prayers of Socrates." *Phronesis* 16.1 (1971), 14–37.
Jackson, H. "The *Daimonion* of Socrates." *Journal of Philology* 5 (1874), 232–247.
Jacoby, F. *Diagoras ho atheos*. Abh. d. Deutschen Ak. d. Wiss. Berlin, Kl. f. Sprachen, Literatur und Kunst 3. Berlin, 1959.
Jaeger, W. (1) "The Greek Ideas of Immortality." *Harvard Theological Review* 52.3 (1959), 135–147.
———. (2) *Paideia: The Ideals of Greek Culture*. 3 vols. Trans. Gilbert Highet. Oxford, 1945–47.
———. (3) *The Theology of the Early Greek Philosophers*. 1947. Reprint. Oxford, 1967.
Joël, J. *Geschichte der antiken Philosophie*. Tübingen, 1921.
Joint Assoc. of Classical Teachers (JACT). *The World of Athens*. Cambridge, 1984.
Jordan, B. *Servants of the Gods: A Study in the Religion, History and Literature of Fifth-Century Athens*. Hypomnemata 55. Göttingen, 1979.
Jowett, B. *The Dialogues of Plato*. 4 vols. Oxford, 1953.
Juhl, P. *Interpretation: An Essay in the Philosophy of Literary Criticism*. Princeton, 1980.
Kahn, C. (1) "Did Plato Write Socratic Dialogues?" *Classical Quarterly,* n.s. 31 (1981), 305–320. Reprinted in Benson (1).
———. (2) "Drama and Dialectic in Plato's *Gorgias*." *Oxford Studies in Ancient Philosophy* 1 (1983), 75–121.
———. (3) "In Response to Mark McPherran." *Oxford Studies in Ancient Philosophy* 9 (1991), 161–168.
———. (4) "On the Relative Date of the *Gorgias* and the *Protagoras*." *Oxford Studies in Ancient Philosophy* 6 (1988), 69–102.
———. (5) "Plato and Socrates in the *Protagoras*." *Méthexis,* Revista Argentina de Filosofia Antigua 1 (1988), 33–52.
———. (6) "Plato's *Charmides* and the Proleptic Reading of Socratic Dialogues." *The Journal of Philosophy* 85.10 (1988), 541–549.
———. (7) "Plato's Methodology in the *Laches.*" *Revue Internationale de Philosophie* 40 (1986), 7–21.
———. (8) "Vlastos' Socrates." *Phronesis* 37.2 (1992), 233–258.
Karavites, P. "Socrates in the *Clouds*." *Classical Bulletin* 50 (1973–74), 65–69.

———. (2) *Prolegomena to the Study of Greek Religion.* Cambridge, 1903. Reprint. Princeton, 1991.

Hathaway, R. "Explaining the Unity of the Platonic Dialogue." *Philosophy and Literature* 8 (1984), 195–208.

Havelock, E. A. (1) "The Evidence for the Teaching of Socrates." In Patzer.

———. (2) *Preface to Plato.* Cambridge, Mass., 1963.

———. (3) "The Socratic Self as It Is Parodied in Aristophanes' *Clouds*." *Yale Classical Studies* 22 (1972), 1–18.

———. (4) "Why Was Socrates Tried?" In *Studies in Honour of Gilbert Norwood,* ed. M. White. *Phoenix,* suppl. v. 1. Toronto, 1952.

Hawtrey, R.S.W. "Plato, Socrates, and the Mysteries: A Note." *Antichthon* 10 (1976), 22–24.

Hedrick, C. "The Temple and Cult of Apollo Patroos in Athens." *American Journal of Archaeology* 92 (1988), 185–210.

Heidel, W. A. "On Plato's *Euthyphro*." *Transactions of the American Philological Society* 31 (1900), 164–181.

Heinimann, F. *Nomos und Physis.* Basel, 1945.

Heinricks, A. (1) "The Atheism of Prodicus." *Cronache Ercolanesi* 6 (1976), 15–21.

———. (2) "Two Doxographical Notes: Democritus and Prodicus on Religion." *HSCP* 79 (1975), 93–123.

Hegel, G.W.F. (1) *Lectures on the History of Philosophy.* Trans. E. S. Haldane. London, 1955.

———. (2) *The Philosophy of History.* Trans. J. Sibree. New York, 1956.

Helfer, J. S. *On Method in the History of Religions.* Middletown, Conn., 1968.

Henrichs, A. (1) "The Atheism of Prodicus." *Cronache Ercolanesi* 6 (1976), 15–21.

———. (2) "Two Doxographical Notes: Democritus and Prodicus on Religion." *HSCP* 79 (1975), 93–123.

Henry, M. "Socratic Piety and the Power of Reason." In *New Essays on Socrates,* ed. E. Kelley. Lanham, New York, and London, 1984.

Herrington, C. J. *Athena Parthenos and Athena Polias.* Manchester, 1955.

Hirsch, E. D. *The Aims of Interpretation.* Chicago, 1976.

Hoerber, R. G. (1) "Note on Plato's *Apologia* 42." *Classical Bulletin* 42 (1966), 92.

———. (2) "Plato's *Euthyphro*." *Phronesis* 3 (1958), 95–107.

Holland, R. F. "Euthyphro." *Aristotelian Society Proceedings* 82 (1981–82), 1–15.

Hoopes, J. "Euthyphro's Case." *The Classical Bulletin* 47.1 (1970), 1–6.

Hume, D. *Dialogues Concerning Natural Religion.* 1779. Indianapolis, 1980.

Hyde, W. W. (1) "Atheism Among the Greeks." Abstract in *Transactions of the American Philological Society* 76 (1945), xxxiv–xxxv.

———. (2) *Greek Religion and Its Survivals.* Boston, 1923. Reprint. New York, 1963.

Hyland, D. A. "*Erôs, epithumia,* and *philia* in Plato." *Phronesis* 13 (1968), 32–46.

Irwin, T. H. (1) *Classical Thought.* Oxford, 1989.

———. (3) "Unifying Plato: Charles Kahn on Platonic *Prolepsis.*" *Ancient Philosophy* 10 (1991), 243–262. See also its synopsis in *The Journal of Philosophy* 85.10 (1988), 550–551.
Grote, G. (1) *A History of Greece.* Vols. 1–10. London, 1888.
———. (2) *Plato and the Other Companions of Sokrates.* Vol. 1. London, 1865.
Grube, G.M.A. (1) "The Gods of Homer." In *Studies in Honour of Gilbert Norwood,* ed. M. E. White. Toronto, 1952.
———. (2) *Plato's Thought.* 1935. Reprint. Boston, 1958.
———. (3) *The Trial and Death of Socrates.* Indianapolis, 1975.
Guardini, R. *The Death of Socrates.* Trans. B. Wrighton. New York, 1948.
Gulley, N. *The Philosophy of Socrates.* New York, 1968.
Gundert, H. "Platon und das Daimonion des Sokrates." *Gymnasium* 61 (1954), 513–531.
Guthrie, W.K.C. (1) "Aristotle as a Historian." In *Studies in Presocratic Philosophy,* ed. D. J. Furley and R. E. Allen, vol. 3. London, 1970.
———. (2) *The Greeks and Their Gods.* Boston, 1950.
———. (3) *A History of Greek Philosophy.* Vols. 3, 4, and 5. Cambridge, 1969, 1975, and 1978.
———. (4) *Orpheus and Greek Religion.* London, 1952.
———. (5) "Plato's Views on the Nature of the Soul." *Recherches sur la tradition platonicienne.* Fondation Hardt, Entretiens sur l'antiquité classique, vol. 3. Vandoeuvres-Genève, 1955.
———. (6) *Socrates.* Cambridge, 1971.
———. (7) *The Sophists.* Cambridge, 1971.
Hack, R. K. *God in Greek Philosophy to the Time of Socrates.* 1931. Reprint. New York, 1970.
Hackforth, R. M. (1) "The *Apology* of Plato." *Journal of Hellenic Studies* 55 (1935), 83–84.
———. (2) *The Composition of Plato's Apology.* Cambridge, 1933.
———. (3) *Plato's Phaedo.* Indianapolis, 1955.
———. (4) "Socrates." *Philosophy* 11 (1933), 259–272.
Hall, J. C. "Plato: *Euthyphro* 10a1–11a10." *The Philosophical Quarterly* 18.70 (1968), 1–11.
Halliday, W. R. *Greek Divination.* London, 1913.
Halliwell, S. Review of Morgan (2). *Ancient Philosophy* 14 (1994), 391–397.
Halperin, D. (1) "Plato and Erotic Reciprocity." *Classical Antiquity* 5.1 (1986), 60–80.
———. (2) "Platonic *Erôs* and What Men Call Love." *Ancient Philosophy* 5 (1985), 161–204.
Hamilton, E., and H. Cairns, eds. *The Collected Dialogues of Plato.* New York, 1961.
Harrison, A.W.R. *The Law of Athens.* 2 vols. Oxford, 1971.
Harrison, E. L. "Notes on Homeric Psychology." *Phoenix* 14 (1960), 63–80.
Harrison, J. E. (1) *Epilegomena to the Study of Greek Religion* and *Themis.* Cambridge, 1921, 1927. Reprint. New York, 1962.

Fritz, K. von. (1) "*Noos* and *noein* in the Homeric Poems." *Classical Philology* 38 (1943), 79–93.

———. (2) "*Nous, noein,* and Their Derivatives in Presocratic Philosophy." Part I, *Classical Philology* 40 (1945), 223–242. Part II, *Classical Philology* 41 (1946), 12–34.

Frost, F. *Greek Society*. Lexington, Mass., Toronto, and London, 1971.

Furley, D. J. "The Early History of the Concept of the Soul." *University of London Institute of Classical Studies Bulletin* 3 (1956), 1–18.

Furley, W. D. "The Figure of Euthyphro in Plato's Dialogue." *Phronesis* 30.2 (1985), 201–208.

Gadamer, H.-G. "Religion and Religiosity in Socrates." In J. Cleary, 1:53–75.

Gagarin, M. (1) *Early Greek Law*. Berkeley and Los Angeles, 1986.

———. (2) "Socrates' *Hybris* and Alcibiades' Failure." *Phoenix* 31 (1977), 22–37.

Gallop, D. *Plato, Phaedo*. Oxford, 1975.

Garland, R. (1) *The Greek Way of Death*. Ithaca, N.Y., 1985.

———. (2) *The Greek Way of Life*. Ithaca, N.Y., 1990.

———. (3) *Introducing New Gods*. Ithaca, N.Y., 1992.

———. (4) "Religious Authority in Archaic and Classical Athens." *ABSA* 79 (1984), 75–123.

Garnsey, P. "Religious Toleration in Classical Antiquity." *Proceedings of the Cambridge Philological Society* (1983).

Geach, P. T. "Plato's *Euthyphro:* An Analysis and Commentary." *Monist* 50.3 (1966), 369–82.

Gerson, L. P. *God and Greek Philosophy*. London, 1990.

Giannini, H. *Socrates o el oraculo de Delfos*. Santiago, 1971.

Gigon, O. *Sokrates: Sein Bild in Dichtung und Geschichte*. Berne, 1947.

Gill, C. "The Death of Socrates." *Classical Quarterly*, n.s. 23 (1973), 25–28.

Gómez-Lobo, A. *The Foundations of Socratic Ethics*. Indianapolis, 1994.

Gomperz, T. *Greek Thinkers*. 2 vols. New York, 1905.

Gosling, J.C.B., and C.C.W. Taylor. *The Greeks on Pleasure*. Oxford, 1982.

Gould, J. "On Making Sense of Greek Religion." In Easterling and Muir.

Gould, T. *Platonic Love*. New York, 1963.

Gower, B., and M. Stokes. *Socratic Questions*. London and New York, 1992.

Graf, F. "Dionysian and Orphic Eschatology: New Texts and Old Questions." In Carpenter and Faraone.

Graham, D. (1) "Socrates and Plato." *Phronesis* 37.2 (1992), 141–165.

———. (2) "Socrates, the Craft Analogy, and Science." *Apeiron* 23.4 (1990), 1–24.

Gray, J. G. *Hegel and Greek Thought*. 1941. Reprint. New York, 1968.

Greenberg, N. A. "Socrates' Choice in the *Crito*." *Harvard Studies in Classical Philology* 70 (1965), 45–82.

Greene, W. C. *Moira: Fate, Good and Evil in Greek Thought*. 1944. Reprint. New York, 1963.

Griffin, J. *Homer on Life and Death*. Oxford, 1980.

Griswold, C. (1) *Platonic Writings, Platonic Readings*. New York and London, 1988.

———. (2) *Self-Knowledge in Plato's Phaedrus*. New Haven, 1986.

Drachmann, A. B. *Atheism in Pagan Antiquity*. London, 1922.
Dupréel, E. *La légende socratique et les sources de Platon*. Brussels, 1922.
Easterling, P. E., and J. V. Muir, eds. *Greek Religion and Society*. Cambridge, 1985.
Edmunds, L. "Aristophanes' Socrates." In Cleary, 1:209–230.
Ehnmark, E. (1) *The Idea of God in Homer*. Diss. Uppsala. Uppsala, 1935.
———. (2) "Socrates and the Immortality of the Soul." *Eranos* 44 (1946), 105–122.
———. (3) "Some Remarks on the Idea of Immortality in Greek Religion." *Eranos* 46 (1948), 1–21.
Ehrenberg, V. (1) *From Solon to Socrates*. 2d ed. London, 1973.
———. (2) *The Greek State*. Oxford, 1960.
Elmore, J. "A Note on the Episode of the Delphic Oracle in Plato's *Apology*." *Transactions of the American Philological Association* 38 (1907), xxxiii–xxxiv.
Else, G. F. "God and Gods in Early Greek Thought." *Transactions of the American Philological Association* 80 (1949), 24–36.
Epp, R. H. "Katharsis and the Platonic Reconstruction of Mystical Terminology." *Philosophia* 4 (1974), 168–179.
Everson, S., ed. *Companions to Ancient Thought, 1: Epistemology*. Cambridge, 1990.
Fahr, W. *Theous Nomizein*. New York, 1969.
Faraone, C. *Hiera Magika: Ancient Greek Magic and Religion*. Oxford, 1989.
Feibleman, J. K. *Religious Platonism*. London, 1959.
Ferejohn, M. "Socratic Thought-Experiments and the Unity of Virtue Paradox." *Phronesis* 29 (1984), 105–122.
Ferguson, A. S. "The Impiety of Socrates." *Classical Quarterly* 7 (1913), 157–175.
Ferguson, J. (1) "On the Date of Socrates' Conversion." *Eranos* 62 (1964), 70–73.
———. (2) *Socrates*. London, 1970.
Ferrari, G.R.F. *Listening to the Cicadas: A Study of Plato's Phaedrus*. Cambridge, 1987.
Festugière, A.-J. (1) *Personal Religion Among the Greeks*. Berkeley, Calif., 1954.
———. (2) "La religion d'Euripide." In *L'Enfant d'Agrigente*. Paris, 1950.
Field, G. C. (1) *Plato and His Contemporaries*. London, 1930.
———. (2) "Socrates." In *The Oxford Classical Dictionary*. Oxford, 1953.
———. (3) *Socrates and Plato*. Oxford, 1913.
Finley, M. I. (1) "Socrates and Athens." In his *Aspects of Antiquity*. London and New York, 1972.
———. (2) *The World of Odysseus*. New York, 1954.
FitzPatrick, P. J. "The Legacy of Socrates." In Gower and Stokes.
Fontenrose, J. *The Delphic Oracle*. Berkeley, Los Angeles, and London, 1978.
Fox, M. "The Trials of Socrates." *Archiv für Philosophie* 6 (1956), 226–261.
Frank, E. "Begriff und Bedeutung des Dämonischen." In *Knowledge, Will and Belief*. Zurich and Stuttgart, 1955.
Friedländer, P. *Plato*. Trans. Hans Meyerhoff. Vol. 1, London, 1958. Rev. ed. Princeton, 1973. Vol. 2. Princeton, 1964.

Coulter, C. "The Tragic Structure of Plato's *Apology*." *Philological Quarterly* 12 (1933), 137–143.

Coulter, J. A. "The Relation of the *Apology of Socrates* to Gorgias' *Defense of Palamades* and Plato's Critique of Gorgianic Rhetoric." *Harvard Studies in Classical Philology* 68 (1964), 269–303.

Croiset, M. *Platon, Oeuvres Complètes*. Vol. 1. Paris, 1920.

Crombie, I. M. *An Examination of Plato's Doctrines*. 2 vols. New York, 1962.

Cross, R. C. "Logos and Forms in Plato." *Mind* 63 (1954), 433–50.

Daniel, J., and R. Polansky. "The Tale of the Delphic Oracle in Plato's *Apology*." *Ancient World* 2 (1979), 83–85.

Davar, F. *Socrates and Christ*. Ahmedabad, India, 1972.

Decharme, P. *La Critique des traditions religieuses chez les Grecs des origines aux temps de Plutarque*. Paris, 1904.

DeFilippo, J. G., and P. T. Mitsis. "Socrates and Stoic Natural Law." In Vander Waerdt (3).

Delcourt, M. *L'oracle de Delphes*. Paris, 1955.

Deman, Th. (1) *Socrate et Jesus*. Paris, 1944.

———. (2) *Le témoignage d'Aristote sur Socrate*. Paris, 1942.

Derenne, E. *Les procès d'impiété intentés aux philosophes à Athènes au Vme et au IVme siècles avant J.-C.* Liège-Paris, 1930.

Despland, M. *The Education of Desire: Plato and the Philosophy of Religion*. Toronto, 1985.

Devereux, D. T. "Nature and Teaching in Plato's *Meno*." *Phronesis* 23 (1978), 118–126.

Dickerman, S. O. *De Argumentis Quibusdam apud Xenophontem, Platonem, Aristotelem*. Halle, 1909.

Diels, H., and W. Kranz. *Der Fragmente der Vorsokratiker*. 7th ed. Berlin, 1954.

Dietrich, B. C. *Death, Fate and the Gods*. London, 1965.

Dittmar, H. *Aischines von Sphettos*. 1912. Reprint. New York, 1976.

Dodds, E. R. (1) *The Ancient Concept of Progress*. Oxford, 1973.

———. (2) *Euripides Bacchae*. Oxford, 1960.

———. (3) "Euripides the Irrationalist." *The Classical Review* 43 (1929), 97–104.

———. (4) *The Greeks and the Irrational*. Berkeley, Calif., 1951.

———. (5) *Pagans and Christians in an Age of Anxiety*. Cambridge, 1956.

———. (6) *Plato, Gorgias*. Oxford, 1959.

———. (7) "The Religion of the Ordinary Man in Greece." In Dodds (1).

———. (8) "Supernormal Phenomena in Classical Antiquity." In Dodds (1).

Doering, A. *Die Lehre des Sokrates als sociales Reformsystem*. Munich, 1895.

Dorter, K. "Socrates on Life, Death and Suicide." *Laval Théologie et Philosophie* 32 (1976), 23–41.

Dover, K. J. (1) *Aristophanes: Clouds*. Oxford, 1968.

———. (2) "Freedom of the Intellectual in Greek Society." *Talanta* 7 (1975), 24–54.

———. (3) *Greek Popular Morality in the Time of Plato and Aristotle*. Berkeley and Los Angeles, 1974.

———. (4) "Socrates in the *Clouds*." In Vlastos (8).

———. (3) "Virtues in Action." In Vlastos (8).
Bury, J. (1) "The Life and Death of Socrates." In *Cambridge Ancient History,* 3d ed. (1940) 5:386–397.
———. (2) "The Trial of Socrates." *Rationalist Press Association Annual,* 1926.
Caird, E. *The Evolution of Theology in the Greek Philosophers.* Glasgow, 1904. Reprint: New York, 1968.
Caizzi, F. D. *Antisthenis fragmenta.* Milan, 1966.
Calef, S. (1) "Further Reflections on Socratic Piety: A Reply to Mark McPherran." *Oxford Studies in Ancient Philosophy* 13 (1995), 37–43.
———. (2) "Piety and the Unity of Virtue in *Euthyphro* 11e–14c." *Oxford Studies in Ancient Philosophy* 13 (1995), 1–26.
———. (3) "Why Is Annihilation a Great Gain for Socrates? The Argument of *Apology* 40c–e." *Ancient Philosophy* 17.2 (1992), 285–298.
Carpenter, T., and C. Faraone. *Masks of Dionysus.* Ithaca, N.Y., 1993.
Cartledge, P. "The Greek Religious Festivals." In Easterling and Muir.
Chamoux, F. *The Civilization of Greece.* Trans. B. Arthaud. London, 1965.
Chroust, A.-H. (1) "Socrates: A Source Problem." *New Scholasticism* 19 (1945), 48–72.
———. (2) "Socrates in the Light of Aristotle's Testimony." *New Scholasticism* 26 (1952), 327–366.
———. (3) *Socrates, Man and Myth: The Two Socratic Apologies of Xenophon.* London, 1957.
Ciholas, P. "Socrates, Maker of New Gods." *Classical Bulletin* 57 (1980), 17–20.
Clark, P. M. "The *Greater Alcibiades.*" *Classical Quarterly* 5 (1955), 231–240.
Claus, D. *Toward the Soul.* New Haven, 1981.
Clay, D. "The Origins of the Socratic Dialogue." In P. Vander Waerdt (3).
Cleary, J., ed. *Proceedings of the Boston Area Colloquium in Ancient Philosophy.* Vols. 1–6, 9. Lanham, Md., 1985–1990, 1993.
Cohen, D. (1) *Law, Sexuality, and Society.* Cambridge, 1991.
———. (2) "The Prosecution of Impiety in Athenian Law." *Zeitschrift der Savigny-Stiftung für Rechtsgeschichte* 118 (1980), 695–701.
Cohen, S. M. "Socrates on the Definition of Piety: *Euthyphro* 10a–11b." *Journal of the History of Philosophy* 9 (1971). Reprinted in Vlastos (8).
Cole, S. "Voices from beyond the Grave: Dionysus and the Dead." In Carpenter and Faraone.
Connor, W. R. "The Other 399: Religion and the Trial of Socrates." In *Georgica, Greek Studies in Honor of George Cawkwell.* Bulletin Supp. 58 (1991) of the Institute of Classical Studies, 49–56.
Cook, A. B. *Zeus.* Cambridge, 1914.
Cooper, J. G. *The Life of Socrates.* London, 1749.
Cornford, F. M. (1) "The Doctrine of Eros in Plato's *Symposium.*" In his *The Unwritten Philosophy, and Other Essays,* ed. W.K.C. Guthrie. 1950. Reprint. Cambridge, 1967.
———. (2) *Plato's Theory of Knowledge.* Indianapolis, 1957.
———. (3) *Principium Sapientiae.* Ed. W.K.C. Guthrie. 1952. Reprint. New York, 1965.

———. (3) "HE MANTIKE TECHNE: *Statesman* 260e1 and 290c4–6." *Polis* 12.1 (1993), 37–51.
———. (4) Letters to the *Times Literary Supplement*, January 5–11, 1990, 11 [L1], and January 26–February 1, 1990, 89 [L3].
———. (5) "A Matter of Life and Death in Socratic Philosophy." *Ancient Philosophy* 9.2 (1989), 155–165.
———. (6) "The Origin of Socrates' Mission." *Journal of the History of Ideas* 44 (1983), 657–666.
———. (7) "The Paradox of Socratic Ignorance in Plato's *Apology*." *History of Philosophy Quarterly* 1.2 (1984), 125–131.
———. (8) *Plato's Socrates*. Oxford, 1994.
———. (9) Review of Vlastos (14). *Ancient Philosophy* 13 (1993), 395–410.
———. (10) "Socrates' Elenctic Mission." *Oxford Studies in Ancient Philosophy* 9 (1991), 131–159.
———. (11) "Socrates on Goods, Virtue, and Happiness." *Oxford Studies in Ancient Philosophy* 5 (1987), 1–27.
———. (12) *Socrates on Trial*. Oxford and Princeton, 1989.
———. (13) "Socratic Ignorance and Skepticism." *Skepsis* (forthcoming, 1995).
———. (14) "Vlastos on the Elenchus." *Oxford Studies in Ancient Philosophy* 2 (1984), 185–195.
———. (15) "What Makes Socrates a Good Man?" *Journal of the History of Philosophy* 28 (1990), 169–180.
Brown, H. "The Structure of Plato's *Crito*." *Apeiron* 25 (1992), 67–82.
Bruell, C. "Xenophon and His Socrates." *Interpretation* 16.2 (1988–89), 295–306. Also revised as the Introduction to A. Bonnette, *Xenophon Memorabilia*. Ithaca, N.Y., 1994.
Burkert, W. (1) *Ancient Mystery Cults*. Cambridge, Mass., and London, 1987.
———. (2) *Greek Religion*. Cambridge, Mass., 1985.
———. (3) *Lore and Science in Ancient Pythagoreanism*. Cambridge, Mass., 1972.
Bultmann, R. "Zür Geschichte der Lichtsymbolik im Altertum." *Philologus* 97 (1948), 1–36.
Burnet, J. (1) *Greek Philosophy: Thales to Plato*. London, 1914. Reprint. 4th ed. Cleveland, 1967.
———. (2) *Platonism*. Berkeley, Calif., 1928.
———. (3) *Plato's Euthyphro, Apology of Socrates and Crito*. Oxford, 1924.
———. (4) *Plato's Phaedo*. Oxford, 1911.
———. (5) "Socrates." In *Encyclopedia of Religion and Ethics*, vol. 11. New York, 1908–26.
———. (6) "The Socratic Doctrine of the Soul." *Proceedings of the British Academy* 7 (1916), 235–259. Also in *Essays and Addresses*. New York, 1930.
Burns, S. "Doing Business with the Gods." *Canadian Journal of Philosophy* 15 (1985), 311–326.
Burnyeat, M. F. (1) "Socratic Midwifery, Platonic Inspiration." *Bulletin of the Institute of Classical Studies* 24 (1977), 7–16. Reprinted in Benson (1).
———. (2) Review of *The Trial of Socrates*, by I. F. Stone. *New York Review of Books* 35 (1988), 12–18.

———. (2) "Misunderstanding the 'What-is-F-ness?' Question." *Archiv für Geschichte der Philosophie* 72 (1990), 125–142. Reprinted in Benson (1).

———. (3) "A Note on Eristic and the Socratic Elenchus." *Journal of the History of Philosophy* 27 (1989), 591–599.

———. (4) "The Priority of Definition and the Socratic *Elenchos*." *Oxford Studies In Ancient Philosophy* 8 (1990), 19–65.

———. (5) "The Problem of the Elenchos Reconsidered." *Ancient Philosophy* 7 (1987), 67–85.

Berns, L. "Socratic and Non-Socratic Philosophy: A Note on Xenophon's *Memorabilia*, 1.1.13 and 14." *Review of Metaphysics* 28 (1974–75), 85–88.

Betty, L. "God and Modern Science: New Life for the Teleological Argument." *International Philosophical Quarterly* 27.4 (1987), 409–435.

Beversluis, J. (1) "Does Socrates Commit the Socratic Fallacy?" *American Philosophical Quarterly* 24 (1987), 211–223. Reprinted in Benson (1).

———. (2) "Socratic Definition." *American Philosophical Quarterly* 11 (1974), 331–336.

———. (3) "Vlastos' Quest for the Historical Socrates." *Ancient Philosophy* 13 (1993), 293–312.

Blits, J. "The Holy and the Human: An Interpretation of Plato's *Euthyphro*." *Apeiron* 14 (1980), 19–40.

Bluck, R. S. (1) "Logos and Forms in Plato: A Reply to Prof. Cross." *Mind* 65 (1956), 522–529.

———. (2) *Plato's Meno*. Cambridge, 1964.

Blumenthal, H. "Meletus the Accuser of Andocides and Meletus the Accuser of Socrates: One Man or Two?" *Philologus* 117 (1973), 169–78.

Blundell, M. W. *Helping Friends and Harming Enemies*. Cambridge, 1989.

Bolton, R. "Aristotle's Account of the Socratic Elenchus." *Oxford Studies in Ancient Philosophy* 11 (1993), 121–152.

Bond, G. W. *Euripides, Heracles*. Oxford, 1988.

Bonitz, H. *Platonische Studien*. Berlin, 1866.

Bonner, R. "The Legal Setting of Plato's *Apology*." *Classical Philology* (1908), 169–177.

Bonner, R., and G. Smith. *The Administration of Justice from Homer to Aristotle*. 2 vols. Chicago, 1938.

Bouche-LeClerq, A. *Histoire de la divination dans l'antiquité*. 4 vols. Paris, 1879–82. Reprint. New York, 1975.

Boudouris, K. *The Philosophy of Socrates*. Athens, 1991.

Bowra, C. M. (1) *Periclean Athens*. New York, 1971.

———. (2) *Tradition and Design*. Oxford, 1930.

Brandwood, L. *A Word Index to Plato*. Leeds, 1976.

Bremmer, J. *The Early Greek Concept of Soul*. Princeton, 1983.

Brickhouse, T., and N. Smith. (1) "'The Divine Sign Did Not Oppose Me': A Problem in Plato's *Apology*." *Canadian Journal of Philosophy* 16 (1986), 511–526.

———. (2) "The Formal Charges Against Socrates." *Journal of the History of Philosophy* 23 (1985), 457–481. Reprinted in Benson (1).

参考文献

Adam, J. (1) *Platonis Euthyphro*. Cambridge, 1902.

———. (2) *The Religious Teachers of Greece*. Clifton, 1965.

Adkins, A.W.H. (1) "Clouds, Mysteries, Socrates and Plato." *Antichthon, Journal of the Australian Society for Classical Studies* 4 (1970), 13–24.

———. (2) "Homeric Gods and the Values of Homeric Society." *Journal of Hellenic Studies* 92 (1972), 1–19.

———. (3) "Homeric Values and Homeric Society." *Journal of Hellenic Studies* 91 (1971), 1–13.

———. (4) *Merit and Responsibility: A Study in Greek Values*. Oxford, 1960.

Allen, R. E. (1) *Plato's "Euthyphro" and the Earlier Theory of Forms*. London, 1970.

———. (2) *Socrates and Legal Obligation*. Minneapolis, 1980.

———. (3) "The Trial of Socrates." In *Courts and Trials,* ed. M. L. Friedland. Toronto, 1975.

Alon, I. *Socrates in Mediaeval Literature*. Leiden, 1991.

Anastaplo, G. "Human Being and Citizen: A Beginning to the Study of Plato's *Apology of Socrates*." In Anastaplo, *Essays on Virtue, Freedom, and the Common Good*. Chicago, 1975.

Anderson, D. "Socrates' Concept of Piety." *Journal of the History of Philosophy* 5 (1967), 1–13.

Armleder, P. J. "Death in Plato's *Apology*." *Classical Bulletin* 42 (1966), 46.

Arnim, H. von. *Platons Jugenddialoge*. Leipzig and Berlin, 1914.

Arrowsmith, W., trans. *The Clouds*. New York, 1962.

Baker, W. W. "An Apologetic for Xenophon's *Memorabilia*." *Classical Journal* 12 (1916–17), 293–309.

Barker, A. "Why Did Socrates Refuse to Escape?" *Phronesis* 22 (1977), 13–28.

Barnes, J. (1) *The Presocratic Philosophers*. 2 vols. London, 1979. Reprint. London and New York, 1986.

———. (2) "Socrates and the Jury, Part II." *Proceedings of the Aristotelian Society*. Supp. 54 (1980), 193–206.

Baumann, E. D. "Het daimonion semeion van Sokrates." *Tijdschr. voor Wijsbegeerte* 31 (1938), 256–265.

Beck, F.A.G. *Greek Education, 450–350 B.C.* London, 1964.

Beckman, J. *The Religious Dimension of Socrates' Thought*. Waterloo, 1979.

Benson, H. (1) ed. *Essays on the Philosophy of Socrates*. Oxford, 1992.

問答法　364；プラトンの才能　286
雇われ陪審員　141
有罪判決（その根本的な要因）　211
有神論　174, 192；——者　10, 82；——的改革　148；浄化された——　122
有徳　；——な行為　305；——な幸福　268；——な審判者たち　318
ユダの銀 30 枚　4
ユダヤ教　27
夢　6, 8-9, 83, 117, 215-9, 225, 228-9, 243-4, 256, 261, 278, 284；情報の源泉としての　236；——とダイモニオン　240-1
ユーモア（ソクラテスの皮肉な）　223
余暇　276, 301
善きもの　87；神々が与えないような——　79
善き魂（神々の作品としての）　79
善き者（神は）　93
予言　9, 31, 83, 87, 215, 237；——者　36, 180, 230；——術　243；——的な夢　240
予審／予備審問　34, 142, 145, 360
ヨセフス　159
予兆　333
予備教育　361
予備的浄化　364
弱い議論　101；——を強くする　102
ライオン（擬人神批判）　133-4
雷鳴　133
『ラケス』　59, 305
ラダマンテュス　317
楽観論（魂の運命について）　320
離在イデア　355
理性　53, 218, 234, 235, 238, 256, 280, 281, 333；——的懐疑　217；——的懐疑主義　9；——的解釈　262；——的確証　230, 232；——的吟味　284；——的推測　254；——的推論　233, 248, 251, 253, 253；——的正当化　217；——的能力　258；——的反省　286；——的な計算　232；——的な考慮　220；——的な神学　13；——的な神性　121；——と啓示　255；——と伝統　257；——な能力　237；——による熟慮　252；——のテスト　220；——の排他的な権威　237, 255；——への信任　217；実践的な——　220, 252

理性外　；——のよりどころ　224；——の源泉の役割　218
理性を越えた；——合図　235, 239, 256；——啓示　258；——経路　261；——源泉　220, 234, 260；——事柄　281, 284；——ささやき　225；——指示　219, 225, 228；——指標　224, 228；——指標としてのダイモニオン　237；——宗教的経験　5；——情報　257, 258；——情報源　218, 226；——信念の源泉　10；——導き　225；——もの　225, 228, 233, 234, 235, 238, 239, 280, 320
立法者（としての神）　343
『リュシス』　74, 75
理想化文学　4
倫理的教義（積極的な）　224
倫理的探求　113
類比関係　36；——魂と創造神　334
ルネサンス　4
霊感　237, 241, 242
ロゴス　121
論証的理性（による啓示の支持）　10
論争（神々の道徳性についての）　174
論争術　112
論駁の神　361
論理的誤謬　98
ワイン　23；——と香　176
若者　；ソクラテスに従う——　287；——堕落　100, 102, 139, 147, 153, 156, 161, 204；——の告発　142, 205-6

便宜（ダイモニオンの） 167
弁神論 328
弁舌 115
ベンディス 90, 159, 358
弁論術 29
忘我状態 244
奉仕 60, 62, 63, 64, 65, 69, 70, 71, 72, 94, 274；――術 71；神々に対する―― 66, 67, 70, 193；神を喜ばせる―― 71
法習 52
報復 ；――の正義 188；――的動機 190；――的目的 176
方法的懐疑 95
『法律』 180, 189
補強的情報源（クセノフォン） 20
ポセイドン 28
ホメロス 8, 23, 27, 29-30, 53, 117, 120, 123, 132, 173, 308, 315, 317-8, 320, 346；――以前 175；――教徒 38；――原理主義者 76；――的贈与 118；――の嘘 173；――の神々 123, 274, 327
ポリュピリオス 181
ボレアス 204
ポロス 287
幕間劇 42
マグネシア人 181
魔術／魔法 175, 183, 208
密儀堂 27
ミティレーネー 130
ミュートス 309
民会 36, 160, 205, 223, 253
民衆 ；――宗教 29, 117, 132, 179, 203；――宗教の退化 208；――神話 132；――の宗教的観念 116；――の信仰 202
無罪判決 201
無神論 102-3, 106, 110, 112, 115, 122, 124, 133, 137, 145, 147-8, 154, 156, 190, 194, 198, 201, 205-6, 211, 215, 344；最初の告発の含意 105；――者 3, 6, 121, 135, 138, 151 155 191；――的教師（ソクラテスは） 104；――的信念 193；――的自然哲学者 3；――的な知識人 207；――の告発 150, 198, 199；――の否認 123；完全な―― 123, 146, 148, 149, 149, 158, 167, 169, 191, 197；局所的―― 146
無知 200, 363；敬虔について 72, 77；――の告白 77；エウテュフロンの―― 78；死についての―― 310；ゼウスの―― 202；非難されるべき―― 353
迷信 216；――家（ソクラテス） 13
命題（不道徳者の） 300
盟約 119
名誉 118, 303
召使い 61-2, 72, 83, 89, 91
メーデイア 180
メティス 173
メネクセノス 75
メネラオス 317
『メノン』 80, 102, 356
メレトス 36-7, 100, 139-43, 146-51, 153-8, 161-2, 165, 167-8, 190, 197-200, 204, 215, 222, 227；アンドキデスの告発者 209；その信仰の矛盾 199-200；――の信念 202；――の矛盾（第一の告発と第二の告発） 147
メロス人（ソクラテス） 136
メロス島 136, 344
盲目 ；――な運 330；――の偶然 329
目的 333, 342, 345
目的論 333, 338, 340-51, 355, 365；――的宇宙論 328；――的神学 344, 345；――的哲学者 332；ソクラテスの―― 64
「もっとも容易な生」 317

フィキーヌス　4
フィロデモス　346
フェイディッピデス　108-9
フォイニックス　179
フォイボス　199
不可知論　6, 82, 84, 136, 138, 207, 304, 357, 365；魂の運命について　320；——者　10, 316, 327；ソクラテスの——　309
不可謬　；——の技術知　77；——の知識　78, 84, 92
不寛容（宗教的逸脱に対する）　209
不敬虔　34-5, 40-1, 46, 81, 94, 97, 136, 141-3, 145, 180, 197-8, 210, 213, 221, 228, 259, 290, 315；すべての神々が憎むこと　48；——の訴え　222；——の告発　29；——の罪　197
複合体　120
復讐　；——の禁止（ソクラテスの道徳的革新）　130；——法　183, 184, 359
不死　308, 354, 357；——性への信仰　309；——なる知性　354；——への信念　304
プシューケー　303-4, 306-8, 317, 239
不信仰　；——の告発　194；国家の神々に対する——　197
不正　；——な行為（ソクラテス的）　189；——な嘆願　185；——な者　47；——に殺すこと　321
不節制　293
物質　；——的宇宙　333；——的供犠　182, 184, 188；——的捧げ物　183；——的信仰　196, 200；——的善　291；——的贈与　182；——的取引　186
物理法則　332, 332
普遍主義　；——的想定　128；——的道徳神学　351
普遍的　；——性格　42；——な基準（正義と敬虔の）　41
フュシオロゴイ　336, 344

フュシス　109, 112, 114, 133-4, 138
プラトン　；ソクラテスの伝記作者　194；ソクラテス主義者　17；その哲学的神学　354；その反アポロン的傾向　355；その反アポロン的神的上昇　354；魂三部分説　306；伝記作者　3；捕捉しがたい白鳥　21；——的驕慢　351；——的形而上学　125；——の意図と対話篇　22；——の教説　75；——の敬虔　352, 362；——の芸術的技量　17；——の作品　15, 294；——のソクラテス　345-6, 349；——の哲学的意図　17
フリュネー　159
プロタゴラス　29, 103-4, 113, 134, 136
『プロタゴラス』　56, 305, 356
プロディコス　103, 114, 135-7, 158, 294
プロメテウス　119
分裂（前420年代の）　207-9
ヘカタイオス　173
ヘカテー　176
ヘシオドス　23, 27, 29, 117, 119, 123, 132, 173, 181, 353；——の神々　274
ヘスティア　24, 28
ペトラルカ　4
ヘパイストス　28, 46, 176
ヘーラー　28, 46, 118, 129, 187
ヘラクレイトス　84, 121, 135, 173, 195, 343；——流の改革　210
ヘラクレス　71, 136, 176, 187；——助け手　186
ペリクレス　103, 210, 216
ペルシア大王　313, 363
ペルセフォネー　176
ヘルメス　28, 118；——像の切断　209
ヘレネ　317
ヘロドトス　275, 308
ペロポネソス戦争　103
変化（前5世紀末の）　208
偏見（ソフィストに対する）　139

ネメア祭 254
農耕暦 175
ノモス 109-10, 112, 114, 129, 133-4, 138, 144, 346
呪い 24, 117, 122, 169, 179, 195；アテネ法が含む―― 187；ソクラテスの受け入れうる―― 188；――札 167；評議会の開会式における―― 180
陪審員 143, 201
『パイドロス』 56, 174, 320, 324, 362
『パイドン』 56, 89, 125-6, 236, 240, 284, 324-5, 348-50, 358；証言の価値（ソクラテスの自然研究） 124
バシレウスの長官 34, 141, 161
バッコス神 243
発展論者 17
ハデス 28, 176, 309, 311-2, 314-5, 318, 322
バーネット・ジョン 68, 172, 303, 307
パラドックス（神託の） 265
パロディ 107, 128, 20
パン 366
パンアテナイア祭 24
反アポロン的措定 358
反擬人神 136
範型 42
範型的エイドス 222
反証事例 286
反積極論 34, 63, 68, 82
反人間心理主義 133, 137
万物の始源 116
反目的論 337
秘儀宗教 30
非擬人的神格 134
秘儀の冒瀆（エレウシスの） 210
悲劇詩人 29
非交易 ；――的局面（伝統宗教の） 182；――的態度 181
非主意主義 56
非宗教 ；――的神聖化 4；――的推論 9, 13, 13, 217, 234；――的正義 55, 81, 221；――的ソクラテス像 5；――的な義務 292；――的な合理的推論 250；――的な実践的理性 257；――的な正当化 228, 250；――的な理性 252；――的な理性の裁き 258；――的理性 244, 255；――的理性の排他的権威 239
非人格神（自然学の） 121
非正統的教義 206
非正統的独断論 206
非専門 ；非哲学的な指導 294；――的知識（死について） 313；――的な道徳知 230, 246-7
必然 12；――の掟 132；――の束縛 128
否定式 78
非伝統 ；――的情報の源泉 84；――的側面（ソクラテス神学の） 86；――的な宗教運動 162
非難されるべき無知 204, 327
皮肉（ソクラテスの） 37
非人間的源泉 87
評判 303
批判的理性 95, 237, 239, 257
評議会 160
憑依 242
非理性 ；――主義 237；――的意識 239；――的状態 244
ピュタゴラス ；――学派 30, 162, 307-8, 358；――的源泉 324
ピュティア 26, 181, 261, 274
ピュトー 150, 160
ヒュブリス 138, 266-7, 271-2, 277-8, 296, 357
ヒュペリデス 159
ヒューマニズム（ソフィスト的） 215
ヒューム 332
『ピレボス』 346
ピンダロス 135, 173, 173, 308

索引 15

トゥキュディデス 29, 130, 167, 216, 231
道具主義 ；――的限定 292；――的な考慮 292
道徳 ；――(的)神学 327, 339, 345；――知 45, 77, 234；――的・価値的判断 44；――的争い 45；――的意志決定 10；――的改革者（ソクラテス） 135；――的確信 219；――的革新者 130；――的危険 223 225, 227；――的技術知 245；――的基準 76, 127, 194；――的義務 190, 340-1；――的教育の専門技術者 296；――的驕慢 272；――的欠陥 300；――的欠如 273；――的合意（神々の） 172；――的向上 270；――的浄化 131, 308, 346；――的信念 78, 80, 224, 293, 299；――的想定（ソクラテスの） 127；――的束縛 131；――的卓越性 88；――的魂論 308, 325, 326；――的探求（エレンコスによる） 270；――的知識 217, 269, 297；――的治療 129；――的な応報 171；――的な神 308；――的な神々（ソクラテスの） 171, 200；――的な導きの源泉 242；――的に不完全な者 285；――的不一致 41, 45；――的変革者（ソクラテス） 128；――的無知（ソクラテスの） 224；――の普遍的要求 129；――法 127；――理論 302
党派的政治活動 230
徳 270, 289, 291；最大の事柄 266, 297；その可謬的説明 356；最も貴重な善 285；――についての無知 290, 306；――に配慮 288, 290；――の概念（階級の区別を破壊する） 317；――の基準（神から独立した） 53；――の促進 272；――のただ一つの規範 40；――の知 59, 73, 222；――の定義 34, 266；――の普遍的な命令 53；――は知 4
ドドナ 26
友を助け、敵を害する 129, 171
奴隷 64, 268
トロイ 129
内在の普遍 354
内省の理性 13
内的動機（崇拝者の） 181
名付け聖人 190
汝自身を知れ 204, 267
二元的認識論 86
ニコマコス 209
ニノス 159
ニュートン 332
人間 ；――愛 333；――愛的意図 340；――化された神々 119；――化された優越者（神々） 119；――心理主義 121, 162, 195, 215, 351；――心理的性格 123；――心理的特性 355；――精神 329；――的正義 72-3, 90；――的な知恵 279, 300；――なみ以上の知恵 77, 245；――なみの知恵 72, 80, 84-7, 93-5, 245, 267, 276-7, 356；――の限界 268；――の幸福 8, 268, 272, 272, 333；――の事柄 85, 114；――の世界 117；――の知恵 309, 356；――の知性 350；――の無知 353；――理性 230；――の領域 128
認識 ；――的謙虚さ 298；――的尊大 277
認識論 ；――的裂け目 267, 356；――的自負心 93；――的悲観主義 359；――的楽観 356, 365
ヌース 127, 132, 134, 239；新奇な説明原理 149
ヌスバウム・マーサ 135
盗み 226
妬み ；ゼウスの―― 202；ソクラテスに対する―― 166

通過儀礼　24
月　149-50, 166, 203
テアイテトス　365
『テアイテトス』　34, 56, 293
『テアゲス』　254
「である」　51
ディアゴラス　103, 136, 158, 344
ディアシア祭　28, 175
ディアレクティケー　360, 364
ディオゲネス・ラエルティオス　99, 308
ディオゲネス（アポロニアの）　137, 158, 350
ディオティマ　358
ディオニュソス　28
ディオペイテスの法令　103, 206, 208
定義　；——対象　43；——探求　41-2；——的同一性　44；——の形式的条件　43；——の探求　42
ディケー　120
ティテュオス　315
『ティマイオス』　355
テオドロス　360, 361
テオフラストス　350
敵意　200；神々の——　186, 187, 191；ゼウスの——　202；ソクラテスに対する——　166
敵対関係（神々の）　174
テスモフォリア　175
哲学　12, 93, 294；敬虔な義務　91, 92, 228；敬虔な仕事　200；神の命令　227, 228；神的義務　262；——（的）活動　71, 93, 270, 281, 285-6, 290, 292, 295, 341；——者　360, 361, 362, 365；——する義務　31, 219, 230, 258-60, 263, 270, 272-3, 276-80, 285, 288, 290-1, 293, 295, 299-301；——すること　284, 288-91；——する責務　259, 277；——する動機　268, 271；——的議論　191；——的吟味　294；——的敬虔概念　207；——的自己吟味　91, 207；——的使命　2, 6, 14, 31, 64-5, 95, 210, 218-9, 256；——的宗教　30；——的探求　53；——的奉仕　38, 261；——の営み　83；——の活動領域　293；——の実践　269, 291, 293, 301；——の生　83, 262；能動的／受動的——　298

デマデス　159
デミウルゴス　330, 333, 337, 342, 351, 355-6, 366
デーメーテール　28
デモクリトス　308
デモステネス　159-60
テュフォン　204
デュポレイア祭　28
デルフォイ　26, 105, 146, 160, 6, 170, 174, 181, 203, 262, 264-8, 335-6；——の神託　31, 85, 165, 210, 219, 227, 229, 258, 261, 266, 280；——の神殿　266；——の銘文　204；——訪問（カイレフォンの）　281
テレマコス　160
デーロス島　160
伝記的・教義的脈絡　15
天空の事柄　101, 103, 106
転生　324
天体や地下の事柄　101, 102
伝統　；——（的）宗教　137, 158, 169, 173, 194, 210；——的慣行　145；——的慣習の動機　202；——的規範　257；——的敬虔　227；——的宗教慣行　146；——的側面（ソクラテス神学の）　86；——的多神論　121；——的道徳（観）　178, 281；——的な神々　52, 83, 110, 174；——的な決まりごと　227；——的な義務としての政治活動　231；——的な信仰　202；——的な神性観念　121；——的不敬虔　226
天の領域　362
統一的宇宙　120

166；夢との違い 240；——から由来する知識 246；——と理性的確証 229-30；——と霊感 238-9；——の合図 165, 239；——の禁止 255；——の啓示 257；——の警告 230, 232, 234, 245-8, 250-2, 254-5；——の警報 247, 249；——の声 235；——の暫定性 236；——の情報内容 239；——の助言 232；——の信仰 164；——の信頼性 252；——の沈黙 321, 233；——の抵抗 230；——の内容 255；——の発生 244, 246-7, 252；——の反対 233；——への信頼 251；——信仰 166；——と批判的理性 237；情報の源泉としての—— 236；ソクラテスの—— 87；独立した情報源としての—— 256；理性により正当化された—— 233

ダイモン 28, 147, 152-5, 159, 165, 229, 241；——的なもの／事柄 99, 147-9, 152-5, 159, 161；悪しき—— 167

太陽 149, 150, 166, 203, 339；——の探求者 101

対話 ；——形式 15；——劇 22；——篇の虚構的脈絡 15

魂 ；意識の座 307；意識的な経験の場 306；神からの贈り物 309；死後の運命 306；その儀式的浄め 185；その真実在との交流 364；哲学的使命の焦点 303；道徳的選択、行為の主体 305；道徳的判断の主体 305；徳の座 305；本当の自己 305；無力な影 308；欲望の起源 306；——三部分説 306；——と身体の関係 308；——に対する配慮 83；——の改善 301；——の教育 188；——の向上 319, 88；——の浄化 307, 362-4；——の上昇 364；——の世話 303, 305, 323, 353, 363；——の知的浄化 366；——の配慮 64, 182, 206；——

の不死 31, 316, 324, 326-7；——の善さ 270；——の理性的純化 31；——は知性 305；浄められた—— 195；非物体的な—— 334

タルタロス 309

タレス 29, 120, 137, 116

単一論的概念（道徳性の） 45

嘆願 179, 201；——的供犠 178, 201；——の祈り 176

知 ；——の偽装 105, 204；——の否認 80

知恵 ；——の評判をもつ者 276；神々の—— 191

誓い 119

地下 ；——の神々 176；——の精霊 175

地獄の洞 318

知識 ；——人 174；——の源泉 87；神々についての完全な—— 83

地質学 114

知性 349；——謙虚 83, 203；——主義 4, 325；——の設計 329-30；——の歴史 216；宇宙に内在する—— 351

知的自由 4

知的能力（神託以前のソクラテスの） 264

知的非協調主義 1

父殺し 226

秩序 343, 349

中期対話篇 74, 324, 352

超越的イデア論 19

兆候（理性を越えた） 284

超合理的啓示 10

超自然 ；——的人格 117；——的な神々 237；——的な声 7, 216；——的な導き 228；——的なもの 7, 239

超理性 ；——的な源泉 8；——的なもの 13

地理学 114

神託に対する）265；――の徳の諸原理 298；――の批判（民主主義的制度に対して）211；――の不可知論 309, 321；――の弁護者 3；――の奉仕 279；――の息子たち 290；――の無神論の否認 105；――の無知の告白 34；――の名声 216；――の目的論 349；――のメレトス尋問 140, 204-5；――の有罪判決 166, 211；――の憂慮 136；――のユーモア 37；――の理性主義 9, 216；――的改革 8, 129；――的神々 186；――的敬虔 38, 53, 56, 82, 185, 194；――的啓示 215；――的自己吟味 78；――的宗教 67；――的正義 178, 187；――的対話篇 305；――的探求 35；――的知性主義 306, 326；――的定義 44, 50；――的定義探求 43；――的道徳神学 178, 189；――的な尋問 271；――的方法 11；――的理性 215, 228；――文書 15, 19；――問題 14, 16；――有罪判決の要因 99；――有罪論 98；アリストファネスの―― 106, 110, 113, 114；神の見本としての―― 278-9；狂信家としての―― 13；市場の―― 107；市場のアブとしての―― 97；時代の子としての―― 7；初期対話篇の―― 110, 345；中期対話篇の―― 18, 19；天体の思索者としての―― 100；謎めいた―― 14；舞台上の―― 107；無神論者としての―― 115；よこしまな―― 2；歴史上の―― 7, 294, 345

『ソクラテスの思い出』 294, 295, 328, 329, 334, 337, 345, 346, 346, 347, 347, 348, 349, 350, 351

ソクラテスの弁明 121, 190-1；その最良の評価 212-3；その時間的制約の意味 200-1

『ソクラテスの弁明』；――が描くソクラテス 2；――と『エウテュフロン』 64；――ソクラテス殉教劇としての 1

『ソフィステス』 360, 362, 362, 364, 365

ソフィスト 20, 29, 30, 56, 84, 86, 106, 108, 111, 115, 122, 123, 133, 134-5, 137, 148, 162, 168, 206, 208, 215, 245, 286, 299, 305, 344, 361；――の詭弁 139, 142；――的教育 107；――的議論 102；――的浄化 363；――的推論 103；――的探求者 191；――的弁論術 109；――的論理 112；――の危険（アリストファネスが感知した） 132；――の術 360, 363, 364；――の罪 143；――の定義 362；初期の―― 308；不道徳な種類の―― 300；悪い意図をもつ―― 297

ソフォクレス 29, 30, 129, 173, 176, 188, 343

ソロン 173

第一原理（事物の） 120

第一の告発 146, 158, 169；その意味 145；その二義性 143；ソクラテスによる反駁 151；無神論的解釈 148；無神論の告発 147；メレトスの解釈 147

体系的教義 23, 173

ダイダロス 54

タイタン 178

第二の告発 147, 158-9, 161-2, 166, 168

ダイモニオン；アポロンの声 170；意識の置き換わりではない 243；一種の主観的表象 236；政治に携わることへの反対 253；ソクラテス有罪判決の原因 167-8；その危険な局面 166-7；その起源 163-4；その沈黙 312-3；その三つの危険な側面 163；第二の告発の主標的 161；知の源泉 87, 247；妄想の声としての

世話　55, 60, 61, 70
善　67, 73；――なる神　229, 94；――のイデア　357；――の原理　127；――の実現　92；――の達成　293；人間にとっての――　276
宣誓　26, 181；破棄　169；破り　198；ソクラテスの――　170；陪審員としての――　170
占術　252
全体的な無神論　146, 148
全燔祭　175
専門知　34, 105, 211
専門的技術知　60
専門的知識　246, 310, 312, 357
専門的道徳知　229, 246, 266, 275, 276, 277, 279, 309, 356
洗礼者ヨハネ　5
想起　354, 358
相互関係　；――神々と人間との　182；――人と神の　183
相互吟味（エレンコスによる）　314
相互互恵的動機　215
相互主義　90；――人間と神の　124
相互的交換関係（神々との）　169
創作的模倣　19
創造者　328, 329, 331, 332, 340, 351
創造神　330, 334-5, 343
贈与　65
争論術　56
ソクラテス　；新しい摂理の導入　212；アポロンの僕　150, 344；ある種の知恵の所有者　3, 261；エウテュフロンとの類似　39；エレンコスの達人　286；神々からの贈り物　301；敬虔な神の召使い　4；告訴された理由　97；国家の恩恵者　301；宗教的過激主義者　172；宗教的伝統に対する脅威　111；宗教の破壊的批判者　2；自由思想家　4；ソフィストとの類似　112；道徳哲学者　177, 307；弁明における不誠実　98；無知の発見　279；もっとも知恵ある者　296；理性主義的哲学者　8；理性的改革者　8；理性的哲学者　2；――以降の哲学　362；――が促す哲学活動　260；――型の哲学　95；――殉教劇　1, 125；――神学　8, 31, 52, 85, 169, 179, 195, 215；――とキリスト教　3, 4；――と自然学者の共通性　128；――と自然研究　113；――に対する正式の告発　99；――のアポロン的謙虚さ　356；――のアポロン的抑制　354；――の運命　95；――の英雄化　3；――の改革　327；――の神々　8, 52, 131, 169, 177, 191, 327, 334, 353；――の戯画　101, 108；――の儀式遵守（クセノフォン証言）　193；――の義務　259；――の脅威　99, 124, 176-7, 190, 192-3, 195, 202, 212；――の教育法　5；――の拒否（国家宗教の否定的側面に対する）　178；――の吟味　272-3；――の敬虔　34, 51, 98-9, 170, 352, 362-3, 365；――の啓示　235；――の原理　222；――の告発　139；――の告発者　1；――の裁判　29；――の策略　37；――の使命　6, 10, 65, 78, 165, 185, 211, 228, 241, 259, 263, 280；――の宗教的興味　354；――の信仰　155；――の信条　98；――の神託解釈　275；――の大衆的な宗教的態度　341；――のダイモニオン導入　164；――の魂概念　304；――の魂観の独創性　307；――の弟子たち　203, 293；――の哲学する使命　260；――の哲学的使命　8；――の哲学的生（三つの時期）　264；――の哲学の方法　363；――の伝統的宗教行為　90；――の伝統宗教批判の非独自性　135；――の道徳原理　98, 141, 186；――の道徳的神学　30；――の当惑（

;——な構成員 365;——な声 155;——な事柄 93, 94, 168, 205;——な使命 355;——な職人 342;——な知恵 72, 77, 86, 266, 279, 297, 307, 309, 362;——な知識 94;——な配分 80;——な領域 117;——立法者 52

心的経験(ダイモニオン) 246
『神統記』 23, 258
信念 ;——喚起 347;——除去 347;——正当化の二つのシステム 234-5;——の供犠 182;——のテスト 286, 289
真の神 86, 201
真の敬虔 360
真の知恵 270
真の哲学者 357
審判(死後の) 309
神秘主義者 357, 359
神秘的神学 352
シンプリキオス 350, 350
進歩思考 215
神命説 49
神話 ;——の不道徳性 133;古い—— 172
推測 87;——的な理性 13
数学研究 295
崇拝 182, 184;——神々に対する 83
ステファノス 70
ストレプシアデス 108-10, 114-5, 122, 133
スパルタ 208, 210;——かぶれ 210;——風 210
生 ;——の模範ソクラテス 11;——は死 324
聖域 23
性格描写(ソクラテスの) 64
正義 54, 58, 59, 129, 183, 188, 343;その応報的観念 178;——の要求(ソクラテス的な) 183

政治 251;——家 245, 266, 275;——的行為 231
正式の告発 87, 123, 141, 143, 147, 157, 210;その合法性 141;その第三番目のもの 204;その動機 171;——者 139
誠実さ 296
聖書 23, 172
聖職者 23, 173
精神 332;——的錯乱 217;——と物質の二元論 350
成人式の宣誓 170
青年堕落の罪 104
正論 134
聖と俗 28
聖法解釈者 35
聖母マリア 190
生命の供犠 186
生理的惰性 127
ゼウス 41, 46, 53, 77, 106, 109, 115, 121, 129, 131, 133, 146, 150, 168, 171, 173, 175, 176, 187, 188, 195-9, 202;知恵の貯蔵庫 131;誓いの成就者 119;——・クセニオス 174;——・ケラウノス 28;——の計画 120;——の正義 118, 120;——・ポリエウス 26, 28, 177, 198;——・メイリキオス 174;正義を実現する—— 119;呪いを聞く 188
世界秩序 343
セクストス 132, 328, 339
世俗的正義 60
積極的神学(クセノファネスの) 346
積極モード 291-2
積極論 82;——者 34, 77-8
節制 305, 343
摂理 333, 350;——的愛 330;——的配慮 340
説明的属性 50, 51
セルウィウス 159

64, 67；――的観念（民衆の） 117；――的寛容 4, 175；――的儀式 173, 185, 192；――的義務 173, 267；――的狂信者 221；――的教典 23；――的緊張 29；――的汚れ 35, 81, 223；――的行動 145；――的祭典 24；――的使命 224；――的信念 2, 145；――的忠誠 209；――的眺望（前5世紀アテネの） 23；――的伝統 164；――的導入（違法な） 163；――的独断主義（エウテュフロンの） 68；――なソクラテス 3, 6-7；――的に病んだソクラテス 13；――的命令 268；――的な流れ（二つの） 174；――と政治 24, 26；――の近代的概念 23；――の合理的改革 3；――の困難 12；――の本質 12；――は人間の共通の応答 12；ご機嫌取り的な―― 192, 209

終末論 302, 324, 327；――的立場 304；――的ミュートス 322；不愉快な―― 315

主観的表象 236

守護神 26

手術（患者を殺す） 7

主人 61-2, 64, 83, 268

呪詛 118, 119, 171, 175-6, 182, 187-9；無実の者たちに対する加害 189

手段／目的 333

主知主義 10, 30, 32；伝統的神々を否定する 110；――的敵対者 111

受動的属性 49-50

受動モード 291, 296-7

浄化 35, 362-3

証拠法則 143

上昇（神の地位への） 357

消滅 320

省略三段論法 21

初期属性 49, 50

初期対話篇 3, 7, 16-8, 20, 22, 74, 90, 113, 217, 325, 336, 342, 344, 347；――時順表 20；――のソクラテス 18-9

職人 245, 266, 268, 275

職業的弁論術教師 3

助手 268

叙情詩 29

諸徳の一性 84, 131

思慮 261, 303

印（理性を越えた） 284

白魔術 24

神格 168

神学 302；――的改革 136, 177, 201, 351；――的改革者（ソクラテス） 135；――的懐疑主義 29；――的革新の嫌疑 126；――的革命 126；――的思索 126；――的浄化 162；――的信念 95, 201, 273；――の波及効果 203；――の歴史 337；ソクラテスの―― 172

神義論 333, 341

信仰 ；その物質的報償 194；――の拒絶 190；――への脅威 202；――要求（国家宗教の） 169

真実 303；――を語る義務 323

心身医学 308

神性 354；――とエレンコス 361

身体 ；――という墓 308, 324；――的危害 188；――の浄化 363

神託 6, 9, 30, 31, 217, 218, 256, 261, 262, 265, 268, 272, 274, 290, 300；ソクラテスの経歴上の転回点 264；その隠された意味 276；――の意味 263, 264, 271, 277；――の占い 280；――の宣言 271, 281；――の発言 264, 273, 276, 279, 284, 301；――の命令 234；――の物語 264；――屋 216；――を否認する者たち 297；――を論駁すること 262

神的 ；――処罰 209；――正義 60；――独裁者 118；――な合図 250

容 100;そのもっともらしさ 139;
——者 97, 100, 141;——と異端の告
発 157;——に対するソクラテスの
応答 107;——の起源 103-4;——
の危険性 102
再創作(プラトンの初期作品) 17
最大の悪(死についての無知) 311
最大の善 ;——エレンコス 318-9;
——死 310;——哲学すること 289
最大の唯一神(クセノファネスの) 335
災難 118
裁判(人生全体の) 213;——官(死後
の神的な) 309
祭礼の暦 23, 160
サラピエイオン 160
サラピス(エジプトの神) 160
ザルモクシス 358
三十人僭主 委員会, 102, 206, 208-9, 210
三大宗教的祭礼 175
産婆 293;——術 21
死 ;その善 304, 311, 316, 321;とほ
うもない幸福 314;——大きな善
317;——消滅 314-5, 316;——魂
の身体からの分離 306, 309;——に
対する恐れ 312;——の本性 310
;——は移住 306, 314-6, 318, 322;
——は永遠の眠り 313;——は最大
の祝福 309;——は無 313;——は
移住 306, 314-6, 318, 322;——は生
324;——は善(その大きな証拠)
312;——への恐れ 310;——夢のな
い眠り 314
詩 12, 243;——的伝統 158;——的
霊感 87
死後 ;——の審判 322;——の審判
者 325;——の生 271, 317, 320, 326
;——の罰 325;——の報酬 325
詩人 237, 241, 245, 266, 275, 319;占い
師と同類 238;——たちの嘘 192
時間(弁明のための) 212

試金石(歴史学上の) 17
自己吟味 83, 185, 265, 308, 364;——信
念の供犠としての 182
自己充足性(神々の) 70
自己知 295, 353, 354
自己同一的性格 39 42
自己発見 294
司祭(流浪の) 180
思索所 106, 109, 134, 206
自称知者 277
シシュフォス 315
自然 133;——科学 109, 139;——
研究 102, 113, 126, 264;——現象
106, 107;——神学 328;——世界
365;——全体 336, 339-40;——探
求者 116;——哲学者 20, 29-30, 86,
103, 110, 148, 150, 168, 337, 344;——
の正義 343
自然学 111, 114-5;——者 84, 102,
120-4, 128, 131-2, 137, 162, 208, 336;
——その宗教的基盤 120;——と無
神論 103-4
『自然学』 332
自然法 121
自然法則 332
自他の吟味 259, 261, 289-90, 299, 300
十将軍裁判 141, 253
実践的確実性 250
シミアス 21
邪論 112, 134
主意主義 215
宗教 ;その民衆的動機 186;——革
新 147, 158-9;——教育 29;——
儀式 23, 144, 164, 17-6, 195;——行
為(伝統的な) 176;——思想の歴史
203;——的改革者 177;——的
逸脱 208-10;——的概観 10;——
的革新 98, 138, 151;——的革新者
95;——的過激派 258;——的か
つ理性的ソクラテス 13;——的慣行

——な活動（ソクラテス） 95；——な義務 228；——行為 67, 76-7, 81-3, 297；——な行動 8；——な人生 195；——な正義 55, 67；——な哲学活動 94；——な人間 93；——な奉仕 89, 92, 186, 219；——による奉仕 341；——のエイドス 45, 46；——の義務 274, 278, 284, 292, 297；——の単一のエイドス 42；——の知識 71；——の定義 41, 64, 66, 73, 84；——は神々が愛すること 66；——は神々を喜ばせること 67；——は正義の一部分 54, 56-9, 81；——を決定する尺度 43；交易としての—— 65；子としての—— 35, 225, 227；実践的—— 351；伝統的な—— 35, 226
警告 218, 231, 236-8, 258；——的合図 229；——の信頼性 232
啓示 53, 218, 227, 256-7, 280；——された教典 172
形而上学（中期対話篇の） 348
形相 354；——の理論 354
契約 ；神々と人間の—— 91
契約農民階級 118
結果主義 293；——的な原理 294
結婚 28, 119
ゲッセマネの庭 4
原因 348
謙虚 363
ケンブリッジ的変化 364
原理（存在の） 120
原理主義 ；——的『神統記』強弁者 258
行為者原因 49
幸運 329
交易 76, 182, 184；——術 176；——的局面（ギリシア宗教の） 181；人間と神の—— 171
後期対話篇 352
公的政治（アテネ市民の義務） 167

公的党派政治 211
幸福 94, 271, 289, 291, 293-6, 326, 342-3；——者の島 309；——な岸辺 318；——な生 319；——の促進 292；——の内的基準 30；——論的動機（哲学への） 268；想像できないほどの—— 327
傲慢 266, 279, 315
コウモリ（死後の状態） 317
合理主義的心理学 30
声 161, 164, 165, 229, 233, 242, 253, 284；悪しきダイモンの—— 167；神の導きの—— 166；ダイモニオンの—— 163, 167；内的な—— 166
告発 ；——者 143, 201；父に対するエウテュフロンの—— 80
国法 91
コスモス 121, 129, 336
コス島 26
『国家』 15, 90, 180, 307, 324, 324, 325, 357
国家宗教 4, 26, 136, 19
国家の神々 86, 99, 123, 145, 178, 186, 190-1, 195, 199-203, 209；その指示対象 146；その存在へのソクラテスの信念 169-70；——その民衆的特性 177；——の二義性 196；——を認めることの意味 198；ソクラテス的—— 196
国法 91
御利益信仰 171, 201
コリュバンテス 115, 358
『ゴルギアス』 59, 271, 287, 291, 298, 309, 320, 322, 323, 323, 325, 325, 326, 343；——のミュートス 324, 326
混沌 115
困惑 17, 56, 207；——的幕間劇 33, 54, 56
災害 117
最初の告発 124, 146, 148, 157；その内

奇数(数の部分としての) 58
儀式 145, 185, 191;――慣行 193
儀式宗教 ;――への脅威 194;ソクラテスと―― 175
技術者 83
技術知(との類比) 60-1, 64, 111, 342
偽証 181;――罪 70
起訴状(メレトスの) 151
祈祷 179
偽なる信念 201, 299
機能 342
帰納 ;――的根拠 232;――的正当化 248-9;――的類推 9
詭弁 16, 137;――的議論 101
欺瞞 200
義務 64, 264
キュロス 321
脅威(信仰への) 183
『饗宴』 89, 356
教会 23, 173;――法廷 172
共同体の集合意識 143
驕慢 138, 266-7, 271, 278, 357, 359, 362;――を憎め 267
虚構 17;――のソクラテス 15
ギリシア宗教 23, 33, 95, 179, 181;その合理的改革 304;その実利的な基盤 177;それが何でなかったか 23;――の改革者ソクラテス 9;――の中核 8;――の発生論的説明 118;――の理性的改革 337;古代―― 27;日常生活と融合した―― 23
キリスト教 27;原理主義 172;伝道師 172;篤信家 189;原始―― 4;後期―― 196
金銭 276, 301, 303;――的利得 291
吟味 140, 288;――なき人生 5, 259, 270;――の生 227
空気一元論 350
偶然 121;――と目的 332
供犠 23, 26, 29, 62, 66-7, 89-90, 121-2, 145, 165, 173, 175-6, 179-80, 181-6, 186, 193-5, 202, 297, 338, 340-1;――信仰(ソクラテスの拒絶) 189-190;ご機嫌取り的―― 117;伝統的な―― 83, 89;物質的な―― 182;奉納的な―― 364
クセノファネス 121-5, 137-8, 173, 335, 346, 349
クセノフォン 3, 7, 16-7, 20, 31, 52, 59, 60, 65, 79, 89, 90, 97, 99, 108, 113, 145, 156, 162, 164, 185, 193, 212, 216, 220, 230, 232-3, 258, 294, 303, 321, 328, 331, 334-9, 340-3, 344-7, 349, 351;その目的論的記述 339;――証言(その信憑性) 336;――のソクラテス 345, 349
国の暦 26
『雲』 20, 106, 107, 108, 114, 133, 137, 138, 156, 162, 206, 208;――のソクラテス 145
雲 84, 106, 109, 115, 133, 145, 162;ソクラテスの教説の象徴 134
供物 171, 176
供養 169
『クラテュロス』 348
クラフト・アナロジー 60
クリティアス 206
『クリトン』 59, 90, 291, 305, 307, 309, 320, 322
クリュセース 179
クロノス 40-1
黒魔術 24, 167, 175
敬虔 ;神々に対する世話 60;神々を喜ばせる知識 62;神々に対する奉仕 60;神に愛されること 74;すべての神々が愛すること 48;魂に関わる内的事柄 192;非宗教的な説明 72;二つの選択肢 49;――概念 73;――と正義の基準 45;――とは何であるか 36, 39, 42, 45, 81, 221, 338;

仮言三段論法 78
家族生活 276
寡頭派的傾向 210
可謬的知識 84, 78
神 ；善なる存在 256；——からの使命 207；——と人間 181, 352；——の愛 335；——の合図 36, 223, 230, 237, 240, 246, 262, 263；——の意志 8；——贈り物 232, 243, 247, 276；——の恩恵 246；——の快楽 335；——の顔 360；——の活動 69；——の勧告 220；——の計画 121, 340；——の啓示 359；——の警告 228, 256；——の幸福 353；——の声 83, 231, 285, 294；——の事柄 276；——の仕事 68, 285；——の僕 165；——の設計 365；——の全知 134；——の創作 365；——の存在証明 31, 329, 331, 347；——の知恵 84-5, 236, 353, 356；——の敵意 41, 215；——の配慮 335；——の憑依 237, 243；——の不道徳性 134, 215；——の分与 246；——の報復 209；——の命令 90, 241, 259, 263, 279；——の欲求 268, 268, 278, 335；——の領域 128, 355, 358；——は嘘を言わぬ 250；——は最高の知者 251；——への服従 269；——への奉仕 267-8, 274, 278, 292, 297；宇宙のロゴスとしての—— 195；人間の幸福に配慮する—— 259
神々 ；善き存在者 274；——との専用回線 14；——に愛されること 43；——に対する奉仕 88, 91, 179；——に奉仕する知識 81；——の一致 47；——の贈り物 88；——の権威 52-3；——の互恵性 179；——の抗争 86, 172, 194, 196；——の子供（ダイモン） 152, 154；——の作品 75-6, 84, 88；——の仕事 63, 65, 67, 71-3, 78, 82, 88, 92, 268, 342；——の自然科学的馴化 129；——の所産 66, 342；——の所有物（人間） 91；——の正義 173, 178, 191；——の性質 82；——の世話 64, 69-70, 342；——のソクラテス化 131；——の存在 52, 82, 341；——の力 83；——の知識 83；——の敵意 197；——の敵対関係 53；——の道徳化 172；——の道徳性 83；——の道徳的地位 174；——の道徳的不一致 46-7；——の特性 177；——の名 199；——の複数性 203；——の不道徳性 173, 191；——の本性 338, 341；——の目的 69, 73；——の善き行為 73；——の領域 116；——の倫理的改造 195；——は善き者 319；——への賛歌 89；——への奉仕 78, 82, 89, 93, 194, 357；——を認めること 144-5, 199；エウテュフロンの—— 47, 227；下位の—— 186, 335；完全な—— 68；完全に善き—— 79；詩人たちの—— 173；真の—— 192；正義と無関係の—— 179；ソクラテス化された—— 178；善の原因としての—— 131
カルミデス 254
『カルミデス』 289, 305
還元主義的説明（ヴラストスの） 239
慣習 133；——的敬虔 95；——的道徳 81；——的な宗教行動 144；——的な立法 343
感謝（神々に対する） 83
完全義務（哲学する義務について） 293
寛容（異端に対する） 172
機械論 125, 127, 337, 344, 348；——者 110；宇宙の—— 340
幾何学 114
祈願 182-3
喜劇詩人 104

エウテュフロン ;——とソクラテス 222-3;——との出会い 34;——の逸脱 66;——の敬虔観 40;——の訴訟 35;——の知の自負 35;——の矛盾 45;——批判 221;ソクラテスの暗い分身としての—— 39

『エウテュフロン』 ;——におけるエウテュフロンの役割 38;——の弁明的解釈 38;——への二つの見方 33;ソクラテス宗教の情報源としての—— 33;『弁明』の姉妹篇としての—— 38

エウリピデス 29, 30, 119, 130, 136, 173, 184, 308;——劇 166, 180
疫病 208
エパゴーゲー 9
エピクロス式の神 68, 79
エピダウロス 160
エラスムス 4
エーリュシオン 317, 327
エリュニュエス 176
エレアからの客人 361, 362, 365
エレウシス 30;——の秘儀 27, 209
エレンコス ;——的アプ 139;——的吟味 292;——的裁判 37;——的使命 105;——的推論 249;——的対話 224;——的弁明 201;——と超自然的導き 228;——により吟味する義務 276;——による吟味 275;——による浄化 361, 364;——による神託解釈 275;——による尋問 291;——による治療 230;——による哲学的生 365;——による奉仕 270;——による論駁 279;——の価値 271, 277;——の活動 268;——の行使 286, 288-9, 317;——の行使者 296, 298-9;——の技量 299;——の議論 298;——の吟味 220, 227, 265, 287, 297, 317-8, 358, 363;——の下剤的用法 11;——の原理 153;——の使命 327;——の使用 285;——の治療 296;——の浄化 363;——の尋問 275, 285;——の対象 297;——の対話相手 291;——のテスト 226-8, 234, 241, 248, 256-7, 305, 319;——の道徳的価値 256;——の反傲慢的効果 271;——の方法 217, 288, 290;神託以前の—— 265;治療的な—— 38
エロス的熱望（知恵への） 356
演繹的根拠 232
援助者（としての神々） 175
エンドクサ（一般通念） 226, 320, 326
大いなる望み（死の善について） 313, 316
応報 130;——的国家宗教 180;——的正義 129, 179;——的正義の否定的側面 178;——的正義の法 118;——的復讐 178;——の法 174, 178
贈り物 90, 258, 345;アテネに対する—— 91;神々の—— 184
オストルド・マルティン 208
恐れ 58, 77;ソクラテスに対する—— 166;ソクラテスの—— 221
『オデュッセイア』 240
オリーブの木（聖なる） 26
オリュンピオドロス 22
オリンポス 128;——の神々 44, 115, 118, 165, 172, 175-6, 178
オルフェウス教 30, 307-8, 324, 358
オレイテュイア 204
音楽文芸 236
改革 ;——者ソクラテス 7;——的神学 158;——の道徳神学 328
懐疑主義 10, 95, 134, 173-4, 208;——者 190;——的告白 172
外的善 186, 272, 291;——の追求 300;——金銭 272;——余暇 272
カイレフォン 109, 262, 264-9, 281, 287
影 317

336, 339, 340, 341；最初の歴史主義者 18；哲学史家としての—— 18
アリストファネス 4, 16, 20, 100, 104, 107-8, 110-1, 111-5, 122, 124, 126, 128, 132, 134-8, 162, 168, 185, 210, 216；——のソクラテス観 135；最初の告発者としての—— 106
アルキビアデス 140, 209
『アルキビアデスⅠ』 348
アルクメナ 187
アルケー 116
アルテミス 28, 173
『アンティゴネー』 29
アンティステネス 346, 351
アンテステリア 175
アンドキデス 209
イアソン 180
イエス 196
家の社 170
イオニア 138, 307；——人 129
イオン 166
『イオン』 237, 238, 242-3
生け贄 24, 26, 175, 194；——の儀式 149
意見の不一致 41；神々の—— 44；道徳的—— 128
移住 320；死後の魂の運命としての—— 322；——のミュートス 324
イスラム教 27
異端 172；——信仰 145, 158；——的革命 162；ソクラテスについての——の告発 157
一神論的神学 346
逸脱（エウテュフロンの） 65, 70
一なる神 121
イデア 125, 356, 359, 365；——の観想 354, 358；——の知識 356；——の友 364；——の認識 360；——論 124, 125；離在する—— 354
祈り 23, 26, 29, 67, 85, 89, 117, 122, 169, 183-6, 195, 338；ソクラテスの—— 170
『イリアス』 23, 173, 188
イリソス川 204
因果的制約 117
因習 ；尊重主義 193；——的カルト儀式 8；——的宗教 139；——的呪詛 189；——的なギリシア宗教 215
渦巻き 109, 115, 121, 132, 138, 168
嘘 88；神々の—— 186；ゼウスの—— 202
宇宙 328, 330, 337, 344；——の精神 347；——の第一の原因 332；——の知性 329, 348, 350；——の道徳的側面 340；——の道徳的秩序 343；——の本性 114, 336；——の目的論的説明 350；——全体 343；——的正義 120；——炉 115；——論 327
ヴラストス・グレゴリー 16-7, 20, 23-7, 179, 182, 239, 244, 249, 250, 253, 262, 288, 328, 337
占い 216, 219-20, 225, 227-30, 235, 237, 241-3, 255-6, 258, 263, 278；——師 223, 225, 238, 241, 243
ウラノス 40
噂話 162；ソクラテスの—— 139；ソクラテス有罪の証拠の源泉としての—— 158
運 245, 246
永遠 ；——の休暇旅行 318；——の消滅 320；——の被告人 2
エイドス 42
英雄 28, 176；宗教的信念の—— 95
エウエノス 111
エウセビオス 336
エウダイモニア 295, 296, 326
エウティアス 159
エウテュデモス 333, 340
『エウテュデモス』 231, 251, 289

索　引

本索引は邦語訳の本文から訳者が独自に作成した。ただし、語彙網羅的なものではない。

愛　；神々の―― 342；欲求としての―― 74

合図　6, 87, 161, 225, 229, 234, 242, 249, 256, 263, 338；――の意味 255；いつもの―― 231；神からの――156, 165, 218；ダイモニオンの―― 163；超自然的な―― 237

アイスキネス　206

アイスキュロス　29, 173

愛憎（神々の）　48

愛知者（正しい）　364

アイロニー　6

アエリアノス　159

アカデメイア学園　21

アキレウス　179

悪　；――の仕返し 130；――の問題 79；無知の結果としての―― 298

アクラシア　307

アゴラ　26

アスクレピオス　24, 89, 176, 358

アテナイオス　159

アテナ女神　26, 28, 144, 146, 169, 200

アテナ・ポリアス　26, 177, 178

アテネ　8, 26, 71, 91, 108, 127, 136, 144, 146, 165, 167, 180, 185, 192, 209, 261, 263, 272, 288, 300, 301, 317, 338, 364；――市民 167, 322；――の神々 98, 169-70, 172, 177, 199, 200；――の国家 159；――の国家宗教 178；――の宗教的眺望 30；――の凋落 208；――人 95, 97, 102, 105, 106, 139, 152, 153, 160, 163, 164, 170, 173, 186, 187, 194, 196, 207, 210, 216, 222, 224, 228, 231, 270, 276, 277, 278, 279, 285, 287, 296, 320, 363；――法 187；擬人化された――の法 322；前5世紀の―― 208；無名の――人 180

アナクサゴラス　29, 102, 103, 104, 111, 114, 125, 126, 132, 134, 149, 150, 348, 348, 349, 350, 350；――の告発 20；――への失望 127

アナクシマンドロス　120, 137

アナロジー　61

アニュトス　102

アブ（エレンコス的）　139

アプレイオス　339

アフロディテー　28, 154, 173

アポリア　266, 359

アポロニオス　160

アポロン　26, 28, 37, 105, 146, 150, 160, 174, 179, 182, 199, 261, 267, 277, 279, 300, 335, 338, 353；――信仰 203；――的宗教 352；――的制限 358, 359；――的節度 351；――的伝統 315；――的な徳 362；――的溝 357；――の声 170；――の僕（イオン）166；オルフェウスの父としての―― 308；ダイモニオンの起源としての―― 165

アポロン・パトローオス　170

アミュントル　188

アムネスティ（和解協約）　104

アリスティッポス　351

アリストクリトス　135

アリストデモス　333, 338, 344

アリストテレス　16, 17, 113, 170, 332,

《叢書・ウニベルシタス　836》
ソクラテスの宗教

2006年2月15日　初版第1刷発行

マーク・L．マックフェラン

米澤茂／脇條靖弘 訳

発行所　財団法人　法政大学出版局
〒102-0073 東京都千代田区九段北3-2-7
電話03(5214)5540／振替00160-6-95814
製版，印刷　三和印刷／鈴木製本所
© 2006 Hosei University Press
Printed in Japan

ISBN4-588-00836-6

著 者

マーク・L．マックフェラン（Mark L. McPherran）
1949年生。メイン州立大学哲学科教授。1982年カリフォルニア大学サンタ・バーバラ校にて博士号を取得。その議論の緻密さと，広い学識には定評があり，米国を代表する古代ギリシア哲学の研究者の一人である。本書のほかに，*Wisdom, Ignorance, and Virtue*（1997，編著）および *Recognition, Remembrance, and Reality*（1999，編著）がある。

訳 者

米澤　茂（よねざわ　しげる）
1950年生。1979年京都大学大学院文学研究科博士課程単位取得満期退学。北九州市立大学教授。博士（文学）。国際ギリシア哲学会名誉会長。著書：『ソクラテス研究序説』（東海大学出版会），翻訳：『裁かれたソクラテス』（東海大学出版会，共訳）。論文："Socrates's Conception of Philosophy"（*British Journal for the History of Philosophy*），"Socrates and Democracy"（*Polis*）ほか，*Hermes*, *Ancient Philosophy*, *History of Political Thought* 等の学術誌に多数掲載。

脇條靖弘（わきじょう　やすひろ）
1961年生。1991年京都大学大学院文学研究科博士課程単位取得満期退学。山口大学人文学部助教授。著書：『イリソスのほとりにて』（世界思想社，共著），論文：「プラトン初期対話篇におけるソクラテスの知の表明」（『西洋古典学研究』），「運動変化の停止の可能性について」（『西日本哲学会年報』）ほか。